경영학의 이해 6e

FOUNDATIONS OF BUSINESS

William M. Pride · Robert J. Hughes · Jack R. Kapoor
김종원 · 이문봉 · 김은정 · 황선주 공역

CENGAGE 초아출판사

Andover • Melbourne • Mexico City • Stamford, CT • Toronto • Hong Kong • New Delhi • Seoul • Singapore • Tokyo

CENGAGE

Foundations of Business,
6th Edition

William M. Pride, Robert J. Hughes, Jack R. Kapoor

ISBN-13: 979-11-88425-12-9

Cengage Learning Korea Ltd.
14F YTN Newsquare 76 Sangamsan-ro
Mapo-gu Seoul 03926 Korea
Tel: (82) 2 330 7000
Fax: (82) 2 330 7001

Cengage Learning is a leading provider of customized learning solutions with office locations around the globe, including Singapore, the United Kingdom, Australia, Mexico, Brazil, and Japan. Locate your local office at: **www.cengage.com**

Cengage Learning products are represented in Canada by Nelson Education, Ltd.

To learn more about Cengage Learning Solutions, visit **www.cengageasia.com**

Printed in Korea
Print Number: 01 Print Year: 2021

경영학의 이해 6e

FOUNDATIONS OF BUSINESS

William M. Pride · Robert J. Hughes · Jack R. Kapoor

김종원 · 이문봉 · 김은정 · 황선주 공역

CENGAGE 초아출판사

Andover • Melbourne • Mexico City • Stamford, CT • Toronto • Hong Kong • New Delhi • Seoul • Singapore • Tokyo

경영학의 이해 제6판

발행일 2021년 2월 1일 6판 1쇄
지은이 William M. Pride, Robert J. Hughes, Jack R. Kapoor
옮긴이 김종원, 이문봉, 김은정, 황선주
발행인 송자영
발행처 초아출판사
주소 서울시 성북구 정릉로 36길 41
대표전화 070-8739-0036
팩스 0504-178-5627
E-mail choapublish@hanmail.net
디자인 에이팩토리 bikoon73@daum.net

ISBN 979-11-88425-12-9
정가 30,000원

저자의편지

경영학을 공부하는 학생들에게,

학생 여러분! 지금으로부터 5년, 10년, 또는 20년 후에 자신의 삶이 어떨지 상상해보십시오. 또한, 인생의 대부분을 일터에서 일한 후에 있을 자신의 은퇴 생활을 생각해보십시오. 어떤 사람들에게는 인생 과정이 바라는 대로 되어 경제적으로 잘살게 됨에 따라 만족스러울 것이고, 다른 사람들에게는 자신의 삶이 생각했던 것처럼 되지 않아 아쉬울 것입니다. 이러한 차이는 종종 인생을 살아갈 때 내리는 결정에 달려 있습니다. 그러한 결정은 여러분이 경험하는 인생에 상당한 차이를 만들어 냅니다. 어떤 사람들에게 좋은 삶이란 연봉이 높은 직업, 승진, 그리고 경제적 안정일 수 있습니다. 반면, 다른 사람들에게는 보람이 있는 경력, 다른 사람을 돕는 것, 그리고 개인적인 시간을 갖는 직업일 수 있습니다. 여러분의 개인적인 목표와 관계없이 본 교과서는 한 가지 목적으로 작성되었습니다. 즉, 여러분에게 오늘날의 경쟁적인 비즈니스 세계와 개인 생활에 성공을 이끄는 결정에 필요한 정보를 제공하는 것입니다.

본 교과서에는 개인적인 목표를 달성하고 보람 있는 경력을 쌓는 데 도움이 되는 최신의 정보가 포함되어 있습니다. 저자들은 여러분의 직업 선택에 도움을 주고, 직장에서 성공적인 직원이 되고, 현명한 소비자와 투자자가 되고, 그리고 성공한 사업가가 될 수 있도록 모든 장에 필요한 정보를 제공하기 위해 열심히 노력했습니다. 본 교과서의 본문에는 Facebook, S.C. Johnson, Levi Strauss, Google, Nike, American Express, Warby Parker와 같은 기업들이 실제로 어떻게 현장에서 문제를 해결하는지 보여주는 사례들을 제공합니다.

우리는 학생들이 다른 방식으로 공부한다는 것을 잘 알고 있습니다. 미 전역에 있는 대학생들의 정보와 피드백은 본 교과서를 만드는 데 큰 도움이 되었습니다. 이를 토대로 우리 저자들은 본 교과서를 다음과 같이 구성하였습니다.

- 각 장의 해당 주제가 쉽게 이해되도록 돕는 비즈니스 들여다보기 제공
- 다양한 기업의 사례들 제공
- 개인의 경력 성공을 위한 사례와 정보 제공
- 모든 장의 마지막 부분에 각 장의 요약, 주요 용어, 토론 문제 제공

저자로서, 우리는 여러분이 본 교과서에 있는 개념과 정보를 잘 적용하여 비즈니스를 이해하고 여러분의 경력뿐만 아니라 인생 성공에 도움이 되길 바랍니다.

Bill Pride
Texas A&M University
w-pride@tamu.edu

Bob Hughes
Richland College
Dallas County Community Colleges
bhughes@dcccd.edu

Jack Kapoor
College of DuPage
kapoorj@att.net

역자 서문

약 1년 전부터 본 교재를 번역하기 위해 네 분이 함께 모여 작업하기 시작했다. 역자들이 번역하면서 공통되게 느낀 점은 본 교재가 최신의 정보, 체계적인 구성, 탄탄한 내용, 그리고 생생한 현장의 소리를 담고 있는 기업사례 등 많은 장점이 있음을 깨닫게 되었다.

작업에 참여하신 모든 분의 어려움은 이와 같은 본 교재의 장점을 우리 글로 잘 표현하여 학생들에게 잘 전달할 수 있을까 하는 것이었다. 지나친 의역은 원저자들의 의도와 벗어날 수 있고, 직역에 따른 거친 문장들은 이해하기 어려운 점이 있다. 이러한 점을 고려하여, 모든 역자는 자신의 교육 경험과 전공지식을 바탕으로 본 교재의 내용을 충실히 살리면서 학생들이 쉽게 이해할 수 있도록 최선의 노력을 하였다. 또한, 번역의 일관성과 잘못된 부분을 수정하기 위해 오랜 기간에 걸쳐 교정 작업을 가져 완성하게 되었다.

본 교재는 크게 다섯 부분으로 구성되어 있다. Part 1은 본 교재의 전반적인 내용으로, 비즈니스 세계가 우리 삶에 미치는 영향에 대해 살펴보고, 기업 소유권에 따른 기업 유형에 대해, 그리고 실제 비즈니스 세계에서 활동하는 중소기업, 기업가정신, 프랜차이즈에 대해 배운다. Part 2는 조직의 관리기능인 기획, 조직화, 지위 및 동기부여, 통제를 살펴보고, 성공적인 관리자가 되는데 필요한 기술과 다양한 리더십을 알아보고, 그리고 조직 구조와 기업문화에 대해 살펴본다. Part 3은 생산, MIS, 회계에 관한 내용으로, 제품과 서비스의 생산과 관련된 기업의 운영에 대하여 살펴보고, 경영정보와 회계정보의 역할과 이러한 정보가 기업경영의 의사결정을 어떻게 향상시킬 수 있는지 알아본다. Part 4는 인적자원관리의 내용으로, 최고의 인적자원을 채용하고 훈련시키기 위한 기업의 노력과 조직구성원들의 동기를 북돋아 주는 다양한 동기부여 기법을 살펴본다. Part 5는 마케팅과 재무관리에 관한 내용으로, 시장, 마케팅 믹스, 마케팅 환경, 마케팅 계획, 소비자의 구매 행동에 대해 살펴보고, 그리고 기업의 필요한 자금을 낮은 비용으로 확보하고, 그 자금을 효율적으로 사용하는 방법을 배운다.

학생들이 본 교재의 개념과 내용을 잘 배우고, 또한 실생활에 잘 적용하여 풍요로운 개인의 삶뿐만 아니라 더불어 사는 공동체를 만드는데 큰 역할해 줄 것을 기대해본다.

2021년 새해에
역자들을 대표하여
김 종 원 교수

역자 소개

김종원

동의대학교 경영정보학과 교수

학력 인하대학교 경영학사, University of Nebraska-Lincoln MBA, 경영학박사

저역서 생산운영관리(한경사), 경영과학의 이해(센게이지), 경영전략과 기업혁신(청람), 경영의 이해(초아출판사), 생산운영관리(교보문고), 서비스운영관리(청람)

논문 기대일치와 인지된 혜택이 대학의 온라인 수업의 만족도와 지속적 사용 의도에 미치는 영향(정보시스템연구, 2020년) 외 다수

경력 동의대학교 상경대학 학장, 경영대학원장, 한국정보시스템학회 회장, 한국산업정보학회 회장, 한국인터넷전자상거래학회 회장, 한국산업정보학회 편집위원장

이문봉

동의대학교 경영학과 교수

학력 연세대학교 경영학사, 경영학 석사, 경영학박사

저역서 4차 산업혁명 시대의 e-비즈니스의 이해(생능)

논문 배달앱 서비스의 온·오프라인 품질요인이 지속이용의도에 미치는 영향(정보시스템연구, 2020년) 외 다수

경력 한국정보시스템학회 편집위원장

김은정

동의대학교 경영정보학과 교수

학력 동의대학교 경영정보학과 경영학학사, 석사, 박사

논문 키워드 네트워크 분석을 이용한 MIS 교과정보와 NCS 기반 빅데이터 분석 직무역량에 대한 연구(정보시스템연구, 2020년) 외 다수

경력 한국산업정보학회 총무이사, 한국정보시스템학회 사무국장, 한국인터넷전자상거래학회 사무국장

황선주

부산외국어대학교 경영학과 초빙교수

학력 부경대학교 경영대학원 경영학 석사, 부산외국어대학교 글로컬경영학과 경영학박사

논문 A Study on the Reinforced Cargo-Oriented Management Strategy Subject to Changes in the Profit Structure of Korean FSCs during Covid-19(인터넷전자상거래연구, 2020년) 외 다수

경력 한국산업정보학회 이사, 한국인터넷전자상거래학회 상임이사, ㈜유이디자인 경영자문이사, ㈜제이컴즈 자문위원

CONTENTS

PART 1. 비즈니스 환경과 기업유형 2

1장 비즈니스 세계 탐색하기 5

2장 기업 소유권에 따른 기업 유형 43

3장 중소기업, 기업가 정신 그리고 프랜차이즈 79

PART 2. 관리와 조직 111

4장 관리과정의 이해 113

5장 유연한 조직의 설계 141

PART 3. 운영, MIS 및 회계 167

6장 제품과 서비스의 생산 169

7장 경영정보와 회계정보의 활용 205

PART 4. 인적자원 239

8장 핵심 인재의 채용과 유지 241

9장 직원과 팀의 동기부여와 만족 271

PART 5. 마케팅과 재무관리 305

10장 효과적인 마케팅을 통한 고객관계 구축 307

11장 고객을 만족시키는 제품 생산과 가격 책정 339

12장 재무관리의 이해 381

BUSINESS ENVIRONMENT AND BUSINESS TYPE

Viacheslav Lopatin/Shutterstock.com

PART 1.

비즈니스 환경과 기업유형

제1부에서 우리는 비즈니스 세계가 우리 삶에 미치는 영향에 대해 살펴보고, 기업 소유권에 따른 기업 유형에 대해 알아본다. 그런 다음, 실제 비즈니스 세계에서 활동하는 중소기업, 기업가정신 그리고 프랜차이즈에 대해 배운다.

EXPLORING THE WORLD OF BUSINESS AND ECONOMICS

michaeljung/Shutterstock.com

CHAPTER 1.

비즈니스 세계 탐색하기

학습 목표

본 장을 마치면, 당신은 아래 내용을 이해할 수 있다.

1. 비즈니스 성공을 위해 당신이 해야 할 일을 이해한다.
2. 비즈니스 개념을 살펴보고, 비즈니스의 잠재적 위험과 보상을 이해한다.
3. 경제학의 개념을 파악하고, 시장 경제와 계획 경제 체제를 이해한다.
4. 경제적 성과의 측정 방법을 이해한다.
5. 경기 순환주기의 네 가지 단계를 이해한다.
6. 경쟁 형태에 따른 시장 유형을 이해한다.
7. 비즈니스 환경에 영향을 미치는 요인과 비즈니스의 미래 도전을 이해한다.

INSIDE BUSINESS

비즈니스 들여다보기

A는 글로벌 거인인 Alphabet을 의미한다.

당신은 Alphabet이라는 기업을 알고 있습니까? Alphabet은 세계에서 가장 가치 있는 기업 중 하나로, 다양한 첨단 제품과 서비스를 끊임없이 제공하고 있다. 설령 당신이 실리콘 밸리에 소재한 이 기업에 익숙지 않더라도 세계에서 가장 유명한 회사인 구글(Google)은 잘 알 것이다. 매년 750억 달러 상당의 Alphabet 수익은 검색 서비스 제공, 광고 판매, 클라우드 스토리지 공급을 통해, 그리고 지메일, 안드로이드, 크롬을 운영하는 구글 자회사들로부터 얻는다.

또한, Alphabet은 두 개의 생명 공학 자회사, 유망한 신생기업(startup)을 발굴하는 두 개의 투자기관, 그리고 실험적 벤처를 위한 연구소(일명 X로 불림)를 운영 중이다. 그 외 다른 자회사들은 도시 지역의 고속 인터넷 설치와 앱으로 제어되는 "스마트 홈" 시스템을 구축하고 있다. 요컨대, 거대한 글로벌 수익을 추구하는 모회사의 장기 계획의 일환으로 Alphabet 비즈니스는 다양한 프로젝트로 이루어져 있다.

Alphabet은 미국에 큰 도움을 주기도 하지만, 경제가 빠르게 성장하는 국가에도 이익을 줄 수 있다. 예를 들어, 인도에는 3억 5천만 명의 인터넷 사용자가 있으며, 몇 년 안에 그 사용자가 두 배로 증가할 것이라 기대된다. 인도 사람들은 각기 다른 언어를 사용하고, 많은 가구가 저소득층이며, 외딴 마을의 생활을 주로 하는 등 여러 이유로 인해 인도에서의 비즈니스는 다소 힘들 수 있다. 그러나 인도에서 사업하는 Alphabet 구글은 철도역에서 무료 와이파이(Wi-Fi)를 제공하고, 마을 사람들에게 온라인 검색을 가르치고, 그리고 11개 언어를 수용하는 키보드를 만듦으로써 자사의 시장을 창출하고 있다. 구글의 최고 경영자는 "세계를 연결하려는 사명이 있다면, 당신은 사람들이 있는 어느 곳이든 가야 한다."라고 조언한다.

알고 있는가?

구글 모회사인 Alphabet은 연간 750억 달러 이상의 매출을 올리며, 전 세계적으로 70,000명 이상의 직원을 고용하고 있다.

우리는 매우 도전적인 세계에 살고 있다. 지난 몇 년 동안 세계가 많이 변했음을 우리는 잘 알고 있다. 최근의 미국 경제는 점차 좋아지고 있다. 실업률은 하락하고, 기업은 새로운 직원을 고용하고, 더 좋은 비즈니스 환경을 만들기 위해 공화당 출신의 Donald Trump 대통령은 경제 개혁과 무역 개선을 계속해서 추진하고 있다. 그렇지만 많은 사람들은 다양한 문제들로 인해 국가의 경제와 미래를 걱정한다. 실제로 사람들은 1929년의 세계 대공황 이후 최악의 경기 침체인 2008년의 세계금융위기를 기억하고 있다. 대다수의 개인, 기업가와 정치인은 국가 경제의 미래가 또 다른 암흑기의 길로 가지 않을까 불안해한다.

어떤 상황에도 미국 경제는 다양한 세계 도전을 극복하고, 동시에 성공을 추구하는 사람에게 기회를 제공하기 위해 끊임없이 변화하고 적응해 가고 있다. <비즈니스 들여다보기>에 소개된 Alphabet의 경우처럼, 미국의 경제체제는 기업이 비즈니스 환경변화에 적응할 수 있도록 많은 자유를 준다. 구글의 모회사인 Alphabet과 직원들은 검색 엔진 서비스, 클라우드 스토리지, 다른 기술제품과 서비스의 수요를 충족시키면서 신제품 및 새로운 서비스를 개발하고 세계 시장에 판매함으로써 더 많은 이익을 창출할 수 있다.

공공의 안전을 위해 기업가는 합법적인 제품과 서비스를 생산하여 자신이 정한 가격에 판매할 수 있다. 각 개인이 무엇을 생산할지, 어떻게 생산할지, 그리고 어떤 가격에 판매할지 등의 의사결정을 할 수 있는 시스템을 **자유 기업 체제(free enterprise system)**라고 한다. 예를 들어, 자유 기업 체제는 Amazon.com이 텔레비전, 장난감, 컴퓨터, 카메라, 의류 등 다양한 제품을 팔 수 있게 하고, Amazon의 소유주와 주주들에게 사업 성공에 대한 이익을 추구할 권리를 보장한다. 그리고 이 체제는 Amazon의 경영층에게 경쟁 서점인 Barnes & Nobles와 소매점인 Best Buy와 경쟁할 자유를 줌과 동시에 소비자에게 선택할 자유를 제공한다.

자유 기업 체제(free enterprise system) 각 개인이 무엇을 생산할지, 어떻게 생산할지, 그리고 어떤 가격에 판매할지 등의 의사결정을 자유롭게 할 수 있는 체제

본 장에서 우리는 비즈니스가 무엇인지 그리고 어떻게 성장했는지를 살펴볼 것이다. 구체적으로 첫째, 비즈니스 성공을 위해 우리가 무엇을 해야 하는지와 비즈니스를 공부해야 하는 이유를 알아본다. 둘째, 소비자의 욕구를 충족시키고 이익을 창출하는 비즈니스의 개념을 살펴본다. 셋째, 기본적인 네 가지 경제 측면에서 자본주의와 계획 경제체제가 어떻게 다른지 알아본다. 그런 다음에, 우리는 경제적 성과의 측정 방법, 경기 순환주기의 네 가지 단계, 그리고 경쟁 형태에 따른 네 가지 시장 유형을 살펴본다. 마지막으로 우리는 현재의 비즈니스 시스템과 환경에 영향을 미친 사건들과 비즈니스의 미래 도전을 알아본다.

1-1 변화하는 비즈니스 세계

 # 학습목표 **비즈니스 성공을 위해 당신이 해야 할 일을 이해한다.**

이번 절의 핵심어는 "변화하기(changing)"이다. 회사의 경영진과 직원들은 기업의 생산성 향상, 수익 증대, 그리고 경쟁력 확보를 위해 '우리는 지금 무엇을 해야 하지?'라는 질문을 한다. 이 질문이 적절하긴 하지만 뾰족한 답을 찾기는 쉽지 않다. 특히 경영학 과목을 수강하는 대학생이나 이제 막 경력을 시작한 직원의 경우 이 질문의 답을 찾는 것은 더욱 어렵다. 그러나 열심히 일하고, 끊임없이 배우고, 그리고 변화에 적응할 능력이 있는 사람들은 분명히 그 기회를 가질 것이다. 다음의 세 가지 기본 개념을 살펴보자.

- ✔ 당신은 무엇을 원하는가?
- ✔ 당신은 왜 그것을 원하는가?
- ✔ 당신이 원하는 그것과 그 이유를 적어보자.

세계에서 가장 존경받는 흑인 기업가인 Joe Dudley는 미국 전역에 방송된 TV 토크쇼에서 비즈니스 성공을 원하는 사람들에게 유익한 조언을 하였다. 그의 조언은 당신이 성공하는 데 큰 도움을 줄 수 있다. Dudley 성공의 놀라운 점은 자신의 아내와 자녀를 오로지 직원으로 두면서 새로운 사업을 부엌에서 시작했다는 것이다. 그는 헤어케어와 화장품 제품을 직접 개발하고, 이를 미국과 외국의 미용사, 이발사, 미용학교, 그리고 소비자에게 직접 판매했다. 자신의 노력과 강한 윤리를 바탕으로, Dudley는 자신의 기업을 오늘날 경쟁이 치열한 화장품 업계에서 인정받으며 존경받는 회사로 만들었다. 그는 성공한 사업가일 뿐만 아니라 역경을 이겨낸 사람에게 수여되는 Horatio Alger Award의 수상자이기도 하다.

Dudley의 성공을 단순히 행운으로 돌리는 사람들도 있지만, 성공의 진실은 그가 꿈을 가졌고, 그 꿈을 이루기 위해 열심히 일했다는 점이다. 그는 자신이 가졌던 기회가 우리에게도 똑같이 있음을 조언한다. Dudley는 "성공은 종착점이 아니라 여정이다(success is a journey, not just a destination)."라는 말로 자신의 인생관을 나타낸다.

대학 등록금과 생활비를 위해 아르바이트를 하거나, 정규직원으로 회사 경력을 시작하거나, 혹은 스스로 사업을 시작하든, 당신은 다른 사람과 차별화할 수 있는 무언가를 가져야 한다. 기업주와 우리의 경제시스템은 당신에게 과거보다 더 많은 것을 요구한다. 다음 질문을 고민해보자: 기업이 나에게 급여를 주게 하려면 나는 무엇을 할 줄 알아야 할까? 기업이 나에게 어떤 기술을 요구할까? 이 두 가지 질문을 염두에 두고, 우리는 기본적인 다른 질문으로 다음 절을 시작한다: 왜 비즈니스를 공부하는가?

1-1a 비즈니스를 공부하는 이유

높은 교육의 잠재적 이점은 상당하다. 우선 경제적 이점을 들 수 있다. 평생 동안 대학 졸업생은 평균적으로 고등학교 졸업생보다 훨씬 많은 돈을 번다. 대학 졸업생의 평생 소득도 실질적으로 높지만, 연간 소득도 높다(그림 1.1 참고). 높은 소득 외에, 비즈니스를 공부해야 하는 다섯 가지 추가적인 이유가 있다.

직업 선택에 대한 도움

무엇을 하면서 살고 싶은가? 당신은 많은 사람처럼 이 질문의 답을 찾기 쉽지 않을 것이다. 본 경영학의 공부를 통해 당신은 다양한 일자리를 알게 된다. 민간 기업의 경우, 개인 소유의 지역 소기업부터 American Express, Marriott 호텔 등의 대기업까지 다양하다. 다른 일자리로는 공기업, 중앙정부와 지방자치단체의 국가기관, 적십자와 같은 비영리단체 등이 있다. 어떤 일자리가 있는지를 구체적으로 알고 싶으면, 직업 정보를 제공하는 인터넷 웹 사이트를 살펴보길 바란다. 특히 본인의 직업 탐색과 경력 향상을 위해 온라인 네트워킹을 이용하는 것도 바람직하다. Facebook,

그림 1.1 누가 돈을 가장 많이 버는가?

Source: "Educational Attainment of Householder—Households with Householder 25 Years Old and Over by Median and Mean Income," The U.S. Census Bureau at www.census.gov (accessed December 22, 2016).

Twitter, LinkedIn, 기타 소셜 미디어 사이트 등의 웹 사이트를 통해 일자리 정보를 얻을 수 있다.

이상적인 직업과 경력은 개인마다 차이가 있다. 어떤 사람에게는 만족스러운 직업인 반면 다른 사람에게는 아닐 수 있다. 예를 들어, 어떤 사람은 마케팅, 생산, 혹은 금융 서비스 분야에서 성공한 CEO와 임직원으로서의 경력을 꿈 꾸며, 또 다른 사람은 큰 연봉과 안정적인 고용을 원할 수 있다. 또 어떤 사람은 어느 정도의 경제적 소득을 유지하면서 봉사하는 삶을 추구하기도 한다. 어떤 직업과 경력을 선택하든, 자신이 인생에서 가장 중요하게 느끼는 일자리를 선택하는 것이 바람직하다.

성공적인 직원이 되기 위해

우선적으로 해야 할 일은 본인이 원하는 직업 유형(분야)을 정하는 것이다. 자신이 선택한 분야에서 일자리를 구하고 성공하기 위해서는 그 직업에 필요한 기술과 지식을 습득하는 계획과 로드맵을 세워야 한다. 이는 당신이 기업주라면 어떤 직원을 채용할지 반대로 생각하면 쉽게 이해할 수 있다. 또 문화적으로 다른 배경을 가진 사람들과 잘 어울리면서 일할 수 있는 능력이 필요하다. **문화적 (또는 직장) 다양성(cultural or workplace diversity)**은 직장에서 일하는 사람들의 인종, 민족, 성별 등의 차이로 발생한다. 미국 기업에 취업하고 싶은 경우, 자신의 직무 수행 능력을 강조하면서 문화적 다양성을 잘 수용하고 활용할 수 있는 점을 부각하면 큰 도움이 될 것이다.

문화적 (또는 직장) 다양성 (cultural or workplace diversity) 인종, 민족, 성별 등 다양한 배경의 사람들이 한 직장에 근무함으로써 발생

본 교과서, 담당 교수님, 그리고 대학의 강의 시설을 통해 당신은 자신의 미래 직업과 경력 성공에 필요한 기술과 지식을 습득할 수 있다. 그러나 꿈을 현실로 만드는 데는 자신의 노력이 무엇보다 중요하다. 특정 직업에 필요한 기술과 지식 외에도, 기업주는 신입 직원을 채용하거나 기존 직원을 승진시킬 때 다음과 같은 특성을 살핀다.

- ✔ 정직과 성실(honesty and integrity)
- ✔ 열심히 일하려는 의지(willingness to work hard)
- ✔ 믿을 수 있음(dependability)
- ✔ 시간 관리 능력(time management skills)
- ✔ 자신감(self-confidence)
- ✔ 동기부여(motivation)
- ✔ 배우려는 의지(willingness to learn)
- ✔ 의사소통 능력(communication skills)
- ✔ 전문직업의식(professionalism)

신입 직원을 뽑는 경우, 기업주는 지원자의 학교 프로그램 참석 여부, 수업 프로젝트 참여 정도, 학기 혹은 방학 중의 아르바이트 등의 직무 관련 경험을 중요하게 여기기도 한다.

성공을 위한 마법의 열쇠가 있을까?

삶에 대한 성공의 열쇠는 즐거운 직업을 찾는 것이다. 다음 격언은 이 말의 의미 해석에 도움이 된다.: "원하는 직업을 찾으면, 온종일 일해도 힘들지 않다."

iStock.com/BrianAJackson

경력 쌓기

구직자가 소셜 미디어 유명 인사로부터 배울 수 있는 것

많은 유명인은 소셜 미디어를 활용하여 팬과 소통하고 자신의 프로젝트를 홍보하고 있다. 당신이 직업을 구하고자 할 때 소셜 미디어 스타들이 하는 방식대로 따라 할 필요가 있다. 우선, 자신이 원하는 이미지를 설정하고, 그 이미지를 소셜 미디어를 이용하여 홍보한다. 가수 Rihanna는 Instagram에 자신의 패션 감각을 보여주며, snapchat(사진이나 영상을 주고받을 수 있는 소셜 미디어 서비스)을 이용하여 자신의 일상생활을 알린다. 영화배우 Vin Diesel은 Facebook에 자신이 출현한 영화를 홍보할 뿐만 아니라 자신의 사생활을 들려준다. 당신이 메모, 사진, 동영상을 올릴 때 미래의 기업주가 LinkedIn과 기타 소셜 미디어 사이트에서 당신을 확인할 가능성이 있음을 명심해야 한다.

둘째, 자신이 세계를 위해 무엇인가 적극적인 활동을 하고 있음을 소셜 미디어를 통해 홍보한다. 소셜 미디어 유명인은 종종 본인이 세계를 위해 참여한 활동을 올린다. 예를 들어, 멸종 위기의 동물을 구한 일, 무주택 서민의 주거 해결을 위한 해비타트 운동에 참여한 일 등을 소셜 미디어를 이용하여 알린다. 이를 통해 미래의 기업주는 지원자의 열정, 배려, 희생, 헌신 등을 알 수 있다.

셋째, 변화 적응을 위해 끊임없이 배운다. 소셜 미디어 유명인이 그 동향에 맞게 해시태그(hashtag, 특정 단어 또는 문구 앞에 '#'를 붙여 연관된 정보를 한데 묶는 기능)를 사용하는 것처럼, 당신은 신속히 변하는 비즈니스와 기술에 적응해야 한다. 그 어느 때보다 기업주는 이러한 변화에 빠르게 적응하는 지원자를 원한다. 특히 소셜 미디어 유명인은 최신 변화에 앞서 나가고 싶어 하므로 당신은 이들의 움직임을 주시하고 배울 필요가 있다.

Sources: Based on information in Deepa Seetharaman, "What Celebrities Can Teach Companies About Social Media," Wall Street Journal, October 14, 2015, www.wsj.com/articles/what-celebrities-can-teach-companies-about-social-media-1444788220; Sarah K. White, "7 Social Media Mistakes Job Seekers Must Avoid," CIO Magazine, July 23, 2015, ww.cio.com/article/2951765/social-networking/7-social-media-mistakes-job-seekers-must-avoid.html; Patrick Gilloly, Why You Need Social Media,"

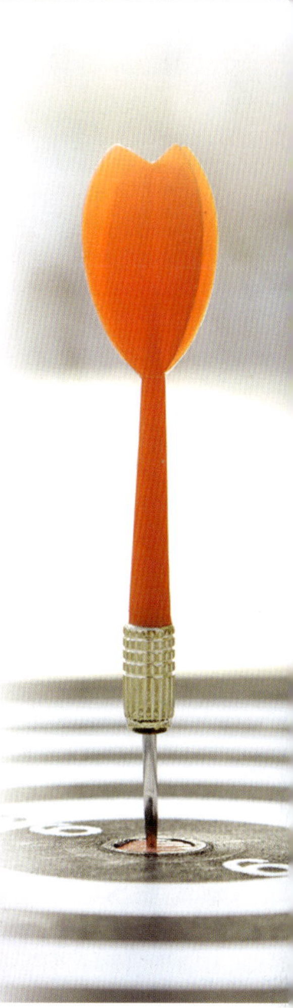

관리능력의 향상을 위해

많은 직원은 관리자가 되길 원한다. 관리자가 되면 더 높은 급여를 받고 조직 내의 승진 가능성이 크기 때문이다. 하지만 높은 급여와 승진을 위해서는 많은 시간과 노력이 필요하다. 기업주는 글로벌 경쟁의 심화, 품질 향상의 추구, 그리고 경영자원의 효율적 사용 등의 여러 문제를 해결하기 위해 그 어느 때보다 많은 것을 관리자에게 기대한다.

효과적인 관리자가 되기 위해서는 기본적인 네 가지 관리기능(management functions)을 수행해야 한다: 기획(planning), 조직화(organizing), 지휘 및 동기부여(leading & motivating), 통제(controlling). 네 가지 관리기능에 대해서는 4장 관리 과정의 이해에서 상세히 다룬다. 또한, 관리자는 이러한 관리기능을 성공적으로 수행하기 위해서 네 가지 기술을 지녀야 한다.

- ✔ 개념적 기술(conceptual skills)-"큰 그림"을 보기 위해 추상적으로 생각하는 능력. 이 기술을 보유한 관리자는 조직의 다양한 아이디어와 여러 부분을 결합할 수 있다.

- ✔ 분석적 기술(analytic skills)-문제를 올바르게 파악하고, 합리적인 대안을 제시하며, 문제 해결에 적합한 "최상의" 대안을 선택하는 능력.
- ✔ 대인관계 기술(interpersonal skills)-개별 직원, 타부서의 관리자, 그리고 회사 외부의 사람을 효과적으로 대처하는 능력.
- ✔ 기술적 능력(technical skills)-조직의 특정 업무를 수행하는 데 필요한 기술. 관리자가 실무를 직접 수행하지는 않지만, 직원을 교육하고 실무적 질문에 답할 수 있어야 한다.

성공적인 관리자가 되기 위해서는 위에 제시한 네 가지 기술 외에도 성공한 직원이 지닌 특성들을 많이 갖춰야 한다.

자신의 사업을 시작하기 위해

어떤 사람들은 스스로 일하는 것을 선호하여 자신의 사업을 시작한다. 자신의 사업에 성공하기 위해서 사업주는 회사에서 성공한 직원과 관리자가 지닌 특성들을 많이 가져야 하며 오랜 시간 열심히 일해야 한다. 그리고 사업주가 고객이 원하는 제품이나 서비스를 제공할 아이디어가 있는 경우에는 성공할 가능성이 더 크다. 예를 들어, Pierre Omidyar는 1995년 eBay 경매 웹 사이트를 오픈했다. 이 웹 사이트는 25년 동안 구매자와 판매자에게 정직하고 개방된 시장을 제공하기 위해 최선을 다했다. 당신은 새로운 제품이나 중고제품, 일반적 제품이나 고급 제품, 혹은 유행하는 제품이나 독특한 제품을 사거나 팔 때 eBay를 이용할 수 있다. 오늘날, eBay의 성공은 Omidyar의 독창적인 아이디어와 꿈을 현실로 만들기 위한 그의 부단한 노력의 결과이다.

불행히도 많은 기업이 실패한다. 중소기업의 약 70%가 처음 10년 이내에 도산한다. 사업 실패의 전형적인 이유로는 자본 부족, 사업장 위치의 부적절, 고객 서비스의 열악함, 직원의 미자격과 불충분한 교육, 사기, 사업 계획의 부재, 외부 전문가의 도움 부재 등을 들 수 있다. 3장에서 다루는 중소기업, 기업가정신, 프랜차이즈와 관련된 주제와 사례는 당신의 사업 결정 여부와 사업상 발생하는 여러 문제점을 극복하는 데 도움을 준다.

현명한 소비자와 투자자가 되기 위해

우리는 비즈니스 세계에 둘러싸여 있다. 비즈니스 거래 없이, 우리는 집, Ford의 하이브리드 자동차, Gap의 청바지, 혹은 길거리에서 판매하는 핫도그를 살 수 없다. 일상생활을 하면서 우리는 거의 매일 비즈니스 거래를 하고 있으므로 현명한 소비자가 되기 위해서는 비즈니스를 공부해야 한다.

또한, 많은 사람은 비즈니스의 기본적인 지식을 바탕으로 미래 투자를 한다. 히스패닉 출신의 주식 중개인이자 *Get Your Share* 저자인 Julie Stave는 "25달러는 소액이지만, 당신이 주식에 대한 지식과 결단력이 있으면 이 돈을 크게 불릴 수 있다."라고 한다. 그녀는 당신이 돈을 투자하기 전에 경제와 비즈니스, 주식, 뮤추얼 펀드, 그리고 다른 투자안에 대한 기본적인 지식을 배울 것을 권유한다. 그녀는 또한 투자는 빨리 시작할수록 좋으며, 부자가 되고 싶은 꿈만으로는 그 꿈을 이룰 수 없다고 조언한다. 실제로 개인의 삶과 마찬가지로, 자신이 세운 금전적 목표를 달성하기 위해서는 다양한 투자 프로그램에 대한 지식, 투자계획, 그리고 개인의 결단력이 필요하다.

Svesla Tasla/Shutterstock.com

1-1b 본 교재의 특징

본 교재를 공부하는 독자들은 교과서 내용이 전혀 어렵지 않다는 사실을 명심하길 바란다. 저자들은 일반적인 수업에서 겪을 수 있는 여러 문제점을 없애기 위해 최선의 노력을 했다. 각 장의 모든 내용은 수년간의 교육 경험이 있는 교수들과 비즈니스 강의를 수강한 학생들로부터 도움을 받았다. 그들의 평가와 의견을 참고하여 저자들은 본 교재를 다음과 같이 구성하였다.:

- ✔ *학습 목표(learning objective)*는 각 장의 시작 부분에 제시된다.
- ✔ *비즈니스 들여다보기(inside business)*는 성공한 기업의 실제 사례를 제시하여 각 장의 해당 주제가 쉽게 이해되도록 돕는다.
- ✔ *양쪽 측면(margin note)*에 학습 목표와 주요 용어가 제시된다.
- ✔ *사례들(boxed features)*은 직원과 기업가의 성공 이야기, 윤리경영과 사회적 책임, 환경운동에 관한 내용을 담고 있다.
- ✔ *마지막 부분(end-of-chapter materials)*은 각 장의 요약, 주요 용어, 토론 문제로 구성된다.

1-2 비즈니스: 정의

 # 학습목표　비즈니스 개념을 살펴보고, 비즈니스의 잠재적 위험과 보상을 이해한다.

비즈니스(business) 사회적 필요를 충족시키는 제품과 서비스를 생산하고 판매하여 이익을 추구하려는 각 개인의 조직화된 노력

비즈니스(business)란 사회적 필요를 충족시키는 제품과 서비스를 생산하고 판매하여 이익을 추구하려는 각 개인의 조직화된 노력을 말한다. 비즈니스 용어는 사회를 구성하는 개인들의 이

익 창출 노력을 의미하기도 하지만, 삼성전자와 Cinemark Theatre처럼 특정 기업을 의미하기도 한다. 비즈니스가 성공하려면 다음 세 가지 활동이 반드시 수행되어야 한다. 그것은 바로 조직화(organized), 필요 충족(satisfy needs), 그리고 이익 창출(earn a profit)이다.

1-2a 경영자원의 조직화

비즈니스를 잘 하려면 기업은 네 가지 경영자원(물적 자원, 인적 자원, 재무 자원, 정보 자원)을 적절히 조직화하는 것이 필요하다. *물적 자원(material resource)은* 제조과정에 사용되는 원자재(원재료), 기계, 건물로 이루어진다. 예를 들어, Mrs. Fields Cookies는 밀가루, 설탕, 버터, 계란 등의 원재료를 이용하여 식품을 생산하고, 전 세계에 판매한다. 이 회사는 원재료 등의 물적 자원 외에 인적 자원, 재무 자원, 정보 자원도 필요하다. *인적 자원(human resource)은* 임금을 위해 노동을 제공하는 사람들이다. *재무 자원(financial resource)은* 직원의 임금 지급, 원자재 구매, 사업 운영에 드는 돈이다. *정보 자원(informational resource)은* 비즈니스 관리자에게 다른 세 가지 경영자원을 효과적으로 조직화하는 방법을 알려준다(그림 1.2 참고).

오늘날 비즈니스는 크게 세 가지로 분류된다. *서비스업(service business)은* 이발, 법률 상담, 세금 준비와 같은 서비스를 만들어낸다. H&R Block은 미국, 캐나다, 호주에서 기업과 소비자를 대상으로 세금 준비, 소매금융, 경영 컨설팅의 서비스를 제공한다. *제조업(manufacturing business)은* 여러 원자재를 가공하여 트럭, 수건, 컴퓨터와 같은 유형의 제품을 만들어낸다. 예를 들어, Intel은 컴퓨터 칩을 만들어 컴퓨터를 제조하는 회사에 판매한다. 마지막으로, *마케팅 중개업(marketing intermediary)은* 제조업체로부터 제품을 구매한 후 그 제품을 소비자에게 판매한다. 제조업체인 Sony는 스테레오 장비, TV, 기타 전자제품을 생산한다. 이러한 제품은 Best Buy와 Walmart와 같은 마케팅 중개업체(보통 소매업체)에 판매된다. 그 제품은 마케팅 중개업체의 점포에서 소비자에게 재판매된다.

그림 1.2 경영자원의 조직화

비즈니스가 성공하기 위해선 네 가지 경영자원을 효과적으로 조직화해야 한다.

대부분의 사람은 소매업체를 "주변에 항상 있는 가게"로 생각하지만, 오늘날 많은 소비자는 온라인 쇼핑을 선호한다. 소매업체 중에는 제품과 서비스를 단지 온라인으로만 판매하는 인터넷 기업도 있으며, 오프라인과 온라인으로 동시에 판매하는 전통적인 기업도 있다. 예를 들어, 성공적인 인터넷 소매업체인 Zappos는 온라인에서만 자사의 제품을 판매한다. 반면에 Macy's는 오프라인 매장과 온라인 모두에서 제품을 판매한다. 시장 조사에 따르면, 온라인 쇼핑과 e-business를 사용하여 제품과 서비스를 구매하는 사람들의 수가 매년 계속 증가하고 있다. 실제로 세계 최대 소매업체인 Walmart는 Amazon과 경쟁하기 위해 온라인 판매를 늘려야 하는 압력을 받고 있다. 본 교재는 **e-비즈니스(e-business)**를 인터넷을 이용하여 사회적 필요를 충족시키는 제품과 서비스를 생산하고 판매하여, 이익을 추구하려는 각 개인의 조직화된 노력으로 정의한다. 오늘날 e-비즈니스는 판매와 이익을 증가시키고 비용을 절감하는 하나의 비즈니스 방식으로 널리 인정받고 있다.

e-비즈니스(e-business) 인터넷을 이용하여 사회적 필요를 충족시키는 제품과 서비스를 생산하고 판매하여, 이익을 추구하려는 각 개인의 조직화된 노력

1-2b 필요 충족

모든 기업의 궁극적인 목표는 소비자의 필요(혹은 욕구)를 충족시키는 것이다. 사람들은 일반적으로 단지 소유하기 위해 제품과 서비스를 구매하기보다는 제품과 서비스를 사용하여 자신의 특정 욕구를 충족시키기 위해 구매한다. 장소 이동에 사용할 목적으로 모든 기능(자동 변속기, 내비게이션, 스테레오 시스템, 냉난방 시트, 파워 윈도우, 원격 제어 사이드미러, 에어컨 등)이 장착된 고급 BMW 차여야 만족하는 사람이 있는 반면에 수동 변속기가 장착된 실용적인 Chevrolet Sonic 차라도 충분히 만족하는 사람도 있다. 두 회사의 자동차가 고객의 욕구를 충족시키는 것처럼, 장소 이동이라는 욕구를 충족시킬 수 있는 다양한 특성을 가진 자동차가 있을 수 있다.

기업은 자사 고객의 욕구를 이해하고 이러한 욕구를 충족시키기 위해 노력하면 성공할 가능성이 크다. 1962년에 Sam Walton은 아칸소주 Rogers에 첫 매장을 열었다. 이 첫 매장은 현재의 Walmart 매장들과는 상당히 다르지만, 저렴한 가격의 제품과 친절한 고객 서비스를 제공하려는 기본적 아이디어는 이 회사가 세계에서 가장 큰 소매업체로 성장한 비결 중 하나이다.

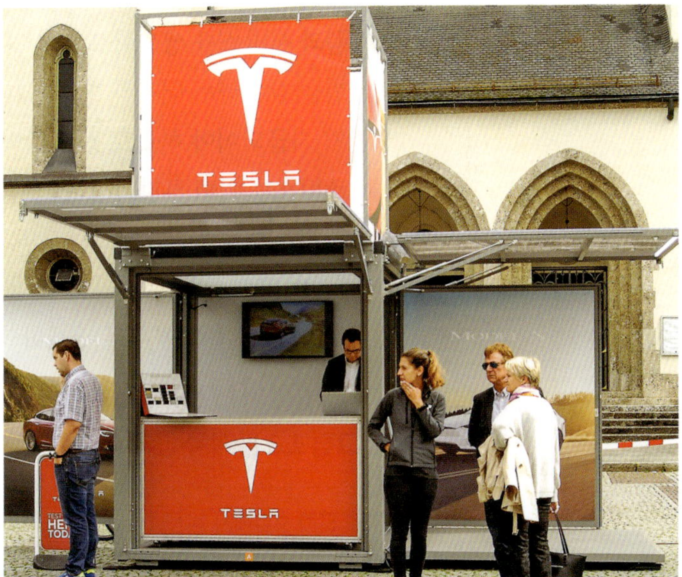

Svesla Tasla/Shutterstock.com

길거리에 새 차가 있다. 기업은 고객의 욕구를 충족시키기 위해 종종 신제품을 개발한다. Tesla Motors의 목표는 전통적인 휘발유 자동차가 가진 모든 기능을 탑재할 전기 자동차를 만드는 것이다. 사람들은 이를 확인하기 위해 테슬라의 신차를 사기 전에 시험 운전을 한다. 위 사진은 시험 운전을 기다리는 사람들의 모습이다.

1-2c 비즈니스 이익

기업은 자사의 고객에게 제품과 서비스를 판매하고 그 대가로 돈(판매 수입)을 받는다. 또 기업은 제품과 서비스의 생산과 관련된 모든 비용을 지급한다. 판매 수입이 비용보다 많으면 기업은 이익을 얻는다. 보다 구체적으로, **이익(profit)**은 판매 수입(혹은 수익)에서 모든 비용을 빼고 남은 금액이다(그림 1.3 참고).

이익(profit) 판매 수입(혹은 수익)에서 모든 비용을 빼고 남은 금액

기업의 비용이 판매 수입보다 클 때 발생하는 마이너스 이익을 *손실(loss)*이라고 한다. 기업은 오랜 기간동안 손실로 운영될 수는 없다. 경영진과 직원은 판매 수입을 높이고 비용을 줄여 이익을 창출하는 방법을 찾아야 한다. 손실을 없애는 특정 조치가 취해지지 않으면 기업은 큰 위험에 처하거나 도산할 수 있다.

많은 사람, 특히 기업주와 주주는 이익이 비즈니스의 최우선 목표라고 생각하지만, 이해 관계자는 기업의 사회적 책임을 중요시하는 경향이 있다. **이해 관계자(stakeholder)**는 조직의 정책, 의사결정, 활동 등에 의해 영향을 받는 모든 사람 혹은 단체를 의미한다. 그래서 많은 기업은 사회적 책임에 관한 연례 보고서에 사람들의 더 나은 삶을 위해 자사가 참여한 자선 활동과 지구 보존의 환경친화적 활동을 상세히 기술한다. 예를 들어, General Mills는 최신 사회적 책임 보고서에 2015년 1억 5천만 달러 이상을 기부하였고, 1954년 이래로 기아에 있는 사람들과 다양한 자선단체에 190억 달러를 기부한 사실과 그 기부 방법을 기술하고 있다.

이해 관계자(stakeholder) 조직의 정책, 의사결정, 활동에 의해 영향을 받는 모든 사람 혹은 단체

비즈니스로 얻은 이익은 사업주의 재산이 된다. 따라서 어떤 의미에서 이익은 고객이 원하는 제품과 서비스를 생산함으로써 얻게 되는 사업주의 보상이라 할 수 있다. 이익은 또한 사업주가 위험을 감수하는 대가라 할 수 있다. 이러한 위험 중 하나는 직원, 공급업체, 그리고 채권자에게 먼저 지급되어야 하므로 사업주의 대가가 없을 수 있다는 점이다. 또 다른 위험으로, 사업주는 비즈니스를 위해 투자한 모든 것을 잃을 수 있다는 점이다. 이익이 창출되지 않은 비즈니스는 결국 사업주의 노력, 시간, 그리고 투자금 모두를 잃게 한다.

사회적 욕구를 충족시키고 이익을 얻기 위해서 비즈니스는 국가의 경제체제 내에서 운영되어야 한다. 다음 절에서는 경제학의 개념을 파악하고, 두 가지 유형의 경제체제를 살펴본다.

그림 1.3 판매 수입과 이익의 관계

이익은 판매 수입에서 비용을 빼고 남은 금액이다.

윤리 및 사회적 책임

기업은 자사의 사회적 책임을 지원하기 위해 재단 기금을 만든다.

미국의 주요 기업은 자사 소유의 재단 기금으로 희귀병 치료, 공립 학교 개선, 도심지 공원 정비사업 등의 공익을 위해 자사의 사회적 책임을 다하려고 한다. 세금이 면제되는 비영리단체로서, 재단은 지원하고자 하는 공익사업을 위해 기금을 모은다.

일부 기업은 자선 기부를 위해 수십 년 전에 재단을 설립했다. 예를 들어, General Electric의 GE 재단은 60년 이상 교육 활동에 돈을 기부해 왔다. 최근 GE 본사를 Boston으로 옮길 때 GE 재단은 도시 공립 학교와 보건소를 위한 기금을 제공하고 주변 지역에 실무 교육을 지원하기 위해 5년간 5천만 달러의 기부 일정을 발표했다.

모든 재단이 오랜 역사를 가지고 있는 것은 아니다. 의약품을 공급하는 AmerisourceBergen은 2014년에 재단을 설립했다. 이 기업의 여러 사업부에서는 수년간 사회적 책임 프로젝트를 활발하게 해왔다. AmerisourceBergen의 재단 설립은 자사 사업부들의 자선 활동을 강화하기 위해서였다. 이 재단은 개발도상국의 의료 센터 설치와 희귀병 연구를 위해 기금을 제공한다.

기업과 마찬가지로 재단도 때때로 이름을 변경한다. 예를 들어, General Motors 재단은 자사의 시장영역이 국제적으로 더욱 확장됨에 따라 GM Philanthropy and Corporate Giving으로 이름을 변경하였다. GM은 Detroit에 기반을 두고 있어서 그 지역의 학교와 공익단체에 최선을 다하고, 또한 국제 구제 활동에도 많은 기부를 하고 있다.

Sources: Based on information in Fabiola Cineas, "Q&A With President of AmerisourceBergen Foundation," Philly Magazine, November 23, 2016, www.phillymag .com/business/2016/11/23/amerisource-bergen-foundation-gina-clark; Eden Stiffman and Alex Daniels, "Grants Roundup: GE Foundation Awards $50 Million to Boston Organizations," Chronicle of Philanthropy, April 6, 2016, www.philanthropy.com/article /Grants-Roundup-GE-Foundation/235986; Carol Cain, "General Motors Shakes Up Charitable Giving Organization," Detroit Free Press, August 20, 2016, www.freep.com /story/money/business/columnists/carol-cain/2016/08/20/general-motors-shakes-up -charitable-giving-organization/89003996.

1-3 경제체제의 유형

#학습목표 **경제학의 개념을 파악하고, 시장 경제와 계획 경제 체제를 이해한다.**

경제학(economics) 부가 어떻게 만들어지고 분배되는지를 연구

경제학(economics)은 부가 어떻게 만들어지고 분배되는지를 연구한다. 기업에 의해 생산되고 판매되는 제품과 서비스와 같이, *부(wealth)*는 "가치가 있는 것"을 의미한다. 부가 분배되는 방법은 "누구에게 무엇을 줄 것인가"를 다룬다. 전문가들은 종종 경제학을 이용하여 우리의 선택과 의사결정이 일상생활의 필요에 따라 어떻게 변하는지를 설명한다. 간단히 말해서 개인, 기업, 정부, 사회는 특정 시간에 각자에게 중요한 것을 선택하는 의사결정을 해야 한다. 예를 들어, 당신은 이국적인 휴가지로 주말여행을 가거나 혹은 투자 프로그램을 시작하려고 한다고 가정하자. 부족한 자금으로 인해 둘 중 하나를 선택해야 한다면 당신은 자신에게 가장 중요한 것을 취

해야 한다. 마찬가지로 기업, 정부, 사회는 같은 유형의 의사결정에 직면한다. 각 경제주체는 중요한 의사결정을 내릴 때 희소성을 고려해야 한다. 여기서 *희소성(scarcity)*은 우리의 욕구를 충족시켜 줄 수 있는 "자원(돈, 시간, 천연자원 등)의 부족 상태"를 가리킨다.

미시경제학(microeconomics) 개인과 기업의 의사결정에 관한 연구

거시 경제학(macroeconomics) 국가 경제와 세계 경제에 관한 연구

오늘날 전문가들은 미시 경제학과 거시 경제학의 두 가지 관점에서 경제 문제를 연구한다. **미시 경제학(microeconomics)**은 개인과 기업의 의사결정에 관한 연구이다. 예를 들어, 미시 경제학은 주택 가격이 개인이 구매할 주택 수에 어떤 영향을 미치는지 조사한다. 반면 **거시 경제학(macroeconomics)**은 국가 경제와 세계 경제에 관한 연구이다. 거시 경제학은 국민 소득, 실업, 인플레이션, 세금, 정부 지출, 금리 등이 국가와 사회에 미치는 경제적 영향을 조사한다.

경제체제(economic system) 부의 창출과 분배를 다루는 방식

생산 요소(factors of production) 제품과 서비스를 생산하는 데 사용되는 자원

개인, 기업, 정부, 사회가 내리는 의사결정과 그리고 사람들이 부의 창출과 분배를 다루는 방식에 따라 국가의 **경제체제(economic system)**가 결정된다.

수년에 걸쳐 세계의 경제체제는 (1) 생산 요소의 소유권과 (2) 한 국가의 경제활동에서 발생하는 기본적인 네 가지 경제 문제를 어떻게 다루는가에 따라 구분된다.

생산 요소(factor of production)는 제품과 서비스를 생산하는 데 사용되는 자원이다. 다음과 같은 네 가지 요소가 있다:

상어 TV 프로그램을 아십니까? 이 상어 TV 프로그램을 아십니까? 인기 있는 ABC TV 시리즈인 "Shark Tank"는 각 영역의 전문가 다섯 명(사진 속 인물들)이 자금이 필요한 기업가의 제품 및 서비스에 관한 새로운 아이디어를 평가한다. 유명 인사들은 아이디어에 대한 평가를 토대로 그 아이디어가 맘에 든다면 종종 소유권을 대가로 새로운 벤처 자금을 제공한다.

Kathy Hutchins/Shutterstock.com

- ✔ *토지와 천연자원(land and natural resource)*—가전제품, 자동차, 그 외 제품을 만드는 데 사용할 수 있는 요소. 전형적인 예로는 원유, 산림, 광물, 땅, 물, 심지어는 공기가 포함된다.
- ✔ *노동(labor)*—생산을 위한 인간의 모든 정신적, 육체적 노력과 시간. 여기에는 관리자와 직원과 같은 인적 자원이 포함된다.
- ✔ *자본(capital)*—조직 운영에 사용되는 돈, 시설, 장비, 기계. 대부분의 사람은 자본을 돈이라고 생각하지만, Pepperidge Farm의 생산 시설 혹은 McDonald 's 본사에서 사용되는 컴퓨터도 자본에 포함된다.

Sergey Nivens/Shutterstock.com

미래의 물결 : 녹색 자원 세계의 산업 리더들은 공장 가동과 산업 생산에 필요한 연료를 공급하기 위해 항상 석유와 가스에 의존해왔다. 하지만, 우리 주변에 새로운 자원이 존재한다. 소비자와 과학자들이 환경 문제의 심각성을 지적함에 따라, 많은 국가는 비즈니스 리더에게 풍력, 수력, 태양광 등의 새로운 에너지원을 개발하도록 권장하고 있다.

- ✔ *기업가정신(entrepreneurship)*—토지와 천연자원, 노동, 자본을 조직하는 기업가의 활동. 이것은 위험을 감수하고, 다른 생산 요소를 효율적으로 사용할 수 있는 기업가의 지식과 능력이 포함된다. **기업가(entrepreneur)**는 비즈니스를 위해 위험을 감수하고 자신의 시간, 노력, 돈을 투자하는 사람이다.

기업가(entrepreneur)
비즈니스를 위해 위험을 감수하고 자신의 시간, 노력, 돈을 투자하는 사람

한 국가의 경제체제는 개인, 기업, 정부, 사회의 모든 경제활동에 큰 영향을 미친다. 한 국가의 경제체제가 사회적 욕구를 충족시키기 위해 생산 요소를 어떻게 사용할지를 결정할 때 이러한 영향은 더욱 분명해진다. 오늘날 자본주의와 계획 경제라는 두 가지 경제체제가 존재한다. 아래 나열된 기본적인 네 가지 경제 문제의 대응 방식에 따라 한 국가의 경제체제가 결정된다.

1. *어떤(what)* 제품과 서비스를 얼마나 많이 생산할 것인가?
2. 이 제품과 서비스를 *어떻게(how)* 생산할 것인가?
3. *누구를 위해(for whom)* 제품과 서비스를 생산하는가?
4. *누가(who)* 생산 요소를 소유하고 통제하는가?

1-3a 자본주의

자본주의(capitalism)는 제품과 서비스를 생산하는 사업체를 개인이 소유하고 운영하는 경제체제이다. 자본주의는 스코틀랜드 경제학자 Adam Smith의 이론에서 시작되었다. 1776년에 출판

자본주의(capitalism)
개인이 제품과 서비스를 생산하는 사업체를 소유하고 운영하는 경제체제

그림 1.4 Adam Smith의 자유 방임 자본주의의 기본 가정

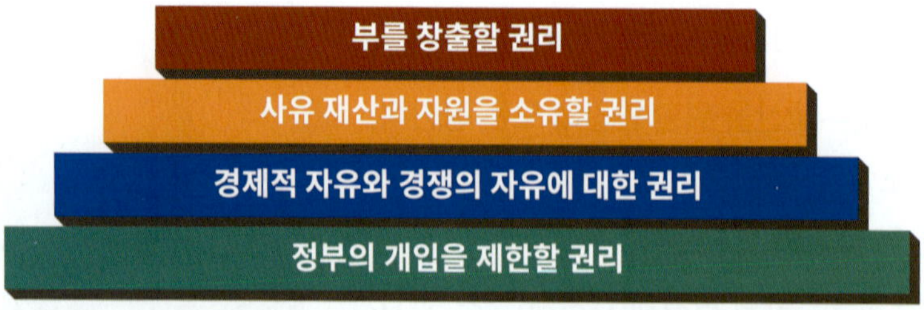

한 자신의 저서 *국부론(wealth of nations)*에서, Smith는 개인의 이익이 사회 전체의 이익을 가져온다고 보았다. Smith에 따르면, 개인들이 자신의 재산을 증식시키기 위해 행동할 때, 그들은 지역 사회의 사람들과 그 지역 사회의 이익에 간접적으로 도움을 준다. Smith는 이 개념을 "보이지 않는 손"이라고 불렀다. **보이지 않는 손(invisible hand)**은 한 개인의 이익이 다른 사람의 이익과 국가 경제에 어떻게 도움이 되는지를 설명하기 위해 Adam Smith가 만든 용어이다. 예를 들어, 신발을 만드는 소기업주는 자신의 부를 증가시키기 위해 제작한 신발을 고객에게 판매한다. 소기업주는 더 많은 신발을 생산하기 위해 근로자를 고용한다. 보이지 않는 손에 따르면, 소기업주의 지역 주민들은 신발을 신을 수 있을 뿐만 아니라 직업도 구할 수 있다. 따라서 지역 사회에 소속된 사람들의 성공과 국가 경제의 성공은 어느 정도 소기업주의 성공과 간접적으로 연결되어 있다.

보이지 않는 손(invisible hand) 한 개인의 이익이 다른 사람의 이익과 국가 경제에 어떻게 도움이 되는지를 설명하기 위해 Adam Smith가 만든 용어

Adam Smith의 자본주의는 다음과 같은 가정을 기반으로 한다(그림 1.4 참고).

❶ 부의 창출은 정부가 아닌 개인의 관심사이다.

❷ 개인은 사유 재산과 부를 창출하는 데 사용되는 자원을 소유한다.

❸ 경제적 자유는 경쟁 시장을 보장하고, 판매자와 구매자는 그 시장에 쉽게 진출하고 퇴출할 수 있다.

❹ 정부의 역할은 외국의 적에 대한 방어, 치안 유지, 공공사업과 교육 제공에 국한되어야 한다.

Smith는 정부의 역할이 매우 중요하다고 느꼈다. 그는 정부가 규칙 제정자와 심판으로서만 행동해야 한다고 믿었다. 프랑스 용어인 *자유 방임주의(laissez-faire)*는 경제활동에 정부의 간섭이 없어야 함을 의미한다. 이 용어는 "그들에게 맡겨라(let them do)"라는 뜻을 담고 있다.

Adam Smith의 자유 방임 자본주의는 또한 시장 경제의 개념에 기초한다. *자유 시장 경제(free-*

*market economy)*라고도 일컫는 **시장 경제(market economy)**는 기업과 개인이 무엇을 생산하고 구매할 것인지 결정하고, 시장이 판매 가격과 수량을 결정하는 경제체제이다. 오늘날 경쟁이 치열한 세계에서 Ford Motor와 같은 자동차 제조회사는 어떤 종류의 자동차를 만들지, 어떻게 만들지, 그리고 누구를 위하여 만들지를 결정해야 한다. 소비자는 포드 자동차를 살지 혹은 다른 제조업체의 자동차를 살지 결정해야 한다. 가격은 시장에서 소비자와 기업의 상호작용에 의해 결정된다.

시장 경제(market economy) 기업과 개인이 무엇을 생산하고 구매할 것인지 결정하고, 시장이 판매 가격과 수량을 결정하는 경제체제

1-3b 미국의 자본주의

미국의 경제체제는 Adam Smith의 자유 방임 자본주의에 뿌리를 두고 있다. 그러나 미국의 실제 경제는 정부가 규칙 제정자와 심판 이상의 역할을 하므로 자유 방임주의가 아니다. 미국 경제는 실제로 자본주의와 사회주의 요소를 모두 포함한 **혼합 경제(mixed economy)**이다.

혼합 경제(mixed economy) 자본주의와 사회주의 요소를 모두 포함한 경제체제

혼합 경제를 토대로, 우리는 이 절의 앞부분에서 논의된 기본적인 네 가지 경제 문제(무엇을, 어떻게, 누구를 위해, 누가)를 가계, 기업, 정부의 상호작용을 통해 설명하고자 한다. 그림 1.5는 이 세 경제주체 간의 상호작용을 보여준다.

그림 1.5 혼합 경제의 순환 흐름

우리의 경제체제는 정부의 역할을 고려한 구매자와 판매자의 상호작용에 의해 움직인다.

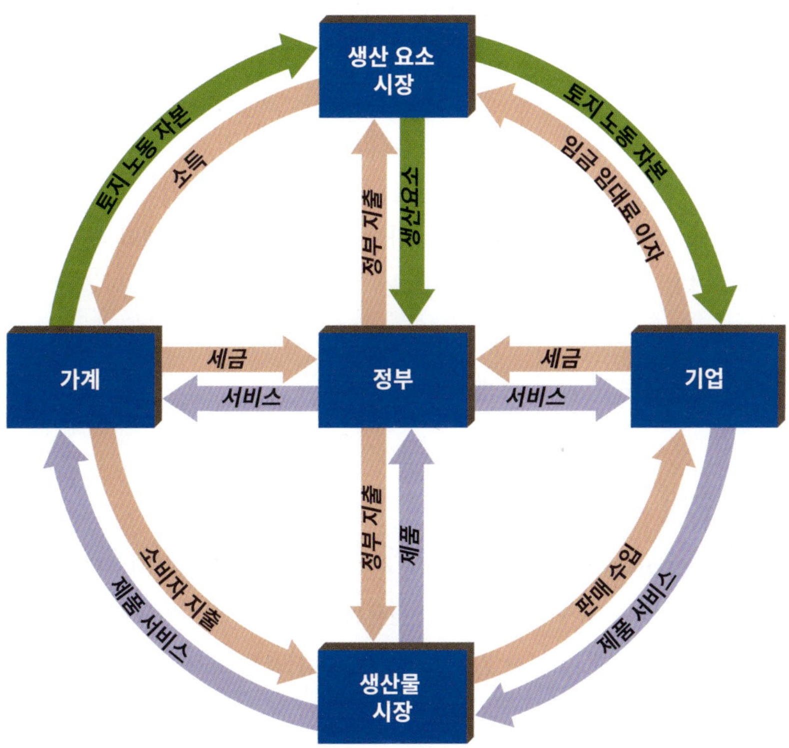

가계 개인으로 구성된 가계는 제품과 서비스의 소비자이며 동시에 일부 생산 요소의 소유주이다. *생산 요소 소유주(resource owner)*로서의 가계는 생산 요소를 어떻게 사용할지 스스로 결정하고, 생산 요소 소유권으로부터 발생하는 소득, 이익, 혜택을 누릴 수 있어야 한다. 예를 들어, 가계는 기업에 노동, 토지, 자본을 제공한다. 그 대가로 기업은 가계에게 임금, 임대료, 배당금과 이자를 지급한다. 이 대가는 가계의 소득이 된다.

*소비자(consumer)*로서의 가계는 자신의 소득을 사용하여 기업에서 생산한 제품과 서비스를 구매한다. 오늘날 미국 전체생산량의 약 70%는 개인이 개인적 소비를 위해 구매한 **소비재(consumer product)**로 구성된다. 이는 소비자가 미국 비즈니스의 가장 큰 고객임을 의미한다.

소비재(consumer product) 개인이 개인적 소비를 위해 구매한 제품과 서비스

기업 가계와 마찬가지로, 기업은 서로 다른 두 가지 교환에 참여한다. 기업은 자사의 돈을 생산 요소 시장에서 토지, 노동, 자본과 교환하고, 이러한 생산 요소를 사용하여 제품과 서비스를 생산한다. 그런 다음 기업은 생산한 제품과 서비스를 생산물 시장에서 팔아 수입을 얻는다. 이 판매 수입은 다시 추가적인 자원으로 교환되어 더 많은 제품과 서비스를 생산하고 판매하는 데 사용된다.

기업의 이익이 기업주에게 분배되면 이 이익은 가계 소득이 된다. (기업주는 결국 가계의 구성원이다). 경제가 순조롭게 진행되면 가계는 자신의 소득을 기업에 투자한다. 가계는 직접적으로 기업이 발행한 주식을 사거나, 뮤추얼 펀드의 주식을 사거나, 혹은 기업에 돈을 빌려줄 수 있다. 가계는 은행에 저축함으로써 간접적으로 기업에 투자할 수 있다. 은행과 다른 금융기관은 정상적인 영업의 일환으로 저축된 돈을 기업에 투자한다. 그렇다면 정부는 어떨까?

정부 정부는 (1) 민간 기업이 생산하지 않거나, (2) 민간 기업이 감당할 수 없는 수많은 서비스를 생산한다. 일반적인 정부 서비스는 국방, 경찰, 소방, 교육, 공항, 항만, 고속도로 건설을 들 수 있다. 이러한 서비스를 제공하기 위해 정부는 가계로부터 개인 소득세와 부가가치세의 세금을 거두며 기업으로부터 법인세의 세금을 징수한다.

그림 1.5는 정부 서비스와 세금과의 교환을 보여준다. 또한, 정부 서비스를 만드는데 필요한 제품 구매와 이에 따른 정부 지출의 관계도 보여준다.

1-3c 계획 경제

계획 경제(planned economy) 어떤 제품과 서비스를 생산할 것인지, 어떻게 생산할 것인지, 누구를 위해 생산할 것인지, 누가 생산 요소를 소유하고 통제할 것인지를 정부가 모두 결정하는 경제체제

계획 경제(planned economy) *어떤*제품과 서비스를 생산할 것인지, *어떻게*생산할 것인지, *누구를 위해*생산할 것인지, *누가*생산 요소를 소유하고 통제할 것인지를 정부가 결정하는 경제 체제이다. 오늘날, 계획 경제의 유형으로 사회주의와 공산주의의 경제체제를 들 수 있다.

사회주의(socialism) 사회주의 경제에서 주요 산업은 정부가 소유하고 통제한다. 토지, 건물, 원자재도 국가의 재산일 수 있다. 소기업의 개인 소유는 국가마다 차이가 있으나 어느 정도 허용된다. 많은 사람이 국유 산업에서 일하지만, 자신의 직업을 일반적으로 선택할 수 있다. 오늘날 중국, 캐나다, 스웨덴, 노르웨이는 종종 사회주의 국가라 불린다.

iStock.com/stevanovicigor

무엇을 생산할지와 어떻게 생산할지는 국가의 목표에 따라 결정된다. 국가의 목표는 예상되는 수요와 자원의 가용성에 근거한다. 세금, 임대료, 임금뿐만 아니라 제품과 서비스의 분배도 국가에 의해 어느 정도 통제된다. 사회주의 국가의 일반적 목표는 공평한 소득 분배, 빈곤 퇴치, 사회 서비스(의료 등)를 필요로 하는 모든 사람에게 제공하는 것이다. 사회주의 단점은 개인과 기업주 모두에게 세금을 증가시키고 동기부여를 잃게 할 수 있다는 점이다.

공산주의(communism) Adam Smith가 자본주의의 아버지였다면 Karl Marx는 공산주의의 아버지였다. 1800년대 중반의 저술에서, Marx는 모든 시민이 경제적 자원을 함께 소유하는 무계급 사회를 옹호했다.

모든 노동자는 그들의 능력에 따라 공산주의 사회에 공헌하고 그들의 필요에 따라 혜택을 받는다. 소련 연방의 붕괴와 중국 및 동유럽 국가의 경제 개혁 이후 남은 공산주의의 대표적인 국가는 북한을 들 수 있다. 오늘날, 기본적인 네 가지 경제 문제는 중앙 집중식 정부 계획을 통해 해결된다. 소비자의 필요보다는 정부가 필요로 하는 제품과 서비스의 생산에 중점을 두기 때문에 빈번하게 소비재가 부족하다.

1-4 경제적 성과의 측정

 # 학습목표 **경제적 성과의 측정 방법을 이해한다.**

다음 질문을 잠시 생각해보자.

- ✔ 미국의 근로자는 다른 국가의 근로자만큼 생산성이 있는가?
- ✔ 미국의 국내총생산(GDP)은 증가하고 있는가?

이러한 질문에 대답하는 데 필요한 정보는 여러 출처에서 쉽게 얻을 수 있다. 우리는 이러한 질문과 다른 질문을 사용하여 국가의 경제 상황을 평가할 수 있다.

효과적인 팀워크는 생산성 향상으로 이어질 수 있다.

팀워크는 때때로 생산성을 향상시키는 가장 좋은 방법 중 하나이다. 다른 방법을 사용하여 생산성을 향상시킬 수 있지만, 팀워크는 종종 품질 개선과 문제 해결에 도움이 되는 방법이다. 또한, 관련 직원은 상호 협력을 통해 자신의 직무 만족도를 높이고, 팀 동료와 관리자로부터 인정받을 수 있다.

Monkey Business Images/Shutterstock.com

1-4a 세계 시장에서 생산성의 중요성

생산성(productivity) 한 작업자의 시간당 평균 산출물

한 국가의 경제적 성과를 측정하는 한 가지 방법은 생산성을 평가하는 것이다. 생산성의 의미를 사람마다 다르게 정의할 수 있지만, 일반적으로 **생산성(productivity)**은 한 작업자의 시간당 평균 산출물을 의미한다. 생산성의 향상(혹은 증가)은 주어진 노동력으로 더 많은 제품과 서비스를 생산한다는 의미이기 때문에 한 국가의 경제성장을 이끈다. 생산성이 경제에 어떤 영향을 미치는지 살펴보기 위해서 아래의 세 가지 질문을 참고해보자.

질문: *생산성 향상은 경제에 어떤 영향을 미칩니까?*

답변: 생산성 향상으로 인해 기업은 더 적은 작업자로 더 많은 제품과 서비스를 생산할 수 있다. 결과적으로 기업주는 인건비를 절감하고, 이익을 더 많이 얻을 수 있다. 따라서 생산성 향상은 세계적으로 경쟁이 치열한 세계에서 국내 기업이 다른 국가의 기업들보다 효과적으로 경쟁할 수 있도록 도와준다.

질문: *국가는 생산성을 어떻게 향상시킵니까?*

답변: 비용을 줄이고 직원의 효율성을 높이는 것이 생산성 향상을 위한 모든 노력의 핵심이다.

질문: *생산성 향상은 항상 좋은가요?*

답변: 생산성 향상이 이루어지면 더 적은 작업자로 더 많은 제품과 서비스를 생산할 수 있으므로 기업주는 인건비를 줄이지만 근로자는 직장을 잃을 수 있다. 이 경우 생산성 향상은 기업주에게 좋지만, 실업자에게 좋지 않다.

1-4b 국내총생산

생산성 외에도 국내총생산은 한 국가의 경제 상태를 측정하는데 사용될 수 있다. **국내총생산(Gross Domestic Product, GDP)**은 특정 기간(보통 1년) 동안 한 국가의 영토 내에서 생산한 모든 제품과 서비스의 총 달러 금액이다. 예를 들어, 미국 기업인 General Motors 공장과 일본 기업인 Toyota 공장의 직원들이 미국 영토 내에서 생산한 자동차의 가치는 모두 미국의 GDP에 계산된다. 2016년 미국의 GDP는 18.7조 달러였다.

국내총생산(Gross Domestic Product, GDP) 특정 기간(보통 1년) 동안 한 국가의 영토 내에서 생산한 모든 제품과 서비스의 총 달러 금액

GDP 수치는 국제적인 회계기준으로 계산되기 때문에 한 국가와 다른 국가 간의 비교가 가능하다. 또한, 한 국가의 GDP를 여러 해 동안 비교할 수도 있다. 이러한 비교를 통해, 경제 전문가는 그 국가의 경제성장 정도를 설명한다. 예를 들어, 경제 전문가들은 미국 GDP가 2024년까지 26.6조 달러로 성장할 것으로 전망한다.

여러 해 동안의 GDP를 정확하게 비교하려면 각 연도의 인플레이션을 반영해야 한다. **인플레이션(inflation)**은 물가의 전반적인 상승이고, **디플레이션(deflation)**은 물가의 전반적인 하락을 의미한다. 인플레이션 조정 수치를 사용하여, 우리는 한 국가의 실질 GDP를 계산하고 여러 해의 경제성장 정도를 실질 GDP로 비교할 수 있다. 그림 1.6은 미국의 명목 GDP(그 당시의 화폐 가치로 계산된 GDP)와 실질 GDP를 보여준다. 1995년에서 2016년 사이 미국의 실질 GDP는 약 10.6조 달러에서 16.7조 달러로 증가했다.

인플레이션(inflation) 물가의 전반적인 상승

디플레이션(deflation) 물가의 전반적인 하락

그림 1.6 명목 GDP와 실질 GDP

명목 GDP와 실질 GDP의 변화는 경제성장을 측정하는 데 사용될 수 있다.

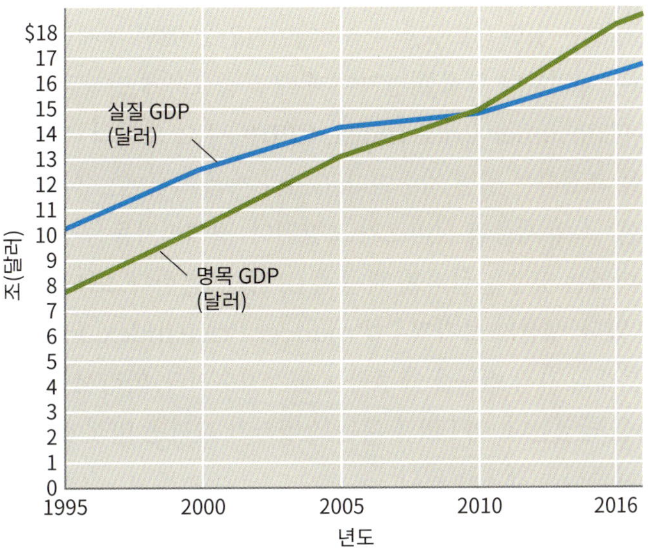

Source: U.S. Bureau of Economic Analysis website at www.bea.gov (accessed July 17, 2017).

표1-1한 국가의 경제를 평가하는 데 사용되는 일반적인 경제 지표들

경제 지표	설명
1. 무역 수지	특정 기간 동안 한 국가의 총 수출액에서 총 수입액을 뺀 값
2. 소비자 신뢰 지수	소비자가 국가 경제를 얼마나 낙관적(혹은 비관적)으로 보는지를 측정. 이 지표는 일반적으로 월 단위로 보고된다.
3. 기업 이익	특정 기간 동안 기업에서 창출한 총이익
4. 인플레이션율	특정 기간 동안 제품과 서비스의 가격 상승을 추적하는 경제통계치. 이 수치는 일반적으로 월 단위로 보고되며, 매년 계산된다.
5. 국민 소득	한 국가의 국민이 벌어들이는 총소득. 그 나라 국적을 가진 직원, 자영업자, 기업이 얻은 총소득
6. 신규 주택 착공	특정 기간 동안 시작한 신규 주택의 총수
7. 주요 금리	은행이 신용도가 가장 높은 고객에게 부과하는 최저 금리

1-4c 한 국가의 경제를 측정하는 다른 중요한 경제 지표들

실업률(unemployment rate) 경제활동인구 중에서 실업자가 차지하는 비율

소비자 물가지수(Consumer Price Index, CPI) 주요 도시의 가계가 구매하는 대표적 소비재의 가격 변동을 측정하는 월별 지수

생산자 물가지수(Producer Price Index, PPI) 기업 사이에서 거래되는 원자재와 자본재의 가격 변동을 측정하는 물가지수

생산성, 명목 GDP, 실질 GDP 외에도 한 국가 경제를 평가하는 데 사용할 수 있는 다른 경제 지표들이 있다. 매우 중요한 경제 지표 중 하나는 실업률이다. **실업률(unemployment rate)**은 경제활동인구(15세 이상으로 일할 능력과 일할 의지를 가진 인구) 중에서 실업자가 차지하는 비율을 말한다. 미국의 실업률은 일반적으로 약 4~6%대이지만 2008년 세계금융위기 동안 최고조에 달했다. 특히 이 수치는 실업자나 구직 희망자에게 매우 중요하게 인식된다.

소비자 물가지수(Consumer Price Index, CPI)는 주요 도시의 가계가 구매하는 대표적 소비재의 가격 변동을 측정하는 월별 지수이다. CPI의 제품 목록에는 식음료, 운송, 주택, 의류, 의료, 오락, 교육, 통신, 그 외 제품과 서비스가 포함된다. 경제학자들은 인플레이션이 국가 경제와 개인 소비자에게 미치는 영향을 살펴볼 때 종종 CPI를 이용한다. 또 다른 중요한 지수로 생산자 물가지수를 들 수 있다. **생산자 물가지수(Producer Price Index, PPI)**는 기업 사이에서 거래되는 원자재와 자본재의 가격 변동을 측정하는 물가지수이다. 따라서 PPI는 도매 수준에서의 물가 상승 또는 하락을 반영한다. 이 PPI 수치는 소비자가 가까운 미래에 지불할 일상용품의 물가 변화를 정확하게 예측하는 데 사용된다.

그 외 다른 경제 지표가 표 1.1에 제시되어 있다. 명목 GDP, 실질 GDP, 실업률, 물가지수와 같이, 표 1.1에 제시된 경제 지표는 여러 해 동안의 경제 통계를 비교하는 데 사용될 수 있다.

1-5 경기 순환주기

 # 학습목표 **경기 순환주기의 네 가지 단계를 이해한다.**

세계의 모든 산업화된 국가는 경제성장, 완전고용, 물가안정을 추구한다. 그러나 한 국가의 경제는 매년 꾸준한 속도로 성장하기보다는 불규칙으로 변동하는 경우가 많다. 실제로 미국의 경제 성장률을 그래프로 표시하면 롤러코스터와 같이 오르락내리락하는 것을 알 수 있다. 경기 성장과 경기 침체가 반복해서 일어나는 경제활동의 변동을 **경기 순환주기(business cycle)**라 한다.

경기 순환주기(business cycle) 경기 성장과 경기 침체가 반복해서 일어나는 경제활동의 변동

본 교재가 출판될 무렵에 미국 경제는 개선되는 조짐을 보였다. 국내총생산, 주식 시장, 소비자 지출을 포함한 주요 경제 지표가 좋아졌고 실업률이 감소했다. 하지만, 많은 경제 전문가는 미국의 부채 규모를 우려하고, Trump 행정부의 개혁 정책과 그 정책이 미국 경제의 장기 안정성에 미치는 영향도 염려한다. 또한, 그들은 전 세계의 불안정한 정치, 경제, 사회에 대해서도 걱정한다.

경기 성장(또는 경기 침체)은 소비자가 기꺼이 구매하려는 제품과 서비스의 양에 영향을 주고, 이것은 결국 기업이 제조하는 제품과 서비스의 생산량에도 영향을 미친다. 일반적으로 경기 순환주기는 호황기, 후퇴기, 불황기, 회복기(때로는 확장기라고 함)의 네 단계로 구성된다.

호황기(peak period) 동안 국가 경제는 최고 수준에 도달한다. 실업률은 낮고 총소득은 상대적으로 높다. 경제가 계속해서 좋아지리라 전망되면 소비자는 제품과 서비스를 지속적으로 구매한다. 이러한 시기에 기업은 향상된 소비자의 구매력을 이용하기 위해 종종 신제품과 새로운 서비스를 출시하고 사업을 확장한다.

일반적으로, 경제학자들은 **후퇴기(recession)**를 GDP가 2분기 이상 연속해서 감소하는 시기로 정의한다. 후퇴기 동안 실업률이 상승하기 때문에 총구매력이 감소한다. 후퇴기에 수반되는 비관론은 종종 소비자 지출과 기업 투자 모두를 방해한다. 구매력이 감소함에 따라 소비자는 중요하지 않은 제품 구매를 꺼린다. 그리고 후퇴기 동안 기업과 정부는 종종 주요 사업을 연기하거나 느리게 진행한다. 후퇴기에 대응하기 위해, 많은 기업은 고객에게 최고의 가치를 제공하는 제품과 서비스를 생산하는 데 주력한다.

후퇴기(recession) 2분기 이상 연속해서 GDP가 감소하는 시기

경제학자들은 세 번째 경기 순환주기인 **불황기(depression)**를 경기 침체가 오랜 기간 지속하고, 후퇴기와 비교하여 기업의 생산 활동이 심각하게 감소하는 시기로 정의한다. 이 시기에 국가의 생산과 고용은 바닥 수준에 도달한다. 또한, 이 시기 동안 가장 높은 실업률, 최저의 임금, 큰 폭의 구매력 감소, 경제의 신뢰성 부족, 지속적인 주식 가격의 하락이 이루어진다. 이러한 경기 침체와 불황을 극복하기 위해, 정부는 통화정책과 재정정책을 사용한다. **통화정책(monetary policy)**은 미국의 중앙은행인 연방 준비제도이사회(FRB)가 화폐 공급 규모와 금리 수준을 결정

불황기(depression) 경기 침체가 오랜 기간 지속하고, 후퇴기와 비교하여 기업의 생산 활동이 심각하게 감소하는 시기

통화정책(monetary policy) 중앙은행이 화폐 공급 규모와 금리 수준을 결정하여 통화량을 조절하는 정책

녹색 환경 속으로

Nike의 친환경 성장

스우시(swoosh, 나이키의 로고)를 아십니까? 세계 최대의 운동화, 스포츠 의류, 스포츠 장비 제조업체인 Nike는 미래의 지속 가능성과 장기 매출성장을 위한 혁신을 추구할수록 더욱더 환경친화적인 기업이 되고 있다.

Nike의 새로운 Flyknit 운동화는 폐기물을 줄이려는 목표에서 개발되었다. Nike는 운동화의 윗부분을 만들 때 기존에는 여러 재료의 조각을 사용하였고, 사용되지 않고 남은 조각들은 폐기 처리하였다. 하지만, Flyknit 운동화는 윗부분을 만들 때 단일 재료를 사용하도록 하여 폐기물을 최소화했다. Nike는 Flyknit 운동화를 시장에 소개한 지 2~3년 만에 10억 달러의 매출을 올리면서 350만 파운드의 폐기물을 줄였다.

환경 보호를 위한 Nike의 또 다른 목표는 스포츠 의류의 직물 염색에 사용되는 물과 에너지의 양을 줄이는 것이었다. 이 회사는 저에너지 공정으로 물 없이 염색하는 네덜란드의 신생기업을 발견하였다. Nike는 현재 이 회사와의 전략적 투자와 제휴를 통해 새로운 염색 공정을 도입 중이다. 스포츠 의류가 그 어느 때보다 더 화려해질 것으로 예상하지만, 물과 에너지를 보다 절약할 수 있는 혁신적인 공정의 도입으로 더욱 친환경적인 기업이 될 것이다.

Nike는 미래의 지속 가능성을 위해 환경의 피해를 줄이면서 동시에 매출을 증가시키고자 한다. 이 기업은 현재 각 제품디자인과 수만 가지 재료에 대한 지속 가능성 등급을 매기고, 다양한 제품을 그 어느 때보다 친환경적으로 만들고 있다.

Sources: Based on information in John Kell, "Nike Now Uses Recycled Materials In Most Of Its Gear," Fortune, May 11, 2016, http://fortune.com/2016/05/11/nike-recycled-materials -gear/; Kate Abnet, "Just Fix It: How Nike Learned to Embrace Sustainability," Business of Fashion, November 1, 2016, https://www.businessoffashion.com/articles/people/just-fix-it-hannah-jones-nike; Jim Aisner, "Sustainable Strides at NIKE, Inc.," Harvard Business School, April 16, 2015, http://www.hbs.edu/news/articles/Pages/nike-sustainability-hbs.aspx.

재정정책(fiscal policy) 정부가 세입과 세출을 조절하는 정책

함으로써 통화량을 조절하는 정책이다. **재정정책(fiscal policy)**은 정부가 세입과 세출을 조절하는 정책이다. 예를 들어, 2008년에 시작된 세계금융위기 동안 경기를 회복시키기 위해 FRB는 저금리의 통화정책을 폈으며 정부는 지출을 확대하는 재정정책을 사용했다.

국가 부채(national debt) 정부의 모든 적자 총액

정부의 경기 부양책에 따른 부작용 중 하나는 국가 부채의 증가이다. 미국 정부는 연간 3조 달러 이상의 수입을 얻지만, 그 수입보다 더 많이 지출한다. 예를 들어, 미국 정부는 2002년에서 2016년 사이에 매년 적자를 보였다. 정부의 모든 적자 총액을 **국가 부채(national debt)**라고 한다. 오늘날 미국의 국가 부채는 20조 달러 이상이며, 이를 개인당 환산하면 약 61,000달러가 넘는다.

제2차 세계대전 이래로 미국의 경기 순환주기는 한 호황기에서 다음 호황기까지 평균 69개월 또는 6년 미만의 시간이 걸렸다. 그 기간 동안 회복기와 호황기는 평균 58개월이었고, 후퇴기와 불황기는 평균 11개월이었다. *회복기(recovery)*는 국가의 생산과 고용이 최저점에 있는 불황기에서 최고점에 있는 호황기 사이의 기간이다. 일부 전문가들은 통화정책과 재정정책을 효과적으로 사용하면 경기회복 속도를 높이고 경제침체 시간을 줄일 수 있다고 생각한다. 경기가 회복되는 시기가 오면 실업률은 점차 감소하고, 소득은 점차 증가하며, 소비자의 구매력과 구매 의지는 향상된다.

1-6 경쟁 형태에 따른 시장 유형

 # 학습목표 **경쟁 형태에 따른 시장 유형을 이해한다.**

자본주의 체제에서 기업은 무엇을 생산할지, 어떻게 생산할지, 얼마의 가격으로 판매할지를 결정한다. 예를 들어, Mattel, Inc.는 유명한 바비 인형의 신제품을 개발하고, 그 인형의 이름을 특허 내고, 가격과 유통 경로를 선정하고, 인터넷(www.mattel.com)을 통해 판매할 수 있다.

또한, 자본주의 체제에서 소비자는시장에서 원하는 제품과 서비스를 선택하여 구매할 권리를 가진다. 따라서 Mattel과 다른 완구 제조업체 간의 경쟁은 필수적이다. 비즈니스 **경쟁(competition)**은 자사의 제품과 서비스를 잠재 고객에게 판매하기 위한 기업 간의 겨룸이다. 자본주의 경제에서 경쟁은 소비자 욕구를 충족시키는 제품과 서비스를 제공하는 기업만 생존할 수 있게 한다. 경제학자들은 경쟁 형태에 따라 시장을 네 가지로 구분한다: 완전 경쟁 시장, 독점적 경쟁 시장, 과점 시장, 독점 시장. 표 1.2는 경쟁 형태에 따른 네 가지 시장의 기업 수와 대표적인 산업을 보여준다.

경쟁(competition) 자사의 제품과 서비스를 잠재 고객에게 판매하기 위한 기업 간의 겨룸

1-6a 완전 경쟁 시장

완전 (또는 순수) 경쟁 시장(perfect or pure competition market)은 제품의 구매자와 판매자가 많고, 한 구매자나 판매자가 해당 제품의 가격에 영향을 줄 수 없다. 표 1.2에서 보듯이 완전 경쟁 시장 산업의 대표적인 예로는 옥수수, 밀, 땅콩 등의 농산물을 들 수 있다.

완전 또는 순수 경쟁 시장(perfect or pure competition market) 제품의 구매자와 판매자가 많고, 한 구매자나 판매자가 해당 제품의 가격에 영향을 줄 수 없는 시장

표1-2 네 가지 시장유형

기업의 수는 산업 내의 경쟁 정도를 결정한다.

시장 유형	기업(또는 공급자)의 수	대표적인 산업
1. 완전 경쟁 시장	다수	옥수수, 밀, 땅콩 등의 농산물
2. 독점적 경쟁 시장	다수	의류, 신발
3. 과점 시장	소수	자동차, 통신
4. 독점 시장	하나	저작권에 의해 보호되는 소프트웨어, 지역 공공서비스(전기, 상수도)

완전 경쟁 시장은 아래의 다섯 가지 가정을 전제로 한다.

- ✔ 밀이나 옥수수처럼 단일 제품으로 시장을 형성한다.
- ✔ 판매자가 시장에 진출하는 데 어떤 제약도 없다.
- ✔ 모든 판매자는 기본적으로 같은 제품을 취급한다.
- ✔ 모든 판매자와 구매자는 시장에 대한 모든 정보를 알고 있다(예를 들어, 모든 판매자와 구매자는 해당 제품의 가격을 안다).
- ✔ 시장은 어떤 판매자 또는 구매자의 행동에 영향을 받지 않는다.

완전 경쟁 시장에서 모든 판매자는 동일한 가격에 제품을 판매해야 한다. 그 이유는? 한 판매자가 다른 판매자보다 해당 제품의 가격을 50센트 더 높이 책정한다면 그 판매자는 제품을 팔기 어렵다. 구매자는 동일한 제품을 판매자의 경쟁업체로부터 상대적으로 값싸게 구매할 수 있기 때문이다. 반면에, 제품의 원래 가격보다 낮게 판매하는 회사는 자사의 모든 제품을 빠르게 판매할 수 있다. 그러나 구매자는 근본적으로 그 제품 구매에 더 많은 돈을 지급할 의사가 있었기 때문에 해당 판매자는 판매 수입(이익)이 줄어든다. 완전 경쟁 시장에서, 모든 판매자와 구매자는 시장 가격을 수용해야 한다. 각 제품의 시장 가격은 수요(구매자의 행위)와 공급(판매자의 행위)의 상호작용에 의해 정해진다는 사실을 명심해야 한다.

그림 1.7 공급 곡선과 수요 곡선

공급 곡선과 수요 곡선의 상호작용에 의해 시장 가격과 거래량이 정해진다.

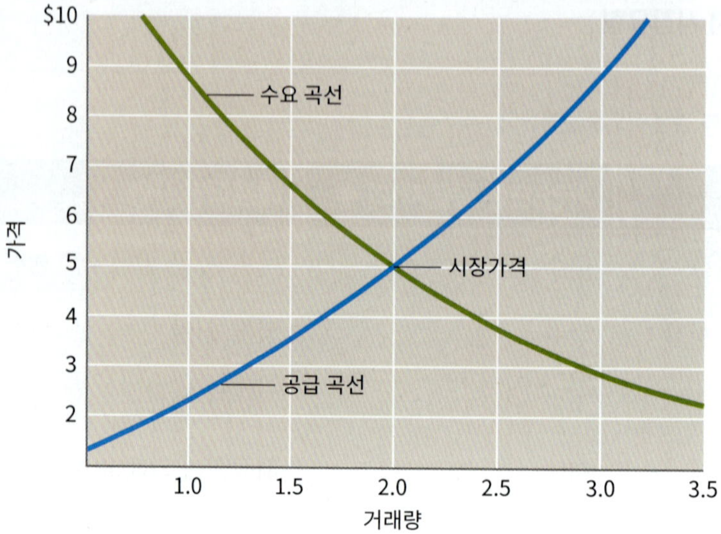

수요와 공급 특정 제품의 **공급(supply)**은 생산자가 특정 가격 수준에서 판매하고자 하는 제품의 수량이다. 합리적인 생산자는 가격이 높을 때 더 많은 제품을 공급하는 반면, 가격이 낮을 때 더 적은 제품을 공급할 것이다(그림 1.7의 공급 곡선 참조). 특정 제품의 **수요(demand)**는 구매자가 특정 가격 수준에서 구매하고자 하는 제품의 수량이다. 합리적인 구매자는 가격이 낮을 때 더 많은 제품을 구매하는 반면, 가격이 높을 때 더 적은 제품을 구매할 것이다(그림 1.7의 수요 곡선 참조).

공급(supply) 생산자가 특정 가격 수준에서 판매하고자 하는 제품의 수량

수요(demand) 구매자가 특정 가격 수준에서 구매하고자 하는 제품의 수량

시장(혹은 균형) 가격 제품의 수요와 공급이 일치할 때 항상 하나의 가격이 생긴다. 예를 들어, 생산자는 부셸(bushel, 곡물이나 과일의 중량 단위로 8갤런에 해당하는 양)당 5달러의 가격으로 2백만 부셸의 밀을 기꺼이 공급하고, 구매자는 부셸당 5달러의 가격으로 2백만 부셸을 기꺼이 구매한다고 가정하자. 이 경우에 수요와 공급이 일치하는 가격은 5달러이다. 경제학자들은 이 가격을 시장 가격이라고 부른다. 모든 제품의 **시장 가격(market price)**은 특정 제품의 수요량과 공급량이 정확히 일치하는 가격이다.

시장 가격(market price) 특정 제품의 수요량과 공급량이 정확히 일치하는 가격

다른 외적 요인에 의한 수요와 공급의 변화는 시장 가격의 변화를 초래한다. 예를 들어, 한 연구자가 밀이 사람의 건강에 긍정적 영향을 준다는 사실을 발견한다면 밀에 대한 수요가 변할 수 있다(수요의 증가). 또는 농업기술 발전으로 같은 면적의 땅에서 밀을 더 많이 생산하게 된다면 밀의 공급이 변할 수 있다(공급의 증가). 밀 가격의 변화에 영향을 미치는 외적 요인으로 구매자 기호 변화, 인구 변화, 소득 변화, 농업기술 발전, 날씨 등을 들 수 있다.

현실적으로 완전 경쟁 시장은 거의 존재하지 않으며, 독점적 경쟁 시장이 대부분이다.

1-6b 독점적 경쟁 시장

독점적 경쟁 시장(monopolistic competition market)은 비교적 많은 수의 판매자와 많은 구매자가 있는 시장이다. 독점적 경쟁 시장에서 판매되는 제품의 예로는 의류, 신발, 비누, 가구 등의 소비재 물품을 들 수 있다. 이 시장에서 거래되는 특정 용도의 제품들은 본질적으로 매우 유사한 기능을 가지며, 모두 구매자의 동일한 욕구를 충족시킨다. 따라서 각 판매자는 자사 제품만이 갖는 고유한 기능, 충성도 높은 브랜드 이름, 독특한 포장, 평생 보증, 무료 배송 서비스를 제공하여 다른 판매자와 차별화하려고 노력한다.

독점적 경쟁 시장(monopolistic competition market) 비교적 많은 수의 판매자와 많은 구매자가 있는 시장

제품 차별화(product differentiation)는 자사 제품의 구매 의욕을 자극하기 위하여, 판매자가 자사의 제품과 모든 경쟁 제품의 차이점을 개발하고 홍보하는 노력을 말한다. 실제로 의류, 신발, 비누, 가구 등과 같은 소비재를 생산하는 많은 기업은 제품 차별화를 꾀하고 있다. 판매자가 제품 차별화를 행하는 이유는 상이한 욕구를 가진 구매자들에게 알맞은 제품을 제공하여 자사 제품의 개별적 유리성을 확보하려고 하기 때문이다. 제품 차별화를 통하여 몇몇 기업은 자사 제품에 대한 가격 통제권을 어느 정도 확보하고 있다.

제품 차별화(product differentiation) 자사 제품의 구매 의욕을 자극하기 위하여, 판매자가 자사의 제품과 모든 경쟁 제품의 차이점을 개발하고 홍보하는 노력

1-6c 과점 시장

과점 시장(oligopoly market) 판매자가 소수인 시장

과점 시장(oligopoly market)은 판매자가 소수인 시장이다. 일반적으로 이러한 판매자는 규모가 크며, 시장에 진출하기 위해서 상당한 투자가 필요하다. 과점 시장의 예로는 자동차, 항공, 렌터카, 농기구 산업 등이 있다.

과점 시장에는 판매자가 소수이기 때문에 각 판매자의 시장 행동은 경쟁사 제품의 가격과 판매에 큰 영향을 줄 수 있다. 예를 들어, Dodge와 General Motors가 2016년 말 소비자들에게 새 트럭의 구매를 유도하기 위해 현금 할인을 제공하기 시작했을 때, Ford, Nissan, Toyota도 신규 고객을 유치하여 각 사의 시장 점유율을 유지하기 위해 유사한 할인을 제공했다. 큰 가격 경쟁이 없는 경우, 제품 차별화는 중요한 경쟁 무기가 된다.

1-6d 독점 시장

독점 시장(monopoly market) 하나의 판매자만 있는 시장(또는 산업)이며, 다른 판매자의 시장진입은 상당히 어려움

독점 시장(monopoly market)은 하나의 판매자만 있는 시장(또는 산업)이며, 다른 판매자의 시장진입은 상당히 어렵다. 독점 시장에서는 대체할 수 있는 제품이나 서비스가 없다. 단 하나의 기업만이 제품 공급업체이므로 가격을 자유로이 조절할 수 있다. 그러나 경쟁이 없다고 해서 가격을 천문학적으로 책정할 수는 없다. 그렇게 되면 기업은 고객을 잃어 판매 수입이 없게 된다. 따라서 독점 기업은 자사 이익이 가장 많이 나는 방향으로 제품 수요를 고려한 가격 책정이 이루어져야 한다.

독점 시장의 전형적인 예는 가스, 물, 전기 등의 공공서비스(public utility)를 들 수 있다. 이

질문 : 시리얼 판매시장에서 다양한 종류의 제품이 필요합니까?

답변 : 매우 필요하고 중요하다! Kellogg's와 같은 회사는 여러 종류의 시리얼을 제공하여 다양한 고객의 욕구를 충족시키고 있다. 실제로 Kellogg's는 25가지 이상의 시리얼 제품을 생산하여 전 세계 수백만 고객의 취향을 만족시킨다.

urbanbuzz/Shutterstock.com

와 같은 서비스를 제공하는 기업들은 막대한 자본투자가 필요하고, 시설의 중복 투자를 피해야 하기 때문에 *자연적 독점(natural monopoly)*으로 운영된다. 이러한 기업들이 공공 이익을 잘 제공하기 때문에 자연적 독점은 허용되지만, 다양한 정부 기관의 감시와 통제하에 운영된다. 많은 공공서비스가 여전히 자연적 독점으로 운영되지만, 미국 내 많은 지역에서는 기업 간 경쟁이 치열해지고 있다. 예를 들어, 미국의 소비자는 전국 여러 지역의 가정에 전기 서비스를 제공하는 기업 중 하나를 선택할 수 있다.

한 기업이 정부 기관으로부터 프랜차이즈, 라이센스, 저작권, 특허권, 상표권을 받으면 그 기업은 법률적 독점(*제한된 독점, limited monopoly*라고도 함)을 갖게 된다. 예를 들어, Microsoft는 널리 사용되는 Windows 소프트웨어의 저작권을 보유하고 있기 때문에 법률적 독점권을 갖는다. 오늘날 대부분의 국가는 자연적 독점과 법률적 독점을 제외하고 고객이 제품과 서비스를 자유로이 선택할 수 있도록 독점을 금하는 독점 금지법을 운용하고 있다.

1-7 미국의 최근 비즈니스

 # 학습목표 **비즈니스 환경에 영향을 미치는 요인과 비즈니스의 미래 도전을 이해한다.**

미국의 경제체제가 완벽하지는 않지만, 이 경제체제는 미국인들에게 전 세계 다른 국가의 사람들과 비교하여 높은 생활 수준을 제공한다. **생활 수준(standard of living)**은 개인이나 사회가 주로 제품과 서비스의 소비 정도에 따라 얼마나 만족하는가를 측정하는 주관적 척도이다. 또한, 미국의 경제체제는 많은 사회 문제에 대한 해결책을 제공하고, 일할 의지가 있고 계속해서 배우는 사람들에게 기회를 제공한다. 우리는 현재의 비즈니스 환경과 미래의 도전을 이해하기 위해 비즈니스가 어떻게 발전해왔는지를 알아볼 필요가 있다.

생활 수준(standard of living) 개인이나 사회가 주로 제품과 서비스의 소비 정도에 따라 얼마나 만족하는가를 측정하는 주관적 척도

1-7a 초기 비즈니스 발전

미국의 비즈니스 시스템은 초기 정착민들의 지식, 기술, 가치관에 뿌리를 두고 있다. 최초의 정착민들은 주로 음식, 의류, 주거와 같은 기본 필수품을 만드는 데 관심을 가졌다. 거의 모든 가족이 농장에서 살았고 생존을 위한 비즈니스에 종사했다. 그들은 잉여물을 자기들끼리 물물 교환을 하였고, 영국의 무역 선박과도 거래하였다. 이 거래가 증가함에 따라 소기업이 등장하기 시작했다. 일부 정착민들은 자신이 보유한 기술과 남는 시간을 이용하여 가내 수공업 방식으로 일했다. **가내 수공업(domestic system)**은 기업가가 원자재를 가정에 갖다 주면 그 가정의 모든

가내 수공업(domestic system) 기업가가 원자재를 가정에 갖다 주면 그 가정의 모든 가족이 그 원자재를 가공하여 제품을 만드는 제조 방식

공장 시스템(factory system) 제품 제조에 필요한 근로자, 원재료, 기계 모두가 한 장소에 모여 작업하는 제조 방식

전문화(specialization) 제조과정을 여러 개의 작업으로 나누어 각 작업을 각 개인에게 할당하는 것

가족이 원자재를 가공하여 제품을 만드는 제조 방식이었다. 그런 다음 기업가는 그 완성된 제품을 판매하였다.

1793년에 영국 출신의 젊은 기계공인 Samuel Slater는 로드 아일랜드주의 Pawtucket에서 원사를 실로 만드는 방직 공장을 열었다. 그는 이 방직 공장에 제품 제조에 필요한 근로자, 원재료, 기계 모두가 한 장소에 모여 작업하는 **공장 시스템(factory system)**을 도입했다. 그 결과, 미국의 산업 혁명이 탄생하게 되었다.

생산성 향상을 위해 전문화라는 제조 기법이 사용되었다. **전문화(specialization)**는 제조과정을 여러 개의 작업으로 나누어 각 작업을 각 개인에게 할당하는 것이다.

1820년에서 1900년까지는 기계의 발명과 혁신의 황금기였다. 동시에, 새로운 운송 수단의 발달은 미국 제품의 국내 시장을 크게 확대시켰다. 확실히, 현대 비즈니스 시스템의 많은 기본적 특성이 이 기간에 형성되었다.

1-7b 1900년대의 비즈니스 발전

산업의 성장과 번영은 20세기에 계속 이어졌다. Henry Ford의 자동차 조립라인은 각 작업이 근로자에게 전달되고, 근로자는 할당된 작업만 함으로써 전문화를 꾀하였고, 그 결과 자동차의 대량 생산이 가능하였다. 기업의 소유와 경영이 분리되는 변화도 일어났다. 한 개인이 큰 기업을 더 이상 소유하지 않았다. 대신 기업 소유권은 기업에 기꺼이 투자하려는 수천 명의 주주(경영에는 참여하지 않음)의 손에 있었다.

1920년에서 2000년 사이에 일어났던 주요 사건들을 통해 미국 경제의 부침이 많았음을 알 수 있다. 이러한 기간의 중요 사건들은 다음과 같다.

- ✔ 주식시장 붕괴와 대공황
- ✔ 대공황 동안 경제를 활성화하고 실업을 줄이기 위한 정부의 공공사업
- ✔ 제2차 세계대전, 한국 전쟁, 베트남 전쟁
- ✔ 1950년대와 1960년대의 빠른 경제성장과 높은 생활 수준
- ✔ 1960년대 사회적 책임 운동
- ✔ 1970년대 중반 석유 파동과 물가 상승
- ✔ 1970년대 말과 1980년대 초반 높은 인플레이션, 높은 이자율, 기업 이익 감소
- ✔ 1990년대 지속된 경제성장

불행하게도, 1990년대 후반에 나타난 도산 기업 수의 증가와 주식 시장의 침체는 더 큰 경제 문제가 진행됨을 보여주는 초기 신호였다.

1-7c 새로운 세기: 2000년 이후

많은 경제 전문가에 의하면, 21세기는 긍정적인 측면과 부정적인 측면이 동시에 발생하고 있다. 긍정적인 측면에서 살펴보면, 기술을 저렴한 비용으로 이용할 수 있게 되었다는 것이다. 개인과 기업은 마우스 버튼을 클릭하여 정보에 쉽게 접근할 수 있다. 또한, 온라인으로 제품을 팔고 살 수 있다.

멋진 차 1926년에 Ford 자동차가 만든 모델 T형은 그 당시 "20대 젊은이들의 로망"이었다. Henry Ford는 고객의 욕구를 충족시키는 동시에 제조 비용을 절감하여 자동차를 보다 저렴하게 만들기 위해 분업화가 이루어진 조립라인을 사용했다. Ford 자동차는 이러한 생산방식의 도입으로 생산성을 급격히 향상시킬 수 있었다.

그리고 서비스 산업의 성장이 21세기 미국의 비즈니스 방식을 변화시켰다는 것이다. 서비스 산업은 국가 노동력의 약 86%를 고용하기 때문에 이제 서비스 경제가 되었다. **서비스 경제(service economy)**는 제품 생산보다 서비스 생산에 더 많이 집중하는 경제이다. 전형적인 서비스 산업으로 식당, 세탁소, 부동산, 영화관, 정비 서비스를 들 수 있다. 서비스에 대한 주제는 6장 제품과 서비스의 생산에서 더욱 구체적으로 살펴보기로 한다.

서비스 경제(service economy) 제품 생산보다 서비스 생산에 더 많이 집중하는 경제

부정적인 측면에서 살펴보면, TV, 라디오, 신문, 웹 서핑 정보는 세계 테러, 세계 전쟁의 위협과 같은 불안정한 국제 정치뉴스를 자주 전한다. 또한, 많은 경제 지표들도 여전히 미국 경제와 세계 경제의 불확실성을 보여준다.

1-7d 현재의 비즈니스 환경

계속 읽기 전에 다음 질문에 답해보자.

✔ **질문**: 오늘날의 경쟁적인 비즈니스 세계에서, 다음 중 어떤 환경이 비즈니스에 영향을 줍니까?

a. 경쟁적 환경 b. 글로벌 환경

c. 기술적 환경 d. 경제적 환경

e. 위 모두

✔ **정답** : e. 위에 나열된 모든 환경은 오늘날의 비즈니스에 영향을 미친다.

경쟁적 환경 앞에서 언급한 대로, 경쟁은 자본주의의 기본 요소이다. 기업주는 매일 매일 무엇이 자신의 비즈니스를 성공시킬지 고민하고, 고객에게 제공하는 제품과 서비스를 경쟁업체와 어떻게 차별화할지 모색해야 한다. 그 정답은 앞에서 살펴본 비즈니스의 정의에서 찾을 수 있다. 그 정의를 다시 한번 살펴보자.

> *비즈니스(business)란 사회적 필요를 충족시키는 제품과 서비스를 생산하고 판매하여 이익을 추구하려는 각 개인의 조직화된 노력을 말한다.*

위 정의에서, 우리는 '*사회적 필요를 충족시키는*' 문구에 주목할 필요가 있다. 이 문구는 기업이 성공하려면 다른 기업과의 경쟁에서 승리해야 함을 의미한다. 고객의 필요(욕구)를 충족시키면, 그 기업은 성공할 가능성이 크다.

글로벌 환경 글로벌 환경은 경쟁적 환경과 관련이 있다. 미국 기업은 자국 내 다른 기업과 경쟁해야 함은 물론 전 세계의 기업과도 경쟁해야 한다. 중국, 일본, 한국, 독일, 인도, 베트남, 기타 유럽과 아시아 국가의 기업도 미국 기업과 경쟁하고 있다. 과거 "미국산(made in the USA)"이 미국 시장과 세계 시장에 우위를 점한 적도 있었다. 그러나 이제 다른 국가의 기업도 제품을 만들어 팔기 때문에 오늘날의 글로벌 시장은 이전과 비교할 수 없을 만큼 경쟁이 치열하다.

많은 국가의 기업이 미국 고객에게 자사의 제품과 서비스를 판매하여 이익을 보듯이, 미국 기업도 다른 국가의 고객에게 제품과 서비스를 판매하여 이익을 늘리고 있다. 실제로 개발도상국에는 미국 기업이 만든 제품과 서비스를 구매할 "잠재적" 고객이 많다. 예를 들어, Procter & Gamble은 아시아, 유럽, 인도, 중동, 아프리카, 남미, 북미에서 세탁 세제, 비누, 건강 및 미용 제품, 유아용품을 판매한다. Procter & Gamble만 그런 것이 아니다. Unilever, DuPont, Johnson & Johnson, General Motors, 다른 미국의 기업들도 전 세계의 고객을 대상으로 자사의 제품과 서비스를 판매하고 있다.

기술적 환경 비즈니스를 둘러싼 기술적 환경은 과거 어느 때보다도 도전적이다. 기술 발전은 기업의 생산 시설의 변경, 제품 유통의 변화, 고객 의사소통의 변화 등 일상적인 비즈니스 관행을 변화시켰다. 예를 들어, 많은 기업이 현재 소셜 미디어를 사용하여 고객에게 제품과 서비스에 대한 정보를 제공하고 있다. **소셜 미디어(social media)**는 사람과 기업이 아이디어, 개인 정보, 제품과 서비스에 대한 정보를 주고받으며 공유하는 온라인 상호작용이다. 소셜 미디어의 급속한 발전, 기술의 진보, 그리고 정보의 중요성으로 인해 기업은 끊임없이 변화하는 기술적 환경을 유지하기 위해 더 많은 자금을 투자할 필요가 있다. 그리고 기업은 수용한 기술을 자사 내에 잘 활용할 수 있도록 직원을 교육 및 훈련시켜야 한다.

소셜 미디어(social media) 사람과 기업이 아이디어, 개인 정보, 제품과 서비스에 대한 정보를 주고받으며 공유하는 온라인 상호작용

경제적 환경 비즈니스에 대한 의사결정을 내릴 때 항상 경제적 환경을 고려해야 한다. 특히, 국가 경제가 폭락하거나 개별 기업의 판매 수입과 이익이 급격히 감소할 때는 매우 중요하다. 예를 들어, 소기업과 대기업은 경제가 침체될 때 투자와 직원 채용을 줄인다. 반면, 경제가 회복되어 판매와 이익이 증가하면, 기업은 투자를 늘리고 새로운 제품과 서비스를 출시하고 신입 직원을 고용한다.

Dean Drobot/Shutterstock.com

다음과 같은 이야기를 들어 본 적이 있나요? "우리는 컴퓨터만 가지고 살 수도 없지만, 컴퓨터 없이 살 수도 없습니다." 우리는 컴퓨터에 대한 불만과 좌절감을 동시에 가지고 있다. 그럼에도 불구하고, 우리는 여전히 최신의 컴퓨터, 스마트폰, 비디오 게임에 대한 비용을 기꺼이 지출한다. 비즈니스의 경우, 최신의 정보기술과 응용 프로그램을 활용하여 정보를 저장하고, 생산성을 향상시키고 있으며, 그리고 신제품을 설계 및 제조하고 있다.

경제적 환경 외에도, 사회적 책임에 관심 있는 기업주와 관리자는 지속 가능성을 고려해야 한다. 미국 환경 보호국(U.S. Environmental Protection Agency)에 따르면, **지속 가능성(sustainability)**은 현재 세대와 미래 세대에게 천연자원의 피해와 고갈 없이, 생활 수준을 유지하고 향상시킬 수 있는 능력을 의미한다. 녹색(green)이라는 단어가 일반적으로 크레용 색을 의미하지만, 비즈니스 분야에서 사용되는 녹색은 새로운 비즈니스 방식을 나타낸다. 결과적으로 경제적 요인, 인구 증가, 에너지 사용 증가, 그리고 환경의 중요성은 개인의 생활 방식과 비즈니스 운영 방식을 바꾸고 있다.

지속 가능성(sustainability) 현재 세대와 미래 세대에게 천연자원의 피해와 고갈 없이, 생활 수준을 유지하고 향상시킬 수 있는 능력

1-7d절을 시작할 때의 질문을 돌이켜보면 경쟁적 환경, 글로벌 환경, 기술적 환경, 그리고 경제적 환경의 네 가지 환경 요인이 기업의 비즈니스 방식에 영향을 미친다는 것은 분명한 사실이다. 그 결과 개선의 기회와 함께 항상 고려해야 할 도전이 있게 된다.

1-7e 미래 도전

미국의 비즈니스 시스템이 잘 작동하면, 열심히 노력하고 계속 배우고자 하는 사람에게 높은 생활 수준과 많은 발전 기회를 제공한다. 그러나 이 시스템은 인간이 고안한 다른 시스템과 마찬가지로 완벽하지 않다. 미국의 비즈니스 시스템은 번영을 주기도 하였지만, 1930년대 대공황, 1970년대와 1980년대 초의 여러 경제 문제, 그리고 2008년 세계금융위기를 초래하기도 했다.

어떤 시스템도 분명히 개선될 수 있다. 미국 경제에 도움이 될 만한 자신의 관점과 의견을 피력한 사람은 많지만, 그들이 제시한 의견이 상충되는 경우가 많아서 어떤 전문가도 누구 의견이 맞는지 틀린지를 단언할 수 없다.

그러나 많은 전문가는 향후 10년 동안 몇 가지 핵심 이슈가 우리 경제체제에 큰 도전과 어려움이 될 것이라는 데에는 대체로 동의한다. 도전적인 핵심 이슈는 다음과 같다:

- ✔ 안정적인 경제 발전을 이루고, 새로운 양질의 일자리를 만드는 방법은 무엇인가?
- ✔ 저소득 근로자의 수를 줄이고, 고소득 근로자의 수를 늘리는 방법은 무엇인가?
- ✔ 국가의 빚을 줄이고, 비즈니스 성장을 촉진하는 방법은 무엇인가?
- ✔ 정치와 금융 및 은행 산업의 신뢰를 높이는 방법은 무엇인가?
- ✔ 연구개발과 기술을 활용하여 미국 근로자의 생산성을 높이고, 미국 기업들의 경쟁력을 높이는 방법은 무엇인가?
- ✔ 미국 경제체제 내에서 경쟁의 이점을 살리면서 소기업을 활성화하는 방법은 무엇인가?
- ✔ 천연자원을 보존하고, 환경을 보호하는 방법은 무엇인가?
- ✔ 사회적 불안, 차별, 불평등을 해결하는 방법은 무엇인가?
- ✔ 사회보장제도가 필요한 저소득 가정, 미혼모, 노인, 불우한 사람들의 요구를 충족시키는 방법은 무엇인가?
- ✔ 전 세계의 테러와 싸우고, 평화를 회복하는 방법은 무엇인가?

위 질문에 대한 해답은 간단하지 않다. 과거에도 많은 문제와 도전이 있었지만, 그때마다 미국인은 항상 독창성과 창의성을 통해 해결하였다. 현재 우리가 사는 21세기 여정에서 현재의 문제를 해결하고, 세계 시장에서의 경쟁력을 확보하고, 그리고 미래 세대를 위한 국가와 경제를 구축하기 위해서는 오늘날에도 동일한 독창성과 창의성이 요구된다. 미국의 비즈니스 시스템은 완벽하진 않지만, 합리적으로 잘 작동하고 있는 편이다.

요약

1. 비즈니스 성공을 위해 당신이 해야 할 일을 이해한다.

세계에 있는 모든 기업의 경영진과 직원들은 생산성 향상, 수익 증대, 그리고 경쟁력 확보를 위해 '우리는 지금 무엇을 해야 하지?'라는 질문을 한다. 이 질문이 적절하긴 하지만 뾰족한 답을 찾기는 쉽지 않다. 특히 경영학 과목을 수강하는 대학생이나 이제 막 경력을 시작한 직원의 경우 이 질문의 답을 찾는 것은 더욱 어렵다. 그러나 열심히 일하고, 끊임없이 배우고, 그리고 변화에 적응할 능력이 있는 사람들은 분명히 그 기회를 가질 것이다. 비즈니스를 공부함으로써 당신은 성공적인 직원이 되거나 경영관리자가 될 수 있다. 또한, 자신의 사업을 시작하는데 필요한 지식과 정보를 배울 수도 있다. 그리고 더욱 현명한 소비자와 투자자가 될 수도 있다.

2. 비즈니스 개념을 살펴보고, 비즈니스의 잠재적 위험과 보상을 이해한다.

비즈니스란 사회적 필요를 충족시키는 제품과 서비스를 생산하고 판매하여, 이익을 추구하려는 각 개인의 조직화된 노력을 말한다. 비즈니스를 잘 하려면 기업은 네 가지 경영자원(물적 자원, 인적 자원, 재무 자원, 정보 자원)을 적절히 조직화하는 것이 필요하다. 비즈니스의 세 가지 유형으로 서비스업, 제조업, 마케팅 중개업이 있다. 오늘날 마케팅 중개업체는 오프라인 상점에서, 온라인으로, 또는 두 방식을 모두 이용하여 제품과 서비스를 판매한다. 이익은 판매 수입(혹은 수익)에서 모든 비용을 빼고 남은 금액이다. 이익은 사업주가 위험(보상이 없을 수 있는 위험과 투자한 모든 것을 잃을 수 있는 위험)을 감수하는 대가라 할 수 있다. 많은 사람은 이익이 비즈니스의 최우선 목표라고 생각하지만, 성공적인 비즈니스의 최종 목적은 고객의 욕구를 만족시키는 것이다. 이익 외에도, 기업은 지구 보호와 환경 운동에 참여하고, 사람들의 더 나은 삶을 위한 활동을 수행한다.

3. 경제학의 개념을 파악하고, 시장 경제와 계획 경제 체제를 이해한다.

경제학은 부가 어떻게 만들어지고 분배되는지를 연구한다. 다음 네 가지 질문의 대응 방식에 따라 한 국가의 경제체제가 결정된다: 어떤 제품과 서비스를 생산할 것인가? 어떻게 생산할 것인가? 누구를 위해 생산할 것인가? 누가 생산 요소를 소유하고 통제하는가? 생산 요소는 토지와 천연자원, 노동, 자본, 기업가정신이 있다. 자본주의는 제품과 서비스를 생산하는 사업체를 개인이 소유하고 운영하는 경제체제이다. 자본주의는 Adam Smith의 자유 방임주의 이론(그림 1.4 참고)에서 시작되었다. 우리의 실제 경제체제는 자본주의와 사회주의 요소를 모두 포함한 혼합 경제이다. 비즈니스 시스템을 특징짓는 순환 흐름(그림 1.5 참고)에서 가계와 기업은 화폐를 사용하여 토지,

노동, 자본을 제품과 서비스로 교환한다. 비슷한 방식으로, 정부는 기업과 가계에서 세금을 징수하고 서비스를 제공할 제품과 자원을 구매한다.

계획 경제는 정부가 많은 것을 결정하고 관여하는 경제체제이다. 계획 경제의 유형으로 사회주의와 공산주의 경제를 들 수 있다.

4. 경제적 성과의 측정 방법을 이해한다.

한 국가의 경제적 성과를 측정하는 한 가지 방법은 한 작업자의 시간당 평균 산출물을 의미하는 생산성을 평가하는 것이다. 국내총생산(GDP)도 한 국가의 경제 상태를 측정하는 데 사용될 수 있으며, 이는 1년 동안 한 국가의 영토 내에서 생산한 모든 제품과 서비스의 총 달러 금액이다. 인플레이션을 반영한 실질 GDP도 사용될 수 있다. 다른 경제 지표로는 실업률, 소비자 물가지수(CPI), 생산자 물가지수(PPI), 무역 수지, 소비자 신뢰 지수, 기업 이익, 인플레이션율, 국민 소득, 신규 주택 착공, 주요 금리 등이 있다.

5. 경기 순환주기의 네 가지 단계를 이해한다.

한 국가의 경제는 매년 꾸준한 속도로 성장하기보다는 불규칙으로 변동하는 경우가 많다. 이러한 변동을 경기 순환주기라 한다. 일반적으로 경기 순환주기는 호황기, 후퇴기, 불황기, 회복기(때로는 확장기라고 함)의 네 단계로 구성된다. 경기 침체와 불황을 극복하기 위해, 정부와 중앙은행은 재정정책(정부가 세입과 세출을 조절하는 정책)과 통화정책(중앙은행이 화폐 공급 규모와 금리 수준을 결정함으로써 통화량을 조절하는 정책)을 사용한다. 정부의 경기 부양책에 따른 부작용 중 하나는 국가 부채의 증가이다. 오늘날 미국의 국가 부채는 20조 달러 이상이며, 이를 개인당 환산하면 약 61,000달러가 넘는다.

6. 경쟁 형태에 따른 시장 유형을 이해한다.

경쟁은 자사의 제품과 서비스를 잠재 고객에게 판매하기 위한 기업 간의 경쟁이다. 자본주의 경제에서 경쟁은 소비자 욕구를 충족시키는 제품과 서비스를 제공하는 기업만 생존할 수 있게 한다. 경제학자들은 경쟁 형태에 따라 시장을 네 가지로 구분한다: 완전 경쟁 시장, 독점적 경쟁 시장, 과점 시장, 독점 시장. 일반적으로 수요 요인과 공급 요인은 시장 가격에 영향을 미친다.

7. 비즈니스 환경에 영향을 미치는 요인과 비즈니스의 미래 도전을 이해한다.

미국 경제는 다음과 같은 주요 사건들이 이어져 경제성장과 경제 둔화가 뒤섞여 왔다: 세계 대공황, 정부의 시장 관여, 전쟁 참여, 급속한 경제성장, 사회적 책임 운동, 석유 파동, 높은 인플레이션, 높은 금리, 기업 이익 감소, 기술과 소셜 미디어의 사용 증가 등.

그 어느 때보다 비즈니스 운영 방식은 경쟁적 환경, 글로벌 환경, 기술적 환경, 경제적 환경의 영향을 받는다. 그 결과, 기업은 미래를 향한 도전과 개선의 기회가 많이 주어진다.

주요 용어

당신은 이제 다음 용어들에 대한 정의와 적합한 예를 제시할 수 있어야 한다.

- 자유 기업 체제
- 문화적 (또는 직장) 다양성
- 비즈니스
- e-비즈니스
- 이익
- 이해 관계자
- 경제학
- 미시 경제학
- 거시 경제학
- 경제체제
- 생산 요소
- 기업가
- 자본주의
- 보이지 않는 손
- 시장 경제
- 혼합 경제
- 소비재
- 계획 경제
- 생산성
- 국내총생산(GDP)
- 인플레이션
- 디플레이션
- 실업률
- 소비자 물가지수(CPI)
- 생산자 물가지수(PPI)
- 경기 순환주기
- 후퇴기
- 불황기
- 통화정책
- 재정정책
- 국가 부채
- 경쟁
- 완전(또는 순수) 경쟁 시장
- 공급
- 수요
- 시장 가격
- 독점적 경쟁 시장
- 제품 차별화
- 과점 시장
- 독점 시장
- 생활 수준
- 가내 수공업
- 공장 시스템
- 전문화
- 서비스 경제
- 소셜 미디어
- 지속 가능성

토론 문제

❶ 미국의 경제체제가 시장 경제가 아닌 혼합 경제로 발전하게 된 요인은 무엇인가?

❷ 당신은 우리의 경제체제에 대해 다음의 네 가지 경제 질문에 어떻게 대답할 것인가?: *"어떤 제품과 서비스를 생산할 것인가? 어떻게 생산할 것인가? 누구를 위해 생산할 것인가? 누가 생산 요소를 소유하고 통제하는가?"*

❸ 국내총생산(GDP)은 한 국가의 경제 상태를 측정하는데 신뢰할만한 지표인가? 더 좋은 지표는?

❹ "기업 간의 경쟁은 제품의 품질을 향상시키고 고객의 만족도를 높인다."라는 말에 당신은 동의하는가? 그 이유는?

❺ 당신은 우리 경제와 비즈니스 시스템에 정부가 관여하는 것을 찬성하는가? 그 이유는?

❻ 1-7e에서 열거한 여러 도전적인 핵심 이슈 중 하나를 선택하고, 이를 해결할 방안을 제시하라.

CHOOSING A FORM OF BUSINESS OWNERSHIP

YinYang/E+/Getty Images

CHAPTER 2.

기업 소유권에 따른 기업 유형

학습 목표

본 장을 마치면, 당신은 아래 내용을 이해할 수 있다.

1. 개인기업의 장단점을 이해한다.
2. 동업자 유형과 동업 계약서의 중요성을 이해한다.
3. 동업기업의 장단점을 이해한다.
4. 주식회사가 어떻게 설립되는지 이해한다.
5. 주식회사의 장단점을 이해한다.
6. S 법인, 유한책임회사, 비영리 법인을 포함한 특수한 형태의 기업을 이해한다.
7. 합작회사와 신디케이트의 목적을 이해한다.
8. 기업의 내부 성장과 외부 합병을 통한 성장이 어떻게 기업을 확장시킬 수 있는지 이해한다.

비즈니스 들여다보기

가족 기업으로 운영되는 S.C. Johnson

연 매출 100억 달러의 다국적 기업인 S.C. Johnson은 Samuel Curtis Johnson이 위스콘신주 Racine에서 바닥 광택용 왁스 사업을 시작하면서 1886년 설립되었다. 오늘날에도 기업의 본사는 Racine에 있으며 가족 기업으로 운영되고 있다. 설립자의 고손자인 Fisk Johnson은 5대 회장으로 Saran Wrap, Shout, Scrubbing Bubbles, Windex, Ziploc, Pledge 등과 같은 가정용 브랜드 제국을 관장하고 있다. Procter & Gamble, Unilever와 같은 주요 경쟁기업이 주식회사인 것과는 달리 S.C. Johnson은 개인기업으로 운영되기 때문에 매출과 이익이 감소할 경우에도 기업의 가치에 충실할 수 있다. 예를 들면, S.C. Johnson이 Saran Wrap을 인수했을 때 최고경영층은 식품 포장재의 화학적 성분이 전자레인지 열에 어떻게 반응할 지에 대해 고민하게 되었다. 과학자들이 화학적 성분을 제거한 새로운 버전의 제품은 원래 제품보다 식품 용기에 잘 달라붙지 않게 되어 Saran Wrap의 시장 점유율은 떨어졌다. S.C. Johnson은 매출보다는 안전에 보다 더 큰 가치를 둔 것으로 이는 건강과 환경 문제를 중요시한다는 S.C. Johnson의 기업 철학을 보여주는 좋은 사례이다. 개인기업의 다른 장점은 주주와 기업 분석가들로부터의 압력에 대해 자유롭다는 것이다. 그래서, 자신의 증조부이며 설립자 Samuel의 아들인 Herbert F. Johnson의 경영 철학인 사람에 대한 선의는 모든 사업에서 유일하게 지속되어야 하는 것임을 명심하면서 Fisk Johnson은 장기적인 안목으로 매년 종업원들과 이익을 공유하고, 고객들에게 올바른 일을 실천하였다.

알고 있는가?

S.C. Johnson은 연 매출 100억 달러 규모와 전 세계 종업원 13,000명을 거느린 미국에서 가장 큰 가족 소유 기업 중의 하나이다.

S.C. Johnson의 설립자 Samuel Curtis Johnson에게 성공은 빠르지도 쉽지도 않았다. 원래 그는 미국 중서부의 사람들에게 나무 바닥재를 팔았는데 나무 바닥을 잘 관리할 수 있는 방법을 궁금해하는 고객들로부터 문의 편지를 받은 후, 바닥 광택용 왁스인 Johnson을 개발하게 되었다. Samuel의 욕조에서 만들어진 그의 첫 번째 왁스 제품은 최고의 나무 바닥 제품 중의 하나로 인정받았으며 이러한 초기 성공에 힘입어 Samuel은 나무 바닥재와 바닥 광택용 왁스 캔을 같이 판매하였으며 다른 회사의 나무 바닥재를 구매한 사람들도 Samuel의 왁스 구매를 원하게 되었다. 그 후로 목재 마감재나 목재 충전재와 같은 다른 제품들도 개발되었고, 1898년에 이르러 Johnson 바닥용 왁스, 마감재와 목재 충전재의 매출이 다른 바닥재 매출을 넘어서게 되었으며, 이러한 제품으로 인하여 미국을 포함한 70여 개 나라에서 판매되는 세제와 가정용 제품을 생산하는 가족 기업이 탄생하게 되었다. 1장에서 비즈니스를 어떻게 정의했는지 생각해보자.

"비즈니스는 사회적 필요를 충족시키는 제품과 서비스를 생산하고 판매하여 이익을 추구하려는 각 개인의 조직화된 노력이다."

Samuel Johnson에게 비즈니스 정의의 가장 중요한 부분은 사회적 필요를 충족시키는 것이었다. 그는 사람들의 필요를 발견하였고 그 필요를 충족시키기 위해 제품을 개발하였다. S.C. Johnson의 초기 제품으로부터 나온 이익은 향후 기업의 성장과 확장을 위한 자금 역할을 하였다. 오늘날에도 S.C. Johnson의 소유주나 종업원들은 고객의 필요를 충족시키는 것이 자신들의 사업에서 가장 중요하다는 것을 믿고 있다. Herbert F. Johnson의 경영 철학인 사람에 대한 선의는 모든 사업에서 유일하게 지속되어야 할 것이라는 문장은 당신이 기업의 소유주, 관리자 혹은 종업원이거나 사업을 처음 시작한 사람이라면 기억할 만한 좋은 지침이 될 것이다.

S.C. Johnson과 같은 기업은 성장과 사업 확장을 위해 많은 의사결정을 하여야 한다. 가장 중요한 의사결정 중의 하나는 소유권의 형태를 선택하는 것이다. 선택할 수 있는 형태로는 개인기업, 동업기업, 주식회사 또는 기업의 특별한 필요를 충족시키는 특수한 소유권 형태가 있다. 이 장은 개인기업, 동업기업, 주식회사의 세 가지 일반적인 기업 소유권 형태를 설명하고, 이러한 유형의 기업이 어떻게 설립되는지 그리고 각각의 장단점에 대해 논의한다. 다음으로, S 법인, 유한책임회사, 비영리 법인, 합작회사 및 신디케이트를 포함하여 일반적으로 특수 목적으로 선택된 유형을 소개한다. 마지막으로 기업 내부를 자체적으로 확장하거나 혹은 다른 회사와의 합병을 통해 기업이 성장할 수 있는 방법에 대한 논의로 이 장을 마무리한다.

2-1 개인기업

 # 학습목표 개인기업의 장단점을 이해한다.

개인기업(sole proprietorship) 한 명이 소유하고 운영하는 회사

개인기업(sole proprietorship)은 일반적으로 한 명이 소유하고 운영하는 회사이다. 규모가 크고 직원이 많은 개인기업도 있지만, 대부분이 소규모이다. Walmart, JC Penny와 Procter & Gamble을 포함한 오늘날의 몇몇 대기업들은 아주 작은 규모의 개인기업으로 시작하였다. 유망한 아이디어를 가진 몇몇 기업가들은 종종 개인기업 형태를 선택하게 된다. 체다 치즈 향 팝콘을 개발한 Annie Withey의 예를 들면, Smartfood라고 불리는 Annie의 팝콘은 미국 역사상 가장 많이 팔린 제품 중의 하나가 되었고, 몇 년 후 Frito-Lay에게 1,500만 달러에 팔렸다. 경쟁이 치열한 산업에서의 성공에도 불구하고 Annie Withey는 여전히 개인 사업가처럼 생각하며, Annie's Homegrown이라는 새로운 회사를 설립하여 천연 화이트-체다 마카로니와 치즈 제품을 개발했다. 2014년 General Mills는 Annie's Homegrown을 8억 2,000만 달러에 매입하였다. 이런 사실을 통해 좋은 아이디어와 성공적인 사업은 엄청난 돈의 가치가 있다는 것을 알 수 있다.

그림 2.1처럼 미국에는 2,410만 개의 개인기업이 있고, 전체 기업 중 72%를 차지하고 있다.

동업기업이나 주식회사와 비교해 보면 가장 일반적인 형태이지만 총매출액에서는 꼴찌다. 그림 2.2와 같이 개인기업의 연간 총 매출은 1조 3,000억 달러로 전체의 4%만을 차지하고 있다. 개인기업은 소매업, 서비스업 그리고 농업에서 가장 일반적인 형태이며 의류 가게, 가전제품 수리점, 독립적인 농부는 개인기업일 가능성이 높다.

2-1a 개인기업의 장점

개인기업의 장점은 소유권의 두 가지 특성인 단순성과 개인 통제에 기인한다.

창업과 폐업의 용이성 개인기업은 가장 쉽게 사업을 시작할 수 있는 형태로 변호사의 도움 없이 설립할 수 있다. 회사 이름을 등록하거나 사업 운영에 필요한 자격증이나 허가증을 취득할 때 최소한의 법적 절차가 필요하다. 사업에 실패할 경우 폐업도 창업처럼 쉽게 할 수 있다. 물론 모든 채권은 갚아야 하지만 개인기업의 소유주는 '사업 종료(폐업)' 표시를 걸기 전에 어떠한 법적 절차를 밟을 필요는 없다.

소유권에 대한 자부심 성공한 개인 사업자는 종종 자신의 성취에 대해 매우 자랑스럽게 생각하고 이는 당연한 일이다. 대부분의 경우 소유자는 개인기업을 운영하면서 발생하는 일상적인 문제를 해결한 것에 대한 공로를 인정받을 자격이 있다. 불행하게도 그 반대의 경우, 사업이 실패하게 되면 비난받아야 할 사람은 당연히 개인 사업자 자신이다.

그림 2.1 미국 내 개인기업, 동업기업, 그리고 주식회사의 상대적인 비율

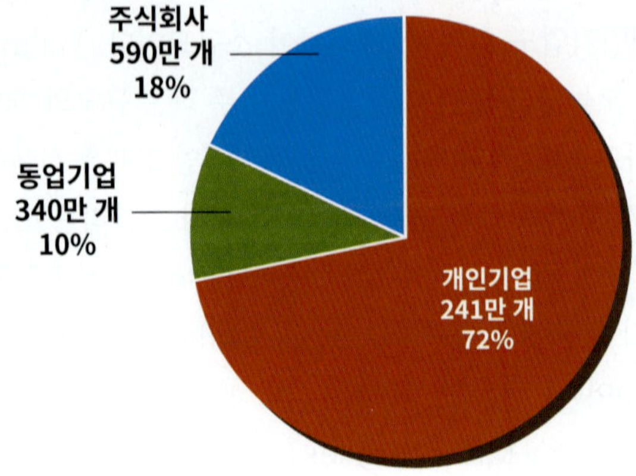

Source: "Statistics of Income," The Internal Revenue Service website at www.irs.gov (accessed January 7, 2017).

그림 2.2 미국 내 개인기업, 동업기업, 그리고 주식회사의 총매출액

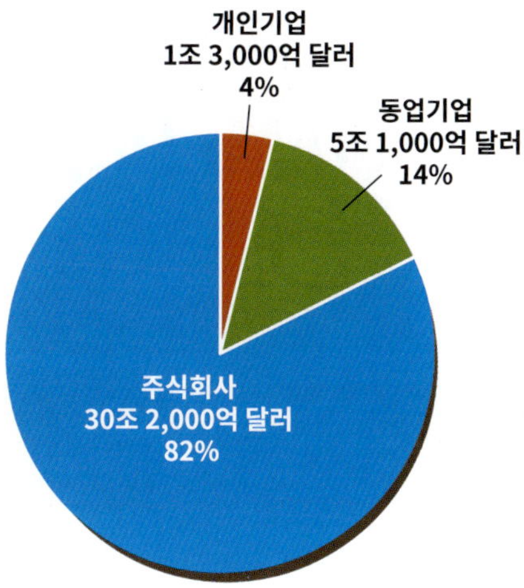

Source: "Statistics of Income," The Internal Revenue Service website at www.irs.gov (accessed January 7, 2017).

모든 이익의 소유 모든 이익은 소유주의 개인소득이 되기 때문에 소유주는 성공하려는 동기가 강하다. 이러한 직접적인 금전적 보상은 많은 기업가들로 하여금 개인기업 형태를 선택하게 하며, 만약 사업이 성공하면 가장 큰 만족의 원천이 된다.

특별세금 없음 개인기업으로 벌어들인 이익은 소유주의 개인소득으로 과세되기 때문에 개인사업자는 미국 국세청(Internal Revenue Service)에 사업 이익이나 손실과 기타 재무정보를 보고해야 한다. 또한, 연방정부에 분기별로 추정 세금을 납부해야 한다.

자신이 상사가 되는 유연성 개인 사업자는 기업의 운영에 대한 결정을 자유롭게 할 수 있다. 다른 사람의 승인을 요청하거나 기다리지 않고 개인 사업자는 가게의 위치를 옮기거나, 새로운 가게를 열거나, 오래된 가게를 닫을 수 있다. 또한, 업무 시간을 즉시 변경할 수 있지만, Best Buy와 같은 대규모 체인점의 점장은 이러한 변경 전에 수많은 관리자와 기업 간부에게 승인을 받아야 한다.

2-1b 개인기업의 단점

개인기업의 단점은 1인 소유로 인해 발생한다. 일부 유능한 개인 사업자는 별로 어려움을 겪지 않지만, 자금이 없거나 경영 능력이 부족한 경우에는 실패할 위험이 높다.

사업 실패는 정말 일어난다!

실패할 목적으로 사업하는 기업가는 없다. 그럼에도 불구하고 많은 소규모 회사들, 특히 개인기업과 동업기업은 실패하는 경우가 많다. 소기업이 실패하는 데는 여러 가지 이유가 있지만, 개인 사업자나 동업자가 사업에 투자할 수 있는 제한된 시간이 실패의 주요 원인이다.

Rob Byron/Shutterstock.com

무한책임(unlimited liability) 사업 소유주가 사업의 모든 부채에 대해 개인적으로 책임지는 법률적 개념

무한책임 무한책임(unlimited liability)은 사업 소유주가 사업의 모든 부채에 대해 개인적으로 책임지는 법률적 개념이다. 기업의 부채와 소유주의 부채는 법적으로 차등을 두지 않기 때문에, 사업에 실패하거나 소송에 걸려 패소하게 되면 저축과 기타 자산을 포함한 소유주의 개인 자산을 압류하여(필요한 경우 매각하여) 채권자에게 지급한다. 이처럼 부채에 대한 소유주의 무한책임은 상당한 개인 재산을 가진 기업가가 개인 사업자의 형태를 선택하지 않으려는 주요 요인이다. 또한, 많은 개인 사업자들이 성공한 후에 자신의 기업을 주식회사나 다른 형태로 전환하는 것도 바로 무한책임 때문이다.

연속성 결여 법률적으로 개인 사업자가 바로 기업 자체이다. 소유주가 은퇴하거나 사망하거나 법적으로 무능하다고 판정되면 기업의 생명도 끝나게 된다. 하지만 많은 경우, 특히 사업이 잘 되고 있으면 소유주는 사업체를 매각하거나 혹은 소유주의 상속인이 상속받은 후에 팔거나 계속 운영하게 된다. 또한, 개인 사업자가 아파서 장기간 일을 못하게 되면 사업도 타격을 입을 수 있다. 예를 들어, 소유주가 심장마비로 쓰러지게 되면 아무도 소유주를 대신해서 사업을 관리할 수 없게 된다. 특히 개인 사업자의 개인적 능력이 사업의 성패를 쥐고 있을 경우에는 질병은 치명적이게 된다.

자금 부족 일반적으로 은행, 공급업체 그리고 기타 대출 기관은 개인기업에 대규모 자금을 빌려주지 않는다. 단지 개인 사업자 한 명에게만 이러한 대출금의 상환 책임이 있고, 대부분의 개인 사업자들의 자산은 제한적이기 때문이다. 더욱이 이러한 자산은 이미 개인 대출(주택 담보 대출이나 자동차 대출)이나 단기 신용 담보로 잡혀 있는 경우가 많다. 대출 기관 역시 개인기업의 연속성 결여를 걱정하게 된다. 즉, 개인 사업자가 죽게 되면 누가 대출금을 갚을까? 결론적으로 많은 대출 기관들은 실패하는 수많은 개인기업에 대해 우려한다. 자금을 융통할 수 있는 능력이 제한되어 있기 때문에 개인기업이 성장하기는 힘들다. 이러한 이유로 인하여 많은 기업 소유주들은 상대적으로 대규모 자본이 필요로 할 경우 소유권의 형태를 개인기업에서 동업기업이나 주식회사 형태로 변경하게 된다.

제한된 관리 기술 개인 사업자는 유일한 관리자이면서 때때로 유일한 판매자, 구매자, 회계사도 되고, 때에 따라서 청소부도 되기도 한다. 아무리 경험이 풍부한 사업 소유자라 해도 모든 분야의 전문가가 될 수는 없다. 종업원, 비서, 컨설턴트를 고용하여 필요한 전문성을 얻지 않는 한 사업 소유주의 역량이 부족한 분야에서는 어려움을 겪게 된다. 필요한 인원을 고용할 능력이 없는 개인 사업자에게는 해야 할 모든 일을 할 수 있는 시간 또한 충분하지 않다.

종업원 채용의 어려움 개인 사업자는 유능한 조력자를 모으고 유지하는 것을 어렵게 생각한다. 잠재적인 종업원들 역시 사업 소유주가 모든 관리적 책임을 지고 있는 기업에서 출세나 발전의 가능성이 없다고 느낀다. 또한, 종업원에게 추가적인 책임을 더하게 되면 그 사람은 회사를 그만두고 대기업으로 이직하거나 자신의 사업을 시작할 수도 있다. 더 높은 연봉과 더 많은 복지 혜택의 유혹으로 인하여 기존 종업원들이 직업을 바꾸게 될 수도 있다.

2-1c 개인기업을 넘어서

개인기업의 주요 단점이 하루에 한 사람이 할 수 있는 제한된 업무량이라고 한다면 이러한 단점을 줄이는 (많은 장점을 유지하면서) 한 가지 방법은 동업기업을 설립하여 2명 이상의 소유주를 보유하면 된다.

2-2 동업기업

 # 학습목표 **동업자 유형과 동업 계약서의 중요성을 이해한다.**

단독으로 개인기업을 설립하여 운영할 생각을 하지 않은 사람은 동업기업을 생각할 수 있다. 미국 Uniform Partnership Act는 **동업기업(partnership)**을 두 명 이상이 영리를 목적으로 하는 사업의 공동 소유주로 활동하는 자발적인 단체로 정의한다. 지난 1837년 두 명의 개인 사업자

동업기업(partnership) 두 명 이상이 영리를 목적으로 하는 사업의 공동 소유주로 활동하는 자발적인 단체

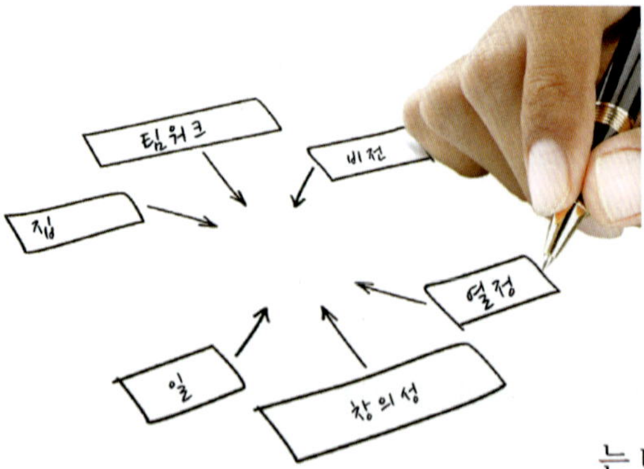

인 William Procter와 James Gamble은 Procter & Gamble(P&G)라는 동업기업을 설립하였다. 이들의 동업은 각자의 능력을 결합시켜 오하이오주 Cincinnati에 있는 14개의 다른 비누 및 양초 제조업자들과 경쟁할 수 있게 되었다. 결국 1890년에 Procter & Gamble은 확장을 위해 주식회사로 전환하였고, 추가 자본을 조달해 글로벌 거대 기업이 되었다. 오늘날, P&G 브랜드는 세계적으로 알려져 있으며, Pantene, Gillette, Tide, Oil of Olay, 그리고 사람들이 매일 사용하고 있는 다수의 브랜드가 있다.

그림 2.1과 2.2에서 볼 수 있듯이 미국에는 340만 개의 동업기업이 있으며, 매년 약 5조 1,000억 달러 규모의 매출을 보이고 있다. 동업기업은 개인기업과 주식회사에 비해 일반적이지 않고, 그림 2.1처럼 미국 기업 중에서 10% 정도 차지할 뿐이다. 동업기업에 참여할 수 있는 동업자의 법적 최대 인원은 없지만 대체로 2명이다. 관련된 인원수에 상관없이 동업기업은 종종 특수한 관리 기술과 재능의 집합체를 의미하며, 때때로 개인 사업자가 추가 자본을 조달할 목적으로 동업자를 고용한 결과로도 나타난다.

2-2a 동업자 유형

모든 동업자가 동등할 필요는 없으며, 일부 동업자는 사업을 총괄하여 운영하고 다른 일부는 제한된 역할을 수행한다.

무한책임 동업자(general partner) 사업 운영에 대한 전적인 혹은 공동의 책임을 지는 사람

무한책임 동업자 무한책임 동업자(general partner)은 사업 운영에 대한 전적인 혹은 공동의 책임을 지는 사람이다. 무한책임 동업자는 일상적인 사업 운영에 적극적이며 다른 동업자를 대신해서 계약을 체결할 수 있다. 자신이 모르거나 자신의 동의 없이 다른 무한책임 동업자로 인해 발생된 사업 부채를 포함하여 모든 부채에 대해 무한책임을 부담한다. 동업기업에서 탈퇴한 무한책임 동업자는 향후의 책임을 지지 않기 위해 채권자, 고객 그리고 공급업자에게 통지해야 한다.

유한책임 동업자(limited partner) 사업체에 자금을 투자하였지만, 관리 책임이 없거나 자신의 투자 금액을 초과한 손실에 대해서 상환 책임이 없는 사람

유한책임 동업자 유한책임 동업자(limited partner)은 사업체에 자금을 투자하였지만, 관리 책임이 없거나 자신의 투자 금액을 초과한 손실에 대해서 상환 책임이 없는 사람이다. 일반적으로 무한책임 동업자는 관리 수수료를 징수하여 수익의 일정 비율을 받으며, 유한책임 동업자는 일정 금액의 수익과 세제 혜택을 받는다. 예를 들어, 부동산, 원유와 천연가스, 영화나 벤처 사업의 자금을 조달하기 위해 유한 동업기업(limited partnerships)을 형성할 수 있다. 잠재적인 책임 문제로 인하여, 유한 동업기업은 특수한 규칙이 적용된다. 이러한 규칙은 유한 동업기업과

그림 2.3 동업기업의 정관

동업기업의 정관은 동업 조건을 열거하고 설명하는 서면 혹은 구두 계약서이다.

동업 계약서

동업자 이름	이 계약은 2017년 6월 20일, 아이다호주 Hazelton South Street 783A의 Penelope Wolfburg와 아이다호주 Hazelton Box 96, RR 5의 Ingrid Swenson 사이에 체결되었다.
회사의 성격, 상호, 주소	1. 상기인은 오늘 아이다호주 Hazelton, 85 Broad Street(83335)에 위치한 W-S Jewelers라는 이름으로 운영되는 동업기업을 설립하였으며, 보석 판매 및 수리에 종사한다.
계약 기간	2. 본 계약의 기간은 2017년 6월 20일부터 십 오년(15년) 또는 모든 동업자가 서면으로 합의할 경우 더 짧은 기간동안 존속된다.
자본 투자	3. 각 동업자의 초기 투자는 다음과 같다. Penelope Wolfburg는 4만 달러의 자본 투자 가치를 지닌 Wolfburg's Jewelry Store의 자산과 부채를, Ingrid Swenson은 현금 2만 달러. 이러한 투자금이 동업기업 자산이다.
동업자의 의무사항	4. 각 동업자는 동업기업의 운영에 대한 시간, 기술 및 관심을 줄 것이며, 다른 동업자의 서면 허가 없이는 다른 기업에 관여할 수 없다.
급여, 인출 그리고 이익의 분배	5. 각 동업자의 급여는 다음과 같다. Penelope Wolfburg는 연봉 4만 달러, Ingrid Swenson는 연봉 3만 달러. 어느 동업자도 다른 동업자로부터 서면 승인 없이 회사로부터 현금이나 기타 자산을 인출할 수 없다. 회사의 모든 손익은 Penelope Wolfburg 60%, Ingrid Swenson 40%로 배분된다.
종료	6. 본 계약의 종료 또는 동업자 각자의 서면 허가 또는 한 동업자 혹은 모든 동업자의 사망이나 무능력으로 인해 동업기업이 해체되면, 동업자들은 새로운 계약을 체결하거나, 사업을 지속하려는 동업자는 다른 동업자의 회사 지분을 종료되는 동업자의 자본 계정 잔액을 초과하지 않는 가격으로 구매할 수 있는 선택권을 가질 수 있다. 대금은 종료일로부터 분기별로 균등하게 현금으로 지급한다.
종료	7. 이 계약이 종료될 때, 모든 동업자가 새로운 계약에 따라 사업 운영을 계속하기로 합의하지 않는 한, 동업기업의 자산은 부채가 지급된 후 종료날짜의 각 동업자의 자본 계정 잔액에 비례하여 분할된다.
서명	*Penelope Wolfburg* *Ingrid Swenson*
날짜	*June 20, 2017* *June 20, 2017*

Source: Adapted from Goldman and Sigismond, Cengage Advantage Books: Business Law 9E.

관련된 고객과 채권자를 보호할 목적으로 제정된다. 예를 들면, 유한 동업기업의 예비 동업자는 합자회사의 필수 세부사항과 사업과 관련된 개별 동업자들의 책임 상태를 설명하는 공식적인 문서를 주정부 장관에게 제출해야 하며, 최소 1명의 무한책임 동업자가 유한 동업기업의 부채에 책임을 져야 한다. 일부 주에서는 유한 동업기업의 이름에 유한책임 동업자의 이름을 사용하는 것이 금지된다.

2-2b 동업 계약서

*동업기업의 정관(articles of partnership)*은 동업 조건을 열거하고 설명하는 계약서이다. 구두 혹은 서면으로 작성된 동업 계약서는 모두 합법적이며 법정에서 집행될 수 있지만 서면 계약이 명백한 이점이 있다. 그림 2.3은 전형적인 동업 계약서로 아래와 같은 내용이 명시되어야 한다.

- ✔ 최종 결정권자
- ✔ 각 동업자의 의무사항
- ✔ 각 동업자의 투자 금액
- ✔ 각 동업자가 받거나 책임져야 할 이익이나 손실
- ✔ 동업자가 해지하거나 사망할 경우 어떻게 되는지

동업기업을 설립하려는 사람들은 계약서를 스스로 작성할 수도 있지만, 대부분의 전문가들은 변호사와 상담하는 것을 추천한다. 동업 계약서를 체결할 때 중립적인 제삼자인 컨설턴트, 회계사, 변호사 등이 발생할 수 있는 모든 분쟁을 돕도록 하는 것이 현명하다.

2-3 동업기업의 장단점

 # 학습목표 동업기업의 장단점을 이해한다.

개인기업과 주식회사와 비교해 보면 동업기업은 가장 인기 없는 사업 소유 형태이지만 동업기업이 가장 이상적인 상황들이 있다. 동업기업을 설립하기 전에, 관련 사람들은 동업기업의 장단점을 신중히 고려해야 한다.

Monkey Business Images/Shutterstock.com

소유권에 대한 자부심

매출과 이익이 성공의 기준이 되는 경우가 많지만, 두 사람이 공동의 목적을 위해 문제를 해결하고 함께 일할 때 소유권에 대한 특별한 자부심도 있다. 사업 동업자에게 발생하는 것뿐만 아니라 사업에서 일어나는 것에 책임을 지는 것은 성공하기 위해 훨씬 더 열심히 일하는 동기가 될 수 있다.

2-3a 동업기업의 장점

동업기업은 많은 장점이 있다. 가장 중요한 것은 다음과 같다.

창업 용이성 동업기업은 상대적으로 설립하기 쉽다. 법적 요구사항은 개인기업처럼 상호를 등록하거나 필요한 등록증이나 허가증을 취득할 때 적용된다. 서면으로 작성된 동업기업 조항을 준비할 필요는 없지만 그렇게 하는 것이 바람직하다.

자본과 신용의 가용성 동업자들이 각자 자금을 모을 수 있기 때문에 동업기업은 보통 개인기업이 사용할 수 있는 자본보다 더 많은 자본을 가지게 된다. 추가된 자본, 무한책임 동업자의 무한책임 그리고 결합된 관리 능력으로 인하여 은행과 공급업체는 개인기업과 비교하여 동업기업에 더 많은 신용을 제공하거나 대규모 대출을 승인하게 된다. 그러나 대출 기관이 여전히 경영진의 의견 불일치와 연속성 결여를 우려하기 때문에 동업기업은 장기 자금조달을 쉽게 받지는 못한다.

개인적인 관심 무한책임 동업자는 기업의 운영에 매우 큰 관심을 가지고 있으며, 아마도 개인사업자보다 더 할 것이다. 왜냐하면, 자신의 행동뿐만 아니라 다른 모든 무한책임 동업자들의 행동에 대해서도 책임이 있기 때문이다. 일상적인 사업 운영상 문제를 다른 사람의 도움으로 해결함으로써 발생하는 소유권에 대한 자부심은 강력한 동기부여 요인이고 관련된 모든 사람들이 성공하기 위해 더 열심히 일하게 한다.

사업 능력과 지식의 결합 동업자들은 보완적인 능력을 가지고 있다. 예를 들어, 제조업에서 동업자 한 사람의 약점은 해당 분야의 다른 동업자의 강점으로 상쇄될 수 있다. 더욱이 다른 사람과 중요한 결정을 서로 논의할 수 있는 능력은 종종 압박감을 완화시켜 보다 효과적인 의사결정을 하게 한다.

이익 소유 모든 이익은 개인기업처럼 동업기업의 소유주에게 귀속된다. 동업자들은 금전적인 보상에 직접 참여하므로 회사의 성공을 위해 최선을 다하려는 의욕이 강하다. 앞에서 언급했듯이 동업 계약서에 각 동업자가 받거나 책임져야 할 이익과 손실을 명시해야 한다.

특별세금 없음 동업기업은 소득세를 내지 않지만, 회사의 수입과 지출 및 손익 금액을 명시한 연간 보고서를 미국 국세청에 제출해야 한다. 보고서에는 사업과 관련된 모든 동업자들의 이름과 회사 손익에 대한 동업자들의 지분을 명시해야 한다. 그런 다음 각 동업자는 자신의 세금 신고서에 회사로부터 받은 이익(또는 손실)을 작성해야 한다. 궁극적으로 각 동업자에게 배분된 회사 이익은 개인 사업자에게 과세하는 것과 같은 방식으로 과세한다.

2-3b 동업기업의 단점

개인기업이나 주식회사에 비하여 동업기업은 많은 장점이 있지만, 동업기업을 선택하려는 사람들이 고려해야 할 단점도 있다.

무한책임 무한책임 동업자는 사업상 발생한 모든 부채에 대해 무한책임이 있다. 각 동업자는 자신이 잘못하지 않았더라도 회사 사업을 수행하는 다른 동업자로 인해 발생한 모든 부채, 세금, 그리고 행동에 대해 법적, 개인적 책임을 져야 한다. 따라서 무한책임 동업자는 채권자에게 채무를 갚기 위하여 개인 재산을 사용해야 하는 위험이 있다. 하지만 유한책임 동업자는 자신이 투자한 부분에 대해서만 책임을 진다. 오늘날 많은 주에서 다른 동업자의 부주의나 위법행위로 인해 발생된 법적 문제에 대하여 유한책임 보호를 받는 유한책임 동업기업(limited-liability partnership) 설립을 허용하고 있는데, 대부분 회계사, 변호사, 건축가 등과 같은 특정 유형의 전문가 집단으로 제한하고 있다. 유한책임 동업기업은 무한연대 책임이 있는 1인 이상의 무한책임 동업자가 반드시 존재해야 하는 데 반해 유한책임 동업기업의 모든 동업자는 다른 동업자의 부주의나 과실에 대해 유한책임을 진다.

경영진의 의견 불일치 동업자 중 한 사람이 자신의 배우자나 친척을 경영에 참여하게 한다면 회사에 어떠한 일이 발생할까? 혹은 동업자가 회사에서 더 많은 돈을 인출하려고 한다면 어떻게 될까? 이러한 상황은 한 동업자의 행동이 다른 동업자에게 곤란을 주게 되는 경우이다. 이런 인적 요인은 자존심 세고, 야망이 크며, 돈이 많은 동업자일 경우 마찰에 취약하기 때문에 더욱 중요하다. 동업자들이 결정, 정책이나 윤리에 대해 동의하지 않으면 불신이 쌓이고 시간이 지날수록 상황은 더 악화되어 종국에는 사업을 성공적으로 운영하는 것이 불가능하게 된다.

연속성 결여 무한책임 동업자 중에서 1명이라도 퇴사하거나, 사망하거나 혹은 법적으로 무능하다고 판정되면 동업기업은 종료된다. 하지만, 나머지 동업자들은 해당 동업자의 소유 지분을 취득할 수 있다. 예를 들어, 동업 계약서에 생존한 동업자가 사망한 동업자의 지분을 사들인 후에 사업을 계속할 수 있도록 허용할 수 있다. 하지만, 동업기업에서 특별한 경영이나 기술적 능력을 대체할 수 없는 소유주를 잃게 되면 생존하기 힘들게 된다.

투자 동결 동업기업에 투자하기는 쉽지만 회수하기는 힘든 경우도 있다. 예를 들어, 사퇴한 동업자의 지분 구매를 나머지 동업자들이 원하지 않을 경우가 이에 해당된다. 이러한 상황을 회피하기 위해서는 동업 계약서에 지분 획득 절차를 명시하는 것이 좋다. 경우에 따라 동업자가 회사 외부에서 자신의 지분을 구매할 사람을 물색해야 한다. 외부인을 찾는 일은 회사가 얼마나 성공적인지 그리고 기존 동업자들이 새로운 동업자를 어떻게 받아들이는 지에 따라 쉬울 수도 있고 어려울 수도 있다.

2-3c 동업기업을 넘어서

개인기업과 비교하여 동업기업의 주요한 장점은 자본과 신용의 가용성이 높고 동업자들의 경영 능력과 기술을 결합할 수 있다는 것이다. 하지만 개인기업의 기본적인 단점 중 일부는 여전히 동업기업에도 발생한다. 세 번째 기업 소유권 형태는 이러한 단점들을 극복할 수 있는 주식회사이다.

2-4 주식회사

 # 학습목표 **주식회사가 어떻게 설립되는지 이해한다.**

Ray Kroc이라는 이름을 알고 있나요? 이름은 잘 모르겠지만, 여러분은 McDonalds에서 패스트푸드를 구매한 경험은 있을 것이다. 1955년 Ray Kroc가 밀크쉐이크 기계 영업사원으로

Multimixers를 팔고 있을 때 햄버거, 감자튀김, 음료를 제공하는 패스트푸드 음식점을 운영하는 Dick과 Mac McDonald 형제를 만났다. McDonald 형제는 그들의 사업을 성장시킬 대리인을 찾고 있었는데 Kroc은 기회를 발견하고 오늘날의 McDonald's의 전신인 McDonald's System, Inc.를 설립하였다. Kroc의 목표는 앨라배마주에서처럼 알래스카주에서도 균일한 맛을 내는 고품질의 음식을 지속적으로 제공하는 레스토랑 시스템을 구축하는 것이었다. 1958년 McDonald's는 1억 번째 햄버거를 팔았고, 현재에는 전 세계 100여 개국에서 36,000개의 매장을 운영하고 있다. Kroc과 McDonald's 경영진은 수많은 의사결정을 하였지만, 가장 중요한 결정 중의 하나는 바로 회사를 주식회사로 전환한 것이다. 물론 다른 형태를 선택할 수 있었지만, 주식회사로 함으로써 투자자를 유치하고 사업 확장을 위한 추가적인 자본을 조달하여 글로벌 거대 기업으로 성장하는 발판을 마련하였다.

주식회사(corporation) 회사를 설립하고 운영할 수 있는 권리, 재산을 매매할 수 있는 권리, 자금을 빌릴 수 있는 권리, 고소하거나 고발할 수 있는 권리, 구속력 있는 계약을 체결할 수 있는 권리를 포함한 실제 사람의 법적 권리 대부분을 가지고 있는 법률에 의해 만들어진 가상의 사람

모든 개인기업과 동업기업이 주식회사로 전환되지 않지만, 사업 소유주가 주식회사를 선택하는 이유는 있다. 먼저 주식회사를 정의해 보면, 1819년 대법원 판결에서 대법관 John Marshall이 얘기했던 '가상의 사람으로 보이지 않는 무형의 존재이며 법률에서만 존재하는 것'이 아마도 최고의 정의일 것이다. 다른 말로, **주식회사(corporation)**(혹은 C-corporation이라고도 함)는 법률에 의해 만들어진 가상의 사람으로 실제 사람의 법적 권리 대부분을 가지고 있다. 여기에는 다음과 같은 것들이 포함된다.

- ✔ 회사를 설립하고 운영할 수 있는 권리
- ✔ 재산을 매매할 수 있는 권리
- ✔ 자금을 빌릴 수 있는 권리
- ✔ 고소하거나 고발할 수 있는 권리
- ✔ 구속력 있는 계약을 체결할 수 있는 권리

하지만, 실제 사람과 달리 주식회사는 단지 서류상으로만 존재한다. 미국에는 약 590만 개의 주식회사가 있다. 전체 기업의 약 18%를 차지하고 매출액의 82%를 차지한다(그림 2.1과 그림 2.2 참조).

주식(stock) 주식회사의 소유권 지분

주주(stockholder) 주식회사의 주식을 소유한 사람

2-4a 주식회사 소유권

주식회사의 소유권 지분을 **주식(stock)**이라고 하고, 주식을 소유한 사람을 **주주(stockholder)**라고 한다. 주식회사를 설립하게 되면 주식회사에 투자하기를 원하는 개인이나 기업에 주식을 팔 수 있다. 또한, 주요 종업원에게 보상 차원으로 혹은 현금 지급 대신 투자자에게 주는 수익으

Sorbis/Shutterstock.com

최근에 McDonald's에 들른 적이 있는가? 대부분의 사람들은 McDonald's에서 식사해 본 경험이 있다. McDonald's가 사업을 처음 시작했을 때는 "자동차를 타고 주문하는(drive up) "패스트푸드 레스토랑으로, 작고 저렴한 햄버거, 감자튀김, 음료를 중심으로 한 메뉴만이 있었다. 오늘날 메뉴는 햄버거와 감자튀김뿐만 아니라 샐러드, 치킨 샌드위치, 24시간 아침 식사 메뉴 등으로 확장되었다. 그리고 여전히 고객이 차를 타고 주문하는 레스토랑이 곳곳에 있으며, 쇼핑몰, 공항, 기차역과 같이 사람들이 많이 모이는 거의 모든 위치에 예측 가능한 메뉴와 가격을 제시하는 McDonald's 레스토랑이 있다.

로 주식을 발행할 수도 있다.

비상장 기업(closed corporation)은 상대적으로 적은 인원이 주식을 소유하고 일반 대중에게는 팔지 않은 회사이다. 예를 들어, M&Ms, Snikers, Milky Way, Twix, 그리고 기타 초콜릿 캔디 제품으로 유명한 Mars는 개인적으로 설립되었고, 가족이 소유하고 있는 비상장 기업이다. 많은 사람들이 비상장 기업은 소규모라고 생각하지만 예외는 있다. Mars는 연매출 330억 달러 이상, 전 세계적으로 8만 명 이상의 종업원, 77개국에서 운영되고 있다.

비상장 기업(closed corporation) 상대적으로 적은 인원이 주식을 소유하고 일반 대중에게는 팔지 않은 회사

상장 기업(open corporation)은 일반 개인이 주식을 사고팔 수 있는 회사로 General Electric, Microsoft, Apple, Nike를 예로 들 수 있다.

상장 기업(open corporation) 일반 개인이 주식을 사고팔 수 있는 회사

2-4b 주식회사 설립

회사를 주식회사로 하는 것이 성공을 보장한다고 생각할지 모르지만, 그것은 그렇지 않다. 회사 이름 뒤에 Incorporated나 약자로 Inc.를 넣는다고 특별한 일이 발생하지는 않는다. 불행히도 개인기업이나 동업기업처럼 주식회사도 파산할 수 있다. 그러므로 사업가는 주식회사의 소유권 형태가 개인기업이나 동업기업보다 더 적합한지 신중히 고민하고 결정해야 한다.

주식회사 형태가 최선이라고 결정했다면, 대부분의 전문가는 모든 법적 요건이 충족되는지 확인하기 위해 변호사와 상의하여 주식회사 설립 절차를 밟을 것을 권고한다. 물론 법적인 도움 없이 주식회사를 설립할 수도 있지만, 중이 제 머리를 못 깎는다는 속담을 명심해야 한다. 표 2.1은 법적 도움이 필요한 내용을 적은 것이다.

표 2.1 법적 도움이 필요한 10개 항목

1. 개인기업, 동업기업, 주식회사 혹은 다른 특수 형태 중에서 선택
2. 동업 계약서 작성
3. 주식회사 설립
4. 주식회사 주식 등록
5. 상표권, 특허, 혹은 저작권 취득
6. 지역, 주정부, 연방정부 차원에서의 등록증이나 허가증 신청
7. 기존 사업체나 부동산 구매
8. 유효한 계약 체결
9. 종업원과 독립적인 계약자 고용
10. 신용 연장 및 부채 회수

설립 장소 주식회사 설립은 어느 주에서나 가능하지만, 대부분의 기업은 사업을 가장 많이 하는 주에서 설립된다. 대기업 혹은 전국적으로 사업을 하고자 하는 설립자는 주정부들이 기업에게 제공하는 혜택을 비교해야 한다. 일반적으로 어디에 설립할 것인가에 대한 결정은 (1) 주별 설립 비용과 (2) 주별 기업법과 세금 구조의 장단점이라는 두 가지 요인에 따른다. 어떤 주는 다른 주들보다 관대한 편으로, 신규 기업을 유치하기 위해 더 낮은 세금, 더 적은 제약조건, 그리고 기타 혜택들을 제공하기도 한다.

국내 법인(domestic corporation) 기업이 설립된 주에 있는 기업

외국 법인(foreign corporation) 설립된 주를 제외하고 사업을 하는 주에 있는 기업

외국인 법인(alien corporation) 다른 국가에서 설립되고 미국에서 사업을 하는 기업

기업이 설립된 주에서 해당 기업을 **국내 법인(domestic corporation)**이라고 하고, 사업을 하는 다른 주에서는 **외국 법인(foreign corporation)**이라고 한다. Sears는 델라웨어주에서 설립되었기 때문에 델라웨어주에서는 국내 법인이지만 나머지 49개 주에서는 외국 법인이다. Sears는 사업을 하려는 모든 주에 등록해야 하고 각 주에 세금과 연간 수수료를 내야 한다. 다른 국가에서 설립되고 미국에서 사업을 하는 법인을 **외국인 법인(alien corporation)**이라고 하는데 Volkswagen AG나 삼성을 대표적인 예로 들 수 있다.

주식회사 설립허가서 설립할 주정부를 선택했으면 주식회사 설립자는 주정부 장관이나 적절한 주정부 관료에게 정관(articles of incorporation)을 제출해야 한다. 정관이 승인되면 주식회사설립 허가서(corporate charter)라고 불리는 주식회사와 주정부 사이의 계약이 성립되고,

윤리 및 사회적 책임

친절한(kind) 프로젝트를 후원하는 KIND 재단

Daniel Lubetzky는 2004년 건강에 좋고 맛있는 그라놀라 바와 기타 스낵을 만들기 위해 2004년에 KIND Snacks 설립했다. 초기에 그의 제품은 너무 건강식품으로 보여 가게에서 진열하길 꺼렸다. Lubetzky가 일부 소매상들을 설득하여 제품을 유통한 후에는 고객들이 구매하기 시작했고 매출은 매년 크게 상승하였다. 10년이 지난 후, New York이 본사인 KIND는 전국적인 브랜드로 성장하여 전국의 식료품점과 전문점에서 22종류의 스낵바를 판매하게 되었다.

최고경영자인 Lubetzky는 KIND의 정신을 살려, 2013년 KIND Causes 프로그램을 만들어 지역사회에서 선행하는 사람들과 단체들에 매달 1만 달러를 기부했다. Lubetzky는 최근에 가치 있는 일에 더 많은 기부를 하기 위해 별도의 비영리 재단을 설립했다. KIND 재단은 첫 해에 친절을 구현하고 변화를 일으키는 소수의 사람들에게 110만 달러를 줄 것이라고 발표했다.

5,000명 이상의 후보자 중에서 심사위원회는 차등적으로 기부금을 받는 7명을 선정했다. Doniece Sandoval이 이끄는 샌프란시스코의 비영리 기업인 Lava Mae는 50만 달러의 대상을 수상한 후 도심 노숙자들을 위한 무료 온수 샤워와 이동식 몸단장과 미용 서비스 프로그램을 확대했다. 다른 6명은 각각 10만 달러를 받아, 그들의 지역사회 프로젝트를 한 단계 발전시켰다. Lubetzky는 또한 기업가들이 긍정적인 사회적 영향을 미치는 신생 기업을 설립하도록 도움을 주는 프로그램도 지원하고 있다. 최고경영자는 "저는 그것을 자선사업이 아니라 의무라고 생각합니다."라고 말했다.

Sources: Based on information in Bartie Scott, "KIND Snacks Is Giving Away $1.1 Million to Spread Kindness," Inc., December 6, 2016, http://www.inc.com/bartiescott/kind-prize-money-goes-to-organization-that-provids-showers-for-homeless. html; Rebecca Koenig, "Snacks Company Creates Foundation to Promote Kindness,"Chronicle of Philanthropy, January 28, 2016, https://www.philanthropy.com/article /Snacks-Company-Creates/235096; "How Did I Get Here? Daniel Lubetzky, Founder & CEO, Kind," Bloomberg Businessweek, November 22, 2016, https://www.bloomberg.com/features/2016-how-did-i-get-here/daniel-lubetzky.html; www.kindsnacks.com/foundation; Elaine Pofeldt, "4 Ways to Turn a Great Idea into a Multimillion-dollarCompany," CNBC, September 21, 2016, http://www.cnbc.com/2016/09/21/4-waysto-turn-a-great-idea-into-a-multimillion-dollar-company.html.

주정부는 가상의 사람인 주식회사를 인정하게 된다. 일반적으로 정관에는 다음과 같은 정보가 포함된다.

- ✔ 회사 이름과 주소
- ✔ 주식회사 설립자의 이름과 주소
- ✔ 주식회사의 목적
- ✔ 발행할 최대 주식 수와 종류
- ✔ 주주의 권리와 특권
- ✔ 주식회사의 존속 기간

주식회사 형태의 조직이 올바른 선택인지 여부를 결정하기 전에 인터넷 검색엔진에 "주식회사 설립(business incorporation)"을 입력하여 유용한 정보를 얻기 바란다. 변호사의 도움 없이 필요한 서류를 작성하고 제출할 수 있을지라도, 대부분의 전문가들은 변호사로부터 법률 자문을 받을 것을 권유한다. 또한, 여러분의 사업을 주식회사로 결정하기 전에 두 가지 추가 사항인 주주의 권리와 창립총회의 중요성을 고려하는 것이 좋다.

보통주(common stock) 회사 문제에 대해 투표할 수 있지만, 이익과 자산에 대한 청구권이 다른 사람의 청구권에 종속되는 주식

우선주(preferred stock) 투표권이 없지만, 배당금에 대한 청구권이 보통주주보다 우선되는 주식

배당(dividend) 주식회사의 주주들에게 이익의 분배

대리(proxy) 주주총회에서 의결할 항목들이 나열되어 있고, 주주가 자신의 투표권을 다른 사람(들)에게 양도할 수 있는 법적 양식

주주의 권리 주식 한 주만 소유하더라도 법적으로 주식회사의 일부 소유주이다. 주식에는 두 가지 종류가 있다. **보통주(common stock)** 소유자들은 회사 문제에 대해 투표할 수 있으며, 일반적으로 소유한 주식 한 주에 대해 한 개의 투표권을 갖는다. 그러나 주식회사의 이익, 배당, 자산에 대한 보통주 주주의 모든 청구는 우선주 주주의 청구 후에 지급된다. **우선주(preferred stock)** 소유주는 일반적으로 투표권은 없지만, 배당에 대한 청구는 보통주 주주보다 먼저 지급된다. 일부 대기업의 경우 보통주와 우선주 모두를 발행할 수 있지만, 일반적으로 소규모 기업은 보통주만 발행한다.

아마도 보통주와 우선주 소유주의 가장 중요한 권리는 배당을 통해 주식회사가 벌어들인 이익을 배분받는 것이다. **배당(dividend)**은 주식회사의 주주들에게 이익을 분배하는 것이다. 다른 권리로는 주식회사에 관련된 정보 수령, 정관 변경에 대한 투표, 그리고 투표권을 행사할 수 있는 주식회사의 연례 주주총회에 참석하는 것이 있다. 보통주 주주들은 일반적으로 미국 전역에 걸쳐 살기 때문에, 실제로 주식회사의 연례 회의에 참석할 수 있는 사람은 거의 없다. 대신에 주주들은 **대리(proxy)**로 투표한다. 대리는 주주총회에서 의결할 항목들이 나열되어 있고, 주주가 자신의 투표권을 다른 사람에게 양도하는 법적 양식이다. 주주는 투표 등록을 하고 양식에 서명하고 돌려주는 것만으로 의결권을 양도할 수 있다. 오늘날 대부분의 주식회사는 주주들이 인터넷에 접속하거나 무료 전화번호를 사용하여 투표권을 행사할 수 있도록 허용하고 있다.

창립총회 주식회사 설립의 마지막 단계로 주식회사 설립자와 초대 주주들이 만나 사규를 제정하고 첫 번째 이사회를 구성한다. 이후 이사들은 주식회사의 연례 회의에서 주주들이 선출하거나 연임하게 된다. 이사회 구성원은 회사 운영 방식에 대해 주주들에게 직접적으로 책임을 진다.

2-4c 주식회사 구조

주식회사의 조직 구조는 대부분 개인기업이나 동업기업의 구조보다 훨씬 복잡하다. 주식회사의 경우 이사회와 기업 임원 모두가 경영에 참여한다.

이사회(board of directors) 주식회사의 최고 통치기구로 구성원은 주주들이 선출

이사회 가상의 사람인 주식회사는 주주를 대표하는 이사를 통해서만 활동할 수 있다. **이사회(board of directors)**는 주식회사의 최고 통치기구로 주주들이 선출한다. 이론상으로는 주주

그림 2.4 주식회사 구조의 계층

들이 이사회를 선출하기 때문에 이사들을 통해 전체 주식회사의 활동을 통제할 수 있다(그림 2.4 참조).

이사회 구성원은 주식회사 내부나 외부에서 선택될 수 있다. 내부에서 선출된 이사들은 일반적으로 최고 경영진, 예를 들어 사장과 부사장이며, 외부에서 선출된 이사들은 보통 숙련된 관리자이거나 또는 조직에서 필요로 하는 재능이 있거나 검증된 리더십을 가진 기업가들이다. 중소기업의 경우, 대부분의 주주들이 이사회 구성원이 된다.

이사회의 가장 중요한 책임은 기업의 목표를 설정하고 이러한 목표를 달성하기 위한 전략이나 계획을 수립하는 것이다. 또한, 기업의 전체 운영에 대한 책임을 지며 기업의 임원을 임명한다.

주식회사 임원(corporate officers) 이사회에서 임명된 이사회 의장, 대표이사, 부사장, 총무이사, 재무이사, 기타 최고 경영자

주식회사 임원 주식회사(기업) 임원(corporate officers)은 이사회에서 임명된다. 중소기업에서는 다음의 임원들이 모두 없을 수 있지만, 이사회 의장, 대표이사, 부사장, 총무이사, 재무이사가 모두 기업 임원들이다. 기업 임원들은 이사회가 계획을 수립하는데 도움을 주고, 이사회에서 수립한 전략을 실행하고, 종업원을 고용하고, 일상적인 사업 활동을 관리한다. 정기적으로 보통 매월 임원은 이사회에 보고하며 연례 회의에서는 이사들이 주주들에게 보고한다.

2-5 주식회사의 장단점

 # 학습목표 주식회사의 장단점을 이해한다.

Warren Buffett이 50년 전에 처음으로 동업기업을 설립했을 때, 한 회사 아래에 다양한 기업들을 모아 놓게 될 것이라고는 꿈에도 생각하지 못했을 것이다. 이 모든 것은 Buffett이 조사했던 기업의 주식을 대량매입하기 위해 계속적으로 동업기업을 설립하면서 시작되었다. Buffett이 선택한 기업 모두가 수익이 난 것은 아니지만, 많은 기업이 크게 성공하여 단시간에 Buffett은 적합한 기업을 선택할 수 있는 능력으로 세계적인 명성을 얻게 되었다. 오늘날, Berkshire

Hathaway는 50개 이상의 다른 주식회사를 소유하고 있으며, 연 매출 2,100억 달러, 36만 명의 종업원을 고용하고 있다.

Warren Buffett은 동업기업으로 시작했지만, 결국에는 주식회사를 선택했다. 왜냐하면, 동업기업이나 다른 형태와 비교했을 때 주식회사가 더 많은 장점을 제공했기 때문이다.

2-5a 주식회사의 장점

유한책임(limited liability) 소유주의 금융 책임은 주식회사의 주식에 지불한 총금액으로 제한되는 주식회사의 특징

유한책임 주식회사의 가장 매력적인 특징 중의 하나는 바로 **유한책임(limited liability)**이다. 거의 예외 없이 소유주의 금융 책임은 주식회사의 주식에 지급한 총금액으로 제한된다. 이러한 특징은 주식회사 자체가 소유주와 구분된 법적 존재라는 사실에서 비롯된다. 주식회사가 파산하거나 소송에 연루되어 손실을 보게 되면 채권자들은 주식회사의 자산에 대해서만 청구권을 가진다. 주식회사는 개인기업이나 동업기업과 관련된 무한책임의 문제를 극복할 수 있고, 유한책임은 기업가들이 조직의 형태를 주식회사로 선택하는 주요 원인 중 하나이다. 예를 들어, Ford Motor Company와 General Motors는 모두 주식회사로 전환하였는데, 그 이유는 주식회사가 제공하는 유한책임 보호 때문이다.

자본 조달의 용이성 주식회사는 자본을 조달하는데 가장 효과적인 기업 소유권 형태이다. 개인기업과 동업기업처럼 주식회사도 대출 기관으로부터 자금을 빌릴 수 있다. 하지만 주식회사는 주식을 팔아 추가 자본을 조달할 수도 있다. 실제로, 주식을 팔아 조달할 수 있는 자본의 양

Alibaba—세계 최대 규모의 주식 공모! 일부 기업의 경우, 주식회사 형태를 선택하는 주된 이유는 투자자에게 주식을 판매할 수 있기 때문이다. 주식 판매로 수백만 달러를 조달할 수는 있지만, 대부분의 사람들이 생각하는 것보다 훨씬 더 복잡하고 비용이 많이 든다. 번거로움과 큰 비용에도 불구하고 중국의 거대 전자상거래 업체인 Alibaba는 주식을 대중에게 팔면서 250억 달러를 조달했다.

Christopher Penler/Shutterstock.com

은 엄청날 수 있다. 중국 전자상거래업체인 Alibaba는 2014년 말에 주식으로 250억 달러를 조달하였고, 이는 역사상 규모가 가장 큰 글로벌 기업공개(종종 IPO로 알려짐)가 되었다. IPO를 통해 조달한 자금은 기업의 확장, 부채 상환이나 다른 정당한 사유로 사용될 수 있다. 모든 IPO가 Alibaba처럼 규모가 크지는 않지만, 개인들은 유한책임 때문에 다른 형태의 기업보다 주식회사에 투자할 의사가 더 많으며, 또한 이익을 바라면서 쉽게 주식을 팔 수 있다.

소유권 이전의 용이성 증권회사 웹사이트에 접속하거나 증권 중개인에게 전화를 거는 것만으로 대부분의 주식을 매도할 수 있으며, 현재 시장 가격으로 주식을 구매하려는 사람은 많이 있다. 소유권은 매도가 완료되면 즉시 이전되고, 사실상 상장 기업에서 발행된 주식의 매매에는 아무런 제한이 없다.

영속성 주식회사는 본질적으로 법적인 사람이기 때문에 소유주와 독립적으로 존재하며 생존한다. 주요 임원이나 소유주의 탈퇴, 사망 혹은 무능력으로 인하여 주식회사는 해체되지 않는다.

전문적인 관리 전형적으로 주식회사는 개인기업이나 동업기업보다 더 숙련되고, 박식하며, 재능이 있는 관리자를 채용할 수 있다. 사람들은 새로운 아이디어나 서비스로 성공한 기업에서 일하기를 원하기 때문에, Google과 Apple은 모두 업계 최고의 기술적 역량과 능력이 있는 직원을 모집할 수 있다. 특히 수요가 많은 산업에 속해 있는 주식회사들은 더 많은 연봉을 지급하고, 우수한 복지 혜택을 제공하며, 상당한 승진 기회를 제공할 만큼 충분히 거대하다. 기업의 행정, 인적자원, 재무, 마케팅, 운영 그리고 생산 부문은 해당 분야의 전문가들이 담당하고 있다.

2-5b 주식회사의 단점

주식회사의 장점과 마찬가지로 주식회사의 단점은 가상의 사람 혹은 법적 존재라는 법률적인 정의에서 비롯된다. 가장 심각한 단점은 아래에서 설명할 것이다. 개인기업, 동업기업, 그리고 주식회사의 장단점을 비교한 표 2.2를 참고하기 바란다.

설립의 어려움과 비용 주식회사 설립은 상대적으로 복잡하고 비용이 많이 든다. 주정부 장관에게 제출할 법적 서류를 작성하려면 변호사의 도움이 필요하다. 중간 규모의 주식회사라도 신청 수수료, 변호사 수수료, 주식 매각과 관련된 등록비, 그리고 기타 비용을 합하여 수천 달러가 소요된다. 시간과 금액 측면에서의 주식회사 설립 비용으로 인하여 많은 소규모 사업의 소유주들이 주식회사 형성을 단념하게 된다. 소규모 사업을 주식회사로 결정하기 전에 2-4b의 주식회사 설립 내용을 참고하기 바란다.

표 2.2 개인기업, 동업기업, 주식회사의 장단점

	개인기업	동업기업	주식회사
부채에 대한 책임 보호	어려움	어려움	쉬움
자본 조달	어려움	어려움	쉬움
소유권 이전	어려움	어려움	쉬움
영속성 보존	어려움	어려움	쉬움
정부 규제	적음	적음	많음
설립	쉬움	쉬움	어려움
소득세 과세	한번	한번	두번

정부 규제와 서류작업 과다 주식회사는 주식을 일반 대중에게 매도하기 전에 등록해야 하고 다양한 정부 기준을 충족시켜야 한다. 그런 후에 사업 운영과 재무 상태에 대한 많은 보고서를 지역, 주정부, 연방 정보에 제출해야 한다. 또한, 주식회사는 주주들에게 정기적으로 보고해야 한다. 필요한 모든 보고서를 준비하기 위해서는 소규모 기업이라도 변호사, 공인 회계사, 그리고 다른 전문가의 도움이 필요하다. 또한, 주식회사의 활동은 법적으로 회사설립 허가서에 명시된 것만 허용된다.

내부 갈등 대기업은 수천 명의 종업원을 고용하기 때문에 약간의 갈등은 피할 수 없다. 예를 들어, 매출 증가, 비용 절감, 이익 증가에 대한 압력은 관리자와 종업원 모두에게 스트레스와 긴장감을 증가시키는 경우가 많다. 기업이 경쟁적인 산업에서 운영되거나, 신제품 개발과 판매를 시도하거나, 혹은 인건비를 줄이기 위해 인력을 감축해야 할 때 특히 그렇다. 최근 Carrier는 용광로를 생산하는 인디애나주 공장을 폐쇄할 계획을 발표했다. 회사의 원래 계획은 인건비 절감 때문에 용광로 제품을 멕시코에서 생산하는 것이었다. 하지만 Carrier는 당시 대통령 당선자였던 Trump와 약간의 논의를 거친 후, 일자리 중 일부를 미국으로 다시 가져오기로 합의했다. Carrier는 인디애나주 공장을 업그레이드하고 용광로 제품을 생산하는 시스템을 자동화하기 위해 수백만 달러를 투자할 것이다. 자동화된 새로운 장비는 아이러니하게도 인디애나주 공장의 종업원 수를 감소시킬 수 있다. 이러한 유형의 결정, 특히 기업의 종업원 수를 줄이는 것은 때때로 갈등을 일으키고, 항상 어렵고 힘든 일이다.

Hadrian/Shutterstock.com

미국 최고의 리더는 누구인가? 대답하기 어려운 질문이다. Apple의 CEO인 Tim Cook은 일부 항목에서 1위를 차지하겠지만 그 외 많은 사람들이 있다. 사실 이러한 질문은 전문가들조차 대답하기 어렵지만, 기업의 관리자가 성공하기 위해서는 많은 기술과 재능이 필요하다는 것은 전문가들도 동의한다. 대부분의 전문가들은 또한 오늘날 경쟁이 치열한 글로벌 환경에서 기업이 필요한 전문 인재를 확보하기 위해서 더 많은 급여와 직원 복지를 제공해야 한다는 데 동의한다.

이중 과세 주식회사는 이익에 따라 세금을 내야 한다. 또한, 주주 역시 배당을 받은 이익에 대해 개인 소득세를 내야 한다. 이처럼 주식회사의 이익은 두 번–한 번은 주식회사 소득으로, 두 번째는 주주의 개인소득으로–과세된다. 다음 절에서 논의될 S 법인과 유한책임회사(LLC)는 모두 이중 과세의 단점을 제거했기 때문에, 사업 소유주들이 이러한 특별한 형태의 기업 소유권을 선택하게 된다.

비밀 노출 상장 기업은 정부 기관과 주주에게 상세한 보고서를 제출하기 때문에 기업 운영에 대한 모든 것을 비밀로 할 수 없다. 경쟁자는 해당 기업의 보고서를 연구하여 더 효과적으로 경쟁하기 위한 정보로 활용할 수 있다. 실제로, 모든 공개 기업들은 관리, 재무, 그리고 다른 사업 활동에 대한 비밀을 자신의 경쟁기업과 공유해야 한다.

2-6 기업 소유권의 특수한 형태

 # 학습목표 **법인, 유한책임회사, 비영리 법인을 포함한 특수한 형태의 기업을 이해한다.**

일부 기업가들은 개인기업, 동업기업, 주식회사 외에도 그들의 특별한 요구를 충족시키는 다른 형태의 조직을 선택한다. 추가적인 유형으로는 S 법인, 유한책임회사, 비영리 법인이 있다.

2-6a S 법인

S 법인(S corporation)
동업기업처럼 세금이 부과되는 주식회사

주식회사가 일정한 요건을 충족하면 이사는 미국 국세청에 S 법인을 신청할 수 있다. **S 법인(S corporation)**은 동업기업처럼 세금이 부과되는 주식회사이다. 즉, 법인의 소득이 주주들의 개인소득으로만 과세된다. 기업의 이익과 손실은 "제외(pass through)"되고, 소유주의 소득세 신고서에만 보고하면 된다.

S 법인이 되기 위한 첫 번째 단계는 법인으로 등록하는 데 필요한 서류를 제출하는 것이다. "주식회사 설립" 절에서 설명한 여러 항목을 결정해야 하고, 관련 서류를 주정부 장관이나 적절한 주정부 관료에게 제출해야 한다. 주식회사가 설립되면, 주식회사는 양식 2553을 작성하여 미국 국세청에 제출해야 한다. 또한, 아래의 조건을 충족시켜야 한다.

❶ 100명 이하의 주주만 허용된다.

❷ 주주는 개인, 부동산 혹은 신탁기관이어야 한다.

❸ 주식회사는 비영주권, 외국인 주주는 없어야 한다.

❹ 한 종류의 주식만 발행 가능하다.

❺ 기업은 S 법인의 지위를 신청할 수 있는 국내 주식회사이어야 한다.

❻ 모든 주주의 찬성이 필요하다.

S 법인이 되는 것은 유한책임이라는 주식회사의 법적 혜택을 유지하면서 이중 과세를 피하는 효과적인 방법이 될 수 있다.

Filot flying J-세계에서 가장 인기 있는 여행 센터 중 하나이다. Filot flying J가 선택한 기업 소유권 형태를 알고 있는가? Filot flying J는 유한책임회사(LLC)를 선택했는데, 그 이유는 간단하다. 이러한 소유권 형태는 일반적인 형태의 기업 소유권과 비교할 때 투자자에게 유한책임과 다른 장점을 제공했기 때문이다. 거의 60년이 지난 오늘날, 이 기업은 일부 주간 고속도로에서 찾아보기 힘든 요인들인 깨끗한 식당, 밝은 조명 시설과 안전한 장소로 유명하다.

jejim/Shutterstock.com

2-6b 유한책임회사

유한책임회사(limited liability corporation)는 주식회사와 동업기업의 일부 단점과 제약사항을 회피하면서 장점들을 결합한 기업 소유권 형태이다. 유한책임회사의 주요 장점은 다음과 같다.

유한책임회사(limited liability corporation; LLC) 주식회사와 동업기업의 일부 단점과 제약사항을 회피하면서 장점들을 결합한 기업 소유권 형태

❶ 개인기업이나 동업기업처럼 유한책임회사도 세금 제외(pass through taxation)가 적용된다. 이는 소유주–유한책임회사에서는 회원(members)으로 불림–가 기업의 이익과 손실 중에서 자신의 지분을 개인소득 신고서에 신고하면 대부분의 주식회사에 부과되는 이중 과세를 피할 수 있다는 것을 의미한다. 주식회사의 이중 과세와 다른 제약사항을 상쇄할 수 있는 혜택이 있다면 유한책임회사는 주식회사나 S 법인처럼 과세되도록 선택할 수 있다.

❷ 주식회사처럼 유한책임회사의 행위와 부채에 대해 유한책임 보호를 제공한다. 따라서 유한책임회사는 개인 재산 보호 개념을 소기업 소유주까지 확대한다.

❸ 유한책임회사 형태의 조직은 주식회사와 비교할 때 관리상의 유연성이 높고 제약사항은 더 적다. 예를 들어, 주식회사의 경우 연례 회의를 개최해야 하고 회의록을 작성해야 하지만 유한책임회사는 그럴 필요가 없다.

많은 전문가들이 유한책임회사는 단지 S 법인의 변형이라고 생각하지만 차이점은 있다. 유한책임회사는 S 법인의 중요한 결점인 100명의 주주 제한은 없다. 유한책임회사를 설립하는 법은 주마다 약간 다르지만, 유한책임회사의 소유주는 모든 주정부에 정관을 제출할 수 있다. 대부분의 경우 자신의 사업을 하고 있는 주정부에 제출한다.

대부분의 유한책임회사는 중소규모의 기업이다. 고급 자동차와 오토바이를 판매하는 북미 BMW는 유한책임회사를 선택했는데, 투자자에게 유한책임을 제공할 수 있고 다른 소유권 형태

표 2.3 주식회사, S 법인, 유한책임회사의 장단점

	주식회사	S 법인	유한책임회사
이중 과세	예	아니오	아니오
유한책임과 개인자산보호	예	예	예
관리의 유연성	아니오	아니오	예
소유주/주주 인원수에 대한 제한	아니오	예	아니오
연방 국세청 규제	많음	많음	적음

의 단점과 제약사항을 회피하기 위해서이다. 주식회사, S 법인, 유한책임회사의 차이를 이해하기 하려면 표 2.3을 참고하기 바란다.

비영리 법인(not-for-profit corporation) 이익을 얻기보다는 사회적, 교육적, 종교적 혹은 다른 서비스를 제공하기 위해 조직된 법인

2-6c 비영리 법인

비영리 법인(not-for-profit corporation)은 이익을 얻기보다는 사회적, 교육적, 종교적 혹은 다른 서비스를 제공하기 위해 조직된 법인이다. 다양한 자선단체, 박물관, 사립학교, 전문대학 등이 주로 유한책임을 보장하기 위해 이런 형태로 조직된다. 비영리 법인을 조직하기 위한 절차는 일반 법인을 설립하는 절차와 유사하지만 각 주정부마다 다르다. 주정부 관료에 의해 일단 승인되면 비영리 법인은 세금 면제를 받기 위해서 연방 국세청의 특별한 지침을 충족시켜야 한다.

오늘날, 비영리 법인에 대해 새로운 관심을 가지는 이유는 이러한 조직 형태가 지역사회를 발전시키고 삶을 변화시키기 때문이다. 예를 들어, Habitat for Humanity는 주택을 사들일 여력이 없지만, 일정 자격을 갖춘 저소득 계층에게 집을 제공하기 위해 설립된 비영리 법인이다. 이 법인은 지출한 것보다 더 많은 돈을 벌 수도 있지만, 잉여 자금은 자격을 갖춘 개인에게 저가의 주택을 제공하는 건축 활동에 모두 재투자된다.

많은 비영리 법인들은 영리 기업과 거의 동일한 방식으로 운영된다. 비영리 법인의 종업원은 조직의 목표와 목적을 달성하도록 노력하고, 재정과 기부에 대해 관리하며, 그리고 유급 직원과 자원봉사자 모두의 성과를 개선하는 활동을 감시할 책임이 있다. 만약 비즈니스 경력에 관심이 있다면 비영리 부문을 배제하지 않기를 바라며 혹시 이런 종류의 도전에 흥미가 있다면 지역 비영리 단체에서의 자원봉사를 고려하기 바란다.

2-7 합작회사와 신디케이트

 # 학습목표 합작회사와 신디케이트의 목적을 이해한다.

오늘날, 두 가지 유형의 추가적인 기업 조직인 합작회사와 신디케이트가 특별한 용도로 사용되고 있다. 이러한 조직 형태는 전통적인 형태의 기업 소유권과 비교할 때 각각 독특한 특징이 있다.

합작회사(joint ventures) 특수한 목표를 달성하거나 특정 기간 동안 운영할 목적으로 둘 이상의 집단이 사업체를 구성하도록 합의

2-7a 합작회사

합작회사(joint venture)는 특수한 목표를 달성하거나 특정 기간 동안 운영할 목적으로 둘 이상의 집단이 사업체를 구성하도록 합의한 것이다. 합작회사의 범위와 책임은 보통 한 프로젝트

로 제한된다. 목표가 달성되거나 정해진 기간이 경과하거나 프로젝트가 완료되면 합작회사는 해체된다.

주식회사뿐만 아니라 개인도 합작회사에 참여할 수 있다. 주요 석유 생산업체들은 다수의 합작회사를 설립하여 해상 석유 매장지를 탐사하는데 소요되는 고비용을 분담한다. 미국 기업 역시 외국 기업과 합작회사를 만들어 전 세계의 새로운 시장에 진출하고 있다. 지난 1990년 General Mill과 Nestle는 130여 개국에 아침 식사용 시리얼을 판매하기 위해 Cereal Partners Worldwide라는 합작회사를 설립했다. 25년 이상 지난 오늘날, 이 합작회사는 전 세계에 17개의 공장을 가지고 있으며, 4,600명의 종업원을 고용하고 매년 20억 달러 이상의 매출을 올리고 있다. 합작회사가 성공을 거둔 이유는 General Mill의 생산 및 마케팅에 대한 전문능력과 지역 시장 지식과 유통 강점을 겸비한 Nestle의 세계적인 입지가 결합되었기 때문이다.

2-7b 신디케이트

신디케이트(syndicate)는 대규모 자금이 필요한 특정 과업을 수행하도록 구성된 개인 또는 기업들의 임시 단체이다. 신디케이트는 한 사람이나 기업이 사업에 필요한 모든 금액을 기꺼이 내놓으려고 하지 않기 때문에 형성된다. 합작회사처럼 신디케이트 역시 목적이 달성되는 즉시 해체된다.

신디케이트(syndicate) 대규모 자금이 필요한 특정 과업을 수행하도록 구성된 개인 또는 기업들의 임시 단체

신디케이트는 대형 보험에 가입하고, 대출금을 보증하고, 그리고 주권과 채권을 인수하기 위해 주로 사용된다. 채무불이행의 위험을 분담하기 위해 은행들은 신디케이트를 구성하여 개발도상국에 대출해준다. 증권 중개기업들은 일반적으로 신규 발행 주식을 판매하기 위해 동일한 방식으로 신디케이트를 구성한다. 2016년 초, 미국 내 고객에게 신선식품, 냉동식품, 그리고 건량 및 비식료품을 마케팅하고 유통하는 회사인 U.S. Foods Holding은 투자자들에게 주식을 매각했다. Goldman Sachs, Morgan Stanley, J.P. Morgan 그리고 다른 월스트리트 기업을 포함한 신디케이트 덕분에 U.S. Foods는 기업공개를 통해 10억 달러 이상의 자금을 모집하였다. U.S. Foods은 현금 잔고를 개선하고 성장과 확장을 위해 모집된 자금을 사용하였다.

2-8 기업 성장

 # 학습목표 **기업의 내부 성장과 외부 합병을 통한 성장이 어떻게 기업을 확장시킬 수 있는지 이해한다.**

성장은 기업의 기본 특징이다. 성장을 추구하는 한 가지 이유는 이익과 관련이 있다. 즉, 일반적으로 기업 규모가 클수록 매출액은 더 커지고, 따라서 이익도 더 커진다. 두 번째 이유는 성장하

녹색 환경 속으로

성장을 원합니까? 친환경 인증을 획득하라.

성장을 추구하는 많은 기업과 비영리 단체는 경쟁 업체와의 차별화를 더욱 꾀하면서 동시에 친환경 인증을 획득하여 친환경 고객을 유치하고 있다. 모든 규모의 조직은 외부 인증기관의 자격 기준을 충족함으로써 친환경 성과를 강조할 수 있다. 예를 들어, 식당은 Green Restaurant Association에 인증을 요청할 수 있다. 로드아일랜드주의 Providence에 있는 수많은 피자 가게에서 Hope Street Pizza가 차별화한 방법이다. 인증을 받기 위해 식당은 철저한 재활용, 물과 에너지 사용량 감소, 안전하고 무공해성 제품으로 청소하기 등 500가지 환경 기준을 준수해야 했다. 대학 역시 학생들을 위해 경쟁하기 때문에, 학교 식당은 친환경 자격증에 관심이 있다. 시카고 근처, McHenry County College의 구내식당은 친환경 레스토랑 협회의 인증을 획득한 최초의 지역 대학 급식 시설이 되었다. 지구를 보호하기 위해 구내식당 역시 엄격한 보존 조치를 통해 친환경 이미지를 다듬고 전기와 수도 요금을 절약하고 있다. 지역 인증 프로그램은 모든 규모의 기업이 환경 노력에 대한 대중의 인정을 얻도록 도와준다. 위스콘신주에서 기업은 상세한 설문지를 작성하여 Sustainable Business Council의 친환경 인증을 신청할 수 있다. 상위 20%의 점수를 받은 기업만 "Green Master"라는 최고의 영예를 얻는다. Lands' End를 포함한 일부 Green Master 기업은 여러 차례 재인증을 받았으며, 최고 수준에 도달하기 위한 경쟁은 해마다 지원자들을 자극하여 더 친환경적이게 하였다.

Sources: Based on information in Thomas Content, "Wisconsin Companies Honored as 'Green Masters,'" Milwaukee Journal Sentinel, December 12, 2016, http://www.jsonline.com/story/money/business/energy/2016/12/08/wisconsin-companies-honored-green-masters/95055788/; Gail Ciampa, "Rhode Island's First Green Certified Restaurants Named," Providence Journal, July 15, 2016, http://www.providencejournal.com/entertainmentlife/20160715/rhode-islands-first-green-certified-restaurants-named; Donna Bieschke, "Cafeteria at MCC Earns Green Restaurant Certification," Daily Herald (IL), November 28, 2016, http://www.dailyherald.com/article/20161128/submitted/161129073.

는 경제에서 성장하지 못한 기업은 경제의 평균 성장보다 못한 기업이다. 세 번째 이유는 일부 경영진이 자신의 권력, 위엄, 평판을 높이는 수단으로 기업 성장을 이용한다.

2-8a 내부 성장

대부분의 기업들은 현재의 사업을 확장하면서 성장한다. 어떤 기업은 기존 제품과 연관된 새로운 제품을 개발하여 판매하며, 다른 기업들은 현재 제품의 판매를 지리적으로 새로운 시장 혹은 지리적으로는 동일하지만 새로운 고객 집단으로 확장한다. 1962년 Sam Walton이 1개의 할인 매장으로 시작한 Walmart는 오늘날 현재 27개국에 11,500개 이상의 매장이 있고, 매주 2억 6천만 명의 고객들에게 서비스를 제공하고 있으며, 온라인 사업을 확대하고 추가적인 국제 시장을 확장하려는 장기 계획을 가지고 있다.

내부 성장이 특히 신중하게 계획되고 통제되면 기업에 대한 부정적 영향은 상대적으로 적을 것이다. 왜냐하면, 대부분의 경우 지금까지 하던 일을 단지 대규모로 계속하기 때문이다. 예를 들어, 캘리포니아주 Redwood City에 있는 Oracle의 공동 창업자이자 이사회 의장, 최고 기술책임자인 Larry Ellison은 1988년 2억 8,200만 달러 불과했던 기업의 연간 매출을 현재 370억 달러로 증가시켰다. 이러한 성장의 대부분은 두 가지 요인으로 촉진되었는데, 첫째, Oracle이 정보관리 소프트웨어 분야의 선도적인 위치를 활용하여 더 많은 매출과 이익을 창출하기 위해 열심히 노력해 왔고, 둘째, Oracle이 정보관리 소프트웨어 산업에서 자사의 지위를 보완할 수 있는 기업을 평가하고 인수하는데 기업의 이익을 사용했기 때문이다.

drserg/Shutterstock.com

질문: 이 사람은 누구일까? 당신은 이 남자의 얼굴이나 이름조차 모를 가능성이 크다. 또한, 그가 공동 설립한 회사에서 개발한 제품과 서비스를 알지 못할 수도 있다. 그러나 그의 리더십 아래 회사는 고객의 생산성을 높일 수 있는 소프트웨어 애플리케이션, 서버, 클라우드 스토리지 및 기타 제품을 제공하여 수년 동안 성장해 왔다.

답변: 그의 이름은 Oracle의 공동 창립자이자 이사회 의장, 최고기술책임자인 Larry Ellison이다. 사람과 회사 모두 기술 산업의 거인이다.

2-8b 인수합병을 통한 성장

기업이 성장할 수 있는 다른 방법은 다른 기업을 매수하는 것이다. 두 개의 기업을 결합하거나 서로 다른 사업체를 하나의 사업체로 만드는 것을 **합병(merger)**이라고 한다. 인수(acquisition)는 합병과 본질적으로 같지만, 일반적으로 대기업이 다른 기업을 매수할 때 사용되는 용어다. 인수 비용을 지급하기 위해 차입매수를 사용한다. **차입매수(leveraged buyout)**는 차입한 자금을 인수한 회사에 지급할 때 발생한다. 구매자가 매수되는 회사의 자산을 담보로 자금을 빌리고, 차입금은 기업이 벌어들인 이익으로 상환된다.

대부분의 인수합병은 우호적으로 이루어지지만, 적대적 인수합병도 일어난다. **적대적 인수(hostile takeover)**는 인수 대상 기업의 경영진과 이사회에서 합병을 승인하지 않는 상황이다. 합병이 우호적이든 적대적이든 수평적, 수직적, 복합기업(conglomerate)으로 분류된다(그림 2.5 참고).

합병(merger) 두 개의 기업을 결합하거나 서로 다른 사업체를 하나의 사업체로 만드는 것

차입매수(leveraged buyout) 차입한 자금을 인수한 회사에 지급할 때 사용하는 금융 방법

적대적 인수(hostile takeover) 인수 대상 기업의 경영진과 이사회에서 합병을 승인하지 않는 상황

수평적 합병 *수평적 합병(horizontal merger)*은 시장에서 비슷한 제품과 서비스를 생산하고 판매하는 기업 간의 합병이다. Dow Chemical과 DuPont의 합병은 두 회사가 모두 화학 산업에 속해 있기 때문에 수평적 합병의 대표적인 예이다. 이 유형은 산업 내의 기업 수를 줄이는 경향이 있으며, 따라서 경쟁을 감소시킬 수 있다. 이 경우, 규제기관은 합병이 기업의 고객에게 미치는 효과에 관심을 갖게 된다. 예를 들어, 규제기관이 Dow Chemical과 DuPont의 합병을 승인한다면, 농부들이 사용하는 상업용 비료 가격은 오를 수 있다. 이런 합병은 승인받기가 상당히 어렵다. 합병 후 시장이나 산업의 경쟁이 낮아져 고객이 동일한 제품을 구매하는데 더 큰 비

그림 2.5 합병에 의한 성장의 세 가지 유형

오늘날 합병은 수평적, 수직적, 혹은 복합기업으로 구분된다.

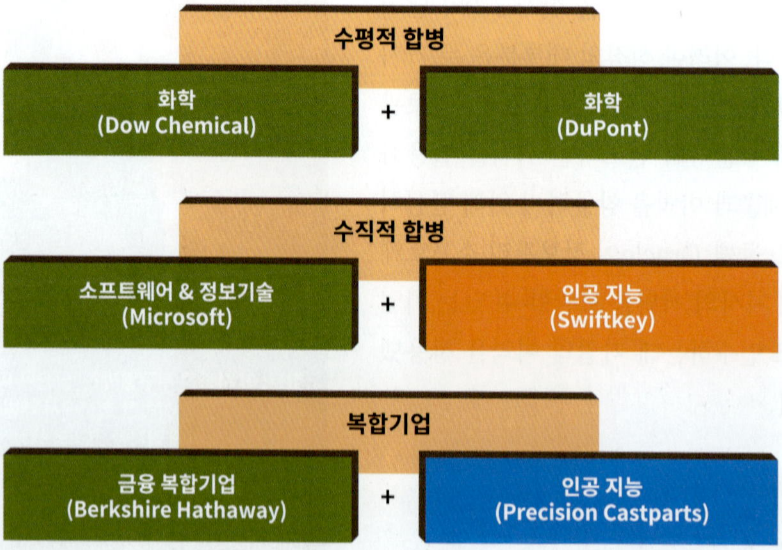

용을 지급하게 되는 경우 특히 그렇다. 이런 상황에서 기업은 승인을 받기 위해 규제기관과 협력하고 소통해야 한다. 아직까지도 일부 합병은 규제기관의 반대와 다른 여러 가지 이유로 인해 완료되지 않은 상태이다.

수직적 합병 *수직적 합병(vertical merger)*은 제품의 생산과 마케팅에서 서로 다르지만 관련된 수준에서 운영하는 기업들 간의 합병이다. 일반적으로 합병하는 기업 중 하나는 다른 기업의 고객이나 공급업체이다. 소프트웨어 거대기업인 Microsoft가 인공지능 기반의 예측 키보드 제작사인 런던 소재의 Swiftkey를 2억 5,000만 달러에 매수하면서 수직적 합병이 이루어졌다. Microsoft는 자사의 예측 키보드를 개발하기보다는 단순히 Swiftkey를 구매한 것이다. Microsoft는 Google과 Amazon을 포함한 많은 정보기술 업체들 중 하나로, 첨단 인공지능 기술을 사용하는 제품을 생산하는 소규모 기업을 인수하기 위하여 수직적 통합을 이용하고 있다.

복합기업 합병 *복합기업 합병(conglomerate merger)*은 완전히 다른 산업에 속해 있는 기업 간에 이루어진다. 복합기업 합병의 예로는 금융 복합기업인 Burkshire Hathaway의 Precision Castparts 인수를 들 수 있다. 당시 두 기업은 매출과 이익이 계속적으로 증가하는 성공적인 기업으로 알려져 있었고, 서로 다른 산업에서 운영되고 있었다. 최고경영자인 Warren Buffett이 이끄는 Burkshire Hathaway는 재무 잠재력이 높은 기업을 인수해 온 역사가 깊은 기업이다.

Precision Castparts는 항공우주, 전력 및 일반 산업 시장에서 복잡한 금속 부품과 제품을 생산하는 세계적인 제조업체다. 합병은 두 기업에게 모두 이익이 되었기 때문에 우호적으로 이루어졌다.

2-8c 향후 인수합병 동향

경제학자, 재무 분석가, 기업 경영자, 그리고 주주들은 인수합병이 장기적으로 경제나 개별 기업에 이로운지에 대해 여전히 뜨거운 논쟁을 벌이고 있다. 기업인수 옹호론자는 인수된 기업의 경우, 인수기업이 새로운 최고 경영진을 임명하여 비용을 줄이고 기업의 핵심 사업 활동에만 집중하도록 해서 기업의 생산성과 수익성을 증대시킨다고 주장한다. 기업인수 반대론자는 인수합병은 기업의 수익성과 생산성을 향상시키지 못한다고 주장한다. 이런 비판론자들은 인수합병으로부터 혜택을 입는 유일한 사람은 유형의 제품이나 서비스를 생산하지 않고 단지 기업을 조작함으로써 금전적 보상을 받는 투자은행, 중개기업, 그리고 기업인수 "사냥꾼"이라고 주장한다.

인수합병은 항상 있었지만, 현재의 경제는 기업들이 합병하는 이유와 방법에 대한 역학관계를 변화시켰다. 대부분의 전문가들은 인수합병의 미래는 시장이나 산업에서 자신의 입지를 강화할 수 있는 기업을 인수하려는 보유자금이 풍부한 기업들의 결과가 될 것으로 예상한다. 분석가들 역시 다른 나라의 기업이나 투자자들이 참여하는 합병이 증가될 것으로 예상한다. 관련된 기업이나 회사의 위치에 상관없이 미래의 인수합병은 탄탄한 사업 논리와 글로벌 시장에서 경쟁하려는 욕구에 의해 추진될 것이다.

개인기업, 동업기업, 주식회사 혹은 다른 기업 소유권 형태에 상관없이 대부분의 미국 기업은 중소규모다. 다음 장에서는 이러한 중소규모 기업에 초점을 맞출 것이다. 기업에 적용할 때 중소규모라는 단어의 의미와 미국 경제에 있어서 중소기업의 위상을 살펴볼 것이다.

요약

1. 개인기업의 장단점을 이해한다.

개인기업의 모든 이익은 소유주의 재산이 되고, 소유주는 모든 부채에 대해서 개인적으로 책임을 져야 한다. 성공적인 개인기업은 소유주에게 큰 자부심이 될 수 있다. 다른 유형의 기업 소유권과 비교해 보면, 개인기업은 사업의 시작, 통제, 종료가 가장 단순한 형태이며 특별 세금도 없다. 아마도 이런 이유로 인해, 미국 기업 중 72%가 개인기업이다. 그럼에도 불구하고, 소유주들은 무한책임과 한 사람이 돈을 빌리거나 모든 분야에서 전문가가 되어야 하는 능력에 대한 제한과 같은 단점이 있다.

2. 동업자 유형과 동업 계약서의 중요성을 이해한다.

개인 사업가처럼, 무한책임 동업자는 사업 운영과 모든 부채에 책임이 있다. 유한책임 동업자는 사업에 투자한 대가로 이익의 일부를 받는다. 하지만 투자한 금액 이상의 기업 부채에 대해서는 책임지지 않는다. 동업기업의 종류와 관계없이 동업기업의 조건을 명시하는 서면 계약(또는 정관)을 하는 것이 바람직하다.

3. 동업기업의 장단점을 이해한다.

동업기업이 개인기업의 단점을 일부 제거하지만, 주요 기업 소유권 형태 중에서 가장 인기가 없다. 동업기업의 주요 장점은 창업 용이성, 자본과 신용의 가용성, 개인적 관심, 결합된 능력과 지식, 이익 보유, 그리고 가능한 세금 우대 등이다. 경영진의 의견 불일치는 동업기업의 주요 단점 중 하나이다. 또 다른 단점으로는 무한책임(무한책임 동업자의 경우)과 연속성 결여, 투자 동결 등이 있다.

4. 주식회사가 어떻게 설립되는지 이해한다.

주식회사는 창업 및 운영권, 부동산 매매권, 차입권, 고소 또는 고발권, 계약 체결권 등 실제 사람의 법적 권리를 가진 법률로 만들어진 가상의 사람이다. 주식회사 소유권 형태로는 주식을 개인에게 팔아 자본을 조달할 수 있다. 주식회사의 보통주나 우선주를 소유하고 있는 사람들을 주주라고 부른다. 주주들은 주식회사가 지급한 배당을 받을 권리가 있으며, 직접 또는 대리 투표를 할 수 있다. 대부분의 전문가들은 주식회사 설립 장소와 설립허가서 취득, 주식 발행, 창립총회 개최, 기타 모든 법적 세부사항에 대한 결정을 내릴 때 변호사의 서비스가 필요하다고 생각한다. 이론적으로 주주들은 기업의 임원을 임명하는 이사회를 선출하기 때문에 기업의 활동을 통제할 수 있다.

5. 주식회사의 장단점을 이해한다.

주식회사의 주요 장점은 유한책임, 즉 주주들이 주식으로 지급한 금액을 초과하는 기업의 부채에 대해 책임을 지지 않는다는 것이다. 다른 중요한 장점으로는 자본 조달의 용이성, 소유권 이전의 용이성, 영속성, 전문적인 관리 등이 있다. 주식회사의 주요 단점은 이중 과세이다. 주주들은 배당소득에 대해 개인소득세를 내야 하기 때문에 모든 이익은 한 번은 주식회사 소득으로, 또 한 번은 개인소득으로 과세된다. 다른 단점으로는 설립 어려움과 비용, 정부 규제, 내부 갈등, 비밀 노출 등이 있다.

6. S 법인, 유한책임회사, 비영리 법인을 포함한 특수한 형태의 기업을 이해한다.

S 법인은 동업기업처럼 과세되지만 유한책임의 혜택을 누리는 기업 형태이다. S 법인의 자격을 갖추려면 여러 기준을 충족해야 한다. 유한책임회사는 유한책임을 제공하는 기업 소유권 형태로, 주식회사나 S 법인에 비해 제약이 적다. 또한, 대부분의 주식회사에 부과되는 이중 과세를 피한다. 주식회사나 S 법인과 비교했을 때, 유한책임회사는 더 유연하다. 비영리 법인은 이익을 얻기보다는 사회 서비스를 제공하고 지역 사회를 발전시키고 삶을 변화시키기 위해 설립된다.

7. 합작회사와 신디케이트의 목적을 이해한다.

두 가지 추가적인 형태의 기업 소유권, 즉 합작회사와 신디케이트는 그들의 소유주가 특별한 필요를 충족시키기 위해 사용된다. 두 개 이상의 집단이 특정 목표를 달성하거나 특정 기간 동안 운영하기 위해 사업체를 구성할 때 합작회사가 설립된다. 일단 목표를 달성하거나, 기간이 지나거나, 프로젝트가 완료되면 합작회사는 해체된다. 신디케이트는 많은 자본을 필요로 하는 특정 업무를 수행하기 위해 조직된 개인이나 기업의 임시 단체이다. 합작회사처럼 신디케이트는 목적이 달성되는 대로 해체된다.

8. 기업의 내부 성장과 외부 합병을 통한 성장이 어떻게 기업을 확장시킬 수 있는지 이해한다.

기업은 현재의 사업을 확장하거나 인수합병을 통해 성장할 수 있다. 대부분의 합병은 우호적이지만 적대적 인수도 일어난다. 적대적 인수는 인수 대상 기업의 경영진과 이사회가 인수를 승인하지 않는 상황이다. 합병은 일반적으로 수평적, 수직적 또는 복합기업으로 분류된다.

경제학자, 재무 분석가, 기업 경영자, 주주들이 합병의 장점에 대해 논쟁하는 가운데, 일부 동향을 주목해야 한다. 첫째, 전문가들은 미래의 합병은 시장이나 산업에서 그들의 입지를 강화할 수 있는 사업을 인수하려는 보유자금이 풍부한 기업들의 결과가 될 것으로 예측한다. 둘째, 외국 기업이나 투자자들이 관련된 합병은 증가할 것이다. 셋째, 합병은 사업 논리와 글로벌 시장에서 경쟁하려는 욕구에 의해 추진될 것이다.

주요 용어

당신은 이제 다음 용어들에 대한 정의와 적합한 예를 제시할 수 있어야 한다.

- 개인기업
- 무한책임
- 동업기업
- 무한책임 동업자
- 유한책임 동업자
- 주식회사
- 주식
- 주주
- 비상장 기업
- 상장 기업
- 국내 법인
- 외국 법인
- 외국인 법인
- 보통주
- 우선주
- 배당
- 대리
- 이사회
- 주식회사 임원
- 유한책임
- S 법인
- 유한책임회사
- 비영리 법인
- 합작회사
- 신디케이트
- 합병
- 차입매수
- 적대적 인수

토론 문제

❶ 사업을 시작한다면 당신은 어떤 기업 유형을 선택할 것인가? 어떤 요인이 이러한 선택에 영향을 줄 수 있을까?

❷ 투자자가 주식 시장에 상장된 기업주식을 매입하는 대신 유한책임 동업기업 동업자가 되는 것을 선택하는 이유는 무엇인가?

❸ 다음 내용을 토론하라. "주식회사는 실제로 소유주에 의해 운영되지 않는다."

❹ 비영리 법인은 어떤 종류의 서비스를 제공하는가? 비영리 법인에서 경력을 쌓는 것에 대한 당신의 생각은?

❺ 성장은 모든 기업에 좋은 것인가? 경영진은 기업이 성장할 준비가 되었는지 어떻게 알 수 있을까?

❻ 기업가는 힘들고 때로는 윤리적인 결정에 직면하게 된다. 당신은 아래 상황이 옳은 일이라고 생각하는가? 친구들이 당신의 사업장을 방문하길 원한다. 친구들을 "직원"과 "고객"으로 표현하여 회사가 더 크고 바쁘게 보이도록 해야 하는가?

SMALL BUSINESS, ENTREPRENEURSHIP, AND FRANCHISES

Dragon Images/Shutterstock.com

CHAPTER 3.

중소기업, 기업가 정신 그리고 프랜차이즈

학습 목표

본 장을 마치면, 당신은 아래 내용을 이해할 수 있다.

1. 중소기업을 정의하고, 중소기업이 많은 분야를 이해한다.
2. 중소기업을 창업하는 사람은 누구인지 그리고 창업한 많은 사람들이 실패하는 이유를 이해한다.
3. 중소기업이 경제에 미치는 영향을 이해한다.
4. 중소기업의 장단점을 이해한다.
5. 중소기업청이 중소기업을 도와주는 방법을 이해한다.
6. 프랜차이즈의 개념과 유형을 이해한다.
7. 프랜차이즈의 성장과 장단점을 이해한다.

비즈니스 들여다보기

DogVacay는 반려견을 위한 중소기업이다.

Aaron Hirschhorn은 아내와 휴가를 위해 반려견 두 마리를 맡겼던 애완시설에 1,400달러의 비용을 지급한 경험을 한 후 사업 기회를 포착했다. Hirschhorn의 아이디어는 주인이 없는 동안 반려견을 보다 저렴한 비용으로 친밀하게 돌보는 것이었다. 사업 아이디어를 위해 그와 그의 아내는 수개월 동안 그들의 집에서 수십 마리의 개를 돌보면서 반려동물 애호가들의 온라인 커뮤니티를 만들었다. 2012년 초에 Hirschhorn은 Santa Mon ica에서 개를 돌보는 Airbnb 일종인 DogVacay를 시작하였다. 운영 방식은 다음과 같다. DogVacay는 반려견 돌보미의 프로필을 가격과 함께 화면에 게시한다. 돌보미를 찾는 주인은 사이트(www.dogvacay.com)를 검색하거나 회사의 모바일 앱을 사용하여 해당 지역의 돌보미를 선택할 수 있다. 주인이 예약하면 DogVacay는 결제 처리를 진행하고 반려동물 보험, 기술, 그리고 기타 비용을 충당하기 위해 15%를 가져간다. 주인은 돌보미의 등급을 매기고, DogVacay는 돌보미의 응답 시간과 횟수에 대한 통계 데이터를 게시하여 주인이 정보에 입각한 결정을 내릴 수 있도록 한다. Hirschhorn은 반려동물 서비스가 120억 달러의 시장이기 때문에 DogVacay는 성장할 여지가 많다고 보고 있다. 회사 확장을 위해 벤처 캐피털 기업들이 이미 수백만 달러를 투자했다. 경쟁은 치열해지고 있지만 Hirschhorn은 앞서 나가기를 원하므로 개인적인 손길로 반려견을 돌봐주는 "신뢰할 수 있는 돌봄 제공자의 네트워크"를 통해 반려견들의 일상 사진을 올리는 VacayCam 같은 혁신 기술과 자격 있는 돌보미를 계속해서 추가하고 있다.

알고 있는가?

DogVacay의 3만 명의 반려동물 돌보미들은 주인이 없는 동안 백만 번 이상 밤새도록 반려견(때로는 고양이, 고슴도치, 닭 또는 쥐)을 돌본다.

대부분의 기업은 소규모로 시작하고, 생존해 있는 기업 역시 소규모로 유지되는 경우가 많다. 하지만 중소기업은 고용주로서, 제품과 서비스의 구매자와 공급업자로서, 또한 납세자로서 우리 경제의 튼튼한 버팀목 역할을 하고 있다. 이 장에서는 중소기업을 자세히 살펴볼 것이다. 먼저, 중소기업의 정의, 중소기업에 적합한 산업, 중소기업을 창업한 사람들의 이력을 살펴본 다음에 경제에서 차지하는 중소기업의 중요성에 관해 설명할 것이다. 또한, 중소기업의 장단점을 제시하고, 중소상공인을 지원하기 위해 설립된 정부 기관인 중소기업청에서 제공하는 서비스를 설명할 것이다. 마지막으로, 지난 60년 동안 인기를 끌었던 중소기업 소유권 형태인 프랜차이즈의 장단점에 대해 논의하면서 3장을 마무리한다.

3-1 중소기업

 # 학습목표 중소기업을 정의하고, 중소기업이 많은 분야를 이해한다.

중소기업(small business) 영리를 목적으로 독립적으로 소유되고 운영되며 해당 분야에서 지배적이지 않은 기업

중소기업청(Small Business Administration)의 정의에 따르면 **중소기업(small business)**은 "영리를 목적으로 독립적으로 소유되고 운영되며 해당 분야에서 지배적이지 않은 기업"이다. 얼마나 작아야 해당 분야에서 지배적이지 않을까? 기업이 속한 산업에 따라 다르겠지만, 중소기업청은 표 3.1과 같이 산업별로 중소규모에 대한 기준을 제시한다. 중소기업청은 주기적으로 중소기업 규모에 관한 규정을 개정하고 간소화한다.

수백만 달러의 연 매출은 그리 작은 편이 아니지만, 많은 기업들에게 이익은 단지 총 매출의 극히 일부에 불과하다. 따라서 연 매출 백만 달러의 기업은 겨우 5만 내지 6만 달러밖에 벌지 못하며, 이는 대부분의 중견기업이나 대기업이 벌어들인 이익에 비하면 작은 규모다. 더욱이, 대다

표 3.1 산업별 규모 표준

중소기업의 규모 표준은 보통 종업원 수나 연평균 매출로 표시된다. 중소기업청은 널리 사용되는 두 가지 표준-제조업과 광공업은 500명의 종업원, 비제조업은 750만 달러의 연평균 매출-으로 적용한다. 미국에서는 전체 기업의 99.9%가 중소기업이다.

산업	규모 표준
제조업, 광공업	500 – 1,500 종업원
도매 무역업	100 – 250 종업원
농업	75만 달러
소매 무역업, 이·미용업	750만 달러
종합 및 대형건설업(준설업 제외)	3,650만 달러
준설업	2,750만 달러
특수 무역업	1,500만 달러
여행업, 관광업	2,050만 달러
백화점	3,250만 달러
할인점	2,950만 달러
가구점	2,050만 달러

Source: https://www.sba.gov/sites/default/files/Size_Standards_Table.pdf (accessed March 13, 2017).

수 중소기업은 중소기업청 기준의 최대한도보다 훨씬 낮은 연 매출을 올리고 있다.

아래에 제시한 바와 같이 중소기업은 미국 경제에서 매우 중요한 역할을 한다.

- ✔ 전체 기업의 99.9%를 차지한다.
- ✔ 전체 민간 부문 종업원의 절반 정도를 고용한다.
- ✔ 미국 전체 개인 급여의 42%를 차지한다.
- ✔ 지난 25년간 순 신규 일자리의 63%를 창출한다.
- ✔ 비농업 민간 GDP의 절반 이상을 창출한다.
- ✔ 고급기술 인력(과학자, 공학자, 컴퓨터 프로그래머 등)의 37%를 고용한다.
- ✔ 52%는 홈-기반이고 2%는 프랜차이즈이다.
- ✔ 모든 수출업체의 97.7%를 차지하며, 수출 금액의 33%를 생산한다.
- ✔ 대기업보다 16.5배 높은 종업원당 특허 건수를 만들어낸다.

3-1a 중소기업 부문

미국에서 법적으로 기업을 설립하는데 600달러가 필요하며, 1주일도 걸리지 않는다. 기업 이름을 등록하고 세금 ID를 신청하고 실업 및 근로자 산재 보험을 설정하면 된다. 하지만 일본에서는 8개 절차를 거치는데 3,500달러와 11일 이상이 걸린다. 따라서 상당히 많은 사람들이 자유롭게 기업을 설립하고 있다. 실제로 미국에는 약 2,880만 개의 기업이 있는데, 대기업으로 여겨지는 종업원 500명 이상의 기업은 18,600개뿐이다.

오늘날 많은 사람들이 중소기업을 소유하거나 창업하는데 관심을 가지고 있다. 지난 10년 동안 미국의 중소기업 수는 49% 증가하였다. 지난 몇 년 동안 미국에서 신생기업 설립 기록은 2001년-2002년과 2008년의 경기 침체기를 제외하고 계속해서 갱신되고 있다. 더욱이 비상근 기업가는 최근에 5배 이상 증가했는데, 이는 전체 중소기업의 1/3에 해당한다.

최근 중소기업청의 연구에 따르면, 2014년에 설립된 기업의 80%가 2015년까지 생존한 것은 2005년 이래로 가장 높은 수치이다. 2004년부터 2014년까지 평균적으로 신생기업의 78.5%가 1년, 전체 기업의 50% 정도가 5년 이상, 그리고 1/3 정도가 10년 이상 생존한 것으로 나타났다. 이러한 실패의 가장 큰 원인은 사업 노하우의 부족으로 인한 관리부실이었다. 중소기업 부문을 구성하고 있는 기업들은 계속해서 변경된다. 높은 실패율에도 불구하고 다수의 중소기업들은 성공하고 있다. Apple과 같은 일부 기업은 더 이상 중소기업으로 생각할 수 없을 정도로 엄청나게 성공했다. 종합하면, 중소기업은 미국에서 상당수의 일자리를 제공하고 있다.

3-1b 중소기업에 적합한 산업

자동차 제조업과 같은 일부 산업은 기계와 장비에 막대한 투자가 필요하다. 이런 산업에 속한 기업은 기업가가 창업에 필요한 자본을 조달할 수 있으면 설립할 때부터 규모가 크게 된다. 반면에 다른 산업은 초기 투자 비용이 적고 약간의 전문 지식이나 기술만 있으면 된다. 신생기업에게 적합한 것이 바로 이러한 산업이다. 외래 환자-치료 시설과 같은 성장하는 산업은 잠재적인 수익성 때문에 매력적이다. 하지만 박식한 기업가는 자신들에게 친근한 분야를 선택하며, 이런 분야는 이미 많은 기업들이 자리를 잡은 산업이다.

중소기업은 신문 자판기부터 광섬유 개발에 이르기까지 전 분야에 걸쳐 있다. 중소기업의 소유주는 가솔린, 꽃, 그리고 포장용 커피를 판매한다. 그들은 잡지를 발행하고, 화물을 운송하고, 언어를 가르치고, 컴퓨터를 조립한다. 그들은 와인, 영화, 그리고 최신 유행의 옷을 만든다. 그들은 새집을 짓고 오래된 집을 수리한다. 그들은 가전제품을 고치고, 금속을 재활용하고, 중고차를 판다. 그들은 택시를 운전하고 비행기를 조종한다. 그들은 우리가 아플 때 우리를 잘 낫게 하고, 우리에게 거대 기업의 제품을 판다. 사실, 부동산, 임대, 리스 산업의 74%, 레저와 접대 서비스업의 61%, 건설업의 86%를 중소기업이 장악하고 있다. 이렇게 다양한 사업은 일반적으로 유통, 서비스, 그리고 생산의 세 가지 산업 유형으로 분류된다.

유통 산업 생산자로부터 소비자까지 제품을 이동하는 것과 관련된 소매업, 도매업, 운송업, 통신업이 포함된다. 유통 산업은 전체 중소기업의 33%를 차지하며, 3/4 이상이 제품을 직접 소비자에게 판매하는 소매업체이다. 예를 들어, 의류 및 보석 가게, 반려동물 가게, 서점, 식품점 등이 대표적인 소매업체이다. 중소 유통기업의 1/4 정도는 도매업체로 제조업체로부터 대량으로 제품을 구매하여 소매업체에 재판매한다.

서비스 산업 전체 중소기업의 48%를 차지하고 있으며, 3/4 정도는 의료 및 치과 진료; 시계, 신발, TV 수선; 미용과 스타일링; 음식점; 세탁소와 같은 비금융 서비스를 제공한다. 중소 서비스기업의 8%가 회계, 보험, 부동산 그리고 투자 컨설팅과 같은 금융 서비스를 제공한다. 점점 더 많은 미국 자영업자들이 집에서 서비스 사업을 하고 있다.

생산 산업 건설업, 광업, 제조업을 포함하는 마지막 유형은 전체 중소기업의 약 19%만 속해 있는데, 이들 산업은 비교적 많은 초기 투자가 필요하기 때문이다. 소규모 벤처기업은 일반적으로 규모가 더 큰 생산기업에 부품이나 하위 조립품을 납품하거나 건설회사에 특수한 기술을 공급한다.

3-2 중소기업 사람 : 기업가

 # 학습목표 **중소기업을 창업하는 사람은 누구인지 그리고 창업한 많은 사람들이 실패하는 이유를 이해한다.**

기업가 정신은 미국에서 괜찮은 편이다. 한 연구에 따르면, 미국 국민들이 다른 국가와 비교해 기업가적 자질이 높은 것으로 나타났다. 즉, 미국인 70% 이상이 직장에 다니는 것보다 기업가를 선호한다는 것이다. 이는 서유럽 성인의 46%, 캐나다 성인의 58%와는 비교되는 수치이다. 기업가 활동에 대한 다른 연구에 의하면 36개 국가 중 미국은 상위 3위안에 들었으며, 일본, 캐나다, 서유럽과 비교하면 단연 선두였다.

중소기업은 일반적으로 사업을 처음 시작하고 소유한 사람이 경영한다. 이러한 사람의 대다수는 예전에 다른 회사에 다닌 경험이 있고, 원하면 지금도 다시 취업할 수도 있다. 하지만 중소기업을 소유하고 있는 사람은 직장에 다니면서 받을 수 있는 연봉보다 적게 벌어도 자기 자신만의 회사를 차리고 운영하기를 원한다.

연구자들은 사람이 자신의 사업을 하고 싶은 원인으로써 다음과 같은 개인적 요인을 제시하였다.

Source: cainesarcade.com

젊은 기업가인 Caine Monroy를 만나보자! 9살의 어린 나이에 Caine은 로스앤젤레스 동부에 있는 아버지의 자동차 부품매장에서 정교한 판지 아케이드를 만드는 데 여름 휴가를 보냈다. Caine은 University of Southern California의 Marshall School of Business에서 연설한 최연소 기업가이다. 프랑스에서 그는 Cannes Lions International Festival of Creativity에서 최연소 연사가 되었다. 캘리포니아 주 의회는 그에게 Latino Spirit Award를 수여했다. 기업가를 위한 그의 조언은 "고객에게 친절하게 대하십시오. 재미있는 사업을 하십시오. 포기하지 마십시오. 그리고 가지고 있는 것부터 시작하되 재활용품을 사용하십시오."이다.

그림 3.1 기업가들의 평균 나이

모든 연령대의 사람들이 기업가가 되지만, 70% 이상이 25세에서 44세 사이이다.

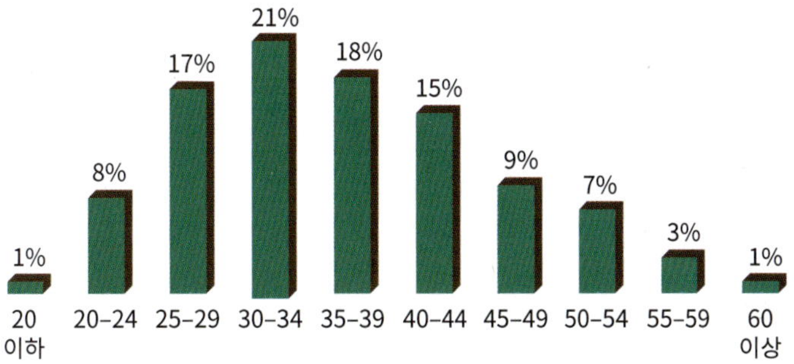

Source: Data developed and provided by the National Federation of Independent Business Foundation and sponsored by the American Express Travel Related Services Company, Inc.

3-2a 기업가 특성

*기업가 정신(entrepreneurial spirit)*은 새로운 사업을 창출하려는 욕망이다. 예를 들어, Nikki Olyai는 예전부터 자신의 사업을 하고 싶어 했고, 이란에서 사업가로 성공한 그녀의 아버지가 그녀의 롤 모델(role model)이었다. 그녀는 17살에 미국으로 건너와 컴퓨터 과학 학사 및 석사 학위를 취득한 후 Innovision Technology를 설립하였다. 그녀는 자신의 회사를 운영하기 위해 다른 두 가지 직업을 가지고 있으면서 동시에 4살짜리 아들도 양육했다. 최근에 그녀의 회사는 Salute to Women's Business Enterprises에 선정되어 가장 성공한 기업 11개 중의 하나가 되었다. 이후 3년 연속으로 그녀의 회사는 Future 50 of Greater Detroit Company에 선정되었다.

3-2b 다른 개인적 요인들

중소기업 성공의 다른 개인적 요인들로는 다음과 같다.

- ✔ 독립성
- ✔ 자신의 운명을 결정하려는 욕망
- ✔ 도전을 찾고 받아들이려는 의지
- ✔ 가족 배경(특히, 연구자들은 성공과 실패에 상관없이 가족이 사업을 한 사람이 창업과 경영에 가장 적합하다고 생각한다)
- ✔ 나이(자신의 사업을 시작하려는 사람들은 특정 연령대로 묶을 수 있다. 70% 이상이 25세와 44세 사이로 나타난다. 그림 3.1 참조)

3-2c 동기

사업을 시작하는 동기가 분명히 있다. 어떤 사람은 단순히 다른 사람을 위해 충분히 일할 만큼 했다고 생각할 수 있다. 다른 사람들은 여러 이유로 인해 직장을 잃고 다른 직장을 찾는 대신에 그토록 꿈꾸던 사업을 시작할 수도 있다. 새로운 제품이나 기존 제품을 판매하기 위한 새로운 방법에 대한 아이디어를 가지고 있을 수도 있다. 또한, 취미로 시작한 일이 사업으로 연결되는 것처럼 창업할 기회가 갑자기 찾아오는 경우도 있다. 예를 들어, Cheryl Strand는 Clemson 대학교에서 전일제 워드 프로세서로 일하면서 집에서 케이크를 굽고 꾸미기 시작했다. 그녀의 케이크는 너무 인기가 많아져서 고객 수요를 충족시키기 위해 점심 휴식시간과 늦은 밤까지 일하게 되었다.

어떤 사람에게는 사업을 시작하려는 동기가 사업가로서 성공하기 위해 필요한 지식과 역량을 습득하면서 천천히 오는 경우도 있다. 지식과 능력, 특히 경영 역량이 아마도 가장 중요한 요인일 것이다. 소유주는 회사의 재무, 인사 그리고 일상 업무를 관리할 수 있어야 한다. 또한, 영업, 광고, 가격 책정, 구매 그리고 다양한 사업 기능도 처리해야 한다. 그렇게 할 수 있는 지식과 능력은 동일한 사업 분야의 다른 기업에서 일한 경험으로부터 가장 많이 얻을 수 있다.

3-2d 중소기업 소유주로서의 여성

중소기업청의 2017년 최신 자료에 따르면,

- ✔ 여성은 미국 인구의 51%를 차지하고 있으며, 중소기업청에 의하면 최소한 전체 중소기업의 36%를 소유하고 있다.
- ✔ 홈-기반 사업의 66%를 여성이 차지하고 있지만, 홈-기반으로 사업하는 남성의 수도 급격히 증가하고 있다.
- ✔ 약 990만 개의 여성-소유 기업이 880만 개의 일자리를 제공하고, 1조 4천억 달러 매출을 올리고 있다.
- ✔ 미국에서 여성-소유 기업이 더욱 성공적으로 나타났으며, 40% 이상이 12년 이상 유지되고 있다.
- ✔ 여성-소유 기업이 재무적으로 건전하고 신용이 높으며, 실패 위험도 평균보다 낮다.
- ✔ 다른 직장 여성과 비교하면 자영업 여성이 나이가 많고, 교육도 많이 받았고, 관리 경험도 많다.
- ✔ 중소기업의 50% 이상이 홈 기반이고, 91% 정도는 종업원이 없는 것으로 나타났다.
- ✔ 홈 기반 사업의 60% 정도는 서비스 산업이며 16%는 건설업, 14%는 소매업, 나머지는 제조업, 금융, 교통, 통신, 도매업, 기타 업종이다.

경력 쌓기

직장과 창업 병행하기

직장을 그만두지 않고 벤처 사업을 시작할 생각이 있는가? The 10% Entrepreneur의 저자인 Patrick McGinnis는 이런 질문이 기업가 정신이 당신에게 적합한지 그리고 당신의 사업 아이디어가 이치에 맞는지 알아내는 좋은 방법이라고 생각한다. McGinnis에 따르면, "당신이 시작할 수 있고, 매우 유연한 방식으로 할 수 있으며, 자본을 필요로 하지 않는 모든 산업은 정말로 10%의 기업가 정신만 있으면 된다." 그는 창업자의 지하실에서 파트-타임으로 시작해서 현재 전자상거래와 전국 매장으로 번창하고 있는 Masala Baby의 성공을 예로 들었다.

직장과 창업을 병행하면 사업을 시작한 초기에 안정된 수입을 얻을 수 있고, 미래의 성공을 위한 경험과 기술을 습득할 수 있다. 기업가 Christian Bonilla가 지적하듯이, 직장은 금전적으로 뿐만 아니라 현명한 선택을 하는 데 중요한 역할을 한다. 왜냐하면, 고용주를 위해 일하는 동안 직면하는 도전과 기업가 정신을 위해 연마한 기술은 상근 사업 소유주로서 훨씬 더 효과적일 수 있도록 도와주기 때문이다.

새로운 벤처 사업을 시작하기 전에 고용주가 직원들에게 부업을 허용하는지 확인하고, 종업원 안내서를 확인하거나, 계약서를 읽거나, 관리자에게 문의하기 바란다. 많은 경우, 파트-타임 사업은 고용주의 우선순위와 상충하지 않는 한 괜찮다. 마지막으로, 만약 직장과 창업을 병행한다면 당신의 고용주를 속이지 말고, 직원들이 당신을 위해 일할 것으로 기대하는 만큼 열심히 일하기 바란다.

Sources: Based on information in A.J. Agrawal, "How to Launch Your Startup Part-Time without Getting Fired," Inc., April 18, 2016, http://www.inc.com/aj-agrawal/how-to-start-your-startup-part-time-without-getting-fired.html; Christian Bonilla, "Don't Quit Your Day Job (Yet): My Year In Part-Time Entrepreneurship," Fast Company, November 30, 2016, https://www.fastcompany.com/3066030/startup-report/dont-quit-your-day-job-yet-my-year-in-part-time-entrepreneurship; "'The 10% Entrepreneur': Going Part-time with Your Startup," Knowledge@Wharton, August 11, 2016, http://knowledge.wharton.upenn.edu/article/going-part-time-with-your-startup/.

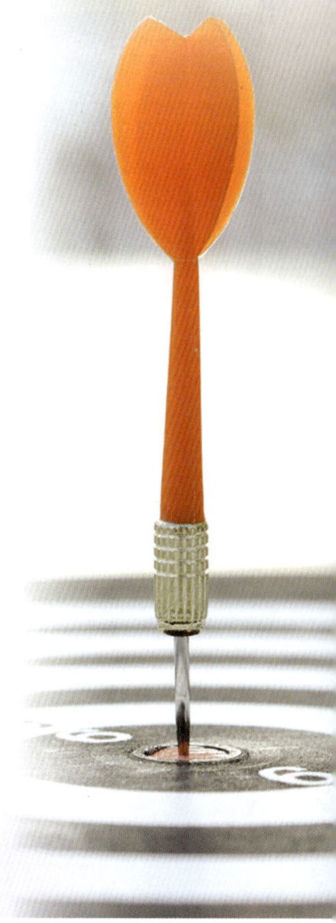

여성 기업 센터(Women's Business Center)는 미국 전역에 약 100개 정도의 교육 센터를 가지고 있는 전국적인 네트워크로, 중소기업을 창업하고 성장시키려는 여성을 지원한다.

3-2e 중소기업 소유주로서의 10대

첨단기술을 지닌 10대들의 기업가 정신은 폭발적으로 증가하고 있다. 하지만, 10대 기업인은 학업과 사회생활, 첨단기술 업무량을 효율적으로 관리해야 하는 어려움에 직면하게 되어 학교를 그만두거나 사업 활동을 줄이거나 그만두게 된다. 메릴랜드주 Potomac에 있는 Winston Churchill 고등학교의 Brian Hendricks를 생각해보자. 그는 StartUpPc와 VB Solutions, Inc.의 설립자다. 2001년에 설립된 StartUpPc는 일반 가정 사용자, 재택근무 사무실, 중소기업과 학생들을 위해 맞춤 제작 컴퓨터와 컴퓨터 서비스를 판매한다. 1년 후 Brian은 웹 사이트와 게시판을 개발하고 맞춤화하는 VB Solutions, Inc.을 설립했다. 이 회사는 광고 계약을 체결하고 사이트 개선에 대해 웹 사이트 소유주들과 상담하며 기업 ID 키트, 로고, 웹 사이트를 디자인했다. Brian은 아주 어린 나이에 자신을 위해 일하는 것이 최고의 직업 중 하나라는 것을 배웠

Rachel Zietz, CEO.

Gladiator LaCrosse는 13세의 기업가이자 라크로스(각각 10명의 선수로 이뤄진 두 팀이 그물채 같은 것으로 공을 던지거나 잡으며 하는 하키 비슷한 경기) 선수인 Rachel Zietz가 설립했다. Young Academy 프로그램에 참여함으로써 Rachel은 저렴한 가격에 고품질 라크로스 장비를 제공하는 사업을 시작할 수 있는 아이디어를 얻었다.

source: gladiatorlacrosse

다. Brian에 따르면, 젊은 기업가는 계획(planning), 끈기(persistence), 인내(patience), 사람(people), 그리고 이윤(profit)이라는 기업가 정신의 다섯 가지 P를 가져야 한다. Brian은 성공적인 기업가가 되는 데 필요한 것을 알고 있었다.

3-2f 기업가로서의 이민자

Jerry는 중국에서 탈출한 부모들 사이에서 대만에서 태어났다. 그의 아버지는 어릴 때 돌아가셨고, 몇 년 후 어머니는 가족들과 함께 미국으로 이주하였다. Stanford University에 입학한 후에 취미 삼아 웹 사이트를 만들기 시작했는데 첫 번째 웹 사이트는 스모 선수에 대한 것이었다. 또 다른 웹 사이트가 Yahoo!의 전신인 "Jerry's Guide to the World Wide Web"으로, 개설한 지 몇 달 만에 너무 많은 트래픽으로 인하여 대학교의 네트워크에 너무 큰 부담이 되었다. Jerry Yang은 David Filo와 공동으로 Yahoo를 설립하였고, 벤처 자금을 모집하고 종업원을 고용하였다. Yahoo의 가치는 하락하기 전인 2000년에 1,000억 달러 이상으로 절정에 달했고, Jerry Yang의 개인 재산은 2016년 현재 20억 달러를 넘을 것으로 추정된다.

기업가 정신은 Jerry Yang과 같은 이민자에게도 자라나고 있었다. 외국에서 태어난 자영업자의 비율은 1994년 5.9%에서 2015년 6.5%로 증가하였지만, 미국에서 태어난 자영업자의 비율은 1994년 7.4%에서 2015년 5.7%로 줄어들었다.

3-2g 기업인과 중소기업이 실패하는 이유

중소기업은 실패하기 쉽다. 자본, 경영 그리고 계획이 중소기업 생존의 필수 요소이면서 가장 일반적인 실패 원인이 되기도 한다. 기업은 돈과 관련된 수많은 문제가 발생하고 수익이 발생하려면 상당한 시간이 걸리기도 한다. 기업가는 사업을 시작하기 위한 자본뿐만 아니라 사업을 운영할 자금도 필요하다. 현금 흐름 장애는 종종 다른 장애로 이어지며, 연속적인 현금 흐름의 어려움은 결국 사업 실패로 끝나게 된다. 이러한 시나리오는 금융 지원자의 기대를 충족시키지 못하는 소규모 신생 인터넷 회사에 자주 발생한다. 상황이 어렵게 되면 Bear Stearns과 AIG와 같은 대형 업체는 구제 금융을 받을 수 있지만, 중소기업 소유주는 자신이 직접 해결해야 한다.

많은 기업가들은 사업을 운영하는데 필요한 경영 역량이 부족하다. 중소기업이 성공하기 위해서는 자금, 시간, 인적자원 그리고 재고 모두 다 효과적으로 관리되어야 한다. 중소기업을 시작하는 것은 낙관주의와 좋은 아이디어 이상의 것을 필요로 한다.

성공과 확장으로 인해 때때로 문제가 발생한다. 성공적인 중소기업을 가진 기업가는 지나치게 확장하는 실수를 자주 한다. 급격한 성장은 종종 사업에 극적인 변화를 가져오기 때문에 기업가는 신중하게 계획해야 하고 또한 새롭고 잠재적으로 파괴적인 상황에 능숙하게 적응해야 한다.

사람들은 매일, 그리고 전국 각지에서 새로운 사업을 시작한다. 2013년 406,000개의 새로운 기업이 문을 열었으며, 동시에 401,000개의 기업이 폐업했다(표 3.2 참고). 많은 기업들이 실패하지만, 사업을 성공시킬 수 있는 경험, 자원과 결단력을 가진 기업가들에 의해 제대로 계획된 아이디어를 가지고 있는 기업들도 많다. 이렇게 잘 준비된 기업가들이 각자의 목표를 추구함에 따라 우리 사회는 그들의 일과 창의성으로부터 많은 면에서 혜택을 얻는다. Apple, McDonald's 그리고 Procter & Gamble 같은 10억 달러 규모의 기업은 모두 중소기업에서 시작해서 산업의 거인으로 성장한 대표적인 회사들이다.

표 3.2 미국 기업의 창업과 폐업

	신규(단위 1,000개)	폐업(단위 1,000개)
2013	406	401
2012	411	375
2011	401	414
2010	388	425
2009	409	494
2008	491	477
2007	529	439

Source: U.S. Small Business Administration, Office of Advocacy, Frequently Asked Questions, https://www.sba.gov/sites/default/files/advocatacy/SB-FAQ-2016 (accessed March 9, 2017).

3-3 경제에서 중소기업의 중요성

 # 학습목표 **중소기업이 경제에 미치는 영향을 이해한다.**

미국의 경제사는 자신의 아이디어를 기업 왕조로 바꾼 야심찬 사람들의 이야기로 넘쳐난다. Ford 자동차 회사는 혁신적인 생산 방식을 가지고 있는 1인 기업으로 시작했고, L.L Bean은 메인주의 Freeport에 있는 지하 상점에서 출발했다. Xerox와 Polaroid는 모두 작업을 더 잘 하는 방법을 아는 작은 기업으로 시작했다.

3-3a 기술적 혁신 제공

발명(invention)과 혁신(innovation)은 미국 경제의 중요한 토대이다. 지난 200년 역사를 특징지을 수 있는 생산성 향상은 모두 한 가지 중요한 원천, 즉 적은 노력과 비용으로 일을 하는 새로운 방법에 뿌리를 두고 있다. 연구 결과에 의하면, 중소기업 근로자의 혁신 발생률이 대기업 근로자보다 훨씬 높게 나타났다. 중소기업은 종업원 대비 대기업보다 2.5배 많은 혁신을 생산한다. 사실, 중소기업은 전체 종업원의 43%가 과학자, 공학자, 컴퓨터 전문가와 같은 첨단기술 인력이기 때문에 중소기업의 종업원 한 명당 특허 수가 대기업에 비해 16~17배 많은 것은 별로 놀랄 일이 아니다. 미국 관리예산처(U.S. Office of Management and Budget)에 따르면, 20세기의 주요 기술적 진보의 50% 이상이 개인 발명가와 중소기업에서 비롯되었고 대표적인 혁신들을 소개하면 다음과 같다.

- ✔ 에어컨
- ✔ 자동 변속기
- ✔ 인공 심장 판막
- ✔ 즉석 사진기
- ✔ 제트 엔진
- ✔ 개인용 컴퓨터
- ✔ 항공기
- ✔ FM 라디오
- ✔ 헬리콥터
- ✔ 인슐린
- ✔ 페니실린
- ✔ 동력 조향장치

아마도 더욱 놀랍고 중요한 사실은 이러한 발명품 중 많은 것들이 미국의 주요 신산업을 촉발했고, 몇몇 귀중한 서비스를 추가함으로써 기존 산업에 이바지했다는 것이다.

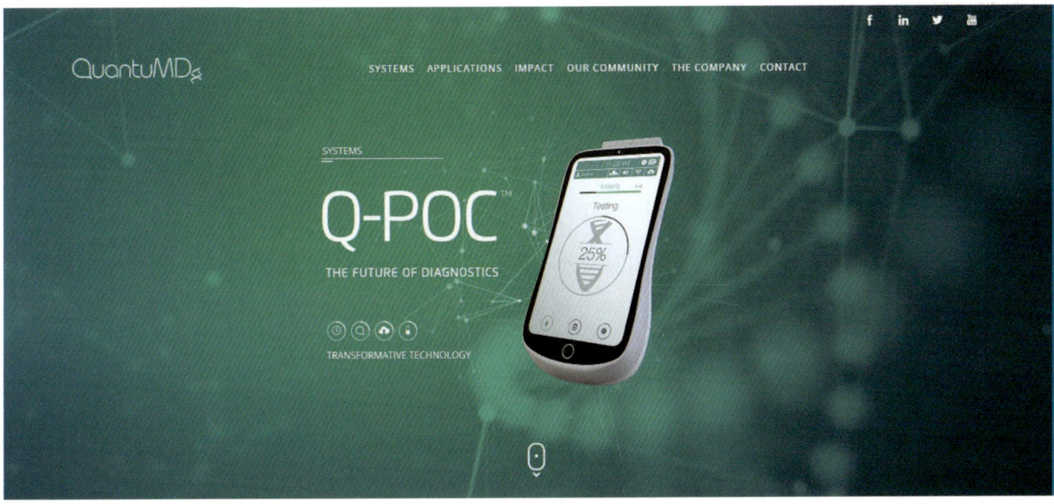

source: quantumdx

진단의 미래.

QuantuMDx는 글로벌 건강 불평등을 해결하기 위해 혁신적인 진단 솔루션을 제공하는 데 중점을 둔 기술 개발기업이다. Elaine Warburton CEO가 공동 설립한 이 회사는 영리와 인도주의에 중점을 둔 개인 소유 기업이다.

3-3b 고용 제공

중소기업은 전통적으로 경제에 비례하는 일자리 이상을 제공해 왔다. 신규 일자리를 창출한 10개 산업 중에서 7개 산업이 중소기업 중심의 산업이었다. 최근에 신규 일자리를 창출한 중소기업은 비즈니스 서비스, 레저 및 접객 서비스 그리고 특수 무역업이다. 중소기업은 젊은 근로자, 고령 근로자, 여성 또는 파트-타임 근무를 선호하는 근로자의 비율이 더 높다.

더욱이 중소기업은 67%의 근로자에게 첫 번째 직장과 기본적인 기술에 대한 기초 실무 교육을 제공한다. 중소기업청에 따르면 중소기업은 전체 고용주의 99.9%를 차지하고, 민간 노동자의 50% 이상을 고용하고, 경제에 추가된 순수 신규 일자리의 2/3를 제공하고 있는 것으로 나타났다.

3-3c 경쟁 제공

중소기업은 기존의 대규모 회사에 여러 가지 방법으로 도전하여, 소비자의 요구에 보다 효율적이고 신속하게 대응한다. 물론 중소기업은 모든 측면에서 대기업과 경쟁할 수는 없다. 하지만 각자의 고유한 영역과 고유의 방법으로 경쟁하는 다수의 중소기업들이 서로 합심하여 원하는 경쟁적 효과를 낳기도 한다. 예를 들어, 소규모 몇몇 청소 용역업체들이 함께 모여 대규모 업체인 ServiceMaster와 합리적인 경쟁을 한다.

3-3d 사회와 다른 기업의 요구 충족

중소기업은 다른 기업과 대기업에 다양한 제품과 서비스를 제공한다. Sears RoeBuck은 대부분이 중소기업인 약 12,000여 개의 공급업체로부터 물품을 구매한다. General Motors는 부품 및 물자를 공급받기 위해 32,000개 이상의 업체에, 자동차와 트럭 판매를 위해 11,000여 개의 독립된 판매업체에 의존하고 있다. 대기업은 일반적으로 부품과 조립품을 중소기업에서 구매하는데, 가장 큰 이유는 직접 생산하는 것보다 저렴하기 때문이다. 이렇게 낮아진 비용은 결국 소비자들이 제품에 지급하는 가격에 반영된다. 중소기업이 국가 경제의 중요한 부분을 차지하고 있다는 것은 명백한 사실이다. 즉, 소비자로서 혹은 노동력의 일원으로서 우리 모두는 중소기업의 존재로부터 상당한 이득을 얻고 있다. 이제 중소기업 소유주들의 입장에서 상황을 살펴보자.

3-4 중소기업의 장단점

 # 학습목표 **중소기업의 장단점을 이해한다.**

중소기업 소유주가 자신의 회사를 대기업으로 성장시켜 경영은 전문 경영인에게 맡기고 단지 이 사회의 일원으로서만 활동하고 싶어 할까 아니면 하고 싶은 일을 마음껏 할 수 있는 중소기업으로 계속 남기를 원할까? 이에 대한 대답은 개인적인 특성과 소유주의 동기에 따라 달라지지만, 일반적으로 중소기업으로 남아있을 때의 장점이 단점보다 훨씬 많다.

3-4a 중소기업의 장점

한정된 자원을 가진 중소기업 소유주는 경쟁적인 새로운 시장에 진입하기 위해서 엄청난 노력을 해야 한다. 또한, 계속 증가하는 국제적인 경쟁상황에도 대처해야 한다. 하지만, 중소기업은 몇 가지 독특한 장점을 누릴 수 있다.

고객과 종업원과의 친밀한 관계 사람들을 상대하는 것을 좋아하는 사람에게 중소기업은 최적의 선택지다. 소매점 주인은 고객들의 이름을 알게 되면 개인적으로 고객을 친숙하게 대한다. 이러한 관계를 통해 중소기업 소유주는 종종 지역 사회의 사회적, 문화적 그리고 정치적 생활에 관여하게 된다. 소유주-관리자와 종업원 간의 관계는 중소기업에서 더욱 친밀해지는 경향이 있다. 많은 경우, 소유주는 친구이자 상담자이면서 동시에 상사이다. 이러한 개인적인 관계는 중요한 사업상의 이점을 제공한다. 중소기업이 제공하는 개인적 서비스는 매우 중요한 경쟁 무기로 대기업이 따라 하기 힘든 것이다. 또한, 종업원과의 친밀한 관계는 중소기업 소유주가 대기업에서 더 많은 돈을 벌 수 있는 유능한 직원을 계속 회사에 남게 할 수도 있다.

Fuse/Thinkstock

개인화. 사람을 대하는 것을 좋아하는 사람들에게는 중소기업은 최적의 선택지다. 중소기업 소유주는 행복한 고객에게 개인화된 서비스를 제공한다.

변화에 적응하는 능력 자신의 상사로서, 중소기업 소유주-관리자는 변화에 적응하기 위해 누구의 허락도 받을 필요가 없다. 소유주는 시장 상황의 변화에 대응하여 물품과 서비스를 추가 또는 중단하거나, 영업시간을 변경하거나, 다양한 가격 전략을 실험할 수 있다. 또한, 고객과의 개인적인 관계를 통해 중소기업 소유주는 경쟁 기업의 활동뿐만 아니라 사람들의 요구와 관심의 변화를 빠르게 인식하게 된다.

단순화된 기록 보관 많은 중소기업들은 간단한 기록만 필요로 한다. 기록 보관은 모든 판매를 기록한 현금-영수증 일지, 그리고 지급한 모든 금액을 기록한 현금-지출 일지를 작성하면 된다. 물론 정확한 납세 신고서를 작성하고 제출하려면 충분한 기록을 보관해야 한다.

독립성 중소기업 소유주는 출퇴근 시간을 기록할 필요가 없고, 휴가 기간을 정하기 위해 다른 사람들과 경쟁할 필요도 없고, 상사로부터 명령을 받을 필요도 없고, 해고에 대해 걱정할 필요도 없다. 소유주는 적어도 고용에 관해서는 자신이 운명의 주인이다. 많은 사람들에게 이것이 중소기업을 소유하고 싶은 가장 중요한 장점이다.

다른 장점들 중소기업청에 따르면, 미국에서 가장 수익성이 높은 기업은 10년 이상 운영되고, 종업원 20명 미만의 중소기업이다. 중소기업 소유주는 2장에서 설명한 개인 기업의 모든 장점을 누린다. 즉, 모든 수익을 차지할 수 있고, 사업 설립과 폐업이 쉽고 비용이 저렴하며, 사업 정보를 비밀로 유지할 수 있다.

3-4b 중소기업의 단점

고객과의 개인적인 접촉, 직원과의 긴밀한 관계, 변화에 적응하는 능력, 단순화된 기록 보관 작업, 독립성이 중소기업의 긍정적인 면이다. 이와는 대조적으로, 부정적인 면은 중소기업에 독특한 문제점들을 반영하고 있다.

실패 위험 앞에서 언급했듯이, 중소기업 특히, 신생기업은 폐업할 위험이 상당히 크다. 5년 이상 생존하는 기업은 대략 50% 정도이다. 장기간의 어려운 시기를 견뎌낼 수 있는 재력이 없기 때문에 건실한 중소기업일지라도 경기 불황으로 큰 타격을 입을 수 있다.

제한된 잠재력 중소기업은 성공의 정도가 매우 다양하며, 대다수는 단지 가족의 생계를 유지할 수 있는 정도이다. 미용사나 전기기술자처럼 소유주가 약간의 기술적인 능력을 갖추고 사업을 시작한 경우는 크게 성공할 확률이 낮고 종업원의 승진 가능성도 제한적이다.

그림 3.2 중소기업의 자본 출처

중소기업은 다양한 출처에서 자금을 조달하는데, 가장 중요한 것은 개인 예금이다.

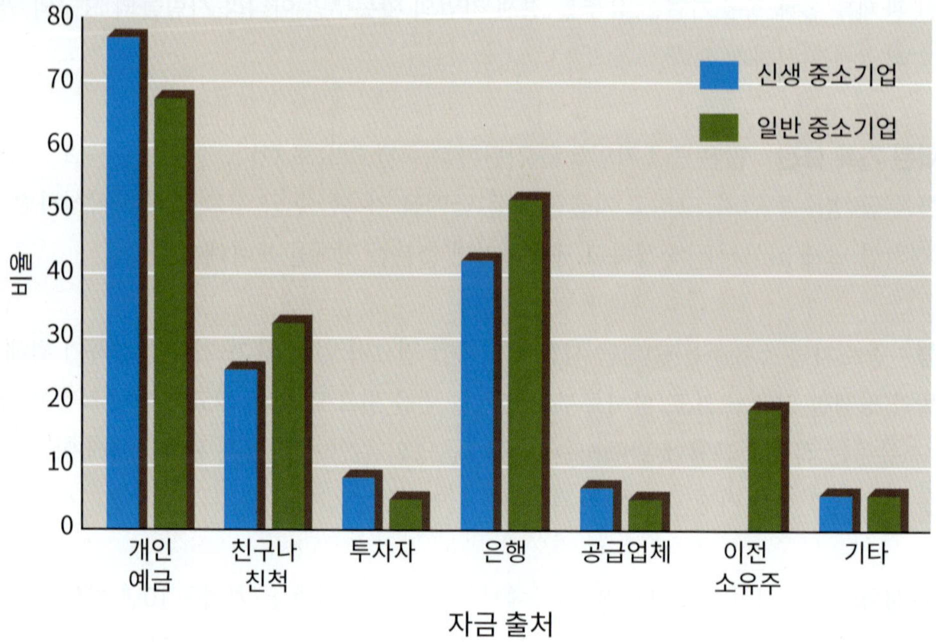

Source: Data developed and provided by the National Federation of Independent Business Foundation and sponsored by the American Express Travel Related Services Company, Inc.

제한된 자본 조달 능력 일반적으로 중소기업은 자본을 조달하는 능력이 제한적이다. 그림 3.2처럼 대부분의 중소기업은 소유주의 주머니에서 자금을 조달한다. 중소기업에 필요한 자금의 1/4 정도는 대출 기관으로부터 개인 대출로 조달된다. 인구 조사국(Census Bureau)과 연방 준비제도(Federal Reserve) 조사에 따르면, 신생기업의 약 50%는 총 자본금 3만 달러 이하로 시작한다. 실제로, 신생기업의 36%는 2만 달러 이하로 시작하며, 대부분의 자금은 자신과 가족 혹은 친구로부터 나온다. 중소기업청 자료에 의하면, 새로운 사업을 시작하기 위한 평균 자본금은 8만 달러이다. 성공적인 회사는 엔젤 투자자를 원할 수도 있다. 엔젤 투자자(angel investor)는 회사 소유권의 대가로 자금을 지원하고 어느 시점에서 이익을 위해 자신의 소유권을 매각하는 개인 투자자이다.

전통적인 자금조달의 새로운 대안은 Kickstarter나 Indiegogo와 같은 사이트를 통한 온라인 크라우드 펀딩(crowd funding)이다. 크라우드 펀딩에서 기업가는 자신의 프로젝트나 사업에 대한 설명 자료를 올리고 기부할 사람을 초대하면 된다. 기부자는 일반적으로 자신의 기부 수준에 따라 보상을 받게 된다. Kickstarter에 올라있는 프로젝트의 예로는 뮤지컬 아티스트, 영화 제작자, 앱 개발자, 그리고 다양한 발명가들의 모금 캠페인을 들 수 있다. 크라우드 펀딩을 통해 2019년에 약 86억 달러가 모금된 것으로 추정되는데, 이는 2011년 15억 달러에서 크게 늘어난 것이다.

중소기업 창업을 생각 중인 모든 사람은 앞에서 설명한 위험과 함정을 인지해야 하며, 실패의 위험을 피하기 위해서는 제대로 작성된 사업계획이 도움이 된다. 미국 정부도 중소기업 지원에 노력하고 있으며, 그 지원은 중소기업청을 통해 가장 적극적으로 추진된다.

3-4c 사업계획의 중요성

계획 부족은 신생 중소기업에 자금 부족만큼이나 치명적이다. 계획은 규모에 상관없이 모든 기업에 중요하며, 결코 간과하거나 가볍게 여겨서는 안 된다. **사업계획(business plan)**은 창업자를 위해 세심하게 구성된 안내서이며, 커뮤니케이션, 관리, 계획의 3가지 기본 목적을 가진 도구이다. 커뮤니케이션 도구로서 사업계획은 잠재적 투자자들이 새로운 사업에 투자하기를 원하는지 또는 자금조달을 지원할 것인지를 검토할 수 있는 문서 역할을 한다. 또한, 회사가 이윤을 낼 수 있는 잠재력이 있는지를 보여준다. 관리 도구로서 사업계획은 진행 상황을 추적, 감시, 평가하는 데 도움이 된다. 사업계획은 살아있는 문서로 사업가가 지식과 경험을 얻을 때마다 수정된다. 또한, 일정표와 이정표를 설정하여 실제 성과와 성장 예측을 비교할 수 있게 한다. 마지막으로, 계획 도구로서 사업계획은 사업가를 다양한 사업 단계로 안내한다. 예를 들어, 계획은 피할 수 있는 장애물을 식별하고 대안을 세우는 데 도움이 된다.

사업계획(business plan) 창업자를 위해 세심하게 구성된 안내서

3-4d 사업계획 구성 항목

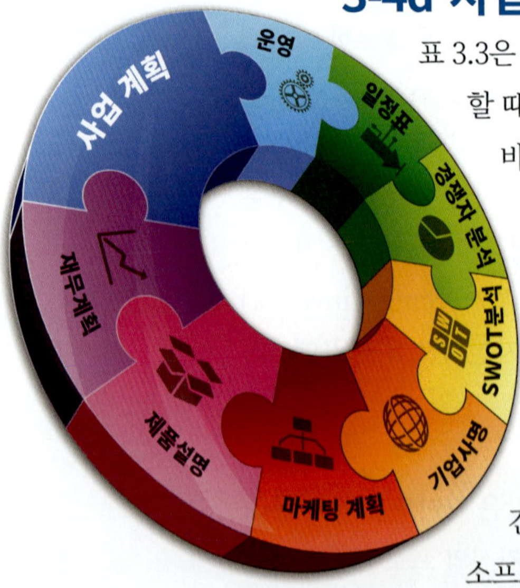

표 3.3은 사업계획에 포함되어야 할 12가지 항목을 보여준다. 사업계획을 작성할 때, 사업가는 읽기 쉽고, 깔끔하고, 완벽한 계획이 되도록 노력해야 한다. 바쁜 경영자와 마찬가지로 재무기관 담당자 역시 관련 없는 자료를 뒤적거릴 시간이 없다. 사업계획은 금융 관계자와 투자자들이 관심을 갖고 있는 네 가지 질문에 대한 답을 제시해야 한다. (1) 신규 사업의 본질과 사명은 정확하게 무엇인가? (2) 신규 사업은 왜 좋은 아이디어인가? (3) 예비 창업가의 목표는 무엇인가? (4) 신규 사업에 필요한 자금은 어느 정도인가?

사업계획 수립에 들어가야 할 엄청난 노력과 시간은 결과적으로 시간을 절약하게 할 것이다. 예를 들어, 경영학 학위를 취득하면서 컴퓨터 소프트웨어 사업을 운영하던 Sharon Burch는 수업 과제의 일부로 사업계획을 작성해야 했고, 이후 사업계획을 사업지침으로 삼아왔기 때문에 많은 도움이 되었다. 효과적인 사업계획에는 정확성과 현실적인 기대가 필수적이다. 대출 담당자를 속이는 것은 비윤리적인 행위이고, 자신을 속이는 것은 현명하지 못하다.

표 3.3 사업계획 구성 항목

1. 소개(introduction). 회사 이름, 주소, 전화번호 등과 같은 기본 정보; 계획 작성 날짜; 중요한 정보를 잠재적인 경쟁자로부터 안전하게 하는 비밀 유지 서약서
2. 개요(executive summary). 사업 성공 가능성을 포함한 전체 사업계획을 1~2페이지로 요약
3. 지역 사회에 대한 혜택(benefits to the community). 회사가 경제 발전, 지역 사회 발전 그리고 인류 발전에 미치는 영향에 대한 정보
4. 기업과 산업(company and industry). 기업 배경, 법적 기업형태의 결정, 제공될 제품이나 서비스에 대한 정보, 잠재 고객과 현재 경쟁업체 및 기업 미래에 대한 검토
5. 경영팀(management team). 경영팀의 기술, 재능 그리고 직무기술서, 보상 계획, 관리 교육 요구, 전문적인 지원 요구사항 등에 대한 논의
6. 제조 및 운영 계획(manufacturing and operations plan). 필요한 시설과 공간, 자본설비, 인력, 재고 관리 그리고 구매 요건에 대한 논의
7. 인력(labor force). 가용한 숙련 노동자의 품질과 노동자의 교육, 보상 그리고 동기 등에 대한 논의
8. 마케팅 계획(marketing plan). 시장 현황과 추세, 경쟁, 시장 점유율, 가격, 촉진, 유통, 서비스 정책에 대한 논의
9. 재무 계획(financial plan). 필요한 투자, 매출과 예상 현금흐름, 손익분기점 분석, 자금 출처에 대한 요약
10. 퇴출 전략(exit strategy). 승계 계획 혹은 기업공개에 대한 논의; 누가 회사를 인수할 것인가?
11. 주요 위험 및 가정(critical risks and assumptions). 기업의 약점 평가와 이러한 약점과 다른 사업 문제를 대처하기 위한 계획
12. 부록(appendix). 소유주와 주요 경영진의 이력서, 광고 샘플, 조직도 및 기타 관련 정보 등의 계획에 중요한 보충 정보

3-5 중소기업청 : 기업인을 위한 자원

 # 학습목표 중소기업청이 중소기업을 도와주는 방법을 이해한다.

1953년에 의회가 창설하였고, 2012년에 장관급 정부 기관으로 승격된 **중소기업청(Small Business Administration, SBA)**은 미국 내 중소기업을 지원하고, 상담하고, 보호한다. 중소기업청은 전국 1,000여 개 사무소와 자원 센터를 통해 재정 지원과 경영 상담을 제공하고 최근 350만 중소기업에 교육훈련, 기술지원 그리고 교육을 제공했으며, 중소기업이 정부 계약을 따내는 데 도움을 주고 외국시장 진출 준비도 지원한다.

중소기업청 (Small Business Administration, SBA) 미국 내 중소기업을 지원하고, 상담하고, 보호하는 정부 기관

3-5a 중소기업청 경영지원

통계에 따르면 중소기업의 실패는 대부분 부실한 경영과 관련이 있다. 이 때문에 중소기업청은 특히 중소기업 소유주와 관리자의 경영 능력 향상에 중점을 둔다. 경영지원 프로그램은 무료 개별 상담, 강좌, 콘퍼런스, 워크숍 그리고 다양한 출판물을 포함하여 광범위하고 다양하다. 최근 11,000명 이상의 SCORE 협회 자원봉사자와 900개의 중소기업 개발센터를 통해 거의 100만 개의 중소기업에 대한 경영 및 기술지원을 제공했다.

중소기업청은 미국 48개 도시에 2017년 신흥 리더 프로그램(Emerging Leaders Program)을 개설했다. 2008년 이래로 이 프로그램은 소외된 지역 사회의 4,000명 이상의 중소기업 소유주를 훈련했다. 신흥 리더 프로그램은 미국의 중소기업에 수익성 있는 문을 열 수 있는 자원으로, 프로그램 수료생은 그들의 수익을 현저하게 증가시키고, 일자리를 창출하고, 지역 사회의 경제 성장을 견인하였다.

경영 강좌와 워크숍 중소기업청에서 제공하는 경영 강좌는 경영자의 모든 기능, 의무와 역할을 다룬다. 강사는 지역 대학교의 교수 또는 경영 컨설턴트, 회계사, 금융인, 변호사와 같은 전문가이다. 강좌의 수강료는 상당히 저렴하며 가장 인기 있는 강좌는 8~10개의 사업관리 분야를 전체적으로 조사하는 것이다. 후속 강좌에서 수강생들은 자신들의 강점과 약점에 따라 하나 이상의 분야에 심층적으로 집중할 수 있게 된다. 중소기업청은 때때로 1일 콘퍼런스를 개최하여 소유주-관리자에게 새로운 경영기법과 세법 등과 같은 최신 지식을 제공한다. 2012년에 출범한 중소기업청 학습센터(SBA Learning Center)는 중소기업청에 개설된 23개 강좌, 워크숍, 자원으로 구성된 온라인 교육 네트워크이다. 가장 많이 요청된 강좌는 기업가 정신, 자신의 사업을 시작하고 관리하기, 사업계획 수립하기, 디지털 기업 관리하기, 목표시장 파악, 그리고 수익성 분석 등이다. 자세한 내용은 www.sba.gov/training을 참고하기 바란다.

SCORE 협회(SCORE Association) 중소기업청을 통해 중소기업에 봉사 활동하는 기업가들의 단체

SCORE 1964년에 설립된 미국 중소기업 고문 기관인 **SCORE 협회(SCORE Association)**는 중소기업청을 통해 중소기업을 지원하는 2,000여 명의 여성 자원봉사자를 포함하여 11,000명 이상의 은퇴 및 현직 기업가로 구성된 단체이다. SCORE 자원봉사자들이 지닌 광범위한 경험은 미국 기업 전체에 걸쳐 있다. 자원봉사자들은 Eastman Kodak, General Electric, IBM, Procter & Gamble과 같은 유명 회사에서 근무했던 사람들이다. 회계, 금융, 마케팅, 엔지니어링, 소매업 분야의 전문가들이 기업가들에게 상담과 조언을 한다.

특별한 문제가 있는 중소기업 소유자는 SCORE에 무료 상담을 신청할 수 있고, 상담원이 그들의 기업을 방문하여 세심한 관찰을 통해 기업 상황과 문제점을 분석한다. 만약 문제가 복잡하다면, 상담원은 다른 자원봉사 전문가들에게 도움을 요청할 수도 있다. 마지막으로 상담원은 문제를 해결하고 소유주를 돕는 계획을 제시한다.

3-5b 소수자 소유의 중소기업 지원

소수자(minority) 집단의 미국인은 국가 경제 주류로 진입하는 데 어려움이 많고, 새로운 사업을 시작하려면 추가적인 장애에 부딪히게 된다. 충분한 교육이 부족한 소수자 기업 소유주에게 자금조달은 상당히 어려운 문제이다. 물론 소수자 집단 구성원도 모든 중소기업청 프로그램을 수강할 수 있지만, 중소기업청은 소규모 사업을 시작하거나 기존 사업을 확장하려는 소수자 집단을 지원하기 위해 특별한 노력을 기울이고 있다. 예를 들어, Minority Business Development Agency는 인종적으로 소수자들과 소수민족 구성원의 사업 기회를 개발하고 증가시키기 위한 보조금을 수여한다. 여성이 사업가가 되는 것을 지원하는 것도 중소기업청의 특별한 목표이다.

중소기업 연구소(Small Business Institute) 중소기업을 대상으로 경영 상담을 해주는 경영학 전공의 졸업반 학생과 대학원생으로 구성된 단체

중소기업 연구소 1972년에 설립된 **중소기업 연구소(Small Business Institute)**는 중소기업을 대상으로 경영 상담을 해주는 경영학 전공의 졸업반 학생과 대학원생으로 구성된 단체이다. 중소기업 연구소는 사업주를 돕기 위한 또 다른 방법으로 520개 이상의 대학 캠퍼스에 설치되었다. 학생들은 소규모 집단으로 활동하며 지도 교수와 중소기업청 경영지원 전문가의 지도를 받는다. SCORE 자원봉사자들과 마찬가지로, 그들은 소기업 소유주들의 사업장에서 기업의 문제를 분석하고 해결하는 데 도움을 준다.

중소기업 개발센터(Small-Business Development Center) 중소기업 소유주에게 개별 상담과 실습 교육을 제공하는 대학-기반 단체

중소기업 개발센터 **중소기업 개발센터(Small-Business Development Center)**는 중소기업 소유주에게 개별 상담과 실습 교육을 제공하는 대학-기반 단체다. 중소기업 개발센터는 지역, 주정부, 연방 정부, 민간 기업, 대학의 자원을 활용하여 중소기업에 경영 및 기술지원, 연구조사 자료 등을 제공한다. 2017년 현재 900개 이상의 중소기업 개발센터 지점은 주로 전문대학과 대학교에 있으며 많은 사람들을 지원하고 있다.

중소기업청 출판물 중소기업청은 현재의 중소기업 관리자와 예비 관리자에게 관심 있는 수백 가지의 주제를 다룬 경영, 마케팅, 기술 서적을 발간한다. 대부분의 출판물은 무료로 중소기업청에서 이용 가능하지만, 일부는 미국 정부인쇄소(Government Printing Office)에서 소정의 수수료를 내고 얻을 수 있다.

Monkey Business Images/Shutterstock.com

소수자 소유의 중소기업 지원. 사업을 시작할 준비가 되었지만 어디서부터 시작해야 하는지 또는 소수자 집단이 이용할 수 있는 기회가 무엇인지 모르십니까? 중소기업청(SBA)은 사람들이 자신의 사업을 시작하는 데 도움이 되는 연방 정부 프로그램 및 서비스에 대한 정보를 제공한다.

3-5c 재정 지원

중소기업 소유주는 사업을 시작하고 운영하기에 충분한 자금을 가지고 있을 수 있다. 하지만, 성수기 동안 증가한 운영비를 조달하거나, 오염 방지 장비를 구매하거나, 확장 자금을 조달하거나, 혹은 홍수나 테러 공격과 같은 자연재해 후에 복구 비용으로 추가 자금이 필요할 수 있다. 중소기업청은 허리케인 샌디(Hurricane Sandy)가 미 북동부를 강타한 지 90일 만인 2013년 초에 16,800여 개의 기업, 주택 소유자, 임차인에게 10억 달러 이상을 대출해 주었다. 폭풍우가 지나간 다음 해에도 24억 달러의 저금리 재난 대출을 승인했다. 그 이전에, 중소기업청은 Deepwater BP 기름 유출의 결과로 상업용 및 레저용 어업을 중단했던 어업 관련 중소기업에 경제적 상해 대출을 제공했다. 중소기업청은 이러한 모든 상황을 대비할 수 있는 특별 재정-지원 프로그램이 있지만, 가장 기본적인 재정 기능은 자격을 갖춘 기업에 대한 대출을 보장하는 것이다.

일반 사업 대출 대부분의 중소기업청 사업 대출은 실제로 은행과 같은 민간 대출 기관을 통해 이루어지지만, 상환은 기관에 의해 부분적으로 보장된다. 즉, 차입 기업이 대출금을 상환하지 못할 경우에 중소기업청이 대출금의 90%까지 상환 보증한다. 승인된 보증 대출은 최대 50만 달러(대출한도는 향후 증가할 수 있음)에 이르며, 보증한 평균 사업 대출의 규모는 약 30만 달러로 평균 상환 기간은 8년이다.

소액대출 프로그램은 중소기업 창업과 확장을 지원하는 대출이다. 소액대출은 운전 자본, 재고나 공급품, 가구나 기구, 기계류나 장비 등에 사용될 수 있다. 평균 소액대출은 약 13,000달러이다.

벤처 캐피털(venture capital) 성공 가능성이 매우 높은 중소기업(때로는 어려움을 겪고 있는)에 투자되는 돈

중소 투자기업 **벤처 캐피털(venture capital)**은 성공 가능성이 매우 큰 중소기업(때로는 어려움을 겪고 있는)에 투자되는 돈이다. 단지 자본 부족으로 기업들이 빠르고 견고한 성장을 하지 못하는 경우가 많다. 이러한 기업에 투자하는 사람은 자신들의 투자가 기업을 성장시켜 나중에 이익을 얻길 기대한다. 1975년 부모님의 차고에서 한 젊은 컴퓨터 프로그래머는 세계에서 가장 사용자에게 친숙한 개인용 컴퓨터를 만들기 위해 자본이 필요했다. 그는 일리노이주에 본사

ZUMA Press, Inc./Alamy Stock Photo

중소기업청(SBA)은 다양한 서비스를 제공한다. 재난이 발생하면 중소기업청은 피해를 입은 기업을 지원한다. 예를 들어, 중소기업청은 허리케인 샌디로 피해를 본 중소기업에 재난 구호를 제공했다.

를 둔 미국 중소기업청의 허가와 지원을 받는 벤처 캐피털 회사를 운영했던 John Hines를 만났다. Hines는 가능성을 보고 유망한 신생기업에 50만 달러를 투자했다. 2년 후, 젊은 프로그래머는 회사를 공개했고, 벤처 캐피털 회사는 4,400만 달러에 지분을 팔았다. 이 프로그래머가 바로 Steve Jobs다.

벤처 및 엔젤 캐피털은 기업 자금조달에서 아주 작은 부분만을 차지하고 있다. 평균 벤처 캐피털 규모는 지난 5년간 약 1,170만 달러로 증가한 반면, 평균 엔젤 투자는 33만 달러이다. 이러한 투자의 인기는 지난 50년간 증가했지만, 아주 작은 회사들이 벤처 캐피털을 얻기는 여전히 어렵다. 이런 기업을 위해 중소기업청은 중소 투자기업을 인증하고, 규제하고, 자금 지원을 제공한다.

중소 투자기업(Small Business Investment Company) 투자 기준에 맞는 중소기업에 벤처 캐피털을 제공하는 민간 기업

중소 투자기업(Small Business Investment Company)은 투자 기준에 맞는 중소기업에 벤처 캐피털을 제공하는 민간 기업이다. Tesla, America Online, Apple Computer, Costco, Jenny Craig, Federal Express, Compaq Computer, Intel, Outback Steakhouse, Staples와 같은 기업들은 초기 성장기에 중소 투자기업을 통해 자금을 조달했다. 1958년 의회가 프로그램을 만든 이후 중소 투자기업은 총 840억 달러에 124,000개 이상의 중소기업에 자금을 지원했다. 2016년 중소기업 투자회사는 1,200개의 중소기업에 혜택을 주었고, 이들 기업의 30%는 여성이나 다른 소수자가 소유하고 있다.

이 장에서 중소기업이 경제에 얼마나 중요한지를 논의했고, 대기업과 비교하여 중소기업을 운영하는 것의 장단점을 살펴보았다. 하지만 두 가지의 장점을 모두 가질 수 있는 방법은 없을까? 사업 소유주로서의 독립성을 유지하면서 여전히 거대함의 혜택을 누릴 수가 있을까? 다음은 프랜차이즈에 대해 자세히 살펴보기로 한다.

3-6 프랜차이즈

 # 학습목표 **프랜차이즈의 개념과 유형을 이해한다.**

프랜차이즈(franchise) 개인 소유의 사업을 마치 체인점이나 점포의 일부처럼 운영할 수 있도록 하는 인가서

프랜차이즈(franchise)는 개인 소유의 사업을 마치 체인점이나 점포의 일부처럼 운영할 수 있도록 하는 인가서이다. 흔히 사업 자체를 프랜차이즈라고 부르기도 한다. 가장 친숙한 예로는 McDonald's, H&R Block, AAMCO Transmissions, GNC(General Nutrition Centers),

표 3.4 프랜차이즈 계약에 명시된 기본적인 권리와 의무

프랜차이즈 가맹점 권리는 다음과 같다.
1. 프랜차이즈 본사의 상표, 상표명, 특허 사용
2. 프랜차이즈 본사가 개발한 브랜드 이미지, 건물 디자인, 장식 사용
3. 프랜차이즈 본사의 비법 사용
4. 프랜차이즈 본사의 저작권이 있는 자료의 사용
5. 프랜차이즈 본사가 개발한 요리법, 공식, 사양, 프로세스, 제조 방법의 사용
6. 프랜차이즈 사업을 프랜차이즈 본사의 방법에 따라 합의된 장소에서 엄격하게 수행하거나 프랜차이즈 본사의 지시에 따름
7. 독점적 영역권과 관련하여 프랜차이즈 본사가 정한 지침
8. 지명된 공급자로부터 특별 가격으로 물품을 살 수 있는 권리
프랜차이즈 가맹점 의무는 다음과 같다.
1. 승인되고 지정된 시설에서 다른 사업을 하지 않고 프랜차이즈 사업을 수행
2. 특정 최소 운영 시간을 준수
3. 프랜차이즈 수수료 지급
4. 프랜차이즈 본사가 정한 회계 시스템 사용
5. 프랜차이즈 본사의 사전 승인 없는 광고 금지
6. 프랜차이즈 본사가 요구하는 POS 광고 자료의 사용 및 표시
7. 건물을 양호하고 깨끗하고 위생적인 상태로 유지하고, 프랜차이즈 본사가 요구할 때 실내 장식을 다시 하기
8. 가능한 한 가장 넓은 보험 적용 범위 유지
9. 프랜차이즈 본사의 표준이 유지되고 있는지 검사할 수 있도록 프랜차이즈 본사 직원의 현장 출입 허용
10. 프랜차이즈 본사나 지정된 공급업체로부터 물품 또는 제품 구매
11. 프랜차이즈 본사의 방법에 따라 직원이 단정하고 적절하게 옷을 입도록 교육
12. 프랜차이즈 본사의 동의 없는 프랜차이즈 계약 양도 금지

Dairy Queen 등이 있다. 친숙한 프랜차이즈는 지난 60여 년 동안 매우 인기가 많았고, 중소기업을 처음 시작하고 운영할 수 있는 아주 매력적인 사업 방법이다.

3-6a 프랜차이즈화는 무엇인가?

프랜차이즈화(franchising)는 프랜차이즈 사업을 실제 승인하는 것이다. **프랜차이즈 본사(franchisor)**는 프랜차이즈를 승인하는 개인이나 조직이다. **프랜차이즈 가맹점(franchisee)**

프랜차이즈화(franchising) 프랜차이즈 사업을 실제 승인하는 것

프랜차이즈 본사(franchisor) 프랜차이즈를 승인하는 개인이나 조직

프랜차이즈 가맹점(franchisee) 프랜차이즈를 구입하는 개인 혹은 조직

은 프랜차이즈를 구입하는 개인 혹은 조직이다. 가맹점 본사는 널리 알려진 사업 이름, 경영 기술, 필요한 교육훈련과 자료, 그리고 사업하는 방법을 제공한다. 프랜차이즈 가맹점은 노동력과 자금을 제공하고, 가맹사업을 운영하고, 프랜차이즈 계약 조항을 준수하는 것에 동의한다. 표 3.4는 전형적인 프랜차이즈 계약에 포함되는 기본적인 프랜차이즈 가맹점 권리와 의무를 정리한 것이다.

3-6b 프랜차이즈 유형

프랜차이즈 방식은 일반적으로 세 가지 유형으로 구분된다. 첫 번째 유형은 제조업체가 특정 브랜드 상품을 다수의 소매점에서 판매할 수 있는 권한을 주는 것이다. 이러한 유형은 가장 오래된 방법 중 하나로 승용차와 트럭, 농기구, 신발, 페인트, 지상-이동 장비나 석유 제품 판매에 널리 퍼져 있다. 모든 휘발유의 약 90%는 독립된 프랜차이즈 가맹점을 통해 판매되며, 프랜차이즈 계약을 맺은 자동차 대리점에서 거의 모든 신차와 트럭 판매를 처리한다. 두 번째 유형은 생산업체가 유통업체에 해당 제품을 소매업체에 판매할 수 있도록 자격을 주는 것이다. 이러한 유형은 청량음료 산업에 일반적이다. Coca-Cola, Dr. Pepper/Seven-Up, PepsiCo, Royal Crown과 같은 전국적인 청량음료 제조업체 대부분은 독립적인 음료 회사(bottler)와 프랜차이즈 계약을 맺고 음료 회사가 소매업체를 상대한다. 세 번째 유형은 프랜차이즈 본사가 완제품 대신에 브랜드 이름, 기법 혹은 다른 서비스를 제공하는 것이다. 프랜차이즈 본사가 어느 정도의 생산이나 유통 서비스를 제공할 수 있지만, 가장 기본적인 역할은 마케팅 전략을 신중하게 개발하고 관리하는 것이다. 이러한 유형은 오늘날 가장 일반적인 형태로 Avis, Hampton Hotels, 7-Eleven, Anytime Fitness, Denny's, Pizza Hut, McDonald's, SUBWAY를 예로 들 수 있다.

3-7 프랜차이즈 성장

 # 학습목표 **프랜차이즈의 성장과 장단점을 이해한다.**

미국 남북전쟁 시절에 미국에서 시작된 프랜차이즈는 원래 가정용 재봉기 회사인 Singer와 같은 대기업이 자사 제품을 유통하기 위한 것이었다. 프랜차이즈는 1900년대 초부터 주로 주유소나 자동차 대리점을 중심으로 꾸준한 인기를 얻고 있었지만, 이러한 소매 전략은 1970년 중반 이후 엄청난 성장을 경험했다. 프랜차이즈 확산은 일반적으로 패스트푸드 산업의 확장과 유사하다. 물론, 프랜차이즈는 패스트푸드에 국한되지 않고, 미용실, 일광욕, 치과, 변호사도 점점 더 많이 프랜차이즈 계약에 참여할 것으로 예상된다. 헬스클럽, 해충 박멸업자, 야영장 프랜차이즈는 세무 대리인과 여행사처럼 이미 널리 퍼져 있다. 부동산 산업 역시 급속한 성장을 하고 있다.

미국에서 프랜차이즈는 여성과 소수자 사업자에게 예전보다 훨씬 더 매력적이다. 그 이유는 프랜차이즈 가맹점의 다양성을 장려하기 위해 특별 봉사 프로그램이 개발되었기 때문이다. Wendy's, McDonald's, Berger King, Church's Chicken과 같은 프랜차이즈 본사는 모두 소수자와 여성 프랜차이즈 가맹점을 위한 특별 프로그램이 있다. 또한, 성공적인 여성과 소수자 프랜차이즈 가맹점들도 기꺼이 참여하여 새로운 프랜차이즈 가맹점들에 조언과 지도를 제공하려고 한다.

최초의 아프리카계-미국인 출신인 McDonald's 프랜차이즈 가맹점인 Herman Petty는 첫 번째 가게를 열었을 때 회사가 많은 도움을 제공했다는 사실을 기억하고 있다. Petty 역시 다른 흑인 프랜차이즈 가맹점들을 돕기 위해 여러 지역을 돌아다녔으며, 가게를 열기 전에 신규 프랜차이즈 가맹점주를 자신의 시카고 레스토랑으로 초대하여 현장 경험을 갖게 하였다.

두 개의 프랜차이즈 본사가 제품을 공급하는 *이중 브랜드 프랜차이즈(dual-branded franchises)*가 새로운 중소기업 트렌드로 뜨고 있다. 예를 들어, 1993년 아칸소주 Beebe에서 Texaco와 첫 번째 공동 브랜드 레스토랑으로 성공한 이후, McDonald's는 현재 미국에서 400개 이상의 공동 브랜드 레스토랑을 운영하고 있다. 또한, Doctor's Associates와 TCBY Enterprises 프랜차이즈 본사와의 협약으로 프랜차이즈 가맹점들은 SUBWAY 샌드위치와 TCBY 요구르트를 같은 시설에서 판매할 수 있게 되었다.

3-7a 프랜차이즈는 성공적인가?

프랜차이즈는 지속적인 조언과 훈련을 통해 성공을 위한 검증된 공식을 제공하도록 설계된다. 프랜차이즈 가맹점에 의해 소유되거나 운영되는 업체의 성공률은 다른 독립된 중소기업의 성공률보다 월등히 높다. 최근 전국 944명의 프랜차이즈 가맹점주들을 대상으로 실시한 갤럽 조사에서, 프랜차이즈 가맹점의 94%가 매우 혹은 어느 정도 성공적이라고 답했고, 단지 5%만이 전혀 혹은 다소 성공적이지 못했다고 답했고, 1%는 모른다고 답했다. 이러한 인상적인 통계 결과에도 불구하고, 프랜차이즈는 프랜차이즈 가맹점이나 프랜차이즈 본사에 성공을 보장하지는 못한다. 너무 빠른 확장, 불충분한 자본 또는 관리 기술, 그리고 기타 복합적인 문제들로 인하여 프랜차이즈 가맹점과 프랜차이즈 본사 모두 실패할 수 있다. 예를 들어, Dizzy Dean's Beef and Berger는 이제 사업을 하지 않는다. Wayne 주립 대학의 경제학 교수인 Timothy Bates는 신규 사업을 할 때 프랜차이즈가 가장 안전한 방법이라는 과대 선전에도 불구하고, 연구 결과는 이를 뒷받침하지 못한다고 경고한다. Boston Chicken의 경우도, 1998년 파산을 선언하기 전에는 1,200개 이상의 레스토랑을 가지고 있었다

source: subzeroicecream

sub zero 아이스크림과 요구르트 이야기. 2004년에 Jerry와 Naomi는 유타주 Orem에서 Sub Zero Ice Cream을 개업했다. 이후, 회사는 작은 지역 기업에서 국제적인 기업으로 선풍적인 인기를 끌게 되었다. 프랜차이즈 가맹점들은 현재 미국, 중국, 아랍에미리트 전역에 있으며 더 많은 지역에 생겨날 것으로 보인다.

3-7b 프랜차이즈의 장점

프랜차이즈는 우리 경제에 중요한 역할을 하고 소매업에서 조만간 지배적인 형태가 될 것이다. 왜냐하면, 프랜차이즈는 프랜차이즈 가맹점과 프랜차이즈 본사에 여러 장점을 제공하기 때문이다.

프랜차이즈 본사 프랜차이즈 본사는 자체의 아웃렛을 건설하고 운영할 수 있으며, 큰 비용을 들이지 않고 신속하고 잘 관리된 제품 유통을 할 수 있다. 따라서 프랜차이즈 본사는 생산을 확장하고 광고에 사용할 자금을 더 확보할 수 있게 된다. 또한, 프랜차이즈 계약을 통해 아웃렛은 자사의 표준에 따라 유지되고 운영되게 할 수도 있다.

대부분의 경우 개인 사업가인 프랜차이즈 가맹점의 강한 성공 의욕이 프랜차이즈 본사에 실질적인 혜택을 준다. 프랜차이즈 성공은 더 많은 매출을 의미하며, 이는 프랜차이즈 본사에 대한 더 높은 충성도로 나타난다.

프랜차이즈 가맹점 프랜차이즈 가맹점은 제한된 자본으로 사업을 시작하고, 다른 사람들의 사업 경험을 활용할 기회를 얻는다. 더욱이, Kumon, McDonald's 또는 Century 21과 같이 전국적으로 광고된 이름을 가진 매장은 개업과 동시에 보장된 고객을 갖게 된다.

사업상에 문제가 발생하면 프랜차이즈 본사는 프랜차이즈 가맹점에 조언과 지침을 제공한다. 이러한 상담은 상당히 성공적이며 대부분의 경우 무료로 제공된다.

프랜차이즈 가맹점은 지역 광고에 사용할 수 있는 자료를 받을 수 있고, 프랜차이즈 본사가 후원하는 전국적인 홍보 캠페인에 참여할 수도 있다. 예를 들어, McDonald's와 프랜차이즈 가맹점은 전국 상위 20대 광고 구매자 중의 하나가 된다. 마지막으로 프랜차이즈 가맹점은 다른 가맹점들과 협력하여 구매함으로써 광고비, 물품비, 그리고 다양한 필수품 비용을 줄일 수 있다.

3-7c 프랜차이즈의 단점

프랜차이즈의 주요 단점은 프랜차이즈 가맹점에 영향을 미친다. 그것은 프랜차이즈 본사가 엄청난 통제권을 가지고 있기 때문에 발생한다. 프랜차이즈 본사의 계약은 매장 장식, 종업원의 유니폼 디자인, 간판 형태, 사업 운영에 대한 세부사항과 같은 사업의 모든 측면을 좌우할 수 있다.

Burger King 프랜차이즈 가맹점들이 모두 똑같은 방법으로 조리하기 때문에 Burger King의 감자튀김 맛은 균일하다.

계약 분쟁은 많은 소송의 원인이다. 예를 들면, 밀워키의 Dunkin' Donuts 프랜차이즈 가맹점주인 Rekha Gabhawla는 프랜차이즈 본사가 시내 프랜차이즈를 다른 사람에게 재판매하여 이득을 챙기기 위해 그녀의 가게를 강제로 폐업시켰다고 주장하지만, 회사는 Gabhawla가 회사 표준에 따라 영업을 하지 않았기 때문에 계약 위반이라고 주장하였다. 다른 프랜차이즈 가맹점들은 계약이 부당하게 프랜차이즈 본사에 기울어져 있다고 주장한다. 또한, 프랜차이즈 가맹점들이 구매자를 찾았을 때 프랜차이즈 본사가 사업 매각을 승인하지 않았기 때문에 프랜차이즈 사업과 투자를 잃었다고 고발하기도 했다.

Chris Lawrence/Alamy Stock Photo

프랜차이즈의 성장. 프랜차이즈는 지속적인 조언과 훈련을 통해 성공을 위한 검증된 공식을 제공하도록 설계된다. McDonald's, Chipotle, Panda Express와 같은 프랜차이즈 본사는 광고를 통해 널리 알려진 사업명, 경영 기술, 필요한 훈련과 자료, 그리고 사업하는 방법을 제공한다. 그러나 프랜차이즈는 프랜차이즈 가맹점이나 프랜차이즈 본사 모두에게 성공을 보장하는 것은 아니다.

최근 들어 프랜차이즈 본사와 가맹점 간의 의견 불일치가 증가하여 많은 프랜차이즈 가맹점은 프랜차이즈에 대한 정부 규제를 요구해 왔다. 1997년에 정부 규제를 피하기 위해 일부 대형 프랜차이즈 본사는 연방 통상 위원회에 새로운 자율-조정 계획을 제시하였다.

프랜차이즈 보유자는 보통 일회성 프랜차이즈 수수료와 매출대비 백분율로 징수되는 로열티와 광고 수수료를 정기적으로 지급한다. 예를 들어, SUBWAY 프랜차이즈 가맹점은 초기 프랜차이즈 수수료 15,000달러와 총 매출의 12.5%(로열티 8%와 광고 수수료 4.5%)를 매주 내야 한다. 일부 분야에서는 프랜차이즈 계약이 일률적으로 적용되지 않고 동일한 서비스에 대해 프랜차이즈 가맹점마다 다른 금액이 적용될 수도 있다.

성공 자체가 문제를 일으킬 수도 있다. 때로는 프랜차이즈가 너무 성공적이어서 프랜차이즈 본사가 부근에 매장을 열어 직접 경쟁하는 상황이 되어 프랜차이즈 가맹점이 강력하게 반발할 수도 있다. 예를 들어, 법원은 최근 계약서에 구체적으로 명시되지 않았다는 이유로 Burger King은 프랜차이즈 가맹점과 직접 경쟁할 수 없다는 판결을 내렸다. 프랜차이즈 본사의 대변인은 회사가 프랜차이즈 보유자에게 지리적인 보호권을 주지 않았기 때문에 자유롭게 개업할 수 있다고 주장한다. 프랜차이즈 운영자는 보통 일주일에 6일, 하루에 10~12시간 정도 열심히 일한다. 국제 프랜차이즈 협회는 예비 프랜차이즈 구매자에게 프랜차이즈에 투자하기 전 면밀하게 검토한 다음 신중하게 구매하도록 권유하고 있다. 프랜차이즈들은 제품뿐만 아니라 접근방식에서도 매우 다양하다. Donkin' Donuts나 Baskin Robbins는 장시간 영업을 요구하지만, Great Clips나 Sportclips는 매장에서 많은 시간을 보내고 싶지 않은 사람들에게 더 적합하다.

3-7d 중소기업의 글로벌 전망

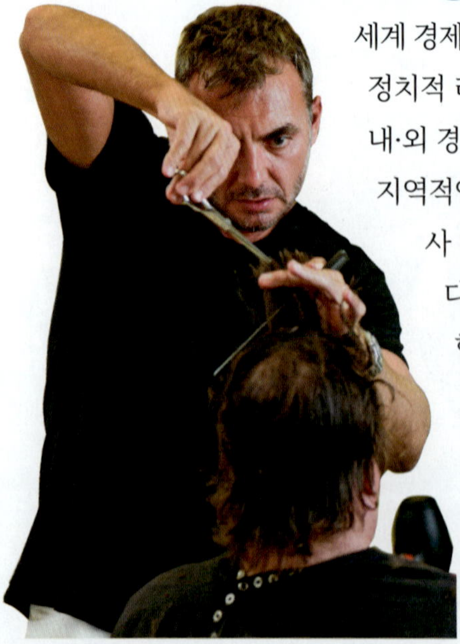
Juanmonino/iStock/Thinkstock

세계 경제는 2008년부터 2009년까지 글로벌 금융 위기 이후 새로운 국면에 접어들었다. 정치적 리더십과 국가 경제 방향이 바뀌고 무역 장벽이 줄어들거나 사라짐에 따라 국내·외 경제는 점점 더 상호의존적으로 성장하고 있다. 세계화와 더불어 신속한 통신은 지역적인 거리를 급격하게 줄이는 동시에 사업 기회를 넓혔다. 최근 연구에 따르면, 조사 대상자의 50% 이상이 인터넷을 가장 중요한 기업의 성장 전략으로 응답하였다. 따라서, 인터넷은 중소기업에 점점 더 중요해지고 있다. 이는 두 번째로 중요한 글로벌 및 국내 고객 모두에게 다가갈 기회를 제공하는 전략적 제휴보다 두 배 이상으로 나타났다. 인터넷과 온라인 결제 시스템을 통해 매우 작은 기업이라도 해외 고객에게 서비스를 제공할 수 있다. 실제로 기술은 한때 대기업에만 국한되었던 시장을 공략할 수 있는 수단과 힘을 중소기업에 제공한다.

중소기업청은 세계 시장으로 진출하기를 원하는 미국 중소기업을 지원하는데, 중소기업의 해외 시장 선정과 마케팅 방법에 대한 상담, 미국 중소기업 경영자와 해외 고객 연결, 그리고 수출업자의 자금 확보 지원을 한다.

매사추세츠주 Framingham에 있는 Nanmac 회사의 사장인 Daniel J. Nanigian의 경우를 예를 들면, Nanmac은 다양한 산업용품에 사용되는 온도 센서를 생산하는 기업으로 중국을 포함한 다양한 해외 시장에서 매출 증대를 목표로 하는 수출 전략으로 2009년 폭발적인 성장을 하였다. 기업의 매출은 2008년 270만 달러에서 2009년 510만 달러, 2010년 1,000만 달러로 거의 매년 두 배 증가하였다. 해외 매출은 2004년 30만 달러에서 2009년 70만 달러, 2010년 170만 달러였으며. 행정, 영업, 생산 직원은 80% 증가하였다. 이 회사는 중국에서 강력한 입지를 가지고 있으며 싱가포르, 라틴 아메리카 그리고 러시아 등 다른 시장에도 진출하고 있다. Nanigian의 지도 아래 국제적인 입지를 최대화하기 위해 창의적인 솔루션과 파트너십을 개발해 왔다. Nanmac은 중국 전략의 일환으로 유통업자와 제휴하고, 유럽 및 국내 영업 담당자를 모집하고, 현지화된 중국어 웹 사이트를 사용하며, 매사추세츠 수출 센터(Massachusetts Export Center)의 수출 지원 프로그램에서 조언을 받고 있다. 중국을 여행하면서 기술 교육 세미나를 개최하고, 무역 박람회와 기술 콘퍼런스에 참석하도록 한 전략으로 Nanmac의 중국 고객 명단은 2003년 1명에서 현재 30명으로 증가하였다. Nanigian은 중소기업청의 Small Business Exporter of the Year를 수상하였다. 국제 무역은 새로운 세기의 독특한 도전에 직면함에 따라 중소기업 소유자에게 더욱 중요해질 것이다. 미국에서 지배적인 형태의 조직으로 남아있을 것으로 예상되는 중소기업은 세계 시장에서 중대한 인구통계학적, 경제적 변화에 적응할 수 있도록 철저하게 준비해야 한다.

윤리 및 사회적 책임

윤리에 있어서 작은 기업은 없다.

기업가들과 중소기업 소유주들은 가끔 잘못된 일을 하고 싶은 유혹을 받는다. 심지어 새로운 사업을 시작하기도 전에 설립자들은 윤리적인 문제에 직면하기도 한다. 예를 들어, 아이디어는 다른 고용주를 위해 일하면서 배운 것에서 나온 것인가? 그리고 그 정보는 독점적인 것인가? 새로운 사업이 옛 고용주로부터 고객을 빼앗을 것인가?

기업가들은 잠재적 투자자들에게 재화나 서비스에 대해 특히, 아직 개발 중인 경우에 얼마나 많은 것을 말해야 하는가? 창업자들은 궁지에 몰리게 되면 자신들의 명성에도 불구하고, 기술에 대한 진실을 과장하고 약속을 지키지 않는 기업인들처럼 상황의 긍정적인 면만 보여주려고 노력한다. 중소기업 소유자들도 경쟁사들에 대한 주문 손실을 피하기 위해 출시 예정된 제품의 성능을 과장할 수 있다. 성능에 대한 과장을 한 어떤 회사는 결국 설명한 대로 제품을 납품할 수는 있었지만, 기대했던 기술혁신은 마지막 순간의 발견으로 이루어졌다. 또 다른 유혹은 투자자와 고객들에게 깊은 인상을 주기 위해 매출을 과장하거나 비현실적인 목표를 설정하는 것인데, 이것은 소유주들로 하여금 기업의 문제와 부족한 점을 숨기게 할 수 있다.

기업가들이 윤리적 리더십을 보일 때, 그들은 옳은 일을 할 뿐만 아니라 조직 전체에 대한 기강도 세울 수 있다. 연구에 따르면, 지도자가 윤리적일 때 직장이 "훌륭하다"고 직원들이 말할 가능성이 훨씬 더 높은 것으로 나타났다. 결국, 옳은 일을 하는 것은 성장하는 기업의 훌륭한 토대가 된다.

Sources: Based on information in Kim Peters and Ann Nadeau, "The Biggest Way Small Businesses Can Make Employees Happy," Fortune, October 12, 2016, http://fortune.com/2016/10/12/small-businesses-employee-happiness/; Colm Healy and Karen Niven, "When Tough Performance Goals Lead to Cheating," Harvard Business Review, September 8, 2016, https://hbr.org/2016/09/when-tough-performance-goals-lead-to-cheating; Kirk O. Hanson, "The Ethical Challenges Facing Entrepreneurs," Wall Street Journal, November 23, 2015, http://www.wsj.com/articles/the-ethical-challenges-facing-entrepreneurs-1448247600.

요약

1. 중소기업을 정의하고, 중소기업이 많은 분야를 이해한다.

중소기업은 영리 목적으로 독립적으로 소유되고 운영되며 그 분야에서 지배적이지 않은 기업이다. 미국에는 약 2,880만 개의 기업이 있으며, 99.9%가 중소기업이다. 중소기업은 국내 노동력의 절반 이상을 고용하고 있다. 최근 평균 78.5%의 신생기업이 1년간 살아남았다. 전체 기업의 약 1/2이 5년 이상 생존했고, 약 1/3이 10년 이상 생존했다.

2. 중소기업을 창업하는 사람은 누구인지 그리고 창업한 많은 사람들이 실패하는 이유를 이해한다.

독립성, 새로운 기업을 설립하고자 하는 욕망, 도전 정신과 같은 개인적인 특성은 개인들로 하여금 중소기업의 창업을 장려할 수 있다. 특별한 전문 지식이나 실직과 같은 다양한 외부 환경도 스스로 독립하려는 동기를 제공할 수 있다. 부실한 계획화와 자본 및 경영 경험의 부족은 중소기업 실패의 주요 원인이다.

3. 중소기업이 경제에 미치는 영향을 이해한다.

중소기업들은 다양한 발명품과 혁신에 책임이 있으며, 그 중 일부는 새로운 산업을 일으켰다. 역사적으로, 중소기업들은 국가의 신규 일자리 대부분을 창출해 왔다. 게다가, 그들은 대기업과 효과적인 경쟁을 해왔다. 그들은 사회가 필요로 하는 것들을 제공하고, 규모가 큰 기업에 공급자 역할을 하며, 크고 작은 다른 기업의 고객 역할을 한다.

4. 중소기업의 장단점을 이해한다.

중소기업의 장점은 고객 및 직원과 친밀한 관계를 맺을 수 있는 기회, 변화에 신속하게 적응할 수 있는 능력, 독립성, 단순화된 기록 관리 등이 있다. 주요 단점은 높은 실패 위험, 제한된 성장 잠재력, 제한된 자본 조달 능력이다.

5. 중소기업청이 중소기업을 도와주는 방법을 이해한다.

중소기업청은 1953년 미국의 수백만 중소기업 소유주들을 돕고 상담하기 위해 만들어졌다. 중소기업청은 경영 강좌와 워크숍, SCORE를 통한 일대일 상담, 각종 출판물, 보증된 대출과 중소 투자기업을 통한 재정 지원을 제공하며, 특히 여성이 소유한 기업을 포함한 소수자-소유 기업들을 중점적으로 지원한다.

6. 프랜차이즈의 개념과 유형을 이해한다.

프랜차이즈는 체인의 일부처럼 개별적으로 소유한 사업들을 운영할 수 있는 인가서이다. 프랜차이즈 본사는 알려진 사업명, 경영 기술, 사업 방법, 교육 및 필수 자료를 제공한다. 프랜차이즈 가맹점은 노동력과 자본을 바탕으로 가맹점을 운영하며, 프랜차이즈 계약의 조항을 준수하는 데 동의한다. 프랜차이즈 방식은 크게 세 가지 유형으로 구분된다.

7. 프랜차이즈의 성장과 장단점을 이해한다.

프랜차이즈는 1970년대 중반 이후 엄청나게 성장했다. 프랜차이즈에서 프랜차이즈 본사의 주요 장점은 최소한의 자본으로 신속하고 잘 관리된 제품 유통을 할 수 있다는 것이다. 그 대가로, 프랜차이즈 가맹점은 한정된 자본으로 사업을 열고, 타인의 사업 경험을 활용하며, 기존 고객들에게 판매할 기회를 갖는다. 이를 위해 프랜차이즈 가맹점은 보통 초기 프랜차이즈 수수료와 매출액에 따른 정기적인 로열티를 지급해야 한다. 또한, 사업의 운영과 관련하여 프랜차이즈 지침을 따라야 한다. 전 세계적으로 중소기업의 사업 기회가 확대되고 있다. 중소기업청은 중소기업 소유주들이 해외 시장으로 진출하는 것을 돕는다. 다음 세기는 중소기업 소유주들에게 독특한 도전과 기회를 제공할 것이다.

주요 용어

당신은 이제 다음 용어들에 대한 정의와 적합한 예를 제시할 수 있어야 한다.

- 중소기업
- 사업계획
- 중소기업청
- SCORE 협회
- 중소기업 연구소
- 중소기업 개발센터
- 벤처 캐피털
- 중소 투자기업
- 프랜차이즈
- 프랜차이즈화
- 프랜차이즈 본사
- 프랜차이즈 가맹점

토론 문제

❶ 중소기업을 시작하는 많은 사람들은 사업의 높은 실패율과 이유를 알고 있다. 그러면서도 일부 사람들은 자신의 회사를 실패로부터 보호하는 조치를 왜 취하지 않을까? 어떤 조치가 필요하다고 생각하는가?

❷ 본 장에서 설명한 소위 중소기업의 장점은 정말로 장점이 된다고 생각하는가? 모든 중소기업 소유자들은 기회가 된다면 자신의 기업을 대기업으로 성장시키려고 하지 않을까?

❸ 일반 시민들은 중소기업청이 제공하는 혜택을 누리는가? 아니면 중소기업청은 단지 세금을 먹는 애물단지인가?

❹ 당신은 사업을 한다면, 자신의 사업을 독립적으로 소유할 것인가? 아니면 프랜차이즈 가맹점주가 될 것인가? 그 이유는?

MANAGEMENT AND ORGANIZATION

Chaikovskiy Igor/Shutterstock.COM

PART 2.

관리와 조직

제2부에서 우리는 조직의 한 유형인 기업의 관리기능을 살펴본다. 그런 다음 조직의 구성요소와 조직 구조에 대해 자세히 알아본다.

UNDERSTANDING THE MANAGEMENT PROCESS

iStock.com/PeopleImages

CHAPTER 4.

관리과정의 이해

학습 목표

본 장을 마치면, 당신은 아래 내용을 이해할 수 있다.

1. 관리가 무엇인지 이해한다.
2. 네 가지 기본 관리기능, 즉, 기획, 조직화, 지휘 및 동기부여, 통제를 이해한다.
3. 조직의 관리 수준과 영역에서 다양한 유형의 관리자를 이해한다.
4. 성공적인 관리자의 주요 관리 기술을 이해한다.
5. 다양한 유형의 리더십을 이해한다.
6. 관리적 의사결정 과정의 단계를 이해한다.
7. 조직이 어떻게 총체적 품질경영으로 이익을 얻을 수 있는지 이해한다.

INSIDE BUSINESS

비즈니스 들여다보기

Zuckerberg와 Sandberg가 Facebook을 경영하는 방법

Facebook의 공동 창립자인 Mark Zuckerberg는 소셜 미디어 산업의 거대기업인 CEO로서 20년 동안 전 세계적으로 16,000명의 직원을 고용하고 있으며 약 20억 명의 사용자를 보유하고 있다. Facebook의 2인자인 Sheryl Sandberg는 구글의 전직 임원 출신으로 최고운영책임자(COO) 직책을 10년 넘게 맡고 있다. 이 두 경영자는 서로 경영책임, 기술, 리더십 유형을 보완하면서 Facebook을 원활하게 운영하고 있다.

명확한 비전의 소유자인 CEO Zuckerberg는 "모든 사람이 더 개방적으로 연결되어 세상을 함께 공유하는 것"을 Facebook의 사명으로 삼았다. 이 사명은 Zuckerberg가 새로운 기술을 획득하거나 투자할 때 모든 의사결정의 지침이 된다. Zuckerberg는 향후 10년을 내다보면서 Facebook의 사명과 장기 목표에 부합되는 창의적 아이디어를 찾고 있다. 엔지니어 배경을 지닌 Zuckerberg는 Facebook의 성장에 직면하게 되는 여러 도전과 위험을 겪고 있지만, 실수로부터 배우고 새로운 일로 빠르게 전환하는 방법도 알고 있다.

장기적인 시각에서 기업을 경영하는 Zuckerberg와 달리 COO인 Sandberg는 일상적인 비즈니스 운영을 담당한다. 그녀는 기업의 세부적인 사항을 살피고, 모든 수준의 관리자가 현재 겪고 있는 문제를 조직 내에 공개하도록 하여 그 문제의 해결책을 위해 함께 공유하고 토론한다. Sandberg는 직장 다양성과 같은 문제를 소통하는 조직 내의 대화가 Facebook의 미래에 중요하다고 믿는 최고의 커뮤니케이션 담당자이다. 베스트셀러인 '린 인: 여성, 일, 그리고 성공하려는 의지(Lean In: Women, Work, and the Will to Succeed)'의 저자로서, 그녀는 여성 전문가로서의 성공과 개인적 성장을 위해 온라인과 오프라인으로 사람들과의 접촉을 자주 하고 대화할 것을 강조한다.

알고 있는가?

Facebook의 최고경영자(CEO)와 최고운영책임자(COO)는 함께 16,000명의 직원과 약 20억 명의 사용자로 구성된 글로벌 비즈니스를 운영하고 있다.

고유한 기업문화를 지닌 Facebook의 CEO와 COO가 보여준 리더십은 경영자라는 직업이 오늘날 가장 흥미롭고 보람 있는 직업 중 하나임을 보여준다. 규모에 따라 기업은 마케팅, 재무, 운영과 같은 특정 관리 영역을 담당하는 여러 전문 관리자를 고용할 수 있다. 또한, 기업은 조직 내에 여러 수준의 관리자를 둘 수도 있다.

본 장에서 우리는 *관리(management)*라는 개념을 살펴보고, 기획, 조직화, 지휘 및 동기부여, 통제의 네 가지 기본 관리기능을 설명한다. 그런 다음 책임 수준과 전문 분야에 따른 관리자 유형을 살펴본다. 다음으로 관리자에게 필요한 기술을 살펴보고, 관리자가 수행하는 다양한 역할을 설명한다. 그리고 몇 가지 유형의 리더십을 알아보고, 관리자의 의사결정 과정을 살펴본다. 마지막으로, 총체적 품질경영(TQM)이 어떻게 고객 만족을 향상시킬 수 있는지 알아본다.

4-1 관리란 무엇인가?

 # 학습목표 관리가 무엇인지 이해한다.

관리(management) 조직의 목표를 달성하기 위해 사람과 기타 자원을 조정하는 프로세스

관리(management)는 조직의 목표를 달성하기 위해 사람과 기타 자원을 조정하는 프로세스이다. 1장에서 살펴보았듯이 대부분의 조직은 물적, 인적, 재무, 정보의 네 가지 자원을 사용한다(그림 4.1 참조).

*물적 자원(material resource)*은 조직에서 사용하는 유형의 물리적 자원이다. 예를 들어, General Motors는 강철, 유리, 유리섬유를 사용하여 자동차와 트럭을 생산한다. 대학은 책, 교실, 책상과 컴퓨터를 사용하여 학생들을 교육한다. 그리고 Mayo Clinic은 수술실 장비, 진단 기계, 실험실 테스트를 사용하여 의료서비스를 제공한다.

아마도 모든 조직에서 가장 중요한 자원은 *인적자원(human resource)*인 사람일 것이다. 실제로 일부 기업은 직원이 가장 중요한 자산이라는 철학에 근거하여 운영한다. 일부 관리자는 마케팅, 재무, 생산, 기술에 관한 의사결정보다 인적자원의 개발과 관리 방식이 조직에 더 큰 영향을 미친다고 생각한다. 이 분야에서 이루어진 수많은 연구는 이러한 철학과 신념을 지지한다. 이 분야의 많은 연구결과에 의하면, 조직이 인적자원에 우선순위를 두고 직원 만족을 위해 노력하면 조직의 생산성과 고객과의 관계는 향상된다.

*재무 자원(financial resource)*은 조직이 투자자와 채권자에 대한 의무를 이행하기 위해 사용하는 자금이다. 7-Eleven 편의점은 계산대에서 고객으로부터 돈을 받고 물건을 판매한 후 그 판매금 일부를 사용하여 직원의 봉급과 공급업체의 물품대금을 지급한다. 대학은 수업료, 기부금 수입, 정부 보조금의 형태로 돈을 받는다. 대학은 그 돈을 사용하여 교직원 급여와 전기·가스·수도 청구서, 각종 보험료를 지급한다.

점점 더 많은 조직에서 *정보 자원(informational resource)*을 가볍게 여길 자원이 아니라는 것을 깨닫고 있다. 오늘날 경제 상황, 소비자 시장, 기술, 정치, 문화 등의 외부 환경은 빠르게 변화하고 있다. 생존을 위해 기업은 그 변화하는 환경에 적응해야 하며 그에 필요한 관련 정보를

그림 4.1 관리의 네 가지 주요 자원

관리자는 조직의 목표를 달성하기 위해 네 가지 자원을 조정한다.

수집하여 합리적 의사결정을 해야 한다.

앞에서 설명한 네 가지 유형의 자원은 단지 일반적인 범주일 뿐이다. 각 범주에는 수백 개 또는 수천 개의 보다 구체적인 자원이 있다. 관리자는 이러한 구체적인 자원들을 혼합 및 조정해서 자사의 제품과 서비스를 생산한다.

관리자를 바라보는 또 다른 시각은 그들이 수행하는 기능을 통해 살펴볼 수 있다. 이러한 기능은 기획, 조직화, 지휘 및 동기부여, 통제로 구성된다. 다음 절에서 이러한 각 관리기능에 대해 살펴본다.

4-2 기본적 관리 기능들

 # 학습목표 **네 가지 기본 관리기능, 즉, 기획, 조직화, 지휘 및 동기부여, 통제를 이해한다.**

Hewlett-Packard(HP)의 새로운 CEO인 Meg Whitman은 수년 동안 자사 이익이 줄어든 문제를 해결하기 위해 회사 상황을 분석하여 5년 계획을 세웠다. 그녀의 계획은 기업의 핵심부문인 프린터 사업과 개인용 컴퓨터 사업을 구조조정하는 것이었다. 즉, 45,000명 이상의 직원을 해고하고 궁극적으로 회사를 하드웨어와 비즈니스 소프트웨어의 두 개 기업으로 분리하는 것이었다. 치열한 경쟁 산업에서 Whitman이 그 계획을 온전히 실행하는 것은 매우 힘든 일이었으며, 상황과 조건이 변할 때마다 그 과정을 여러 번 수정했다. Whitman의 계획은 HP를 시장 변화에 더욱 신속하게 대응하도록 조직을 슬림화하고 유연하게 만들었다. 그 결과, HP 주가는 상당히 상승할 수 있었다.

관리기능은 사전에 엄격하게 만들어진 일정표대로 되지 않는다. 관리자는 1월에 기획하고, 2월에 조직화하며, 3월에 지휘 및 동기부여하며, 4월에 통제하는 식으로 관리기능을 수행하지 않는다. 관리자는 언제든지 여러 관리기능을 동시에 수행할 수 있다. 그러나 각 기능은 다른 기

그림 4.2 관리과정

관리는 단계별 절차가 아니라 흐름을 나타내는 피드백 과정이다.

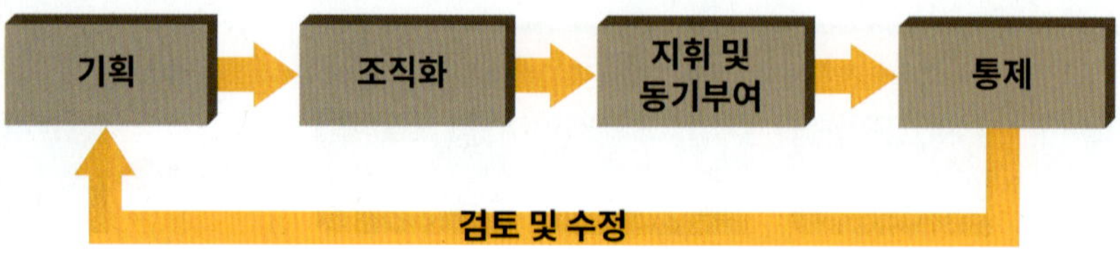

능과 자연스럽게 이어지는 경향이 있다. 그림 4.2는 네 가지 기본 관리기능을 보여준다. Meg Whitman과 같은 관리자가 이러한 주요 관리기능을 얼마나 잘 수행하는지에 따라 비즈니스 성공 여부가 결정된다.

4-2a 기획

가장 간단한 형태의 **기획(planning)**은 조직의 목표를 설정하고, 이를 달성하는 방법을 결정한다. 다른 관리기능은 기획에 의존하기 때문에 기획을 종종 "첫 번째" 관리기능이라고 한다.

기획(planning) 조직의 목표를 설정하고, 이를 달성하는 방법을 결정

Starbucks, Amazon, Twitter와 같은 기업은 조직의 사명을 기반으로 기획과정을 시작한다. 조직의 **사명(mission)**은 조직의 기본적 목적을 서술한 것으로 다른 조직과 구별되게 한다. 예를 들어, Starbucks의 사명은 "인간의 정신에 영감을 불어넣고 더욱 풍요롭게 한다. 이를 위해 한 분의 고객, 한 잔의 음료, 우리의 이웃에 정성을 다한다."이다. Amazon.com의 사명은 "사람들이 온라인에서 원하는 것은 무엇이든 제공하는 기업, 지구상에서 가장 고객을 중요시하는 기업이 되자."이다. Twitter의 사명은 "모든 사람이 장벽 없이 아이디어와 정보를 즉시 생성하고 공유할 수 있게 하는 것"이다. 조직이 사명을 결정하면, 다음 단계는 전략적 기획이다.

사명(mission) 조직의 기본적 목적

전략적 기획 과정 **전략적 기획 과정(strategic planning process)**은 조직의 주요 목표와 목적을 설정하고, 이를 달성하기 위해 자원을 할당하는 것이다. 고객, 제품, 경쟁업체, 기업 자원은 모두 전략적 기획 과정의 분석 요인으로 최고경영층이 이를 수행한다.

전략적 기획 과정(strategic planning process) 조직의 주요 목표와 목적을 설정하고, 이를 달성하기 위해 자원을 할당하는 것

오늘날의 급변하는 비즈니스 환경은 조직의 내·외부 변화를 초래하며, 이는 기업의 목표, 사명, 또는 전략의 변화를 이끈다. 전략적 계획의 일정은 일반적으로 1~2년이지만, 10년과 같이 훨

iStock.com/BraunS

인적자원. 우수한 인적자원 관리는 회사를 차별화시킨다. 훌륭한 사업계획이나 제품이 있는가? 경쟁업체는 두 가지를 쉽게 복사할 수 있다. 그러나 훌륭한 직원은 복제하기 어렵다. 그러므로 유능한 직원을 유치하고, 교육하고, 유지하는 기업은 경쟁업체보다 더 큰 경쟁 우위를 확보할 수 있다.

윤리 및 사회적 책임

Wells Fargo 스캔들의 중심에 비현실적인 목표가 있었는가?

은행 관리자와 직원은 공격적인 영업 목표를 달성해야 한다는 강한 압박 때문에 사기 행위를 반복적으로 수행했는가? 이것은 Wells Fargo(미국의 대표적인 은행 중의 하나)의 스캔들로 인해 제기된 질문 중 하나이며, 이 스캔들은 수많은 언론의 헤드라인을 장식했다. 수년 동안 높은 1일 영업 할당량을 충족하기 위해 은행 직원은 고객의 승인 없이 최대 2백만 개의 은행 계정을 만들었다. 최고 영업 직원은 본받을 만한 사람으로 칭찬을 받았으며, 영업 할당량을 충족시킨 지점의 관리자는 승진했다.

사기의 실상이 폭로된 후 미국 정부는 Wells Fargo에 1억 8,500만 달러의 벌금을 부과하고, CEO인 John Stumpf에게 의회 청문회에서 증언할 것을 명령했다. 그는 국회의원들에게 Wells Fargo의 부정행위를 없애기 위해 수년 동안 5,000명 이상의 직원을 해고했다고 말했다. 그는 또한 영업 할당량을 없앴으며, Wells Fargo의 문화가 "은행 윤리에 기반을 두어 올바른 일을 하고 있다."라고 덧붙였다. 이 사건이 언론에 머리기사로 나왔을 때, Stumpf는 사임하고 최고운영책임자(COO)인 Tim Sloan이 CEO로 임명되었다.

미국 전역에 수천 명의 직원이 있는 조직을 위해, 이제 Sloan과 다른 최고 관리자들은 고객의 신뢰를 회복하고 윤리적 행동을 강화하기 위해 많은 노력을 꾀하고 있다. 이들은 지점 직원의 의견을 바탕으로 고품질 고객서비스를 장려하기 위해 새로운 포상 제도를 시행하고 있다. 마지막으로, Sloan은 리더십이 직원의 행동에 어떤 영향을 미쳤는지 자세히 살펴보고 있다. 그에 따르면, "우리는 리더십의 역할을 충분히 인지하지 못했으며, 그 결과 조직 내의 많은 사람이 영업 할당량을 충족하지 못한 우리 팀원들을 비난했다."

Sources: Based on information in Emily Glazer, "Wells Fargo to Roll Out New Compensation Plan to Replace Sales Goals," Wall Street Journal, January 6, 2017, http://www.wsj.com/articles/wells-fargo-to-roll-out-new-compensation-plan-to -replace-sales-goals-1483719468 (accessed January 17, 2017); Susan M. Ochs, "The Leadership Blind Spots at Wells Fargo," Harvard Business Review, October 6, 2016, https://hbr.org/2016/10/the-leadership-blind-spots-at-wells-fargo (accessed January 17, 2017); Emily Glazer, Christina Rexrode, and AnnaMaria Andriotis, "Wells Fargo Is Trying to Fix Its Rogue Account Scandal, One Grueling Case At a Time," Wall Street Journal, December 27, 2016, http://www.wsj.com/articles/wells-fargo-is-trying -to-fix-its-rogue-account-scandal-one-grueling-case-at-a-time-1482855852 (accessed January 17, 2017); Laura J. Keller, Dakin Campbell, and Kartikay Mehrotra, "Wells Fargo's Stars Thrived While 5,000 Workers Got Fired," Bloomberg, November 3, 2016, https://www.bloomberg.com/news/articles/2016-11-03/wells-fargo-s-stars -climbed-while-abuses-flourished-beneath-them (accessed January 17, 2017).

씬 긴 기간일 수 있다. 전략적 계획은 융통성이 있어야 하며, 계획을 어떻게 실현할 것인지에 대한 실행 항목을 포함해야 한다.

목표(goal) 조직이 1년에서 10년 기간에 달성하길 원하는 최종 결과

목적(objective) 조직이 짧은 기간에 달성하길 원하는 최종 결과

목표와 목적의 설정 목표(goal)는 조직이 1년에서 10년 기간에 달성하길 원하는 최종 결과이다. 목적(objective)은 조직이 짧은 기간에 달성하길 원하는 최종 결과이다.

기업이 목표와 목적을 설정할 때 기업의 매출, 성장, 비용, 고객 만족, 직원 사기 등과 같은 다양한 요소를 대상으로 삼는다. 소규모 제조업체는 향후 6개월 동안의 판매 목적에 주로 집중하는 반면, 대기업은 여러 해 동안 자사에 영향을 미칠 장기 목표에 더 관심을 가진다. 최근 몇 년 동안 많은 소매업체가 줄어들고 있지만, 미용 소매업체인 Ulta는 향후 5년 동안 매년 100개의 새로운 매장을 개점할 계획이며 높은 수요의 미용 브랜드와 황금 시간대의 TV 광고를 더 늘리

고 있다. 마지막으로, 목표는 조직의 모든 수준(계층)에서 수립된다. 기업의 사장, 부서장, 가장 낮은 수준의 운영 직원 등 조직의 모든 구성원은 달성하고자 하는 일련의 목표를 가지고 있다.

조직 내 수준 간에 약간의 충돌이 발생할 수 있지만, 목표는 조직 전체에서 일관성이 있어야 한다. 예를 들어, 생산부서는 비용을 최소화하는 목표를 가질 수 있다. 이를 위한 한 가지 방법은 단 한 가지 유형의 제품만 생산하여 제한된 고객서비스를 제공하는 것이다. 반면, 마케팅부서는 판매를 극대화하는 목표를 가질 수 있다. 이를 위한 한 가지 방법은 고객에게 다양한 제품과 사양을 제공하는 것이다. 전체 조직의 목표를 설정할 때 두 부서를 담당하는 관리자는 상충하는 목표 간의 균형을 유지해야 한다. 이러한 균형을 맞추는 과정을 최적화(optimization)라고 한다.

상충하는 목표를 최적화하려면 최고경영층의 통찰력과 능력이 필요하다. 방금 설명한 생산부서 대 마케팅부서의 갈등에 직면한 최고경영층은 아마도 어느 한쪽을 온전히 선택하지 않을 것이다. 그 대신 대부분의 최고경영층은 가장 인기 있는 제품들로 구성된 소수의 제품 라인을 선택할 것이다. 이러한 타협은 전체 조직을 위해 필요하며 바람직하다.

SWOT 분석(SWOT analysis) 기업의 강점, 약점, 기회, 위협을 파악하고 평가하는 것

핵심역량(core competence) 경쟁업체보다 더 나은 경쟁 우위를 확보할 수 있게 하는 기업의 내부능력

SWOT 분석 **SWOT 분석(SWOT analysis)**은 기업의 강점, 약점, 기회, 위협을 파악하고 평가하는 것이다. 강점과 약점은 기업의 역량에 영향을 미치는 내부 요소이다. 강점(strength)은 기업이 잘하는 특성과 핵심역량을 의미한다. **핵심역량(core competence)**은 경쟁업체보다 더 나은 경쟁 우위를 확보할 수 있게 하는 기업의 내부능력이다. 이러한 핵심역량은 기업의 재무 자원과 인적자원을 쉽게 얻도록 돕고, 고객을 만족시키는 제품을 생산할 수 있게 한다. 약점(weakness)은 기업이 자사의 계획을 수립하거나 이행할 때 직면하는 내부 한계점을 말한다. 관리자는 자사의 약점으로 인해 기업이 앞으로 겪을 부정적인 영향을 파악하는 데 때때로 어려움을 가진다.

기회와 위협은 조직의 외부 요소이기 때문에 기업과 독립적으로 존재한다. 기회(opportunity)는 적절히 사용될 경우 기업에 도움이 되는 유리한 환경조건이다. 반면에 위협(threat)은 기업이 목표를 달성하지 못하게 하는 불리한 환경조건이다. 기회와 위협은 비즈니스 환경의 여러 원천에서 비롯될 수 있다. 비즈니스 환경조건이 특정 기업과 산업마다 다르기 때문에 일부 기업의 위협은 다른 기업에 기회가 될 수 있다. 강점, 약점, 기회, 위협의 대표적인 예는 그림 4.3에 제시되어 있다.

계획(plan) 조직이 목표와 목적을 달성하기 위한 행동 개요

전략적 계획(strategic plan) 주요 정책의 수립과 의사결정을 위한 계획으로 가장 광범위함

계획의 유형 조직의 목표와 목적이 설정되면, 관리자는 이를 달성하기 위한 계획을 개발해야 한다. **계획(plan)**은 조직이 목표와 목적을 달성하기 위한 행동 개요를 나타낸다. 조직은 그림 4.4와 같이 여러 유형의 계획을 개발한다.

조직의 **전략적 계획(strategic plan)**은 주요 정책의 수립과 의사결정을 위한 계획으로 가장 광범위하다. 전략적 계획은 이사회와 최고경영층이 수립하며, 일반적으로 조직의 장기 목표를

그림 4.3 SWOT 분석의 요소와 대표적인 예

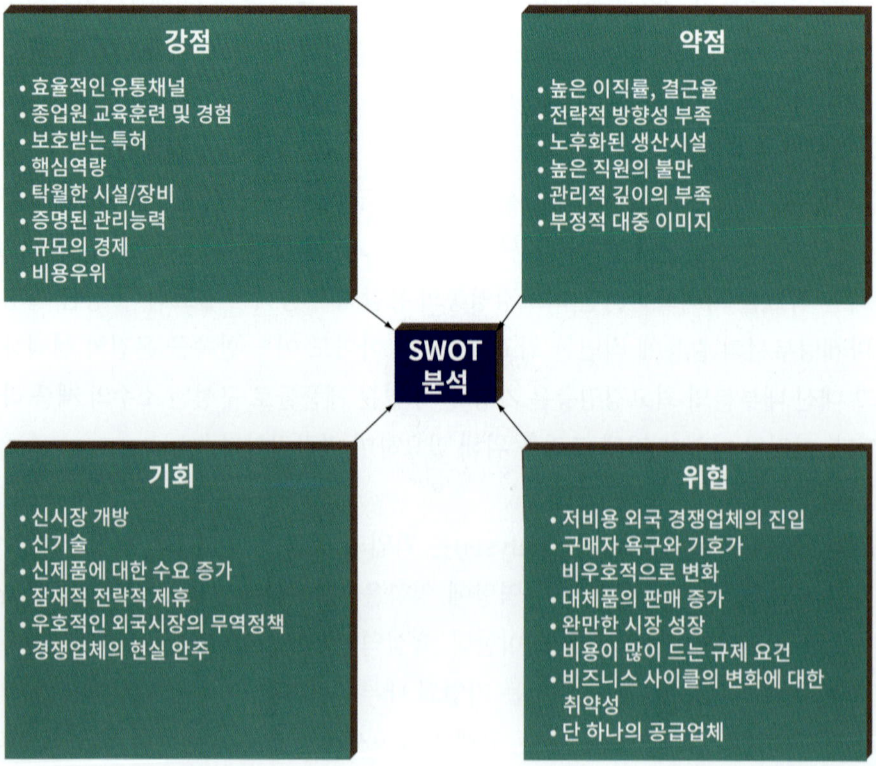

달성하도록 설계된다. 따라서 기업의 전략적 계획은 기업이 어떤 사업을 하고 있는지, 어떤 사업을 하고 싶은지, 어떤 기업인지, 또는 어떤 기업이 되길 원하는지를 정의한다. 예를 들어, Elon Musk가 이끄는 Tesla는 먼저 성능이 좋은 전기자동차를 개발하여 성공한 다음, 잘 만들어진 고급 전기자동차를 시장에 내놓는 전략적 계획을 세웠다. 이 기업의 첫 작품인 Tesla Roadster는 이 계획의 앞부분을 수행했으며, 좋은 평가를 받은 Model S는 뒷부분을 충족시켰다. 이러한 성공으로 Tesla는 브랜드 인지도를 높였고 상당한 자금을 조달할 수 있었다. 이를 바탕으로 Tesla는 35,000달러짜리 전기자동차인 Model 3을 시장에 소개하는 전략적 계획의 마지막 부분을 시작할 수 있었다. 한편 Model 3은 시장에 출시되기 몇 년 전부터 구매하려는 사람들이 상당히 많았다. Tesla는 현재 태양광 기술과 자사 브랜드의 배터리를 사용하여 전기자동차뿐만 아니라 가정, 도시 등에 전력을 공급하고, 자율주행 차와 같은 신제품 개발에 새로운 전략적 계획을 실행하고 있다.

전술적 계획(tactical plan) 전략을 구현하기 위한 소규모의 계획

대부분의 조직은 전략적 계획 외에도 몇 가지 더 좁은 종류의 계획을 세운다. **전술적 계획(tactical plan)**은 전략을 구현하기 위한 소규모의 계획이다. 대부분의 전술적 계획은 1년에서 3

그림 4.4 계획의 유형

관리자는 여러 가지 유형의 계획을 개발한다.

년 동안 적용된다. 전략적 계획을 완료하는 데 5년이 소요된다면, 기업은 매년 5개의 전술적 계획을 수립할 수 있다. 전술적 계획은 상황에 따라 정기적으로 업데이트된다. 전술적 계획은 범위가 제한되어 있어 전략적 계획보다 쉽게 변경될 수 있다. 예를 들어, JC Penney의 CEO인 Marvin Ellison은 자사의 이익향상을 위한 전술적 계획의 하나로, 전국 매장과 회사 웹 사이트에 가전제품을 출시하여 새로운 고객을 유치하는 3년 계획을 시작했다. Ellison은 가전제품을 판매하면서 집 창문의 덮개와 가정용 장식품을 더 많이 제공하는 것이 현재 주택 시장의 동향에 부합할 것이라고 믿는다.

운영적 계획(operational plan)은 전술적 계획을 실행하기 위해 설계된 계획이다. 운영적 계획은 일반적으로 1년 이내 기간에 적용되며, 조직의 특정 목적을 달성하는 방법을 다룬다.

관리자의 노력과 관계없이, 기업 활동이 때로는 계획대로 진행되지 않는다. 오늘날 대부분의 기업은 전략적, 전술적, 운영적 계획과 함께 비상 계획을 수립한다. **비상 계획(contingency plan)**은 조직의 다른 계획이 중단되거나 효과가 없을 때 취할 수 있는 대체 행동 과정을 개략적으로 설명하는 계획이다. 비상 계획은 자연재해, 범죄, 윤리적 위법 행위, 정치적 불안정, 기

운영적 계획(operational plan) 전술적 계획을 실행하기 위해 설계된 계획

비상 계획(contingency plan) 조직의 다른 계획이 중단되거나 효과가 없을 때 취할 수 있는 대체 행동 과정을 개략적으로 설명하는 계획

녹색 환경 속으로

Unilever는 지구를 보호하기 위해 노력한다.

Paul Polman은 2009년 Unilever의 CEO가 되자마자 자사의 목표와 계획에 지속 가능성(sustainability)을 중심에 두겠다고 발표했다. Unilever는 168,000명의 직원을 고용하고, 유명 브랜드인 Dove, Lipton, Knorr의 판매로 연간 650억 달러 이상의 매출을 올린다. Polman은 매출의 증대뿐만 아니라 환경보호에 대한 야심 찬 장기 목표를 설정하고 이러한 목표의 진척 상황을 공개적으로 알리고 있다. 이것은 Polman이 기업을 경영함에 궁극적으로 건강한 지구에 두고 있음을 보여준다.

2010년에 Polman은 향후 10년인 2020년까지 전술적 계획과 운영적 계획에 의해 지원되는 Unilever의 소싱, 생산, 제품 사용과 관련된 환경 영향을 절반으로 줄이려는 전략적 계획을 시행했다. 그러나 Unilever는 일정대로 모든 지속 가능성 목표를 달성할 수 없다는 것을 2~3년이 지나 알게 되었다. 이 기업은 공급업체의 삼림 벌채를 줄이고, 제품생산에 사용되는 물의 양을 줄이며, 제품 사용과 관련된 폐기물의 양을 줄였다. 그럼에도 불구하고, 이 기업은 온실가스 배출량을 줄이고 그 외의 환경보호에 따르는 변화를 극복하는 데 더 많은 시간이 필요하다는 것을 깨닫고, 그 목표의 기한을 2030년으로 연장했다.

Polman은 많은 사람이 지속 가능한 제품을 구매하려는 경향 때문에 지속 가능성이 기업에 큰 도움이 된다고 말한다. Unilever 브랜드 중 지속 가능성이 있는 것으로 알려진 브랜드가 다른 브랜드보다 훨씬 빠르게 성장하고 있다. 이러한 결과는 기업이 환경보호 목표를 추구함에 따라 매출 목표를 달성할 수 있음을 보여준다.

Sources: Based on information in Jessica Lyons Hardcastle, "Unilever 'Sustainable Brands' Grew 30% Faster Than Other Brands in 2015," Environmental Leader, May 16, 2016, http://www.environmentalleader.com/2016/05/unilever-sustainable-brands -grew-30-faster-than-other-brands-in-2015 (accessed January 17, 1017); Jeff Beer, "Sustainability Isn't a Moral Issue for Unilever, It's an Economic Issue," Fast Company Create, June 23, 2016, https://www.fastcocreate.com/3061180/cannes/sustainability-isnt-a-moral-issue-for-unilever-its-an-economic-issue (accessed January 17, 2017); Michael Skapinker and Scheherazade Daneshkhu, "Can Unilever's Paul Polman change the way we do business?" Financial Times, September 29, 2016, https://www.ft.com /content/e6696b4a-8505-11e6-8897-2359a58ac7a5 (accessed January 6, 2016); "Our Strategy for Sustainable Business," Unilever, https://www.unilever.com/sustainable -living/the-sustainable-living-plan/our-strategy (accessed January 17, 2017).

타 예기치 않은 활동으로 인한 장애를 해결할 수 있다. 위기 계획(crisis plan)이라고도 하는 비상 계획은 파괴적인 상황 확대를 막아 사람, 자원, 평판에 대한 추가 피해를 최소화할 수 있다. Institute of Crisis Management는 유용성에도 불구하고 전 세계 조직의 절반만이 위기 계획을 세우고 있다고 보고한다.

4-2b 조직화

조직화(organizing)
어떤 최종 결과를 달성하기 위해 자원과 활동을 효율적이고 효과적인 방법으로 그룹화하는 것

목표를 설정하고 계획을 수립한 후에 관리자의 두 번째 주요 (관리)기능은 조직화이다. **조직화(organizing)**는 어떤 최종 결과를 달성하기 위해 자원과 활동을 효율적이고 효과적인 방법으로 그룹화하는 것이다. 신제품을 만들어서 판매하기 위해 사업을 시작한 발명가의 경우를 생각해보자. 처음에 발명가는 원자재 구매, 제품 제작, 광고, 판매, 장부 기록 등 모든 것을 혼자 한다. 사업이 성장함에 따라 발명가는 다른 사람의 도움이 필요하다. 우선, 그는 전문 영업담당자와 계

약직 회계담당자를 고용할 수 있다. 나중에 영업직원, 생산 보조직원, 회계사를 고용해야 할 수도 있다. 발명가는 새로운 인력을 고용함에 따라 각 사람이 무엇을 하고, 누구에게 보고할 것인지, 각 사람이 조직의 활동에 가장 잘 참여하는 방법을 결정해야 한다. 우리는 5장에서 이러한 내용을 포함한 조직 기능의 다양한 측면을 자세히 살펴볼 것이다.

iStock.com/BrianAJackson

직원 격려는 동기부여의 한 부분이다. 조직은 수많은 동기부여 메시지를 사용한다. 동기부여의 요인과 메시지는 사람에 따라 상당한 차이가 있다.

4-2c 지휘와 동기부여

지휘와 동기부여 기능은 조직의 인적자원과 관련이 있다. 특히 **지휘(leading)**는 사람들이 공통의 목표를 향해 일하도록 영향을 미치는 과정이다. **동기부여(motivating)**는 사람들이 조직의 최대 이익을 위해 일하는 이유를 제공하는 과정이다. 지휘와 동기부여는 합쳐서 종종 **통솔(directing)**로 불리기도 한다.

지휘(leading) 사람들이 공통의 목표를 향해 일하도록 영향을 미치는 과정

동기부여(motivating) 사람들이 조직의 최대 이익을 위해 일하는 이유를 제공하는 과정

통솔(directing) 지휘와 동기부여를 합친 과정

지휘와 동기부여는 조직의 인적자원의 중요성 때문에 매우 중요한 활동이다. 분명히 사람들은 다른 이유로 일을 한다. 즉, 사람들은 다른 *동기부여(motivation)*를 가진다. 어떤 사람은 가능한 많은 돈을 버는데 주로 관심을 가진다. 다른 사람은 승진할 기회에 자극을 받는다. 그래서 관리자의 직무 중 하나는 효과적인 성과를 장려하기 위해 직원의 동기부여 요인을 파악하여 그에 맞는 인센티브를 제공하는 것이다. Fortune이 15년 동안 일하기 좋은 최고의 직장으로 선정한 Container Store는 직원을 잘 대우한다는 평판 때문에 많은 사람이 이 회사에 일하기를 원한다. Container Store는 직원들에게 업계 평균의 두 배의 봉급을 지급하고, 창고 제품을 잘 찾을 수 있도록 광범위한 훈련 및 개발 프로그램을 제공한다. Container Store는 또한 직원들에게 많은 복지후생을 제공하고 재미있는 직장이 되도록 다양한 노력을 한다.

동기부여와 리더십에 대해 많은 연구가 이루어졌다. 9장에서 살펴보겠지만, 동기부여에 대한 연구는 매우 유용한 정보를 제공한다. 그러나 리더십에 대한 연구는 상대적으로 만족스러운 정보를 제공하지 못한다. 수십 년 동안의 연구에도 불구하고, 훌륭한 리더가 되는 일반적인 개인적 특성을 발견한 사람은 아무도 없다. 이 장의 뒷부분에서 리더십에 대해 더 자세히 살펴보기로 한다.

4-2d 통제

통제(controlling)는 목표를 달성하기 위해 진행 중인 활동을 평가하고 조정하는 과정이다. 통제 기능은 세 단계로 이루어진다(그림 4.5 참조). 첫 번째는 성과를 비교할 수 있는 *기*

그림 4.5 통제 기능

통제 기능은 기준 설정, 실제 성과 측정, 시정조치 시행의 세 단계로 이루어진다.

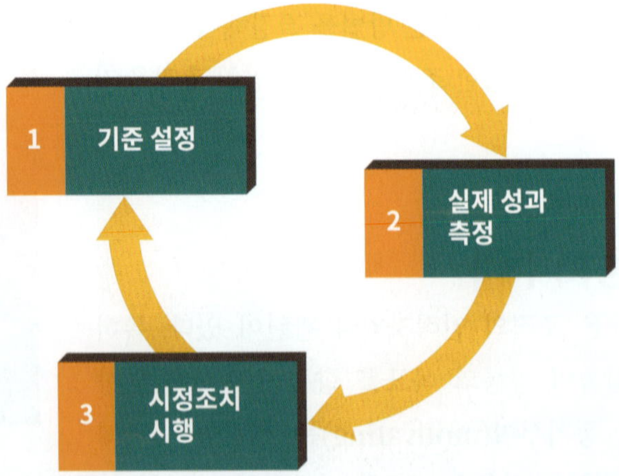

통제(controlling) 목표를 달성하기 위해 진행 중인 활동을 평가하고 조정하는 과정

*준을 설정(setting standards)*하는 것이다. 두 번째는 *실제 성과를 측정(measuring actual performance)*하고 기준과 비교하는 것이다. 세 번째는 필요에 따라 *시정조치를 시행(taking corrective action)*하는 것이다. 통제 기능은 기본적으로 순환적인 성격을 지닌다. 또한, 통제 기능의 모든 단계는 목표가 달성될 때까지 반복된다.

예를 들어, Southwest Airlines가 한 해의 이익을 12% 증가시키는 목표를 설정했다고 가정하자. Southwest 경영진은 이 목표의 진행 상황을 확인하기 위해 월 단위의 이익을 점검할 수 있다. 3개월 후에 이익이 3% 증가하였다면, 경영진은 계획이 일정대로 움직이고 있다고 생각할 수 있다. 이 경우에는 어떤 시정조치가 없을 것이다. 그러나 3개월 후에 이익이 단지 1%만 증가하였다면, 경영진은 12%의 목표 달성을 위해 시정조치가 필요할 것이다. 그 필요한 시정조치는 이익이 적을수록 클 것이다.

4-3 관리자의 유형

 # 학습목표 **조직의 관리 수준과 영역에서 다양한 유형의 관리자를 이해한다.**

관리자는 두 가지 관점에 따라, 즉 조직 내 수준과 관리 영역에 따라 분류될 수 있다. 이 절에서는 두 가지 관점에서 관리자의 다양한 유형을 살펴본다.

그림 4.6 대부분의 기업에서 발견되는 관리 수준

세 가지 수준의 모든 관리자는 기업의 목표를 달성하기 위해 함께 노력해야 한다.

4-3a 관리 수준

그림 4.6처럼 조직을 3층 구조로 구분할 수 있다. 각 층은 최고관리자(최고경영층), 중간관리자(중간경영층), 일선관리자(하위경영층)의 세 가지 관리 수준 중 하나에 해당한다.

최고관리자(top manager) 조직 전체의 흥망성쇠를 이끌고 통제하는 고위 임원

최고관리자 최고관리자(top manager)는 조직 전체의 흥망성쇠를 이끌고 통제하는 고위 임원이다. 최고관리자는 세 가지 그룹 중 가장 작은 그룹을 구성한다. 기획 측면에서, 최고관리자는 조직의 사명을 개발할 책임이 있다. 그들은 또한 기업의 전략을 수립한다. 대기업의 최고관리자가 되려면 수년간의 노력, 오랜 근로시간, 인내, 재능, 적지 않은 행운이 필요하다. 최고관리자와 관련된 일반적인 직책은 회장, 부회장, 최고경영자(CEO: chief executive officer), 최고운영책임자(COO: chief operating officer) 등이다.

중간관리자(middle manager) 최고관리자가 개발한 전략과 주요 정책을 이행하는 관리자

중간관리자 중간관리자는 대부분의 조직에서 가장 큰 관리자 그룹을 구성한다. 중간관리자(middle manager)는 최고관리자가 개발한 전략과 주요 정책을 이행하는 관리자이다. 중간관리자는 전술적 계획과 운영적 계획을 개발하고, 일선관리자의 활동을 조정하고 감독한다. 중간관리자의 직책으로는 부장, 과장, 공장 관리자, 운영 관리자 등이다.

일선관리자(first-line manager) 생산 직원의 활동을 조정하고 감독하는 관리자

일선관리자 일선관리자(first-line manager)는 생산 직원의 활동을 조정하고 감독하는 관리자이다. 일선관리자는 대부분의 시간을 직원과 함께 일하고, 동기를 부여하며, 질문에 대답하고, 일

Zuck을 정상에! Facebook의 CEO이자 공동 설립자인 Mark Zuckerberg는 12세 때 "Zucknet"이라는 최초의 컴퓨터 메시징 프로그램을 개발했다. 현재 Zuckerberg는 세계에서 가장 젊은 억만장자 중 하나이며, Facebook은 전 세계 10억 명 이상의 사용자를 연결하고, 2012년에 인수한 Instagram은 1억 명 이상을 연결한다. 자선 사업가로서 Zuckerberg와 그의 아내 Priscilla Chan은 향후 10년 동안 자신들의 재산을 기부하여 질병 퇴치와 치료에 관한 과학연구와 전 세계의 소외 지역에 인터넷을 제공하겠다고 약속했다.

iStock.com/FLDphotos

상적인 문제를 해결한다. 대부분의 일선관리자는 이전에 생산현장의 직원이었지만 관리자로 승진한 사람들이다. 오늘날 많은 중간관리자와 최고관리자는 이러한 일선관리자의 경력으로 시작했다. 일선관리자의 일반적인 직책에는 대리, 계장, 반장, 사무실 관리자, 현장 감독자 등이 있다.

4-3b 관리 전문 영역

그림 4.7처럼 조직구조는 관리 전문 영역으로도 나눌 수 있다. 가장 일반적인 영역은 재무, 운영, 마케팅, 인적자원, 총무이다. 조직의 사명, 목표, 목적에 따라 연구개발(R&D)과 같은 영역도 포함될 수 있다.

재무 관리자(financial manager) 주로 조직의 재무 자원을 담당하는 관리자

재무 관리자 재무 관리자(financial manager)는 주로 조직의 재무 자원을 담당한다. 회계부문과 투자부문은 재무 관리 내의 전문 영역이다. 자금조달은 기업 전체의 운영에 영향을 미치기 때문에 대기업의 많은 CEO와 회장은 재무관리에 대한 기본적 훈련을 받는다.

그림 4.7 관리 전문 영역

기업과 산업의 특성에 따라 다른 영역을 추가해야 할 수도 있다.

운영 관리자 **운영 관리자(operations manager)**는 경영자원을 제품과 서비스로 전환하는 시스템을 관리한다. 운영(operations)이라는 용어는 전통적으로 제조(manufacturing), 즉 제품생산(production of goods)과 같은 의미로 사용된다. 그러나 최근에는 운영관리에서 다루는 많은 기법과 절차가 서비스 생산과 비영리 활동에 적용되고 있다. 재무관리와 마찬가지로, 운영관리는 오늘날 기업의 CEO와 회장을 상당수 배출하고 있다.

운영 관리자(operations manager) 경영자원을 제품과 서비스로 전환하는 시스템을 관리하는 관리자

마케팅 관리자 **마케팅 관리자(marketing manager)**는 조직과 고객 간의 제품 교환을 촉진하는 책임을 맡는다. 마케팅 내 특정 부문은 마케팅연구, 제품관리, 광고, 판매촉진, 판매, 유통 등이다. 오늘날 기업의 CEO와 회장의 상당수가 마케팅 관리자 출신이 많다.

마케팅 관리자(marketing manager) 조직과 고객 간의 제품 교환을 촉진하는 책임을 맡은 관리자

인적자원 관리자 **인적자원 관리자(human resources manager)**는 조직의 인적자원 프로그램을 관리하는 책임을 진다. 인적자원 관리자는 인적자원 계획, 직원 채용, 교육, 성과 평가 시스템을 설계하고, 조직이 고용 관행에 관한 정부 규정을 준수하도록 관리한다.

인적자원 관리자(human resources manager) 조직의 인적자원 프로그램을 관리하는 관리자

총무 관리자 **총무 관리자(일반 관리자, administrative manager)**는 특정 기능 영역과 관련이 없지만, 전반적인 관리 지침과 리더십을 제공한다. 병원 관리자는 총무 관리자의 한 예이다. 병원 관리자는 운영, 재무, 마케팅, 인적자원 관리를 전문으로 하지 않지만, 이러한 모든 관리자의 활동을 조정한다. 따라서 그 업무의 특성으로 총무 관리자는 실제로 최고관리자라 할 수 있다.

총무 관리자(일반 관리자, administrative manager) 특정 기능 영역과 관련이 없지만, 전반적인 관리 지침과 리더십을 제공하는 관리자

조직의 수준과 전문 영역에 관계없이, 성공적인 관리자는 일반적으로 특정 기술을 사용하여 다양한 관리 임무를 수행한다. 그러나 앞으로 살펴보겠지만, 일부 기술은 다른 수준에 비해 어떤 한 수준의 관리에 더 중요할 수 있다.

iStock.com/Rawpixel

전문 관리자들은 협력해야 한다. 조직 내 여러 부서의 관리자들이 마차를 끄는 한 무리의 말들(horses)이라고 가정해보자. 각 부서의 관리자가 다른 부서의 관리자와 협력하지 않고 다른 방향으로 나아간다면, 조직은 원하는 목적지에 도달할 수 없다.

4-4 성공적인 관리자의 핵심 기술

 # 학습목표 **성공적인 관리자의 주요 관리 기술을 이해한다.**

그림 4.8에서 보는 바와 같이 관리자는 개념적 기술, 분석적 기술, 대인관계 기술, 기술적 능력, 의사소통 기술을 포함한 다양한 기술이 필요하다.

4-4a 개념적 기술

개념적 기술(conceptual skill) 추상적 용어로 생각할 수 있는 능력

개념적 기술(conceptual skill)은 추상적 용어로 생각할 수 있는 능력이다. 개념적 기술을 통해 관리자는 "큰 그림"을 보고, 조직이나 아이디어의 다양한 부분이 어떻게 조화를 이룰 수 있는지 이해한다. Amazon.com을 설립하고 운영하는 Jeff Bezos는 적자를 기록한 여러 해 동안 언론과 투자자로부터 비판을 많이 받았지만, 사람들이 빠르고 쉽게 쇼핑할 수 있는 인터넷 상거래 사이트에 대한 자신의 비전을 잃지 않았다. Bezos의 고객을 위한 장기적인 사고는 결국 Amazon이 그 비전을 실현하도록 만들었다. 개념적 기술은 앞에서 설명한 목표 최적화를 포함하여 다양한 상황에서 유용하다.

그림 4.8 성공적인 관리자의 핵심 기술

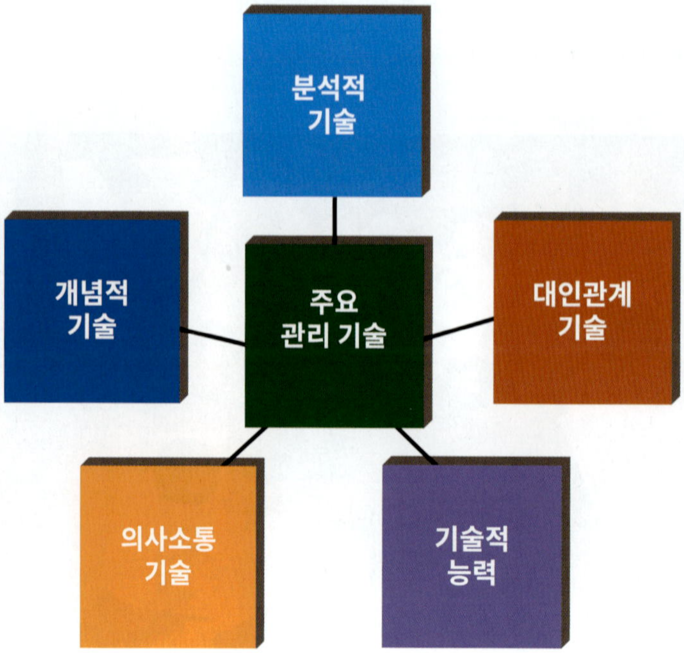

4-4b 분석적 기술

분석적 기술(analytic skill)은 문제를 올바르게 파악하고 합리적인 대안을 만들며 그 문제를 해결하는 "최상의" 대안을 선택하는 능력이다. 특히 최고관리자는 중요한 문제와 중요하지 않은 문제를 구분하고 다양한 상황의 근본 원인을 파악해야 하기 때문에 이러한 기술이 필요하다. Lee Bird는 At Home Group(이전의 Garden Ridge)의 CEO가 되었을 때 가정용 실내장식 매장의 판매 정체의 원인이 되는 여러 가지 문제를 신속하게 파악했다. 이러한 문제에는 비체계적인 매장, 시대에 뒤진 직원 정책, 일관성이 없는 제품 공급, 사용되지 않은 창고 공간이 있었다. 단기간 내에 Bird와 그의 팀은 이러한 문제들의 대안과 해결책으로 매장과 직원 정책의 업데이트, 매장 재구성, 제공 제품의 재조정을 시작했다. 이러한 변화들을 통해 At Home은 이익이 점차 증가하였고 이를 바탕으로 일반 대중에게 자사의 주식을 기업 공개(IPO)할 수 있었다. 이러한 분석적 기술을 사용하는 관리자는 상황을 해결할 뿐만 아니라 그러한 상황을 만든 초기 문제도 해결할 수 있다. 따라서 조직을 효율적이고 논리적으로 운영하기 위해 이러한 기술은 필수적이다.

분석적 기술(analytic skill) 문제를 올바르게 파악하고 합리적인 대안을 만들며 그 문제를 해결하는 "최상의" 대안을 선택하는 능력

4-4c 대인관계 기술

대인관계 기술(interpersonal skill)은 조직 내부와 외부의 사람들을 효과적으로 다룰 수 있는 능력이다. 대인관계 기술의 예로는 사람들과 관계를 맺고, 그들의 욕구와 동기를 이해하고, 진정한 동정심을 보이는 능력을 들 수 있다.

대인관계 기술(interpersonal skill) 조직 내부와 외부의 사람들을 효과적으로 다룰 수 있는 능력

기술적 능력(technical skill) 전문화된 활동을 수행하는 데 필요한 특정 기술

4-4d 기술적 능력

기술적 능력(technical skill)은 전문화된 활동을 수행하는 데 필요한 특정 기술이다. 예를 들어, 엔지니어와 기계 기술자는 자신의 업무를 수행하기 위해 기술적인 능력이 필요하다. 일선관리자와 일부 중간관리자는 기술적 작업을 직접 수행하지 않더라도 부하직원을 교육하고 질문에 답변하며 필요한 지시를 내리기 위해 자신이 관리하는 활동과 관련된 기술을 이해해야 한다. 일반적으로 최고관리자는 다른 수준의 관리자만큼 기술적인 능력이 필요하지 않다. 그러나 모든 수준의 관리자가 비즈니스의 기술적인 측면을 이

iStock.com/maselkoo99

당신의 관리능력은 어떤가? 성공하려면 관리자는 여러 기술을 습득하고 동시에 활용해야 한다. 여기에는 전문화된 업무를 돕는 기술적 능력, 추상적인 사고를 하는 개념적 기술, 직원을 관리하고 동기를 부여하는 대인관계 기술이 포함된다. 당신은 이러한 기술들 중 어떤 기술이 부족한가?

해하는 것은 효과적인 관리에 도움이 된다.

4-4e 의사소통 기술

의사소통 기술(communication skill) 효과적으로 말하고, 듣고, 쓸 수 있는 능력

구두와 서면에 의한 **의사소통 기술(communication skill)**은 효과적으로 말하고, 듣고, 쓸 수 있는 능력이다. 관리자는 구두 및 서면 의사소통 기술이 모두 필요하다. 관리자는 하루 중 많은 시간을 다른 사람들과 대화하면서 보내기 때문에 말하고 듣는 능력이 매우 중요하다. 구두(oral) 의사소통 기술은 관리자가 영업 프리젠테이션을 하고, 인터뷰하고, 기자회견을 할 때 사용된다. 서면(written) 의사소통 기술은 편지, 이메일, 메모, 영업보고서, 기타 서면 문서를 작성하는 관리자의 능력이 성공과 실패의 갈림길을 이끌기 때문에 중요하다. 컴퓨터, 스마트폰, 기타 첨단 기기는 오늘날의 비즈니스에서 의사소통을 더 쉽고 빠르게 해준다. 조직을 효과적으로 관리하고 충분한 정보를 얻기 위해서 관리자는 디지털 통신 기기를 잘 다룰 줄 알아야 한다.

4-5 리더십

 # 학습목표 **다양한 유형의 리더십을 이해한다.**

리더십(leadership) 다른 사람들에게 영향을 미치는 능력

리더십(leadership)은 다른 사람들에게 영향을 미치는 능력이다. 리더(leader)는 사람들의 자발적인 협력을 얻어내려고 하지만, 관리자(manager)는 직원 행동을 바꾸기 위해 강제적인 수단에 의존할 수 있다는 점에서 리더십과 관리는 차이가 있다.

4-5a 공식적 리더십과 비공식적 리더십

일부 전문가는 공식적 리더십과 비공식 리더십을 구분한다. 공식적 리더는 직위에 따른 합법적 권력(power)을 가진다. 그들은 조직 내에서 다른 사람들이 조직의 목표를 향해 일하도록 영향을 줄 수 있는 *권한(authority)*을 가지고 있다. 비공식적 리더는 보통 그러한 권한이 없으며, 조직의 후원하에 다른 사람들에게 영향을 줄 수도 있고 주지 못할 수도 있다. 공식적 리더와 비공식적 리더 모두는 보상과 처벌을 주는 능력, 전문적 지식의 보유, 개인적 매력, 카리스마 등과 같은 여러 유형의 권력을 활용하여 사람들에게 영향을 미친다. 조직의 목표를 공유하는 비공식적 리더는 모든 조직의 소중한 자산이다. 그러나 비공식적 리더 중에 일부는 간혹 현장의 직원들을 경영층에 대항하게 만들어 조직에 큰 타격을 주기도 한다.

경력 쌓기

성공한 리더가 이야기하는 리더십에 대한 조언

모든 경력의 단계에서 리더십을 어떻게 준비할 수 있을까? General Motors의 CEO인 Mary Barra는 조직구성원이 하려는 말을 직접 행동함으로써 리더로서 존경받을 것을 조언한다. 오랜 시간 동안 일관성을 유지하면 관리 수준에 관계없이 조직 내 다른 사람들의 존경과 신뢰를 얻게 된다.

Walt Disney의 CEO인 Robert Iger는 리더십 특성으로 지적 호기심을 높이 평가한다. 오늘날의 역동적인 비즈니스 환경에서 경쟁력을 유지하려면 조직이 지속적으로 발전해야 한다. Iger는 "리더로서 새로운 것을 시도하지 않고, 조직을 혁신하지 않고, 새로운 시장을 발견하지 않는다면 조직의 생존과 번영은 어렵다."라고 이야기한다. 그는 또한 "독특하고 어려운 문제를 해결하기 위해 리더는 조직의 전후 사정을 충분히 이해하고 때로는 위험한 결정을 내리는 용기가 있어야 한다."라고 조언한다.

Red Hat 소프트웨어와 클라우드 저장장치 회사의 CEO인 Jim Whitehurst는 "조직의 리더는 설령 아프고 고통스럽더라도, 솔직하고 열린 정직한 대화를 할 때 더 나은 결정을 할 수 있다."라고 주장한다. 특히 미래의 리더는 동료와 직원이 자신의 견해를 피력할 때 이러한 견해가 설득력이 있는지에 관계없이 그들의 말에 귀를 기울여야 한다. Whitehurst는 "사람들은 자신의 의견이 반드시 반영되길 기대하지는 않지만, 의사결정 과정의 일부로 자신의 의견을 표출하길 원한다."라고 이야기한다. 마지막으로, "훌륭한 리더는 사명과 목표를 조직구성원에게 명확하게 제시함으로써 사람들이 최선을 다할 수 있는 상황을 조성한다."라고 조언한다.

Sources: Based on information in Jack Torrance, "4 Leadership Tips from Red Hat CEO Jim Whitehurst," Management Today, August 11, 2016, http://www.managementtoday.co.uk/4-leadership-tips-red-hat-ceo-jim-whitehurst/leadership -lessons/article/1405426 (accessed January 17, 2017); John Chesto, "5 Business Tips Robert Kraft Learned from the CEO of Disney," Boston Globe, October 5, 2016, https://www.bostonglobe.com/business/2016/10/05/disney-ceo-bob-iger-offers-his-tips-corporate-leadership/1WT0lKF0l5FAFDaitCT0PN/story.html (accessed January 17, 2017); Audri Taylors, "Best Leadership Advice from the Most Successful Entrepreneurs," University Herald, December 31, 2016, http://www.universityherald .com/articles/57648/20161231/best-leadership-advice-successful-entrepreneurs.htm (accessed January 17, 2017).

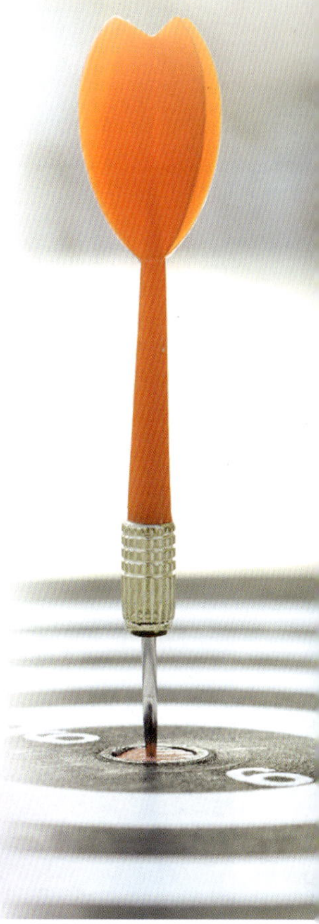

4-5b 리더십 유형

수년 동안 리더십의 여러 특성 중 어떤 특성이 가장 중요한지에 대한 합의가 이루어지지 않고 있다. 많은 사람은 리더십을 자신감, 사람에 대한 배려, 똑똑함, 신뢰성 등과 같은 개인적 특성의 조합으로 보았다. 최근에 이 분야의 관련 연구자들은 리더십의 유형을 *독재적(autocratic), 참여적(participative), 기업가적(entrepreneurial)*으로 분류하여 연구하고 있다.

독재적 리더십(autocratic leadership)은 매우 과업 지향적이다. 이러한 유형의 리더는 직원 의견을 대부분 무시하고 자신이 일방적으로 결정을 내린다. 독재적 리더는 직원에게 무엇을 기대하는지를 정확히 지시하고, 업무 수행 방법에 대하여 구체적인 지침, 규칙, 규정 등을 제시한다.

참여적 리더십(participative leadership)은 오늘날의 조직에서 일반적으로 발견할 수 있는 리더십의 유형이다. 참여적 리더는 어떤 의사결정을 내리기 전에 담당 작업자와 상의한다. 이를 통해 작업자는 어떤 목표가 중요한지를 이해하고, 조직에 대한 주인의식과 조직의 목표 달성

독재적 리더십(autocratic leadership) 과업 지향적이며, 직원의 의견을 대부분 무시하고 리더가 일방적으로 결정하는 유형의 리더십

참여적 리더십(participative leadership) 어떤 결정을 내리기 전에 리더는 담당 작업자와 상의하고, 그 해당 작업자는 조직의 목표를 이해하고 조직의 목표 달성에 헌신하게 만드는 유형의 리더십

을 위해 헌신을 하게 된다. 참여적 리더는 협의형, 합의형, 민주형 등 세 그룹으로 분류될 수 있다. *협의형 리더(consultative leader)*는 작업자와 해당 문제를 상의하지만, 의사결정에 대한 최종 권한은 리더가 보유한다. *합의형 리더(consensus leader)*는 거의 모든 작업자의 의견을 구하고 그들의 지지를 토대로 최종 결정을 내린다. *민주형 리더(democratic leader)*는 작업자 그룹에 최종 권한을 부여한다. 이러한 리더는 의견을 수집하고 그룹의 투표로 의사결정을 한다. 참여적 리더십인 경우에 조직 내의 의사소통은 활발하게 이루어진다. 코칭, 협업, 협상은 참여적 리더의 중요한 기술이다.

기업가적 리더십(entrepreneurial leadership) 모든 이해관계자에게 혜택을 줄 수 있는 비전을 갖고 있으며, 직원에게 활력을 불어넣고 고무시키는 유형의 개인 성격 기반의 리더십

기업가적 리더십(entrepreneurial leadership)은 리더의 성격에 달려있다. 기업가마다 다르지만, 이 리더십 유형은 일반적으로 과업 지향적이며, 주도적이며, 카리스마적이며, 열정적이다. 또한, 기업가적 성격은 진취적이며, 비전을 갖고, 미래 지향적이다. 그들의 열정은 직원들에게 활력을 불어넣고 고무시킨다. 기업가적 리더는 성공을 위해 오랜 시간 일하는 경향이 있다. 그들은 직원이 업무를 취급함에 자신과 똑같은 수준의 열정으로 일하지 않는 것에 대해 이해하지 못한다. Apple의 CEO였던 Steve Jobs는 아마도 기업가적 리더의 대표적인 예이다. 그는 매우 카리스마적이었고 그의 조직을 위해 지칠 줄 모르고 열정적으로 일했다.

Edwin Remsberg/Alamy Stock Photo

동기를 부여하고 활력을 주는 CEO. Under Armour의 CEO인 Kevin Plank는 University of Maryland 풋볼팀의 선수일 때 운동복에 대한 아이디어를 얻었다. 그의 관심사는 온통 모든 운동선수의 땀 젖은 옷에 대한 것이었다. Plank는 이에 대한 사업계획을 세웠으며, Under Armour를 10억 달러 규모의 운동복 기업으로 성장시켰다. Plank의 스포츠에 대한 열정은 비즈니스에 대한 열정으로 연결되었으며, 이러한 그의 열정과 지도력은 조직 전체의 직원이 열심히 일하고 하는 일을 즐길 수 있도록 활력을 불어넣고 있다.

4-5c 어떤 리더십 유형이 가장 좋은가?

오늘날 대부분의 경영 전문가들은 "최상의" 리더십 유형이 존재하지 않는다고 주장한다. 앞에서 살펴본 세 가지 유형(독재적, 참여적, 기업가적)의 리더십은 각각 장단점이 있다. 예를 들어, 참여적 리더십은 직원들이 의사결정 참여로 강한 책임감을 느끼고 있기 때문에 그들이 효과적으로 일하도록 동기를 부여한다. 그러나 참여적 리더십의 의사결정은 대부분의 담당 작업자들과 상의 과정을 거쳐야 하기 때문에 상당한 시간이 걸릴 수 있다.

어떤 리더십 유형이 가장 좋은지를 입증하기 위해 수백 개의 연구가 수행되었지만 명확한 결론은 얻지 못했다. 각 리더십 유형은 그에 맞는 상황에서 매우 효과적일 수 있다. 가장 효과적인 유형은 직원 간의 상호작용, 작업 상황의 특성, 관리자의 성격 사이의 적절한 균형에 달려있다.

그림 4.9 관리적 의사결정 과정의 주요 단계

관리자는 다양한 상황에서 문제를 해결하는 체계적인 방법이 필요하다.

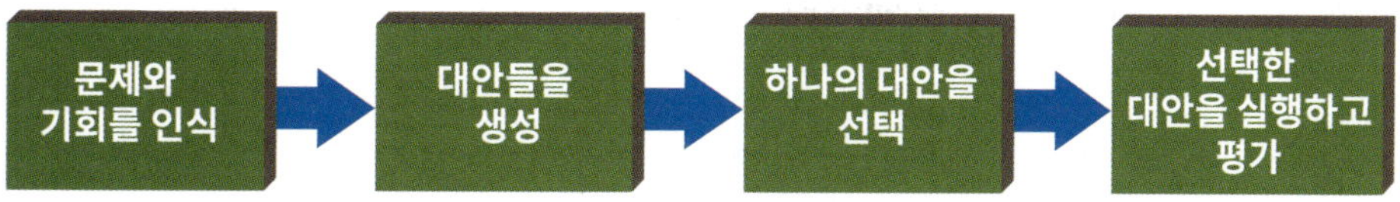

4-6 관리적 의사결정

 # 학습목표 관리적 의사결정 과정의 단계를 이해한다.

의사결정(decision making)은 여러 대안 중에서 하나의 대안을 선택하는 행위이다. 일반적인 상황에서, 의사결정은 우연히 그리고 비공식적으로 이루어진다. 우리는 어떤 문제에 직면했을 때 그 문제를 숙고하고 그 문제의 해결책을 찾아 행동에 옮긴다. 그러나 관리자는 복잡한 문제를 해결하기 위해 더욱 체계적인 방법이 필요하다. 그림 4.9에서 보는 바와 같이, 관리적 의사결정 과정은 (1) 문제와 기회를 인식하고, (2) 대안들을 생성하고, (3) 하나의 대안을 선택하여, (4) 그 대안을 실행하고 평가하는 등의 네 가지 단계로 이루어진다.

의사결정(decision making) 여러 대안 중에서 하나의 대안을 선택하는 행위

4-6a 문제와 기회를 인식

문제(problem)는 실제 상황(결과)과 바람직한 상황(결과) 사이의 불일치를 뜻한다. 예를 들어, Pepperidge Farm Goldfish 크래커의 판매 수입이 감소하고 있다면 Campbell Soup Company의 마케팅관리자에게는 문제가 발생한 것이다(실제 상황). 이 문제를 해결하기 위해서 마케팅관리자는 판매 수입을 올리는 필요조치를 취할 것이다(바람직한 상황). 대부분의 사람은 문제를 "부정적"인 것으로 생각하지만, 다른 측면에서 문제는 "긍정적"일 수도 있다. 또한, 일부 문제는 "기회"가 될 수 있다. 예를 들어, Rainbow Records가 직면한 놀라운 기회를 살펴보자. 이 회사는 비닐 음악 앨범을 제작하는 오늘날 마지막으로 남은 구식 제조업체 중 하나이다. 그런데 갑자기 비닐 앨범이 다시 판매되었다. 대부분의 사람이 음악을 스트리밍하거나 온라인으로 개별 노래를 구매하는 시대에 비닐 레코드의 부활은 예기치 않은 일이었다. 이러한 부활은 이 회사의 판매 수입을 증가시키고 있다. 이 회사는 판매 증가 덕분에 40년이 된 프레스(일정한 모양을 찍어 내는 판금 기계)를 하루 24시간 가동하고 있는데, 이로 인해 이 노후화된 기계의 여러 곳에서 고장이 나고 있다. 그 결과, 현재 이 회사는 고장 부분의 부속 부품을 찾는 데 어려움을 겪고 있다.

문제(problem) 실제 상황(결과)과 바람직한 상황(결과) 사이의 불일치

문제를 해결하거나 기회로 전환하기 전에 문제를 정확하게 파악하는 것이 필수적이지만, 이 단계는 관리자에게 많은 어려움을 준다. 때때로 문제에 대한 관리자의 선입견은 실제 상황을 보지 못하게 한다. 이러한 선입관은 적절한 질문을 하기도 전에 답을 작성하고, 중요하지 않은 문제에 집중하게 만든다. 또한, 관리자는 근본적인 원인보다 증상을 보고 문제를 잘못 분석할 수 있다.

4-6b 대안들을 생성

문제를 파악한 후 다음 단계는 대안들을 만드는 것이다. 의사결정이 중요할수록 이 단계에 더 많은 주의를 기울여야 한다. 관리자는 신선하고 혁신적인 아이디어와 여러 대안을 수용할 수 있도록 개방적이어야 한다.

특정 기법은 창의적인 대안을 생성하는 데 도움이 될 수 있다. 그룹 토론에서 일반적으로 사용되는 브레인스토밍(brainstorming)은 참가자가 새로운 아이디어를 많이 생성하도록 돕는 기법이다. 브레인스토밍 중 회의에 참석한 사람은 다른 사람의 의견을 비판하거나 조롱할 수 없다. 또 다른 기법으로, 미국 해군이 개발한 "돌파하라! 그런 다음 수정하라(Blast! Then Refine)"를 들 수 있다. 이 기법에 참석한 그룹 구성원은 이전의 모든 해결책과 절차를 삭제해 가면서 반복되는 문제를 해결한다. 그런 다음, 그룹은 원래의 목표를 다시 평가하고, 필요한 경우 수정하고, 새로운 해결책을 고안한다. 시행착오를 포함하여 그 밖의 다른 기법도 이 단계에 도움이 될 수 있다.

4-6c 하나의 대안을 선택

최종 결정은 경제적 제약, 법적 제약, 정치적 제약, 조직의 인적자원 제약, 정보의 제약, 시간의 제약 등 수많은 요인에 의해 제약을 받는다. 하지만, 관리자는 가장 효과적이고 실용적인 대안을 선택해야 한다.

때때로, 둘 이상의 대안이 동일한 해결책이 될 수 있다. 또한, 관리자는 여러 수준의 문제들을 해결하는 대안을 선택할 수도 있다. *만족(satisfice)*이라는 단어는 이상적인 해결책이 아니지만 적절한 해결책을 의미한다. 시간이나 정보가 부족할 때, 관리자는 종종 이상적인 해결책보다 "만족스러운" 해결책을 선택하는 경우가 많다. 하지만, 관리자는 될 수 있으면 대안을 신중하게 검토하고 이상적인 해결책을 선택하도록 노력해야 한다.

4-6d 선택한 대안을 실행하고 평가

의사결정을 실행하려면 시간과 계획이 필요하고, 인력을 준비해야 하며, 결과에 대한 평가가 이루어져야 한다. 관리자는 신중하게 대안을 고려하여 실행에 옮겨도 예기치 않은 일을 처리하는 경우가 종종 있다.

관리적 의사결정의 마지막 단계는 의사결정의 효과를 평가하는 것이다. 선택한 대안이 실제 상황과 바람직한 상황의 차이를 없앤다면, 그 의사결정은 효과적인 것으로 간주한다. 문제가 여전히 존재하면, 관리자는 다음 중 하나를 선택할 수 있다.:

- ✔ 선택한 대안에 더 많은 시간을 준다.
- ✔ 다른 대안을 채택한다.
- ✔ 문제를 다시 파악한다.

관리자는 의사결정을 적절하게 평가하지 않으면 조직에 부정적인 영향을 미칠 수 있다는 사실을 알아야 한다.

4-7 총체적 품질경영

 # 학습목표 조직이 어떻게 총체적 품질경영으로 이익을 얻을 수 있는지 이해한다.

오늘날 대부분의 조직은 품질관리를 최우선 순위로 둔다. 기업이 품질을 최우선으로 두는 이유는 해외 기업과의 치열한 경쟁, 온라인 쇼핑을 통해 각 회사의 제품을 비교하는 까다로운 고객, 감소한 시장 점유율과 증가한 비용에 의한 재무적 성과의 저하 등을 들 수 있다. 지난 몇 년 동안 미국의 여러 기업은 수십 년 동안 지배했던 경쟁 우위를 잃고 있다.

총체적 품질경영은 제품 자체의 품질만을 통제하는 것보다 훨씬 광범위한 개념이다(6장에서 설명). **총체적 품질경영(total quality management, TQM)**은 고객 만족도 향상, 직원 참여 증대, 공급업체 파트너십 강화, 지속적인 품질 개선을 위한 조직 분위기 조성 등을 위해 노력하는 경영기법이다. TQM 프로그램이 효과적이려면, 경영진은 다음 각 구성 요소를 충분히 이해해야 한다.

총체적 품질경영(total quality management, TQM) 고객 만족도 향상, 직원 참여 증대, 공급업체 파트너십 강화, 지속적인 품질 개선을 위한 조직 분위기 조성 등을 위해 노력하는 경영기법

- ✔ *고객 만족(customer satisfaction)*. 개선 방법에는 고품질의 제품생산, 더 나은 고객서비스의 제공, 고객에게 관심을 기울임 등이 있다.
- ✔ *직원 참여(employee participation)*. 직원이 의사결정에 참여하고, 자체관리 작업팀을 만들고, 업무 품질 개선에 대한 책임을 지게 함으로써 이를 높일 수 있다.

총체적 품질경영(TQM).

1970년대 이전에는 "일본산(Made in Japan)" 제품이 종종 조잡하게 여겨졌다. 그러나 더는 아니다. Lexus의 제조사인 Toyota Motor Company는 총체적 품질경영을 개척함으로써 그 이미지를 바꿀 수 있었다. Toyota는 총체적 품질경영의 과정으로 제품을 세심하게 검사하고 지속적으로 개선하고 있다.

iStock.com/Tramino

- ✔ *공급업체 파트너십 강화(strengthening supplier partnerships).* 공급업체와 좋은 관계를 형성하면 품질이 뛰어난 원자재와 부품을 저렴한 비용으로 적시에 받을 수 있다.
- ✔ *지속적인 품질 향상(continuous quality improvement).* 오랜 기간의 지속적인 개선 프로그램이 가장 효과적인 것으로 입증되었다.

벤치마(benchmarking) 품질을 향상하기 위해 다른 조직의 제품, 프로세스, 관리 관행을 평가하고 배우는 기법

TQM에 사용되는 도구 중 하나는 벤치마킹이다. **벤치마킹(benchmarking)**은 품질을 향상하기 위해 다른 조직의 제품, 프로세스, 관리 관행을 평가하고 배우는 기법이다. 벤치마킹의 대상 조직은 고객서비스, 생산성, 혁신, 안전, 다른 방면에서 우수해야 한다. 예를 들어, 경쟁업체의 우수한 제품을 분해하여 평가하고, 다른 조직의 뛰어난 임금과 복리후생 제도를 조사하여 자사의 그것과 비교한 다음 그 미흡한 점을 보완할 수 있다. 벤치마킹의 네 가지 기본 단계는 목표 설정, 벤치마킹팀 구성, 데이터 수집과 분석, 그 분석결과의 실행이다. 우수한 관리 관행은 모든 산업과 조직에서 발견할 수 있다.

많은 요인이 TQM 프로그램의 효과에 영향을 주지만, TQM 프로그램이 성공하기 위해서는 다음의 두 가지가 중요하다. 첫째, 최고경영층은 품질 개선을 최우선 순위로 삼고 충분한 관심을 가지면서 TQM 프로그램의 강력한 후원자가 되어야 한다. TQM 프로그램을 수립했지만 다른 우선순위에 중점을 둔 기업은 품질 향상에 실패할 것이다. 둘째, 경영층은 TQM 프로그램의 특정 요소들이 서로 조화롭게 작동할 수 있도록 조정해야 한다.

미국의 모든 기업이 TQM 프로그램을 운영하지는 않지만, 이러한 프로그램을 운영하는 기업은 많은 이점을 얻는다. 전반적인 경제적 이점으로는 운영비용의 절감, 매출수익률과 투자수익률의 증대, 제품의 경쟁적 가격정책 대신에 프리미엄 가격정책 등을 들 수 있다. TQM을 운영하지 않은 기업은 보통 TQM의 실행 비용이 엄청날 것이라 두려워한다. 초기에 TQM을 실행하는 데 드는 비용은 많이 들어갈 수 있지만, 향후 일어나는 심각한 문제를 예방하고 기업의 전체 시스템을 통합함으로써 얻게 되는 비용효과는 더 클 수 있다. TQM을 실행하지 않는 데 드는 장기 비용에는 기업 평판의 손상, 생산성 손실, 실수를 교정하는 데 걸리는 시간의 손실 등을 들 수 있다.

요약

1. 관리가 무엇인지 이해한다.

관리는 조직의 목표를 달성하기 위해 사람과 다른 기타 자원을 조정하는 프로세스이다. 관리자는 물적, 인적, 재무, 정보의 네 가지 자원에 관심을 가진다.

2. 네 가지 기본 관리기능, 즉, 기획, 조직화, 지휘 및 동기부여, 통제를 이해한다.

관리자는 네 가지 기본 관리기능을 수행한다. 관리기능은 사전에 엄격하게 만들어진 일정대로 되지 않는다. 관리자는 언제든지 여러 기능을 동시에 수행할 수 있다. 그러나 각 기능은 다른 기능과 자연스럽게 이어지는 경향이 있다. 관리자는 기획에 참여하여 기업이 어디로 가야 하는지와 최상으로 도착할 방법을 결정한다. 사용할 수 있는 기획의 한 가지 방법은 기업의 강점, 약점, 기회, 위협을 파악하고 평가하는 SWOT 분석이다. 가장 광범위한 계획부터 가장 구체적인 계획으로 전략적 계획, 전술적 계획, 운영적 계획 등의 세 가지 유형이 있다. 또한, 관리자는 원하는 최종 결과를 얻기 위해 조직의 여러 자원과 활동을 효율적이고 효과적인 방식으로 조직화하고, 다른 사람들이 조직의 최대 이익을 위해 일하도록 지휘하고 동기를 부여한다. 그리고 관리자는 진행 중인 활동을 통제하여 조직을 지속적으로 관리한다. 통제 기능에는 기준 설정, 실제 성과 측정, 시행조치 시행의 세 단계가 있다.

3. 조직의 관리 수준과 영역에서 다양한 유형의 관리자를 이해한다.

관리자는 두 가지 관점(조직의 관리 수준과 영역)에서 분류될 수 있다. 관리 수준(계층)의 관점에서 조직 전체를 관리하는 최고관리자, 전략과 주요 정책을 실행하는 중간관리자, 운영 직원의 활동을 감독하는 일선관리자가 있다. 관리 전문 영역의 관점에서 재무, 운영, 마케팅, 인적자원, 총무 등의 관리자가 있다.

4. 성공적인 관리자의 주요 관리 기술을 이해한다.

관리자는 성공적이고 효율적인 비즈니스를 운영하기 위해 다양한 기술이 필요하다. 개념적 기술은 추상적 용어로 생각하거나 "큰 그림"을 보는 데 사용된다. 분석적 기술은 문제를 올바르게 파악하고 합리적인 대안을 만들며 그 문제를 해결하는 "최상의" 대안을 선택하는 데 사용된다. 대인관계 기술은 조직 내부와 외부의 사람들을 효과적으로 다루는 데 사용된다. 기술적 능력은 전문 활동을 수행하는 데 사용된다. 의사소통 기술은 효과적으로 말하고, 듣고, 쓰는 데 사용된다.

5. 다양한 유형의 리더십을 이해한다.

리더십은 공식적으로나 비공식적으로 다른 사람에게 영향을 미치는 능력을 의미한다. 독재적 리더는 매우 과업 지향적이다. 직원에게 무엇을 정확히 기대하는지 알려주고 업무 수행 방법에 대하여 구체적인 지침을 내린다. 참여적 리더는 어떤 의사결정을 내리기 전에 담당 직원과 상의하며 협의형, 합의형, 민주형 등 세 그룹으로 분류된다. 기업가적 리더는 성격에 따라 다르지만, 일반적으로 자신의 업무에 열정적이고 주도적인 경향이 있다.

6. 관리적 의사결정 과정의 단계를 이해한다.

관리자가 반드시 수행해야 하는 업무인 의사결정은 여러 대안 중에서 하나의 대안을 선택하는 행위이다. 관리적 의사결정은 문제와 기회를 정확하게 인식하고, 몇 가지 가능한 대안들을 생성하며, 상황에 가장 효과적인 대안을 선택하고, 그 선택한 대안을 실행하고 평가하는 네 가지 과정으로 이루어진다.

7. 조직이 어떻게 총체적 품질경영으로 이익을 얻을 수 있는지 이해한다.

총체적 품질경영은 고객 만족도 향상, 직원 참여 증대, 공급업체 파트너십 강화, 지속적인 품질 개선을 위한 조직 분위기 조성 등을 위해 노력하는 경영기법이다. TQM에 사용되는 도구 중 하나는 벤치마킹이다. 이 벤치마킹은 품질을 향상하기 위해 다른 조직의 제품, 프로세스, 관리 관행을 평가하고 배우는 기법이다. 벤치마킹의 네 가지 기본 단계는 목표 설정, 벤치마킹팀 구성, 데이터 수집과 분석, 그 분석결과의 실행이다. TQM 프로그램이 성공하기 위해서 최고경영층은 품질 개선을 최우선 순위로 삼고 충분한 관심을 가지면서 TQM 프로그램의 강력한 후원자가 되어야 하며, TQM 프로그램의 특정 요소들이 서로 조화롭게 작동할 수 있도록 조정해야 한다. TQM의 전반적인 경제적 이점으로는 운영비용의 절감, 매출수익률과 투자수익률의 증대, 제품의 경쟁적 가격정책 대신에 프리미엄 가격정책 등을 들 수 있다.

주요 용어

당신은 이제 다음 용어들에 대한 정의와 적합한 예를 제시할 수 있어야 한다.

- 관리
- 기획(planning)
- 사명
- 전략적 기획 과정
- 목표
- 목적
- SWOT 분석
- 핵심역량
- 계획(plan)
- 전략적 계획
- 전술적 계획
- 운영적 계획
- 비상 계획
- 조직화
- 지휘
- 동기부여
- 통솔
- 통제
- 최고관리자
- 중간관리자
- 일선관리자
- 재무 관리자
- 운영 관리자
- 마케팅 관리자
- 인적자원 관리자
- 총무 관리자
- 개념적 기술
- 분석적 기술
- 대인관계 기술
- 기술적 능력
- 의사소통 기술
- 리더십
- 독재적 리더십
- 참여적 리더십
- 기업가적 리더십
- 의사결정
- 문제
- 총체적 품질경영(TQM)
- 벤치마킹

토론 문제

❶ 관리(management)라는 용어를 사용하지 않고서 관리자(manager)를 정의하라.

❷ 잘 운영되는 기업도 효과적인 관리를 걱정해야 하는가?

❸ 지역 레스토랑의 사명은 무엇인가? 구세군의 사명은 무엇인가? 이러한 조직의 합리적인 목적은 무엇인가?

❹ SWOT 분석의 주요 요소는 무엇인가?

❺ 전략적 계획, 전술적 계획, 운영적 계획은 어떻게 다른가? 이러한 계획들의 공통점은 무엇인가?

❻ 기업에 리더십과 동기부여가 필요한 이유는 무엇인가?

❼ 주요 리더십의 유형을 비교하라.

❽ 이 장에 따르면 가장 효과적인 리더십 유형은 직원 간의 상호작용, 작업 상황의 특성, 관리자의 성격에 달려있다. 이 의견에 동의하는가?

❾ 총체적 품질경영(TQM) 프로그램의 주요 이점은 무엇인가?

❿ 이 장에서 설명한 것처럼, 인적자원이 조직에 정말로 중요하다고 생각하는가?

⓫ 관리적 의사결정 과정의 네 단계에서 각각 어떤 일을 해야 하는지를 설명하라.

⓬ 이 장에서 배운 바와 같이, 관리자는 종종 빡빡한 일정으로 오랜 시간을 일한다. 이런 유형의 경력이 당신에게 매력적인가?

CREATING A FLEXIBLE ORGANIZATION

iStock.com/PeopleImages

CHAPTER 5.

유연한 조직의 설계

학습 목표

본 장을 마치면, 당신은 아래 내용을 이해할 수 있다.

1. 조직의 의미와 그 특성을 이해한다.
2. 직무 전문화가 왜 중요한지 이해한다.
3. 부서화의 다양한 기준을 이해한다.
4. 위임과 조직 분권화의 관계를 이해한다.
5. 관리범위가 조직을 어떻게 설명하는지 이해한다.
6. 조직구조의 네 가지 기본 형태를 이해한다.
7. 기업문화의 영향을 이해한다.
8. 기업의 다양한 위원회가 어떻게 활용되는지 이해한다.
9. 기업 내의 비공식 조직과 그레이프바인의 역할을 이해한다.

INSIDE BUSINESS

비즈니스 들여다보기

Nike는 민첩한 기업이 되기 위해 조직을 재구성한다.

판매와 이익을 추구하는 끊임없는 경쟁에서 Nike는 경쟁업체인 Under Armour와 Adidas 등을 앞서기 위해 민첩한 조직을 활용한다. 수십 년 동안 Nike는 Waffle Trainer 트랙 운동화부터 Back to the Future II에 등장했던 스스로 끈이 묶이는 운동화에 이르기까지 많은 혁신적인 제품을 출시했다. 운동화의 밑창을 만드는 데 사용된 최초의 틀(iron)은 오리건주에 있는 Nike 본사의 명예의 전당에 전시되어 있다. 이것은 Nike가 혁신적인 아이디어를 어디에서든 찾고 있다는 것을 보여주는 상징이다.

Nike는 2020년까지 지속적인 혁신을 통해 전체 조직의 목표인 매출 500억 달러를 달성하려고 한다. 과거에 Nike는 제품(예: 운동화, 장비)에 따라 직원들의 조직을 구성하였다. 그 후 최고 경영진은 소비자가 실제로 제품을 사용하는 방식에 따라 조직을 구성하면 직원들이 더 폭넓은 생각을 할 것으로 믿었다. 이에 지금은 직원들의 조직을 스포츠 범주(예: 농구, 야구, 축구, 테니스, 달리기 등)에 따라 구성한다. Nike는 직원들이 여러 기능 라인에서 여러 동료와 협력하고 여러 관리자에게 보고하는 매트릭스 조직(matrix structure)을 운영하고 있다. 이 조직 내의 직원들은 신제품을 함께 사용하여 새로운 아이디어를 발굴하고 더 나은 의사결정을 위한 정보를 제공한다.

Nike 회사의 큰 우산 아래, 특정 브랜드는 자체 조직을 가진다. Nike는 2003년에 Converse를 인수하였으나 자사 조직에 통합하지 않음에 따라 Converse는 오늘날 20억 달러 규모의 기업으로 성장했다. Converse는 Nike 조직의 자원과 혁신적 문화를 공유하면서 자사 고객의 특정 욕구와 선호에 부합하는 Chuck Taylor Sneakers 운동화를 만들고 있다.

알고 있는가?

Nike는 전 세계에 스포츠 신발, 의류, 장비 판매로 매년 320억 달러를 벌고 있다.

Nike와 같은 기업은 생존하고 성장하기 위해 비즈니스 수행 방식의 개선방법을 지속적으로 찾아야 한다. Nike의 관리자는 많은 조직의 관리자와 마찬가지로 기업 목표를 가장 잘 달성하고, 장기적인 고객 관계를 촉진하는 혁신적 제품을 생산할 조직구조를 만들고 유지한다. 기업은 때때로 낮은 운영비용을 위해 조직을 구성하거나 재편하기도 한다. L.L. Bean과 같은 기업은 고객 만족을 위해 품질이 뛰어난 제품을 제공하는 조직을 강조한다. 따라서 조직구조는 기업의 성과에 많은 영향을 줄 수 있으므로 중요한 주제가 된다.

우리는 이 장에서 기업 조직의 의미와 그 기능을 살펴본다. 다음으로 조직구조를 구성하는 5가지 특성을 하나씩 살펴본다. 그런 다음 기업 내 직무 전문화가 왜 중요한지 살펴보고, 직무를 다양한 부서로 나누는 기준을 이해하고, 기업 경영진의 권한을 작업자에게 위임할 때 조직 분권화에 어떤 영향을 미치는지 알아보고, 관리범위와 지휘 체계에 대해 살펴본다. 그 후에 조직구조의 전반적인 관점으로 돌아가 기업문화의 영향을 살펴보고, 각종 위원회와 태스크 포스에 대해 알아본다. 마지막으로 기업 내 비공식 조직과 그레이프바인의 역할을 살펴본다.

윤리 및 사회적 책임

얼마나 노력해야 합니까?

기업은 사회적 책임을 위해 얼마나 노력해야 하는가? 전 Starbucks CEO인 Howard Schultz는 종종 기업은 돈 이상의 것을 추구해야 한다고 주장한다. Schultz는 과거 주주 총회가 열렸을 때, "어떤 사람들은 사회적 책임이 우리의 일이 아니라고 말합니다. 그들은 우리가 해야 할 유일한 일은 이익을 얻으려고 노력하는 것이라고 말합니다. 저는 이러한 말에 동의할 수 없습니다!"라고 말했다. Starbucks는 질병에 저항력이 있는 커피나무를 재배 농부에게 기부하고, 윤리적으로 공급되는 물품을 구매하고, 인권 운동에 대해 후원을 하며, 기업의 사회적 책임을 장려하는 여러 활동을 하고 있다. 개별 Starbucks 카페는 명분이 있는 특정 활동을 지원한다. 예를 들어, London 지점의 Starbucks 카페는 청각 장애인을 위해 "We Sign Café" 프로그램을 통해 수화를 가르치고 있다.

그러나 Starbucks는 일부 사회적 책임 프로그램에 대해 비판을 받았다. 몇 년 전 Starbucks는 인종과 불평등에 관한 대화를 주도하였다. Starbucks는 직원회의를 개최하여 국가의 인종적 갈등에 대해 논의한 후 일주일 내내 "Race Together"라는 캠페인을 미국 전역에 펼쳤다. 이 문제에 대한 자사 고객의 인식을 높이고 토론을 유도하기 위해 Starbucks 직원들은 일주일 동안 커피 컵에 이 단어를 사용하였다. 그럼에 따라 #RaceTogether가 언론의 주요 뉴스가 되었고 Twitter에서 인기를 얻었지만, 논쟁의 여지가 있는 이러한 활동은 일부 직원과 고객을 불편하게 만들었다.

Starbucks는 미국 전역에 수천 개의 카페와 150,000명의 직원이 퍼져 있으며, 에스프레소와 라떼를 대중화하는 것으로 가장 잘 알려져 있다. 그러나 Starbucks와 같은 기업은 사회적 책임에 얼마나 노력해야 할까?

Sources: Based on information in Micah Solomon, "Starbucks CEO Howard Schultz's Strategy to Boosting Profits," Inc., April 8, 2016, http://www.inc.com/micah-solomon/starbucks-ceo-howard-schultz-boost-profits-build-our-country-through-corporate-a.html(accessed January 18, 2017); Sydney Ember, "Starbucks Initiative on Race Relations Draws Attacks Online," New York Times, March 18, 2015, https://www.nytimes .com/2015/03/19/business/starbucks-race-together-shareholders-meeting.html?_r=0(accessed January 18, 2017); "Starbucks UK Baristas Raise Awareness of Deaf Culture Through We Sign Café," Starbucks News, January 13, 2017, https://news.starbucks.com/news/starbucks-uk-we-sign-cafe (accessed January 18, 2017).

5-1 조직이란 무엇인가?

 # 학습목표 **조직의 의미와 그 특성을 이해한다.**

우리는 4장 전체에서 조직이라는 용어를 명확히 정의하지 않고 사용했다. 그러나 여기에서는 **조직(organization)**을 공통 목표를 달성하기 위해 함께 일하는 둘 이상의 사람들로 구성된 집단이라고 정의한다. 자영업자 부부가 운영하는 동네 세탁소는 두 사람으로 구성된 조직이다. 전 세계에 수천 명의 직원을 고용하고 있는 IBM과 Home Depot도 하나의 큰 조직이다. 대기업의 조직은 조그마한 세탁소의 조직보다 훨씬 복잡하지만, 이들 모두는 자체 목표를 달성하기 위해 조직된다.

조직(organization)
공통 목표를 달성하기 위해 함께 일하는 둘 이상의 사람들로 구성된 집단

한 발명가가 자신이 개발한 새 발명품을 만들어 판매하기 위해 창업한다고 가정해보자. 이를 위해 이 발명가는 사람들을 고용하고, 각자의 수행 업무를 결정하고, 누가 누구에게 보고할

그림 5.1 전형적인 기업 조직도

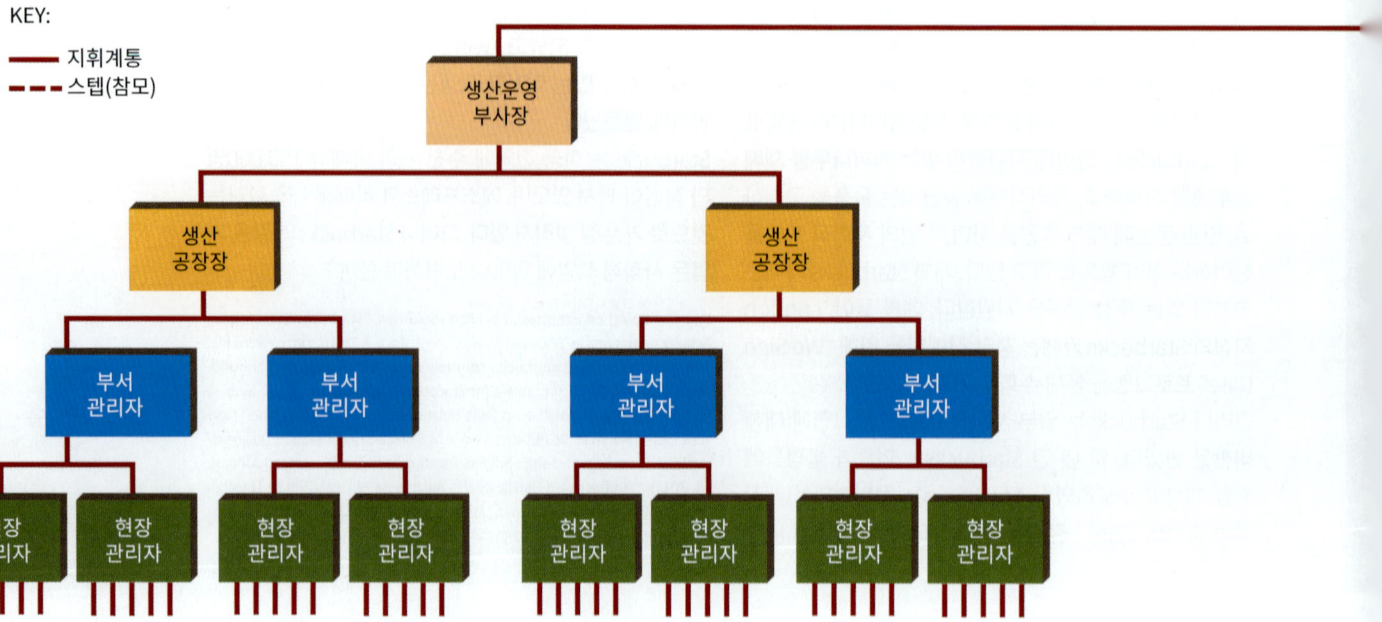

것인지 등을 결정한다. 이러한 활동은 조직을 구조화하거나 체계화하는 데 도움이 된다. 이를 통해 만들어진 조직도는 조직의 전체 모양과 형태를 보여준다.

조직도(organization chart) 조직 내 직위와 관계를 나타내는 다이어그램

지휘 계통(chain of command) 조직의 제일 높은 계층에서 제일 낮은 계층까지 이어지는 권한의 라인

조직도(organization chart)는 조직 내 직위와 관계를 나타내는 다이어그램이다. 그림 5.1은 조직도의 한 예이다. 이 그림에서 각 사각형은 조직의 특정 직위 또는 사람을 나타낸다. 맨 위에는 사장이 있고 그 아래에는 부사장이 있다. 각 계층을 잇는 실선의 수직선은 지휘 계통에 있는 사람을 나타낸다. **지휘 계통(chain of command)**은 조직의 제일 높은 계층에서 제일 낮은 계층까지 이어지는 권한을 나타낸다. 각 부사장은 사장에게 직접 보고한다. 마찬가지로 생산 공장장, 지역 판매관리자, 회계부서 관리자는 담당 부사장에게 보고한다. 조직의 지휘 계통은 짧거나 길 수 있다. 한 지역의 작은 레스토랑은 맨 위에 주인이 있고 그 아래에 직원으로 구성된 매우 짧은 지휘 계통을 가진다. 반면에 대규모 다국적 기업은 매우 긴 지휘 계통을 가질 수 있다. 조직은 지휘 계통의 길이와 관계없이 (지휘)계통을 따라 의사소통이 잘 이루어지는지 확인해야

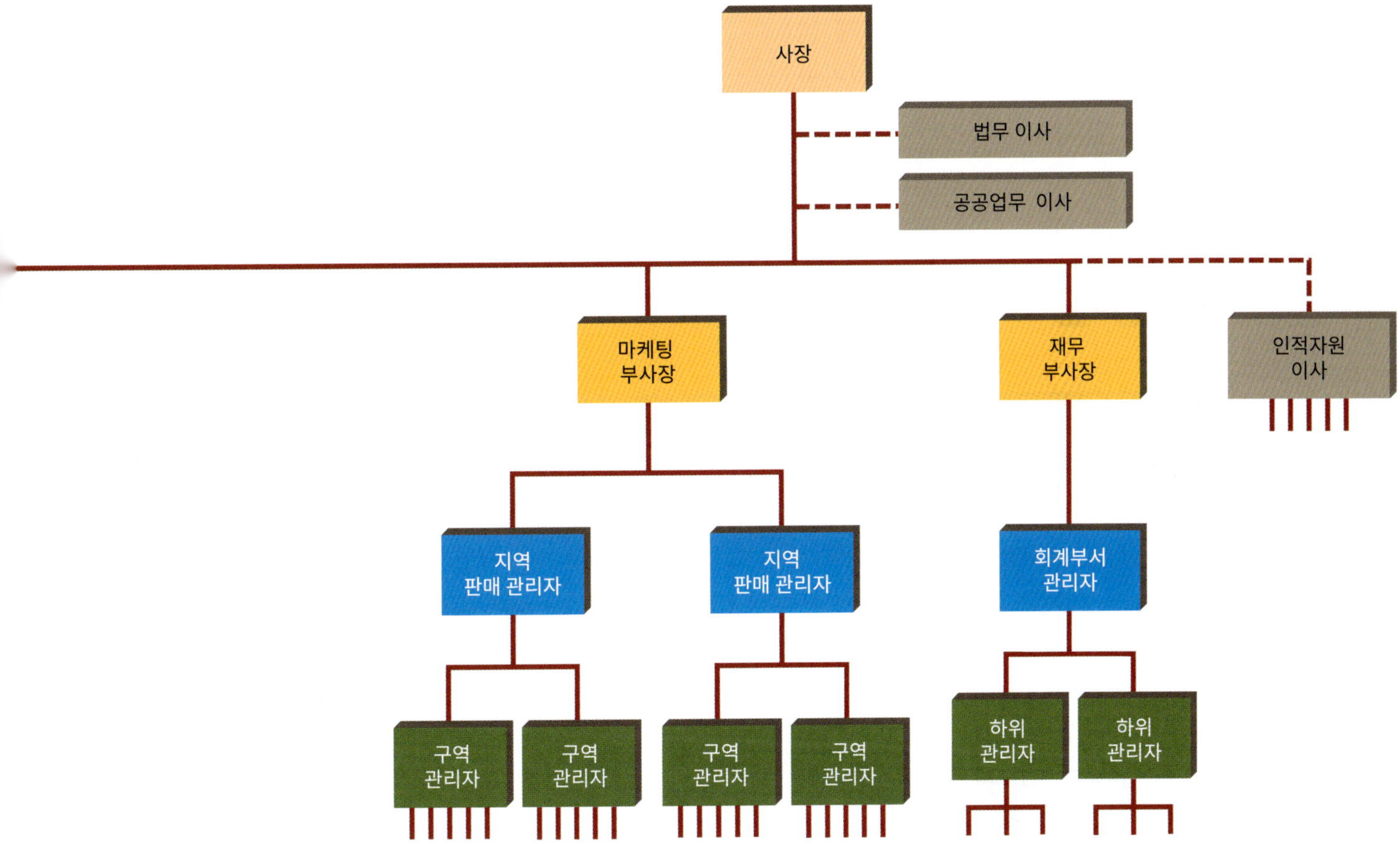

한다. 모든 사람이 직접적인 지휘 계통에 있는 것은 아니다. 조직도에서 이러한 직위는 점선으로 표시되며, 법무 이사, 공공업무 이사, 인적자원 이사 등이 이에 해당한다. 그들은 *자문(advisor)* 혹은 *참모(staff)*의 직위를 가진다. 이러한 차이는 라인-스태프 구조를 살펴보는 이 장 뒷부분에서 다룰 것이다.

대부분의 작은 조직에서는 조직도가 유용할 수 있다. 조직도는 조직 내 모든 사람의 직위와 관계를 명확하게 보여주고, 관리자가 현재에 이르기까지 그동안에 있었던 조직구조의 변화와 성장을 추적할 수 있도록 도와준다. 그러나 ExxonMobil, Kellogg's, Procter & Gamble과 같은 대기업은 상세하고 완전한 조직도를 갖추지 않는다. 여기에는 두 가지 이유가 있다. 첫째, 조직도에 수십 개의 직위를 정확히 작성하기도 쉬운 일이 아닌데 대기업에 존재하는 수천 개의 직위를 작성하는 것은 매우 힘든 일이다. 둘째, 대기업은 거의 항상 조직구조를 부분적으로 변경해나간다. 따라서 조직도는 완성되기도 전에 구식이 되어 버린다. 하지만, 기업은 사업에 성공하기 위해 조직도를 갖추어야 한다. 최신의 정보기술은 더 크고 복잡한 조직이라도 조직도를 작성할 수 있도록 도와주고 있다.

기업이 사업을 시작할 때 경영진은 기업을 조직하는 방법을 정해야 한다. 이러한 결정은 직무 설계, 부서화, 위임, 관리범위, 지휘 계통 등에 초점이 맞춰진다. 다음 절에서는 이러한 주제와 관련된 주요 내용을 살펴본다.

5-2 직무 설계

#학습목표 **직무 전문화가 왜 중요한지 이해한다.**

직무 설계(job design) 기업의 목표를 달성하는 데 필요한 특정 직무를 세부적인 작업과 활동으로 나누는 것

유연한 조직을 만들기 위해서는 올바른 직무 설계가 필요하다. **직무 설계(job design)**는 기업의 목표를 달성하는 데 필요한 특정 직무(job)를 세부적인 작업(task)과 활동(activity)으로 나누는 것으로 조직의 생산성과 직원 만족도를 높이는 방향으로 진행되어야 한다. 이를 위해 직무 전문화가 자주 사용된다.

5-2a 직무 전문화

1장에서 *전문화(specialization)*를 제조과정을 여러 개의 작업으로 나누어 각 작업을 각 개인에게 할당하는 것으로 정의했다. 여기서 우리는 이 전문화의 개념을 조직 내에서 수행되는 모든 활동에 확대하여 사용한다.

직무 전문화(job specialization) 모든 조직 활동을 별개의 작업으로 분리하고 각 작업에 사람을 할당하는 것

따라서 **직무 전문화(job specialization)**는 모든 조직 활동을 별개의 작업으로 분리하고 각 작업에 사람을 할당하는 것이다. 자본주의 이론을 제공한 18세기 경제학자 Adam Smith는 그의 책 *국부론(The Wealth of Nations)*에서 전문화의 힘을 처음으로 강조했다. Smith에 따르면, 핀(pin) 공장의 다양한 작업은 첫 번째 사람이 핀을 만들 철사를 가져오고, 두 번째 사람은 철사를 펴며, 세 번째는 철사를 크기에 맞게 절단하고, 네 번째는 끝을 갈고, 마지막 사람은 머리 부분을 부착하도록 배치되었다. Smith는 이러한 분업의 전문화를 통해 10명의 작업자가 하루에 48,000개의 핀을 생산할 수 있었다고 주장했다. 전문화를 실시하기 이전에는 각 작업자가 다섯 개의 모든 작업을 수행해야만 했기 때문에 하루에 고작 200개만 생산할 수 있었다!

직무 전문화는 여러 가지 이유로 모든 조직에서 필요하다. 그 대표적인 이유는 조직의 "직무(job)" 대부분이 한 사람이 처리하기에 너무 크기 때문이다. 예를 들어, Ford Motor Company에는 자동차 생산을 위해 수천 명의 사람이 작업한다. 또한, 자동차를 판매하고 기업의 재무를

전문화는 단점이 있다. 이 그림의 직원은 가죽 신발의 소재를 바느질하는 전문 기술을 가지고 있다. 전문화는 기업에 효율적이지만, 직원을 지루하고 불만족스럽게 만들 수 있다. 기업이 이러한 문제를 해결하기 위해 무엇을 할 수 있다고 생각하는가?

관리하는 등의 일을 수행하기 위해서도 많은 사람이 필요하다.

둘째, 작업자가 전문화된 특정 작업을 배워야 할 때 더 효율적으로 학습할 수 있다. 셋째, 핀 제조의 작업자가 자신에게 할당된 작업만 수행한 것처럼, 동일한 직무를 반복하는 작업자는 작업 변경에 따른 시간 손실이 없다. 넷째, 직무가 더 전문화될수록 전문화된 장비를 설계하기가 더 쉽다. 마지막으로, 직무가 더 전문화될수록 직무 훈련이 더 쉬워진다.

불행히도 전문화는 부정적인 결과를 초래할 수 있다. 가장 큰 단점은 동일한 직무를 반복할 때 느낄 수 있는 직원들의 지루함과 불만족이다. 지루함을 느끼는 직원은 자리를 자주 비우고, 자신의 업무에 노력을 많이 하지 않으며, 나아가 좋은 품질의 제품을 만들려는 기업의 노력을 오히려 방해하기도 한다.

5-2b 직무 전문화의 대안

이러한 문제를 해결하기 위해 관리자는 종종 직무 순환을 실시한다. **직무 순환(job rotation)**은 직원을 한 직무에서 다른 직무로 체계적으로 이동시키는 것이다. 예를 들어, 작업자에게 4주 동안 매주 다른 직무를 배정한 다음 다섯 번째 주에 첫 번째 직무로 복귀시킬 수 있다. 직무 순환은 다양한 작업을 제공하여 작업자의 지루함과 불만족을 덜어준다. 예를 들어, Intel은 직원들의 직무 순환을 통해 자사의 아이디어와 최상의 사례를 함께 공유한다. 직무 순환은 작업자가 자신의 직무에 계속해서 흥미를 갖도록 도와주며, 새로운 기술을 익히며, 미래에 자신이 추구할 방향과 새로운 역할을 찾는 데 도움이 된다.

직무 순환(job rotation) 직원을 한 직무에서 다른 직무로 체계적으로 이동시키는 것

또한, 직무 확대(job enlargement)와 직무 충실(job enrichment)은 직무 전문화로 인한 문제점에 대해 그 해결책을 제공할 수 있다. 이러한 주제는 9장에서 종업원들에게 동기를 부여하는 다른 방법과 함께 다루어진다.

5-3 부서화

 # 학습목표 **부서화의 다양한 기준을 이해한다.**

부서화(departmentalization) 모든 직무를 관리 가능한 단위로 그룹화하는 것

직무 설계 후에, 모든 직무는 "작업 단위(working unit)" 또는 부서(department)로 그룹화되어야 한다. 이러한 과정을 부서화라고 한다. 즉, **부서화(departmentalization)**는 모든 직무를 관리 가능한 단위로 그룹화하는 것이다. 오늘날 전체 조직을 효과적인 부서로 구성하는 가장 일반적인 기준은 기능, 제품, 지역, 고객 등이다.

5-3a 기능별

기능별 부서화(departmentalization by function) 동일한 활동의 직무들을 하나의 부서로 그룹화하는 것

기능별 부서화(departmentalization by function)는 동일한 활동의 직무들을 하나의 부서로 그룹화한다. 이 체계에서 모든 마케팅 담당자는 마케팅부서에, 모든 운영 담당자는 운영부서에 그룹화된다.

새로 사업을 시작하고 규모가 작은 조직은 기능별로 부서를 구성한다. 기능별 부서의 감독은 모든 사람이 동일한 활동에 참여하기 때문에 조정이 쉽고 단순하다. 이 방법의 단점은 의사결정이 느릴 수 있으며, 전체 조직보다는 부서를 더 강조하는 부서 이기주의가 발생할 수 있다는 것이다.

5-3b 제품별

제품별 부서화(departmentalization by product) 특정 제품과 서비스에 따라 관련 활동을 하나의 부서로 그룹화하는 것

제품별 부서화(departmentalization by product)는 특정 제품과 서비스에 따라 관련 활동을 하나의 부서로 그룹화한다. 오랜 역사를 지니고 있으면서 다양한 제품을 취급하는 대기업은 이러한 방식을 자주 사용한다. 각 부서는 자체적으로 마케팅, 운영, 재무관리, 인적자원 활동을 수행한다.

제품별 부서화는 의사결정을 더 쉽게 하고, 각 제품과 관련된 모든 활동을 통합한다. 그러나 재무관리와 같이 전문화된 활동이 부서마다 중복해서 존재한다. 또한, 전체 조직보다 제품을 더 강조하는 단점이 있다.

5-3c 지역별

지역별 부서화(departmentalization by location) 활동이 수행되는 지리적 영역에 따라 관련 활동을 하나의 부서로 그룹화하는 것

지역별 부서화(departmentalization by location)는 활동이 수행되는 지리적 영역에 따라 관련 활동을 하나의 부서로 그룹화한다. 부서의 영역은 국가별 지역, 국가 내 구역, 구역 내 여러

도시로 세분화할 수 있다. 예를 들어, Ford는 아메리카, 유럽, 아시아 및 태평양, 아프리카, 중국 등의 지역별 부서가 있다. 지역별 부서화를 통해 조직은 각 지역이 요구하는 고유사항을 파악하고 즉시 대응할 수 있다. 하지만, 많은 지역에서 발생하는 여러 문제를 조정하기 위해 조직은 대규모의 관리 직원과 정교한 통제시스템이 필요할 수 있다.

5-3d 고객별

고객별 부서화(departmentalization by customer)는 다양한 고객집단에 따라 관련 활동을 하나의 부서로 그룹화한다. 이 방식의 장점은 기업이 각 고객 또는 고객집단을 대상으로 효율적으로 대응할 수 있다. 예를 들어, 항공기 제조업체는 필요에 따라 정부를 상대하는 고객 부서와 기업을 상대하는 고객 부서를 둘 수 있다. 이 방식의 가장 큰 단점은 평소보다 많은 관리 직원이 필요하다는 것이다.

FUSE/THINKSTOCK

학교는 어떻게 구성되어 있을까? 이 그림의 콜센터 직원은 기능별로 구성되어 있다. 일부 조직은 다른 기준으로 구성된다. 예를 들어, 대학 캠퍼스가 두 개 이상인 경우에 대학교는 지역별 기준뿐만 아니라 상경대학, 인문대학, 사회과학대학, 공과대학, 자연대학 등과 같이 기능별 기준으로 구성한다. 또한, 대학교는 학부, 대학원, 평생 교육원과 같이 고객별로 구성할 수도 있다.

고객별 부서화(departmentalization by customer) 다양한 고객집단에 따라 관련 활동을 하나의 부서로 그룹화하는 것

그림 5.2 New-Wave Fashions, Inc.의 다중기준 부서화

많은 기업은 효율성을 높이고 중복되는 직위를 피하고자 둘 이상의 부서화 기준을 사용한다.

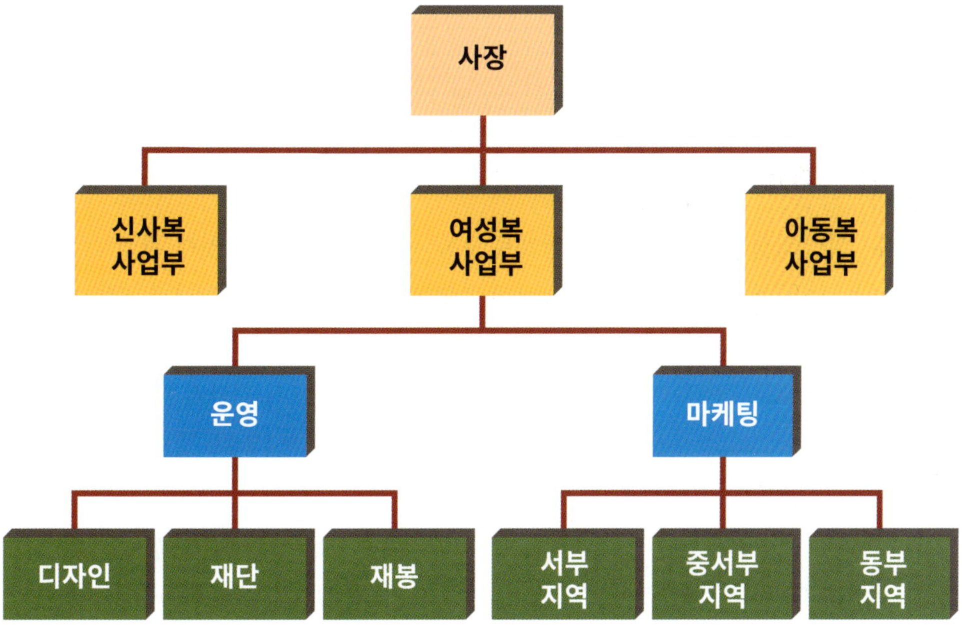

5-3e 기준의 결합

많은 조직은 이러한 네 가지 기준을 결합하여 사용한다. 예를 들어, Toyota는 제품과 지역을 결합한 기준으로 부서를 구성하고 있다. 연구개발(R&D), 엔지니어링, 소형차 회사, 중형차 회사, CV 전기차 회사, Lexus International Company, Power Train Company, Connected Company와 같은 제품별 부서와 지역별 부서가 있다.

그림 5.2를 보면, New-Wave Fashions, Inc.는 고객별 기준으로 남성복, 여성복, 아동복의 세 가지 주요 부서로 구성되어 있다. 그런 다음, 기능별 기준으로 운영과 마케팅 활동으로 나누어져 있다. 마지막으로 지역별 기준으로 기업의 마케팅 활동이 구성되어 있다.

5-4 위임, 분권화, 중앙집권화

 # 학습목표 **위임과 조직 분권화의 관계를 이해한다.**

위임(delegation) 다른 작업자에게 작업과 권한을 넘기는 것

조직화 과정의 세 번째 주요 단계는 조직 내에 권력을 분배하는 것이다. **위임(delegation)**은 다른 작업자에게 작업과 권한을 넘기는 것이다. 권한의 중앙 집중화 또는 분산화 정도는 조직 내의 위임 정도에 의해 결정된다.

5-4a 권한의 위임

어떤 관리자도 모든 것을 혼자 할 수 없기 때문에 위임은 관리자의 작업을 완성하는 데 필수적이다. 위임은 또한 부하 직원의 기술과 능력을 개발하는 데도 중요하다. 이를 통해 부하 직원은 더 높은 직위로 승진할 경우에 맡게 될 조직의 중요 의사결정을 미리 훈련받는다.

책임(responsibility) 직무를 수행하거나 작업을 수행하는 의무

권한(authority) 조직 내에서 할당된 직무 또는 작업을 수행할 수 있는 권력

책무(accountability) 할당된 직무 또는 작업을 수행하는 작업자의 의무

위임의 단계 위임 과정은 일반적으로 세 단계로 구성된다(그림 5.3 참조). 첫째, 관리자는 *책임을 할당(assign responsibility)*해야 한다. **책임(responsibility)**은 직무를 수행하거나 작업을 수행하는 의무이다. 대부분의 직무 환경에서, 관리자는 단순히 작업자에게 일할 직무를 준다. 일반적인 직무 할당은 새로운 품질관리 프로그램의 보고서 준비부터 작업을 실제 담당하는 것까지 다양하다. 둘째, 관리자는 *권한을 부여(grant authority)*해야 한다. **권한(authority)**은 조직 내에서 할당된 직무 또는 작업을 수행할 수 있는 권력이다. 여기에는 특정 정보를 얻고, 물품을 주문하고, 관련 지출을 승인하고, 특정 의사결정을 내리는 것을 모두 포함한다. 마지막으로, 관리자는 *책무를 할당(assign accountability)*해야 한다. **책무(accountability)**는 할당된 직무 또는 작업을 수행하는 작업자의 의무이다.

그림 5.3 위임 과정의 단계

성공하려면 관리자는 위임하는 방법을 배워야 한다. 아무도 혼자서 모든 것을 할 수 없다.

책무는 위임될 수 없다는 것을 명심해야 한다. 예를 들어, 당신은 Target의 운영관리자이고 특정 작업을 수행할 책임이 있다고 가정하자. 다음으로 당신은 이 작업을 다른 사람에게 위임할 수 있다. 하지만, 다른 사람에게 위임했다 해도 당신은 당신의 직속 상사에게 이 작업에 대한 책무가 있다. 즉, 위임받은 사람이 이 작업을 완성하지 못하면, 그 사람이 책무를 지는 것이 아니라 당신이 최종적으로 책무를 지게 된다.

위임의 장벽 관리자는 여러 가지 이유로 업무를 위임하지 않을 수 있다. 관리자는 직원을 신뢰하지 못해 작업이 잘 완수되지 않을 것 같은 두려움 때문에 위임하지 않을 수 있다. 반대로, 직원이 작업을 예외적으로 잘 수행해 더 높은 상사의 관심과 주의를 독차지할 것 같은 시기심 때문일 수 있다. 마지막으로, 일부 관리자는 자신의 조직화 능력이 뒤떨어져 업무를 효과적으로 계획하고 할당할 수 없기 때문에 위임하지 못하기도 한다.

5-4b 권한의 분권화

위임하는 정도에 따라 해당 조직의 분권화 또는 중앙집권화 정도가 결정된다. **분권화 조직(decentralized organization)**에서 경영진은 권한을 조직의 하위 수준에 의식적으로 널리 퍼뜨리려고 한다. 반면, **중앙집권화 조직(centralized organization)**은 권한이 상위 관리자에 집중되어 있다. 예를 들어, UPS와 같은 운송 회사는 상위 관리자에게 권한이 집중되어 이들이 주로 우편물의 운송 발송을 조정한다. 대규모 기업은 분권화 조직과 중앙집권화 조직의 특성을 모두 가질 수 있다. Berkshire Hathaway는 80개 이상의 자회사를 소유하고 있는 고도로 분권화된 대

분권화 조직(decentralized organization) 권한이 조직의 하위 수준에 퍼져 있는 조직

중앙집권화 조직(centralized organization) 권한이 조직의 상위 관리자에 집중된 조직

iStock.com/Sturti

위임하라, 위임하라, 위임하라. 기업가인 Andrew Carnegie는 "모든 일을 혼자서 하거나 혹은 모든 평판을 독차지하고 싶은 사람은 큰 사업을 할 수 없다"라고 말했다. 상사가 직원에게 다양한 작업을 위임함으로써 직원은 자신의 직무에 충실하게 된다. 위임은 또한 직원과 상사에게 더 높은 직위에서 요구되는 새로운 기술을 터득할 기회를 제공한다.

기업이다. 각 자회사의 CEO는 Berkshire Hathaway의 CEO인 Warren Buffett에게 직접 보고하지만 거의 완전한 자율성을 가지며 단지 Berkshire Hathaway의 윤리 강령에 따라 장기적인 계획을 세우고 행동할 것을 권유받는다. 이와 같은 철저한 분권화는 거대한 기업에서 아주 드문 경우이다.

여러 가지 요인이 기업의 분권화에 영향을 미친다. 그 하나의 요인은 외부 환경이다. 외부 환경이 복잡하고 예측하기 힘들수록 하위 관리자가 현장에 더 가까이 있기 때문에 최고 관리자는 하위 관리자가 직접 결정을 내리도록 자신의 권한을 아래로 위임한다. 또 다른 요인은 의사결정 자체의 특성이다. 의사결정이 더 위험하거나 더 중요할수록, 조직은 의사결정을 더 중앙집권화하는 경향이 있다. 세 번째 요인은 하위 관리자의 능력이다. 하위 관리자가 강력한 의사결정 기술을 가지고 있지 않으면 최고 관리자는 분권화를 꺼릴 것이다. 마지막으로, 전통적으로 중앙집권화 혹은 분권화를 실시하는 기업은 앞으로도 그러한 입장을 견지할 가능성이 크다.

원칙적으로 분권화도 중앙집권화도 옳은 것은 없다. 한 조직에 잘 작동하는 것이 다른 조직에 잘 작동할 수도 있고 아닐 수도 있다. 모든 조직은 자사의 상황을 평가하고, 가장 잘 작동하는 분권화 또는 중앙집권화 수준을 선택해야 한다.

5-5 관리범위

 # 학습목표 관리범위가 조직을 어떻게 설명하는지 이해한다.

관리범위 혹은 통제범위 (span of management 혹은 span of control) 한 관리자에게 직접 보고하는 작업자의 수

조직화 과정의 네 번째 주요 단계는 관리범위를 설정하는 것이다. **관리범위 혹은 통제범위(span of management 혹은 span of control)**는 한 관리자에게 직접 보고하는 작업자의 수를 의미한다. 수백 년 동안의 연구결과에 의하면 관리자와 부하 직원의 완벽한 비율은 없다. 최근의 조직이론가들은 관리범위의 폭에 초점을 두었다. 하지만, 이 초점은 같은 조직 내 부서별로 관리범위가 다를 수 있기 때문에 간단한 문제가 아니다. 모든 작업이 표준화된 고도로 기계화된 공장은 넓은 관리범위가 가능하다. 반면, 매일 새로운 문제와 기회가 발생하고 팀워크가 지속적으로 필요한 광고 회사는 훨씬 좁은 관리범위를 가진다.

그림 5.4 관리범위

기업은 여러 기준을 고려하여 수많은 작업자가 한 관리자에게 보고하는 넓은 관리범위를 사용할지 혹은 한 관리자가 몇 명의 작업자만 감독하는 좁은 관리범위를 사용할지를 결정한다.

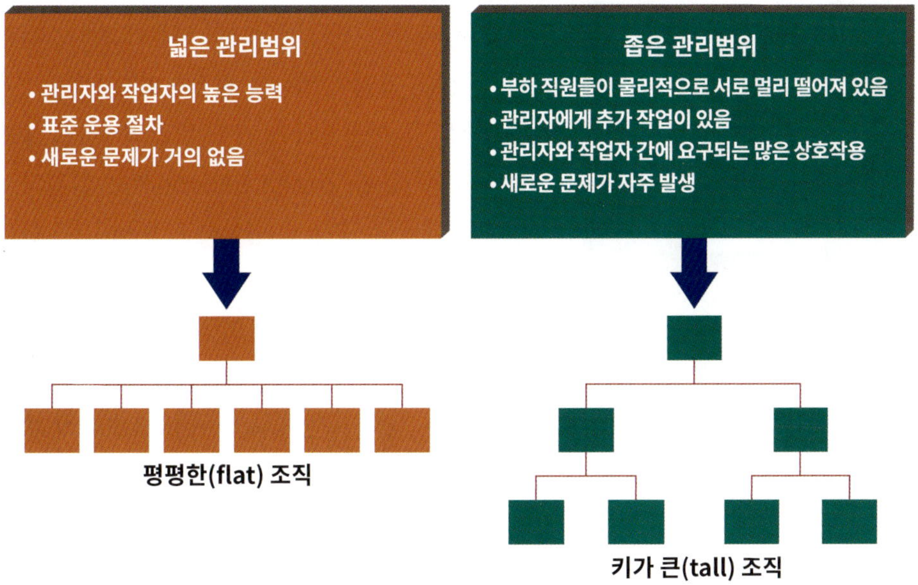

5-5a 넓은 관리범위 vs. 좁은 관리범위

넓은(wide) 관리범위는 한 관리자가 많은 수의 부하 직원을 거느릴 때 발생한다. *좁은(narrow)* 관리범위는 관리자가 단지 몇 명의 부하 직원만을 자기 지휘하에 둘 때 발생한다. 특정 관리자에게 가장 적합한 관리범위는 여러 요인에 의해 결정된다(그림 5.4 참조).

일반적으로 다음과 같은 경우에 관리범위가 넓다; (1) 관리자와 부하 직원이 매우 유능하고, (2) 조직이 잘 확립된 표준 운영 절차를 가지고 있으며, (3) 새로운 문제가 거의 발생하지 않는 경우. 반면, 다음과 같은 경우에 관리범위가 좁다; (1) 작업자들이 물리적으로 서로 멀리 떨어져 있고, (2) 관리자가 작업자를 감독하는 것 외에도 할 일이 많고, (3) 관리자와 작업자 간에 많은 상호작용이 필요한 경우, (4) 새로운 문제가 자주 발생할 경우.

5-5b 조직 높이

관리범위는 관리자와 작업자 간의 관계에 중대한 영향을 미친다. 또한, 관리범위는 조직의 높이에 똑같이 큰 영향을 미친다. **조직 높이(organizational height)**는 기업의 관리계층의 수 또는 관리수준의 수이다. 관리범위는 조직의 높이를 결정하는 데 직접적인 역할을 한다(그림 5.4 참조). 관리범위가 넓으면 필요한 계층(수준)이 줄어들고, 조직은 평평(flat)하게 된다. 관리범위가

조직 높이(organizational height) 기업의 관리계층의 수 또는 관리수준의 수

iStock.com/monkeybusinessimages

넓은 관리범위와 좁은 관리범위 중 어느 것이 더 좋은가? 사진 중앙에 있는 관리자는 소수의 직원만 감독한다. 따라서 그녀는 좁은 관리범위를 가진다. 기업은 관리자가 감독해야 하는 이상적인 직원 수를 지속적으로 찾고 있다.

좁으면 더 많은 계층(수준)이 필요하고, 결과적으로 조직의 높이는 키가 커(tall)진다.

키가 큰 조직은 더 많은 관리자가 있어야 하기 때문에 관리비용이 더 많이 들어간다. 정보는 많은 계층(수준)의 관리자를 거쳐 전달되기 때문에 의사소통이 왜곡될 수 있다. 기업이 비용을 절감하기 위한 한 가지 방법은 조직의 높이를 감소시켜 관련 관리비용을 줄이는 것이다. 예를 들어, Zurich Insurance는 일련의 좌절을 겪은 후에 일부 운영을 병합하고 "매우 복잡한 조직구조"를 단순화하여 더 평평한 지역별 조직구조를 만들고 있다. 구조조정은 자사의 비용을 줄이는 데 도움이 되겠지만, 그 주요 목표는 직원의 보고 체계를 개선하고 기업의 민첩성을 높이는 것이다. 관리범위가 넓은 평평한 조직은 이러한 문제를 해결할 수 있다. 하지만, 이러한 조직은 관리자의 수가 적기 때문에 각 관리자는 더 많은 관리 업무를 수행할 수 있으며, 부하 직원을 감독하고 부하 직원과 함께 작업하는 데 더 많은 시간을 할애할 수도 있다.

5-6 조직구조의 형태

 # 학습목표 **조직구조의 네 가지 기본 형태를 이해한다.**

지금까지 우리는 조직구조의 주요 특성에 관심을 집중했다. 이것은 여러 측면에서 퍼즐의 조각들을 하나씩 살펴본 것과 비슷하다. 이제 퍼즐의 조각들을 맞출 시간이다. 우리는 이 절에서 조직구조의 네 가지 기본 형태인 라인 구조, 라인-스태프 구조, 매트릭스 구조, 네트워크 구조에 대해 살펴본다.

5-6a 라인 구조

라인 구조(line structure)
조직 전체에 걸쳐 지휘 계통이 사람에서 사람으로 직접 연결된 조직구조

조직구조의 가장 단순하고 오래된 형태는 라인 구조이다. **라인 구조(line structure)**는 조직 전체에 걸쳐 지휘 계통이 사람에서 사람으로 직접 연결된다. 따라서 최고경영자부터 최하위 계층까지 조직의 관리 수준(계층)에 따라 직선을 그릴 수 있다. 예를 들어, 작은 소매점의 경우에 시간제로 일하는 직원은 대리에게 보고하고, 그 대리는 점장에게 보고하며, 점장은 점포 주인에게 보고하는 지휘 계통을 가진다.

라인 구조 내의 관리자는 **라인 관리자(line manager)**라고 불리며, 조직의 목표를 달성하기 위해 의사결정을 내리고 부하 직원에게 명령을 내린다. 라인 구조의 단순성과 명확한 지휘 계통을 통해 라인 관리자는 자신의 책임 하에 신속한 의사결정을 할 수 있다.

라인 구조의 단점은 라인 관리자가 많은 활동을 담당하므로 라인 관리자는 그 활동들에 대하여 광범위한 지식을 갖고 있어야 한다는 것이다. 활동들이 적은 소규모 조직에서는 이것이 문제가 되지 않을 수 있지만, 규모가 큰 조직에서는 활동들이 더 많고 복잡하므로 라인 관리자는 자신이 담당하는 것을 완전히 이해하기가 더 어렵다. 따라서 대규모 조직의 라인 관리자는 외부 전문가의 조언 없이는 현명한 결정을 내리는 데 어려움을 겪을 수 있다. 결과적으로 라인 구조는 중간 규모 또는 대규모 조직에서는 그다지 효과적이지 않지만, 소규모 조직에서는 매우 일반적이고 효과적이다.

라인 관리자(line manager) 라인 구조 내에 있는 관리자로서 조직의 목표를 달성하기 위해 의사결정을 내리고 부하 직원에게 명령함

5-6b 라인-스태프 구조

라인-스태프 구조(line-and-staff structure)는 지휘 계통에 의한 라인 구조를 유지하면서 라인 관리자에게 스태프 관리자라고 하는 전문가를 제공한다. 따라서 이 구조는 라인관리만 하는 소

라인-스태프 구조(line-and-staff structure) 지휘 계통에 의한 라인 구조를 유지하면서 라인 관리자에게 스태프 관리자라고 하는 전문가를 제공하는 조직구조

그림 5.5 라인 관리자와 스태프 관리자

라인 관리자는 기업의 목표를 달성하는데 직접적인 책임이 있으며 직접적인 지휘 계통에 있다. 반면, 스태프 관리자는 라인 관리자를 지원하고 조언한다.

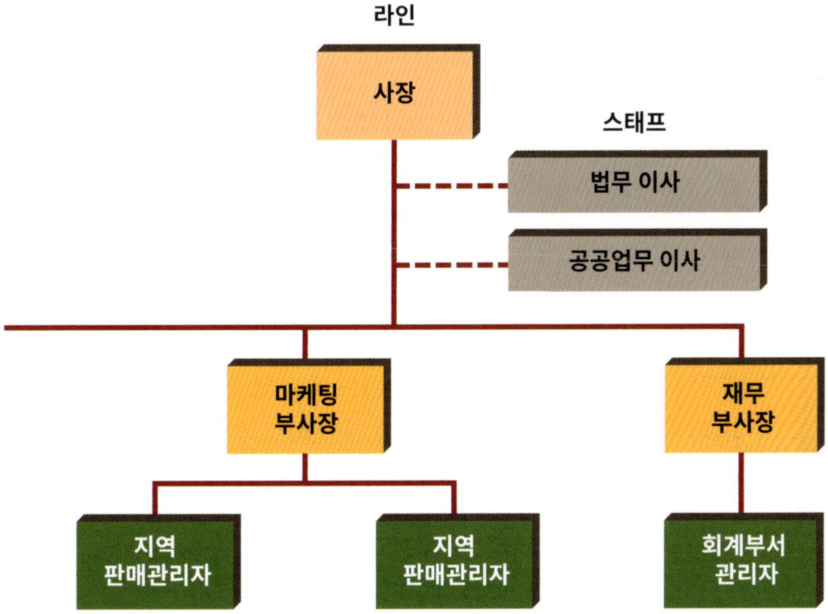

스태프 관리자(staff manager) 라인 관리자에게 지원, 조언, 전문지식을 제공하기 위해 만들어진 직위

규모 조직보다 중대형 조직에 더 적합하다. **스태프 관리자(staff manager)**는 라인 관리자에게 지원, 조언, 전문지식을 제공하여 라인 구조의 주요 단점을 제거한다. 스태프 관리자는 라인 관리자처럼 지휘 계통에 있지 않지만, 자신의 부하 직원에 대해서는 권한을 가진다(그림 5.5 참조).

조직의 효과적인 관리를 위해서는 라인 관리자와 스태프 관리자가 모두 필요하지만, 두 직책은 상당히 다르다. 가장 중요한 차이점은 라인 관리자에게 *라인 권한(line authority)*이 있다는 것이다. 즉, 라인 관리자는 조직의 목표와 관련된 결정을 내리고 지시를 내릴 수 있다. 반면, 스태프 관리자는 이러한 권한을 거의 갖지 않으며, 일반적으로 자문 권한이나 기능적 권한이 있다. *자문 권한(advisory authority)*은 라인 관리자가 의사결정을 내릴 때 스태프 관리자와 상의할 것이라는 기대이다. *기능적 권한(functional authority)*은 더 강력하다. 이 권한은 스태프 관리자가 스스로 의사결정을 내리고 전문 분야에 대한 지시를 내리는 권한이다. 예를 들어, Nike의 법률 고문은 제품의 가격을 결정하지 않지만, 특정 계약에 어떤 조항을 넣을 것인지 여부를 결정할 수 있다.

매트릭스 구조(matrix structure) 기능별 부서화와 제품별 부서화를 결합한 조직구조

라인-스태프 구조의 스태프 관리자는 라인 관리자보다 더 많은 정보를 얻고자 노력한다. 이는 라인 관리자가 정보를 위해 스태프 관리자에게 의존해야 함을 의미한다. 스태프 관리자는 자신의 잘못된 결정과 실수에 대해 조직 내에 지적할 사람이 없다면 일반적으로 문제가 되지 않는다. 여러 가지 이유로 라인 관리자와 스태프 관리자 간의 갈등은 기업 내에서 매우 일반적이다. 스태프 관리자는 종종 정규 교육을 더 많이 받았고, 때로는 라인 관리자보다 젊고 더 야심적인 경우가 많다. 따라서 라인 관리자는 스태프 관리자를 자신의 위협으로 인식하고 경계할 수 있다. 반면에 스태프 관리자는 자신의 전문적 조언이 라인 관리자에 의해 채택되지 않으면 짜증을 내거나 화를 낼 수 있다.

Andreas Rentz/Getty Images Entertainment/Getty Images

라인-스태프 조직구조. 위 그림의 Mr. Ronald McDonald는 스태프 직책을 맡고 있으며 다른 직원에 대한 직접적인 권한이 없다. 반면, McDonald's Germany의 CEO인 Holger Beeck은 라인 직책을 맡고 있으며 다른 직원에 대한 직접적인 권한이 있다.

다행히도 그러한 갈등을 최소화하는 몇 가지 방법이 있다. 한 가지 방법은 라인 관리자와 스태프 관리자를 하나의 팀으로 묶는 것이다. 또 다른 방법은 라인 관리자와 스태프 관리자의 책임 영역을 명확하게 규정하는 것이다. 마지막으로, 라인 관리자와 스태프 관리자 모두에게 자신의 활동 결과에 대한 책임을 지게 하는 것이다.

5-6c 매트릭스 구조

매트릭스 구조(matrix structure)는 조직도에서 권한의 수직선과 수평선을 결합하여 매트릭스 모양을 형성한다. 매트릭스 구조는 기능별 부서화된 조직에 제품별 부서화가 겹칠 때 발생한다. 매트릭스 조직에서 권한은 아래와 옆으로 흐르고, 직원은 둘 이상의 상사에게 보고한다.

매트릭스 구조를 이해하기 위해서, 엔지니어링, 재무, 마케팅 등의 기능별

부서에서 일하는 사람들을 생각해보자. 이제 이러한 부서의 소속직원들을 새 프로젝트를 수행하는 특수 팀(다기능 팀)에 배정한다고 가정하자. **다기능 팀(cross-functional team)**은 다양한 전문 분야, 전문지식, 기술을 가진 개인들로 구성되어 하나의 공통된 작업을 함께 수행한다. 다기능 팀은 종종 신제품 개발을 담당한다. 팀을 담당하는 관리자를 일반적으로 *프로젝트 관리자(project manager)*라고 한다. 팀에 소속되어 일하는 모든 개인은 프로젝트 관리자와 기능별 부서의 상사 양쪽에게 보고한다(그림 5.6 참조).

다기능 팀(cross-functional team) 다양한 전문 분야, 전문지식, 기술을 가진 개인들로 구성되어 하나의 공통된 작업을 함께 수행하는 팀

다기능 팀의 프로젝트는 일시적일 수 있다. 이 경우에 팀은 임무를 완료하고 해체된다. 또한, 다기능 팀의 프로젝트는 영구적일 수도 있다. 이 경우에 팀은 지속적으로 유지된다. 세계가 더욱 밀접하게 연결됨에 따라 많은 기업은 관리자에게 다기능 팀 경험을 쌓을 것을 요구한다. GE, Whirlpool, Procter & Gamble과 같은 대기업은 모두 다기능 팀에서 나오는 다양한 관점을 활용하고 있다.

이러한 팀은 종종 권한을 위임받아 중요한 의사결정을 내린다. 다기능 팀이 형성되면 효과적인 팀워크를 위해 팀 구성원은 특별 교육을 받을 수 있다. 다기능 팀이 성공하려면 팀 구성원에게 각각 수행할 직무에 대한 특정 정보를 제공해야 한다. 팀은 또한 구성원 간의 원활한 의사소통을 유지하고 응집력이 있어야 한다.

그림 5.6 매트릭스 구조

매트릭스 구조는 일반적으로 기능별 부서화와 제품별 부서화를 결합한 조직구조이다. 직원은 둘 이상의 상사를 가지는 복잡한 구조이다.

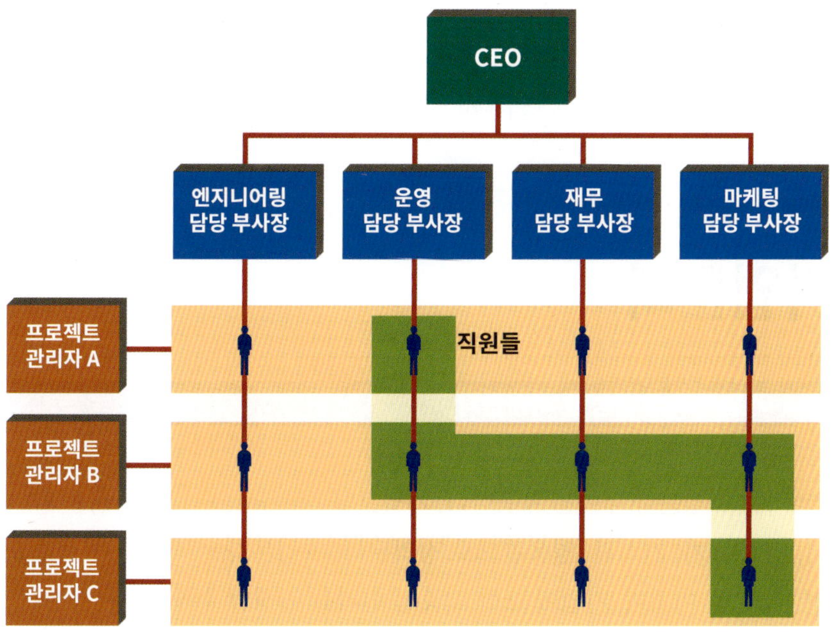

매트릭스 구조는 다른 조직구조보다 많은 장점을 제공한다. 유연성은 가장 분명한 장점이다. 매트릭스 구조는 또한 생산성을 늘리고, 사기를 높이며, 창의성과 혁신을 북돋운다. 게다가 직원은 다양한 직무를 통해 자기 계발을 경험한다.

매트릭스 구조는 여러 단점도 있다. 둘 이상의 상사에게 보고하게 되면 직원은 누가 책임자인지 혼란스러울 수 있다. 팀으로 함께 일하게 되면 혼자 일하는 개인보다 문제를 해결하는 데 더 오래 걸릴 수 있다. 또 다른 단점으로는 구성원 간의 성격 갈등, 원활치 않은 의사소통, 규정되지 않은 개인 역할, 불명확한 책임, 개인 성과와 팀 성과를 동시에 보상할 방법을 찾는 데 어려움이 있다. 더 많은 관리자와 지원 스태프가 필요하기 때문에 조직은 매트릭스 구조를 유지 관리하는 데 더 많은 비용이 들 수 있다.

5-6d 네트워크 구조

네트워크 구조(network structure) 경영관리가 기업의 주요 기능이며, 엔지니어링, 생산, 마케팅, 재무와 같은 기능은 외부 기업과 계약을 맺어 운영하는 조직구조

*가상조직(virtual organization)*이라고도 불리는 **네트워크 구조(network structure)**는 경영관리가 기업의 주요 기능이며, 엔지니어링, 생산, 마케팅, 재무와 같은 기능은 외부 기업과 계약을 맺어 운영한다. 네트워크 조직은 종종 판매하는 제품을 만들지 않는다. 이 유형의 조직에는 최고 경영진과 정규직 직원이 몇 명 있다. 임대 시설과 장비는 물론 시간제로 근무하는 임시 직원은 조직의 상황에 따라 증가하거나 감소한다. 따라서 네트워크 구조로 운영되는 조직은 제한된 공식적 구조가 있다.

네트워크 구조의 분명한 강점은 변화에 빠르게 적응할 수 있는 조직의 유연성이다. 네트워크 구조는 하나의 중앙집권적 리더에 의존하지 않고 함께 작업하는 많은 팀으로 구성된다. 따라서 이러한 구조로 운영되는 기업은 중요한 구성원이 조직을 떠나더라도 생존할 가능성이 높다. 하지만, 관리자는 다른 조직에 의해 수행된 작업의 질을 통제하기가 어렵고, 시간제 작업자들의 낮은 사기와 높은 이직률, 외부 기업에 의존하는 데 따르는 취약성 등으로 인해 어려움을 겪는다.

5-7 기업문화

 # 학습목표 기업문화의 영향을 이해한다.

기업문화(corporate culture) 기업 내의 의식, 의례 절차, 가치관, 영웅관

대부분의 관리자는 기업문화 내에서 활동한다. **기업문화(corporate culture)**는 일반적으로 기업 내의 의식, 의례 절차, 가치관, 영웅관으로 정의된다. 기업문화는 직원이 생각하고 행동하는 방식에 강력한 영향을 미치며, 기업에 대한 대중의 인식을 결정할 수 있다.

경력 쌓기

기업문화를 확인하고 취업하라.

어떤 업계에든 또는 원하는 직위에 상관없이, 일자리를 구할 때 기업문화에 세심한 주의를 기울여라. 시간을 내어 그 기업문화에 대한 단서를 찾아라. 해당 조직에 취업하여 일할 때 얼마나 편안함을 느낄 수 있는지 미리 알 수 있다. 인터뷰 과정에서 사람들이 직장동료와 고용주에 대해 말하는 것을 들어보라. 창립자와 최고경영자에 대해 어떤 이야기를 하는가? 그들은 도전과 성공에 대해 어떻게 이야기하는가? 그들의 몸짓은 작업 환경에 대해 무엇을 암시하는가? 일하기 좋은 곳처럼 보이는가?

또한, 사람들과의 대화와 온라인 조사를 통해 조직의 가치, 리더십, 문화에 대해 알아보라. 예를 들어, Southwest Airlines와 Virgin Group은 조직구성원을 혹사시키지만 재미있는 기업 문화로 유명하다. 당신은 이러한 문화가 성격에 잘 맞는가?

취업을 결정하기 전에 해당 기업을 알기 위해 얼마나 많은 사람을 만나야 하는가? 인터뷰 도중과 후에 그 기업의 사람들이 질문에 답할 시간을 내어주는가? 면접과 채용 결정이 계속해서 늘어지면, 한 개인이 결정을 내리는 것을 두려워하거나 권한이 없는 문화일 수 있다. 대조적으로, Netflix의 문화는 개인적 발전과 기업성과에 이바지하는 개인의 가치에 중점을 둔다. 당신은 어떤 유형의 기업문화를 선호하는가?

Sources: Based on information in Liz Ryan, "Five Company-Culture Clues You'll Spot On The Job Interview," Forbes, January 9, 2017, http://www.forbes.com/sites/lizryan/2017/01/09/five-company-culture-clues-youll-spot-on-the-job-interview/#3db2fc263ee3 (accessed January 18, 2017); Elaine Varelas, "How to Gauge a Company's Culture," Boston Globe, August 24, 2016,https://www.boston.com/jobs/job-doc/2016/08/24/how-to-gauge-a-companys-culture (accessed January 18, 2017); Danielle Hegedus, "Why Company Culture Is Becoming the Most Important Job Benefit," Association for Talent Development, May 12, 2016, https://www.td.org/Publications/Blogs/Human-Capital-Blog/2016/05/Why-Company-Culture-Is-Becoming-the-Most-Important-Job-Benefit (accessed January 18, 2017)

일반적으로 기업문화는 시간이 지남에 따라 기업성과에 매우 큰 영향을 미친다. 기업문화의 일반적인 지표에는 물리적 환경(건물 또는 사무실 배치), 기업이 자사의 기업문화에 대해 말하는 내용(광고 또는 보도 자료), 기업이 고객을 응대하는 방법(공식 또는 비공식 안내공간), 직원들이 시간을 보내는 방법(사무실에서 혼자 또는 다른 사람과 함께 일함) 등이 있다.

이 분야의 연구자인 Rob Goffee와 Gareth Jones는 네 가지 유형의 기업문화를 제시했다(그림 5.7 참조). 하나는 직원 간의 신뢰와 우정, 조직에 대한 강한 헌신, 비공식적 환경을 특징으로 하는 *네트워크 문화(networked culture)*이다. 소규모 비영리조직은 직원들이 서로를 배려하고 조직의 사명을 강하게 믿는 네트워크 문화를 구축하고자 노력한다. 직원들이 비교적 적은 임금으로 오랜 시간 일해야 할 수 있고, 강한 공동체 의식과 헌신은 생산성을 높이고 이직률을 낮추는 데 도움이 되기 때문에 그러한 조직에서 네트워크 문화를 구축하는 것이 중요하다.

*용병문화(mercenary culture)*라는 표현은 부정적인 의미를 지닐 수 있지만, 높은 수준의 열정, 에너지, 목적의식, 작업에 대한 몰입 등의 개념을 포함한다. 대형 은행과 투자 회사는 환경이 빠르게 변하고 위험이 크기 때문에 종종 용병문화를 가진다. 이러한 문화는 다른 사람과 어울리지 않는 성격을 가진 직원에게 높은 스트레스를 줄 수 있다. *용병(mercenary)*이라는 용어

wavebreakmedia/Shutterstock.com

기업문화. 기업문화는 직원의 체력과 건강에 영향을 미칠 수 있다. 일부 기업은 운동을 위한 시설을 갖추고, 과일을 포함하여 무료 건강 간식을 제공한다.

는 금전적 이득이 큰 역할을 하지만, 직원들이 돈을 위해서만 일한다는 것을 의미하지는 않는다. 이 문화에서 생활하는 직원들은 경쟁에 승리하기 위해 매우 열정적이고, 결단력이 높고, 일에 몰입하는 특징이 있다. 예를 들어, Wells Fargo는 지속 불가능한 목표를 달성해야 한다는 압력을 느낀 일부 경영진이 자사도 모르게 고객의 기존 은행 계좌를 이용하여 새로운 계좌와 금융 상품을 만들었다는 사실을 알게 된 후 큰 어려움을 겪었다. Wells Fargo는 결국 사기 행위에 연루된 5,300명의 직원을 해고하고, 미국 소비자 금융 보호국(Consumer Financial Protection Bureau)에 1억 8,500만 달러의 벌금을 냈다. 이에 많은 금융인, 은행 고객, 전직 직원들은 어떤 대가를 치르더라도 성장을 최우선으로 삼는 은행의 고위 경영진과 기업문화를 비난했다.

*분열된 문화(fragmented culture)*에서 직원들은 서로 친구가 되지 않으며, 조직에서 단지 일할 뿐이지 조직을 위해 일하는 것이 아니다. 직원은 높은 수준의 자율성, 유연성, 평등의식을 가지고 있다.

*공동체 문화(communal culture)*는 네트워크 문화와 용병문화의 긍정적인 특성, 즉 우정, 헌신, 성과에 대한 높은 집중, 높은 에너지를 결합한다. 사람들의 삶은 이 문화에서 제품을 중심으로 이루어지며, 조직 내 어느 누군가의 성공은 모든 사람에게 축하를 받는다.

일부 전문가들은 산업의 경쟁이 치열해지고, 기업의 성과가 지지부진하고, 혹은 기업이 계속해서 성장하는 경우 등과 같이 기업의 환경이 변할 때 문화적 변화가 필요하다고 생각한다. 기업이 최고의 인재를 유치하기 위해 기업문화를 변경하는 것은 드문 일이 아니다.

미래의 조직은 컴퓨터 네트워크를 통해 서로 긴밀히 연결되고, 강력한 기업문화를 지닌 소규모의 팀으로 운영될 가능성이 크다. 빠르게 변화하는 산업에서 비즈니스를 하는 기업은 직원들을 신뢰하고 위험을 감수하는 리더십이 필요하다. 조직에서 신뢰의 문화를 조성하면 기업의 성장, 이익, 생산성, 직무 만족도가 증가할 수 있다. 신뢰의 문화는 조직이 최고의 인재를 유지하고, 고객 충성도를 높이고, 새로운 시장을 개척하고, 창의성을 높이는 데 도움이 된다.

기업문화가 중요한 역할을 하는 또 다른 영역은 둘 이상의 기업이 통합할 때이다. 기업의 경영진들은 종종 인수 및 합병(M&A)의 성공에 영향을 미치는 주요 요인 중 하나로 기업문화를 언급한다. 즉, 많은 기업의 경영진과 이 분야의 전문가는 두 합병 기업이 기업문화의 차이를 극복하지 못하면 그 합병은 실패할 가능성이 크다고 주장한다.

그림 5.7 기업문화의 유형

어떤 기업문화를 선택할 것인가?

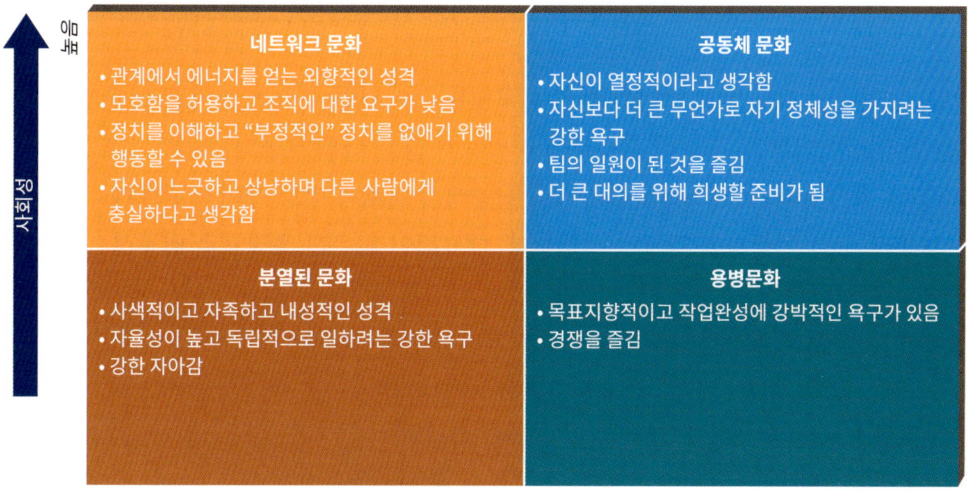

Source: "Types of Corporate Culture," in Rob Goffee and Gareth Jones, The Character of a Corporation (New York: HarperCollins, 1998). Copyright © 1998 by Rob Goffee and Gareth Jones. Permission granted by Rob Goffee and Gareth Jones.

5-8 위원회와 태스크 포스

#학습목표 기업의 다양한 위원회가 어떻게 활용되는지 이해한다.

오늘날 기업은 조직구조에 영향을 미치는 여러 유형의 위원회를 운영한다. **임시위원회(ad hoc committee)**는 직원급여계획을 검토하는 것과 같이 단기적인 특정 목적(안건)을 위해 열리는 위원회이다. 작업이 완료되면 임시위원회는 해체된다. **상임위원회(standing committee)**는 비교적 영구적인 위원회로 반복적인 작업을 수행한다. 예를 들어, 기업은 예산 검토위원회를 구성하여 각 부서의 예산 요청을 지속적으로 검토할 수 있다. 마지막으로, **태스크 포스(task force)**는 중대한 문제 또는 보류 중인 안건을 조사하기 위해 설립된 위원회이다. 다른 회사와의 합병을 고려 중인 기업은 합병의 장단점을 평가하는 태스크 포스를 구성할 수 있다.

임시위원회(ad hoc committee) 단기적인 특정 목적(안건)을 위해 열리는 위원회

상임위원회(standing committee) 반복적인 작업을 수행하는 비교적 영구적인 위원회

태스크 포스(task force) 중대한 문제 또는 보류 중인 안건을 조사하기 위해 설립된 위원회

개별 행동과 비교하면, 기업의 위원회는 몇 가지 장점을 제공한다. 위원회에 소속된 여러 구성원은 당면한 문제(안건)에 대해 다양한 정보와 지식을 가져온다. 따라서 위원회는 더 정확한 의사결정을 내리고, 조직 전체에 그 결과를 더 효과적으로 전달하는 경향이 있다. 그러나 위원회의 심의는 개별 조치보다 시간이 오래 걸린다. 또한, 한 사람이 위원회를 지배할 때 위원회 내에서 불필요한 갈등이 발생할 수 있다.

5-9 비공식 조직과 그레이프바인

 # 학습목표 기업 내의 비공식 조직과 그레이프바인의 역할을 이해한다.

비공식 조직(informal organization) 개인적 관계에서 비롯된 행동과 상호작용으로 형성된 조직

비공식 그룹(informal group) 조직과 관련이 있을 수도 있고 없을 수도 있는 목표를 달성하기 위해 그룹 구성원끼리 직접 만든 집단

그레이프바인(grapevine) 조직 내의 비공식 의사소통 네트워크

지금까지 우리는 조직을 상호 관련된 직위로 구성된 공식적인 구조로 정의했다. 이것은 조직도에 있는 조직을 의미한다. 그러나 조직도에 나타나지 않는 다른 유형의 조직이 있다. 우리는 이러한 **비공식 조직(informal organization)**을 공식적 관계가 아닌 개인적 관계에서 비롯된 행동과 상호작용으로 형성된 조직으로 정의한다. 대표적인 비공식 조직으로 비공식 그룹과 악명 높은 그레이프바인이 있다.

비공식 그룹(informal group)은 조직과 관련이 있을 수도 있고 없을 수도 있는 목표를 달성하기 위해 그룹 구성원끼리 직접 만든 집단이다. 직원들은 비공식 그룹을 만들어 함께 점심을 하거나, 볼링을 하거나, 노조를 결성하거나, 특정 관리자를 해고 또는 전근하도록 만들 수 있다. 그룹은 몇 시간만 존재하거나 여러 해 동안 지속할 수 있다.

비공식 그룹은 조직 내에서 강력한 힘이 될 수 있다. 그들은 기업의 생산량을 제한하거나 어려운 처지에 있는 관리자를 도울 수도 있다. 또한, 그들은 반대와 갈등을 유발하거나 사기와 직무 만족도를 높이는 데 도움이 될 수도 있다. 그리고 직원의 성과와 생산성을 개선하거나 악화시킬 수도 있다. 관리자는 비공식 그룹이 조직 내에 미치는 영향을 분명히 인식하고 이를 효과적으로 활용하는 방법을 찾아야 한다.

그레이프바인(grapevine)은 조직 내의 비공식 의사소통 네트워크이다. 즉, 그레이프바인은 의사소통이 비공식 경로를 통해 이루어지며, 그 경로가 포도 덩굴과 같이 얽혀 있다는 의미에서 그렇게 불린다. 그레이프바인은 조직의 공식적인 의사소통 경로와 완전히 별개이며, 때로는 공식적 네트워크보다 훨씬 빠르다. 공식적인 의사소통은 일반적으로 조직의 지휘 계통의 경로를 따른다. 그레이프바인은 정보를 조직 내에 위, 아래, 대각선, 또는 수평 방향으로 전달할 수 있다. 부하 직원은 상사에게 정보를 전달하거나, 임원은 유지 보수 직원에게 무언가를 전달하거나, 전혀 상관없는 부서들에서 일하는 사람들 간에 정보를 교환할 수도 있다. 그레이프바인에서 수집한 정보는 최신 경영 의사결정에서 각종 소문에 이르기까지 모든 내용을 포함할 수 있다.

iStock.com/llhedgehogll

인원이 많으면 힘이 된다. 직원들은 서로 친해지면 조직 내에서 비공식적인 그룹을 형성하는 것이 일반적이다. 그룹은 회원들에게 동료애와 정보를 제공하지만, 조직에 어려움과 이득을 모두 제공할 수 있다.

관리자는 그레이프바인을 어떻게 바라봐야 하는가? 그레이프바인을 없애려고 한다면 그것은 확실히 큰 실수가 될 것이다. 함께 근무하는 사람들은 매일 의사소통을 한다. 더 합리적인 접근 방식은 그 존재를 인정하는 것이다. 예를 들어, 관리자는 부정확한 그레이프바인 정보에 신속하고 적극적으로 대응하여, 그러한 잘못된 정보로 인해 발생할 수 있는 조직의 피해를 최소화해야 한다. 더욱이 관리자가 비공식 조직으로부터 중요한 정보를 얻으려고 할 때 그레이프바인은 큰 도움이 될 수 있다.

요약

1. 조직의 의미와 그 특성을 이해한다.

조직은 공통 목표를 달성하기 위해 함께 일하는 둘 이상의 사람들로 구성된 집단이다. 조직 내 직위 간의 관계는 조직도를 통해 설명할 수 있다. 직무 설계, 부서화, 위임, 관리범위, 지휘계통 등의 다섯 가지 요소는 조직도와 조직 자체의 모양을 결정하는 데 도움이 된다.

2. 직무 전문화가 왜 중요한지 이해한다.

직무 전문화는 조직 내의 모든 활동을 더 작은 작업으로 분리하고 이러한 작업을 각 사람에게 할당하는 것이다. 전문화는 여러 요인과 결합하여 유용한 직무 설계를 만들지만, 높은 수준의 전문화는 직원의 불만족과 지루함의 원인이 되기도 한다. 이러한 문제를 극복하는 한 가지 기법은 직무 순환이다.

3. 부서화의 다양한 기준을 이해한다.

부서화는 모든 직무를 관리 가능한 단위로 그룹화하는 것이다. 부서화의 일반적인 기준은 기능, 제품, 지역, 고객 등이다. 이러한 각 기준이 특별한 이점을 제공하기 때문에 대부분의 기업(특히 대규모 기업)은 조직의 다양한 상황을 해결하기 위해 서로 다른 기준을 조합하여 사용한다.

4. 위임과 조직 분권화의 관계를 이해한다.

위임은 관리자 작업의 일부를 다른 직원에게 넘기는 것이다. 위임은 (1) 책임을 할당하고, (2) 권한을 부여하고, (3) 책무를 할당하는 등의 세 단계로 이루어진다. 분권화 기업은 낮은 관리 수준의 사람들에게 가능한 한 많은 권한을 위임하는 회사이다. 반면, 중앙집권화 기업에서는 권한이 상위 수준의 관리자에게 집중된다.

5. 관리범위가 조직을 어떻게 설명하는지 이해한다.

관리범위는 한 관리자에게 직접 보고하는 작업자의 수이다. 범위는 일반적으로 넓거나(관리자 당 많은 작업자) 혹은 좁다(관리자 당 적은 작업자). 넓은 관리범위는 일반적으로 평평한 조직(관리계층이 몇 개 없음)을 만들고, 좁은 관리범위는 일반적으로 키가 큰 조직(많은 관리계층)을 만든다.

6. 조직구조의 네 가지 기본 형태를 이해한다.

조직구조에는 네 가지 기본 형태가 있다. 라인 구조는 가장 오래되고 단순한 구조로, 지휘 계통이 관리 수준을 통해 사람에서 사람으로 직선으로 이동한다. 라인-스태프 구조는 라인 구조와 유사하지만, 라인 관리자의 의사결정을 지원하기 위해 스태프 관리자라는 전문가를 제공한다. 라인 구조는 소규모 조직에서 가장 효율적이지만, 라인-스태프 구조는 중간 규모와 대규모 조직에서 사용된다. 매트릭스 구조는 기능별 부서화와 제품별 부서화를 결합한 형태이다. 매트릭스 구조를 사용하면 다기능 팀의 소속직원은 프로젝트 관리자와 기능 부서의 관리자에게 보고한다. 네트워크 구조를 가진 조직에서 내부적으로 수행되는 주요 기능은 경영관리이고, 다른 기능(엔지니어링, 생산, 마케팅, 재무 등)은 외부 기업과 계약을 맺어 운영한다.

7. 기업문화의 영향을 이해한다.

기업문화는 조직의 내부와 외부에 영향을 미친다. 즉, 조직의 문화는 직원이 생각하고 행동하는 방식에 영향을 미칠 수 있으며 조직에 대한 대중의 인식도 결정할 수 있다. 기업문화는 시간이 지남에 따라 부정적이든 긍정적이든 기업의 성과에 영향을 미칠 수 있다. 예를 들어, 신뢰의 문화를 조성하면 기업의 성장, 이익, 생산성, 직무 만족도를 높이는 동시에 최고의 인재를 유지하고 고객 충성도를 높이고 새로운 시장을 개척하고 창의성을 높일 수 있다. 또한, 둘 이상의 기업이 통합할 때 서로 다르거나 유사한 기업 문화가 인수 및 합병의 성공에 영향을 미칠 수 있다.

8. 기업의 다양한 위원회가 어떻게 활용되는지 이해한다.

기업은 조직구조에 영향을 미치는 여러 유형의 위원회를 운영한다. 임시위원회는 단기적인 특정 목적(안건)을 위해 만들어지는 반면, 상임위원회는 비교적 영구적인 위원회로 반복적인 작업을 수행한다. 태스크 포스는 중대한 문제 또는 보류 중인 안건을 조사하기 위해 설립된다.

9. 기업 내의 비공식 조직과 그레이프바인의 역할을 이해한다.

대표적인 비공식 조직으로 비공식 그룹과 그레이프바인이 있다. 비공식 그룹은 조직과 관련이 있을 수도 있고 없을 수도 있는 목표를 달성하기 위해 그룹 구성원끼리 직접 만든 집단이며 매우 강력한 힘을 발휘할 수 있다. 그레이프바인(조직 내의 비공식 의사소통 네트워크)은 공식적 의사소통 네트워크를 통하는 것보다 훨씬 빠르게 중요한 정보가 조직 전체에 전달될 수 있다. 이러한 정보(각종 소문 포함)는 그레이프바인을 통해 조직 내에 위, 아래, 대각선, 또는 수평 방향으로 전달될 수 있다.

주요 용어

당신은 이제 다음 용어들에 대한 정의와 적합한 예를 제시할 수 있어야 한다.

- 조직
- 조직도
- 지휘 계통
- 직무 설계
- 직무 전문화
- 직무 순환
- 부서화
- 기능별 부서화
- 제품별 부서화
- 지역별 부서화
- 고객별 부서화
- 위임
- 책임
- 권한
- 책무
- 분권화 조직
- 중앙집권화 조직
- 관리범위 혹은 통제범위
- 조직 높이
- 라인 구조
- 라인 관리자
- 라인-스태프 구조
- 스태프 관리자
- 매트릭스 구조
- 다기능 팀
- 네트워크 구조
- 기업문화
- 임시위원회
- 상임위원회
- 태스크 포스
- 비공식 조직
- 비공식 그룹
- 그레이프바인

토론 문제

1. 기업은 조직도를 어떤 방식으로 만드는가?
2. 조직 내의 전문화는 어떤 기준으로 결정되는가?
3. 직무 전문화로 인한 문제를 해결하기 위해 직무 순환을 사용하는 방법을 설명하라.
4. 대부분의 기업이 다양한 부서화 기준을 결합하여 사용하는 이유는 무엇인가?
5. 위임이 이루어지는 세 가지 단계를 설명하라.
6. 기업의 최고 경영진은 중앙집권화 수준에 어떤 영향을 미치는가?
7. 조직 높이는 관리범위와 어떤 관련이 있는가?
8. 라인-스태프 구조와 매트릭스 구조를 비교하고 설명하라.
9. 지역에 있는 Best Buy 매장의 기업문화는 지역에 있는 McDonald's 매장의 기업문화와 어떻게 다른가?
10. 어떤 종류의 기업이 중앙집권화 조직으로서 가장 효과적인가? 분권화 기업은?
11. 관리범위와 위원회는 조직구조에 어떤 영향을 미치는가?

OPERATIONS, MIS, AND ACCOUNTING

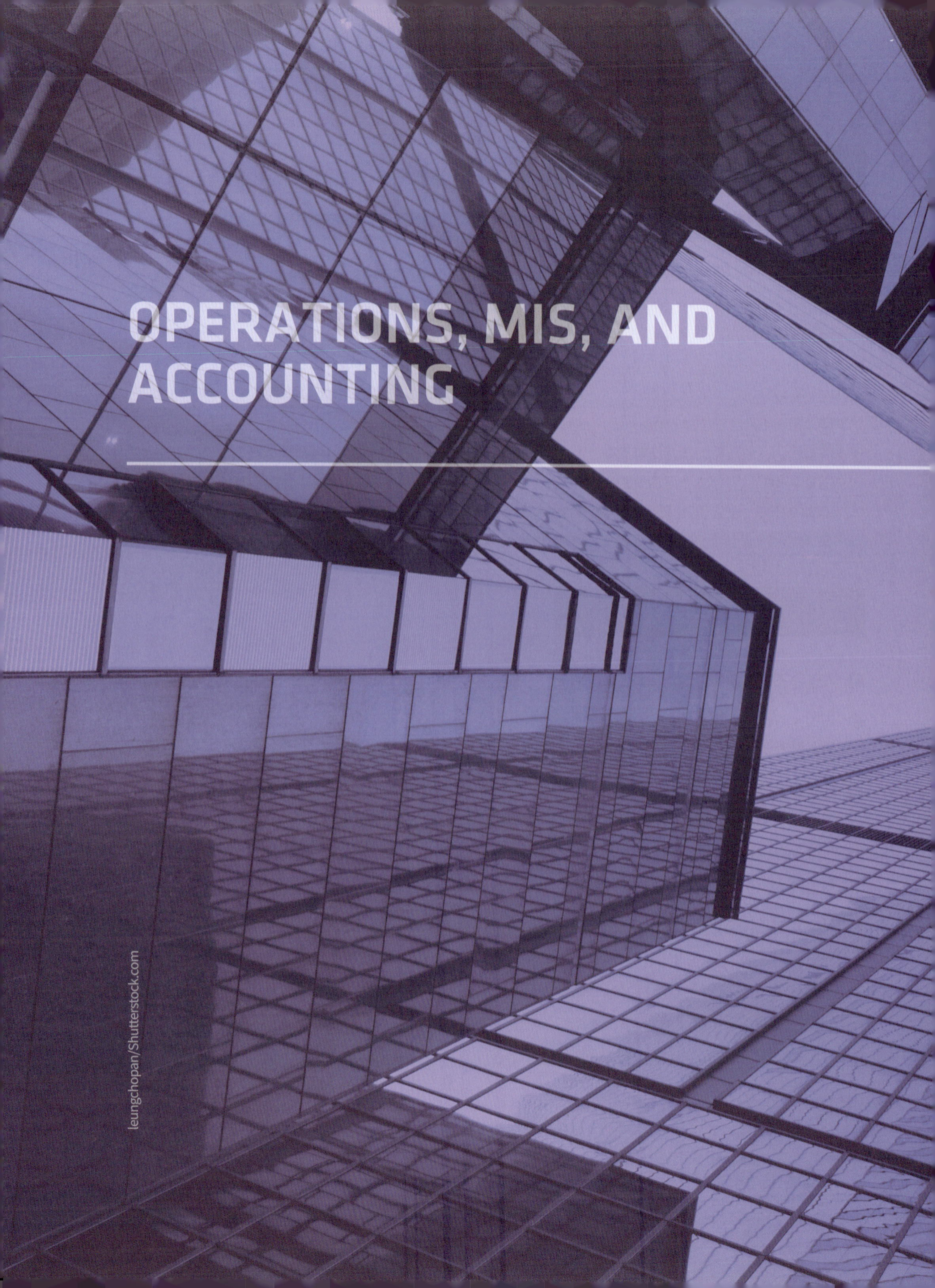

leungchopan/Shutterstock.com

PART 3.

운영, MIS 및 회계

제3부에서 우리는 제품과 서비스의 생산과 관련된 기업의 운영을 살펴본다. 그런 다음, 경영정보와 회계정보의 역할을 이해하고, 이러한 정보가 기업경영의 의사결정을 어떻게 향상시키는지 알아본다.

PRODUCING QUALITY GOODS AND SERVICES

goodluz/Shutterstock.com

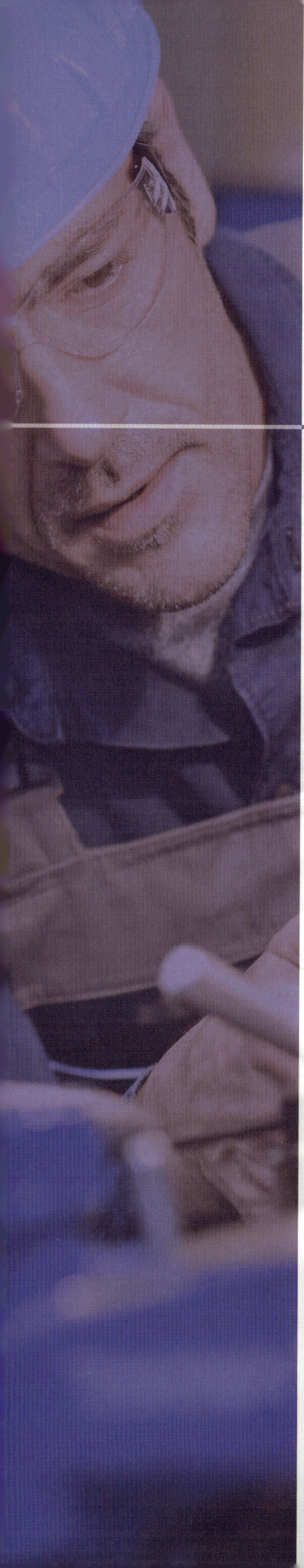

CHAPTER 6.

제품과 서비스의 생산

학습 목표

본 장을 마치면, 당신은 아래 내용을 이해할 수 있다.

1. 생산의 의미를 이해한다.
2. 전환 프로세스가 원자재, 노동, 기타 자원을 최종제품과 서비스로 어떻게 전환하는지 이해한다.
3. 서비스업이 소비자, 다른 기업, 그리고 국가 경제에 미치는 영향을 이해한다.
4. 연구개발이 새로운 제품과 서비스로 어떻게 이어지는지 이해한다.
5. 생산계획에 포함된 구성요소를 이해한다.
6. 구매, 재고관리, 일정관리, 그리고 품질관리가 생산에 미치는 영향을 이해한다.
7. 기술이 기업의 생산성과 경쟁력 향상에 어떤 역할을 하는지 이해한다.

INSIDE BUSINESS

비즈니스 들여다보기

Blue Apron은 집에서 요리할 수 있는 식재료 키트(meal kit)를 제공한다.

우편으로 식재료 키트를? 이것이 바로 Blue Apron을 설립한 Matt Salzberg, Matt Wadiak, Ilia Papas의 세 사람이 뉴욕서 사업을 한 기본적 아이디어이다. 이 회사는 집에서 요리하는 소비자들의 취향에 부응하기 위해 고품질의 신선한 식재료 키트와 2인분/4인분의 제철 음식 요리법을 제공한다. 고객은 정량에 맞춰 준비된 식재료와 단계별 요리법을 이용하여 번거로운 쇼핑과 남는 음식의 낭비 없이 식사를 맛있게 할 수 있다. 고객은 Blue Apron의 웹사이트(www.blueapron.com)에 로그인하여 자신의 선호음식을 등록하고 주문하면 식재료 키트를 정기적으로 집으로 배송받는다.

Blue Apron은 고객의 눈과 미각에 즐거운 흔치 않은 재료를 사용하여 경쟁업체와 차별화한다. 이 회사는 재료 준비를 위해 1년 전부터 계획을 세우지만, 모든 재료가 필요할 때마다 항상 갖춰져 있는 것은 아니다. 예를 들어, 초기의 한 요리법은 캘리포니아산 유자 열매(yuzu fruit)를 사용했다. 그러나 유자나무에서 예상보다 적은 열매가 수확되었을 때, Blue Apron은 일부 식재료 키트에 유자 대신 카피르 라임(kaffir limes)을 넣었다. 과거 교훈을 바탕으로, 현재 이 회사는 농작물 수확량에 대한 확실한 데이터를 확보한 후 그 부족한 양을 메우기 위해 추가 재배자를 정기적으로 모집하고, 생산 몇 주 전에 모든 식재료 키트를 미세 조정한다.

이 회사의 식재료 키트는 매우 인기가 높아 2년 만에 6년 기간의 판매 예상치를 초과했다. 한 달에 800만 명이 먹을 수 있는 식재료를 배송하기 위해, 이 회사는 기존공장의 확장과 동시에 새로운 공장을 개설하였으며, 소스와 향신료 양을 측정하는 작업을 자동화했다. 최근에 Blue Apron은 자사 고객에게 와인과 주방용품도 판매하고 있다.

알고 있는가?

Blue Apron은 매달 800만 명의 식재료 키트를 배송하여 약 10억 달러의 연간 매출액을 올린다.

도전적인 일! 한 달에 8백만 명의 식사를 어떻게 준비할까? Matt Salzberg, Matt Wadiak, Ilia Papas와 Blue Apron이 매달 직면하는 과제이다. 모든 일을 이 세 기업가가 하는 것이 아니다. 이 많은 식사를 준비하려면 팀으로 구성된 모든 사람이 맛이 좋을 뿐만 아니라 그럴싸하게 보이는 요리법을 만들어야 한다. 요리법이 만들어지면 재료를 주문하고 조립한 다음, 최신 요리의 즐거움을 기다리는 Blue Apron 고객에게 배송한다. 기업가는 본 장에서 다루는 많은 주제-연구개발, 시설물 계획, 구매, 품질관리, 일정관리, 자동화-가 자사의 비즈니스 성장과 증가한 고객수요의 대처 능력을 위해 꼭 갖춰야 할 핵심 요소라는 것을 알게 될 것이다.

본 장에서 우리는 운영관리-고객의 욕구를 충족시키는 제품과 서비스를 생산하는데 요구되는 활동들-의 전체적인 내용을 개략적으로 살펴본다. 또한, 이 장에서 우리는 미국 경제에서 제조업이 담당하는 역할, 글로벌 시장에서의 경쟁, 운영관리의 경력에 대해서 알아본다. 그다음에, 우리는 생산을 가능케 하는 전환 프로세스를 살펴보고, 우리 경제에서 증가하는 서비스의 역할을 알아본다. 그런 다음에, 운영관리의 중요한 3가지 측면-신제품을 위한 아이디어 개발, 생산을 위한 계획, 생산이 시작된 이후의 효과적인 운영통제-에 대하여 자세히 살펴본다. 마지막으로, 생산성 추세를 간략히 살펴보고, 자동화, 로봇, 기술을 통해 생산성을 향상시킬 수 있는 방법을 배운다.

6-1 생산이란?

 # 학습목표 **생산의 의미를 이해한다.**

당신은 새로운 Levi's 청바지가 어떻게 만들어지는지 궁금한 적이 있는가? Apple의 최신 아이폰은? 본 장에서 살펴볼 생산 활동이 없다면, Maytag의 세탁건조기는 세상에 나올 수가 없다. 사실상, 모든 제품과 서비스는 일련의 생산 활동 없이 존재할 수 없다.

*운영관리자*가 하는 일을 살펴보자. 우리는 4장에서 운영관리자를 경영자원을 제품과 서비스로 전환시키는 시스템을 관리하는 사람으로 기술하였다. 이러한 관리영역을 **운영관리(operations management)**라고 보통 일컬으며, 이는 제품과 서비스를 생산하는데 필요한 모든 활동으로 이루어진다.

운영관리(operations management) 제품과 서비스를 생산하는데 필요한 모든 활동

제품과 서비스를 성공적으로 생산하기 위해 기업은 수많은 활동을 수행한다. 예를 들어, Tesla Motors가 추구하는 바는 안전하고 멋진 세단의 전기자동차를 만드는 것이다. 이 회사는 Model S로 수년간의 초기 성공을 거둔 후, 현재 새로운 중형 SUV 전기차인 Model X(275마일 주행이 가능한 큰 배터리를 장착)을 개발하고자 한다. 이를 위해 Tesla는 마케팅 조사를 시행하여 고객이 이 차를 얼마의 가격(75,000~130,000달러)에 구입할 지와 고객의 원하는 추가 기능도 알아야 한다. 마케팅 조사는 또한 새로운 Model X와 포르쉐, BMW, 아우디의 경쟁차와 비교해야 한다. 필요한 마케팅 조사를 토대로 Tesla의 운영관리자는 그 아이디어를 실행할 프로세스를 시작할 수 있다.

Tesla의 운영관리자는 단지 "시작 버튼"을 누르자마자 곧바로 새로운 Model X를 생산할 순 없다. 제품 생산을 위해서는 반드시 계획이 필요하다. 계획은 무언가를 만들기 전에 그리고 생산 작업이 진행되는 동안에 모두 일어난다.

운영관리자는 또한 조직의 목표를 달성시키는 운영통제에 관심을 두어야 한다. Tesla의 Model X와 같은 제품의 경우, 운영통제는 제품 품질, 성능 기준, 원자재와 완제품의 재고량, 생산 비용 등과 같은 수많은 주제를 포함한다.

본 장의 뒷부분에서 우리는 운영관리의 주요 활동을 살펴볼 것이다. 먼저 미국의 제조업체를 자세히 살펴보고, 그들이 글로벌 시장에서 어떻게 경쟁하는지 알아보자.

6-1a 미국 제조업체는 글로벌 시장에서 어떻게 경쟁하는가?

2차 세계대전 이후 미국은 전 세계에서 가장 생산성이 높은 나라였다. 그 이후 1970년대 후반까지 미국의 지배력은 거의 위협받지 않았다. 그러나 오늘날 중국, 멕시코, 일본, 독일, 한국, 스웨덴, 그리고 전 세계의 다른 선진국 제조업체는 좋은 품질의 전자제품, 자동차, 값싼 생활필수품을 생산하여 미국의 제조업체와 경쟁한다. 경쟁이 치열해짐에 따라 미국 제조업체는 나쁜 소식과 좋은 소식을 동시에 갖는다. 먼저 나쁜 소식을 살펴보자.

제조업체의 나쁜 소식 제조업 부문에서 일하고 있는 미국인의 수는 계속 감소하고 있다. 1960년에 미국인 4명 중 1명이 제조업에 종사했지만, 오늘날 10명 중 1명 미만이 제조업에 일하고 있다. 현재 약 1,200만 명이 제조업 분야에서 일하고 있다-2000년의 1,700만 명에서 5백만 명이 줄어듦. 그 감소의 주요 요인을 살펴보면 다음과 같다.

미국 제조업의 많은 일자리는 노동, 안전 및 환경규제가 거의 없는 국가의 저임금 근로자에게 아웃소싱되었다.

그 결과, 제조업은 현재 미국 노동인구의 약 8%만을 차지한다. 2000년 이후, 5백만 개의 일자리가 사라졌으며, 그들 중 많은 일자리가 다시 만들어지지 않고 있다. 전문가들은 또한 제조업 분야에서의 고용이 계속 감소하여 현재부터 2022년 사이에 약 1,100만 일자리가 될 것으로 예측한다. 미국 제조업의 감소에 대한 추가 증거로서, 중국은 현재 세계의 가장 큰 제조국가가 되었고 미국은 그 뒤를 잇고 있다.

제조업체의 좋은 소식 미국은 여전히 세계에서 가장 큰 제조업 국가 중 하나이다. 일부 사람들은 "미국산 제품"이 이전과 같지 않다고 하지만, 아래 내용을 살펴보자.

- ✔ 미국의 제조업체는 전 세계 제조생산물의 약 18.6%를 담당한다.
- ✔ 제조업은 미국 국내 총생산(GDP)의 약 12%를 차지하고, 미국 경제에 약 2조 2천억 달러 공헌한다.
- ✔ 제조업 수출은 미국 전체 수출의 약 60%를 차지한다.
- ✔ 제조업에는 막대한 승수 효과(multiplier effect, 투자를 늘릴 때 그 투자한 금액보다 더 큰 효과가 창출되는 현상)가 생긴다. 제조업에 1달러를 투자하면 제조업체를 지원하는 공급업체와 관련 유통업체의 구매 덕분에 국가 경제의 1.8달러가 추가로 생성된다.
- ✔ 과거에 미국의 제조비용이 중국과 다른 선진국에 비해 약 20% 더 많았다. 오늘날 미국의 제조비용은 중국보다 약 5% 정도 높지만 여러 유럽 국가보다 더 저렴하다. 낮아진 제조비용의 주된 이유는 미국 제조업체의 에너지 절약과 석유 및 가스 가격이 계속 낮아지기 때문이다.

결과적으로, 제조 부문은 여전히 미국 경제에서 매우 중요한 부분을 차지한다. 제조업 일자리가 계속 줄고 있지만, 생산성은 지속해서 향상되고 있다. 생산성 향상의 이유로는 최소 다음의 두 가지를 들 수 있다, 첫째, 제품을 생산하는데 더 좋은 방법을 찾는 혁신(innovation)은 미국 제조업체가 세계시장에서 경쟁할 수 있는 핵심 요소이다. 둘째, 오늘날 제조 부문의 직원들은 정교한 기계와 장비를 다루는 데 능숙하다. 그로 인해, 미국 제조업체는 더 적은 인원으로 더 많은 제품을 만들 수 있다.

제조업체에 더 좋은 소식이 있다. '미국 우선주의'를 강조하는 Trump 대통령과 워싱턴 공무원은 기존의 제조업 일자리를 보존하기 위해 제조업체가 미국에서 사업하면 여러 혜택을 제공하고 있다. 그 결과, 외국 공장에 아웃소싱을 한 많은 미국 제조업체들이 최근에 다시 미국으로 돌아와 제품을 만들고 있다. **리쇼어링(reshoring)**은 미국 제조업체가 제조 작업을 미국으로 다시 가져오는 것을 의미한다. 예를 들어, Carrier, General Electric, Ford, Apple, Caterpillar, Honda, Lenovo, Whirlpool, 그 밖의 많은 미국 기업이 리쇼어링을 하고 있다. 미국 기업이 "자국으로 되돌아오는" 주된 이유는 외국의 인건비 증가, 운송비용 증가, 중대한 품질 및 안전문제, 미국에서 제품을 생산할 때의 신속한 제품개발, 제조업체가 미국에서 제품을 생산하도록 장려하는 연방정부와 주정부의 보조금 등을 들 수 있다.

리쇼어링(reshoring) 미국 제조업체가 제조 작업을 미국으로 다시 가져오는 것

미국 제조업체가 직면한 과제가 많지만, 대부분의 전문가는 미국 제조업체가 현재와 미래의 도전을 잘 이겨내리라 예측한다. 즉 전문가들은 많은 미국 제조업체가 다음 사항에 중점을 두기 때문에 글로벌 시장의 치열한 경쟁을 잘 극복할 것으로 보고 있다.

❶ 고객의 욕구를 충족시키고, 제품 품질을 향상시킨다.

❷ 직원들이 경영진과 협력하고 생산성을 향상시키도록 동기부여를 준다.

❸ 합리적인 가격으로 고품질의 원자재와 부품을 제공하는 공급업체를 선택하여 비용을 줄인다.

❹ 높은 수준의 고객화가 가능한 컴퓨터 지원 및 유연한 제조시스템을 사용한다.

❺ 제조비용을 절감하기 위해 통제 절차를 향상시킨다.

❻ 천연자원과 지구를 보존하는 환경친화적 제조방법을 사용한다.

6-1b 운영관리의 직업

운영관리의 경력을 쌓기 위해서, 당신은 대량생산에 대한 기본적인 이해와 분석적 프로세스와 종합적 프로세스 간의 차이를 알아야 한다. **대량생산(mass production)**이란 오랜 기간 동안 많은 수의 동일한/유사한 제품을 생산함으로써 비용을 낮추는 제조방법이다. **분석적 프로세스**

대량생산(mass production) 오랜 기간 동안 많은 수의 동일한/유사한 제품을 생산함으로써 비용을 낮추는 제조방법

분석적 프로세스(analytical process) 원자재를 여러 구성요소로 분해하는 프로세스

종합적 프로세스(synthetic process) 원자재와 구성요소를 결합하여 완제품을 만드는 프로세스

(analytical process)는 원자재를 여러 구성요소로 분해한다. 예를 들어, 텍사스주에 있는 석유 및 에너지 탐사회사인 Marathon Oil Corporation에서 정제한 원유는 휘발유, 경유, 윤활유, 기타 여러 석유 부산물로 분해될 수 있다. **종합적 프로세스(synthetic process)**는 분석적 프로세스와 반대되는 개념으로, 원자재와 구성요소를 결합하여 완제품을 만든다. 예를 들어, Stanley Black & Decker는 무선 드릴을 생산할 때 플라스틱, 강철, 충전식 배터리, 그 밖의 다른 부품을 결합하는 종합적 프로세스를 사용한다.

운영관리자가 고객이 원하는 유형의 제품과 서비스를 생산할 책임이 있다는 것을 이해한 후, 당신은 이에 적합한 생산 프로세스를 선택해야 한다. 오늘날의 성공한 운영관리자는 아래 내용을 이해하고 실행하는 경향이 있다.

❶ 직원들에게 동기를 부여하고 그들을 이끌 수 있다.

❷ 기술이 어떻게 제조업체의 생산성을 높일 수 있는지 이해한다.

❸ 생산 비용을 낮추고 제품 품질을 향상시키는 비용관리 프로세스를 이해한다.

❹ 제품생산, 제품 마케팅, 고객 간의 관계를 이해한다.

운영관리가 당신의 관심 분야라면, 운영관리에 대한 경력을 더 많이 조사해보길 바란다.

6-2 전환 프로세스

 # 학습목표 전환 프로세스가 원자재, 노동, 기타 자원을 최종제품과 서비스로 어떻게 전환하는지 이해한다.

효용(utility) 사람의 욕구를 충족시키는 제품과 서비스의 능력

형태 효용(form utility) 원자재, 재무, 정보를 완제품으로 전환하는 사람들이 만드는 효용

제조업과 서비스업의 목적은 고객에게 효용을 제공하는 것이다. **효용(utility)**이란 사람의 욕구를 충족시키는 제품과 서비스의 능력을 의미한다. 형태, 장소, 시간, 소유라는 4가지 유형의 효용이 있지만, 운영관리는 주로 형태 효용에 중점을 둔다. **형태 효용(form utility)**은 원자재, 재무, 정보를 완제품으로 전환하는 사람들이 만든다. 장소, 시간, 소유와 같은 다른 유형의 효용은 10장에서 설명한다.

전환은 어떻게 일어날까? Kellogg는 옥수수, 설탕, 소금, 다른 곡물들; 이전의 판매와 주주의 투자로부터 얻은 돈; 생산 노동자와 관리자; 마케팅 예측 등의 모든 경영자원을 이용해 Frosted Flakes 시리얼 제품으로 어떻게 전환할까? 이 기업은 그림 6.1의 전환 프로세스를 사용하여 자사의 제품을 생산한다.

6-2a 전환 프로세스를 이용한 제조방법

경영자원을 제품과 서비스로 전환하는 방법은 여러 가지가 있을 수 있다. 하지만, 여기서는 다음의 세 가지만 살펴보기로 한다: 전환 프로세스에 사용되는 주요 자원, 변화의 크기, 사용된 생산 프로세스의 수.

주요 자원 전환 프로세스의 주요 자원은 투입물 중에 가장 중요한 경영자원을 의미한다. 1장과 4장에서 살펴보았듯이, 경영자원은 인적 자원, 물적 자원, 재무 자원, 정보 자원이 있다. Citibank와 같은 은행의 경우 재무 자원이 주요 자원이다. Chevron과 같은 화학 및 에너지 기업은 물적 자원에 집중한다. 반면, 대학은 주로 정보 자원에 관심이 있으며, Manpower와 같은 임시 고용서비스 기업은 인적 자원이 주요 자원이다.

변화의 크기 전환 프로세스에서 *변화의 크기(magnitude of change)*는 경영자원이 물리적으로 변하는 정도를 의미한다. 예를 들면, Glad Products Company는 액체 또는 분말 형태의 다양한 화학 물질을 결합하여 식품 포장용 비닐 랩인 Glad ClingWrap을 만든다. 이 기업이 만든 비닐 랩에서 우리는 원래의 원재료 형태를 찾을 수 없다. 반면, Southwest Airlines는 경영자원의 물리적 변화를 일으키지 않는다. 항공사는 단순히 한 장소에서 다른 장소로 사람을 운송하고 서비스를 제공한다.

생산 프로세스의 수 기업은 제품을 생산하기 위해 하나 혹은 다수의 생산 프로세스를 사용할 수 있다. 일반적으로, 다양한 제품을 만드는 대기업은 여러 생산 프로세스를 사용한다. 예를 들어, GE는 금융 부문, 가전 부문, 조명 부문, 헬스케어 부문 등 여러 부문(프로세스)으로 운영하면서 공급업체로부터 필요한 물품을 구매하고 그 부문에 맞는 제품과 서비스를 생산한다. 반대로 소규모 기업은 하나의 생산 프로세스를 사용한다. 예를 들면, 텍사스주의 Advanced Cast Stone은 하나의 프로세스를 이용하여 콘크리트로 만든 건축 자재를 생산한다.

그림 6.1 전환 프로세스

전환 프로세스는 아이디어와 경영자원을 유용한 제품과 서비스로 전환한다.

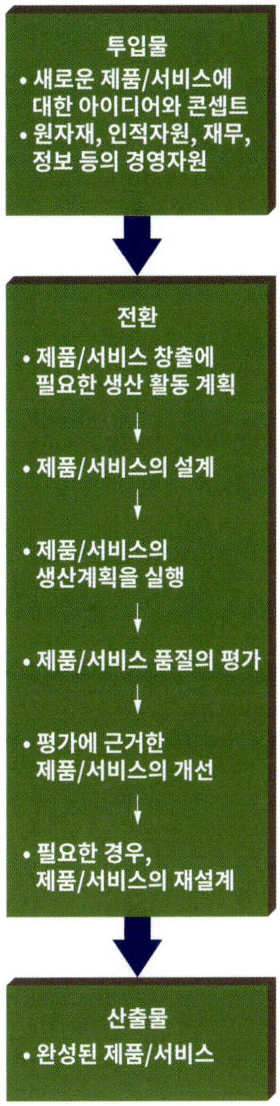

6-3 증가하는 서비스의 중요성

 # 학습목표 서비스업이 소비자, 다른 기업, 그리고 국가 경제에 미치는 영향을 이해한다.

서비스 생산에 운영관리의 기본적인 원리를 적용함으로써 서비스업의 수와 다양성이 급격히 증

그림 6.2 서비스 산업

서비스 기업의 성장이 급격히 증가하여 이제는 서비스 경제라고 불리는 곳에 살고 있다.

서비스 산업에 고용된 미국 근로자의 비율

Source: "Employment, Hours, and Earnings from the Current Employment Statistics Survey (National)." The Bureau of Labor Statistics Web site, www.bls.gov (accessed February 3, 2017).

서비스 경제(service economy) 제품생산보다 서비스 생산에 더 많은 노력을 기울이는 경제

가하였다. 1900년에 미국 근로자의 28%만이 서비스 기업에 고용되었다. 1950년까지 이 수치는 40%로 증가했으며, 2017년 초에는 86%로 상승하였다. 실제로 미국 경제는 이제 서비스 경제로 특성화되고 있다(그림 6.2 참조). **서비스 경제(service economy)**는 제품생산보다 서비스 생산에 더 많은 노력을 기울이는 경제이다.

6-3a 서비스 계획

오늘날 식당, 세탁소, 부동산 중개업소, 은행, 영화관, 항공사, 여행사, 병원, 기타 서비스 기업의 관리자는 제조업체의 경험으로부터 많은 것을 얻을 수 있다고 생각한다. 서비스업과 제조업은 서로 다른 업종이지만, 성공하기 위해 두 업종 모두 여러 가지 동일한 활동을 수행해야 한다. 예를 들어, 그림 6.1의 중간 부분에 설명된 것처럼 서비스 기업은 고객이 원하는 서비스를 제공하기 위해 서비스를 계획, 설계, 실행, 평가, 개선, 재설계해야 한다.

서비스 기업의 경우 계획은 종종 고객이 누구인지, 고객이 무엇을 원하는지를 결정하는 것으로 시작한다. 고객 요구가 파악된 후, 서비스 기업의 다음 단계는 고객이 원하는 서비스를 제공하는 계획을 개발하는 것이다. 예를 들어, 수영장 수리 사업은 자격을 갖춘 직원의 채용과 교육, 필요한 부품과 소모품 확보, 자사 서비스 마케팅, 활동 관리시스템 등에 관한 사업 계획(business plan)을 개발해야 한다. 성공적인 서비스 기업은 고객에게 서비스를 제공한 후에 자

El Nariz/Shutterstock.com

좋은 고객 서비스는 우연이 아니다! 최근에 외식한 경험을 생각해보라. 좋은 경험이었나 아니면 나쁜 경험이었는가? 두 경우 모두 당신의 답변은 음식의 질과 받은 서비스에 따라 결정될 수 있다. 식당의 경우 좋은 음식과 좋은 서비스를 받으면 재방문하는 고객이 많다. 반면, 경험이 만족스럽지 못하면 그 고객은 다른 식당으로 간다.

사의 운영 방식을 평가하고 고객만족도를 측정한다. 그리고 필요한 경우 기업은 고객의 경험을 더욱 향상시키기 위해 자사의 서비스를 재설계한다.

6-3b 서비스 품질의 평가

서비스 생산은 다음의 다섯 가지 측면에서 제조업의 제품생산과 매우 다르다.

❶ 제품과 비교할 때 고객은 자신의 원하는 서비스를 얻기 위해 더 많이 참여한다.

❷ 제품과 달리, 서비스는 즉시 소비되며 저장될 수 없다. 예를 들어, 여성의 헤어 디자이너는 자신의 손으로 작업한 머리를 저장할 수 없다.

❸ 고객이 원하는 시간과 장소에 서비스가 제공된다. 많은 경우 고객은 서비스를 받기 위해 멀리 가지 않는다.

❹ 인적자원이 종종 서비스 생산에 사용되는 가장 중요한 자원이기 때문에 서비스는 일반적으로 노동집약적이다.

❺ 서비스는 무형이므로 고객만족도를 평가하기가 더 어렵다.

서비스 기업은 제조업체와 비교하여 종종 고객의 의견을 경청하고 변화하는 시장 요구에 더욱 신속하게 대응한다. 예를 들어, Maggiano's Little Italy 레스토랑은 Brinker International이 소유한 체인 식당이다. 이 레스토랑은 고객 서비스를 계속 개선하기 위해 음식, 분위기, 서비스, 기타 요인에 대해 평가하는 온라인 설문조사를 한다. 설문조사의 분석을 토대로, Maggiano의 레스토랑은 자사 고객이 원하는 방식대로 수정한다. 고객은 설문조사에 참여한 보상으로 다음 방문할 때에 무료 음식이 제공된다.

지금까지 우리는 경영자원을 제품과 서비스로 전환하는 생산 프로세스에 대해 살펴보았다. 다음으로, 우리는 운영관리의 세 가지 주요 활동-연구개발, 생산계획, 운영통제-에 대해 알아보자.

6-4 새로운 제품과 서비스는 어디에서 오는가?

 # 학습목표 **연구개발이 새로운 제품과 서비스로 어떻게 이어지는지 이해한다.**

질문: 다음 중 무인 자동차를 개발하고 있는 기업은?

a. 메르세데스 벤츠　　b. 구글　　c. 테슬라　　d. 아우디

답변: 위에 나열한 모든 기업은 연구개발을 통해 무인 자동차를 개발 중이다. 또한, Ford, General Motors, Nissan도 무인 자동차를 연구하고 있다. 검색 엔진 및 기타 인터넷 기술로 잘 알려진 Google도 자체 개발한 무인 자동차를 테스트하면서 자사의 아이디어를 시장성 있는 제품으로 바꾸려고 한다. 무인 자동차와 같은 새로운 제품은 아이디어로 시작한다. 실제로, 아이디어가 없으면 어떤 기업도 제품과 서비스를 만들어낼 수 없다. 그리고 아이디어가 잠재력이 있다고 가정되면 기업의 연구개발 활동은 아이디어를 현실로 바꿔준다.

6-4a 연구개발

연구개발(research and development, R&D) 새로운 제품과 서비스가 될 가능성이 큰 새로운 아이디어를 만들어내는 일련의 활동

우리는 Apple의 최신 아이폰 또는 Tesla의 전기자동차를 어떻게 가지게 되었나? 새로운 아이디어를 유용한 제품으로 개발한 사람들의 노력 결과로 우리는 이러한 제품을 얻게 되었다. 이러한 활동을 일반적으로 연구개발이라고 한다. **연구개발(research and development, R&D)**은 새로운 아이디어를 만들어내는 일련의 활동으로, 이 아이디어를 통해 새로운 제품과 서비스가 될 가능성이 크다.

오늘날 기업은 일반적으로 세 가지 유형의 R&D 활동을 수행한다. *기본 연구(basic research)*는 새로운 지식을 발견하기 위한 활동으로 구성된다. 이 연구의 목표는 제품과 서비스의 개발과는 관계없이 단순히 과학적 발전을 추구한다. 이와 대조적으로, *응용 연구(applied research)*는 잠재적으로 나중에 사용될 가능성이 큰 새로운 지식을 찾는 활동으로 구성된다. *개발과 실행 연*

Julia Freeman-woolpert/Dreamstime.com

치료를 위한 레이스(Race for the Cure) 끔찍한 질병으로 고통받는 유방암 환자와 그 가족, 그리고 친구들이 치료를 위한 레이스에 참여한다. 이러한 레이스 행사를 통해 사람들에게 유방암 인식을 높이고, 그 치료법을 찾고 치료 옵션의 향상을 위해 필요한 연구기금도 모은다.

구(*development and implementation research*)는 제품과 서비스의 생산에 사용할 새로운 또는 기존 지식을 제공하기 위해 특별히 수행된 활동으로 이루어진다. 많은 기업에서 R&D는 비즈니스 운영에 매우 중요한 부분을 차지한다. 예를 들어, 3M은 개발과 실행 연구의 활동으로 상당히 유명한 기업이다. 현재 3M은 전 세계적으로 8,300명의 연구원을 고용하고 있으며, 지난 5년 동안 사람들의 삶을 편하고 안전하게 하는 신제품을 개발하기 위해 약 85억 달러 이상을 투자했다.

6-4b 제품 개선과 확장

기업이 오직 한 제품이나 서비스만을 판매하는 데 고객이 제품이나 서비스 구매를 중단한다면 그 기업은 곧 망할 것이다. 비즈니스를 유지하기 위해서, 기업은 적어도 제품이나 서비스의 기능을 개선하거나 확장하는 방법을 찾아야 한다.

TV를 생각해보자. TV는 1930년대 후반에 소개된 후 끊임없이 개선되어 지금은 선명하고 깨끗한 화면을 제공한다. 동시에 TV는 확장되었다. 추가 기능이 없는 평면 TV부터 인터넷에 액세스하는 데 사용되는 Blu-Ray 플레이어와 앱이 있는 TV들까지 다양하다. LED TV가 시장에 소개된 지 얼마 안 된 것처럼 보이지만 이미 Samsung, LG, Sony와 같은 제조업체는 더 나은 화면을 제공하는 QLED, Quantum Dots를 개발하고 있다.

개선과 확장은 기업의 연구, 개발, 실행 활동을 통해 얻은 결과물이다. 각 개선이나 확장은 필수적으로 "새로운" 제품으로 나타나며, 이는 시장에 일찍 소개된 제품의 매출 감소를 줄여 준다. 다섯 종류의 Campbell's Soup가 최초로 소개되었을 때, 소비자는 이 수프들이 저렴하면서도 품질

윤리 및 사회적 책임

사생활, 보안, 사물 인터넷

냉장고와 건강 추적기부터 주택 보안 시스템과 장난감에 이르기까지, 수많은 가정용품이 더 좋은 기능과 사용자 편의를 위해 인터넷에 연결되는 추세이다. Amazon의 Echo와 Google의 Home은 음성 명령을 듣고, 분석을 위해 온라인으로 데이터를 전송하며, 질문에 대답하거나 명령에 따르는 행동을 취한다. 그러나 사물 인터넷(IoT, Internet of Things)이 일상생활로 확장됨에 따라 새로운 사생활과 보안 문제도 제기되고 있다.

예를 들어, My Friend Cayla 인형은 온라인 데이터베이스에 연결된 스마트폰 앱을 통해 어린이와 채팅할 수 있다. 그러나 아동 온라인 사생활 보호법에 따라 My Friend Cayla는 13세 미만 어린이의 부모로부터 어린 자녀에 관한 데이터 수집에 동의를 얻어야 한다. 비평가들은 동의한 사람 중에 자녀의 사생활 침해 가능성을 이해하는 부모는 거의 없다고 우려한다. 또한, 그들은 인형을 통해 수집된 개인 데이터가 해킹될 수 있음도 우려한다.

또 다른 예로, 소비자가 데이터를 수집하는 건강 추적기를 사용하는 경우 기업이 개인 건강의 세부 정보를 이용하여 그 개인을 표적 삼는 광고는 비윤리적인가? 소비자는 자신의 건강과 관련 있는 광고를 좋아하지 않을까? 혹은 자신의 건강과 관련된 제품의 할인 쿠폰을 제공하는 광고를 좋아하지 않을까? 이러한 유형의 광고를 사생활 침해로 간주할 수 있는지?

Sources: Based on information in Kate Kaye, "FTC Ponies Up $25,000 in Contest to Solve Internet of Things Security," Advertising Age, January 4, 2017, http://adage .com/article/privacy-and-regulation/ftc-ponies-25-000-contest-solve-iot -security/307362/; Kate Kaye, "As IoT Ads Become Reality, Privacy and Security Concerns Follow," Advertising Age, December 16, 2016, http://adage.com/article /privacy-and-regulation/iot-ads-reality-privacy-concerns-follow/307200/; Gretchen A. Ramos and Zerina Curevac, "Connected Toys Scrutinized Over Privacy and Security Weaknesses," Lexology, December 19, 2016, http://www.lexology.com/library /detail.aspx?g=110471d4-f198-4636-bf29-c208d45994bb.

과 맛이 좋다는 반응을 보였고 이에 따라 이 수프들은 시장에서 큰 성공을 거뒀다. 비록 Campbell이 1900년대 초에 가장 성공한 기업 중 하나였지만, 그들은 계속 제품라인을 혁신, 개선, 확장했다. 예를 들어, 미국 소비자는 맞벌이 직장 생활로 인해 매우 바쁘게 지낸다. 이러한 생활에 도움을 주기 위해 Campbell은 학교나 일터에서 전자레인지에 즉시 데워 먹을 수 있는 수프를 개발했다.

6-5 관리자는 생산을 어떻게 계획하는가?

 # 학습목표　생산계획에 포함된 구성요소를 이해한다.

새로운 제품에 대한 많은 아이디어 중에 단지 몇몇 아이디어만 생산단계로 이어진다. 그러한 아이디어를 이어받는 다음 단계는 생산계획이다. 제품과 서비스에 대한 새로운 아이디어가 확인된 후에 이어받는 생산계획은 설계계획, 시설물 계획, 운영계획의 세 가지 단계를 거친다(그림 6.3 참조).

그림 6.3 생산계획

연구개발이 고객의 욕구를 충족시키는 아이디어를 찾아낸다면, 세 가지 단계가 그 아이디어를 실제의 제품과 서비스로 전환한다.

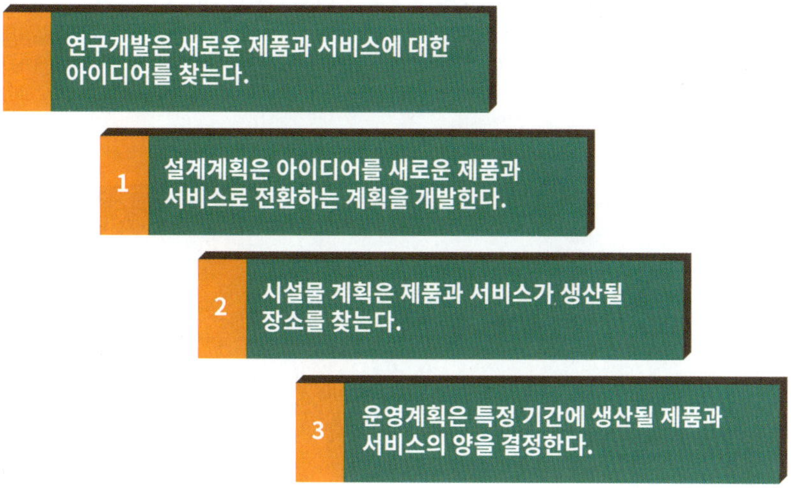

6-5a 설계계획

Samsung의 R&D 직원이 최고 경영진에게 터치 스크린, WI-Fi 연결, 그리고 일정표를 업데이트하고 식료품을 관리하며 심지어 요리법을 제시하는 앱이 연결된 "패밀리 허브(Family Hub)" 냉장고를 생산하여 시장에 내놓자고 하였을 때, 그 아이디어가 좋다고 느꼈지만 Samsung은 바로 다음 날 생산에 들어갈 수 없었다. 대신, Samsung 경영진은 새로운 냉장고가 어떤 모습이고, 어디서 그리고 어떻게 생산되며, 어떤 옵션을 포함할지에 대해 많은 시간과 에너지를 투자했다. 이러한 의사결정 문제는 설계계획 일부이다. **설계계획(design planning)**은 아이디어를 실제 제품과 서비스로 전환하기 위한 계획이다. 설계계획의 주요 의사결정은 제품라인, 필요한 생산 용량, 기술의 사용을 포함한다.

설계계획(design planning) 아이디어를 실제 제품과 서비스로 전환하기 위한 계획

제품라인 **제품라인(product line)**은 제품의 특성이 상대적으로 미세한 차이를 지니는 유사한 제품군을 의미한다. 설계계획의 단계에서 Samsung과 같은 제조업체는 얼마나 많은 종류의 제품을 생산할지 그리고 제공할 주요 옵션을 결정해야 한다. 마찬가지로 Pizza Hut과 같은 레스토랑 체인업체도 얼마나 많은 메뉴를 제공할지 결정해야 한다.

제품라인(product line) 제품의 특성이 상대적으로 미세한 차이를 지니는 유사한 제품군

제품라인 결정의 중요한 점은 고객 선호도와 생산 요건의 균형을 맞추는 것이다. 전형적으로, 마케팅 담당자는 고객에게 더 많은 선택권을 제공하는 "다양한" 제품라인을 원한다. 다양한 제품라인은 고객에게 더 많은 선택기회를 주기 때문에 제품 판매가 쉽다. 반면, 생산 담당자는

이 그림의 차가 단지 또 다른 Ford Fusion 자동차처럼 보인다면, 당신은 틀렸다.

이 그림에 있는 Fusion은 자율 주행차(때로는 무인 자동차)이기 때문에 "특별"하다. 좋은 아이디어로부터 나온 무인 자동차를 개발하기란 쉽지 않다. 실제로 연구원과 제품 엔지니어는 설계계획 단계에서 수천 시간에 거쳐 문제점을 찾아 해결하고 자동차가 안전한지 확인 작업을 한다.

Ed Aldridge/Shutterstock.com

제품생산의 용이성 때문에 일반적으로 "단순한" 제품라인을 원한다.

제품설계(product design) 제품을 생산할 수 있는 일련의 설계명세서

제품라인이 결정된 후에 그 제품라인에 속한 각 개별제품의 설계가 이루어진다. **제품설계(product design)**는 제품을 생산할 수 있는 일련의 설계명세서(specifications)이다. 예를 들어, 새로운 "패밀리 허브(Family Hub)" 냉장고의 제작을 위해 Samsung 엔지니어는 냉동실에 보관 중인 음식물이 냉동 상태로 유지되도록 냉동실을 설계해야 한다. 동시에 냉장실에 있는 상추와 토마토가 신선한 상태를 유지하되 얼지 않도록 냉장실을 설계해야 한다. 제품은 설계 없이 만들어질 수 없으므로 완전한 제품설계는 상당히 중요하다. 서비스도 같은 이유로 신중하게 설계해야 한다.

생산용량(capacity) 기업이 일정기간 동안 생산할 수 있는 제품과 서비스의 양

필요한 생산용량 **생산용량(capacity)**은 기업이 일정기간 동안 생산할 수 있는 제품과 서비스의 양이다. 운영관리자는 기업의 마케팅 관리자와 협력하여 필요한 생산용량을 결정해야 한다. 이는 결국 생산시설물의 규모를 결정한다. 생산시설물이 너무 큰 생산용량을 갖게 되면 귀중한 경영자원(원자재, 노동, 돈)이 낭비될 것이다. 반대로 생산시설물이 충분치 않은 생산용량을 제공한다면 나중에 기존 시설물을 확장하거나 새로운 시설물을 만들어야 한다. 이는 초기의 건축비용보다 더 많이 소요될 수 있다.

생산용량은 서비스업에도 같은 의미가 있다. 예를 들어, 미국 테네시주의 Nashville에 있는

Hard Rock Cafe의 생산용량은 한 번에 서비스를 제공할 수 있는 고객 수를 의미한다. 이 카페가 너무 많은 생산용량(너무 많은 식탁과 의자)을 가진다면 귀중한 경영자원이 낭비될 것이다. 카페가 너무 작다면 고객은 서비스를 받기 위해 오래 기다려야 한다. 그 기다림이 너무 길면 고객은 다른 카페로 발을 돌릴 것이다.

기술의 사용 설계계획 단계에서 기업 경영진은 제품과 서비스를 생산하는데 이용할 *자동화(automation)*와 *기술(technology)* 정도를 결정해야 한다. 자동화의 경우는 높은 초기비용과 낮은 운영비용이 드는 반면, 인력의 경우는 낮은 초기비용과 높은 운영비용이 든다. 궁극적으로, 경영진은 노동집약적 기술과 자본집약적 기술 중에서 선택해야 한다. **노동집약적 기술(labor-intensive technology)**은 사람이 대부분의 작업을 수행하는 프로세스이다. 예를 들어, 집 청소서비스, 뉴욕 양키즈 야구팀은 노동집약적이다. **자본집약적 기술(capital-intensive technology)**은 기계와 장비가 대부분의 작업을 수행하는 프로세스이다. Sony의 자동화 조립공장은 작업자가 거의 없이 자동화된 기계로 운영되기 때문에 자본 집약적이다.

노동집약적 기술(labor-intensive technology) 사람이 대부분의 작업을 수행하는 프로세스

자본집약적 기술(capital-intensive technology) 기계와 장비가 대부분의 작업을 수행하는 프로세스

6-5b 부지 선정과 시설물 계획

일반적으로 기업은 다음 상황일 때 기존공장에서 새로운 제품을 만든다: (1) 기존공장이 신제품과 기존제품의 증가된 고객수요에 대응할 수 있는 생산용량을 충분히 가진 경우, (2) 기존공장의 개조비용이 새로운 공장의 건축비용보다 적게 드는 경우.

기업 경영진은 기존공장의 생산용량을 조사한 후에 새로운 생산시설물을 건설할지 결정한다. 경영진은 생산시설물의 위치를 정할 때 아래 요인을 반드시 고려해야 한다.

- ✔ 주요 고객과 공급업체의 위치
- ✔ 숙련된 노동력과 숙련되지 않은 노동력의 가용성과 비용
- ✔ 제안된 부지에서 직원과 경영진의 삶의 질
- ✔ 토지 및 건축비용
- ✔ 지방 및 중앙정부의 세금, 환경규제, 토지이용규제법
- ✔ 지방 및 중앙정부가 제공하는 재정 지원과 보조금
- ✔ 제품생산에 많이 사용하는 에너지와 물 공급 등의 특수 요구사항

새로운 공장 위치를 최종결정하기 전에 인적자원과 공장배치라는 두 가지 요인을 참고해야 한다.

인적자원 부지 선정과 시설물 계획과 관련하여 인적자원 관리자는 여러 사안에 관여한다. Nestle가 액체 Nesquik®과 Coffee-Mate® 제품을 만들기 위해 인디애나주의 Anderson에 새로운 생산시설물을 건설할 때, 이 기업의 인적자원 관리자는 그 공장 건설에 필요한 책임자와 직원을 배치하였다. 그리고 기업이 외국에 새로운 시설물을 건설할 때도 인적자원 관리자는 참여한다. 예를 들어, General Motors와 같은 미국 기업이 인건비를 낮추기 위해 중국으로부터 부품을 수입한다고 가정하자. 두 가지 선택이 있다. 자사의 생산시설물을 중국에 만들거나 혹은 현지 중국기업에 아웃소싱할 수 있다. 두 경우 모두 인적자원 관리자는 참여하게 된다. 자사 공장을 중국에 짓기로 한 경우, 인사 관리자는 중국으로 이주할 의향이 있으며 그리고 적절한 기술을 가진 관리자와 종업원을 모집하고, 동시에 이들과 함께 그 지역 중국 근로자의 훈련 프로그램을 개발해야 한다. 반면, 현지 공급업체에 아웃소싱하기로 한 경우, 인적자원 관리자는 현지 공급업체가 미국 본사의 인권정책과 해당 국가 및 현지의 노동기준법을 준수하는지 확인해야 한다.

공장배치(plant layout) 생산시설물 내의 기계, 장비, 인력의 배치

공장배치 **공장배치(plant layout)**는 생산시설물 내의 기계, 장비, 인력의 배치를 의미한다. 세 가지 유형의 공장배치가 사용된다(그림 6.4 참조).

*프로세스 배치(process layout)*는 다양한 제품을 소량으로 생산하는 경우에 적합하다. 각 작업은 고유한 특정 영역에서 수행된다. 예를 들어, 자동차 정비소는 엔진 수리, 차체 작업, 휠 얼라인먼트, 안전검사의 다양한 작업이 각 작업장에서 이루어지기 때문에 프로세스 배치를 사용

너무 커서 움직일 수가 없다!

제조업체는 너무 큰 제품을 생산할 때 고정위치 배치를 사용하는 경우가 많다. 이 사진에서 보는 바와 같이 큰 배를 옮기는 것보다 사람, 부품, 장비를 옮기기가 더 쉽다.

iStock.com/nightman1965

그림 6.4 시설물 계획

프로세스 배치는 여러 종류의 제품을 소량으로 생산할 때 사용된다. 제품배치(조립라인)는 동일한 순서와 동일한 작업으로 이루어진 제품을 생산할 때 사용된다. 고정위치 배치는 규모가 너무 커 이동하기 어려운 제품을 생산할 때 사용된다.

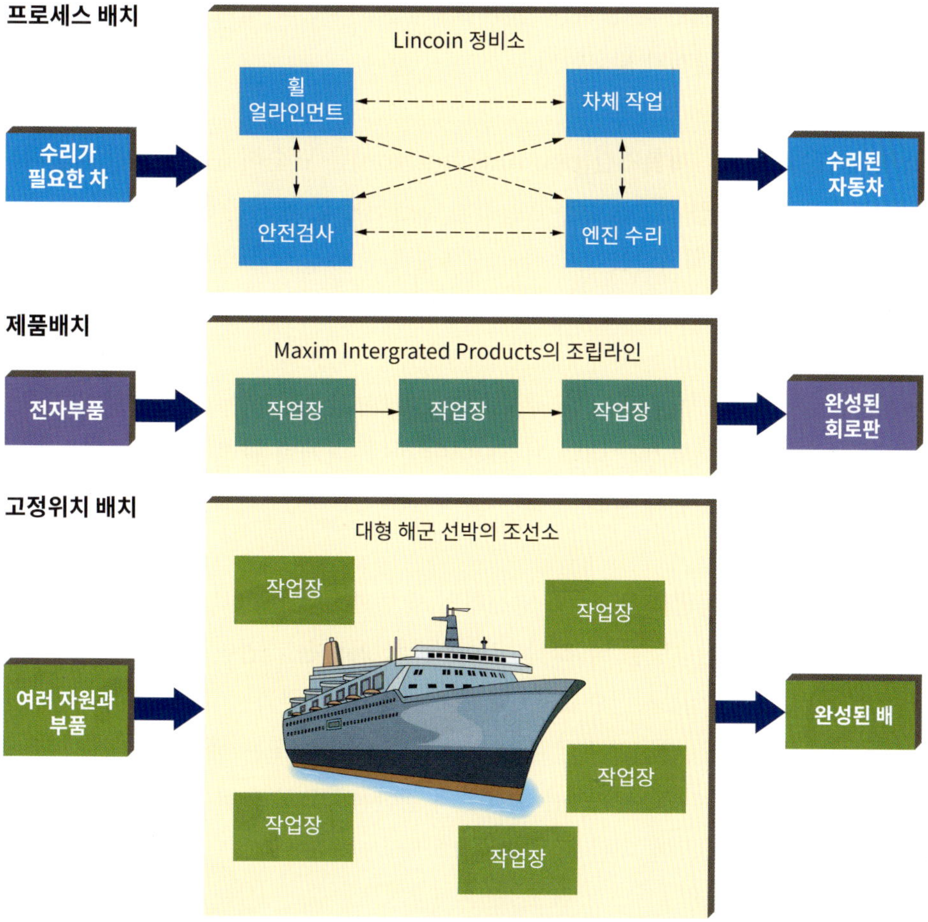

한다. 당신이 소유한 Lincoln Navigator 차에 대해 휠 얼라인먼트가 필요하면, 휠 얼라인먼트를 수행하는 작업장만 "방문"하면 된다.

*제품배치(product layout, 조립라인*이라고도 함)는 동일한 순서와 동일한 작업으로 이루어진 제품을 생산할 때 사용된다. 작업장은 작업의 순서에 맞게 배치되며, 작업의 흐름은 한 작업장에서 다른 작업장으로 이동한다. 조립라인(assembly line)은 제품배치의 대표적인 예이다. 예를 들어, 캘리포니아주에 기반을 둔 Maxim Integrated Products는 제품배치를 사용하여 소비자용과 사업용 전자제품 부품을 생산한다. *고정위치 배치(fixed-position layout)*는 매우 큰 제품을 생산할 때 사용된다. 비행기, 배 등의 대형제품은 이동의 어려움 때문에 항공기 제조업체와

조선 업체는 이러한 배치를 이용한다. 제품(비행기, 배)은 움직이지 않고, 사람과 기계가 제품이 만들어지는 곳으로 이동한다.

6-5c 운영계획

운영계획의 목적은 특정 기간 동안 각 시설물에서 생산할 제품과 서비스의 양을 결정하는 것이다. 이를 위해 다음의 네 단계가 필요하다.

계획기간(planning horizon) 운영계획이 적용되는 기간

단계 1: 계획기간의 선택 계획기간(planning horizon)은 단순히 운영계획이 적용되는 기간이다. 생산계획의 일반적인 기간은 1년이다. 기업 경영진은 한 해가 저물기 전에 다음 해의 계획을 세워야 한다. 1년의 계획기간은 일반적으로 계절별 판매 증감을 평균화하는 데는 충분한 시간이지만, 장기 판매 추세를 반영하는 생산능력 조정에는 충분한 시간이 아니다.

단계 2: 시장수요의 예측 제품에 대한 *시장수요(market demand)*는 고객이 현재 가격에 구매할 수량이다. 이 수량은 계획기간 내내 예측되어야 한다. 마케팅 관리자가 예상한 판매 수량은 시장수요를 예측하는데 기초가 된다.

단계 3: 시장수요와 생산용량의 비교 운영계획의 세 번째 단계는 예측된 시장수요와 그 수요를 충족시키는 시설물의 생산용량을 비교하는 것이다(생산용량은 기업이 일정기간 동안 생산할 수 있는 제품과 서비스의 양임). 시장수요와 생산용량을 비교한 결과는 다음 중 하나이다: 수요가 생산용량을 초과하는 경우, 생산용량이 수요를 초과하는 경우, 또는 생산용량과 수요가 같은 경우. 생산용량과 수요가 같다면, 시설물은 최대한의 생산용량으로 운영해야 한다. 그러나 생산용량과 수요가 같지 않다면, 그에 대한 조정이 필요하다.

단계 4: 수요에 맞게 제품과 서비스를 조정 기업의 생산일정이 변경되는 가장 큰 이유는 고객에게 판매하는 제품과 서비스의 양이 변경되기 때문이다. 예를 들어, 인디애나주에 기반을 둔 Berry Global은 모든 종류의 플라스틱 제품을 만든다. Berry Global의 성공적인 제품 중 하나는 자사의 광고문구가 새겨진 음료 컵이다. Berry Global이 Coca Cola 또는 Pepsi와 같은 대형 음료 유통업체에 판촉용 컵을 제공하는 대규모 계약을 체결했다면, 이 기업은 계약이 완료될 때까지 일주일 내내 하루 3교대로 작업할 것이다. 반대로, Berry Global의 영업사원이 새로운 판매처를 창출하지 못하면 직원들은 하루 1교대 작업해도 충분할 것이다.

시장수요가 생산용량을 초과하면 기업은 여러 선택이 가능하다. 현재의 인력으로 생산시설물을 최대로 가동하거나 하루 2~3교대 작업을 하여 제품과 서비스의 생산을 증가시킬 수 있다.

그림 6.5 운영통제의 4가지 측면

운영통제시스템은 효과적인 구매, 재고관리, 일정관리, 품질관리를 요구한다.

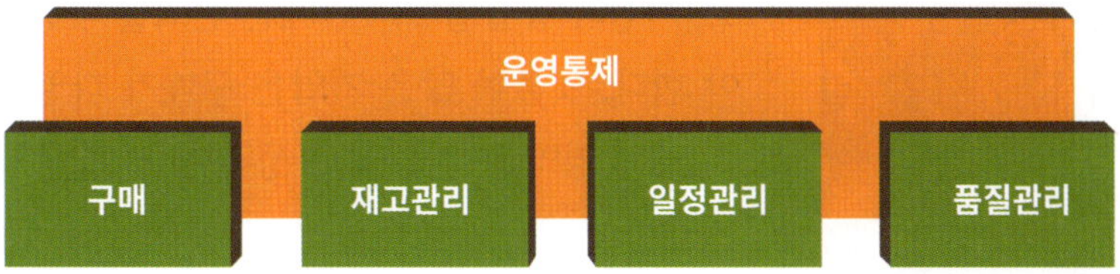

제조업체의 또 다른 대응은 작업 일부를 다른 제조업체에 하청주거나 아웃소싱하는 것이다. 시장수요의 초과가 장기적으로 계속되면, 기업은 현재의 시설물을 확장하거나 새로운 시설물을 건설할 수 있다.

생산용량이 시장수요를 초과하는 때도 기업은 여러 선택이 가능하다. 생산량을 일시적으로 줄이기 위해 직원을 해고하거나, 일부 시설물의 가동을 중단하거나, 정상 근무일을 축소할 수 있다. 그러나 생산용량의 초과가 장기적으로 계속되면, 제조업체는 생산시설물을 다른 제품과 서비스 생산으로 전환할 수 있다. 가장 심각한 조치는 미사용 시설물을 처분하여 초과한 생산용량을 제거하는 것이다.

6-6 운영통제

 # 학습목표 **구매, 재고관리, 일정관리, 그리고 품질관리가 생산에 미치는 영향을 이해한다.**

우리는 앞에서 제품과 서비스에 대한 아이디어의 개발과 그 아이디어를 현실로 바꾸는 계획에 대해 알아보았다. 다음으로 실제의 생산 프로세스에 대해 알아보자. 본 절에서는 구매, 재고관리, 일정관리, 품질관리의 네 가지 중요한 운영통제의 영역을 살펴본다(그림 6.5 참조).

6-6a 구매

구매(purchasing) 다른 기업으로부터 생산에 필요한 원자재, 소모품, 부품(또는 하위 조립품)을 얻는 데 관련된 모든 활동

구매(purchasing)는 다른 기업으로부터 생산에 필요한 원자재, 소모품, 부품(또는 하위 조립품)을 얻는 데 관련된 모든 활동이다. 예를 들어, Levi Strauss는 청바지 한 켤레를 생산하기 전에 반드시 데님 천, 실, 지퍼를 구매해야 한다. 기업의 구매 활동이 자주 발생하지 않더라도 그 활동의 중요성을 과소평가해서는 안 된다. 어떤 제품의 원자재 가격은 그 제품 가격의 50% 이상

을 차지하기도 한다.

구매의 목적은 사용될 원자재가 필요할 때, 적절한 양으로, 최소 비용으로 제공되도록 하는 것이다. 일반적으로, 기업과 공급업체의 관계는 신뢰를 바탕으로 형성되어야 한다. 덧붙여 많은 기업은 구매가 다양성을 증진시킬 수 있는 영역 중 하나라고 생각한다. 예를 들어, AT&T는 1968년에 공급업체 다양성 프로그램(Supplier Diversity Program)을 개발했다. 오늘날 AT&T는 이 프로그램 목적에 맞게 모든 제품과 서비스의 21.5%를 소수민족, 여성과 장애인, 상이군인의 기업으로부터 구매하고 있다.

sarsmis/Shutterstock.com

재고는 예쁘고 맛있다. 많은 사람이 밸런타인데이에 사탕이나 꽃 또는 둘 다를 기대한다. 그러나 잠시 시간을 내어 사탕이나 꽃을 판매하는 제조업체와 소매업체의 처지에서 생각해보자. 사탕이나 꽃의 재고가 없다면 제조업체와 소매업체의 판매 수입과 이익은 줄어들 것이다.

구매담당자는 현 공급업체가 자사의 필요한 것을 충족시킨다고 해도 새로운/대체 공급업체를 끊임없이 탐색해야 한다. 그 이유는 파업이나 장비 고장과 같은 공급업체의 문제로 언제든지 자사의 자재 흐름이 끊길 수 있기 때문이다.

기업은 여러 요인을 신중하게 분석하여 공급업체를 선정해야 한다. 특히, 다음 요인을 주의 깊게 관찰해야 한다.

- ✔ *가격.* 특정 공급업체를 선정하기 전에 여러 공급업체가 제시한 가격 비교는 기본적인 부분이다.
- ✔ *품질.* 구매담당자는 생산될 제품 유형에 따라 높은 품질의 원자재를 구매하려고 한다. 허용 가능한 최저 품질은 일반적으로 제품설계자가 제시한다.
- ✔ *신뢰성.* 저렴한 가격에 고품질 원자재를 구매하는 것은 구매자의 꿈이다. 그러나 공급업체가 납품을 중단하면 그 꿈은 악몽이 된다.
- ✔ *지급조건.* 구매담당자는 공급업체가 즉시 지급을 요구하는지 아니면 신용결제가 가능한지 알아야 한다.
- ✔ *운송비.* 운송비용을 어디 쪽에서 지급할 것인가에 관한 결정은 공급업체가 선정되기 전에 이루어져야 한다.

6-6b 재고관리

Coka-Cola 제조공장에 홍백색(red-and-white)의 알루미늄 캔이 없으면 어떻게 될까? 제조 프로세스를 끝마칠 수 없으므로 청량음료를 소매업체에 배송할 수 없다. 공급업체로부터 알루미늄 캔이 도착할 때까지 경영진은 조립라인을 강제로 중단해야 한다. 조립라인의 중단은 임금, 임대료, 전기수도료, 보험료, 기타 비용을 여전히 지급해야 하기 때문에 그 대가는 비싸다.

운영관리자는 세 가지 유형의 재고에 관심을 가진다. *원자재 재고(materials inventory)*는 생산 프로세스 중에 제품 일부가 될 원자재의 재고이다. *재공품 재고(work-in-process inventory)*는 부분적으로 완성된 제품의 재고이다. *완제품 재고(finished-goods inventory)*는 완성된 제품의 재고이다. 모든 재고는 보관비용(또는 유지비용)과 재고의 부족으로 인한 재고부족비용이 생긴다. **재고관리(inventory control)**는 보관비용, 재고부족비용 등 재고 관련 비용을 최소화하는 방식으로 재고를 관리하는 프로세스이다.

재고관리(inventory control) 유지(보관)비용, 재고부족비용 등 재고 관련 비용을 최소화하는 방식으로 재고를 관리하는 프로세스

오늘날 컴퓨터시스템은 세 가지 유형의 재고를 추적하여 임박한 재고 부족에 대해 관리자에게 경고를 보낸다. 오늘날 사용되는 가장 정교한 재고관리 방법 중 하나는 자재소요계획이다. **자재소요계획(materials requirements planning, MRP)**은 생산계획과 재고관리를 통합한 컴퓨터시스템이다. MRP시스템의 가장 큰 장점 중의 하나는 배송일정과 리드타임을 효과적으로 조정하는 기능이다. 개별 부품이 4,000개 이상으로 구성된 자동차(제품)의 경우에 MRP시스템을 사용하는 관리자는 주문일정과 배송일정을 조정하여 필요할 때 원자재, 부품, 소모품이 도착하도록 할 수 있다.

자재소요계획(materials requirements planning, MRP) 생산계획과 재고관리를 통합한 컴퓨터시스템

대기업은 많은 재고비용으로 인해 재고관리에 큰 관심을 가져왔다. 일부 사업장에서 사용되는 적시시스템(JIT, Just-In-Time system)은 바로 이러한 관심의 결과로 생겨난 것이다. **적시재고시스템(JIT inventory system)**은 원자재와 소모품이 필요할 때 즉시 생산공장에 도착하여 보관비용을 최소화한다. 예를 들어, Harley Davidson 조립공장에서 적시재고시스템을 사용하는 관리자는 특정 기간에 생산할 오토바이 수를 결정한다. 그리고 나면 Harley Davidson 구매담당자는 오토바이 생산에 필요한 부품만을 주문한다. 해당 공급업체는 주문받은 부품을 조립라인이 필요할 때 제공한다. 이와 같은 효율적 제조 프로세스로 인해 Harley Davidson은 재고를 감소하고, 비용을 절감하며, 그에 따라 많은 이익을 얻을 수 있다. Harley Davidson, Dell, Toyota와 같은 대기업은 적시재고시스템을 일반적으로 사용하지만, 소기업에서도 적시재고시스템을 사용하여 비용 절감과 수익성을 향상할 수 있다. 예를 들어, 패스트 푸드 식당, 꽃집, 주문형 출판은 대기업이 사용하는 것과 같은 방식으로 적시재고시스템을 사용할 수 있다.

적시재고시스템(JIT inventory system) 원자재와 소모품이 필요할 때 즉시 생산공장에 도착하여 보관비용을 최소화하는 시스템

적절한 재고관리가 이루어질 때 운영관리자는 제품생산에 필요한 작업일정을 준비할 수 있다.

6-6c 일정관리

일정관리(scheduling)는 원자재와 다른 자원이 적합한 시간에 그리고 적합한 장소에 있게 하는 프로세스이다. 정의가 의미하듯이, 시간(time)과 장소(place)는 일정관리에 중요하다. 원자재의 *경로(routing)*는 원자재가 따라갈 작업장의 순서를 의미한다.

일정관리(scheduling) 원자재와 다른 자원이 적합한 시간에 그리고 적합한 장소에 있게 하는 프로세스

노스캐롤라이나주의 가구 회사인 Hickory White는 벚나무로 만든 타원형 식탁의 생산을

계획하고 있다고 가정하자. 운영관리자는 조립라인에 있는 개별 작업장에 필요한 원자재(원목, 나사, 포장 재료 등)를 보낸다. 각 작업장은 특정 작업을 수행하며, 그 작업장에서 부분적으로 완성된 식탁은 다음 작업장으로 이동한다. 원자재의 경로를 정할 때, 운영관리자는 각 작업의 순서에 대해 특히 관심을 가진다. Hickory White의 경우, 식탁이 조립되어 색칠하는 작업이 이루어지기 전에 먼저 식탁의 상판과 다리를 자르는 작업이 이루어져야 한다.

생산일정을 세울 때 관리자는 타이밍에 관심을 가진다. *타이밍(timing)*은 원자재가 각 작업장에 도착하는 시간과 머무를 시간을 명시한다. 벚나무 식탁의 경우, 작업자가 식탁의 상판과 다리를 자르는 데 1시간이 걸리고, 구멍을 뚫고 식탁을 조립하는 데 30분이 더 걸릴 수 있다. 이런 과정을 거쳐 완성된 원목의 식탁은 체리 색으로 마무리하고 건조해야 한다. 이 마지막 단계는 날씨 조건과 습도에 따라 3일이 걸릴 수 있다.

제품생산을 위한 프로세스가 단순한지 혹은 복잡한지에 관계없이, 운영관리자는 작업이 일정에 따라 진행되는지를 감독한다.

6-6d 품질관리

수년에 걸쳐, 운영관리자는 품질이 제품과 서비스의 필수 "요소"라는 사실을 더욱 깨닫고 있다. 품질에 대한 이러한 시각은 여러 이점을 제공한다. 첫 작업에서 제품과 서비스를 올바르게 만들면 불량품이 줄어들고, 그로 인해 재작업이 감소하면서 기업의 이익이 증가한다.

본 장의 앞에서 언급하였듯이, 글로벌 시장에서 치열하게 경쟁하는 미국 기업은 품질

쿠키 제작을 위한 일정관리?

Nabisco 또는 Peppe-ridge Farm과 같은 기업의 경우 쿠키를 굽는 것은 큰 비즈니스이다. 쿠키를 만들기 위해서는 이 절에 살펴본 모든 활동, 특히 생산 프로세스의 일정관리가 중요하다. 이 사진은 쿠키를 굽기 위한 과정으로, 이 작업이 끝나면 커다란 오븐에서 쿠키가 구워진다. 그 다음 단계는 제품검사와 포장작업이 수행된다.

Vereshchagin Dmitry/Shutterstock.com

녹색 환경 속으로

친환경 청바지 기술을 공유하는 Levi Strauss

1870년대 골드러시(gold rush) 시대부터 청바지로 유명한 Levi Strauss는 물 절약을 통해 청바지를 더 친환경적으로 만들 뿐만 아니라 모든 데님(청바지를 만드는 데 쓰이는 보통 푸른색의 질긴 면직물) 제조업체도 더 친환경적으로 만들도록 돕고 있다. 이 기업은 수년간 직물 염색과 세탁 방법을 테스트하고 개선하여 데님 의류의 색상, 세척, 연화 및 마무리 과정에서 물 사용을 줄이는 방법을 찾아 왔다.

예를 들어, 이 기업의 연구원들은 염료의 화학 성분을 변경하여 염료 흡수를 개선하는 방법을 발견했다. 이로 인해 Levi Strauss는 생산한 청바지 한 벌당 평균 12 리터 이상의 물을 절약한다. 5년 동안 이 기술을 적용함으로써 물 사용을 10억 리터 줄일 수 있었다. 2016년 세계 물의 날(World Water Day)에 Levi Strauss는 모든 의류 제조업체와 물 절약 기술을 공유한다고 발표했다. 이 기업은 의류산업 전체가 이러한 기술을 채택하면 2020년까지 500억 리터의 물을 절약할 수 있을 것으로 예측했다. 또한, 이 기업은 어린이들에게 물 절약의 중요성을 인식시키기 위해 자사의 환경 교육 자료를 초등학교에 기증했다.

Levi Strauss는 청바지 재활용과 물 및 에너지 절약을 통해 환경을 보호하는 새로운 방법을 계속해서 찾고 있다. 청바지를 대중화한 기업이 친환경 성과로 거듭 인정받는 것도 어찌 보면 당연한 일이다.

Sources: Based on information in Leonie Barrie, "Levi Strauss Shares Its Water -Sharing Strategies," Just-Style, March 24, 2016, http://www.just-style.com/news /levi-strauss-shares-its-water-saving-strategies_id127521.aspx; Sheila Shayon, "Globe 2016: Levi Strauss VP Kobori on Sustainability Progress and Goals," Brand Channel, March 9, 2016, http://www.brandchannel.com/2016/03/09/levi-strauss-sustainability -030916/; Sarah Mahoney, "Classroom Controversy: Levi's Joins Brands Bearing Causes," MediaPost, September 29, 2016, http://www.mediapost.com/publications /article/285764/classroom-controversy-levis-joins-brands-bearing.html.

향상의 중요성을 새삼 느끼고 있다. 미국은 심지어 오늘날 국가적 차원의 품질상을 수여하고 있다. **말콤 볼드리지 품질상(Malcom Baldrige National Quality Award)**은 제품과 서비스의 품질향상이 뛰어난 조직에게 미국 대통령이 수여하는 상이다. 지난 수상 기업으로는 PricewaterhouseCoopers, Nestle, Boeing, Ritz-Carlton Hotels 등이 있다. 이 상을 받은 모든 기업은 공통점이 있다. 즉 그들은 제품과 서비스를 향상시키기 위해 품질관리를 한다.

말콤 볼드리지 품질상(Malcom Baldrige National Quality Award) 제품과 서비스의 품질향상이 뛰어난 조직에게 미국 대통령이 수여하는 상

품질관리(quality control)는 제품과 서비스가 설계명세서대로 생산되도록 하는 프로세스이다. 품질관리의 주요 목표는 조직이 스스로 설정한 품질기준에 부합되도록 제품을 만드는 것이다. Mercedes-Benz와 같은 일부 기업은 품질에 대한 명성을 계속 쌓아 오고 있다. 그 외의 기업은 합리적인 품질에 저렴한 가격을 강조하는 전략을 채택한다. 오늘날 많은 기업은 품질향상에 대한 정보와 통계를 수집하기 위하여 표 6.1에 기술된 기법을 사용한다.

품질관리(quality control) 제품과 서비스가 설계명세서대로 생산되도록 하는 프로세스

직원 참여를 통한 품질향상 품질향상에 필요한 첫 번째 단계 중 하나는 직원 참여이다. 간단히 말해, 성공한 기업은 직원에게 자신이 수행한 작업의 품질에 대해 전적인 책임을 지게 한다. 한때 초일류 제조업체의 모범기업이었던 Toyota가 품질 위기에 직면했을 때 기업은 유명한 "Toyota 방식"을 기반으로 품질개선계획을 발표했다. Toyota 방식의 한 가지 원칙은 문제가 발생한 곳

표 6.1 품질향상을 위해 널리 사용되는 4가지 기법

기법	설명
벤치마킹 (benchmarking)	품질향상에 기여하는 "최상의 사례(best practice)"를 찾기 위하여 산업계에서 인정받는 최고기업의 생산방식과 자사의 생산방식을 비교하는 프로세스
지속적인 개선 (continuous improvement)	지속적인 개선은 문제 제거와 품질향상을 위해 끝없이 노력한다. 종종 이 방법은 작은 변화를 통해 끊임없이 생산 프로세스를 개선한다
통계적 프로세스 관리 (statistical process control, SPC)	생산 프로세스의 문제영역을 정확히 찾아내기 위해, 관리차트와 그래프에 사용되는 데이터를 수집하기 위한 표본추출기법
통계적 품질관리 (statistical quality control, SQC)	제조 중인 제품과 완제품이 기업의 품질기준에 충족되는지 확인하기 위해, 생산 프로세스의 모든 측면을 관찰하는데 사용되는 통계적 기법

에서 바로 해결하는 것이다. 이것은 공장 근로자라도 문제해결에 필요하다면 생산라인을 정지시킬 수 있게 한다. Toyota 방식의 또 다른 원칙은 품질 분임조를 활용하는 것이다. **품질 분임조(quality circle)**는 제품 품질문제를 해결하기 위해 회사 근무시간에 만나는 직원들의 팀이다. 품질 분임조는 IBM, Lockheed Martin, GE, Northrop Grumman Corporation과 같은 기업에서도 성공적으로 사용되고 있다.

품질 분임조(quality circle) 제품 품질문제를 해결하기 위해 회사 근무시간에 만나는 직원들의 팀

검사(inspection) 제조 중인 제품의 품질 조사

기업은 제조 중인 제품의 품질을 조사하는 **검사(inspection)**에 많은 노력을 기울인다. 직원은 제품의 생산 중에 여러 검사를 수행한다. 예를 들어, 구입된 원자재는 그것이 생산시설물에 도착할 때 검사되고, 부분 조립품과 부품은 완제품 일부가 되기 전에 검사되며, 완제품은 고객에게 배송되기 전에 검사가 이루어진다. 설계명세서를 만족시키는 물품은 계속 진행되지만, 그렇지 못하는 물품은 생산에서 제거된다.

총체적 품질경영(total quality management, TQM)을 사용하여 기업은 제품과 서비스 품질을 향상시킬 수도 있다. TQM 프로그램은 고객만족도 향상, 직원 참여 증가, 공급업체 동반관계 강화, 지속적 품질개선을 위한 조직 분위기 촉진 등의 모든 노력을 조정한다. American Express, AT&T, Motorola, HP와 같은 기업은 자사 제품의 품질 개선과 궁극적으로 고객만족도를 향상시키기 위해 TQM을 사용하고 있다.

식스시그마(Six Sigma) 제품과 서비스의 결함을 제거하기 위해 통계 데이터와 훈련된 방법에 의존하는 접근방식

품질향상뿐만 아니라 조직 전체의 성과 향상을 위해 기업이 사용할 수 있는 또 다른 기법으로 식스시그마가 있다. **식스시그마(Six Sigma)**는 제품과 서비스의 결함을 제거하기 위해 통계 데이터와 훈련된 방법에 의존하는 접근방식이다. 많은 전문가는 식스시그마와 TQM이 유

사하다고 주장하지만, 식스시그마는 종종 최고수준의 지원, 더욱 강한 팀워크, 그리고 새로운 기업문화와 태도를 요구한다. 식스시그마에 대한 개발, 개선, 경험이 가장 많은 기업으로는 Motorola, GE, Ford, Honeywall 등을 들 수 있다. 언급한 회사들이 비록 대기업이라 하더라도, 식스시그마의 기본원리는 기업 규모와 상관없이 모든 기업에 적용될 수 있다.

세계 표준: 국제표준화기구 일반적인 품질표준이 없으면 고객은 제조업체와 판매업체의 말에 놀아난다. 글로벌 시장에서 경쟁하는 기업의 수가 증가함에 따라 이 문제의 심각성은 더욱 대두된다. 표준화 문제를 해결하기 위해, 스위스 제네바에 본부를 둔 비정부 기관인 국제표준화기구가 설립되었다. **국제표준화기구(International Organization for Standardization, ISO)**는 160개가 넘는 국가의 국가 표준 기관과 그 유사 조직으로 구성된 네트워크로, 세계 무역에 거래되는 제품과 서비스의 품질을 표준화하는 일을 담당한다.

표준화는 경제의 모든 주체(기업, 소비자, 정부)를 대표하는 각 국가 대표단 간의 합의를 통해 이루어진다. 미국의 대표조직은 워싱턴 D.C.에 있는 미국표준협회(American National Standards Institute)이다.

국제표준화기구(International Organization for Standardization, ISO) 160개가 넘는 국가의 국가 표준 기관과 그 유사 조직으로 구성된 네트워크로, 세계 무역에 거래되는 제품과 서비스의 품질을 표준화하는 일을 담당

ISO 인증서가 비즈니스를 수행하기 위한 법적 요구사항은 아니지만, 전 세계에 널리 퍼짐에 따라 많은 고객은 인증받지 않은 기업과의 거래를 꺼리거나 거부하기도 한다. ISO 인증 프로세스를 준비하고 완료한 기업은 추가적인 혜택으로 자사의 기존 품질관리 프로그램의 개선과 비용 효율적인 방법을 종종 발견한다.

6-6e 생산계획: 요약

지금까지 기업이 제품과 서비스를 생산하는 데 사용하는 활동에 관해 설명했다. 이 내용을 요약한 표가 6.2에 제시되어 있다. 표 6.2 맨 위의 생산계획은 연구개발, 설계계획, 부지 선정과 시설물 계획, 운영계획으로 시작된다. 표 6.2 중간에 운영통제(구매, 재고관리, 일정관리, 품질관리) 활동이 요약되어 있다. 상단 부분의 모든 계획 활동과 중간 부분의 운영통제 활동의 목표는 성공적인 제품과 서비스를 생산하는 것이다. 물론 생산과 운영통제 계획 단계를 평가하여 기업의 활동을 개선할 수 있는지 항상 확인해야 한다.

표 6.2 생산계획: 요약

기업이 성공적인 제품과 서비스를 생산하려면, 생산과 운영통제 계획이 모두 필요하다.

프로세스는 생산계획으로 시작한다.
1. 연구개발은 제품과 서비스에 대한 아이디어를 만든다.
2. 설계계획은 제품과 서비스의 생산계획을 개발한다.
3. 부지 선정과 시설물 계획은 생산 장소를 찾고, 공장배치와 인적자원을 고려한다.
4. 운영계획은 생산할 제품과 서비스의 양을 결정한다.
그런 다음 네 가지 운영통제 단계를 거쳐 제품과 서비스를 생산한다.
1. 구매는 다른 기업으로부터 필요한 원자재, 소모품, 부품을 구입한다.
2. 재고관리는 필요할 때 원자재, 소모품, 부품을 사용할 수 있도록 한다.
3. 일정계획을 수립하면 원자재와 다른 자원이 생산 프로세스에서 적절한 장소에 적시에 제공된다.
4. 품질관리는 제품과 서비스의 품질에 대해 기업이 설정한 기준을 준수했는지 여부를 결정한다.
최종 결과물: 성공적인 제품과 서비스

6-7 기술을 이용한 생산성의 개선

 # 학습목표 **기술이 기업의 생산성과 경쟁력 향상에 어떤 역할을 하는지 이해한다.**

운영관리는 생산성과 기술의 논의 없이 완성될 수 없다. 생산성은 모든 관리자의 관심사이며, 특히 운영관리자에게 중요하다. 그 이유는 운영관리자가 기업의 제품과 서비스 생산을 감독하기 때문이다. 1장에서 *생산성(productivity)*은 한 작업자의 시간당 평균 산출량으로 정의되었다. 따라서 공장 A의 작업자가 하루에 75개 단위를 생산하고 공장 B의 작업자가 하루에 70개 단위를 생산한다면, 공장 A의 작업자가 더 생산성이 높다고 할 수 있다. 은행 창구의 한 직원이 시간당 25명의 고객을 응대하고 다른 직원이 시간당 28명의 고객을 응대한다면, 두 번째 직원이 더 생산성이 높은 것이다.

그림 6.6 미국 생산성 증가율

아래 그래프는 2006년부터 2016년까지 미국 제조업의 생산성 증가율을 나타낸다.

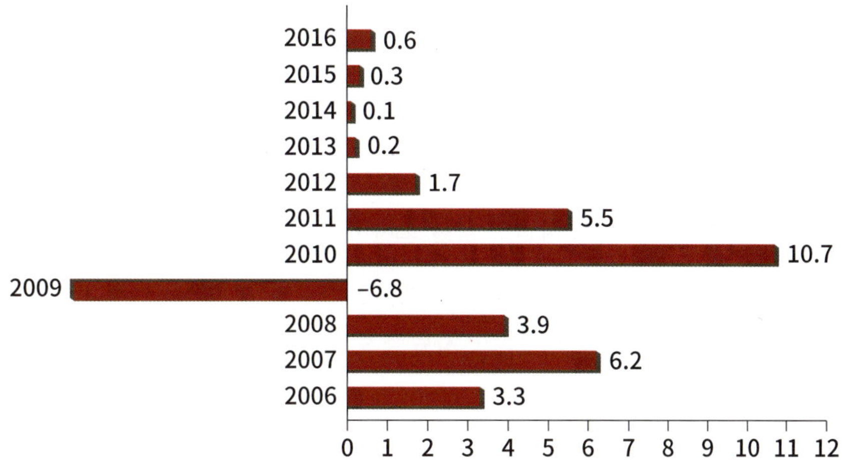

Source: Based on information in "Productivity Growth and Costs—Manufacturing 2016," The Bureau of Labor Statistics Web site at www.bls.gov (accessed February 13, 2017).

6-7a 생산성 추세

미국의 제조 생산성 증가율은 2006-2016년 기간에 평균 2.3%였으나 2016년에는 0.6%였다. 2016년의 생산성 증가율이 2006-2016년 기간의 생산성 증가율보다 낮아서 많은 경제학자, 비즈니스 리더, 정치인, 정부 관료들은 미국 제조업체가 생산성을 신속하게 높이는 방법을 찾아야 한다고 지적한다. 물론, 1장에서 살펴본 경기 순환주기와 마찬가지로 생산성 증가율은 불규칙적으로 변동하는 경우가 많다. 예를 들어, 그림 6.6에서 보듯이 세계 금융위기로 인해 야기된 경기 침체 해인 2009년에 미국의 생산성 증가율은 –6.8%였다. 다행스럽게도, 그 이후 미국 경제가 회복되면서 생산성 증가율도 증가했다. 같은 시기에 세계의 다른 많은 국가도 경기 침체와 생산성 저하를 경험했다.

6-7b 생산성 증가

미국의 많은 기업은 생산성을 높이기 위해 린 제조를 도입하고 있다. **린 제조(lean manufacturing)**는 제품과 서비스 생산에 필요한 모든 활동으로부터 그 낭비를 제거하자는 개념이다. 린 제조의 장점은 제품과 서비스 생산에 투입되는 자원의 양을 절감, 직원 시간의 효율적인 사용, 품질 개선, 이익 증가를 들 수 있다. 린 제조 이외에도, 미국 기업이 생산성을 높이고 세계시장에서

린 제조(lean manufcturing) 제품과 서비스 생산에 필요한 모든 활동으로부터 그 낭비를 제거하자는 개념

경쟁 할 수 있는 능력을 키우려면 몇 가지 다른 요소를 고려해야 한다. 예를 들면, 다음과 같다.:

- ✔ 정부는 기업이 새로운 시설, 장비, 기술, 직원 교육에 더 많은 돈을 투자할 수 있도록 경제를 안정시켜야 한다.
- ✔ 기업은 뛰어난 품질의 제품과 서비스를 제공하여 고객 욕구를 충족시켜야 한다.
- ✔ 기업의 관리자와 경영진은 직원의 동기부여와 직장 내 참여를 높이기 위해 직원과 협력해야 한다.
- ✔ 기업은 제조 시설물의 현재 작업 흐름을 조사하여 작업장의 낭비와 비효율성을 줄여야 한다.
- ✔ 기업은 재무 관련 자료와 고객만족도 자료를 토대로 재무 성과와 고객만족도를 높일 방법을 찾아야 한다.
- ✔ 정부는 생산성 향상에 방해되는 불합리한 규정을 제거하도록 모든 정부 정책을 검토해야 한다.
- ✔ 기업은 자동화, 로봇, 컴퓨터 제조시스템의 사용을 늘려 생산비용을 낮추어야 한다.

마지막으로, 미국 기업이 글로벌 시장에서 경쟁하기 위해서는 새로운 제품과 서비스를 창출하기 위한 혁신과 연구개발 투자가 늘어나야 한다. 미국 제조업체는 다른 국가의 제조업체에 비해 연구개발(R&D)에 훨씬 더 많은 금액을 투자하지만, 중국, 한국, 대만에서는 R&D 투자가 더 빠르게 증가하고 있다. 글로벌 시장에서 경쟁력을 유지하려면 R&D 투자를 유지하거나 높이는 것이 필수적이다.

6-7c 자동화, 로봇, 컴퓨터가 생산성에 미치는 영향

자동화(automation) 기계를 사용하여 작업하는 것

자동화(automation)는 기계를 사용하여 작업하는 것을 의미한다. 자동화가 빠르게 증가한 이유는 컴퓨터 기술의 발전에 기인한다. 공장에서 컴퓨터 기술은 로봇과 정교한 제조시스템에 사용된다.

로봇(robotics) 프로그램화된 기계로, 자재와 도구를 조작하여 다양한 작업을 수행

로봇 **로봇(robotics)**은 프로그램화된 기계로, 자재와 도구를 조작하여 다양한 작업을 수행한다. 로봇은 빠르고 정확하며 꾸준히 작동한다. 특히, 로봇은 위험한 자재 취급과 반복적인 조립 라인 작업에 효과적이다. 예로 들어, Lincoln Electric은 뜨겁고 힘든 용접을 위해 로봇으로 된 아크 용접기를 사용한다. 로봇 아크 용접기는 이전 용접기보다 더 빠르고 정확하게 작업을 수행한다.

경력 쌓기

제조업을 생각하고 있습니까? 가상 현실이 정답입니다!

제조 분야에서 경력을 쌓고 싶다면 연구개발, 설계계획, 시설물 계획과 기타 분야에서 가상 현실을 대비하는 것이 좋다. 한 연구에 따르면, 미국 제조업체의 3분의 1 이상이 가상 현실 기술을 갖추고 있거나 몇 년 내에 이를 보유할 계획이다. 예를 들어, Toyota 직원은 가상 현실 기술을 사용하여 새로운 픽업트럭의 부품 조립을 실험한다. 컴퓨터 지원 설계(CAD)와 컴퓨터 지원 제조시스템(CAM)으로 설계된 부품은 모든 사양(specification)을 충족할 수 있지만, 때때로 가상 조립라인에서 테스트할 때 최대 효율을 위해 다른 순서로 또는 다른 위치에서 조립해 본다. Toyota는 자동차가 실제로 생산되는 경우가 아니라 가상 모드에서 잠재적 결함을 찾아내고 수정하여 시간과 비용을 절약한다.

Ford 직원은 가상 현실 헤드셋을 착용하여 설계 단계에서 새로운 자동차의 모든 세부 사항을 검사한다. 실제 프로토타입을 만들기 전에도 Ford 직원은 자동차 설계를 가상으로 평가하고 CAD 시스템과의 연계를 통해 부품을 수정하고 검사한다. 따라서 가상 현실은 연구개발과의 협업을 통해 새로운 Ford 자동차를 빠르게 생산할 수 있게 해준다.

다른 제조업체도 가상 현실을 구현하고 있다. Lockheed Martin은 가상 현실을 토대로 F-35 항공기를 조립하는 직원을 교육한다. 직원이 조립 방법을 배울 때 데이터와 이미지를 표시하는 헤드셋 덕분에 프로세스가 훨씬 빠르고 정확하다. 제조 분야에서 직업을 생각하고 있다면 가상 현실과 관련된 지식과 기술을 배우는 것이 바람직하다.

Sources: Based on information in Jim Resnick, "Virtual Assembly Lines Are Making the Auto Industry More Flexible," Ars Technica, September 6, 2016, http://arstechnica.com/cars/2016/09/virtual-assembly-lines-are-making-the-auto-industry-more-flexible/; Leroy Spence, "Augmented Reality and Virtual Reality in Manufacturing," Engineer Live, December 27, 2016, http://www.engineerlive.com/content/augmented-reality-and-virtual-reality-manufacturing; K.R. Sanjiv, "How Augmented Reality Can Revolutionize Manufacturing," Industry Week, September 29, 2016, http://www.industryweek.com/emerging-technologies/how-augmented-reality-can-revolutionize-manufacturing.

또한, 로봇은 조립라인에서 제품이 프로세스 되는 동안에 제품품질을 점검하는 인공 "눈(eye)"의 구실을 할 수 있다. 오늘날, 로봇은 자동차 산업에서 가장 널리 사용되고 있으며, 석탄 채굴, 파이프 내부표면 검사, 컴퓨터 부품 조립, 환자 치료, 야간에 건물 청소와 보안 등 다양한 분야에서 사용되고 있다.

컴퓨터 제조시스템 우리는 컴퓨터가 일상생활을 어떻게 바꾸었는지 잘 아는 반면, 컴퓨터가 제조업에 미친 영향을 잘 알지 못하는 경향이 있다. 한 마디로, 미래의 공장은 이미 도달했는지도 모른다. 대부분의 제조업체는 컴퓨터 지원 설계와 컴퓨터 지원 제조를 사용하여 작업방식을 전환했다. **컴퓨터 지원 설계(computer-aided design, CAD)**는 컴퓨터를 사용하여 제품개발을 지원한다. CAD를 사용하여 Ford는 자동차 설계 속도를 높이고, Boeing은 새로운 항공기를 설계하며, CafePress는 개인화된 인사말 카드를 설계한다.

컴퓨터 지원 설계(computer-aided design, CAD) 컴퓨터를 사용하여 제품개발을 지원하는 방식

컴퓨터 지원 제조(computer-aided manufacturing, CAM)는 컴퓨터를 사용하여 제조 프로세스를 계획하고 관리한다. 제조업체는 잘 설계된 CAM 시스템을 사용하여 훨씬 생산성을

컴퓨터 지원 제조(computer-aided manufacturing, CAM) 컴퓨터를 사용하여 제조 프로세스를 계획하고 관리하는 방식

Henry Ford가 만든 조립라인이 아니다. Henry Ford가 1900년대 초에 자동차를 처음 만든 이래로 자동차 생산방법은 많이 바뀌어왔다. 오늘날 수천 개의 다른 부품으로 구성된 자동차는 로봇, 컴퓨터 제조시스템, 유연한 제조시스템을 사용하여 생산된다. 이 절에서 살펴본 모든 주제이다. 이 사진은 로봇이 자동차 프레임을 용접하는 모습이다.

Rainer Plendl/Dreamstime.com

높일 수 있다. 또한, 제품 생산량의 증가와 속도 및 품질을 높일 수도 있다. CAM 시스템을 사용하여 Toyota는 자동차를 생산하고, Hasbro는 장난감을 생산하며, Apple은 전자제품을 만든다.

다음 단계가 CAD와 CAM 시스템을 결합하는 것으로 생각한다면 맞는 생각이다. 오늘날 가장 성공한 제조업체는 CAD와 CAM을 함께 사용하여 컴퓨터 통합 제조시스템을 운영한다. 구체적으로 **컴퓨터 통합 생산(computer-integrated manufacturing, CIM)**은 제품설계를 지원하고 제품생산에 필요한 기계들을 통제하는 컴퓨터시스템이다. 예를 들어, Juicy Couture의 디자이너와 제조업체는 CIM을 사용하여 의류를 디자인하고, 새로운 패션의 패턴을 설정하고, 제품생산에 필요한 옷감을 재단한다. CIM 사용의 다른 장점으로는 생산시설물의 유연성 향상, 효율적인 일정관리, 제품품질 향상이 있다.

컴퓨터 통합 생산(computer-intergrated manufacturing, CIM) 제품설계를 지원하고 제품생산에 필요한 기계들을 통제하는 컴퓨터시스템

유연한 제조시스템 제조업체는 제품제조에 사용되는 대량생산 방식과 전통적인 조립라인 방식에 많은 문제점이 있다는 것을 오래전부터 인식해왔다. 예를 들어, General Motors, Ford, Nissan, 기타 자동차 제조업체 등의 전통적인 조립라인 방식은 매우 많은 수의 제품을 경제적으로 생산하지만, 신제품을 제조할 때마다 그에 필요한 장비와 기계를 교체해야 한다. 이러한 교

체는 일반적으로 비용이 많이 들고 시간이 오래 걸린다. 이러한 유형의 제조를 연속 프로세스라고 한다. **연속 프로세스(continuous process)**는 오랫동안 한 기업이 동일한 제품을 생산하는 제조방식이다. 유연한 제조시스템을 사용하여 이러한 문제를 해결할 수 있다. **유연한 제조시스템(flexible manufacturing system, FMS)**은 전자기계와 컴퓨터 통합 생산(CIM)을 단일 생산시스템으로 결합한다. FMS는 신제품 생산을 위해 전통적인 조립라인의 기계 장비를 교체하기보다는 간단히 전자기계를 재프로그램하여 재배치한다. FMS의 재프로그램은 전통적인 조립라인 방식보다 시간과 비용이 덜 들어가기 때문에 제조업체는 FMS를 사용하여 생산비용의 증가 없이 다양한 제품을 소량으로 생산할 수 있다. 유연한 제조방식을 때로 단속 프로세스라고도 한다. **단속 프로세스(intermittent process)**는 한 기업의 제조 기계와 장비를 변경하여 다양한 제품을 생산하는 제조방식이다.

연속 프로세스(continuous process) 오랫동안 한 기업이 동일한 제품을 생산하는 제조방식

유연한 제조시스템(flexible manufacturing system, FMS) 전자기계와 컴퓨터 통합 생산을 결합한 단일 생산시스템

단속 프로세스(intermittent process) 한 기업의 제조 기계와 장비를 변경하여 다양한 제품을 생산하는 제조방식

대부분의 제조업체는 고객의 다양한 욕구를 충족시키기 위해 FMS를 도입한다. 실제로, *고객 중심 생산(customer-driven production)*이라는 용어는 종종 고객 욕구와 고객이 사고 싶은 것에 의해 주도되는 제조시스템을 설명하는 데 사용된다. 예를 들어, Dell Computer는 고급 소프트웨어와 유연한 제조시스템을 통해 고객 중심의 제조 프로세스로 변경하고 고객에게 주문형 컴퓨터를 제공할 수 있었다. 이와 같은 FMS의 설계 및 설치 비용은 상당히 비싸지만, FMS의 전자장비는 전통적인 조립라인의 기계보다 더 자주 그리고 효율적으로 사용된다.

6-7d 지속가능성 및 기술 대체

1장에서 *지속가능성(sustainability)*은 현재와 미래 세대에게 천연자원의 피해와 고갈 없이 생활 수준을 유지하고 향상시킬 수 있는 능력으로 정의하였다. 지속가능성은 국가, 국민, 경제의 모든 측면에 영향을 미치지만, 이 개념은 제조 기업과 서비스 기업에게 특히 중요하다. 제품과 서비스 생산에 필요한 자원이 지구상에 한정되어 있기 때문에 기업은 가능한 한 모든 자원을 절약해야 한다. 이러한 절약은 부가적으로 폐기물을 줄이고, 지구를 보존하며, 궁극적으로 기업의 이익을 증가시킬 수 있다.

전문가 대부분은 미국 제조업체가 계속 혁신을 추구하기 때문에 제조업에 종사하는 근로자는 고도의 기술을 보유하여 자동화 시스템, 컴퓨터 통합 생산, 유연한 제조시스템으로 작업할 것이라 보고 있다. 따라서 첨단기술을 보유하지 못한 근로자는 실직할 가능성이 크다. 이러한 근로자는 새 일자리를 구하기 위해 재훈련을 받거나 첨단기술이 필요 없는 다른 분야의 일자리를 찾아야 한다. 정부, 기업 및 교육 기관은 근로자가 자동화된 작업장에서 새로운 역할을 수행할 수 있도록 서로 협력해야 한다.

요약

1. 생산의 의미를 이해한다.

운영관리는 제품과 서비스를 생산하는데 필요한 모든 활동이다. 오늘날, 기업은 더욱 증가하는 고객의 욕구를 충족시키기 위해 글로벌 시장에서 치열하게 경쟁하고 있다. 결과적으로, 제조업체는 생산성을 향상시키기 위해 혁신을 추구한다. 이러한 혁신 때문에 작업장에는 더 적은 근로자가 필요하고, 필요한 근로자는 자동화를 다루는 숙련된 기술을 갖고 있어야 한다. 경쟁우위를 회복하기 위해 제조업체는 고객 욕구의 충족과 품질 개선의 중요성을 인식하고 있다. 또한, 제조업체는 직원의 높은 동기부여, 비용 절감, 컴퓨터 지원과 유연한 제조시스템의 사용, 향상된 관리절차, 친환경 제조 등을 위해 새로운 기술을 도입하고 있다. 대부분의 제조업체는 글로벌 경쟁을 통해 이익을 추구하며 그 경쟁은 조직 내 모든 사람의 협력을 요구한다. 운영관리 직원은 다양한 경력을 선택할 수 있다.

2. 전환 프로세스가 원자재, 노동, 기타 자원을 최종제품과 서비스로 어떻게 전환시키는지 이해한다.

기업은 고객에게 효용을 제공하기 위해 경영자원을 제품과 서비스로 전환한다. 효용은 인간의 욕구를 충족시키는 제품과 서비스의 능력이다. 형태 효용은 원자재, 재무, 정보를 완제품으로 전환하는 사람들이 만드는 효용이다. 전환 프로세스는 제품과 서비스를 생산하는데 사용된 주요 자원에 따라, 자원이 변하는 정도(변화의 크기)에 따라, 그리고 기업이 사용하는 생산 프로세스의 수에 따라 다양해진다.

3. 서비스업이 소비자, 다른 기업, 그리고 국가 경제에 미치는 영향을 이해한다.

서비스 생산에 운영관리의 기본적인 원리를 적용함에 따라 미국 서비스업은 더욱 다양해지고 그 수가 급격히 성장했다. 오늘날 미국 근로자의 86%는 서비스 산업에서 일하고 있다. 사실상, 미국 경제는 이제 서비스 경제라고 해도 과언이 아니다. 서비스 기업의 계획은 종종 고객이 누구인지 그리고 고객이 무엇을 원하는지를 결정하는 것으로 시작한다. 고객의 욕구가 파악된 후 다음 단계는 기업이 고객이 원하거나 필요로 하는 서비스를 제공할 수 있도록 계획을 개발하는 것이다.

고객만족도를 측정하기가 어려울지라도 오늘날의 성공적인 서비스 기업은 고객이 원하는 서비스를 제공하기 위해 노력하고 있다. 예를 들어, 서비스 기업은 제조업체와 비교하여 종종 고객의 의견을 경청하고 변화하는 시장 요구에 더욱 신속하게 대응한다.

4. 연구개발이 신제품과 새로운 서비스로 어떻게 이어지는지 이해한다.

운영관리는 제품의 연구개발로 시작하며 종종 R&D라고 한다. R&D의 결과는 완전히 새로운 제품이거나 기존제품의 확장과 개선일 수 있다. R&D 활동은 기본 연구(새로운 지식 발견을 목표로 함), 응용 연구(잠재적 사용이 될 새로운 지식을 발견함), 개발과 실행(신규 또는 기존 지식을 사용하여 제품을 생산)으로 분류된다. 기업이 하나의 제품만 판매하는 경우 고객이 제품 구매를 중단하면 그 기업은 곧 망한다. 비즈니스를 유지하기 위해서는 최소한 제품의 기능을 개선하거나 확장할 방법을 찾아야 한다.

5. 생산계획에 포함된 구성요소를 이해한다.

생산계획은 설계계획, 부지 선정과 시설물 계획, 운영계획의 세 가지 주요 단계로 구성된다. 먼저, 제품라인, 필요한 생산용량, 기술과 관련된 질문을 해결하기 위해 설계계획이 수행된다. 그런 다음 부지 선정과 시설물 계획에 해당하는 생산시설물, 인적자원, 공장배치를 고려해야 한다. 마지막으로 운영계획은 생산시설물과 자원 사용에 중점을 둔다. 운영계획은 다음의 네 단계로 구성된다: (1) 계획기간의 선택, (2) 시장수요의 예측, (3) 시장수요와 생산용량의 비교, 그리고 (4) 수요에 맞게 제품과 서비스를 조정.

6. 구매, 재고관리, 일정관리, 그리고 품질 관리가 생산에 미치는 영향을 이해한다.

운영통제의 주요 영역은 구매, 재고관리, 일정관리, 품질관리이다. 기업은 구매를 위해 공급업체를 선택한다. 공급업체를 선택할 때에 가격, 품질, 신뢰성, 지급조건, 운송비를 포함한 여러 가지 요소를 신중하게 분석하여 결정해야 한다. 재고관리는 총 재고비용을 최소화하는 방향으로 원자재, 재공품, 완제품의 재고를 관리한다. 일정관리는 원자재와 다른 자원이 적합한 시간에 그리고 적합한 장소에 있도록 보장한다. 품질관리는 제품과 서비스가 설계명세서대로 생산되도록 보장한다. 품질관리의 주요 목표는 조직이 스스로 설정한 품질기준에 부합되도록 제품을 만드는 것이다. 총체적 품질경영, 식스시그마, 품질 분임조, 검사를 포함한 다양한 활동을 통해 직원의 참여를 장려하고 품질을 향상시킬 수 있다.

7. 기술이 기업의 생산성과 경쟁력 향상에 어떤 역할을 하는지 이해한다.

생산성은 한 작업자의 시간당 평균 산출량이다. 미국의 제조 생산성 증가율은 2006-2016년 기간에 평균 2.3%였으나 2016년에는 0.6%였다. 2016년의 생산성 증가율이 2006-2016년 기간의 생산성 증가율보다 낮아서 많은 경제학자, 비즈니스 리더, 정치인, 정부 관료들은 미국 제조업체가 생산성을 신속하게 높이는 방법을 찾아야 한다고 지적한다. 미국 기업이 생산성을 높이고 세계시장에서 경쟁 할 수 있는 능력을 키우려면 몇 가지 다른 요소를 고려해야 한다.

기계의 사용으로 작업하는 자동화는 공장의 작업방식에 큰 변화를 주었다. 산업계에서는 프로그램화된 기계인 로봇을 점점 더 사용하고 있다. 컴퓨터 지원 설계(CAD), 컴퓨터 지원 제조(CAM), 그리고 컴퓨터 통합 생산(CIM)은 제품의 설계와 제조를 돕기 위하여 컴퓨터를 활용한다. 유연한 제조시스템(FMS)은 전자기계와 CIM을 결합한 시스템으로, 전통적인 조립라인 방식보다 다양한 제품을 소량으로 효율적으로 생산한다. FMS는 신제품 생산을 위해 간단히 전자기계를 재프로그램하여 재배치한다. FMS는 단속 프로세스라고도 한다.

주요 용어

당신은 이제 다음 용어들에 대한 정의와 적합한 예를 제시할 수 있어야 한다.

- 운영관리
- 리쇼어링
- 대량생산
- 분석적 프로세스
- 종합적 프로세스
- 효용
- 형태 효용
- 서비스 경제
- 연구개발
- 설계계획
- 제품라인
- 제품설계
- 생산용량
- 노동집약적 기술
- 자본집약적 기술
- 공장배치
- 계획기간
- 구매
- 재고관리
- 자재소요계획(MRP)
- 적시재고시스템
- 일정관리
- 말콤 볼드리지 품질상
- 품질관리
- 품질 분임조
- 검사
- 식스시그마
- 국제표준화기구(ISO)
- 린 제조
- 자동화
- 로봇
- 컴퓨터 지원 설계(CAD)
- 컴퓨터 지원 제조(CAM)
- 컴퓨터 통합 생산(CIM)
- 연속 프로세스
- 유연한 제조시스템(FMS)
- 단속 프로세스

토론 문제

❶ 성공적인 미국 기업인 Rubbermaid가 해외 고객에게 자사의 제품을 굳이 판매할 이유가 있을까?

❷ 미국 기업은 글로벌 시장에서 경쟁우위를 회복하기 위해 어떤 조치를 취했나?

❸ 기업은 운영관리의 특정 영역에 더 치중할 필요가 있는가?

❹ 서비스 기업은 연구개발에 투자할 필요가 있는가? 생산계획과 운영통제는?

❺ 운영통제의 네 가지 영역은 서로 어떻게 관련되어 있는가?

❻ 운영관리는 대학과 병원 같은 비영리 조직에도 적합한가? 적합하면 그 이유를 제시하고, 적합하지 않더라도 그 이유를 설명하라.

USING MANAGEMENT AND ACCOUNTING INFORMATION

CHAPTER 7.

경영정보와 회계정보의 활용

학습 목표

본 장을 마치면, 당신은 아래 내용을 이해할 수 있다.

1. 우리가 의사결정 할 때 정보가 위험을 어떻게 줄일 수 있는지 이해한다.
2. 경영에 필요한 정보의 요구사항을 이해한다.
3. 정보시스템의 5가지 기능을 이해한다.
4. 정확한 회계정보와 회계감사의 재무제표가 왜 중요한지 이해한다.
5. 대차대조표를 이해한다.
6. 손익계산서를 이해한다.
7. 기업의 현금흐름에 영향을 주는 비즈니스 활동을 이해한다.
8. 기업 관리자가 자사의 재무건전성을 어떻게 평가하는지 이해한다.

INSIDE BUSINESS

비즈니스 들여다보기

Dun & Bradstreet는 필요한 정보를 제공한다.

급변하는 글로벌 환경에서 기업은 공급업체와 고객과의 비즈니스 관계를 새롭게 형성하거나 혹은 기존 관계의 지속 여부를 결정할 때 공급업체와 고객의 재무 안정성에 대한 정보를 적시에 알고 싶어한다. 이러한 필요성을 인식한 Dun & Bradstreet(D&B)는 19세기부터 내려온 기업의 오랜 유산과 21세기에 맞는 전략을 기반으로 새로운 정보기술을 적용한 비즈니스 데이터를 관리하여 그 데이터가 필요한 고객에게 제공하고 있다. 즉 1841년에 창립된 이래로 D&B는 자사의 고객에게 특정 기업의 신용 정보를 제공하여 이익을 추구한다.

D&B는 자사 데이터베이스에 있는 수백만 개의 개별 기업을 식별하기 위해서 각 특정 기업에 DUNS로 알려진 9자리 고유숫자를 부여한 후 그 기업의 모든 과거 및 현재 데이터를 연결한다. 예를 들어, 한 건설 회사가 은행 대출을 신청하면서 그 신청서에 DUNS 번호를 기재하면, 은행의 대출 담당자는 DUNS 번호를 통해 이 회사의 재무 정보를 확인한 후 대출 여부를 결정한다.

D&B는 자사의 정보시스템을 계속 업그레이드하여 모든 데이터를 최신 상태로 유지하고 보안을 철저히 한다. 또한, D&B는 더욱 정교한 도구를 제공하여 고객이 관심 있는 기업의 데이터에 접근하고 분석할 수 있도록 도와준다. 예를 들어, 고객은 D&B의 방대한 데이터베이스 내에서 D&B가 제공하는 최첨단 시스템을 이용하여 가장 유망한 잠재 고객을 찾을 수 있으며, 공급사슬 협력사 간의 재무적 관계를 추적하여 거래 보안을 유지하면서 거래 속도를 높일 수 있다.

알고 있는가?

1841년에 설립된 Dun & Bradstreet는 데이터베이스에 글로벌 기업의 2억 6천 5백만 개 기록을 보관하고 있으며 17억 달러의 연 매출액을 올린다.

정보는 이 장에서 다룰 주제이다. 본 장은 비즈니스 들여다보기의 Dun & Bradstreet에 관한 이야기로 시작했다. 현재 D&B로 알려진 이 회사는 최고의 비즈니스 데이터와 정보를 제공하는 기업으로, 글로벌 기업에 관한 2억 6천 5백만 건 이상의 기록을 보유하고 있다. 고객은 D&B의 신용 및 재무 정보를 사용하여 자신의 고객에게 제품을 외상으로 판매할 것인지 결정한다. 또한, 제조업체와 소매업체는 D&B가 제공하는 정보를 토대로 원자재와 완제품을 제공하는 공급업체의 재무 안정성과 신뢰성을 평가한다. 실제로 D&B가 제공하는 정보는 기업이 자사의 제품을 고객에게 신용으로 팔거나 혹은 공급업체의 재무 안정성을 평가할 때 가장 중요한 역할을 한다.

먼저 우리는 기업의 직원이 왜 정보가 필요한지를 살펴본다. 앞부분에 설명할 세 개의 절은 다음 질문과 관련 있다.

- 우리가 의사결정 할 때 정보가 위험을 어떻게 줄일 수 있는가?
- 경영정보시스템이란?
- 직원은 경영정보시스템을 어떻게 사용하는가?

다음으로, 회계정보의 중요한 이유와 회계 분야의 직업에 대하여 살펴본다. 그런 다음에 기본적인 회계등식과 세 가지 중요한 재무제표(대차대조표, 손익계산서, 현금흐름표)를 살펴본다. 마지막으로, 관리자가 기업의 재무건전성을 평가하는 방법을 살펴본다.

7-1 우리가 의사결정 할 때 정보가 위험을 어떻게 줄일 수 있는가?

 # 학습목표 **우리가 의사결정 할 때 정보가 위험을 어떻게 줄일 수 있는지 이해한다.**

1장에서 살펴보았듯이, 정보 자원은 관리자가 비즈니스를 운영하는데 필요한 네 가지 주요자원(물적 자원, 인적 자원, 재무 자원 포함) 중 하나이다. 성공적인 기업은 네 가지 경영자원을 모두 효율적으로 사용하지만, 그중에 정보 자원은 관리자가 의사결정 할 때 위험을 줄여주는 역할을 한다.

7-1a 정보와 위험

의사결정 프로세스를 향상하려면, 개인과 기업이 사용하는 정보는 신뢰성이 있어야 한다. 신뢰성이 있는 정보를 사용하면 더 나은 의사결정을 내릴 수 있다.

신뢰성이 있는 정보 → 더 좋은 지식과 지능 → 더 좋은 의사결정

기업의 경우, 더 좋은 의사결정으로 이끄는 지식과 지능은 매우 중요하다. 그 이유는 지식과 지능이 결국 경쟁업체보다 기업의 경쟁우위를 제공하여 이익을 증가시키기 때문이다.

이론적으로, 정확하고 완전한 정보만 있다면 어떠한 위험도 존재하지 않는다. 반면, 아무런 정보 없이 내려진 의사결정은 도박이다. 이런 두 가지 극단적인 상황은 비즈니스 세계에서 거의 일어나지 않는다. 대부분 기업의 의사결정자는 두 극단 사이의 어느 한 위치에 있게 된다. 그림 7.1에 나타난 바와 같이, 이용 가능한 정보의 양이 많으면 위험은 줄어든다. 반면, 이용 가능한 정보의 양이 적으면 위험은 증가한다.

6장(제품과 서비스의 생산)에서 우리는 새로운 중형 SUV 전기차인 Model X를 생산하려는 Tesla Motors의 계획에 대해 논의했다. Tesla의 경영진은 Model X의 생산 여부를 결정하기 위해 정보에 의존했다. 아무런 정보가 없다면, Tesla 경영진은 동전을 던져 결정할지도 모른다. 즉 그들은 동전을 던져 앞면이 나오면 Model X를 생산하고, 뒷면이 나오면 Model X의 생산을 포

그림 7.1 정보와 위험의 관계

이용 가능한 정보량이 많으면 관리자는 더 좋은 의사결정을 할 가능성이 크다.
반면, 정보량이 적으면 관리자는 잘못된 의사결정을 할 위험이 커진다.

기하는 의사결정을 내릴 수도 있다. 하지만 Tesla 경영진은 Model X의 생산 여부가 기업 전체의 판매와 이익에 막대한 영향을 미치기 때문에 먼저 고객으로부터 정보를 수집했다. 즉 경영진은 고객으로부터 새로운 SUV 전기차에 대한 반응, 기꺼이 지급할 의향이 있는 가격대, 그리고 새 차량에 장착하길 원하는 기능과 옵션의 추가 정보를 확보했다. 경영진은 또한 자사의 엔지니어, 생산 직원, 마케팅 직원, 주요 담당자로부터 필요한 정보를 얻었다. 모든 정보의 분석을 토대로 Tesla 경영진은 새로운 SUV 생산을 최종적으로 결정했다. 이처럼 정보는 지식을 생성하고, 정보를 통해 관리자와 직원은 더 좋은 의사결정을 내릴 수 있다.

7-1b 정보 규칙

마케팅 조사에 따르면 가격할인은 자동차와 트럭 구매자에게 영향을 미친다. 즉 가격을 낮추면 딜러는 더 많은 자동차와 트럭을 판매할 것이다. 소비자 행동과 가격 간의 이러한 관계는 일반적으로 마케팅 관리자를 올바르게 이끄는 정보 규칙(information rule)이 된다. 정보 규칙은 유사한 환경에서 행해진 연구들에서 동일한 결과가 많이 발생할 때 형성된다.

기업가는 많은 정보량을 토대로 매일매일 의사결정을 해야 하므로 정보 규칙을 이용하여 의사결정 대안들의 분석 시간을 단축한다. 모든 사람은 정보 규칙을 이용하여 의사결정을 단순화할 수 있다. 관리자와 직원은 더는 유효하지 않은 과거 규칙을 버리고 유용하게 이용할 수 있는 새로운 규칙을 계속 찾는다. 이러한 노력은 비즈니스 환경과 조건이 동일하지 않기 때문에 지속적으로 필요하다.

7-1c 데이터와 정보의 차이점

데이터(data) 숫자 혹은 간단한 말로 표현

많은 사람은 데이터와 정보를 같은 의미로 사용하지만, 둘 사이에 분명한 차이점이 있다. **데이터(data)**는 숫자로 표현되거나 간단한 말로 기술된다. 당신의 현재 임금, 작년 Google의 세후 이익, 현재 Dell 컴퓨터의 소매가격은 모두 데이터이다. 대부분의 사람들은 데이터를 숫자로만 생각하지만, 숫자가 아닐 수도 있다. 예를 들어, 한 개인을 "짧은 검은색의 머리카락을 가지고 있으며, 키 크고 근육질인 사람"으로 표현하면, 이 표현도 데이터로 인정된다.

정보(information)는 특정 목적을 위해 유용한 형태로 표현된 데이터이다. 예를 들어, Container Store는 전국 최고의 고용주 중 하나로 명성을 얻고 있다. 또한, 이 기업은 동일한 직무를 수행하는 여성 직원과 남성 직원에게 동일한 임금을 지급하는 것으로도 유명하다. 이를 확인하려면 인적자원 관리자는 동일한 직무를 수행하는 여자 직원과 남자 직원에 지급된 임금을 비교해야 한다. 관리자는 직무별 직원 목록과 각 직원의 현재 임금을 나열한 컴퓨터 인쇄물로 시작할 수 있다. 이러한 인쇄물은 데이터라 할 수 있다. 이제 관리자는 컴퓨터를 이용하여 직무별 남녀 직원들의 평균 임금을 그래프로 나타냈다고 가정하자. 이러한 결과물은 관리자가 알고 싶은 형태(그래프)로 표현되었기 때문에 정보가 된다. 그래프와 같이 실용적이고 유용한 형태로 표현된 정보는 관리자의 의사결정과정을 단순화시킨다.

정보(information)
특정 목적을 위해 유용한 형태로 표현된 데이터

7-1d 지식경영

기업은 일반적으로 많은 양의 데이터를 보유하고 있다. 기업의 전형적인 데이터로는 직원, 재고, 판매, 비용, 회계에 관한 기록이다. 각 유형의 데이터는 종종 조직 내의 개별부서에 저장된다. 하지만 개별 데이터가 하나의 데이터베이스로 조직화 되면 그 데이터는 더욱 효과적으로 사용될 수 있다. **데이터베이스(database)**는 한 곳에 저장된 데이터와 정보의 집합체이다. 데이터베이스 그 자체도 중요하지만, 기업의 관점에서는 데이터와 정보의 활용이 더욱 중요하며 가치가 있다. 결과적으로 경영정보 전문가는 데이터와 정보의 생성, 활용 및 공유를 강조하기 위해 **지식경영(knowledge management, KM)**이라는 용어를 사용한다.

데이터베이스(database)
한 곳에 저장된 데이터와 정보의 집합체

지식경영(knowledge management, KM)
데이터와 정보의 생성, 활용, 공유

iStock.com/StockFinl

올바른 정보를 찾기 위해 때로는 더 깊이 파고들어야 한다!

"올바른" 의사결정을 하기 위해 직원은 이용 가능한 정보를 더 깊이 조사할 필요가 종종 발생한다. 실제로 오늘날의 비즈니스 세계에는 많은 정보가 있으며, 그들 중 올바른 정보를 찾는 일이 때로는 건초 더미에서 바늘을 찾는 것처럼 보일 수 있다.

윤리 및 사회적 책임

신원 도용과 사기로부터 보호

매년 400,000명의 소비자가 미연방 통상위원회(Federal Trade Commission)에 신원 도용피해를 신청한다. 도둑은 다른 사람의 신원 정보를 알아내어 그 정보를 사용하여 대출을 받거나 신용카드를 받은 후 여러 쇼핑을 한다. 자신의 신원 정보가 도용된 사실을 인지하는 첫 번째 단서는 은행과 신용카드 회사로부터 자신이 구매하지 않은 쇼핑의 지급청구서를 받았을 때이다. 또한, 소득세 신고서를 국세청에 제출하고 세금 환급을 기대했지만, 신원을 도용한 사람에게 세금 환급이 이미 이루어졌다는 사실을 통지받았을 때일 수도 있다.

국세청(IRS)을 사칭하는 신원 도용피해도 심각하다. IRS 사기꾼은 당신에게 전화하거나 이메일을 보낸 후 즉시 계좌번호로 입금할 것을 요구한다. IRS는 실제로 당신에게 연락할 때 전화나 이메일 대신 서신(편지)의 방법을 사용한다. 또 다른 예로, 누군가가 당신에게 전화나 이메일로 연락하여 자신은 한 컴퓨터 회사의 책임자이며, 당신 컴퓨터에 큰 문제가 있으며, 이 문제는 특정 웹 사이트나 링크를 클릭해서 해결할 수 없다고 주장한다. 피해자인 당신은 사기꾼에게 그 문제의 해결비용을 낼 때까지 컴퓨터 악성 바이러스에 시달려야 한다. 합법적인 컴퓨터 회사는 그런 전화를 하지 않는다. 당신이 할 수 있는 최선의 방어책은 컴퓨터, 태블릿, 스마트 폰에 보안 소프트웨어를 설치하는 것이다.

신원 도용을 피하려면 주민등록번호와 금융 계좌의 정보를 비공개로 유지해야 한다. 그리고 자신이 사용하지 않은 거래가 있는지 확인하기 위해 은행과 신용카드의 모든 명세서를 주의 깊게 살펴봐야 한다. 또한, 늦지 않게 세금신고서를 제출하고 매년 자신의 신용상태를 확인해야 한다.

Sources: Based on information in Kathy Kristof, "Move Over, ID Theft—Here's the New No. 1 Fraud," CBS MoneyWatch, March 7, 2017, http://www.cbsnews.com/news/move-over-id-theft-heres-the-new-no-1-fraud; "This Scam Surpassed Identity Theft for the First Time Ever Last Year," Fortune, March 3, 2017, http://fortune.com/2017/03/03/identity-theft-imposter-scams-cybersecurity/; "Best Practices To Avoid Income Tax Identity Theft and Refund Fraud," Lexology, February 9, 2017, http://www.lexology .com/library/detail.aspx?g=25c1751c-4f58-40de-bc32-e7d6d71f9efd.

의사결정지원시스템(decision support system, DSS) 신뢰성 있는 데이터와 정보를 제공하여 관리자와 직원의 의사결정을 지원하는 응용소프트웨어

전문가시스템(expert system) 인간의 사고능력을 모방한 인공지능을 이용하여 특정 영역의 의사결정을 돕는 응용소프트웨어

스마트 의사결정 오늘날 많은 응용소프트웨어는 조직 내 다른 수준의 사람들의 의사결정 프로세스를 개선하고 가속화 하는 데 도움을 준다. 예를 들어, **의사결정지원시스템(decision support system, DSS)**은 신뢰성 있는 데이터와 정보를 제공하여 관리자와 직원의 의사결정을 지원하는 응용소프트웨어이다. DSS는 주로 "만약 ~(이)라면, ~이 어떻게 될까?"(what if 분석이라고 함)와 관심의 대상이 되는 변수의 변경 효과를 측정할 때 사용된다. 예를 들어, 조지아주에 소재한 Pulte Homes의 관리자는 DSS를 사용하여 부촌 지역에 세워질 새 주택의 가격을 정할 수 있다. 토지비용, 인건비, 자재비용, 건축허가비용, 판촉비용, 기타 비용을 포함한 모든 비용과 건설할 주택 수를 입력하면, DSS는 새 주택의 기본 가격을 정하는 데 도움을 준다. 또한, 관리자는 DSS를 사용하여 건축비용을 늘리거나 줄일 때에 따른 새 주택의 가격도 정할 수 있다.

또 다른 유형의 응용소프트웨어는 전문가시스템이다. **전문가시스템(expert system)**은 인간의 사고능력을 모방한 인공지능을 이용하여 특정 영역의 의사결정을 돕는 응용소프트웨어이다. 전문가시스템은 일련의 규칙들을 토대로 특정 문제를 분석한다. 전문가시스템은 사용자로부터 받은 정보에 근거하여 그에 해당하는 규칙들을 적용한 후에 특정 활동을 제안한다. 예를 들

표 7.1 현재 생산성 향상에 사용되는 비즈니스 응용소프트웨어

워드 프로세싱	사용자는 문서를 작성하고 편집한다.
데스크톱 출판	사용자는 텍스트와 그래픽을 사용하여 전문적인 보고서, 뉴스레터, 팜플렛을 만든다.
회계 소프트웨어	사용자는 일상적인 회계 거래를 기록하고 회계보고서를 작성한다.
데이터베이스 관리	사용자는 대량의 데이터를 저장하고 데이터를 정보로 변환한다.
그래픽	사용자는 그림, 도표, 다이어그램을 만든다.
스프레드 시트	사용자는 숫자 데이터를 행과 열 격자로 계산한다.

어, 전문가시스템은 제조업무의 일정관리, 질병 진단, 신용카드 고객의 신용한도액 설정, 대출신청서의 평가, 전자게임의 개발 등에 사용되고 있다.

비즈니스 응용소프트웨어 의사결정지원시스템과 전문가시스템 외에도 많은 비즈니스 응용소프트웨어가 직원의 의사결정과 생산성을 향상시킬 수 있다. 초기 비즈니스 응용소프트웨어는 일반적으로 하나의 기능을 수행했다. 그러나 오늘날 통합 소프트웨어는 여러 기능을 단일 패키지로 결합한다. 통합 패키지를 사용하면 텍스트, 숫자 데이터, 그래프, 사진, 시청각 동영상을 쉽게 연결할 수 있다. 예를 들어, Microsoft Office 패키지를 이용한 비즈니스 보고서에는 이러한 모든 구성 요소가 포함될 수 있다. 기업 경영진은 미래의 자사 직원이 표 7-1에 제시된 여러 응용소프트웨어를 사용하여 높은 수준의 작업을 수행할 수 있을 것으로 기대한다.

일반적으로 데이터, 정보, 데이터베이스, 지식경영, 응용소프트웨어 모두는 기업의 경영정보시스템에서 중요한 부분이 된다.

7-2 경영정보시스템이란?

 # 학습목표 경영에 필요한 정보의 요구사항을 이해한다.

경영정보시스템(management information system, MIS)은 기업의 관리자와 직원에게 작업을 효과적으로 수행하는데 필요한 정보를 제공하는 시스템이다. MIS(정보기술 시스템 또는 단순히 IT 시스템이라고도 함)의 목적은 필요한 내부 및 외부 정보를 관리자와 직원에게 적시에 제공하는 것이다.

경영정보시스템(management information system, MIS) 기업의 관리자와 직원에게 작업을 효과적으로 수행하는데 필요한 정보를 제공하는 시스템

그림 7.2 경영정보시스템 (MIS)

MIS가 설치되면 직원과 관리자는 조직의 다른 사람을 거치지 않고도 MIS로부터 직접 정보를 얻을 수 있다.

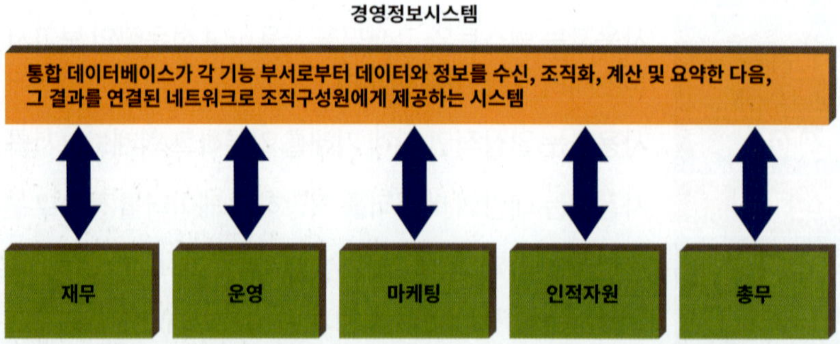

7-2a 기업의 정보 요구사항

관리자와 직원은 기업의 미래 계획을 세우고, 그 계획을 현재 실행하고, 실행한 결과를 과거 결과와 비교 및 평가해야 한다. 물론, 그들이 필요로 하는 정보는 자신이 속해있는 기업 내의 위치와 직무영역에 따라 다르다.

오늘날 많은 기업은 일반적으로 *재무, 운영, 마케팅, 인적자원, 총무*의 다섯 가지 영역으로 구성하여 관리한다. 이러한 각 영역의 관리자는 자신의 의사결정에 맞는 특정 정보가 필요하다 (그림 7.2 참조).

- ✔ *재무 관리자(financial manager)*는 기업의 재무에 가장 관심이 있다. 그들은 관리자와 직원, 채권자와 공급업체, 주주와 잠재적 투자자, 정부 기관이 자사의 재무건전성을 평가하도록 그에 필요한 정보를 제공해야 한다.
- ✔ *운영 관리자(operation managers)*는 현재와 미래의 판매수준, 재공품과 완제품의 재고수준, 제품과 서비스 생산에 필요한 경영자원의 가용성과 비용에 관심이 있다.
- ✔ *마케팅 관리자(marketing manager)*는 자사 및 경쟁기업의 제품과 서비스와 관련된 정보를 가지고 있어야 한다. 이러한 정보에는 가격 책정 전략, 경쟁기업의 테스트 마케팅 중인 제품, 자사 고객에 관한 정보, 향후 판매에 영향을 줄 수 있는 현재 보류 중인 제품 법률이 포함된다.
- ✔ *인적자원 관리자(human manager)*는 기업의 직원과 관련된 모든 것을 알고 있어야 한다. 이러한 정보에는 자사 및 경쟁기업의 현 임금수준과 복리후생 제도, 고용 관행에 영향을 미치는 현재의 법률과 법원 결정이 포함된다.
- ✔ *총무 관리자(administrative manager)*는 조직의 전반적인 관리에 책임이 있다. 따라서 그들은 경영자원인 물적 자원, 인적 자원, 재무 자원, 정보 자원의 통합에 관심이 있다.

또한, 기업의 정보기술 책임자(혹은 총무 관리자)는 정보가 기업 내에 일관된 방식으로 사용되게 해야 한다. 예를 들어, General Electric(GE)은 5년 후에 건설될 새로운 공장을 설계 중이라고 가정하자. GE 경영진은 궁금한 여러 질문의 답변을 찾기 위해 관련 정보가 필요하다.: 공장의 생산용량은 판매예측에 근거한 마케팅 계획과 일치하는가? 인적자원 관리자는 공장에 필요한 인력을 제공할 수 있는가? 판매예측은 공장의 건설비용을 충당하기에 충분한 수입을 보장하는가?

다음으로 정보기술(또는 IT 부서) 책임자는 모든 관리자와 직원이 자사의 정보기술을 사용할 수 있도록 그들에게 필요한 기술 교육을 제공해야 한다. 마지막으로, 정보기술 책임자는 자사 MIS의 업데이트에 드는 비용과 추가 교육비용을 고려해야 한다.

Cisco Systems는 어떤 기업인가? 간단한 답변 : 캘리포니아주에 기반을 둔 Cisco Systems는 컴퓨터와 스마트 폰이 다른 컴퓨터, 인터넷, 기타 전자기기와 통신하는 데 필요한 네트워킹 하드웨어와 소프트웨어를 제공하는 기업이다. 이러한 네트워킹 하드웨어와 소프트웨어를 통해 일반기업의 관리자와 직원은 자사의 경영정보시스템에 접근하여 더 나은 의사결정에 필요한 데이터와 정보를 얻는다.

7-2b 시스템 비용과 한계

기업 구성원인 직원, 관리자, 임원은 지나치게 많은 정보를 가질 수 있다. 중요한 사실은 많은 정보가 아니라 의사결정에 도움 되는 정보가 필요하다는 점이다. 정보가 너무 많으면 정보 과부하(information overload)에 빠질 수 있다. 정보 과부하는 지나치게 많은 무의미한 정보, 스팸메일, 광고에 기인한다. 불행히도, 정보기술의 잘못된 사용은 생산적인 활동에 전념할 수 있는 직원의 시간을 빼앗는다. 직원의 생산성 저하 외에도 컴퓨터, 소프트웨어, 기타 장비에 들어가는 비용이 엄청날 수 있다. 따라서 정보기술 책임자는 필요한 정보를 합리적인 비용으로 제공할 수 있는 정보기술 장비를 조직 내에 갖추어야 한다.

실제로 MIS는 조직의 필요에 맞게 조정되어야 한다. 일부 기업은 비용 절감을 위해 초기투자가 적게 들어간 단순한 시스템을 운영한다. 이러한 시스템은 일반적으로 단일 부서에서만 사용될 수 있다. 다른 부서의 관리자는 자신의 데이터를 처리할 수 없음을 발견하고 시스템을 사용하지 않는다.

조직의 필요보다 너무 크거나 복잡한 MIS도 바람직하지 않다. 필요한 것보다 더 큰 능력의 시스템과 사용하기에 복잡한 시스템은 단순히 투자비용과 운영비용을 증가시킬 뿐이다. 사용하기 어려운 시스템은 조직의 구성원이 궁극적으로 사용하지 않을 가능성이 크다.

7-3 직원은 경영정보시스템을 어떻게 사용하는가?

 # 학습목표 정보시스템의 5가지 기능을 이해한다.

정보를 제공하려면 경영정보시스템(MIS)은 다음의 5가지 기능을 수행해야 한다. (1) 데이터를 수집하고, (2) 데이터를 저장하고, (3) 데이터를 업데이트하고, (4) 데이터를 정보로 처리하고, (5) 사용자에게 정보를 제공한다(그림 7.3 참조).

그림 7.3 경영정보시스템 (MIS)의 5가지 기능

모든 MIS는 조직에 맞아야 하며 다음의 5가지 기능을 수행해야 한다.

7-3a 단계 1: 데이터 수집

직원은 MIS의 도움을 받아 기업의 데이터베이스를 구축하는 데 필요한 데이터와 정보를 수집해야 한다. 데이터베이스에는 기업 관리에 도움이 될 수 있는 모든 과거 및 현재 데이터가 포함되어야 한다. 시스템에 입력된 데이터는 *신뢰성(혹은 관련성, relevant)*이 있어야 한다. 그리고 가장 중요한 것은 데이터가 *정확(accurate)*해야 한다는 것이다. 신뢰성이 없는 데이터는 쓸모가 없으며, 정확하지 않은 데이터는 잘못된 의사결정을 이끌 수 있다. 데이터는 내부 및 외부 원천(source)으로부터 수집된다.

전형적으로, MIS에 수집되는 대부분의 데이터는 내부원천에서 온다. 데이터의 가장 흔한 내부원천은 관리자, 직원, 기업 보고서와 기록물, 회계 데이터와 회의록이다.

데이터의 외부원천은 고객, 공급업체, 은행, 경영 관련 출판물, 산업계 회의, 법률기관, 정부 기관, 마케팅 조사 수집을 전문으로 하는 기업이 포함된다.

데이터의 원천이 내부이든 외부이든 관계없이, 다음의 두 가지 사항을 항상 명심해야 한다.

❶ 마케팅 조사 전문기업과 같은 외부원천으로부터 데이터를 얻는 비용은 상당히 비쌀 수 있다.

❶ 컴퓨터는 일반적으로 실수를 하지 않으며 컴퓨터를 사용하는 사람이 실수하거나 오류를 범한다. 데이터(또는 정보)와 당신의 판단이 일치하지 않을 때는 항상 데이터를 점검해야 한다.

7-3b 단계 2: 데이터 저장

MIS는 데이터를 저장할 수 있어야 한다. 전형적으로, 데이터의 저장 방법은 조직의 규모와 필요에 따라 달라진다. 소기업은 직원의 컴퓨터에 데이터를 직접 입력하여 저장하며, 일반적으로 중기업이나 대기업은 대형 컴퓨터에 데이터를 저장하고 컴퓨터 통신망을 통해 직원에게 제공한다.

Stephen Vanhorn/Dreamstime.com

7-3c 단계 3: 데이터 업데이트

MIS는 저장된 데이터를 정기적으로 업데이트하여 관리자와 직원에게 정확하고, 완전하고, 최신의 정보를 제공해야 한다. 데이터 업데이트의 빈도는 그 데이터가 얼마나 빨리 변화는 지, 얼마나 자주 사용되는지에 따라 달라진다. 만약 최신의 데이터가 기업 경영에 필수적이라면 즉시 업데이트되어야 한다. 예를 들어, 의류, 화장품, 가정용 가구, 기타 소비재 등 다양한 물품을 판매하는 전국 백화점인 Macy's는 각 매장에서 팔린 물품의 데이터를 금전 등록기(cash register)를 통해 자동으로 중앙 컴퓨터에 전달한다. 중앙 컴퓨터는 전달받은 데이터를 토대로 매장의 재고기록을 수정한다. 판매 담당자는 고객이 쇼핑 중인 매장에 물품이 없을 때 중앙 컴퓨터에 접근하여 어느 매장에서 구할 수 있는지 혹은 온라인으로 주문 가능한지를 고객에게 알려준다.

7-3d 단계 4: 데이터 처리

데이터를 추출하고, 강조하고, 계산하고, 요약하기 위해서는 데이터의 처리가 필요하다. **데이터 처리(data processing)**는 특정 목적을 위해 데이터를 유용한 형태로 변환하는 것이다.

데이터 처리(data processing) 특정 목적을 위해 데이터를 유용한 형태로 변환하는 것

언어(verbal) 데이터의 처리는 주로 저장된 데이터를 추출하여 이를 통합한 보고서로 표현된다. 그러나 대부분의 기업 데이터는 숫자 데이터(예: 일일 판매액, 특정 제품의 생산비용 등)이다. 다행히도 컴퓨터 소프트웨어는 대량의 숫자를 빠르게 처리할 수 있으며 통계를 사용하여 그 내용을 요약할 수 있다.

Pressmaster/Shutterstock.com

컴퓨터의 도움으로 정보를 제시하는 것이 생각보다 쉽다. 기업의 관리자와 직원은 정기적으로 한 사람 또는 여러 사람에게 프레젠테이션하는 경우가 많다. 종종 프레젠테이션 자료에 그래프, 차트, 데이터, 기타 중요한 정보를 넣는다. 필요한 영상을 만들기는 쉽지 않지만, 컴퓨터 기기와 적합한 응용소프트웨어의 도움으로 마우스 클릭만으로 프레젠테이션을 멋지게 할 수 있다.

7-3e 단계 5: 정보 제공

MIS는 정보를 유용한 형태로 제공할 수 있어야 한다. 즉, MIS는 정보 자체와 정보의 사용 용도에 맞게 다양한 프레젠테이션 방법(예: 보고서, 표, 그래프, 차트)을 제시해야 한다.

그림 7.4 비즈니스 프레젠테이션에 사용되는 일반적인 영상 표시들

영상 표시는 모든 사람이 쉽게 이해할 수 있는 형태로 정보를 제공한다.

그래프

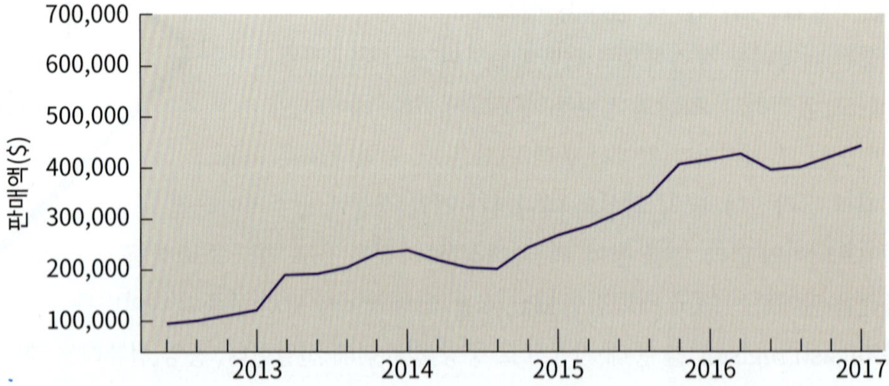

막대 그래프

2012-2017 기간의 이익(단위: 백만 달러)

파이 차트

Martin 제조업체의
일부 제품의 매출액

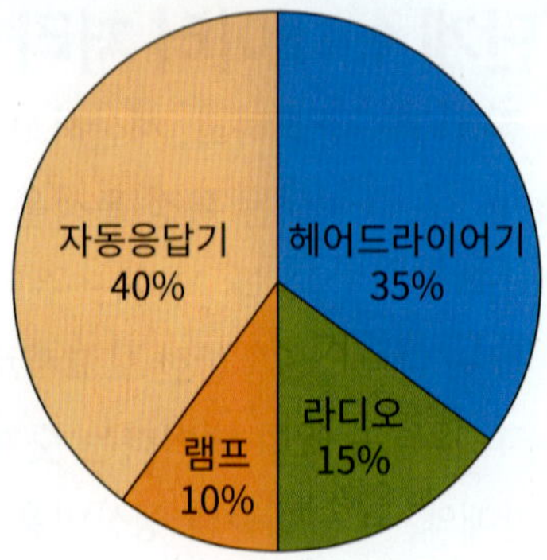

사업보고서 직원은 관리자로부터 종종 공식적인 사업보고서를 작성하도록 지시받는다. 일반적인 사업보고서는 다음과 같이 구성된다.

- 소개
- 본문
- 결론
- 제안사항

표 7.2 비즈니스 프레젠테이션에 사용되는 일반적인 표 양식

표는 둘 이상의 변수에 대한 정보를 표현하는 데 가장 유용하다. All-Star Technology 예상 판매액

지역	영업사원의 수	소비재 제품($)	산업용 제품($)
동부 지역	15	1,500,000	3,500,000
중서부 지역	20	2,000,000	5,000,000
서부 지역	10	1,000,000	4,000,000
합계	45	4,500,000	12,500,000

*소개(introduction)*는 보고서의 나머지 부분을 설정하는 단계로, 해결해야 할 문제점, 사용된 연구 기법, 보고서의 내용을 간략하게 기술한다. 보고서의 *본문(body)*은 보고서를 작성하는 과정에서 발견한 사실을 객관적으로 기술한다. *결론(conclusion)*은 보고서에 포함된 결과물을 기술한다. *제안사항(recommendation)*은 문제점의 해결방안을 제시한다. 결론과 마찬가지로 제안사항은 보고서에 포함된 사실적인 증거를 기초로 실용적이며 구체적이어야 한다.

영상 표시와 표 영상 표시(visual display)는 여러 정보를 비교하기 쉬운 형태로 표현한다. 그림 7.4는 컴퓨터에 의해 생성된 그래프, 막대 그래프, 파이 차트의 영상 표시들이다.

한편, 표(tabular display)는 언어 또는 숫자 정보를 행과 열로 표현한다. 표는 둘 이상의 관련 변수에 대한 정보를 표현할 때 가장 유용하다. 예를 들어, 표는 지역별 영업사원의 수, 제품 유형별 판매액, 모든 제품의 총판매액을 나타낼 수 있다(표 7.2 참조). 일반적으로, 표는 시각적인 영상 표시보다 충격이 작다. 하지만 표 7-2에 표현된 것과 같이 다중 열의 표 정보를 표현하려면 몇 개의 막대 그래프 또는 파이 차트가 필요하다.

7-4 회계정보는 왜 중요한가?

 # 학습목표 **정확한 회계정보와 회계감사의 재무제표가 왜 중요한지 이해한다.**

본 장 앞부분에서 살펴본 것처럼, 기업은 필요한 정보를 얻기 위해 경영정보시스템을 사용한다. 또한, 임원, 관리자, 직원은 기업의 회계시스템에 의존하여 필요한 재무정보를 제공한다. **회계**

회계(accounting) 재무정보를 체계적으로 수집하고, 분석하며, 보고하는 업무

(accounting)는 재무정보를 체계적으로 수집하고, 분석하며, 보고하는 업무이다. 다음 세 가지 질문에 대해 잠시 생각해보자.

❶ 작년에 Coca-Cola의 판매 수입은 증가했는가?

❷ 작년에 Walmart는 법인세를 얼마나 냈는가?

❸ 현재 Google은 다른 기업을 인수하고 부채를 갚는 데 필요한 현금은 충분한가?

기업의 회계사와 회계시스템은 이러한 질문에 대한 답변을 제공한다. 회계정보가 과거에 발생했던 일(사건)에 대한 정보를 주로 제공하지만, 미래의 의사결정을 위해서도 사용될 수 있다.

기업의 회계사와 회계시스템에서 제공하는 정보가 매우 중요하기 때문에 관리자와 직원, 주주, 재무 분석가, 대출 기관, 공급업체, 정부 기관, 기타 관심 있는 그룹은 "그 숫자들을 신뢰"할 수 있어야 한다. 그 재무 숫자의 신뢰성을 위해 기업은 외부의 공인된 회계기업에 의해 회계감사를 받는다. 이러한 감사는 그 기업의 회계정보와 재무제표의 신뢰성을 높이는 데 도움을 준다.

회계감사(audit) 기업의 재무제표와 그 재무제표를 작성하는 회계 관행의 검사

일반적으로 인정된 회계원칙(generally accepted accounting principle, GAAPs) 회계전문직에 종사하는 사람과 재무정보를 보고하는 미국 기업이 지켜야 할 일련의 회계 지침

7-4a 회계감사의 재무제표는 왜 중요한가?

회계감사(audit)는 기업의 재무제표와 그 재무제표를 작성하는 회계 관행의 검사이다. 회계감사의 목적은 기업의 재무제표가 **일반적으로 인정된 회계원칙(generally accepted accounting principle, GAAPs)**에 따라 작성되도록 하는 것이다. GAAPs는 회계전문직에 종사하는 사람과 재무정보를 보고하는 미국 기업이 지켜야 할 일련의 회계 지침이다.

GAAPs 간행 이후에, 미국 기업의 회계 표준을 수립하고 개선하는 회계표준위원회(Financial Accounting Standards Board, FASB)는 GAAPs와 국제회계표준(IFRS)을 결합하여 미국 기업과 다국적 기업 모두가 사용할 수 있는 하나의 새로운 회계 표준을 만드는 작업을 하고 있다. Johnson & Johnson, Royal Dutch Shell, ExxonMobil, Walmart, Toyota와 같은 다국적 기업의 경우 글로벌 표준을 충족하는 재무제표와 회계정보를 기록하면 시간과 비용이 모두 절약되므로 글로벌 회계 표준의 이점은 엄청나다. GAAP와 IFRS를 결합한 새로운 표준에 대한 공식 날짜는 아직 발표되지 않았다.

기업의 재무제표가 재무정보를 잘 제공하고 GAAPs에 일치되게 작성되었다면, 회계사는 감사결과를 다음과 같이 작성한다.

본 재무제표는 ... 모든 자료를 잘 반영하였고 ... 일반적으로 인정된 회계원칙에 따라 작성되었다.

회계감사와 그 결과보고서는 감사받은 기업의 회계기록이 조작되지 않았음을 보증하는 것

이 아니라, 단순히 그 기업의 재무정보가 전체적으로 GAAPs의 표준에 의해 작성되었음을 의미한다. 또한, 감사 기능과 GAAPs가 존재하지 않는다면 기업의 관리나 감독은 잘 이루어지지 않을 것이다. 즉 감사 기능과 GAAPs가 없다면, 기업의 재무제표와 회계기록의 타당성은 손상될 것이다. 그로 인해, 기업은 채권발행에 의한 자금조달, 공급업체로부터 원자재와 부품의 조달, 투자자로부터 자금조달, 정부 기관에 제출할 서류준비 등에 많은 어려움을 겪게 될 것이다. .

7-4b 회계 사기와 윤리적 행동

질문: 다음 기업의 공통점은?

a. Enron(에너지 및 유틸리티 회사)

b. Lehman Brothers(월스트리트 금융 서비스 회사)

c. Madoff Investment Securities(월스트리트 투자 회사)

위에 나열된 기업은 미국 역사상 가장 큰 회계 스캔들을 일으킨 회사들이다. Enron과 Lehman Brothers는 모든 종류의 불법적이고 비윤리적인 회계 방법을 사용하여 이익을 부풀렸다. 비리가 발각되었을 때, 두 기업은 파산 신청을 했다. Madoff Investment Securities의 설립자인 Bernie Madoff는 수백만 명의 투자자를 사기 친 회계 부정으로 결국 수감되었다. 이로 인해, 많은 투자자, 대출 기관, 공급업체, 정부 규제 기관은 불법적이고 비윤리적인 회계 관행의 문제점을 제기하게 되었다.

오늘날, 기업 경영진이 회계기록을 "조작"하려는 이유는 월가 분석가와 투자자에게 호의적으로 보이려는 욕구에서 비롯된다. 최근 미국 증권거래위원회(Securities and Exchange Commission, SEC)는 캘리포니아에 본사를 둔 Marrone Bio Innovations와 최고 운영책임자에게 분식한 회계 부정으로 175만 달러의 벌금을 부과했다. 최고 운영책임자인 Hector Absi, Jr.는 회계 사기가 알려지기 직전에 사임했다. Marrone Bio Innovations의 회계 사기에 대한 동기는 주식시장의 상장회사로서 첫해에 두 배의 수익을 올릴 것이라는 투자자와 분석가들의 판매 전망을 충족시키는 것이었다. 기업이 예상보다 높은 판매와 이익을 시장에 보고하면 기업의 주가는 크게 오를 수 있다. 하지만 Marrone Bio Innovations의 회계 사기가 발각되었을 때 이 기업의 주가는 44% 하락했다. 특히 경영진의 급여와 보너스가 기업의 주식 가치와 연결되어 있을 때 일부 기업 경영진은 비윤리적인 회계 방법을 사용하여 기업의 판매 수입과 이익 금액을 부풀릴 수 있는 또 다른 요인이다.

불행하게도, 기업이 부정확하거나 잘못된 회계 정보를 보고 할 때 손해 보는 사람은 고임금을 받는 기업 경영진이 아니다. 많은 경우에, 기업이 파산 신청을 할 때 일자리를 잃는 직원과 회사의 퇴직 프로그램에 투자한 돈이다. 또한, 기업에 투자하거나 돈을 빌려준 투자자, 대출 기관, 공급업체도 일반적으로 손실을 보게 된다.

미국 의회는 과거에 발생한 회계 스캔들과 같은 문제를 방지하기 위해 Sarbanes-Oxley Act를 제정했다. 그 내용은 다음과 같다.

- ✔ 상장기업은 상근 5명으로 구성된 회계감독위원회를 설립해야 한다.
- ✔ 임원과 재무 담당자는 정기적인 재무보고서를 인증해야 하며, 증권보고 요구사항의 의도적인 위반 시 그 책임을 진다.
- ✔ 회계기업은 감사하는 기업에 대해 여러 유형의 비감사(non-audit) 서비스와 컨설팅 서비스를 제공할 수 없다.
- ✔ 회계감사인은 재무 문서와 감사 서류를 7년 동안 보관해야 한다.
- ✔ 회계감사인, 회계사, 직원은 재무 문서를 파기하고 유가 증권법을 고의로 위반한 경우 최대 20년의 징역형과 벌금을 받을 수 있다.
- ✔ 공공 기업은 5년마다 자사의 회계감사 회사를 변경해야 한다.
- ✔ Sarbanes-Oxley Act 위반을 보고하는 내부 고발자에게 법으로 보호한다.

대부분의 사람은 Sarbanes-Oxley Act를 환영하지만, 복잡한 법규로 인해 기업은 법규 준수 비용이 많이 들고 관리에 많은 시간이 걸린다. 또한, 회계기업에도 상당한 어려움이 따른다. 하지만, 많은 사람은 그 법규를 따르는 준수 비용이 정당하다고 동의한다.

7-4c 회계의 유형

많은 사람은 모든 회계사가 동일한 작업을 수행한다고 생각하지만, 회계 업무는 여러 전문 분야가 있다. 사실상, 회계는 일반적으로 관리회계와 재무회계의 두 가지 분야로 분류된다.

관리회계(managerial accounting) 조직의 관리자와 직원에게 기업의 자금조달, 투자, 마케팅, 운영 활동에 대한 의사결정을 할 때 그에 필요한 정보를 제공

관리회계(managerial accounting)는 조직의 관리자와 직원에게 기업의 자금조달, 투자, 마케팅, 운영 활동에 대한 의사결정을 할 때 그에 필요한 정보를 제공한다. 모든 관리자와 직원은 관리회계의 정보를 이용하여 과거보다 얼마나 잘 수행했는지와 미래에 기대되는 성과를 평가할 수 있다.

재무회계(financial accounting) 조직 외부의 이해 당사자를 위해 재무제표와 재무보고서를 생성

반면 **재무회계(financial accounting)**는 조직 외부의 이해 당사자를 위해 재무제표와 재무보고서를 만든다. 일반적으로 주주, 재무 분석가, 은행가, 채권자, 공급업체, 정부 기관, 다른 이해 관계자는 재무회계의 정보를 이용하여 기업의 목표 달성 수준을 평가한다. 관리회계와 재무회계 외에, 다음과 같은 회계 분야가 있다.

- *원가회계(cost accounting)*-특정 제품과 서비스의 생산비용을 결정;
- *세무회계(tax accounting)*-개인과 기업의 세금전략을 계획하고, 세금신고서를 준비;
- *정부회계(government accounting)*-정부의 세입과 세출에 대한 회계서비스;
- *비영리 회계(not-for-profit accounting)*-비영리 단체에 들어오는 기부와 그 지출에 대한 회계서비스.

Andrey Popov/Dreamstime.com

회계 숫자를 믿을 수 있는가? 이 질문은 투자자, 대출 기관, 공무원, 직원이 기업의 재무제표를 볼 때 알고 싶은 것이다. 기업이 일반적으로 인정된 회계원칙(GAAPs)에 따라 재무제표를 정확하게 보고하도록 외부 회계사는 기업의 회계기록을 적어도 1년에 한 번 감사한다.

7-4d 회계 분야의 직업

회계는 재미있고 보람 있는 직업일 수 있다. 회계 분야에서 성공하고 싶은 사람은 다음과 같은 자질을 갖추어야 한다.

- 책임감이 있고, 정직하며, 윤리적이다.
- 재무관리에 대한 지식을 충분히 갖고 있다.
- 컴퓨터와 소프트웨어를 사용하여 데이터를 회계 정보로 처리할 수 있다.
- 회계정보가 필요한 사람들과 의사소통할 수 있다.

미국 노동부에서 발간한 직업 전망 핸드북(Occupational Outlook Handbook)에 의하면, 회계사와 회계감사인의 고용 성장률은 지금부터 2024년까지 평균적으로 매년 11%씩 증가할 것으로 보고 있다. 더 좋은 소식으로는 회계 분야의 직원 급여가 다른 업종의 직원 급여보다 높다는 점이다.

회계사는 일반적으로 다음과 같은 업무를 주로 수행한다:

- 직원, 관리자, 소유주의 재무 결정을 지원한다.
- 기업의 비용 절감, 매출 증가, 이익 개선에 대한 방법을 제안한다.
- 기업에서 일반적으로 인정된 회계 절차를 사용하고 있는지 확인한다.
- 재무제표를 검토하여 정확한지 확인한다.
- 내야 할 세금 금액을 계산하고 세금이 제시간에 제대로 지급되었는지 확인한다.
- 재무 기록을 보관한다.

오늘날 회계사는 일반적으로 개인 회계사와 공공 회계사로 분류된다. *개인 회계사(private accountant)*는 특정 조직에서 고용한다. 반면, *공공 회계사(public accountant)*는 고객에게 수수료를 받고 일하는 자영업자이거나 회계기업에 소속된 직원일 수 있다. 회계기업의 규모는 한 사람이 운영하는 기업에서 수백 명의 파트너와 수천 명의 직원을 보유한 대규모 기업에 이르기까지 다양하다. 오늘날 "빅포(Big 4)"로 불리는 가장 큰 회계기업은 Deloitte Touche Tohmatsu, PricewaterhouseCoopers(PwC), Ernst & Young, Klynveld Peat Marwick Goerdeler(KPMG)이다.

공인회계사(certified public accountant, CPA) 회계사의 자격조건인 회계교육과 경험이 있으며, 엄격한 회계사 시험을 통과한 사람

일반적으로 회계기업은 최소한 한 명 이상의 공인회계사를 보유해야 한다. **공인회계사(certified public accountant, CPA)**는 회계사의 자격조건인 회계교육과 경험이 있으며, 엄격한 회계사 시험을 통과한 사람이다. 미국 CPA의 일반적인 요건과 그 직업에 대한 정보를 더 많이 알고 싶으면 미국 공인회계사협회(AICPA)의 웹 사이트(www.aicpa.org)를 방문하면 얻을 수 있다.

7-5 회계등식과 대차대조표

 # 학습목표 **대차대조표를 이해한다.**

본 장 앞부분에서 우리는 정보를 특정 목적을 위해 유용한 형태로 표현된 데이터로 정의하였다. 이제 우리는 재무 데이터가 어떻게 재무 정보로 변환되는지 그리고 3가지 중요한 재무제표-대차대조표, 손익계산서, 현금흐름표-를 살펴보고자 한다. 우선 대차대조표의 기초가 되는 회계등식을 알아보자.

7-5a 회계등식

회계등식은 회계 업무의 기본이 되며, 기업의 자산, 부채, 자본 사이의 관계를 보여준다.

자산(asset) 기업이 소유한 자원

부채(liability) 기업의 빚

자본(owner's equity) 총자산과 총부채의 차이

회계등식(accounting equation) 회계 업무의 기본으로, 자산=부채+자본

- ✔ **자산(asset)** 기업이 소유한 자원(현금, 재고, 기계, 부동산 등)
- ✔ **부채(liability)** 기업의 빚(다른 사람에게 반드시 갚아야 할 돈)
- ✔ **자본(owner's equity)** 총자산과 총부채의 차이(기업의 총자산 중에 총부채를 모두 상환한 뒤에 주주에게 남는 부분)

자산, 부채, 자본 사이의 관계는 다음의 **회계등식(accounting equation)**으로 표현된다:

자산 = 부채 + 자본

경력 쌓기

"기업 채용" 행사에서 회계전공 학생 모집

회계 경력에 관심이 있다면 미국 전역의 대학 캠퍼스에서 개최되는 "기업 채용" 행사에 참여하라. 이러한 행사 중 다수는 회계, 재무, 정보를 전공하는 학생들과 교수들의 명예조직인 Beta Alpha Psi(www.bap.org)가 후원한다. 이 행사의 주요 목적은 회계, 재무, 정보기술 분야의 지원자를 채용할 계획이 있는 회계기업 및 일반기업의 책임자와 전공 학생들이 함께 만나 그 분야에 관한 대화를 하고 취업 기회를 제공하는 것이다.

예를 들어, San Francisco State University에서 Beta Alpha Psi는 매년 2회의 기업 채용 행사를 개최하여 각 행사에 100명 이상의 학생을 유치한다. 12개 이상의 기업은 인사담당자를 파견하여 회계기업, 정부 기관, 일반 기업의 채용 가능성과 인턴십에 대해 학생들과 상담한다. DePaul University에서 Beta Alpha Psi의 기업 채용 행사는 수십 개의 회계기업, 무역 협회, 일반기업, 금융서비스 회사, 정부 기관 등을 유치하여 이러한 분야에 일하고 싶은 학생들의 취업 기회를 제공하고 있다.

기업 채용 행사 외에, 주요 회계기업의 홈페이지를 방문하라. 여기에는 학생들에게 도움이 되는 여러 정보가 있다. 예를 들어, KPMG는 인턴십과 취업을 신청하려는 학생들에게 유용한 정보를 제공한다(http://www.kpmgcampus.com/get-started). Ernst & Young은 채용 프로세스를 설명하고 인터뷰를 위한 유용한 팁을 제공한다(http://www.ey.com/us/en/careers/students/joining-ey). Deloitte는 취업에 관심이 있는 학부생과 대학원생을 위해 "지원자 여정(candidate journey)"을 제공한다(https://www2.deloitte.com/us/en/pages/careers/articles/join-deloitte-recruiting -process-students.html). PwC는 자사 (http://www.pwc.com/us/en/careers/campus.html)의 실무 경험을 보여주는 "하루의 일과(a day in the life)"를 제공하고 있다.

Sources: Based on information in "Meet the Firms," San Francisco State University Beta Alpha Psi, http://userwww.sfsu.edu/bap/mtf.html; "Meet the Firms Hosted by Beta Alpha Psi," DePaul University, https://events.depaul.edu/event/meet_the_firms_hosted _by_beta_alpha_psi; "Meet the Firms Dos and Don'ts," the Beta Alpa Psi, https://www .bap.org/files/meet-the-firms-dos-and-donts.pdf; and information from the Web sites for the Big 4 Accounting firms mentioned in this feature.

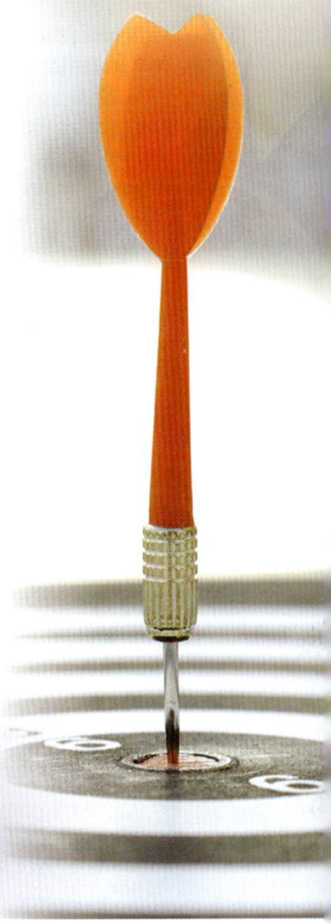

기업의 규모가 크든 작든 관계없이, 기업의 자산은 부채와 자본의 합계이어야 한다. 이러한 등식을 사용하기 위해서, 기업의 회계사는 부기의 복식 시스템을 사용하여 기업의 일상적인 재무 거래 자료를 기록한다. **복식부기시스템(double-entry bookkeeping system)**은 기업의 각 재무 거래를 회계등식의 좌측과 우측에 기입하여, 그 등식의 균형을 유지하는 방식이다. 특정 회계 기간이 끝나면 모든 재무 거래를 기업의 재무제표에 요약할 수 있다. 재무제표의 형식은 동네 세탁소부터 Home Depot, Boeing, Bank of America와 같은 대기업에 이르기까지 모든 기업에 동일하다. 기업의 재무제표는 1년에 한 번 이상 작성되며, 기업의 연례보고서에 포함된다. **연례보고서(annual report)**는 기업의 운영 활동과 재무상태를 주주와 다른 이해관계자에게 배포하는 보고서이다. 또한, 대부분의 기업은 반기, 분기, 또는 월별로 재무제표를 작성한다.

복식부기시스템(double-entry bookkeeping system) 기업의 각 재무 거래를 회계등식의 좌측과 우측에 기입하여, 그 등식의 균형을 유지하는 방식

연례보고서(annual report) 기업의 운영 활동과 재무상태를 주주와 다른 이해관계자에게 보여주기 위한 보고서

7-5b 대차대조표

질문: 초콜릿을 만드는 Hershey Company의 자산, 부채, 자본 금액들은 어디에서 찾을 수 있지?
정답: 그 기업의 대차대조표에서

대차대조표(balance sheet) 또는 재무상태표(statement of financial position) 특정 회계 기간이 끝난 시점에 기업의 자산, 부채, 자본 계정의 금액을 보여주는 보고서

대차대조표(balance sheet) 또는 재무상태표(statement of financial position)는 특정 회계 기간이 끝난 시점에 기업의 자산, 부채, 자본 계정의 금액을 보여주는 보고서이다. 대차대조표는 반드시 자산이 부채와 자본의 합계와 같게 기술되어야 한다. 대부분의 사람은 대차대조표를 Hershey Company와 같은 기업에서만 작성하는 것으로 알고 있지만, 개인도 자신의 재정 상태를 알 수 있도록 대차대조표를 작성할 수 있다.

그림 7.5는 Northeast Art Supply의 대차대조표를 보여준다. 이 회사는 뉴잉글랜드주에 있는 소매점에 액자, 물감, 캔버스, 화가의 기타 소모품을 판매하는 소규모의 도매업체이다. 그림 7.5에 있는 여러 계정을 살펴보자.

그림 7.5 대차대조표

대차대조표는 기업의 자산, 부채, 자본 계정의 금액을 보여준다. [자산($340,000)= 부채($110,000) +자본 ($230,000)]이며, 이러한 회계등식의 균형은 항상 유지된다.

NORTHEAST ART SUPPLY, INC.

대차대조표
20XX 12월 31일

자산			
유동자산			
현금		$ 59,000	
유가증권		10,000	
외상매출금	$ 40,000		
대손충당금	2,000	38,000	
수취어음		32,000	
제품재고		41,000	
선급비용		2,000	
총 유동자산			$182,000
고정자산			
배송장비	$110,000		
감가상각 누계액	20,000	$ 90,000	
가구 및 매장장비	$62,000		
감가상각 누계액	15,000	47,000	
총 고정자산			137,000
무형자산			
특허권		$ 21,000	
총 무형자산			21,000
총자산			$340,000

부채 및 자본			
유동부채			
외상매입금	$ 35,000		
지급어음	25,675		
미지급 급여	4,000		
미지급 세금	5,325		
총 유동부채		$ 70,000	
장기부채			
매장장비의 저당 차입금	$ 40,000		
총 장기부채		$ 40,000	
총부채			$110,000
자본			
보통주		$ 150,000	
이익잉여금		80,000	
총자본			230,000
총부채 및 총자본			$340,000

karamysh/Shutterstock.com

주택 소유의 기쁨

대부분의 미국인은 주택 소유를 꿈꾸며, 많은 미국인에게 주택은 종종 가장 큰 자산이다. 주택 구입은 개인의 주요 의사결정이지만, 이 장에서 논의된 많은 회계 개념이 적용된다. 예를 들어, 한 개인이 주택 구입에 필요한 자금 대출을 신청하면 대출 기관은 그 개인이 소유한 모든 자산과 갚아야 할 부채를 알아본다. 또한, 대출 기관은 개인의 현재 소득과 지출 비용도 살펴본다.

7-5c 자산

대차대조표의 자산은 가장 유동성이 큰 것부터 작은 순으로 나열된다. 자산의 유동성(liquidity)은 현금으로 전환되기 쉬운 자산을 의미한다.

유동성(liquidity) 현금으로 전환되기 쉬운 자산

유동자산 유동자산(current assets)은 현금화가 쉽게 되거나 혹은 1년 이내에 사용될 자산을 의미한다. 현금(cash)은 가장 유동성이 높은 자산이기 때문에 첫 번째로 나열된다. 그다음은 수일 내에 현금화될 수 있는 *유가증권(marketable securities)*-주식, 채권, 기타 투자금-이 나열된다.

유동자산(current assets) 현금화가 쉽게 되거나 혹은 1년 이내에 사용될 자산

다음은 기업의 *외상매출금(accounts receivable)*이다. 외상매출금은 고객의 외상구매로 발생하며, 일반적으로 30~60일 이내에 받는다. 하지만, 기업은 이러한 자산 중 일부를 회수하지 못할 것으로 예상한다. 그래서 기업은 외상매출금의 5%를 *대손충당금 계정(allowance for doubtful accounts)*으로 할당한다. 기업의 *수취어음(notes receivables)*은 고객이 발행한 약속어음이다. 이 어음의 회수는 일반적으로 외상매출금보다 오래 걸린다.

*제품재고(merchandise inventory)*는 고객에게 즉시 판매할 수 있는 제품의 가치를 나타낸다. Northeast Art Supply가 도매업체이기 때문에 그림 7.5에 나열된 제품재고는 소매점에게 바로 팔 수 있는 완제품을 의미한다. 반면, 제조업체의 경우 제품재고는 원자재, 재공품, 완제품일 수 있다.

Northeast Art Supply의 마지막 유동자산은 *선급비용(prepaid expense)*이다. 이는 미리 지급하였으나 아직 사용되지 않은 자산을 가리킨다. 이의 대표적인 예는 보험료를 들 수 있다. 보험료는 보통 보험이 시작되는 무렵에 모든 금액이 지급된다. 이러한 금액 중 사용되지 않은 부분(예를 들어, 보험기간이 아직 남아있는 4개월)을 선급비용이라고 한다. Northeast Art Supply의 총 유동자산은 $182,000이다.

고정자산(fixed assets) 기업이 1년 이상 보유하거나 사용할 자산

고정자산 **고정자산(fixed assets)**은 기업이 1년 이상 보유하거나 사용할 자산을 의미한다. 고정자산은 보통 사업을 위해 사용되는 토지, 건물, 장비가 포함된다. Northeast Art Supply는 토지와 건물이 없지만, 취득가격 $110,000의 배송장비를 소유하고 있다. 또한, 이 기업은 취득가격 $62,000의 가구와 매장장비도 소유하고 있다.

감가상각(depreciation) 고정자산의 취득가격을 일정기간(즉 내용연수) 동안 비용으로 배분하는 과정

고정자산의 가치는 *감가상각 누계액(accumulated depreciation)*만큼 감소한다. **감가상각(depreciation)**은 고정자산의 취득가격을 일정기간(즉 내용연수) 동안 비용으로 배분하는 과정이다. 각 해에 할당된 감가상각비는 그 해의 비용이며, 고정자산의 가치는 그 감가상각비만큼 줄어든다. 예를 들어, Northeast Art Supply의 배송장비의 감가상각비는 $20,000이며, 이 시점의 배송장비 가치는 $90,000(=$110,000 - $20,000)이 된다. 이와 동일한 방식으로 계산하면, 가구와 매장장비의 취득가격(62,000)은 $15,000의 감가상각비만큼 감소되며, 그 가치는 $47,000이 된다. Northeast Art Supply의 총 고정자산은 $137,000이다.

무형자산(intangible assets) 물리적 실체는 없지만, 기업이 보유하고 있는 권리 또는 특권을 근거로 그 가치가 계산되는 자산

무형자산 **무형자산(intangible assets)**은 물리적 실체는 없지만, 기업이 보유하고 있는 권리 또는 특권을 근거로 그 가치가 계산되는 자산이다. 무형자산은 특허권, 저작권, 상표권, 영업권으로 구성된다. 무형자산은 본질상 수년 동안 기업에 가치로 남아있는 장기자산이다.

Northeast Art Supply는 발명가로부터 사들인 특수 유화물감(oil paint)의 특허권(patent)을 가지고 있다. 기업의 회계사는 이 특허권의 현재가치를 $21,000으로 평가하였다. 이 기업의 총 무형자산은 $21,000이다. 이제 우리는 Northeast Art Supply의 세 가지 유형의 자산(유동자산, 고정자산, 무형자산)을 모두 합칠 수 있다. 그림 7.5에 보는 바와 같이, 총자산은 $340,000이다.

7-5d 부채와 자본

이제 부채와 자본 계정이 완성되면 대차대조표가 완성된다. 기업의 부채는 유동부채와 장기부채의 두 가지로 구분된다.

유동부채(current liability) 1년 이내에 갚아야 할 부채

유동부채 기업의 **유동부채(current liability)**는 1년 이내에 갚아야 할 부채를 의미한다. Northeast Art Supply는 공급업체로부터 물품을 외상으로 구매했다. 그래서 대차대조표에 외상매입금으로 기입된다. *외상매입금(accounts payable)*은 기업이 물품을 신용으로 구매한 결과로 발생하는 단기부채이다.

*지급어음(notes payable)*은 기업이 발행한 약속어음이다. 지급어음은 일반적으로 단기부채이지만, 1년을 초과할 수 있다. 해당 연도 내에 갚아야 할 지급어음만 유동부채로 기재된다.

Northeast Art Supply는 또한 *미지급 급여(salaries payable)*와 *미지급 세금(taxes payable)*의 유동부채가 있다. 이러한 금액은 모두 현재 회계 기간에 발생한 비용이지만 다음 회

계 기간에 지급된다. Northeast Art Supply의 총 유동부채는 $70,000이다.

장기부채 **장기부채(long-term liability)**는 1년 이내에 갚을 필요가 없는 부채이다. Northeast Art Supply는 하나의 장기부채-$40,000의 매장장비에 대한 *저당 차입금(mortgage payable)*-만 가지고 있다. 그림 7.5에서 보듯이 Northeast Art Supply의 유동부채와 장기부채의 총액은 $110,000(= $70,000 + $40,000)이다.

장기부채(long-term liability) 1년 이내에 갚을 필요가 없는 부채

자본 개인회사 또는 합자회사의 경우, 소유주 지분(owners' equity)은 자산과 부채의 차이로 나타난다. 합자회사의 경우, 각 동업자의 지분은 그 소유주의 이름으로 별도로 보고된다. 법인기업의 경우, 소유주 지분은 보통 *자본(stockholders' equity)*으로 일컬어진다. 자본은 발행된 주식총액과 누적된 이익잉여금의 합계로 구성된다. **이익잉여금(retained earnings)**은 기업이 얻은 이익 중 주주들에게 배당되지 않은 부분이다.

이익잉여금(retained earnings) 기업이 얻은 이익 중 주주들에게 배당되지 않은 부분

Northeast Art Supply의 경우, 주주의 총 투자액은 25,000 주식을 1주당 $6의 가격으로 발행된 $150,000(= 25,000 주식 x $6)이고, 이익잉여금은 $80,000이다. 따라서 총자본은 $230,000이 된다.

그림 7.5에서 보듯이, Northeast Art Supply의 총부채와 총자본의 합계는 $340,000으로, 이 금액은 총자산과 동일하다. 앞에서 강조하였듯이, 회계등식(자산 = 부채 + 자본)이 여전히 균형을 이루고 있음을 알 수 있다.

7-6 손익계산서

 # 학습목표 **손익계산서를 이해한다.**

질문: Apple, Inc.의 이익 금액은 어디에서 찾을 수 있지?

정답: 그 기업의 손익계산서에서

손익계산서(income statement)는 특정 회계기간(1개월, 3개월, 6개월, 1년)에 발생한 기업의 수익과 비용을 보여주는 보고서이다. 손익계산서는 때로 이익계산서(earnings statement), 수지계산서(statement of income and expenses)라고도 불린다. 기업의 이익은 수익과 비용의 차이이다.

손익계산서(income statement) 특정 회계기간에 발생한 기업의 수익과 비용을 보여주는 보고서

그림 7.6은 Northeast Art Supply의 손익계산서를 보여준다. 수익으로부터 매출원가와 운영비용을 빼면 순이익이 된다. 즉, 수익 – 매출원가 – 운영비용 = 순이익

그림 7.6 손익계산서

손익계산서는 특정 회계기간에 발생한 기업의 수익과 비용을 나타낸다. Northeast Art Supply의 세후 순이익은 $30,175이다.

NORTHEAST ART SUPPLY, INC.

손익계산서
20XX 1월 1일부터 20XX 12월 31일까지

수익			
매출액		$465,000	
매출 반품 및 에누리액	$ 9,500		
매출 할인액	4,500	14,000	
순매출액			$451,000
매출원가			
기초 재고액, 20XX 1월 1일		$ 40,000	
당기 매입액	$346,000		
매입 할인액	11,000		
순매입액		335,000	
판매 가능액		$375,000	
기말 재고액, 20XX 12월 31일		41,000	
매출원가			334,000
매출 총이익			$117,000
운영비용			
판매비			
판매직원 급여	$ 22,000		
광고비	4,000		
판매 촉진비	2,500		
감가상각비-매장장비	3,000		
감가상각비-배송장비	4,000		
기타 판매비	1,500		
총판매비		$ 37,000	
관리비			
사무직원 급여	$ 28,500		
임차료	8,500		
감가상각비-가구	1,500		
전기수도세	2,500		
보험료	1,000		
기타 비용	500		
총관리비		42,500	
총운영비용			79,500
영업 순이익			$ 37,500
이자 비용			2,000
세전 순이익			$ 35,500
법인세			5,325
세후 순이익			$ 30,175

수익(revenue) 기업이 제품과 서비스를 판매하거나 혹은 사업 활동을 수행하여 얻는 금액

매출액(gross sales) 회계기간에 판매된 제품과 서비스의 총금액

7-6a 수익

수익(revenue)은 기업이 제품과 서비스를 판매하거나 혹은 사업 활동을 수행하여 얻는 금액이다. 대부분의 기업과 마찬가지로, Northeast Art Supply는 제품 또는 서비스 판매를 통해서만 수익을 얻는다. 손익계산서의 수익 부분은 매출액으로 시작된다. **매출액(gross sales)**은 회계기간에 판매된 제품과 서비스의 총금액이다. 이 금액에서 공제되는 것은 다음과 같다.

- *매출 반품(sales returns)*-고객으로부터 반환된 제품;
- *매출 에누리(sales allowances)*-약간 손상되거나 파손된 제품을 구매하는 고객에게 제공된 가격할인;
- *매출 할인(sales discounts)*-청구서를 즉시 지급하는 고객에게 제공된 가격할인

다음은 기업의 순매출액이다. **순매출액(net sales)**은 제품과 서비스의 판매로부터 반품, 에누리, 할인을 조정한 후에 기업이 받은 실제 금액이다. Northeast Art Supply의 순매출액은 $451,000이다.

순매출액(net sales) 제품과 서비스의 판매로부터 반품, 에누리, 할인을 조정한 후에 기업이 받은 실제 금액

7-6b 매출원가

소매업체나 도매업체의 **매출원가(cost of goods sold)**는 다음 공식에 의해 계산된다.

매출원가(cost of goods sold) = 기초 재고액 + 당기 매입액 - 기말 재고액

매출원가 = 기초 재고액 + 당기 매입액 - 기말 재고액

그림 7.6에 의하면, Northeast Art Supply는 회계기간 1월 1일에 $40,000의 제품 재고로 시작하였다. 이 기업은 12개월 동안에 $346,000의 제품을 구매했다. 하지만, 기업은 *매입 할인액(purchase discounts)*을 뺀 $335,000만 지급했다. 따라서 Northeast Art Supply는 그해 동안 $375,000(= $40,000 +$335,000)의 *판매 가능액(goods available for sale)*을 가졌다.

12개월 후인 12월 31일에 Northeast Art Supply는 판매 가능한 제품 중 $41,000만을 제외하고 모두 팔았다. 그러므로 Northeast Art Supply의 매출원가는 $334,000(=판매 가능액 $375,000-기말 재고액 $41,000)이 된다. 이제 우리는 매출 총이익을 구할 수 있다. 이 기업의 **매출 총이익(gross profit)**은 순매출액에서 매출원가를 뺀 금액이다. Northeast Art Supply의 매출 총이익은 $117,000이다.

매출 총이익(gross profit) =순매출액-매출원가

7-6c 운영비용

기업의 **운영비용(operating expense)**은 매출원가를 제외한 모든 비용을 일컫는다. 총운영비용은 일반적으로 판매비와 관리비의 두 가지 범주로 나누어진다.

운영비용(operating expense) 매출원가를 제외한 모든 비용

*판매비(selling expenses)*는 기업의 마케팅 활동과 관련된 비용이다. Northeast Art Supply의 총판매비는 $37,000이다. *관리비(general expenses)*는 사업관리에 발생한 비용으로, 이 기업의 총관리비는 $42,500이다. 이제 우리는 총운영비용을 계산할 수 있다. 그림 7.6에서 보듯이, Northeast Art Supply의 총운영비용은 $79,500이다.

기업의 손익계산서는 가장 중요한 재무제표 중 하나이다.

질문: 관리자, 직원, 투자자는 왜 기업의 손익계산서에 관심을 가지는가?

답변: 기업의 손익계산서는 그 기업의 수익성 여부를 알려준다.

mphotoz/Shutterstock.com

7-6d 순이익

순이익(net income) 수익이 비용을 초과하는 금액

순손실(net loss) 비용이 수익을 초과하는 금액

수익이 비용을 초과하는 금액을 **순이익(net income)**이라 한다. 반대로, 비용이 수익을 초과하는 금액을 **순손실(net loss)**이라 한다. 그림 7.6에서 보듯이, Northeast Art Supply의 *영업 순이익(net income from operations)* 계산은 매출 총이익($117,000)에서 총운영비용($79,500)을 뺀다. 따라서 Northeast Art Supply의 영업 순이익은 $37,500이 된다. 이 금액으로부터 $2,000의 *이자 비용(interest expense)*을 빼면 $35,500의 *세전 순이익(net income before taxes)*이 된다. 이자 비용을 이 부분에서 공제한 이유는 그 비용이 사업운영을 위해 발생한 비용이 아니라 사업자금조달을 위해 발생한 비용이기 때문이다.

Northeast Art Supply의 *법인세(income taxes)*는 $5,325이다. 따라서 Northeast Art Supply의 *세후 순이익(net income after taxes)*은 $30,175이 된다. 이 금액은 주주들에게 배당금을 지급하는 데 사용될 수 있고, 기업의 이익잉여금으로 쌓아두거나, 기업의 부채를 갚는데 사용될 수 있다.

7-7 현금흐름표

 # 학습목표 기업의 현금흐름에 영향을 주는 비즈니스 활동을 이해한다.

현금은 모든 비즈니스에 필수적이다. 미국 증권거래위원회(SEC)와 회계표준위원회(FASB)의 요구로 모든 상장기업은 자사의 연례보고서에 대차대조표 및 손익계산서와 함께 현금흐름표를 포함해야 한다. **현금흐름표(statement of cash flow)**는 특정 회계기간에 기업의 영업활동, 투자활동, 재무활동이 현금에 미치는 영향을 보여준다.

> **현금흐름표 (statement of cash flow)** 특정 회계기간에 기업의 영업활동, 투자활동, 재무활동이 현금에 미치는 영향을 보여주는 보고서

대차대조표는 기업의 자산, 부채, 자본의 금액을 보여주고 손익계산서는 기업의 이익과 손실의 금액을 보여주지만, 현금흐름표는 기업의 청구서를 지급하기 위해 기업이 현금을 수중에 얼마나 갖고 있는지에 중점을 둔다. 또한, 현금흐름표의 정보는 기업의 향후 투자와 자금 조달과 관련된 의사결정을 위해 사용될 수 있다. 투자자, 대출 기관, 공급업체도 역시 기업의 현금흐름표에 관심을 가진다. 투자자는 기업이 배당금을 지급할 수 있는지 알고 싶어한다. 대출 기관과 공급업체는 현금흐름표의 정보를 이용하여 그 기업의 부채상환능력을 평가한다.

Northeast Art Supply의 현금흐름표는 그림 7.7에 있다. 이 표는 세 가지 활동-영업활동, 투자활동, 재무활동-에 따른 기업의 현금유입과 현금유출 정보를 제공한다.

그림 7.7 현금흐름표

현금흐름표는 특정 회계기간에 기업의 영업활동, 투자활동, 재무활동이 현금에 어떤 영향을 미치는지 보여준다. Northeast Art Supply의 현금흐름표에 있는 현금은 $59,000이며, 이는 대차대조표에 있는 현금과 같은 금액이다.

NORTHEAST ART SUPPLY, INC.

현금흐름표
20XX 1월 1일부터 20XX 12월 31일까지

영업활동 현금흐름		
순이익		$30,175
순이익의 조정		
감가상각비	$ 8,500	
외상매출금의 감소	1,000	
재고의 증가	(5,000)	
외상매입금의 증가	6,000	
미지급 세금의 증가	3,000	13,500
영업활동 순현금흐름		$43,675
투자활동 현금흐름		
장비의 취득	$ (2,000)	
무형자산의 취득	(10,000)	
무형자산의 처분	20,000	
투자활동 순현금흐름		8,000
재무활동 현금흐름		
부채의 상환	$(23,000)	
배당금의 지급	(5,000)	
재무활동 순현금흐름		(28,000)
현금의 순증가		$23,675
기초 현금		35,325
기말 현금		$59,000

- ✔ *영업활동 현금흐름(cash flows from operating activities).* 이것은 현금흐름표의 첫 번째 부분이다. 이는 기업의 주요 수익 원천으로, 주로 제품과 서비스 판매로 발생한다. 감가상각비, 외상매출금, 재고, 외상매입금, 미지급 세금 등의 증가 또는 감소가 순이익 조정에 포함된다.
- ✔ *투자활동 현금흐름(cash flows from investing activities).* 두 번째 부분은 투자로부터 발생하는 현금흐름이다. 이는 토지, 장비, 기타 자산의 취득과 처분으로 현금의 증가와 감소가 발생한다.
- ✔ *재무활동 현금흐름(cash flows from financing activities).* 현금흐름표의 세 번째 부분은 모든 재무활동으로부터 발생하는 현금흐름을 다룬다. 이는 부채 계정과 자본 계정의 변화를 가져온다. 이는 대출금의 차입과 상환, 자사주의 매각과 매입, 현금 배당금의 지급이 포함된다.

세 가지 활동의 합계는 기초 현금과 함께 더해져 기말 현금이 된다. 따라서 Northeast Art Supply의 기말 현금은 $59,000이다. 이는 대차대조표에 있는 현금과 같은 금액이다. 현금흐름표, 대차대조표, 손익계산서는 함께 사용되어 기업의 재무성과를 보여주는 동시에 기업의 부채 상환능력과 배당지급능력도 보여준다.

7-8 재무제표의 평가

 # 학습목표 기업 관리자가 자사의 재무건전성을 어떻게 평가하는지 이해한다.

우리는 세 가지 재무제표(대차대조표, 손익계산서, 현금흐름표)를 이용하여 특정 기업의 사업능력, 수익성, 잠재적 투자가치를 평가할 수 있다. 이를 위해 우리는 특정 기업과 그 경쟁업체의 재무 데이터를 상호 비교하고, 기업의 현재와 과거의 재무 데이터를 비교해 볼 수 있다.

7-8a 재무 데이터의 비교

많은 기업은 현재의 재무성과를 자사의 과거 재무성과, 경쟁업체의 재무성과, 업계 평균의 재무성과와 비교한다. 기업의 회계사가 GAAPs를 따르기 때문에 이러한 비교는 가능하다. 예를 들어, Procter & Gamble의 대차대조표, 손익계산서, 현금흐름표는 약간의 형식과 용어 차이를 제외하고 Nestle, Colgate, Unilever와 같은 소비재 산업의 다른 대기업과 유사하다. 우리는 기업 간의 재무성과 비교를 통해 한 기업의 상대적 효율성과 업계 내의 입지를 알 수 있다. 경쟁업체의 재무제표는 그 기업의 연례보고서에서 얻을 수 있다. 업계 평균의 재무성과는 D&B(Dun & Bradstreet), BizMiner, Hoover's, Inc., 일부 산업협회가 발간하는 보고서를 통해 얻을 수 있다.

오늘날 대부분의 기업은 연례보고서에 재무제표의 중요 항목에 대해 최근 몇 년간의 비

그림 7.8 Microsoft Corporation의 현재와 과거 재무제표 비교

대부분의 기업은 연례보고서에 재무제표의 중요 항목에 대해 최근 몇 년간의 비교 수치를 제시한다.

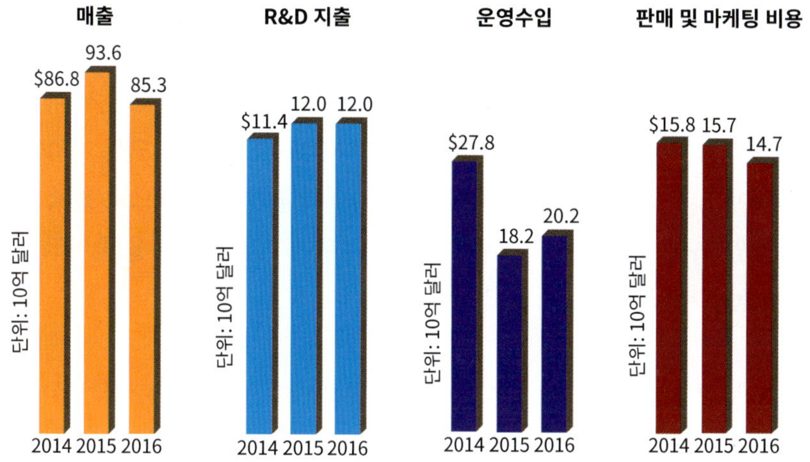

Source: Adapted from the Microsoft Corporation 2016 Annual Report, www.microsoft.com (accessed March 2, 2017).

교 수치를 제시한다. 예를 들어, 그림 7.8은 컴퓨터 소프트웨어 산업의 선두주자인 Microsoft Corporation의 매출, 연구개발(R&D), 운영수입, 판매 및 마케팅 비용 비교를 보여준다. 운영관리자는 이러한 데이터를 검토하여 지난 3년 동안 R&D 지출이 증가(혹은 감소)했는지 알 수 있다. 마케팅 부사장은 지난 3년 동안 판매 및 마케팅의 총비용이 변했는지 확인할 수 있다. 반면, 주주와 잠재적 투자자는 Microsoft의 매출과 운영수입의 증가 및 감소에 더 많은 관심을 가질 수 있다. 기업의 재무건전성을 평가하는 또 다른 방법으로는 재무비율 분석이 있다.

7-8b 재무비율

재무비율(financial ratio)은 재무제표에 있는 두 항목 간의 관계를 나타내는 숫자이다. 다양한 재무비율을 계산할 수 있지만, 여기서는 기업의 이윤창출능력, 부채의 상환능력, 재고의 관리능력을 측정하는 데 사용되는 세 가지 재무비율만 살펴본다. 재무제표의 각 개별항목과 마찬가지로, 이러한 재무비율은 경쟁업체, 업계 평균, 자사의 과거 재무비율과 비교할 수 있다. 이 비율을 계산하는 데 필요한 정보는 기업의 대차대조표, 손익계산서, 현금흐름표에 있다(Northeast Art Supply의 경우, 그림 7.5, 7.6, 7.7에 있음).

재무비율(financial ratio) 재무제표에 있는 두 항목 간의 관계를 나타내는 숫자

기업의 이윤창출능력 평가 손익계산서의 세후 순이익은 수익성 여부를 보여준다. 그러나 이것

매출이익률(return on sales) 또는 이익률(profit margin) 세후 순이익/순매출액

은 기업의 경영자원이 얼마나 효과적으로 사용되었는지를 보여주지 못한다. 매출이익률은 이를 위해 계산된다. **매출이익률(return on sales)** 또는 **이익률(profit margin)**은 세후 순이익을 순매출액으로 나눈 비율이다. Northeast Art Supply의 매출이익률은 다음과 같이 계산된다.

매출이익률 = 세후 순이익/순매출액 = $30,175/$451,000 = 0.067 또는 6.7%

매출이익률은 기업의 매출을 이익으로 얼마나 효과적으로 전환하였는지 나타낸다. 매출이익률이 높을수록 기업의 수익성은 양호하다고 판단하면 된다. 오늘날 모든 기업의 평균 매출이익률은 4%~5%이다. Northeast Art Supply는 매출이익률이 6.7%이므로 전체 기업의 평균보다 높음을 알 수 있다. 매출이익률이 지나치게 낮은 경우에 기업은 비용을 줄이고 판매를 늘림으로써 이 비율을 높일 수 있다.

유동비율(current ratio) 유동자산/유동부채

기업의 부채상환능력 평가 유동비율은 기업의 유동부채의 상환능력을 평가하는 데 사용된다. **유동비율(current ratio)**은 유동자산을 유동부채로 나눈다. Northeast Art Supply의 유동비율은 다음과 같이 계산된다.

유동비율 = 유동자산/유동부채 = $182,000/$70,000 = 2.6

Northeast Art Supply의 유동비율이 의미하는 바는 이 회사의 유동부채 $1에 대해 단기간에 그 부채를 지급할 수 있는 유동자산 $2.6을 가지고 있음을 가리킨다. 모든 산업의 평균 유동비율은 2.0이지만, 이는 산업마다 크게 다르다. 유동비율이 높을수록 기업의 단기채무 지급능력은 양호하다고 판단할 수 있다. 유동비율이 지나치게 낮은 경우에 기업은 유동부채를 상환하거나, 주주 배당금을 줄여 기업의 현금 보유를 늘리거나, 투자자로부터 추가 현금을 확보함으로써 이 비율을 높일 수 있다.

재고회전율(inventory turnover) 매출원가/평균 재고액

기업의 재고관리능력 평가 기업의 **재고회전율(inventory turnover)**은 기업이 1년 동안 재고제품을 판매한 횟수를 의미한다. 이 비율은 매출원가를 평균 재고액으로 나누어 계산된다. 평균 재고액은 손익계산서에 있는 기초 재고액과 기말 재고액의 합계를 2로 나누어 계산된다. Northeast Art Supply의 평균 재고액은 $40,500[= ($40,000 + $41,000)/2]이며, 재고회전율은 다음과 같이 계산된다.

재고회전율 = 매출원가/평균 재고액 = $334,000/$40,500
= 연간 8.2회

Northeast Art Supply는 재고제품을 매년 8.2회 판매한다. 이를 다르게 표현하면, Northeast Art Supply의 재고제품 처리 기간은 평균 45일(= 365일/8.2)이 걸린다는 의미이다. 모든 기업의 평균 재고회전율은 연간 약 9회이지만, 이는 산업마다 크게 다르다. 예를 들어, 슈퍼마켓의 재고회전율은 20회 이상인 반면, 가구매장의 재고회전율은 일반적으로 모든 산업의 평균보다 훨씬

낮다. 기업은 소량의 물품을 더 자주 주문함으로써 자사의 재고회전율을 향상할 수 있다.

본 절에서 살펴본 세 가지 재무비율과 마찬가지로, 자기자본이익률, 주당순이익, 운전자본, 부채비율 등의 재무비율을 살펴보기 위해서 우리는 대차대조표, 손익계산서, 현금흐름표의 정보를 이용할 수 있다. 다양한 재무비율 분석에 대한 자세한 정보는 회계 및 재무 교과서와 인터넷 검색엔진을 살펴보기 바란다.

요약

1. 우리가 의사결정 할 때 정보가 위험을 어떻게 줄일 수 있는지 이해한다.

정보는 지식을 생성하고 기업의 관리자와 직원이 더 나은 의사결정을 하게 한다. 기업의 임원과 관리자는 많은 정보량을 토대로 매일매일 의사결정을 해야 하므로 정보 규칙을 이용하여 의사결정 대안들의 분석 시간을 단축한다. 많은 사람은 데이터와 정보를 같은 의미로 사용하지만, 둘 사이에 분명한 차이점이 있다. 데이터(data)는 수치로 표현되거나 간단한 말로 기술된다. 정보(information)는 특정 목적을 위해 유용한 형태로 표현된 데이터이다. 데이터베이스(database)는 한 곳에 저장된 데이터와 정보의 집합체로서, 조직구성원이 의사결정을 할 때 사용된다. 경영정보 전문가는 데이터와 정보의 생성, 활용 및 공유하는 기업의 절차를 설명하기 위해 지식경영(Knowledge Management)이라는 용어를 사용한다. 의사결정 프로세스를 지원하기 위해 관리자와 직원은 의사결정지원시스템(DSS), 전문가시스템, 비즈니스 응용소프트웨어를 사용하여 의사결정을 내리고 데이터와 정보를 보고할 수 있다.

2. 경영에 필요한 정보의 요구사항을 이해한다.

경영정보시스템(MIS)은 기업의 관리자와 직원에게 그들의 작업을 효과적으로 수행하는데 필요한 정보를 제공한다. MIS(정보기술 시스템 또는 IT 시스템이라고도 함)는 시기적절하고 유용한 내, 외부 정보를 관리자와 직원에게 제공하는 것을 목적으로 삼는다. 관리자가 필요로 하는 정보는 그가 속해 있는 기업 내의 위치와 직무영역에 따라 다르다. MIS의 규모와 복잡성은 조직의 필요에 맞게 조정되어야 한다.

3. 정보시스템의 5가지 기능을 이해한다.

MIS가 수행하는 5가지 기능은 데이터 수집, 데이터 저장, 데이터 업데이트, 데이터 처리, 정보 제공이다. 데이터는 내부원천과 외부원천에서 수집된다. MIS는 데이터를 저장하고 정기적으로 업데이트하여 관리자와 직원에게 정확하고, 완전하고, 그리고 최신의 정보를 제공해야 한다. 데이터 처리는 저장된 데이터를 특정 목적에 맞게 유용한 형태로 변환시키는 기능이다. 마지막으로, 처리된 데이터(이제 정보라고 할 수 있음)는 사용자에게 제공된다. 언어(verbal) 정보는 일반적으로 보고서의 형태로 제공되며, 숫자 정보는 종종 그래프, 차트, 또는 표의 형태로 제공된다.

4. 정확한 회계정보와 회계감사의 재무제표가 왜 중요한지 이해한다.

회계(accounting)는 재무정보를 체계적으로 수집하고, 분석하며, 보고하는 업무이다. 회계정보가 주로 과거에 발생했던 일(사건)에 대한 정보를 제공한다 하더라도 미래의 의사결정을 위해서도 사용될 수 있다. 회계감사(audit)의 목적은 기업의 재무제표가 일반적으로 인정된 회계원칙(GAAPs)에 따라 작성되었다는 것을 확인하기 위함이다. GAAPs는 회계전문직에 종사하는 사람과 재무정보를 보고하는 기업이 지켜야 할 일련의 회계 지침이다. 많은 사람은 모든 회계사가 동일한 작업을 수행한다고 생각하지만, 회계 전문 분야는 일반적으로 관리회계, 재무회계, 원가회계, 세무회계, 정부 회계 및 비영리 회계로 구분된다. 개인 회계사는 특정 조직에서 고용한다. 공공 회계사는 여러 개인이나 기업의 회계 업무를 유료로 수행한다. 대부분의 회계기업은 최소한 한 명 이상의 공인회계사(CPA)를 보유한다.

5. 대차대조표를 이해한다.

대차대조표(또는 재무상태표)는 특정 회계 기간이 끝난 시점에 기업의 자산, 부채, 자본 계정의 금액을 보여주는 보고서이다. 대차대조표는 반드시 자산이 부채와 자본의 합계와 같게 기술되어야 한다. 대차대조표의 자산(asset)은 유동자산, 고정자산, 무형자산으로, 부채(liability)는 유동부채와 장기부채로, 자본(owners' equity)은 발행한 주식의 총 가치와 지금까지 누적된 이익잉여금으로 분류된다.

6. 손익계산서를 이해한다.

손익계산서는 특정 회계기간에 발생한 기업의 수익과 비용을 보여주는 보고서이다. 손익계산서의 매출 총이익은 순매출액에서 매출원가를 뺀 금액이다. 세전 순이익은 매출 총이익으로부터 운영비용과 이자비용을 공제한 금액이며, 세후 순이익은 세전 순이익으로부터 법인세를 공제하여 얻어진다.

7. 기업의 현금흐름에 영향을 주는 비즈니스 활동을 이해한다.

미국 증권거래위원회(SEC)와 회계표준위원회(FASB)의 요구로 모든 상장기업은 자사의 연례보고서에 현금흐름표를 포함해야 한다. 현금흐름표는 특정 회계기간에 기업의 영업활동, 투자활동, 재무활동이 현금에 미치는 영향을 보여주는 보고서이다. 이 보고서의 정보는 임직원, 투자자, 대출 기관, 공급업체가 기업의 재무건전성을 평가하는 데 도움이 된다. 현금흐름표, 대차대조표, 손익계산서는 함께 사용되어 기업의 재무성과, 부채상환능력, 배당지급능력을 보여준다. 또한, 기업의 향후 투자와 자금 조달과 관련된 의사결정을 위해서도 사용된다.

8. 기업 관리자가 자사의 재무건전성을 어떻게 평가하는지 이해한다.

우리는 한 기업의 재무성과를 이전의 재무성과, 경쟁업체의 재무성과, 업계 평균의 재무성과를 비교할 때 더욱 의미가 있다. 이러한 비교를 통해 관리자, 직원, 채권자, 투자자, 기타 이해관계자는 기업의 성장, 차입, 이익 등의 추세를 파악하고, 기업이 장기목표를 달성할 수 있는지를 확인할 수 있다. 기업의 재무제표에 있는 정보를 통해 여러 재무비율을 계산할 수 있다. 이러한 비율 중 가장 유용한 것은 기업의 이윤창출능력, 부채의 상환능력, 재고의 관리 능력을 평가하는 재무비율이다. 우리는 이러한 특정 기업의 재무비율을 이전의 재무비율, 경쟁업체의 재무비율, 업계 평균의 재무비율과 비교할 수 있으며 비교해야 한다.

주요 용어

당신은 이제 다음 용어들에 대한 정의와 적합한 예를 제시할 수 있어야 한다.

- 데이터
- 정보
- 데이터베이스
- 지식경영(KM)
- 의사결정지원시스템(DSS)
- 전문가시스템
- 경영정보시스템(MIS)
- 데이터 처리
- 회계
- 회계감사
- 일반적으로 인정된 회계원칙(GAAPs)
- 관리회계
- 재무회계
- 공인회계사(CPA)
- 자산
- 부채
- 자본
- 회계등식
- 복식부기시스템
- 연례보고서
- 대차대조표(또는 재무상태표)
- 유동성
- 유동자산
- 고정자산
- 감가상각
- 무형자산
- 유동부채
- 장기부채
- 이익잉여금
- 손익계산서
- 수익
- 매출액
- 순매출액
- 매출원가
- 매출 총이익
- 운영비용
- 순이익
- 순손실
- 현금흐름표
- 재무비율
- 매출이익률(또는 이익률)
- 유동비율
- 재고회전율

토론 문제

❶ 관리자는 이 장에서 논의된 모든 종류의 정보가 필요할까? 그렇지 않다면, 어떤 종류의 정보가 없어도 될까?

❷ 기업의 기밀 데이터와 정보(예를 들어, 개별직원의 임금)의 보안을 유지하면서 그것을 필요로 하는 관리자에게만 어떻게 이용하게 할 수 있을까?

❸ 은행은 일반적으로 대출 기업에게 신청서와 함께 회계감사 재무제표를 제출해 달라고 요청한다. 기업의 재무제표는 공인회계사(CPA)에 의해 왜 감사받아야 할까?

❹ 소유주 지분(자본)이 마이너스인 기업은 어떤 기업일까? 그러한 상황이 왜 발생할까?

❺ 잠재적인 채권자 혹은 주주로서 당신은 대차대조표, 손익계산서, 현금흐름표로부터 원하는 정보를 모두 얻을 수 있을까? 그렇지 않다면, 당신은 어떤 정보가 더 필요하며 그것을 어디에서 얻을 수 있을까?

❻ 이 장에서 논의된 세 가지 재무비율 중 가장 중요한 재무비율은 무엇이라고 생각하는가? 그 이유는?

HUMAN RESOURCES

Chaikovskiy Igor/Shutterstock.com

PART 4.

인적자원

제4부에서 우리는 모든 경영자원 중에서 가장 중요한 인적자원에 대해 살펴본다. 우선, 조직에 필요한 인재를 채용하고, 유지하고, 개발하기 위한 기업의 인적자원 노력을 알아본다. 그런 다음, 직원과 팀의 동기부여와 만족도에 대해서 살펴본다.

ATTRACTING AND RETAINING THE BEST EMPLOYEES

Chaikovsky Igor/Shutterstock.com

CHAPTER 8.

핵심 인재의 채용과 유지

학습 목표

본 장을 마치면, 당신은 아래 내용을 이해할 수 있다.

1. 인적자원관리의 주요 구성요소를 이해한다.
2. 인적자원 계획의 절차를 이해한다.
3. 문화적 다양성을 살펴보고, 이와 관련된 도전 과제와 기회를 이해한다.
4. 직무 분석의 목적과 용도를 이해한다.
5. 직원 모집과 선발 및 오리엔테이션 과정을 이해한다.
6. 직원 보상과 복리후생의 주요 요소를 이해한다.
7. 직원 교육훈련과 개발의 목적과 기법을 이해한다.
8. 인사평가 기법과 인사평가 피드백을 이해한다.

INSIDE BUSINESS

비즈니스 들여다보기

Intel의 다양성 주도

Intel은 일상적인 디지털 장치를 구동하는 첨단 컴퓨터 칩과 기업이 일상적인 비즈니스 운영을 관리하는 데 도움이 되는 첨단 제품으로 유명하다. 이 다국적 거대 기업은 인력의 성별, 인종 및 민족적 다양성을 증대시키기 위해 3억 달러 규모의 최첨단 인적자원 개발계획을 가지고 있다. Intel의 최고 다양성 책임자(chief diversity officer, CDO)인 Danielle Brown은 회사가 다양성의 중요성에 관한 경각심을 높이기 위해 10여 년 전부터 인력 다양성 통계 보고를 시작했다고 설명한다. Intel은 이제 조직의 다양성을 증대시키기 위한 연도별 목표를 설정한다. 예를 들어, CDO는 특정 유형의 일자리를 채우기 위해 사용할 수 있는 인력 풀(pool)을 살펴보고, Intel에서 여성과 소수민족이 같은 대표성을 갖는 것을 목표로 한다.

비 기술직의 인력 풀에는 대략 같은 수의 남성과 여성이 있어서 Intel의 목표는 남성과 여성을 대략 50 대 50으로 대표하는 것이지만, 기술직의 경우에는 인력 풀에 있는 여성이 남성보다 적기 때문에 Intel의 기술직 인력 다양성 목표는 비 기술직보다 낮다.

Intel은 자격을 갖춘 지원자들의 더 다양한 미래 "파이프라인(pipeline)"을 구축하기 위해 교육 프로그램에 수천만 달러를 투자하고 있다. 또한, 채용할 곳을 조사하고, 채용 프로세스의 각 단계에서 구직자가 알고 싶어하는 것을 이해하여 더욱 다양한 잠재 직원과 소통할 수 있도록 한다. 채용 담당자는 직종별로 다양한 지원자를 확보해야 하며, 다양한 면접관이 후보자들을 만나도록 해야 한다. 그 결과 Intel은 인력 다양성을 높일 뿐만 아니라 이전보다 더 빠르게 자리를 채우고 있다.

알고 있는가?

Intel은 다양한 배경을 가진 자격을 갖춘 후보자를 채용하고 유지한다는 목표를 달성하기 위해 3억 달러를 투자하고 있다.

Intel은 기술업계에서 가장 숙련된 인재를 채용하기 위해 노력한다. 우리는 기업이 인적자원을 확보하고, 유지 및 개발하는 방법에 대한 개요로 인적자원관리(HRM)의 학습을 시작한다. 인적자원의 필요를 공급 가능한 자원과 일치시키는 과정을 검토한 후, 문화적 다양성의 몇 가지 차원을 탐구한다. 그런 다음 직무 분석의 개념을 검토한다. 다음으로, 기업의 모집 선발과 오리엔테이션 절차가 기업의 직원 확보와 성과에 어떤 영향을 미치는지에 초점을 맞춘다. 직원 충성도와 생산성에 영향을 미칠 수 있는 직원 보상의 형태를 설명한다. 그런 다음 직원 교육훈련, 관리자 개발 및 인사평가 방법에 대해 논의한다.

8-1 인적자원관리 : 개요

 # 학습목표 인적자원관리의 주요 구성요소를 이해한다.

조직에서 인적자원은 경영활동을 위한 가장 중요하고 가치 있는 자원이다. 인적자원이 없다면 기업의 활동은 멈출 것이다. 기업은 적합한 인적자원을 유치하고 충분히 활용하기 위해 수많은 노력을 기울인다. 이러한 노력을 *인적자원관리(human resources management)* 혹은 인사관리(staffing and personnel management)라고 한다.

인적자원관리(human resources management, HRM) 조직의 인적자원을 확보, 유지 및 개발하는 것과 관련된 모든 활동

인적자원관리(human resources management, HRM)는 기업의 인적자원을 확보하고 유지하며 개발하는 것과 관련된 모든 활동으로 구성된다. HRM은 기업을 위해 일할 사람을 확보하는 것으로 시작된다. 인적자원을 확보하기 위한 과정에서 특히 숙련된 근로자에 대한 수요가 공급을 초과하는 분야에서는 매우 경쟁적일 수 있다. 다음으로 기업은 귀중한 인적자원을 유지하기 위한 조치를 취해야 한다(인적자원은 자발적으로 조직을 떠날 수 있는 유일한 경영자원이다). 마지막으로, 인적자원이 최대 역량을 발휘할 수 있도록 개발해야 한다.

8-1a HRM 활동

HRM의 세 가지 단계로 이루어진 인적자원의 확보, 유지, 개발은 서로 연관성을 가지고 있다. 예를 들어, 인적자원의 확보는 새로운 직원을 채용하는데 필요한 다양한 활동뿐만 아니라 인적자원 계획의 수립도 포함한다. 이 단계의 HRM은 다섯 가지 활동으로 구성된다.

- ✔ *인적자원 계획* – 기업의 미래 인적자원의 필요성을 결정
- ✔ *직무 분석* – 직무마다 정확한 특성을 결정
- ✔ *모집* – 그 직무에 지원할 입사지원자를 유치
- ✔ *선발* – 자격을 갖춘 가장 적합한 지원자를 선정하고 고용
- ✔ *오리엔테이션* – 신입사원에게 회사 적응에 필요한 기본적인 교육훈련을 진행

인적자원의 유지는 다양한 HRM 프로그램을 사용하여 직원들이 효과적으로 일할 수 있도록 격려하고, 유능한 인재가 회사에서 오랜 기간 근무하도록 하는 것으로 다음의 것들을 포함한다.

- ✔ *노사관계* - 만족도 조사, 의사소통 프로그램, 퇴사 면접, 공정한 처우를 통해 직원 직무 만족도 제고

- ✔ *금전 보상* – 금전적 지급을 통한 직원 노력 보상
- ✔ *복리후생* – 직원들의 복리후생을 보장하기 위한 보상 제공

HRM의 개발 단계는 직원들의 업무 능력을 향상하고, 역량을 최대한으로 확장하는 것에 관한 것이다. 이 단계의 두 가지 중요한 활동은 다음과 같다.

- ✔ *교육훈련 및 개발* – 직원들에게 새로운 기술과 새로운 업무, 그리고 현재의 업무를 보다 효과적으로 수행할 방법을 가르침
- ✔ *인사평가* – 직원의 현재 업무성과와 잠재적 성과 수준을 평가

이러한 활동들의 내용은 본 장 후반부에서 좀 더 자세히 살펴볼 것이다.

8-1b HRM의 책무

일반적으로 HRM은 라인 관리자와 HRM 전문가의 공동 책임이다. 규모가 아주 작은 조직에서는 경영자가 모든 또는 대부분의 HRM 활동을 처리한다. 기업의 규모가 커짐에 따라, 경영자는 급여와 세금과 같은 일부 HRM 기능을 처리하기 위해 외부 전문가를 고용하거나, 직원 관리를 위해 인사관리자를 고용할 수 있다. Disney와 같은 거대 기업에서는 HRM 활동이 보상, 복리후생, 교육훈련 및 개발 그리고 다른 활동을 다루는 부서가 따로 나누어져 있다. 전 세계적으로 많은 지점과 부서가 있는 GE는 기업의 거대한 규모와 복잡성 때문에 기업 내에서 서로 다른 지리적 영역과 부서를 담당하는 수백 명의 HR 관리자를 두고 있다. 특정 HRM 활동은 수행하기에 가장 좋은 최적의 위치에 있는 사람들에게 할당된다. 인적자원 계획과 직무 분석은 일반적으로 라인 관리자의 의견을 바탕으로 HRM 전문가가 수행한다.

보상 시스템(급여 포함)은 대부분 HRM 담당자가 개발하고 관리하는 경우가 가장 많지만, 라인 관리자는 급여 인상과 승진을 추천한다. 교육훈련 및 개발업무는 인적자원관리부서 담당자와 라인 관리자의 공동 책임이고, 인사평가는 라인 관리자의 업무다. 많은 기업에서 HRM 담당자가 회사의 평가 시스템을 설계하지만, 업무 수행 능력에 대한 평가는 라인 관리자의 책임이다.

iStock.com/llhedgehogll

인적자원의 힘 많은 기업은 그들의 직원들을 기업의 가장 중요한 자산이라고 믿는다. 그러나 기계, 자본, 제품 등과 같은 다른 자산과는 달리 직원은 조직을 떠날 수 있다. 보상과 보상 패키지를 신중하게 설계하면 기업이 가치 있는 직원을 유치하고 유지하는 데 도움이 된다.

8-2 인적자원 계획

 # 학습목표 **인적자원 계획의 절차를 이해한다.**

인적자원 계획(human resources planning)
기업의 미래 인적자원의 요구를 충족시키기 위한 전략 개발

인적자원 계획(human resources planning)은 기업의 전략적 목표를 달성하기 위하여 미래의 인적자원 수요를 규명하고, 수요가 충족될 수 있도록 준비하는 과정이다. 기업의 전반적인 전략 계획은 인적자원 계획 과정의 출발점이다. 인사기획자들은 미래에 기업의 직무 수행에 필요한 인적자원의 수요를 예측한다. 다음으로, 사내·외에 공급 가능한 인적자원을 고려한다. 마지막으로, 인적자원의 수요에 맞게 공급할 수 있도록 조치한다.

8-2a 인적자원의 수요 예측

인사기획자는 사용 가능한 모든 관련 정보를 바탕으로 인적자원의 수요를 예측해야 한다. 기업의 전반적인 전략 계획은 미래의 벤처 사업, 신제품 및 특정 제품군의 확장 또는 축소에 대한 정보를 제공할 것이다. 과거 인력 수준, 발전하는 기술, 산업별 인력 운용 관행 및 예상 경제 동향에 대한 정보도 도움이 될 수 있다. 기술의 발전은 인적자원 수요를 예측하고 계획하는데 새로운 기회를 창출하고 있다. 점점 더 많은 기업이 직원들의 인구통계, 성과, 교육, 내부 이동 등에 관한 데이터를 분석하여, 더 나은 인적자원(HR) 의사결정을 위해 전문 소프트웨어를 사용하고 있다. 이러한 기술을 통해 얻은 통찰력은 관리자가 위기와 기회를 인식할 뿐만 아니라 더 비용 효율적인 채용 및 선발 전략을 개발할 수 있도록 한다. HRM 관리자들은 필요한 인력의 수와 그들의 자격을 결정하기 위해 예측 정보를 사용한다. 인사기획자들은 특정 인력의 요구를 예측하기 위해 광범위한 방법을 사용한다. 예를 들어, 간단한 방법으로는 판매 수익과 같은 비율로 인력의 수요를 증가시키거나 감소시키도록 계획한다. 향후 2년간 예상 매출액이 30% 증가할 것으로 예측되면, 같은 기간 동안 30%의 인력 증원을 예상할 수 있다. 이 방법은 인력 전반뿐만 아니라 특정 분야에도 적용할 수 있다. 하지만 이것은 매우 정확한 예측 방법은 아니다. 복잡하고 더 정확한 방법으로는 알고리즘과 인구통계학적 데이터를 사용하여 미래의 인적자원 수요 예측과 같은 HRM 활동을 수행하는 복잡한 컴퓨터 프로그램이 있다.

8-2b 인적자원의 공급 예측

인적자원의 공급에 대한 예측은 현재의 인적자원과 그 안에서 발생할 수 있는 모든 변화를 함께 고려해야 한다. 예를 들어, 현재 100명의 엔지니어를 고용하고 있는 기업이 5년 후에 총 200명의 엔지니어를 고용해야 한다고 가정해 보자. 예측은 100명의 추가 엔지니어를 고용하려는 계획만

큼 간단하지 않다. 왜냐하면, 해당 기간 현재 엔지니어 중 일부는 퇴사하거나 회사 내의 다른 부서로 이동하거나 승진할 것이다. 따라서 인사기획자들은 5년 후 현재 엔지니어의 공급을 87명으로 예상할 수 있는데, 이는 기업이 총 113명의 새로운 엔지니어를 고용해야 한다는 것이다. 인적자원의 공급을 예측할 때, 인사기획자는 기업의 기존 직원 중에서 필요한 업무를 수행하기 위해 누구를 재교육할 수 있는지를 결정해야 한다. 인적자원 공급을 예측하는 데 유용한 두 가지 기법은 대체도와 기능 목록이다. **대체도(replacement chart)**는 기업 내에서 핵심 인력과 대체 가능한 인력의 목록이다. 최고관리자급 핵심 인력의 예기치 못한 사망, 사임, 은퇴 시를 대비하여 공정하고 신속하게 최고 경영진의 자리가 충원될 수 있도록 이 차트를 유지하는 것이 중요하다. 몇몇 기업에서는 결과적으로 최고관리자급을 대신하게 될 직원에게 추가적인 연수를 제공한다. **기능 목록(skills inventory)**이란 현재 모든 직원의 능력, 경험, 기술, 교육훈련 등에 관한 정보를 포함하는 검색 가능한 데이터베이스로 기업 내 공석을 채울 수 있는 후보자를 찾는 데 사용된다. 특별한 프로젝트를 진행하는 경우, 관리자는 최소 6년 이상의 특정한 정보기술 활용 경력과 프랑스어에 능통한 현직 직원을 찾을 수 있다. 이때 기능 목록은 자격을 갖춘 직원을 신속히 찾는 데 도움을 준다. 기능 목록에 정보를 제공하는 능력 평가 테스트는 내부 또는 외부 공급업체가 관리할 수 있다. Halogen Software와 같은 일부 기업은 외부업체와의 연결 없이 더 전문적으로 기술을 검토할 수 있도록 맞춤형 능력 평가 테스트와 교육훈련 소프트웨어를 제공한다.

대체도(replacement chart) 기업 내 주요 인력 및 교체 가능 인력 목록

기능 목록(skills inventory) 현재 모든 직원의 기술 및 경험에 대한 정보를 포함하는 전산화된 데이터베이스

iStock.com/Rawpixel

노동에 대한 수요와 공급 : 균형 유지 다양한 기술을 가진 직원에 대한 수요와 공급은 끊임없이 변화하고 있다. 일부 산업에서는 자격을 갖춘 근로자가 풍부하다. 실업률이 높아도 다른 산업에서는 찾기 힘들다.

8-2c 수요와 공급 일치

인적자원의 수요와 공급의 예측 후, 인사기획자는 인적자원의 수요와 공급의 불균형을 해결하려고 노력한다. 인적자원의 수요가 공급보다 많을 것으로 예상이 되면 신규 채용 계획을 세워야 한다. 채용의 적절한 시기는 충원할 직무 유형에 따라 결정된다. 5년 안에 한 명의 공장장과 25명의 유지 보수 인력이 필요한 공장을 설립한다고 가정해 보자. 우리는 유지 보수 인력을 모집하는 것은 기다릴 수 있다. 하지만, 공장장의 일이 매우 중요하기 때문에 적절한 인재를 찾기 위한 절차를 즉시 시작해야 한다.

직원 공급이 수요보다 많은 과잉인력이 예측되면, 기업은 인력의 규모를 줄이려고 조치해야 한다. 공급과잉이 한시적일 것으로 예상되면 기업들은 고용 동결을 시행하거나, 직원들의 근무 시간과 혜택을

줄이거나, 기업이 다시 필요로 할 때까지 일부 직원을 일시 해고할 수 있다. 정리해고의 경우엔, 인원 감축을 위한 가장 인간적인 방법은 아마도 자연 감원일 것이다. *자연 감원(attrition)*이란 직원이 퇴직하거나 새로운 직장을 구하기 위해 기업을 떠날 때 발생하는 정상적인 인력 감축이다. Bank of America는 운영 효율화와 비용 절감을 위해 인력 감축, 정리해고, 자동화, 일부 사업부 매각 등을 복합적으로 사용해 수천 명의 직원 수를 줄였다. *조기 퇴직(early retirement)*도 인력 규모를 줄이기 위한 선택이다. 조기 퇴직 시 은퇴를 몇 년 앞둔 직원들은 충분한 혜택을 받고 예정보다 일찍 조기 퇴직할 수 있다. *희망퇴직(buyouts)*은 퇴직을 위해 직원에게 퇴직 패키지를 제공한다는 점에서 조기 퇴직과 비슷하다. 희망퇴직은 일반적으로 직원이 근무한 매년 몇 주간의 급여와 함께 직원이 퇴직한 후 지정된 기간의 복리후생 제도를 연장해 준다. 최후의 수단으로, 불필요한 직원들은 특정한 성과에 미치지 못하는 등의 원인이 발견되면 단순히 해고되기도 한다. 이 경우 기업은 직원들의 실적을 문서화하는 데 주의를 기울여야 하며 해고 통지서가 나오기 훨씬 전에 실적이 기대에 미치지 못한다는 경고를 해야 한다. 그러나 이 방법은 부정적인 영향 때문에 절대적으로 필요한 경우에만 사용된다.

8-3 인적자원의 문화적 다양성

 # 학습목표 **문화적 다양성을 살펴보고, 이와 관련된 도전 과제와 기회를 이해한다.**

오늘날의 인적자원은 매우 다양하며, 직원들은 다양한 신념, 기대, 행동 규범을 직장에 가지고 온다. 관리자들은 이러한 차이를 민감하게 인식해야 한다. 예를 들어, 유럽의 사업가들은 인사로 뺨에 키스를 할 수도 있다. 라틴 아메리카인들은 북미인들이 선호하는 것보다 대화하고 있는 사람들과 더 가깝게 서 있는 경향이 있다. 문화적 감수성이 없다면, 면접 중에 눈을 마주치지 않는 구직자는 자신의 문화에 따라 예의 바르게 행동했을 뿐인데, 가까이하기 어려운 사람이라고 인식되어 채용되지 않을 수도 있다.

최근 수십 년간 많은 여성, 소수민족, 이민자들이 미국 노동계에 진출했다. 미국 노동시장의 약 47%가 여성이며, 아프리카계 미국인과 히스패닉계 미국인이 각각 미국 근로자의 약 12%, 17%를 차지한다. 현재 금융, 교육 및 보건 서비스, 레저 및 접대 산업에서 여성이 대다수를 차지하고 있다. 그들은 미국에서 관리직의 52%를 차지한다.

문화적 (또는 직장) 다양성(cultural (workplace) diversity) 인종, 민족, 성별에 따른 인적자원의 차이

문화적 다양성(cultural diversity)은 기업 내에서 인종, 민족, 성별에 따른 인적자원의 차이를 의미한다. 증가하는 문화적 다양성은 관리자들이 광범위한 가치 체계를 가진 직원들을 관리 감독하고 동기부여 하는 법을 배우도록 강요하고 있다. 문화적 다양성 외에도 다른 변화도 일

표 8.1 문화적 다양성의 장점

경제적 측면	설명
비용	직원을 제대로 통합하지 못하는 데 드는 비용은 다양성과 함께 증가한다. 그러나 다양성을 잘 다루는 기업은 다양성을 잘 다루지 못하는 기업보다 비용상 이점을 창출할 수 있다. 기업은 또한 문화적으로 민감하고 훈련된 직원을 고용함으로써 비용을 줄일 수 있다.
자원 확보	기업들은 여성과 소수민족에게 우호적이거나 비우호적인 기업이라는 평판을 받는다. 최고의 평판을 받는 기업이 최고의 인재를 유치하고, 유지할 것이다.
마케팅 우위	다국적 기업의 경우, 국제적 관점에서 비롯된 통찰력과 문화적 민감성을 가지고 마케팅 노력을 경주해야 한다. 국내에서의 소집단을 대상으로 하는 마케팅에도 적용될 수 있다.
유연성	문화적 다양성을 갖춘 직원은 종종 기업 내에서 더 다양한 직위에 배치될 수 있고, 빠르게 승진할 가능성이 더 높다.
창의성	다양한 견해를 가지고 과거의 규범에 얽매여 있지 않은 직원은 창의성 수준이 높다.
문제 해결	의사결정과 문제 해결 그룹 내에서의 이점은 잠재적으로 더 넓은 범위의 관점과 더 철저한 문제의 비판적 분석을 통해 더 나은 결정을 내릴 수 있다.
이중 언어능력	기업에서의 문화적 다양성은 글로벌 시장에서 가치가 있다. 다른 나라에 대한 지식이 있고 해당 언어로 의사소통할 수 있는 직원은 문화적 정교함이 부족하여 당혹스러운 실수를 방지할 수 있다. 따라서 많은 기업은 기업이 사업을 하는 문화에서 경력을 가진 구직자를 찾는다.

Sources: Adapted from Taylor H. Cox and Stacy Blake, "Managing Cultural Diversity: Implications for Organizational Competitiveness," Academy of Management Executive 5(3):46, 1991; Ricky Griffin, Fundamentals of Management, 8th ed. (Mason, OH: South-Western/Cengage Learning, 2016), 244-245; and Richard L. Daft and Dororthy Marcic, Understanding Management, 9th ed. (Mason, OH: South-Western/Cengage Learning, 2015), 388–389.

어났다. 남성들의 참여형 육아에 대한 새로운 강조와 함께, 직장에서 여성의 높은 비율은 가족과 관련된 많은 문제들을 회사에 가져왔다. 오늘날 더 많은 교육을 받은 직원들은 더 큰 독립성과 유연성을 원하며, 삶의 질 향상을 동시에 추구한다.

문화적 다양성이 큰 도전이기는 하지만 관리자들은 이를 한계가 아닌 기회로 봐야 한다. 적절하게 잘 관리만 한다면, 문화적 다양성은 더 강한 조직으로 이어지게 할 수 있다. 표 8.1은 문화적 다양성의 효과적 관리가 제공할 수 있는 몇 가지 이점을 보여준다. 문화적 다양성을 갖춘 조직은 다른 문화와 언어를 올바르게 이해하기 때문에 마케팅 우위를 확보할 수 있다. 조직 내 다양성의 적절한 지침과 관리는 창의성의 수준을 높일 수 있다. 문화적 다양성을 잘 수용하는 직원들은 어떤 직무를 맡더라도 더 유연하게 적응하고, 다양한 동료들과 함께 일하는 것이 더 편안하게 느껴진다.

문화적 다양성은 다양한 이점과 함께 도전 과제를 만들어내기 때문에, 기업의 직원들이 그것을 바르게 이해하는 것이 굉장히 중요하다. 이러한 목표를 달성하기 위해, 수많은 미국 기업들은 관리자에게 다양성을 존중하고 잘 관리할 수 있도록 교육한다. 다양성 양성 교육 프로그램에는 소수민족을 채용하고, 그들을 관리자로 양성하며, 관리자들이 다양성을 긍정적으로 보도록 교육하고, 제2외국어로 영어를 가르치고, 이민자들을 위한 지원 그룹을 구성하는 것이 포함될 수 있다. 많은 기업이 심층적인 다양성 교육 프로그램의 중요성을 인식하고 있다. 국제적인 기업들은 지속해서 사업을 확장하고 있으므로 더욱 다양한 인구통계학적 인력 풀에서 응집력 있는 인력을 융합해야 한다.

Rawpixel/iStock/Getty Images

왜 문화적 다양성을 갖춘 직원을 고용하는 것이 비즈니스에 도움이 되는가?

다양한 유형의 직원을 고용하는 기업은 그들의 다양한 기술과 삶의 경험으로부터 이익을 얻는다. 이러한 직원들의 다양한 관점은 기업이 새로운 기회와 일을 하는 방법을 찾는 데 도움이 될 수 있다. 또한, 다른 배경을 가진 다양한 직원은 다양한 고객들과 그 고객들이 선호하는 상품과 서비스에 대한 이해도가 더 높은 경우가 많다.

최고경영자가 강하고 일관성 있는 책임감을 느껴야만 다양성 프로그램이 성공할 수 있다. 다양성 교육은 직장에서 태도와 행동을 개선할 수 있다. 특정 상황에서 저항이 있을 수 있지만, 문화적 다양성은 기업에 존재해야만 한다. 문화적 다양성이 조직에 미치는 영향은 굉장히 광범위하며 앞으로도 지속해서 증가할 것이다. 경영진은 문화적으로 다양한 인적자원과 관련된 이점을 적극적으로 활용하고 장애물을 제거하는 법을 배워야 한다.

8-4 직무 분석

 # 학습목표 **직무 분석의 목적과 용도를 이해한다.**

관리자는 해당 업무의 적임자를 찾기 전에 그 직무의 본질을 이해할 필요가 있다. 해당 직무도 모른 채 신입사원을 뽑는다는 것은 말이 안 될 것이다. **직무 분석(job analysis)**은 직무에 필요한 다양한 요소들과 자격 요건을 결정하기 위해 그 직무를 연구하는 체계적인 과정이다. 예를 들어, 대기업에 근무하는 사무직을 생각해보면 50종류의 사무직이 있을 수 있는데, 그들은 모두 사무직원으로 불리겠지만 수행하는 업무 내용, 각 업무에 필요한 숙련도, 각 업무에 필요한 전문성의 수준, 그 자리에서 요구되는 특정한 자격 요건들이 서로 다를 것이다. 이러한 구별되는 특징

직무 분석(job analysis) 직무에 필요한 다양한 요소들과 자격 요건을 결정하기 위해 그 직무를 연구하는 체계적인 과정

직무기술서(job description) 특정 업무를 구성하는 직무 내용과 직무 요건들을 기록한 서식

직무명세서(job specification) 직무 수행에 필요한 자격 요건인 기능·기술 수준, 지식·교육 수준, 정신적·육체적 능력, 작업 경험 등을 기술한 서식

에 초점을 맞춘 것이 직무 분석이다.

특정 직업의 직무 분석은 일반적으로 직무기술서와 직무명세서의 두 부분으로 구성된다. **직무기술서(job description)**는 특정 업무를 구성하는 직무 내용과 직무 요건들을 기록한 서식이다. 여기에는 수행해야 할 업무, 업무 환경, 책임 및 직무 수행에 필요한 작업 도구와 장비를 포함한다(그림 8.1 참조). **직무명세서(job specification)**는 직무 수행에 필요한 자격 요건인 기능·기술 수준, 지식·교육 수준, 정신적·육체적 능력, 작업 경험 등을 기술한 서식으로 직무 내용보다 사람의 자격 요건에 더 비중을 두고 작성한다. 일정한 경력을 요구하는 것 외에도 일부 기업은 직무명세서에 성격 특성을 기재하기도 한다.

직무 분석은 신규 채용 및 선발의 근거가 될 뿐만 아니라 평가와 공정한 보상 수준 결정 등 HRM의 다른 분야에서도 활용되고 있다.

그림 8.1 직무기술서와 직무명세서

이 직무기술서는 영업 코디네이터의 직무를 설명하고 직책의 책임이 기술되어 있다. 직무명세서는 마지막 문단에 수록되어 있다.

남서부
직무기술서

날짜:	2020년 3월 26일
등급:	12
면제/비면제:	면제

직위 : 조지아주 영업팀장
소속 부서명 : 대학 영업부
보고 대상 : 지역 관리자

직무 개요:
관리 경험을 쌓기 위해 조지아주에 본사를 둔 다른 영업 담당자를 감독한다. 조지아주의 대학과 대학교로 구성된 지역에 배정된 외부 영업 담당자 팀의 4명의 팀원을 대표한다. 조지아주 영업 활동을 감독하고 조정 및 조언하고, 의사결정을 한다. 주 전역의 고객과 폭넓은 접촉과 학교 관리자와의 의사소통을 기반으로, 원격 교육, 학기 시스템 전환, 주 전체의 잠재적인 채택, 교직원 훈련과 같은 조지아주의 고등 교육의 요구 사항과 관련된 문제에 관한 권장 사항을 제시한다.

주요 책임:
1. Atlanta에 소재한 다른 영업 담당자 한 명을 감독/관리/교육
2. 두 명의 다른 영업 담당자에게 해당 지역의 조지아 학교에 대해 조언
3. 조지아주의 개별 판매 영역은 물론 전체 매출액 증가
4. Atlanta 회의와 지역 회의의 기획 및 조정 시 지역 관리자 지원
5. 특히 학기 전환, 원격 교육 및 교수진 개발 분야에서 캠퍼스 관리자와 대화를 시작

차원:
이 직위는 지역 내에서 수행되는 리더십 역할 외에 한 가지 직접 보고가 있음. 가장 직접적으로 영향을 받는 수익은 개별적으로 할당된 지역의 수익, 감독 대상 지역 및 조지아주의 전체 판매액에 포함될 것임.

지식 및 기술;
개별 지역에서 지속해서 뛰어난 판매 실적을 보여야 함. 분명한 팀워크와 리더십 기술을 보여주어야 하며, 개별적인 목표를 넘어야 함. 다른 영업 담당자를 교육하고 이끌기 위해 회사의 시스템과 제품 제공을 더 깊이 이해해야 함. 또한, 고등 교육 행정담당자와 명확하게 의사소통할 수 있는 의사소통 능력과 존재감을 가지고 있어야 하며, 기업과 조지아주의 고등 교육 사이의 가교 구실을 해야 함.

경력 쌓기

첨단 기술(high-tech) 경력을 쌓으십시오.

온라인 교육 신생기업인 Udacity(www.udacity.com)는 오늘날의 첨단 기술을 업데이트하는 과정을 제공한다. 스탠퍼드대 교수인 Sebastian Thrun이 설립한 Udacity는 인공지능, 가상현실 개발자, 자율주행 관리 엔지니어 등 특수 분야에서 수개월의 교육과정을 마친 수료자에게 “나노 학위(nano-degrees)”를 제공한다. Udacity는 Google, Amazon, AT&T, Mercedes 및 기타 대기업과 제휴하여 학생들이 취업 시장에서 경쟁력을 갖추는데 필요한 특정 기술에 맞추어 프로그램을 제작한다. 중요한 점은, Udacity는 기술이 발전함에 따라 코스를 변경하여 콘텐츠의 관련성을 유지하고 업데이트한다. 창업자는 "기술이 빠르게 발전함에 따라 우리의 라이프사이클은 3년"이라고 설명한다.

프로그램에 따라 Udacity는 정액 요금, 월정액 요금 또는 기간 요금을 부과한다. 자율주행차 엔지니어가 되기 위해 이 프로그램에 등록한 학생들은 각각 12주씩 3학기에 걸쳐 돈을 지불한다. 프로그래머를 시작하는 학생들은 5개의 필수 프로젝트를 하는 동안 월 비용을 지불한다. 추가 인센티브로 Udacity는 12개월 이내에 마치는 학생들에게 수업료의 50%를 돌려준다.

Udacity는 현재 나노 학위와 함께 일부 취업 보장을 제공하고 있으며, 이 옵션에 대해 조금 더 청구하고 있다. 졸업 후 6개월 이내에 관련 분야에서 일자리를 찾지 못하면 등록금 전액을 환불할 것을 약속한다. 학생들은 진로 상담도 받을 수 있으며, Udacity를 통해 파트너사에서 유급 인턴십을 신청할 수 있다. Thrun은 "우리는 학문적 콘텐츠의 진화를 세계의 진화에 부합하도록 만들 수 있다"고 말한다.

Sources: Based on information in Clay Dillow, “Want a High-Paying Job? Get a ‘Nanodegree,’ ”CNBC.com, June 20, 2016, http://www.cnbc.com/2016/06/20/udacity-reinvents-skills-training-with-the-nanodegree.html (accessed February 22, 2017); V. Keshavdev, “Silicon Valley’s Hottest Innovations 2016: Lessons for the Future,” Outlook Business, December 3, 2016, http://www.outlookbusiness.com/specials/silicon-valleys-hottest-innovations_2016/lessons-for-the-future-3239 (accessed January 6, 2017); John Mannes, “Talent Crunch Makes BMW, McLaren, and Others Look to Udacity for Engineers,” TechCrunch, October 20, 2016, https://techcrunch.com/2016/10/20/talent-crunch-makes-bmw-mclaren-and-others-look-to-udacity-for-engineers/; www.udacity.com (accessed January 6, 2017).

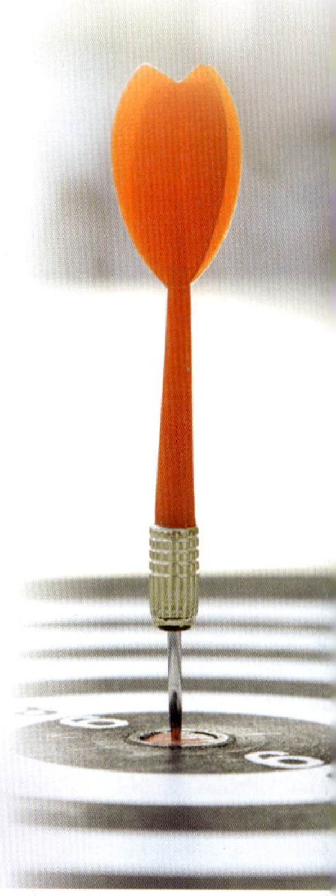

8-5 모집과 선발 및 오리엔테이션

 # 학습목표 **직원 모집과 선발 및 오리엔테이션 과정을 이해한다.**

충원을 계획하고 있는 기업의 HRM 담당자는 (1) 직무에 적합한 지원자를 찾고, (2) 각 직무에 맞는 적합한 인재를 배치해야 한다. 이를 위해 HRM 담당자는 모집과 선발 및 신입사원 오리엔테이션의 세 가지 업무를 수행한다.

8-5a 모집

모집(recruiting) 자격을 갖춘 입사지원자를 유치하는 과정

모집(recruiting)은 자격을 갖춘 구직자를 유치하는 과정이다. 모집은 큰 비용이 발생하는 과

정이기 때문에 체계적인 절차를 마련해야 한다. 인적자원관리의 목표 중 하나는 '적정한 인원수'를 모집하는 것이다. 예를 들어, 5개의 일자리에 지원자가 5명이라면 기업으로서는 선택의 여지가 없다. 그 지원자 5명(자격이 있든 없든)을 모두 채용해야 한다. 반면에, 만약 5개의 일자리에 수백 명의 구직자가 지원한다면 HRM 직원들은 지원서를 처리하는 데 몇 주가 걸릴 것이다.

인적자원 담당자는 기업 외부에서 또는 내부에서, 아니면 내부와 외부 모두에서 지원자를 모집할 수 있다. 모집공고는 직무의 특성, 기업 내부의 상황, 그리고 때로는 기업이 정해놓은 또는 전통적인 모집 정책에 따라 정해진다.

외부 모집(external recruiting) 기업 외부에서 입사지원자를 모집

외부 모집 **외부 모집(external recruiting)**은 기업 외부에서 입사지원자를 모집하는 것이다. 외부 모집은 신문 광고, 고용대행업체, 온라인 채용사이트를 이용하거나 대학 캠퍼스에 모집공고를 내거나, 현직 직원으로부터 추천을 구하는 활동 등이 포함될 수 있다.

인터넷은 구인과 구직에 인기 있는 매체다. LinkedIn이나 TweetMyjobs와 같은 소셜 네트워킹 사이트들은 고용주와 관심 있는 잠재적 지원자를 연결하는 데 도움을 준다. Monster.com, Indeed.com, SimplyHired.com과 같은 온라인 취업 사이트들은 잠재적인 직원들이 위치, 산업 또는 급여와 같은 다양한 기준으로 일자리를 찾을 수 있도록 돕는다.

분명한 것은 기업의 모집 수단이 찾고 있는 지원자의 유형에 맞게 이루어지는 것이 가장 좋다. 최신의 첨단 기술은 기업이 이러한 매칭 과정을 수행할 수 있도록 지원한다. 인적자원관리 협회의 조사에 따르면, 고용주의 84%가 채용 목적으로 소셜 미디어 사이트(특히 LinkedIn, Facebook, Twitter)를 확인하는 것으로 나타났다. 또한, 71%의 기업이 특정 기술을 가진 지원자를 확인하고 모집하기 위해 소셜 네트워크를 사용하고 있으며, 77%는 브랜드 인지도를 높이기 위해 소셜 네트워크를 이용하는 것으로 조사되었다.

외부 모집은 장단점을 모두 가지고 있다. 외부 모집의 가장 큰 장점은 새로운 견해와 다양한 배경을 가진 인재를 불러 모을 수 있다는 것이다. 일부 기업들은 대학을 갓 졸업한 지원자를 고용하기를 선호하는데, 이들 지원자가 기업 문화와 회사의 요구 사항에 맞도록 교육하기가 더 쉬울 것이라고 믿기 때문이다. 젊은 인재 채용의 또 다른 이점은 그들이 나이 든 지원자들보다 첨단 기술에 더 능숙한 경향이 있기 때문이다. 이것은 오늘날 직장에서 매우 바람직한 특성이다. 외부 모집의 단점은 비용이 많이 든다는 것인데, 특히 민간 채용 기관을 사용해야 하는 경우는 더욱 그렇다. 또한, 외부 모집은 회사 내에서 승진하기를 원하는 직원들 사이에서 불만을 불러일으킬 수 있다.

내부 모집(internal recruiting) 기업 내부에서 해당 직위에 적합한 직원을 찾아내는 것을 말하며, 흔히 사내 모집이라고도 함

내부 모집 **내부 모집(internal recruiting)**은 기업 내부에서 해당 직위에 적합한 직원을 찾아내는 것을 말하며, 흔히 사내 모집이라고도 한다. 기업 내에서 경력을 쌓아 온 직원들을 육성하여 활용한다는 측면에서 볼 때 개발 전략에 해당한다. 일반적으로는 현 직원들이 좀 더 높은 상

급직으로 승진하지만, 같은 직급에서 다른 부서로의 이동도 있을 수 있다.

기업 내부에서 승진하는 것은 현직 직원들에게 강한 동기부여를 제공하고, 기업은 그들의 경험과 함께 고급인력을 유지하는 데 도움을 준다. 내부 모집 정보를 현 직원에게 공고하는 것은 회사 정책이나 노조 협약에 따라 이루어질 수 있다. 내부 모집의 가장 큰 단점은 현직 직원을 승진시킴으로써 그 직원이 일했던 자리가 공석이 된다는 점이다. 기업은 여전히 채용과 선발 비용을 부담할 뿐만 아니라 직원 1명 대신 2명을 교육해야 한다.

많은 상황에서 내부적으로 모집이 불가능할 수도 있다. 예를 들어, 현재 직원은 새로운 직위를 채울 자격을 갖춘 직원이 없거나, 기업이 너무 빠르게 성장하여 승진이나 부서 이동 발령을 내릴 여력이 없을 수도 있다.

8-5b 선발

선발(selection)은 어떤 직무에 지원한 지원자에 대한 정보를 수집하고 그 정보를 사용하여 가장 적합한 인재를 선택하는 과정이다. '적합한'이라는 단어의 사용에 유의해야 한다. 선발에서 가장 높은 수준의 자격을 갖춘 사람을 채용하는 것이 아니라 가장 적합한 지원자를 채용하는 것이다. 지원자의 선발은 지원한 직무를 담당하는 직속 상사에 의해 결정된다. 하지만 HRM 담당자들은 대개 지원자 집단을 넓히고, 그들의 평가를 신속하게 진행하는 것으로 도움을 준다. 지원자의 자격 정보를 얻는 일반적인 방법으로 입사지원서, 면접, 추천서, 평가 센터, LinkedIn이나 Facebook과 같은 소셜 네트워크 사이트 등을 활용하는 것이 있다. 실제로 많은 경우 소셜 네트워크는 고용주가 정보를 받는 순서를 바꾸었다. 예를 들어, 고용주는 지원자 면접을 하기 전에 추천서를 보기 위해 LinkedIn 계정을 숙지할 수 있다.

선발(selection) 어떤 직무에 지원한 지원자에 대한 정보를 수집하고 그 정보를 사용하여 가장 적합한 인재를 선택하는 과정

입사지원서 입사지원서는 지원자의 교육 수준, 업무 경험 및 개인 경력 등에 관한 사실 정보를 수집하는 데 유용하다(그림 8.2 참조). 입사지원서의 데이터는 더 파악할 가치가 있는 지원자인지를 판단할 목적과 면접관들이 그들의 이력을 보고 면접에 대비하는 두 가지 목적을 위해 사용된다. 많은 기업이 복잡한 절차를 간소화하고 데이터 수집 능력을 개선하는 데 도움을 주는 온라인 입사지원서를 사용하고 있다. 사실 종이로 된 입사지원서 접수는 점점 드물어지고 있다.

일부 기업들의 요구에 따라 많은 구직자는 이력서를 제출한다. *이력서(resume)*는 지원자의 배경과 자격을 한두 페이지로 요약한 것이다. 이 양식에 지원자는 자신이 찾고

iStock.com/ismagilov

그림 8.2 일반적인 입사지원서

고용주들은 지원자의 교육 수준, 업무 경험, 개인 경력에 관한 사실 정보를 수집하기 위해서 입사지원서를 사용한다.

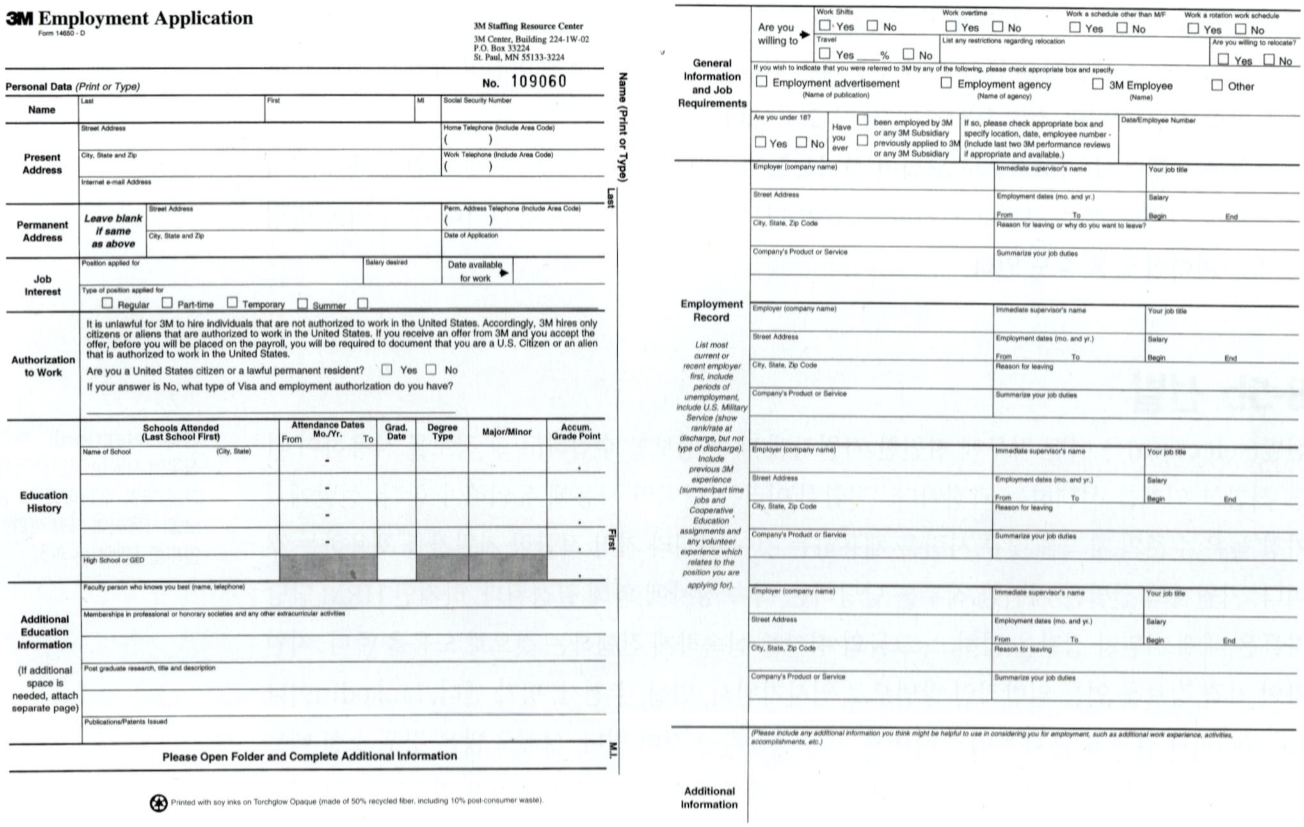

3M Employment Application
Form 14650 - D

3M Staffing Resource Center
3M Center, Building 224-1W-02
P.O. Box 33224
St. Paul, MN 55133-3224

Personal Data (Print or Type) No. 109060

Name: Last / First / MI / Social Security Number

Present Address: Street Address / Home Telephone (Include Area Code) ( ) / City, State and Zip / Work Telephone (Include Area Code) ( ) / Internet e-mail Address

Permanent Address: Leave blank if same as above / Street Address / Perm. Address Telephone (Include Area Code) ( ) / City, State and Zip / Date of Application

Job Interest: Position applied for / Salary desired / Date available for work / Type of position applied for ☐ Regular ☐ Part-time ☐ Temporary ☐ Summer ☐

Authorization to Work: It is unlawful for 3M to hire individuals that are not authorized to work in the United States. Accordingly, 3M hires only citizens or aliens that are authorized to work in the United States. If you receive an offer from 3M and you accept the offer, before you will be placed on the payroll, you will be required to document that you are a U.S. Citizen or an alien that is authorized to work in the United States.
Are you a United States citizen or a lawful permanent resident? ☐ Yes ☐ No
If your answer is No, what type of Visa and employment authorization do you have?

Education History	Schools Attended (Last School First)	Attendance Dates Mo./Yr. From	To	Grad. Date	Degree Type	Major/Minor	Accum. Grade Point
	Name of School (City, State)						
	High School or GED						

Additional Education Information (If additional space is needed, attach separate page): Faculty person who knows you best (name, telephone) / Memberships in professional or honorary societies and any other extracurricular activities / Post graduate research, title and description / Publications/Patents Issued

Please Open Folder and Complete Additional Information

Name (Print or Type) Last First M.I.

Printed with soy inks on Torchglow Opaque (made of 50% recycled fiber, including 10% post-consumer waste)

General Information and Job Requirements: Are you willing to ▸ Work Shifts ☐ Yes ☐ No / Work overtime ☐ Yes ☐ No / Work a schedule other than M/F ☐ Yes ☐ No / Work a rotation work schedule ☐ Yes ☐ No / Travel ☐ Yes ___% ☐ No / List any restrictions regarding relocation / Are you willing to relocate? ☐ Yes ☐ No
If you wish to indicate that you were referred to 3M by any of the following, please check appropriate box and specify: ☐ Employment advertisement (Name of publication) ☐ Employment agency (Name of agency) ☐ 3M Employee (Name) ☐ Other
Are you under 18? ☐ Yes ☐ No / Have you ever ☐ been employed by 3M or any 3M Subsidiary ☐ previously applied to 3M or any 3M Subsidiary / If so, please check appropriate box and specify location, date, employee number - (include last two 3M performance reviews if appropriate and available.) / Date/Employee Number

Employment Record (List most current or recent employer first, include periods of unemployment, include U.S. Military Service (show rank/rate at discharge, but not type of discharge). Include previous 3M experience (summer/part time jobs and Cooperative Education assignments and any volunteer experience which relates to the position you are applying for).):
Employer (company name) / Immediate supervisor's name / Your job title / Street Address / Employment dates (mo. and yr.) From To / Salary Begin End / City, State, Zip Code / Reason for leaving or why do you want to leave? / Company's Product or Service / Summarize your job duties
Employer (company name) / Immediate supervisor's name / Your job title / Street Address / Employment dates (mo. and yr.) From To / Salary Begin End / City, State, Zip Code / Reason for leaving / Company's Product or Service / Summarize your job duties
Employer (company name) / Immediate supervisor's name / Your job title / Street Address / Employment dates (mo. and yr.) From To / Salary Begin End / City, State, Zip Code / Reason for leaving / Company's Product or Service / Summarize your job duties
Employer (company name) / Immediate supervisor's name / Your job title / Street Address / Employment dates (mo. and yr.) From To / Salary Begin End / City, State, Zip Code / Reason for leaving / Company's Product or Service / Summarize your job duties

Additional Information: (Please include any additional information you think might be helpful to use in considering you for employment, such as additional work experience, activities, accomplishments, etc.)

있는 유형의 직무를 기술할 수 있다. 이력서를 취업 가능 일자리를 부탁하기 위해 기업에 보내기도 하고, 입사지원서와 함께 제출하기도 한다.

정보의 유용성을 향상하기 위해, HRM 전문가들은 현직 직원에게 현재 그들이 맡은 직무와 관련된 경험과 특징에 대해 조사하기도 한다. 이러한 요인은 입사 요건에 포함되며 신규 지원자의 자격을 평가할 때 더 중요하게 고려된다.

입사 시험 입사지원자들에게 시행되는 시험은 대개 직무 적성, 기술, 능력 또는 직무와 관련된 지식에 초점을 맞춘다. 이러한 시험(예: 기본적인 컴퓨터활용능력 시험)은 지원자가 해당 업무를 얼마나 잘 수행할 수 있는지를 평가하는 데 도움이 된다. 일반적으로 기업은 지능 검사나 성격 검사를 실시하지만, 이러한 것들은 특정 직무 수행 능력의 성과 예측에는 거의 도움이 되지 않는다. 많은 기업은 기술의 발달로 더욱 저렴해진 예측 행동 검사를 실시한다.

면접 지원자와 기업이 서로에 대하여 좀 더 알아볼 기회를 제공하며, 입사 시험과 더불어 가장 널리 사용되는 선발 절차이다. 지원자는 적어도 한 명의 HRM 직원과 해당 직무 영역의 직원에 의해 면접이 진행될 것이다. 고위직 직무에 지원하는 지원자는 여러 차례의 면접을 통해 부서장이나 부사장과 만날 수도 있다.

iStock.com/baona

면접은 첫 데이트와 비슷하다. 데이트와 마찬가지로 면접은 다양한 장소에서 다양한 형식으로 진행될 수 있다. 입사지원자와 기업이 서로에 대해 알아볼 기회를 제공하는 것이 목적이다. 채용 과정에서 기업과 입사지원자 모두에게 도움이 되는 다른 선발 방법에는 어떤 것들이 있을까?

면접관들은 지원자의 능력을 테스트하고, 고용 이력을 조사하고, 지원자의 태도와 동기를 확인하기 위해 몇몇 문제를 제시할 수 있다. 지원자는 지원하는 직무와 잠재적인 동료들을 더 알 기회를 얻는다. 그들은 또한 조직 문화와 지원자의 성격 적합성을 검증할 기회를 제공한다. 현재 많은 조직이 Skype나 gotomeeting.com과 같은 서비스를 이용해 원격으로 인터뷰를 진행하는데, 가장 채용 가능성이 높은 지원자들만 대면 면접에 참석한다.

안타깝게도, 면접은 차별이 시작되는 단계일 수 있다. 예를 들어, 여성 지원자가 자신이 어린 자녀들의 엄마라고 언급한다고 가정해 보자. 면접관은 그녀가 업무상 출장을 가는 것이 불가능할 것이라고 가정할 수도 있다. 게다가 면접관은 외모와 같은 요인에 의해 과도하게 영향을 받을 수도 있다. 또한, 지원자들에게 각기 다른 질문을 함으로써 지원자들의 자격을 객관적으로 비교하는 것이 어려울 수 있다. 이러한 문제 중 일부는 더 나은 면접관 교육과 구조화된 면접 방식을 통해 해결할 수 있다. 구조화된 면접에서 면접관은 준비된 직업 관련 질문만을 한다. 또한, 기업은 각 지원자에 대해 여러 가지 다른 면접 방식을 고려할 수도 있지만, 비용이 많이 들 수 있다.

참조인 일반적으로 채용 공고자는 지원자의 신원 정보를 확인하고, 개인적인 평가를 제공할 수 있는 사람, 즉 참조인의 명단을 제출하도록 요청한다. 당연히 지원자들은 좋은 말을 해줄 가능성이 있는 참고인들만 제시하는 경향이 있기 때문에 참고인으로부터 얻은 개인적 평가는 그다지 가치가 없을 수 있다. 다만, 이전 직장에서의 지원자의 책임감을 확인하고, 전직하는 이유를 알아보기 위해 참고인에게 연락하는 경우가 많다.

평가 센터 평가 센터는 주로 현직 직원의 고위직으로 승진 여부를 결정하는 데 사용된다. 일반적으로 직원 그룹은 며칠 동안 센터로 보내진다. 평가 센터에 있는 동안 그들은 관리 환경을 시뮬레이션해서 관리 효과를 예측하기 위해 고안된 활동에 참여한다. 교육받은 관찰자는 승진 가능성에 대해 권고한다. 이 방법은 인기를 얻고 있지만, 관련 비용 때문에 사용이 제한된다.

8-5c 오리엔테이션

일단 입사지원자에 관한 모든 정보가 수집되고 분석이 끝나면, 기업은 취업을 제안한다. 제안이 받아들여지면 지원자는 직원이 된다. 지원자가 입사한 직후, 그 입사자는 기업의 오리엔테이션 프로그램에 참여하게 된다. **오리엔테이션(orientation)**은 신입사원에게 기업을 알리는 과정이다. 오리엔테이션 주제 범위는 회사 구내식당의 위치부터 회사 내 경력 경로까지 다양하다. 오리엔테이션 자체는 30분짜리 비공식 프레젠테이션에서부터 수십 명의 사람이 참여하고 며칠 또는 몇 주 동안 지속되는 정교한 프로그램에 이르기까지 광범위하다.

오리엔테이션(orientation) 신입사원에게 기업을 알리는 과정

8-6 보상 및 복리후생

 # 학습목표 **직원 보상과 복리후생의 주요 요소를 이해한다.**

효과적인 직원 보상 시스템은 (1) 직원들의 기본적인 요구를 만족시켜야 하고, (2) 다른 기업에서 제공하는 것과 견줄 만한 보상을 제공해야 하며, (3) 조직 내에서 공정하게 분배되어야 하며, (4) 각각의 직원들이 서로 다른 요구를 가지고 있음을 인식해야 한다. 이러한 요건 중 기업의 보상 시스템은 처음 세 가지를 충족하도록 구성할 수 있다. 네 번째 요구 사항은 많은 변수를 고려해야 하므로 더 어렵다. 대부분의 기업은 일반적으로 직원들의 다양한 요구를 충족시킬 수 있는 여러 가지 복리후생를 제공한다.

8-6a 보상 결정

보상(compensation)은 기업이 직원에게 제공하는 유·무형의 가치 일체를 의미한다. 직원들에게 보상은 매우 중요하다. 보상은 기업의 운영비에서 상당한 비중을 차지하기 때문에 경영진에게도 매우 중요한 부분이다. 따라서 직원 보상을 결정하는 정책과 전략인 **보상 시스템(compensation system)**은 합리적인 범위 내에서 급여를 유지하면서 직원들의 요구 사항을 충족시킬 수 있도록 주의 깊게 설계되어야 한다. 대부분의 기업에서 효과적인 보상 시스템을 구축하려면 임금 수준, 임금 구조, 개별 임금 등 세 가지 개별적인 관리 규정이 필요하다.

보상(compensation) 기업이 직원에게 제공하는 유·무형의 가치 일체

보상 시스템(compensation system) 직원 보상을 결정하는 정책 및 전략

임금 수준 경영진은 비교 가능한 기업의 임금 수준에 맞추어 기업의 일반적인 임금 수준을 정해야 한다. 대부분의 기업은 동종 업계 평균에 가까운 임금 수준을 선택한다. 그러나 재정 상태

가 좋지 못한 기업은 평균보다 적은 임금을 지급할 수도 있고, 규모가 크고 번창하는 기업은 평균보다 더 많이 지급할 수 있다. 어느 직업의 평균 임금을 결정하기 위해, 회사는 임금 조사를 활용할 수 있다. **임금 조사(wage survey)**는 업종별이나 지리적 영역을 기준으로 가장 일반적인 임금 지급률에 대한 정보를 수집하는 것이다. 이러한 조사는 산업 협회, 지방자치단체, 인사 협회, 그리고 (때로는) 개별 기업에 의해 집계된다.

임금 조사(wage survey)
산업 또는 같은 지역 내에서 통용되는 임금 지급률에 대한 정보 조사

임금 구조 다음으로, 경영진은 회사 내의 모든 위치에 대한 상대적인 임금 수준을 결정해야만 한다. 이러한 결정의 결과를 기업의 *임금 구조(wage structure)*라고 한다. 임금 구조는 거의 직무 평가에 기반하여 개발된다. **직무 평가(job evaluation)**는 기업 내 다양한 직무의 상대적 가치를 결정하는 과정이다. 대부분의 사람들은 비서/행정 직원이 건물의 관리인보다 더 많은 돈을 받는 것에 동의할 것이다. 하지만 얼마나 더 많은 돈을 받아야 하는가?

직무 평가(job evaluation)
기업 내 다양한 직무의 상대적 가치를 결정하는 과정

직무를 평가하기 위해 많은 기법을 사용할 수 있다. 가장 간단한 방법은 회사 내의 모든 직무를 가치에 따라 순위를 매기는 것이다. 더 자주 사용하는 방법은 직무 분석을 기반으로 한다. 어떤 직무의 각 요소와 직무 자격 요건에 따라 그 직무에 점수를 부여한다. 예를 들어, '대학 학위 필수'인 직무는 50점을 부여받지만, '고등학교 졸업 이상'이면 25점만을 받을 수 있다. 더 많은 점수가 배정된 직무일수록, 그 일은 더 중요한 것으로 여겨진다(그리고 그 기업의 임금 구조에서 더 높은 수준으로 측정된다).

개별 임금 마지막으로, 기업은 개별 직원이 받게 될 구체적인 임금액을 산정해야 한다. 두 비서의 경우를 생각해보자. 직무 평가는 기업의 임금 구조에서 비서의 상대적 임금 수준을 결정하는 데 사용되었지만, 한 비서는 15년 경력으로 분당 80단어를 정확하게 입력할 수 있고 여러 개의 컴퓨터 프로그램으로 작업할 수 있지만, 다른 비서는 경력 2년 차에 분당 55단어만을 입력할 수 있으며 컴퓨터 프로그램은 하나만 사용할 수 있다고 가정해 보자. 대부분 기업에서는 경력과 능력의 범위를 반영하기 위해 임금 범위를 설정(아마 시간당 10달러에서 15달러)할 수 있으며, 자격을 갖춘 비서가 더 높은 임금을 받게 된다.

여기에 두 가지 임금 결정이 적용된다. 먼저, 직원의 직무 경력, 자격 조건, 기대 성과 등을 기준으로 초봉 임금을 정해야 한다. 다음으로 직원은 입사 서열과 성과에 따라 인상된 임금을 받을 수 있다.

8-6b 동일 임금 원칙

노동시장에서 여성 근로자가 남성들보다 적은 임금을 받는다는 것은 이러한 현상에 대처하기 위한 여러 법률 제정에도 불구하고 입증된 사실이다. **동일 임금 원칙(comparable worth)**은 동

동일 임금 원칙 (comparable worth)
동일한 수준의 교육, 훈련 및 기술이 필요한 직무에 대해 동등한 보상을 추구하는 개념

iStock.com/AleksandarDickov

등한 수준의 교육과 훈련, 기술을 필요로 하는 직무에 대해 동등한 보상을 추구하는 개념이다. 최근 수십 년 동안, 여러 국가는 모든 근로자가 동일 임금 원칙에 따라 동일한 임금을 보장받을 수 있도록 조처를 해왔지만, 이 문제는 여전히 논쟁의 여지가 있다. 비평가들은 여성 중심 직업에 대해 인위적으로 임금을 부풀리는 것이 여성들이 더 높은 임금을 받는 직업을 찾기보다는 이러한 직업을 유지하도록 장려한다고 주장한다. 임금 불평등을 해소하는 것은 복잡하다. 연구에 따르면 학력과 직업을 통제한 후에도 남성과 여성 사이에 임금 격차가 지속된다. 지속적인 임금 격차의 요인에는 여성들이 임금 인상을 요구하는 경향이 적고, 워킹맘이 장시간 또는 특정 시간에 일할 가능성이 적다는 생각이 포함될 수 있다고 한다. 일부 기업은 자체적인 임금 격차에 대한 조사 결과를 공개하는 등 사태 해결에 나섰다. 예를 들어, Salesforce는 17,000명의 직원 급여를 검토한 결과 격차가 있음을 인정하고, 격차를 해소하기 위해 300만 달러의 추가 급여를 지급하고 있다. Amazon, Apple, The Gap, GoDaddy, Google, Intel 및 SpaceX는 직원 급여 검토 결과를 공개해 급여 격차가 없음을 강조했다. 그러나 Amazon과 Salesforce의 경우 여성은 직원 중 40% 미만을 차지하고, 관리자의 비중이 각각 25%, 19%를 차지한다.

8-6c 보상의 종류

보상은 다양한 형태로 제공될 수 있다. 대부분의 보상 형태는 시간당 임금, 주급 또는 월급, 수당, 성과급, 임금 일괄 인상, 이익 분배의 범주로 구분된다.

시간당 임금(hourly wage) 근무 시간당 지급되는 특정 금액

시간당 임금 시간당 임금(hourly wage)은 일한 근무 시간당 지급되는 특정 금액이다. 임금을 받는 사람들은 일주일에 첫 40시간 동안 일한 시간당 임금을 받는다. 40시간을 초과할 경우 시간 외 근무로, 시간당 임금의 1.5배를 지급 받는다. 소매업과 패스트푸드 체인점, 생산직, 일반 사무직에서 보통 시간당 임금을 지급 받는다.

급여(salary) 실제 근무 시간과 관계없이 정해진 기간 동안 직원의 근로에 대해 지불한 특정 금액

주급 또는 월급 급여(salary)는 실제 일한 근무 시간과 관계없이 정해진 일정 기간 일한 직원의 업무에 대해 지급되는 특정 금액이다. 급여를 받는 직원들은 초과 근무수당을 받지 않지만 주 40시간 미만으로 일할 경우 급여가 줄지 않는다. 대부분의 전문직과 관리직은 급여를 받는다.

수당(commission) 판매 수익의 비율에 따라 지급 받는 것

수당 수당(commission)은 판매 수익의 일정한 비율로 지급 받는다. 영업사원과 영업관리자는 영업 수당만으로 급여를 받거나 영업 수당과 급여의 조합을 통해 지급되기도 한다.

성과급(incentive payment) 임금, 급여 또는 수당 외에 지급되는 것

성과급 성과급(incentive payment)은 시간당 임금, 급여 또는 수당에 추가된다. 성과급은 뛰

어난 업무성과에 대한 실질적인 추가 보상이다. 전체 또는 특정 직원에게만 지급될 수 있다. 일부 기업은 매년 모든 직원에게 성과급을 지급하기도 한다. 성과급의 지급 규모는 회사의 수익에 따라 다르며, 때로는 특정 직원의 근속 근무 연수에 따라 달라진다. 기업은 때때로 특정한 판매나 생산 목표를 초과하는 직원들에게 성과급을 제공하는데, 이를 *이득 배분(gain sharing)*이라고 한다. 예를 들어, Whole Foods는 상당한 성과 향상을 달성한 직원 팀에게 성과급을 지급함으로써 이득 배분을 한다. 우수 근로자에 대해서는 성과급을 통해 개별적으로 포상하는 기업도 있다. 이러한 성과급 지급 방식은 경영진이 인건비를 통제하는 동시에 직원들이 더 효율적으로 일할 수 있도록 장려한다.

임금 일괄 인상 전통적인 보상 시스템에서는 연간 급여 인상은 급여 지급 기간 내의 급여에 균등하게 분배된다. 하지만 일부 기업들은 임금 일괄 인상을 제공한다. 이를 통해 **임금 일괄 인상(lump-sum salary increase)**을 제공하는 기업들은 직원에게 전체 급여 인상분을 한 번에 일시불로 지급 받을 수 있는 선택권을 준다. 그 후 직원은 남은 기간 정규 급여를 받는다. 일반적으로 임금 일괄 인상은 직원이 1년 동안 회사를 그만두면 상환해야 하는 무이자 대출로 취급된다.

임금 일괄 인상(lump-sum salary increase) 일괄적으로 전체 급여 인상

이익 분배 **이익 분배(profit-sharing)**란 기업 이익의 일정 비율을 직원들에게 분배하는 것이다. 이는 회사의 재무적 성공에 대한 지분을 부여해 직원들이 효과적으로 일할 수 있도록 동기를 부여하자는 취지다. 예를 들어, Hormel Foods는 1938년 이후 매년, 겨울 휴가 시즌이 시작될 때 배당금 형태로 직원들에게 이익을 분배해왔다. 수익률이 높을수록 직원들의 배당금도 많아진다.

이익 분배(profit-sharing) 직원들에게 기업 이익의 일정 비율을 분배해 주는 것

8-6d 직원 복리후생

직원 복리후생(employee benefit)은 정기적인 보상 외에 추가로 직원에게 간접적으로 지급하는 보상이다. 직원 복리후생은 주로 사업주가 일부 또는 전액을 부담하는 서비스(건강보험, 생명보험 등)와 사업주가 상환해 주는 직원의 개인 비용(대학 등록금 등)으로 구성된다. 현재 이러한 복리후생비의 평균 비용은 직원 총 보상의 30% 정도이다. 따라서 급여 35,000달러를 받는 사람은 15,000달러(5만 달러의 30%)의 복리후생을 고려하면 실제로 총 5만 달러를 받는 것이다.

직원 복리후생(employee benefit) 정기적인 보상 외에 직원에게 간접적으로 제공되는 보상

복리후생 유형 복리후생은 다양한 형태로 제공된다. 근무하지 않은 시간에 대한 급여는 휴가, 휴일 및 병가 등의 결근을 포함한다. 보험 패키지에는 직원과 그 가족에게 보장되는 건강보험, 생명보험, 안과, 치과 보험이 포함될 수 있다. 보험 패키지 비용 전액을 지급하는 기업도 있고, 직원과 분담하는 기업도 있다. 연금 및 퇴직 프로그램의 비용도 회사가 전적으로 부담하거나 직원

garagestock/Shutterstock.com

당신에게 중요한 복리후생은 무엇인가? 기업이 제공하는 복리후생은 매우 다양하다. 대기업은 대부분 중소기업보다 더 많은 복리후생을 제공한다. 그러나 중소기업에서는 직원이 더 다양한 업무를 경험할 수 있고 더 빨리 승진할 수 있다.

과 분담할 수 있다. 일부 복리후생은 법률상 의무가 요구된다. 예를 들어, 사업주는 업무상 발생하는 상해에 대해 의료비를 지급하고, 업무상 재해로 인해 장애가 발생한 직원에게 소득을 제공하는 산재 보상 보험을 유지해야 한다. 고용주는 또한 실업 보험료를 지급하고 각 직원은 고용보험에 가입시켜야 한다.

고용주가 제공할 수 있는 다른 복리후생으로는 학자금 지원 제도, 신용조합 가입, 자녀의 보육 지원 서비스, 회사 구내식당, 체력 단련실, 광범위한 주식 매입 선택권 등을 직원에게 제공하기도 한다. 현역으로 소집된 미군 예비역에게 특별 혜택을 주는 기업도 있다. 점점 더 많은 기업이 최고의 직원들을 유치하고 유지하기 위해 더 다양한 혜택을 제공하고 있다. 첨단 산업에서는 많은 기업이 무상 급식, 육아 휴직 연장(Netflix 최대 1년), 가족 장례 특별 휴가 연장, 유급 휴일 연장, 여행 수당 지급, 출산 지원금, 학자금 대출 채무 상환 등 극단적인 특전을 채택하고 있을 정도로 인재들의 유치와 유지 경쟁이 치열하다.

선택적 복리후생 제도 (flexible benefit plan) 직원은 미리 정해진 금액의 복리후생 금액을 받고, 자신의 필요에 가장 적합한 방식으로 다양한 범주의 복리후생에 해당 금액을 할당하는 제도

선택적 복리후생 제도 선택적 복리후생 제도(flexible benefit plan)를 통해 직원은 미리 정해진 금액의 복리후생 금액을 받고, 자신의 필요에 가장 적합한 방식으로 다양한 범주의 복리후생에 해당 금액을 할당할 수 있다. 일부 선택적 복리후생 계획은 의료보험, 치과 보험, 생명보험, 직원과 부양가족에 대한 사망 사고 및 상해 보장, 장기적 장해 보장, 휴가 제도, 퇴직연금, 부양가

윤리 및 사회적 책임

왜 직원들에게 자원봉사를 시키는가?

기업이 직원에게 자원봉사를 하도록 비용을 지불하는 이유는 무엇인가? 이러한 종류의 복리후생은 지역 사회에서든 수천 마일 떨어진 곳에서든 직원들이 좋은 일을 지원하도록 장려한다. 또한, 직원들이 자신의 수입을 희생하거나 업무의 약속을 바꾸지 않고도 직원의 기술을 강화하고 전문적 이익과 개인적 이익 사이에 건전한 균형을 유지하도록 돕는다. 마지막으로 자원봉사를 위해 직원에게 유급 휴가를 제공하는 것은 기업의 명성을 높인다. 직원들은 이러한 회사에서 일하는 것을 자랑스러워하고, 고용주를 헌신적이라고 느끼고, 채용 시 좋은 후보자들이 서둘러 지원하게 된다.

San Francisco에 본사를 둔 소프트웨어 거대 기업인 Salesforce.com은 각 직원에게 매년 7일간의 유급 자원봉사를 제공한다. 매년 가장 많은 자원봉사를 하는 100명의 직원은 그들이 선택한 자선단체에 $10,000을 기부한다. 또한 Salesforce.com은 직원을 자원봉사자로 팀을 구성하고 회사 지원금을 신청하여 사회적 책임 활동에 자금을 지원한다.

Chicago의 컨설팅 회사인 West Monroe Partners는 직원들이 몇 주 또는 몇 달 동안 자원봉사를 할 수 있는 유급 휴가를 제공하는 펠로우십(fellowship) 프로그램을 만들었다. 한 직원은 유급 휴가를 니카라과의 깨끗한 물 프로젝트를 수행하는 데 사용했다. 또 다른 직원은 퇴역군인 병원이 향후 시설 업그레이드를 기획하는 것을 돕기 위해 이 시간을 활용했다. West Monroe Partners는 직원들의 지식과 리더십 능력을 향상시키기 위해 자원봉사를 지원한다. 펠로우십 프로그램 책임자는 "이 프로그램은 직원들이 세상에 나가 선한 일을 하면서 자신의 재능을 키우는 리더로 만들고 있다."라고 말한다.

Sources: Based on information in Karis Hustad, "Why This Consulting Firm Lets Employees Take Paid Months Off to Volunteer," Chicago Inno, January 13, 2017, http://chicagoinno.streetwise.co/2017/01/24/job-perks-west-monroe-partners-pays-employees-to-volunteer (accessed February 22, 2017); Ed Frauenheim and Sarah Lewis-Kulin, "Giving Workers Paid Time Off to Volunteer Will Help Your Company Succeed," Fortune, April 26, 2016, http://fortune.com/2016/04/26/giving-workers-paid-time-off-to-volunteer-will-help-your-company-succeed (accessed February 22, 2017); Sarah K. White, "10 Companies with Employee Benefits You Won't Believe," CIO, Dec 6, 2016, http://www.cio.com/article/3147455/hiring/10-companies-with-employee-benefits-you-wont-believe.html (accessed February 22, 2017).

족 지원 등 광범위한 복리후생 선택권을 제공한다. 다른 기업들은 주로 건강보험 및 생명보험과 퇴직 연금 등에 제한된 선택권만을 제공한다.

선택적 복리후생 제도를 운용하는 데는 큰 비용이 들지만, Phillips Corporation과 Coca-Cola를 포함한 많은 기업은 여러 가지 이유로 이 제도를 시행하고 있다. 직원들의 요구 사항은 매우 다양하기 때문에, 선택적 복리후생 제도는 기업이 직원들 개개인의 요구를 보다 구체적으로 충족시키는 복리후생 패키지를 제공하는 데 도움이 된다. 선택적 복리후생 제도는 각 직원의 복리후생비를 충당하기 위해 특정 금액을 할당하기 때문에 장기적으로 기업이 비용을 절감하는 데 도움을 줄 수 있다. 또한, 다양한 선택권을 제공하는 선택적 복리후생 제도를 제공하는 기업은 직원 친화적인 것으로 인식될 수 있다. 결국, 그들은 자격을 갖춘 유능한 인재를 고용하고 유지하기에 더 유리한 위치에 있게 된다.

8-7 교육훈련 및 개발

 # 학습목표 직원 교육훈련과 개발의 목적과 기법을 이해한다.

최근 교육훈련 잡지의 '명예의 전당' 목록에 오른 것으로 증명되었듯이, 교육훈련과 개발은 Verizon에서 매우 중요하다. Verizon은 12년 연속 교육훈련의 '톱 125' 리스트를 만들며 효과와 효율성, 직원들이 기록한 교육 시간, 설문 조사 결과 등을 통해 두각을 나타내고 있다. 직원들은 모바일 및 온라인 학습을 포함한 다양한 기술을 사용하여 연간 약 800만의 교육 시간을 기록한다. Verizon은 직원들에게 11,000개 이상의 강좌를 제공하여 그들이 전문적으로 계속 발전할 수 있도록 보장한다. 많은 수의 최고경영자들은 교육훈련과 개발에 재정과 인적 자원을 투자하는 것은 충분히 가치 있는 일이라고 믿는다. 기업의 모든 수준의 직원들은 제품, 특정 컴퓨터 프로그램 및 프로토콜, 고객 요구, 회사 정책 및 행동 강령, 적용 가능한 규정, 경쟁사 제품 등에 대한 교육 및 개발이 필요하다.

직원 교육훈련(employee training) 운영과 기술직 직원들에게 현재의 직무를 보다 효과적이고 효율적으로 수행하는 방법을 가르치는 과정

관리자 개발(management development) 직원들이 기업의 관리자와 다른 전문직으로 승진할 경우에 그 직위에 부여된 책임을 떠맡을 수 있도록 준비시키는 과정

교육훈련과 개발은 둘 다 직원들의 기량과 능력을 향상하기 위한 것이지만, 보통은 직원 교육훈련이나 관리자 개발로 차별화된다. **직원 교육훈련(employee training)**은 운영과 기술직 직원들에게 현재의 직무를 보다 효과적이고 효율적으로 수행하는 방법을 가르치는 과정이다. **관리자 개발(management development)**은 직원들이 기업의 관리자와 다른 전문직으로 승진할 경우에 그 직위에 부여된 책임을 떠맡을 수 있도록 준비시키는 과정이다. 따라서 교육훈련과 개발은 배우는 사람이 누구인지와 교육의 목적에 따라 다르다. 그러나 개인과 기업의 동반 성장을 위해서는 둘 다 필수적이다. 일반적으로 경쟁력을 유지하기를 원하는 기업들은 직원 교육과 개발에 엄청난 투자와 노력을 한다. 실제로, 미국에서 교육훈련은 약 706억 달러의 사업비를 차지한다. 효과적인 교육훈련 프로그램을 개발하는 것은 필요를 분석하고, 최선의 교육훈련 방법을 결정하고, 교육훈련의 효과성을 측정하기 위한 평가 시스템을 개발하는 것을 포함한다. 일부 기업은 직원들이 필요한 특정 기술을 습득하고 유지하는 데 도움을 주기 위해 자신의 분야를 대상으로 한 자격증을 획득할 것을 요구한다. 직원 교육 방법에는 인터넷 기반 교육 등 여러 가지가 있다. 인터넷 교육은 중요한 비용, 교육훈련을 위한 이동 및 시간 절감으로 이어질 수 있기 때문에 인기가 높아지고 있다.

8-7a 교육훈련 필요성 분석

교육훈련 프로그램의 개발에 앞서, 관리자는 먼저 이 교육훈련이 실제로 필요한 것인지를 결정해야 한다. 그러고 나서 정말 필요한 교육이 있다면 어떤 유형의 교육훈련이 필요한지를 알아야

한다. 필요한 교육훈련은 상당히 다를 수 있다. 예를 들어, 어떤 직원들은 기술 능력을 향상해야 하지만, 다른 직원들은 조직 절차에 대한 교육이 필요하다. 교육훈련은 또한 비즈니스 윤리, 제품 정보 또는 고객 서비스에 초점을 맞출 수 있다. 교육훈련은 큰 비용이 필요하므로 요구되는 교육훈련을 정확하게 파악하는 것이 중요하다. 고용주들은 때때로 직원들이 교육훈련을 필요로 하는 것보다 더 많은 동기부여가 필요하다는 것을 발견할 수 있다.

8-7b 교육훈련 및 개발 방법

직원 교육훈련과 관리자 개발을 위해 다양한 방법을 사용할 수 있다. 이러한 방법의 대부분은 교육훈련과 관리자 개발에 모두 적용할 수 있다.

- ✔ *실무 교육.* 교육생은 숙련된 직원의 관리 감독하에 직접 작업을 수행함으로써 배운다.
- ✔ *시뮬레이션.* 일상적인 업무 압박에서 벗어나 학습이 이루어질 수 있도록 별도의 장소에서 작업 상황이 모의로 연출된다.
- ✔ *강의실 수업과 강의.* 강사들은 다양한 기법을 통해 개념과 실제 적용 사례 등을 제시한다.
- ✔ *회의 및 세미나.* 전문가와 교육생이 한자리에 모여 여러 문제에 대해 논의하고 아이디어를 교환한다.
- ✔ *역할 연기.* 참가자는 기업 내 다른 직원들의 역할을 더 잘 이해하기 위해 그들의 역할을 수행해본다(주로 관리자 개발 도구로 활용).
- ✔ *이러닝.* 참가자들은 강의 동영상이나 노하우 안내를 보고, 작업 상황을 시뮬레이션하는 '게임'을 하며 훈련한다. 또는 온라인 퀴즈를 통해 어떤 주제에 대한 그들의 숙련도를 입증할 수 있다.

8-7c 교육훈련 및 개발 평가

교육훈련 및 개발 자체도 비용이 많이 들고, 직원들이 교육받는 동안 생산성을 최대한으로 발휘하지 못하기 때문에 교육훈련 및 개발은 비용이 많이 든다. 교육훈련 및 개발이 비용 대비 효과적인지를 확인하기 위해, 담당 관리자들은 회사의 노력을 주기적으로 평가해야 한다. 벤치마크를 설정하고 프로그램 효과를 측정하기 위해 관리자는 교육훈련이 시작되기 전에 측정 가능한 목표를 개발해야 한다. 예를 들어, 측정 가능한 목표는 교육받은 후 신입사원이 지정된 형식을 사용

goodluz/Shutterstock.com

어떤 직무 교육훈련 방법을 경험했으며, 얼마나 효과적이었나? 기업은 다양한 방법과 장소를 사용하여 직원을 교육 훈련한다. 사업유형에 따라 교육에 몇 시간 또는 1년 이상의 시간이 소요될 수 있다.

하여 보고서를 작성할 수 있고 해당 분야와 관련된 20개의 중요한 용어를 정확하게 식별하는 것이다. 교육훈련 평가 결과는 교육생과 고위 경영진을 포함한 프로그램에 관련된 모든 사람에게 알려야 한다. 교육훈련생들의 경우, 평가 결과가 동기부여와 학습 능력을 향상할 수 있다. 고위 경영진의 경우, 평가 결과가 교육훈련 프로그램 자체에 대한 의사결정의 기초가 될 수 있다.

8-8 인사평가

 # 학습목표 **인사평가 기법과 인사평가 피드백을 이해한다.**

인사평가(performance appraisal) 관리자가 공정한 인사 결정을 할 수 있도록 직원의 현재 및 잠재적 업무 수행상 업적 수준을 평가하는 것

인사평가(performance appraisal)는 관리자가 공정한 인사 결정을 할 수 있도록 직원의 현재 및 잠재적 업무 수행상 업적 수준을 평가하는 것이다. 이 과정은 크게 세 가지 주요 목표를 가지고 있다. 첫째, 관리자는 인사평가를 사용하여 직원에게 그들이 직무를 얼마나 잘 수행하고 있는지 앞으로 개선할 방법을 알릴 수 있다. 둘째, 인사평가는 급여 인상과 승진 같은 보상을 부여하기 위한 효과적인 근거를 제공한다. 셋째, 인사평가는 기업의 직원 선발, 교육훈련 및 개발 활동을 모니터링하는 데 도움이 된다. 만약 많은 직원이 지속해서 기대 이하의 성과를 나타내면, 기업은 직원 선발 과정을 조정하거나 교육훈련 및 개발 활동을 강화할 필요가 있을 것이다. 대부분의 인사평가 과정에는 기록된 문서가 포함된다. 한 예가 그림 8.3에 나타나 있다.

8-8a 일반적인 인사평가 기법

직원 성과를 평가하는 방법은 객관적일 수도 또한 주관적일 수 있다.

객관적 방법 객관적 평가 방법은 성과를 평가하기 위한 기준으로 측정 가능한 수치를 사용한다. 생산량의 개수, 매출액, 불량 제품 수, 처리된 보험금 청구 건수 등은 모두 객관적이고 측정 가능한 지표다. 주당 평균 26건의 보험금 청구를 처리하는 직원은 주당 평균 19건의 보험금 청구를 처리하는 직원보다 더 높은 평가를 받는다. 이러한 객관적인 측정은 작업 환경에 따라 약간의 조정이 필요할 수 있다. 첫 번째 보험 청구 담당 직원은 New York에서 일하고, 두 번째는 아이오와주의 교외 지역에서 일한다고 가정해 보자. 두 직원 모두 주택 소유자의 보험 청구를 처리하고 있기 때문에 각각의 고객을 방문해야 한다. 그들의 주당 평균 업무 처리량의 차이는 전적으로 아이오와주 고객을 방문하기 위해 이동해야 하는 먼 거리 때문일 것이다. 이 경우, 두 직원은 동등하게 유능하고 동기부여가 될 수 있다. 따라서 관리자는 순전히 통계적 측정으로 숨겨질 수 있는 상황을 고려해야 한다.

그림 8.3 인사평가

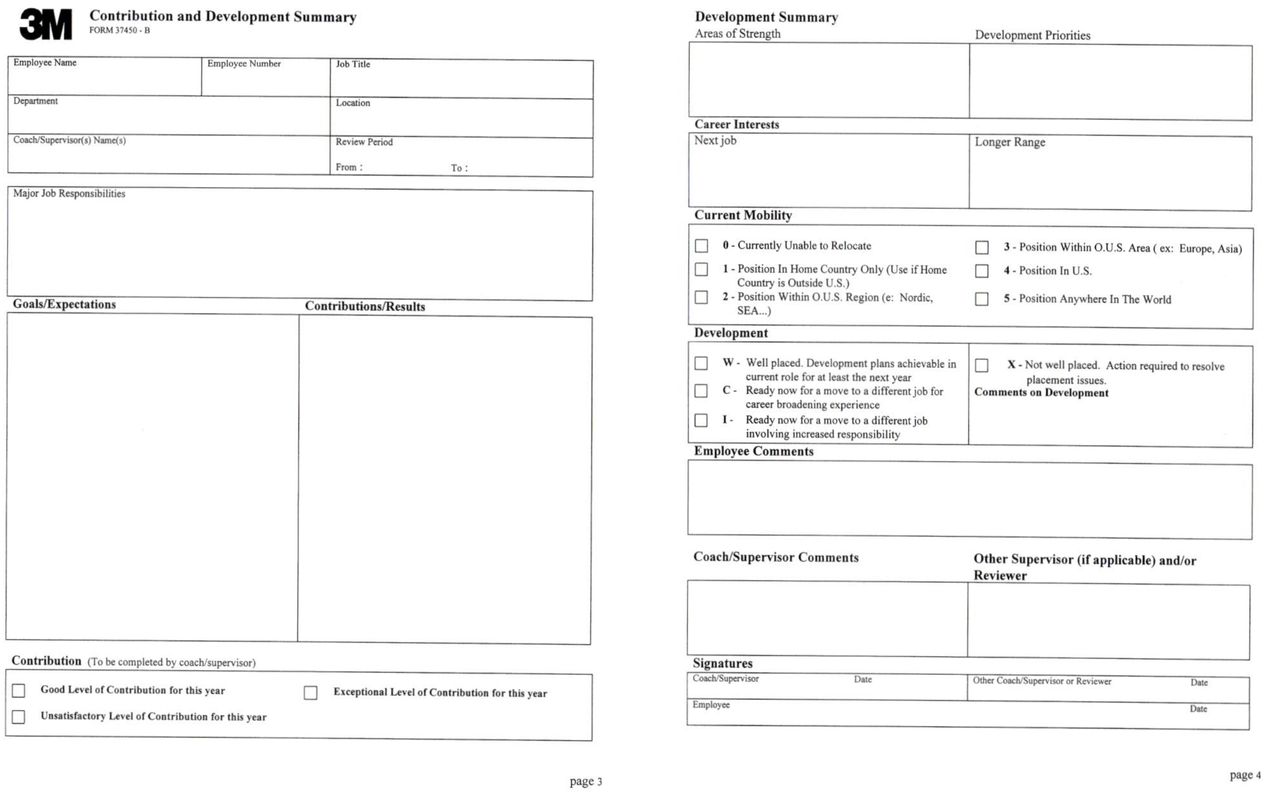
3M **Contribution and Development Summary**
FORM 37450 - B

Employee Name	Employee Number	Job Title
Department		Location
Coach/Supervisor(s) Name(s)		Review Period From : To :

Major Job Responsibilities

Goals/Expectations	**Contributions/Results**

Contribution (To be completed by coach/supervisor)

☐ Good Level of Contribution for this year
☐ Unsatisfactory Level of Contribution for this year
☐ Exceptional Level of Contribution for this year

page 3

Development Summary

Areas of Strength	Development Priorities

Career Interests

Next job	Longer Range

Current Mobility

☐ **0** - Currently Unable to Relocate
☐ **1** - Position In Home Country Only (Use if Home Country is Outside U.S.)
☐ **2** - Position Within O.U.S. Region (e: Nordic, SEA...)
☐ **3** - Position Within O.U.S. Area (ex: Europe, Asia)
☐ **4** - Position In U.S.
☐ **5** - Position Anywhere In The World

Development

☐ **W** - Well placed. Development plans achievable in current role for at least the next year
☐ **C** - Ready now for a move to a different job for career broadening experience
☐ **I** - Ready now for a move to a different job involving increased responsibility
☐ **X** - Not well placed. Action required to resolve placement issues.

Comments on Development

Employee Comments

Coach/Supervisor Comments	**Other Supervisor (if applicable) and/or Reviewer**

Signatures

Coach/Supervisor Date	Other Coach/Supervisor or Reviewer Date
Employee	Date

page 4

주관적 방법 주관적 평가 방법은 객관적 방법보다 훨씬 더 자주 사용된다. 이 방법은 담당 관리자가 직원의 업적 성과 수준을 판단하거나 평가할 것을 요구한다. 이러한 방법은 순위 척도나 평정 척도를 기반으로 직원을 평가한다. *순위 척도(ranking scale)*를 사용할 때, 관리자는 부하 직원의 순위를 최고 순위부터 최하 순위까지 지정한다. 이 접근 방식은 객관적인 기준이 없어서 많은 문제점을 갖는다. *평정 척도(rating scale)*는 가장 널리 사용되는 주관적 평가 방법이다. 평정 척도는 여러 문장으로 구성되며, 각 직원이 해당 문장의 항목에 부합되는 정도에 따라 평가된다. 예를 들어, "이 직원은 항상 업무수행 능력이 뛰어나다"라는 문구가 있을 수 있다. 직속 상사는 직원들에게 '매우 동의한다(5점)'에서 '매우 동의하지 않는다(1점)'까지 해당하는 점수를 부여한다. 직원의 전체 평가를 진행하기 위해 모든 항목에 대한 평가 점수를 합산하여 최종적인 평가를 한다.

인사평가의 오류 방지 관리자들은 직원들을 평가할 때 오류를 범하지 않기 위해 신중해야 한다. 평가 방식의 한 부분을 과도하게 사용하게 될 경우, 어떤 것을 지나치게 강조하거나 어떤 것들은 그냥 지나치게 되는 문제를 초래할 위험이 있다. 관리자는 부하 직원의 특정 활동에 대한 부실한 업무수행이 다른 활동의 판단에 영향을 미칠 수 있기 때문에 항상 경계해야 한다. 마찬가지로 가장 최근의 성과에 너무 큰 비중을 두는 것은 직원들의 인사평가가 왜곡될 수 있다. 예를 들어, 지난 한 해 동안 인사평가를 받고 있다면 관리자는 지난달의 부진했던 업무성과가 그 해의 11개월 동안 업무수행 업적을 무색하게 해서는 안 된다. 마지막으로, 관리자는 인종, 나이, 성별, 종교, 출신 국가 또는 성적 취향에 근거한 차별을 하지 말아야 한다.

8-8b 인사평가 피드백

어떤 인사평가 방법을 사용하든 관리자는 인사평가 완료 후 즉시 해당 직원과 인사평가 결과에 대해 논의해야 한다. 관리자는 현재 보상의 기준을 설명하고, 직원들이 인사평가 결과 개선을 위해 할 수 있는 일을 알려야 한다. 이러한 논의에서 직원에게 제공되는 정보를 *인사평가 피드백(performance feedback)*이라고 하며, 그 과정을 *인사평가 피드백 면담(performance feedback interview)*이라고 한다.

인사평가 피드백 면담 방법으로는 말하고 설득하는 방법, 말하고 듣는 방법, 문제 해결 제시 방법 등 세 가지가 있다. 말하고 *설득하는(tell-and-sell)* 피드백 면담에서 감독자가 직원의 성과가 얼마나 좋았는지 또는 나빴는지를 직원에게 알려주고, 직원이 그 인사평가를 받아들이도록 설득하는 시도를 한다. 말하고 설득하는 피드백 면담은 부하 직원의 거부감, 원망, 좌절감으로 이어질 수 있다. 해당 직원은 면담 결과를 받아들이지 않을 수 있으며, 정해진 목표를 달성하기 위해 최선을 다하지 않을 수 있다.

말하고 듣는(tell-and-listen) 피드백 면담은 감독자가 인사평가 결과 중 옳고 그른 일을 한 것을 직원에게 알려준 다음, 직원에게 응답할 기회를 준다. 부하 직원에게 단순히 감독자의 진술에 반응할 기회를 주거나 감독관의 인사평가에 대한 전체적인 자기 평가를 말할 기회를 제공할 수도 있다.

문제 해결(problem-solving) 피드백 면담에서는 직원들은 자신의 업무성과를 스스로 평가하고 앞으로의 업무성과에 대한 목표를 스스로 설정한다. 여기서 감독관은 평가자라기보다는 같은 직장 동료로서

인사평가에 대한 피드백은 직원이 기업 내에서 발전할 수 있도록 돕는다. 기업은 보통 연간 기준으로 직원들을 평가하지만, 때로는 분기별, 신규 채용의 경우에는 심지어 월별로 평가하기도 한다. 동료, 부하 직원, 상사의 피드백을 종합한 인사평가에 대한 피드백은 직원 자신의 강점과 약점을 현실감 있게 파악할 수 있도록 돕는다.

개선 목표에 대해 편안한 태도로 상호 합의하면서 비판적이지 않은 방식으로 의견과 조언을 제공한다. 문제 해결 피드백 면담은 설정된 목표에 대한 직원들의 몰입을 끌어낼 가능성이 가장 높다.

말하고 설득하는 피드백 면담과 관련된 문제를 방지하기 위해, 감독자들은 종종 혼합된 접근법을 사용한다. 혼합 면담은 경영진의 의사결정을 전달하기 위해 말하고 설득하는 피드백 면담 방식과 직원 개발 문제와 향후 업무성과 목표를 논의하기 위한 문제 해결 면담 방식을 혼합하여 사용한다.

대중화된 또 다른 인사평가 피드백 접근법은 *360도 평가(360-degree evaluation)*이다. 360도 인사평가는 동료, 부하 직원, 상사로부터 직원에 대한 익명의 평가 보고를 수집하여 이를 해당 직원에 대한 피드백 보고서로 작성한다. 특히 직원 개발 노력에 상당한 자원을 투자하는 기업은 360도 평가를 활용할 가능성이 높다. 직원은 상사와 일대일 면담을 하지 않고 먼저 피드백 보고서를 받아서는 안 된다. 회사에 360도 시스템을 도입하는 가장 효과적인 방법은 고위 경영진들이 먼저 이 360도 평가법을 채택하고, 긍정적인 성과와 행동 결과를 얻기 위해 피드백을 사용하는 방법에 대해 관리자를 지도해야 한다.

많은 관리자는 부정적인 인사평가 결과를 논의하기 어려워해서 인사평가 결과의 피드백을 무시하기도 한다. 그러나 직원들이 어떻게 개선할 수 있는지 알려주는 것은 매우 중요하다. 고용주들은 부정적인 평가를 전달할 때 직원들의 장점을 강조해야 한다. 피드백이 없다면, 직원은 자신의 약점을 인식하지 못하고 해결되지 않을 수 있다. 재치 있고 정직한 커뮤니케이션을 통해서만 인사평가 결과를 충분히 활용할 수 있다.

요약

1. 인적자원관리의 주요 구성요소를 이해한다.

인적자원관리(HRM)는 기업의 인적자원을 확보하고 유지하며 개발하는 일련의 활동들이다. 일반적으로 HRM에 대한 책임은 HRM 담당자와 라인 관리자들의 공동 책임이다. HRM 활동에는 인적자원 계획, 직무 분석, 모집, 선발, 오리엔테이션, 보상, 복리후생, 교육훈련 및 개발, 인사평가 등이 포함된다.

2. 인적자원 계획의 절차를 이해한다.

인적자원 계획은 미래에 기업이 필요로 할 인적자원을 예측하고 인력 수요와 인력 공급을 일치시키려는 조치를 계획하는 것으로 구성된다. 일시 해고, 자연 감원, 조기 퇴직, (마지막 수단으로) 정리해고 등이 필요할 때 인력을 줄이는 방법이다. 인력 공급은 채용을 통해 증가한다.

3. 문화적 다양성을 살펴보고, 이와 관련된 도전 과제와 기회를 이해한다.

문화적 다양성은 인종, 민족, 성별에 따른 직원들 간의 차이를 말한다. 미국 내 여성, 소수민족, 이민자 수가 증가하면서 경영진은 도전과 기회를 직면하게 된다. 일부 기업은 문화적 다양성을 최대한 활용하기 위해 다양성 관련 교육 프로그램을 시행하고 있다.

4. 직무 분석의 목적과 용도를 이해한다.

직무 분석은 기업 내 각 직위에 대한 직무기술서와 직무명세서를 제공한다. 직무기술서는 특정 업무를 수행하는 데 필요한 구성요소들의 목록이다. 직무명세서는 특정 직무를 수행하는 데 필요한 자격 조건들의 목록이다. 직무 분석은 업무평가와 직원 보상 수준 결정에 사용되고, 신규 채용 및 선발의 기초 자료가 된다.

5. 직원 모집과 선발 및 오리엔테이션 과정을 이해한다.

모집은 자격을 갖춘 구직자를 유치하는 과정이다. 공개 후보자는 기업 내외에서 모집할 수 있다. 선발 과정에서는 입사지원서, 이력서, 시험, 면접, 참조인, 평가 센터, 심지어 온라인 소셜 네트워크 사이트에서도 지원자들에 대한 정보를 얻는다. 이러한 정보는 해당 직무에 가장 적합한 지원자를 선정하는 데 사용된다. 신규 고용된 직원들은 오리엔테이션 프로그램을 통해 회사와 그 직무의 세부 사항에 대해 배우게 된다.

6. 직원 보상과 복리후생의 주요 요소를 이해한다.

직원 보상은 근로자가 노동에 대한 대가로 받는 것이다. 직원의 급여 지급 체계를 개발할 때 경영진은 기업의 일반 임금 수준(다른 기업들과 비교하여)과 기업 내부의 임금 구조, 개별 임금 등을 결정해야 한다. 임금 조사와 직무 분석은 이러한 의사결정에 매우 유용하다. 직원은 시간당 임금, 급여 또는 수당을 받을 수 있다. 또한, 상여금, 임금 일괄 인상, 이익 분배를 받을 수 있다. 직원들에게 제공하는 비금전적 보상인 복리후생은 총 보상의 30% 정도이다.

7. 직원 교육훈련과 개발의 목적과 기법을 이해한다.

직원 교육훈련 및 관리자 개발 프로그램은 직원들이 기업에 기여할 수 있는 능력을 향상시킨다. 교육훈련 프로그램을 개발할 때는 기업의 교육훈련 요구를 분석한 후 교육훈련 방법을 선택해야 한다. 교육훈련은 비용이 많이 들기 때문에 기업은 주기적으로 교육훈련 프로그램의 효과를 평가해야 한다.

8. 인사평가 기법과 인사평가 피드백을 이해한다.

인사평가 또는 업무평가는 직원들에게 인사평가 피드백을 제공하고, 직원 보상을 분배하는 기반이 되며, 채용 및 교육훈련 활동을 검토하는 데 사용된다. 객관적 방법과 주관적 방법이 모두 사용된다. 인사평가 결과는 세 가지 인사평가 피드백 방식 즉, 말하고 설득하기, 말하고 듣기, 문제 해결 방식 제시를 통해 직원들에게 전달된다.

주요 용어

당신은 이제 다음 용어들에 대한 정의와 적합한 예를 제시할 수 있어야 한다.

- 인적자원관리(HRM)
- 인적자원 계획
- 대체도
- 기능 목록
- 문화적 다양성
- 직무 분석
- 직무기술서
- 직무명세서
- 모집
- 외부 모집
- 내부 모집
- 선발
- 오리엔테이션
- 보상
- 보상 시스템
- 임금 조사
- 직무 평가
- 동일 임금 원칙
- 시간당 임금
- 급여
- 수당
- 성과급
- 임금 일괄 인상
- 이익 분배
- 직원 복리후생
- 선택적 복리후생 제도
- 직원 교육훈련
- 관리자 개발
- 인사평가

토론 문제

❶ 일반적으로 HRM에 대한 책임이 라인 관리자와 HRM 담당자 간에 구분되는 기준이 무엇인가?

❷ 인적자원의 수요 예측은 기업의 경영기획과 어떤 관련이 있는가?

❸ 인적자원 관리자들은 기업의 인력 공급과 인력 수요를 어떻게 일치시키는가?

❹ 문화적 다양성을 지닌 인력과 관련된 주요 도전과 기회는 무엇인가?

❺ 외부 채용의 장단점은? 내부 채용의 장단점은?

❻ 직무 평가 과정에서 직무 분석은 어떻게 활용되고 있는가?

❼ 방금 Ford 영업 전시장과 수리점을 새로 열었다고 가정하자. 당신의 직원 중 누가 시간당 임금을 받고, 어떤 직원이 급여를 받고, 어떤 직원이 수당을 받는가?

❽ 인사평가 후 피드백을 제공하는 것이 왜 중요한가?

❾ 관리자가 미래의 인적 수요에 대해 얼마나 정확하게 계획을 세울 수 있는가?

❿ 직원 복리후생이 정말 필요한가? 왜?

⓫ 관리자로서 6년 경력의 운영 직원이 진행 중인 교육훈련을 거부하고 인사평가 피드백을 무시한다면 어떤 조처를 할 것인가?

MOTIVATING AND SATISFYING EMPLOYEES AND TEAMS

Robert Kneschke/Shutterstock.com

CHAPTER 9.

직원과 팀의 동기부여와 만족

학습 목표

본 장을 마치면, 당신은 아래 내용을 이해할 수 있다.

1. 동기부여가 무엇인지 이해한다.
2. 동기부여에 관한 주요 역사적 관점을 이해한다.
3. 동기부여의 세 가지 현대적 관점을 이해한다.
   : 공정성 이론, 기대 이론, 목표설정 이론
4. 직원의 동기부여를 향상하기 위한 몇 가지 기법들을 이해한다.
5. 팀의 유형 및 개발 그리고 사용법을 이해한다.

비즈니스 들여다보기

John Deere는 스테이(stay) 인터뷰와 측정지표를 이용하여 직원들의 동기부여를 확인한다.

John Deere는 트랙터, 수확기, 그리고 다른 농업 장비를 생산하는 이 분야의 선두기업으로 Fortune지의 가장 존경받는 미국 기업 목록에 항상 선정된다. 제조 품질이 뛰어난 Deere는 빠르게 변화하는 글로벌 시장에서의 경쟁력 확보를 위해서 인적자원 관리를 잘하는 기업으로 유명하다.

이 다국적 거인은 자사의 생산성과 성과를 높이기 위한 수단으로 최근 몇 년 동안 조직을 평평하게 만들기 위해 관리 계층을 상당히 줄였다. 통제 범위가 넓어짐에 따라 이 회사는 과거보다 더 많은 직원을 감독해야 하는 관리자 교육을 시행하였다. 이러한 변화와 함께, Deere의 한 고위 임원은 "직원들이 가치 있다고 느끼는" 필요한 조치들을 취하고 있다고 이야기한다. 예를 들어, 관리자는 부하 직원과 자주 앉아 업무와 작업 환경에 대한 피드백을 받는다. 이러한 "스테이(stay) 인터뷰"는 만족스러운 인적자원을 위한 경영진의 관심과 참여를 보여준다.

신속한 신제품을 출시하는 데 Deere의 팀워크는 매우 중요한 역할을 한다. 그래서 일부 팀장들은 잠재적인 문제점을 빨리 파악하기 위해 격주로 직원들을 대상으로 설문조사를 한다. 직원들은 지난 2주 동안 자신이 소속한 팀이 어떤 일을 했는지에 이야기한다. 그들은 또한 Deere 관리자들이 "지난주에 당신이 팀에 공헌하였던 가치에 대해 어떻게 생각하십니까?"라는 동기부여 측정지표에 응답한다. 그 답변에서 직원들의 긍정적인 느낌이 덜하다고 느끼는 경우, Deere 관리자는 직원들의 동기부여가 줄어들어 팀의 성과에 부정적으로 영향을 미치기 전에 무엇이 잘못되었는지 신속하게 파악하고 그 문제점을 사전에 해결한다.

알고 있는가?

John Deere는 전 세계적으로 6만 명의 직원을 고용하고 있으며 농업 장비 판매를 통해 연간 260억 달러 이상의 수익을 올리고 있다.

John Deere, 지역 푸드트럭, 혹은 비영리 단체이든 간에 관계없이, 모든 조직은 자신의 목표를 달성하는 데 필요한 원자재, 시설물, 그리고 장비 등의 물적자원보다 인적자원(직원들)이 더 많은 것을 이룰 수 있음을 알아야만 한다. 조직들은 또한 직원들에게 동기부여가 있는지 확인해야만 한다. 직원들의 높은 수준의 동기부여는 효과적인 조직 성과를 이끈다.

이 장에서는 먼저 동기부여가 무엇인지 살펴보고, 수년 동안 경영 관행에 영향을 준 동기부여에 관한 여러 연구와 견해를 제시한다. Taylor의 과학적 관리법, Mayo의 호손 연구, Maslow의 욕구단계설, Herzberg의 동기-위생 이론, McGregor의 X-Y 이론, Ouchi의 Z 이론, 그리고 강화 이론을 살펴본다. 그런 다음 현대적 관점으로 공정성 이론과 기대 이론 그리고 목표설정 이론을 살펴본다. 마지막으로, 경영자들이 직원의 동기부여와 만족을 높이기 위해 사용할 수 있는 구체적인 기법에 대해 논의한다.

9-1 동기부여란 무엇인가?

 # 학습목표 **동기부여가 무엇인지 이해한다.**

*동기(motive)*는 '사람이 행동하게 하는 무언가'이다. 성공한 운동선수들은 '높은 동기부여'를 받았다고 한다. 공부하기 싫어하는 학생들은 '동기부여가 되지 않는다.'라고 한다. 우리는 **동기부여(motivation)**를 행동에 활력을 주고, 촉진하고, 지속하게 하는 개인의 내면적 과정으로 정의한다. 그것은 한 개인이 특정한 방식으로 행동하게 하는 어떤 '힘'이다. 예를 들어, 어떤 한 직원의 직무 순환이 그 직원의 직무에 대한 열정을 높여서 더 많은 에너지를 쏟고 직무만족에 긍정적인 영향을 미칠 수도 있지만, 다른 직원들에게는 동일한 긍정적 영향을 미치지 않을 수도 있다.

동기부여(motivation)
행동에 활력을 주고, 촉진하고, 지속시키는 개별적인 내부 과정, 즉 우리가 특정한 방식으로 행동하게 하는 개인적인 '힘'

사기 혹은 의욕(morale)은 직무, 상사, 그리고 기업 자체에 대한 직원의 태도나 감정을 의미한다. 조직 목표를 효과적으로 달성하기 위해서는 사기가 충만한 직원들이 적합한 원자재나 적절한 시설, 효율적인 장비보다 더 필요하다. 높은 사기는 주로 직무에 대한 만족이나 업무수행 결과에서 비롯된다. 직원이 자신의 직업에 만족할 수 있는 것 중의 하나는 조직에서 중요한 사람으로 인정받는 것이다. 그 일의 결과로써 만족하는데 필요한 것은 재정적 안정성이다. 높은 사기는 그 일을 잘 해내고자 하는 열망뿐만 아니라 헌신과 충성으로 이어진다. 그러나 사기가 떨어지면 형편없는 일 처리와 결근 및 다른 회사들에서 더 만족스러운 일자리를 찾기 위해 퇴사하면서 높은 이직률로 이어질 수 있다. 직원들의 이직은 매우 높은 비용을 발생시킬 수 있다. 이를 최소화하기 위해 기업은 직원들의 만족도를 높일 수 있는 근무환경을 만들어가고 있다. 특정 기업에서의 만족도를 나타내는 한 가지 분명한 지표는 직원들이 그곳에서 일하는 것을 좋아하는지 여부와 다른 사람들이 그곳에서 일하고 싶어 하는지 여부다. 최근 Fortune지에서 선정한 '가장 일하기 좋은 100대 기업' 목록에서 가장 일하기 좋은 기업은 Alphabet(Google), Acuity Insurance, Boston Consulting Group, Wegmans Food Markets, Quicken Loans, Baird, Kimley-Horn, SAS Institute, Camden Property Trust, Edward Jones 등이었다. 동기부여, 사기, 직원의 욕구 충족은 서로 고도로 얽혀 있는 문제이다. 비즈니스 성공과 생산성에 대한 그들의 관계는 19세기 말부터 많은 연구의 대상이 되어 왔다. 우리는 초기 연구의 몇 가지 획기적 사건을 개략적으로 설명함으로써 동기부여에 대한 논의를 계속한다.

사기 혹은 의욕(morale)
직무와 상사 및 기업 자체에 대한 직원의 태도나 감정

9-2 동기부여에 관한 역사적 관점

 # 학습목표 동기부여에 관한 주요 역사적 관점을 이해한다.

연구자들은 종종 마음속에 상당히 낮은 목표를 가지고 연구를 시작한다. 그러나 연구주제를 어느 정도 파악한 후에 그들은 자신의 목표와 연구를 더욱 확대하려고 한다. 직원의 동기부여에 관한 연구도 이러한 과정을 거쳐 진화되어왔다.

9-2a 과학적 관리법

과학적 관리법(scientific management) 작업과 직원을 관리하기 위해 과학적 원칙을 적용한 것

19세기 말에 Frederic W. Taylor는 개별 근로자의 효율성을 개선하는 방안에 관심을 두게 되었다. 제조공장에서의 자신의 경험에서 비롯된 이러한 관심은 결국 **과학적 관리법(scientific management)**의 발전과 작업·근로자 관리에 과학적 원칙의 적용으로 이어졌다.

Taylor가 처음으로 일한 곳은 Philadelphia의 Midvale Steel Company이었는데, 그곳에서 근무하면서 그는 낭비와 비효율성에 대한 강한 혐오감을 느끼게 되었다. 그곳에서 그는 '은밀한 태업'이라고 불리는 관행을 관찰했다. 대부분 근로자는 자신의 업무를 더 빨리 처리하면 일거리가 없어져 궁극적으로 직업을 잃을 것을 우려해 일하는데 꾀를 부리거나 천천히 일했다. Taylor는 관리자들이 직원들의 생산성 수준이 얼마나 되어야 하는지 전혀 모르기 때문에 직원들이 은밀한 태업을 할 수 있다는 것을 깨달았다.

Midvale Steel Company를 그만두고, Taylor는 Bethlehem Steel에서 몇 년을 근무했다. 그곳에서 근무하는 동안 그는 동기부여 분야에 가장 중요한 공헌을 했다. 그는 각각의 업무를 여러 개의 개별 작업으로 세분화할 것을 제안했다. 그런 다음 경영진은 (1) 각 작업을 수행하는데 가장 좋은 방법과 (2) 직원이 그 작업을 제대로 수행했을 때 기대되는 생산량을 결정해야 한다. 다음으로, 경영진은 그 업무에 적합한 최고의 사람을 선발하고, 그 업무를 적절히 수행하도록 훈련을 시켜야 한다. 마지막으로, 경영진은 그 업무가 계획대로 수행되도록 직원들을 관리·감독해야 한다. Taylor는 또한 대부분 사람이 오직 돈을 벌기 위해서만 일한다고 생각했다. 따라서 그는 급여가 생산량과 직접적으로 연계되어야 한다고 판단했다. 즉 Taylor의 이론에 의하면, 생산량이 많으면 많을수록 보수를 더 많이 받아야 한다. 이것은 각 직원이 생산한 생산 단위에 비례하여 급여를 받는 **생산량에 따른 급여제도(piece-rate system)**를 탄생시켰다. Taylor의 성과급 시스템에서 각 직원은 생산해야 할 할당량을 배정받는다. 각 직원은 자신의 할당량을 초과하게 되면 생산한 모든 양에 대해 단위당 더 높은 비율로 급여를 받는다(그림 9.1 참조).

생산량에 따른 급여제도(piece-rate system) 직원이 생산하는 생산 단위에 대해 일정 금액을 지급하는 보상 시스템

Taylor의 급여제도가 Bethlehem Steel에서 실행되었을 때, 결과는 놀라웠다. 철강을 생산

그림 9.1 Taylor의 생산량에 따른 급여제도

할당량을 초과한 작업자는 자신이 생산한 모든 양에 대해 더 높은 급여로 보상을 받는다.

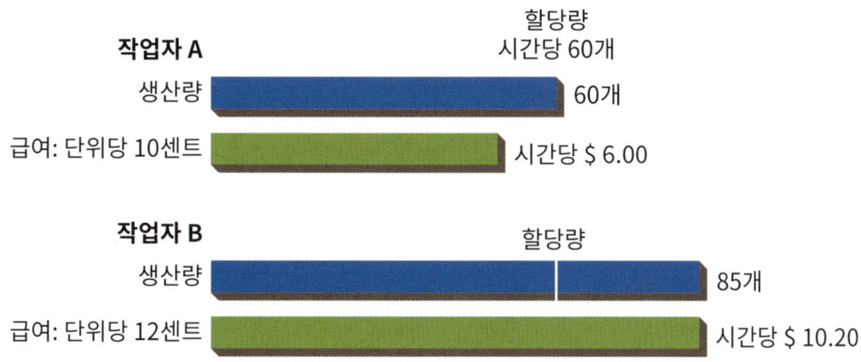

하는 직원의 평균 하루 일당은 1.15달러에서 1.88달러로 올랐다(61% 이상의 증가). 철강의 하루 평균 처리량 또한 16t에서 57t으로 증가하였다. 이 급여제도는 오늘날에도 일부 제조업체와 농장 근로자들이 수확한 농작물을 재배하는 농장에서 여전히 사용되고 있다.

Taylor의 혁명적 아이디어는 경영 관리에 지대한 영향을 미쳤다. 그러나, 그의 동기부여에 대한 견해는 곧 지나치게 단순하고 편협한 것으로 인식되었다. 대부분 사람이 자기 일에 대해 보수를 받기를 기대하는 것은 사실이지만, 사람들이 급여 이외에 다양한 이유로 일하는 것도 사실이다. 따라서 단순한 급여 인상이 사람들의 동기부여나 생산성 향상으로 이어지지 않을 수도 있다.

9-2b 호손 연구

1927년과 1932년 사이에 호주의 사회학자이자 조직 이론가인 Elton Mayo는 Chicago에 있는 Western Electric Company의 호손 공장에서 두 가지 실험을 수행했다. 현재 *호손 실험(Hawthorne Studies)*이라고 불리는 이 연구의 원래 목적은 작업 환경이 직원 생산성에 미치는 영향을 살펴보는 것이었다.

첫 번째 실험은 작업장의 조명 수준이 생산성에 미치는 영향을 실험했다. 한 그룹의 직원들에게는 조명을 다양하게 변화시켰지만, 다른 그룹의 직원들에게는 조명을 일정하게 유지하였다. 실험 결과는 놀랍

FuzzBones/Shutterstock.com

행복한가요? 100년 전만 해도 미국 대부분 기업은 직원 만족에 대해 지극히 관심이 없었다. 오늘날은 그렇지 않다. 왜 직원들의 동기부여와 만족에 대한 태도가 바뀌었다고 생각하는가?

게도, 두 그룹의 생산성이 모두 증가했다. 조명이 다양했던 그룹의 경우, 조명이 달빛 수준으로 줄어들 때까지 생산성이 높은 상태를 유지했다.

두 번째 실험은 그룹별 생산량에 따른 급여제도가 직원들의 생산성에 영향을 미치는지 살펴보는 것이었다. 자신이 속한 그룹이 더 많은 급여를 받기 원하길 때문에 빨리 작업한 직원들이 늦게 작업한 직원들을 독촉하여 더 많이 생산할 것으로 예상되었다. 하지만 예상과는 달리, 그 생산량은 큰 변화가 없었다.

예상치 못한 결과에 직면했을 때, 연구자들은 *인적 요인(human factors)*이 그 결과와 관련성이 있다고 결론지었다. 조명 실험에서, 연구자들은 모든 그룹의 직원들에게 단지 실험에 참가 여부를 물어보는 것만으로 어떤 것에 *소속된다는 느낌(sense of involvement)*을 주게 되었다. 아마도 이러한 상황에 놓인 직원들은 그들이 기업의 중요한 부분을 맡고 있다고 생각했을 것이다. 생산량에 따른 급여제도의 실험에서는 각 그룹의 직원들이 비공식적으로 그룹마다 생산량을 설정해 놓았다. 그룹의 사회적 수용을 높이거나 유지하기 위해서, 각 직원은 그룹의 작업 속도에 맞추어 생산해야만 했다. 느리거나 빠른 직원들은 그룹의 작업 속도에 맞추도록 압력을 받았다.

호손 연구는 그러한 인적 요인이 급여만큼 동기부여에 중요하다는 것을 보여주었다. 호손 연구와 다른 연구를 통해 인간관계의 사회학적인 경영요소가 탄생했다. 그 전제는 단순했다. 자신의 업무에 만족하고 행복해하는 직원들은 더 나은 성과를 내고자 동기부여가 된다는 것이다. 따라서 경영진은 직원의 만족도를 극대화하는 근무 환경을 제공하는 것이 가장 중요하다.

9-2c Maslow의 욕구단계설

욕구(needs) 개인적으로 필요한 것

Maslow의 욕구단계설(Maslow's hierarchy of needs) 인간의 욕구들이 그 중요도에 따라 단계적으로 이루어짐

생리적 욕구(physiological needs) 인간이 살아가기 위해 필요한 것

안전의 욕구(safety needs) 신체적, 정서적 안전을 위해 필요로 하는 것

1960년대와 1970년대에 유명한 책들을 펴낸 미국의 심리학자 Abraham Maslow는 욕구단계설에 기초로 하여 동기부여 이론을 개발했다. **욕구(need)**는 개인적으로 필요한 것을 의미한다. Maslow는 사람들이 자신의 다양한 욕구를 채우기 위해 '원하는 것'을 찾아낸다고 가정했다. 그에 따르면, 욕구들은 그 중요도에 따라 단계적으로 이루어진다. 이것이 지금 널리 알려진 **Maslow의 욕구단계설(Maslow's hierarchy of needs)**이다(그림 9.2 참조).

가장 기본적인 단계는 우리가 살기위해서 필요한 **생리적 욕구(physiological needs)**이다. 여기에는 음식, 물, 옷, 집, 그리고 잠을 포함한다. 직장에서 이러한 욕구는 대개 적절한 임금을 통해 충족된다.

다음 단계로는 신체적, 정서적 안정을 위해 필요한 **안전의 욕구(safety needs)**이다. 안전의 욕구는 고용안정, 건강보험, 연금제도, 안전한 근로조건 등을 통해 충족될 수 있다. 오늘날의 근무 환경에서 증가하고 있는 의료 비용은 일부 직원들을 위협한다. 건강 관련 비용과 퇴직 연금의 증가로 인해 많은 기업이 비용을 줄이기 위해서 많은 직원을 시간제 근로자로 전환하는 등이 주요 쟁점들로 떠올랐다. 직원들이 더욱 안전한 직장에서 그들의 안전 욕구를 충족시키려 노력함

그림 9.2 Maslow의 욕구단계설

심리학자인 Maslow는 사람들이 다섯 가지 욕구를 충족시키기 위해 행동한다고 믿었다.

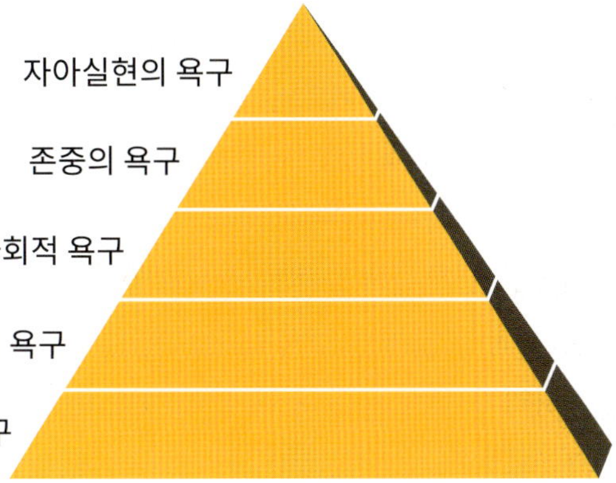

에 따라 이러한 움직임은 역효과를 낼 수도 있다. 반면 일부 기업은 아르바이트 직원들에게도 안전 욕구를 충족시키는 혜택을 제공함으로써 두각을 나타내고 있다. 그러한 기업 중 하나는 캘리포니아주에 본사를 둔 가족 식료품 체인인 Nugget Market으로, 주당 최소 22시간 이상 일하는 직원들의 의료 보험료는 물론 피부양자 보험료의 80% 이상을 제공한다. 이 기업은 또한 직원들을 위한 장애보험과 생명보험을 제공한다.

다음 단계인 **사회적 욕구(social needs)**는 사랑과 애정 그리고 소속감에 대한 인간의 욕구이다. 이러한 욕구는 기업에서 근무 환경과 비공식적 조직 그리고 가족과 친구들에 의한 기업 외부에서 충족된다. 예를 들어, Nugget Market은 매장에서 많은 연례 파티를 개최하고, 직원들을 스노모빌(snowmobile)과 급류 래프팅 투어에 참여시킨다. 많은 기업은 직원들에게 가족, 친구들과 함께 시간을 보내는 것을 포함해서 그들의 삶의 질을 향상하기 위해 근무시간 자유선택제를 점점 더 많이 제공하고 있다. 유연한 근무 일정은 직원들이 가족 행사에 참석하거나 어린 자녀나 병든 부모를 돌볼 수 있게 한다. 기업들은 다양한 매체를 통해 유용한 피드백을 제공하고 직장 협력과 소통을 강화함으로써 직원들이 만족스러운 사회적 욕구를 충족시킬 수 있도록 도울 수 있다.

사회적 욕구(social needs) 사랑과 애정, 소속감에 관한 인간의 욕구

다음 단계는 우리가 다른 사람들로부터 우리 자신의 성취와 가치(자존감)를 인정받고 존중받고 싶은 **존중의 욕구(esteem needs)**이다. 이러한 욕구는 개인적 성취, 더 큰 책임을 지닌 직책으로의 승진, 다양한 영예와 상, 그리고 다른 형태의 인정을 통해 충족될 수 있다.

존중의 욕구(esteem needs) 존경, 인정, 자신의 성취와 가치에 관한 인간의 욕구

욕구 단계 중에서 가장 높은 것은 **자아실현의 욕구(self-actualization needs)**이다. 이것은 개인이 성장하고, 발전하며, 그리고 이다음에 무언가가 되길 또는 무엇을 할 수 있길 원하는 욕구이다. 이러한 욕구는 충족시키기 가장 어려우며, 이를 충족시키는 수단은 개인에 따라 다르다. 어떤 사람들은 새로운 기술을 배울 때, 은퇴 후 새로운 직업을 시작할 때, 또는 어떤 분야에서 최고가 되려고 노력하는 것 등을 통해 자아실현의 욕구를 충족할 수 있다. 이를 인식한 일부 기업들은

자아실현의 욕구(self-actualization needs) 성장하고 발전하고 우리가 할 수 있는 모든 것이 되길 바라는 욕구

직원들의 자기 계발에 필요한 대학학위 교육비를 지원함으로써 직원의 만족도를 높이고 있다.

Maslow에 의하면, 사람들은 우선적으로 생리적 욕구를 추구하며, 그다음에 안전의 욕구를, 궁극적으로 자아실현의 욕구를 충족시키기 위해 노력한다. 일반적으로, 사람들은 불만족한 욕구에 의해 동기부여를 받는다. 그러나 아래 단계의 욕구가 완벽하게 충족되어야만 위 단계의 욕구로 진행되는 것은 아니다. 만약 한 개인의 생리적 욕구와 안전의 욕구가 대부분 충족된다면, 그 개인은 주로 사회적 욕구에 의해 동기부여를 받을 것이다. 그러나 어떤 불만족스러운 생리적 욕구와 안전의 욕구 또한 중요하다고 볼 수 있다.

Maslow의 욕구단계설은 직원의 동기부여에 대한 유용한 관점뿐만 아니라 유용한 관리 지침을 제공한다. 대체로 미국 기업들은 직원의 기본적인 욕구를 충족시켜왔으며, 오늘날 직원의 고차원적 욕구를 만족시키기 위해 노력 중이다. 이러한 욕구들은 단순한 방법으로 충족되지 않으며, 각 직원을 만족시키는 수단은 개인마다 다르다는 사실을 잊지 말아야 한다.

9-2d Herzberg의 동기-위생 이론

미국의 심리학자 Frederick Herzberg는 1950년대 Pittsburgh의 약 200여 명의 회계사와 엔지니어들을 인터뷰하며 동기부여 이론을 발전시켰다. Herzberg는 그들에게 자신의 직업과 일을 할 때 특히 기분이 좋았던 때를 생각해보고, 그들이 그렇게 느끼도록 만든 요소나 요인을 묘사해 달라고 요청했다. 다음으로, 그는 그들에게 반대로 그들의 일에 대해 특별히 기분이 나빴던 최악의 순간을 물었다. Herzberg는 기분이 좋고, 기분이 나쁜 것이 전혀 다른 요인에서 기인한다는 사실에 놀랐다. 즉, 낮은 급여가 특정 사람을 기분 나쁘게 할 수 있지만, 높은 급여가 반드시 같은 사람을 기분 좋게 하는 것은 아니다. 직원들에게 좋은 감정을 느끼게 하는 것은 높은 급여보다도 다른 이유가 많았다.

만족과 불만족 Herzberg의 인터뷰 이전에 일반적인 가정은 직원의 만족과 불만족이 같은 차원의 반대편에 놓여 있다는 것이었다. 그러나 Herzberg의 인터뷰는 만족과 불만족은 전혀 다른 차원, 즉 만족의 반대가 불만족이 아니라고 확신했다. 만족과 불만족은 별개의 차원이라는 것이 **동기-위생 이론(motivation-hygiene theory)**이다(그림 9.3 참조).

동기-위생 이론(motivation-hygiene theory) 만족과 불만족은 별개의 차원이라는 이론

Herzberg는 만족과 가장 관련이 있는 직무요인은 성취, 인정, 책임감, 승진, 성장, 업무 그 자체라는 것을 알아냈다. 이러한 요인들은 일반적으로 동기를 증가시키기 때문에 **동기 요인(motivation factors)**이라고 한다. 그러나 이들의 부재가 반드시 불만족으로 이어지는 것은 아니다. 동기 요인은 만족 요인의 역할을 한다.

동기 요인(motivation factors) 동기부여를 증가시키는 요인들로, 비록 동기 요인의 부재가 반드시 불만족으로 이어지는 것은 아님

반면 불만족을 야기하는 요인들로는 감독, 근무 조건, 대인관계, 급여, 고용안정, 기업정책 및 관리 등의 직무요인에 의해 발생한다. 각 직원의 수용 가능한 수준에 도달할 때까지 이러한

그림 9.3 Herzberg의 동기-위생 이론

Herzberg의 이론에 의하면, 직무 만족과 불만족은 다른 차원이며 이들에 영향을 미치는 요인들은 겹치지 않는다.

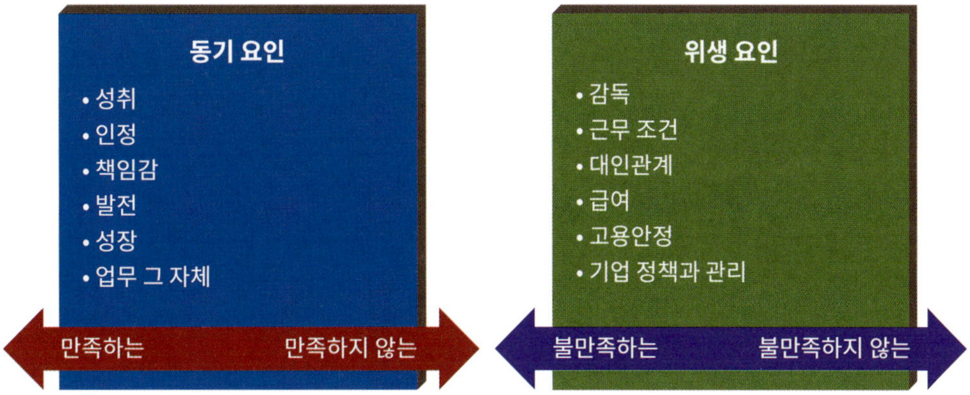

위생 요인(hygiene factors)을 증가시키면 직원의 불만족은 줄어든다. 그러나 이러한 요인이 높아진다고 해서 높은 수준의 동기부여로 이어지지는 않는다. 단지 이러한 요인이 부족할 때는 불만족으로만 작용한다.

위생 요인(hygiene factors) 만족할 만한 수준으로 존재했을 때 불만족을 감소시키지만, 반드시 높은 수준의 동기를 부여하지는 않는 직무요인

Herzberg의 동기-위생 이론 사용 Herzberg의 동기-위생 이론은 직원들의 동기부여에 명확한 지침을 제공한다. 그는 작업자가 편안하게 일할 수 있도록 위생 요인이 꼭 필요하다고 주장한다. 그러나 Herzberg는 불만이 없는 상태는 있을 수 없으며 어떤 상황에서든 사람들은 항상 무언가에 불만족스러워하는 경향이 있다고 본다.

Herzberg에 따르면, 관리자들은 작업 환경을 가능한 한 긍정적으로 만들기 위해 위생 요인을 활용해야 하지만, 이것은 단기적인 동기부여를 개선하는 데 도움을 준다. 반면, 그는 관리자들이 동기부여 향상과 장기간에 걸쳐 노력해야 할 *만족 요인(satisfiers)*을 높일 것을 강조한다.

직원 급여는 Herzberg의 이론이 보여주는 것보다 더 많은 영향을 미치는 것으로 입증되었다. 그는 급여가 단지 단기적으로만 동기부여를 제공한다고 주장한다. 그러나 많은 기업에서 급여는 성취에 대한 인정과 보상의 한 형태이며, 인정과 성취는 모두 동기부여 요인이다. 급여의 효과는 어떻게 분배되는가에 따라 달라질 수 있다. 급여 인상이 성과에 의존하지 않는다면(예: 생활비 인상), 그것은 직

iStock.com/stevenallan

직원을 만족시키는 것은 무엇인가? 기업들은 때때로 더 나은 직원 성과를 위한 보상 차원으로 여행 휴가를 사용한다. 동기-위생 이론에 의하면, 높은 성과에 대한 보상이 제공되지 않을 때 이것은 불만족 요인이 되는가?

원들에게 동기를 부여하지 않을 수 있다. 그러나 인정의 한 형태로 급여가 인상되면(예: 상여금이나 성과급), 직원들의 성과 향상을 유도하는 역할을 할 수 있다.

9-2e X 이론과 Y 이론

X 이론과 Y 이론의 개념은 1967년 미국 경영학 교수인 Douglas McGregor의 저서 *'The Human Side of Enterprise*'에 처음으로 언급되었다. 이러한 두 이론은 직원 행동에 대하여 본질적으로 관리자가 가진 인식과 믿음과 관련 있다.

X 이론 (Theory X) 일반적으로 Taylor의 과학적 관리법을 기초로 직원의 동기부여를 살펴본 이론; 직원은 일하기 싫어하며, 매우 통제된 작업 환경에서만 그 역할을 수행한다고 가정

X 이론(Theory X)은 일반적으로 Taylor의 과학적 관리법을 기초로 직원의 동기부여를 살펴본 이론이다. X 이론은 다음과 같은 가정을 기초로 한다.

❶ 사람들은 일하는 것을 싫어하고 피하려고 한다.

❷ 사람들이 일을 싫어하기 때문에, 관리자들은 조직 목표를 달성하기 위해 직원들을 강압하고 통제하며 자주 위협을 주어야 한다.

❸ 사람들은 일반적으로 야심이 거의 없고, 책임감을 추구하지 않기 때문에 이끌어야 한다. 주로 그들이 걱정하는 것은 안전이다.

이러한 가정의 결과물은 상당히 통제되는 작업 환경일 것이다. 이러한 작업 환경에서 관리자들은 모든 결정을 내리고 직원들은 단순히 그 명령을 따른다.

Y 이론(Theory Y) 일반적으로 인간관계를 기초로 직원의 동기부여를 살펴본 이론; 직원은 책임감이 있고, 기업의 목표를 위해 일하며, 그렇게 일함으로써 개인적 보상을 받기 원한다고 가정

반면, **Y 이론(Theory Y)**은 일반적으로 인간관계를 기초로 직원의 동기부여를 살펴본 이론이다. Y 이론은 다음과 같은 가정을 기초로 한다.

❶ 사람들은 본래 일을 싫어하지 않는다. 사실, 일은 우리 삶의 중요한 부분이다.

❷ 사람들은 자신이 맡은 목표를 향해 노력할 것이다.

❸ 사람들은 목표를 달성하는 것이 개인적인 보상을 가져온다는 것이 확실할 때 목표에 전념하게 된다.

Photographee.eu/Shutterstock.com

❹ 사람들은 종종 책임감을 추구하거나 기꺼이 받아들인다.

❺ 직원들은 조직의 목표 달성에 도움을 줄 수 있는 잠재력이 있다.

❻ 기업은 일반적으로 그들의 인적자원을 충분히 이용하지 못한다.

분명히 Y 이론은 X 이론보다 훨씬 더 긍정적이다. McGregor는 대부분의 관리자들이 X 이론을 기초로 행동한다고 여겼지만, Y 이론이 관리 행동의 지침으로서 더 적절하고 효과적이라고 주장했다(표 9.1 참조).

표 9.1 X 이론과 Y 이론의 비교

종류	X 이론	Y 이론
일에 대한 태도	싫어함	참여적
통제 시스템	외부적	내부적
감독	직접적	간접적
헌신	낮음	높음
직원의 잠재력	무시됨	중요시됨
인적자원의 활용	제한됨	제한되지 않음

20세기 후반 직장에서 인간관계 연구와 X, Y 이론은 사회적 요소의 중요성을 높였다. 그러나 인간의 동기부여는 복잡하고 역동적이기 때문에 절대 간단하지 않다. 수십 년의 연구를 통해 돈이나 사회적 요인 독자적으로는 동기부여를 제공할 수 없음을 명심해야 한다.

9-2f Z 이론

UCLA의 경영학 교수인 William Ouchi는 그의 저서 *'Theory Z: How American Management Can Meet the Japanese Challenge*에서 미국과 일본 기업의 경영 관행을 연구했다. 그는 이 두 나라가 전혀 다른 관리시스템을 가지고 있다고 결론지었다. Ouchi는 일본의 기업들을 J 타입(type J)이라고 칭했다. 이런 유형의 기업들은 직원들을 위해 종신고용제도를 채택하고, 함께 의사결정을 하고, 어떤 결정에 관한 결과를 공동 책임지며, 천천히 발전하고 승진하는 것을 추구하며, 암시적인 통제 메커니즘을 운영하며, 직원의 경력 경로가 비전문적이고, 그리고 각 직원을 전인적 인격체로 여기는 특징들을 가진다.

그는 미국 기업들을 일본 기업들과 전혀 다른 *A 타입(type A)*이라고 불렀다. 이런 유형의 기업들은 단기적 관점의 고용을 중요시하며, 개인이 의사결정을 하고, 어떤 결정에 관한 결과를 개인이 책임지며, 빠른 발전과 승진을 추구하며, 명확한 통제 메커니즘을 운영하며, 직원의 경력 경로가 전문적이고, 그리고 각 직원을 단순히 하나의 직원으로 여기는 특징들을 가진다.

몇몇의 성공한 미국 기업들은 J 타입과 A 타입을 결합하여 운영하고 있다. *Z 타입(type Z)*이라 불리는 이들 기업은 장기적 관점에서의 고용을 중요시하며, 함께 의사결정을 하고, 개인이 어떤 결정에 관한 결과를 책임지고, 천천히 발전하고 승진하는 것을 추구하며, 공식적/비공식적인 통제 메커니즘을 동시에 운영하며, 직원의 경력 경로가 전문적이고, 그리고 각 직원을 전인적 인격체로 여긴다.

그림 9.4 Z 이론의 특징

일본 기업들과 미국 기업들의 관리이론 결합은 Z 이론의 핵심이다.

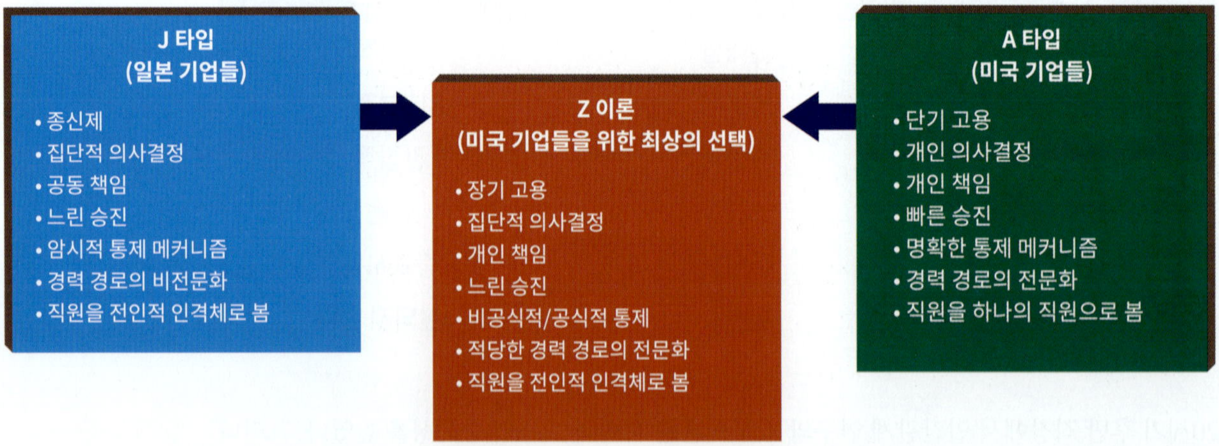

Z 이론(Theory Z) A 타입과 J 타입의 중간 사이에 운영할 때, 기업 성과가 가장 좋을 것이라는 관점

Ouchi의 **Z 이론(Theory Z)**은 A 타입과 J 타입의 중간 사이에 운영할 때, 미국 기업의 성과가 가장 좋을 것이라고 주장한다(그림 9.4 참조). Z 이론의 핵심 부분은 참여적 의사결정을 강조한다. 이것은 '나와 너로 나누는 것'이 아니라 '우리는 하나'라는 관점이다. Z 이론의 직원과 관리자는 기업을 하나의 가족으로 본다. 이러한 참여 정신은 구성원 간의 협력, 지식의 보급, 그리고 기업의 가치를 높인다.

강화 이론(reinforcement theory) 사람들이 보상받는 행동은 반복해서 행하고, 벌 받는 행동은 다시 하지 않을 것이라는 가정을 기초로 한 동기부여 이론

9-2g 강화 이론

강화 이론(reinforcement theory)은 사람들이 보상받는 행동은 반복해서 행하고, 벌 받는 행동은 다시 하지 않을 것이라는 가정을 기초로 한다. *강화(reinforcement)*는 특정한 행동 뒤에 직접적으로 일어나는 행동을 의미한다. 그것은 신규 고객에게 제품을 대량으로 판매한 후에 받는 급여 인상이거나 지각한 후에 받는 꾸지람일 수 있다.

강화는 다양한 형태를 취하며, 여러 가지 방법으로 사용될 수 있다. *긍정적 강화(positive reinforcement)*는 보상을 제공함으로써 바람직한 행동을 유도한다. 예를 들어, 많은 직원은 칭찬에 대해 좋게 반응한다. 업무를 잘 처리했다는 상사의 칭찬은 직원의 미래 업무에 좋은 영향을 미친다. *부정적 강화(negative reinforcement)*는 바람직하지 않은 일이나 상황을 없앰으로써 바람직한 행동을 유도한다. 예를 들어, 한 기계 공장은 매달 깨끗하게 청소되어야 한다고 가정하자. 직원들이 할당된 업무를 불만족스럽게 수행한 달은 관리자가 휴식을 취할 수 있는 개인 시간을 주기보다는 공장을 깨끗이 청소할 것을 지시한다. 직원들은 유쾌하지 않은 청소를 피하고자 다음 달에 열심히 일해야겠다는 동기부여를 갖게 된다.

*처벌(punishment)*은 바람직하지 않은 행동의 결과이다. 기업에서 사용되는 처벌의 형태로는 견책, 감봉, 정직, 해임(해고) 등이 있다. 처벌은 삭막한 작업 환경을 만들고, 적대감과 억울함을 조성하고, 그리고 상사의 마음이 돌아올 때까지만 바람직하지 않은 행동을 금하는 등 득보다 실이 더 많다.

관리자는 본인이 원치 않는다면, 직원들의 바람직하지 못한 행동에 반응을 보이지 않음으로써 그 행동을 금하게 할 수 있다. 예를 들어, 직원이 관리자에게 사소한 일들에 대해 계속해서 메모를 남긴다고 가정해 보자. 관리자가 이러한 메모들에 대해 전혀 반응을 보이지 않는다면, 그 직원은 아마도 메모 작성을 중단하고 메모 남기는 행동을 그만둘 것이다.

강화의 효과는 사용 유형과 시기에 따라 달라진다. 어떤 상황은 긍정적 강화와 부정적 강화를 동시에 사용해야 한다. 일반적으로 긍정적 강화가 대부분 직원에게 가장 효과적이기 때문에 관리자는 되도록 이러한 강화를 선택하는 것이 바람직하다.

9-3 동기부여에 대한 현대적 관점

 # 학습목표 **동기부여의 세 가지 현대적 관점을 이해한다**
: 공정성 이론, 기대 이론, 목표설정 이론

Maslow의 욕구단계설과 Herzberg의 동기-위생 이론은 세계적으로 유명한 동기부여 이론들이다. 위의 각 이론은 과학적 관리법과 X와 Y 이론의 편협한 관점을 한 단계 승화시켰다. 하지만, 이러한 이론들은 한 가지 단점을 가지고 있다. 즉, 위 이론들은 무엇이 사람들에게 동기부여를 주는지 밝혔지만, 왜 혹은 어떻게 동기부여가 발전하고 혹은 유지되는지를 설명하지 못하였다. 최근에 관리자들은 역동적 관점에서 살펴본 동기부여의 세 가지 다른 이론들에 관심을 가지기 시작하였다. 이러한 세 가지 이론들은 공정성 이론, 기대 이론, 그리고 목표설정 이론이다.

9-3a 공정성 이론

동기부여의 **공정성 이론(equity theory)**은 사람들은 자신들이 공정한 대우를 받고, 공정한 대우를 유지하기 위해서 동기부여를 갖게 된다는 것을 전제로 하고 있다. 여기서 사용된 *공정성(equity)*의 의미는 기업을 위한 직원의 공헌도에 따라 보상의 분배가 이루어지는 것을 뜻한다. 즉, 모든 사람이 동일한 보상을 받는 것이 아니라 개인의 공헌도에 따라 보상이 이루어져야 한다는 의미이다.

공정성 이론(equity theory) 사람들은 자신들이 공정한 대우를 받고, 공정한 대우를 유지하기 위해서 동기부여를 갖게 된다는 것을 전제로 한 이론

valentinrussanov

직원은 공정하게 대우받기를 원한다. 직원은 그들이 노력한 자신의 투입량과 기업으로부터 받은 산출량에 대해 동료의 것과 비교한다. 이것은 공정성 이론의 이면에 있는 생각이다. 그러나 위 그림과 같이 열악한 환경에서 저임금으로 노동하는 작업장의 대부분 직원은 부당한 대우를 받는다. 이러한 경우에도 공정성 이론이 적용되는가?

이 이론에 따르면, 우리는 다음과 같은 방식으로 공정성의 개념을 이해한다. 첫째, 우리는 투입량과 산출량의 비율을 계산한다. 여기서 *투입량(inputs)*은 우리가 기업에 공헌하는 것으로 시간, 노력, 기술, 교육, 경험 등이며, *산출량(outputs)*은 우리가 기업으로부터 받는 보상으로 급여, 복리후생, 인정, 승진 등이다. 그다음으로, 우리는 우리의 투입량과 산출량 비율을 다른 사람의 것과 비교한다. 그 대상으로는 직장 동료, 다른 회사에서 일하는 친구, 혹은 우리 기업의 모든 직원일 수 있다.

만약 우리의 것과 비교한 사람의 투입량과 산출량 비율이 거의 같다면, 우리는 기업이 우리를 공정하게 대해준다고 여길 것이다. 이 경우 우리는 현 상황을 유지하려는 동기부여를 가진다. 하지만 우리의 것이 비교한 사람의 것보다 좋지 않다면, 우리는 기업으로부터 보상을 적게 받고 있다고 생각하고 어떤 행동을 해야겠다는 동기부여를 가지게 된다. 이런 경우에, 우리는 (1) 열심히 일하지 않음으로써 우리 자신의 투입량을 줄이거나, (2) 급여 인상을 요구함으로써 우리의 산출량을 증가시키거나, (3) 우리보다 못한 비교 대상자가 있는지 찾아보거나, (4) 이직하거나, (5) 다른 비교 대상자와 새로운 비교를 한다.

공정성 이론은 결과(outcome)에 따라 가장 알맞은 급여를 지급하는 것이다. 급여는 본인의 가치를 측정하는 가장 중요한 요소이며, 직장 생활에서 다른 사람과의 급여 비교는 자연스러운 현상이다. 관리자들은 조직 구성원 모두가 보상이 개인적인 업무 수행능력에 따라 분배된다는 것을 확실히 받아들이면, 급여가 불공정하단 이유로 발생하는 조직의 문제를 피할 수 있다.

9-3b 기대 이론

기대 이론(expectancy theory) 동기부여는 우리가 어떤 것을 얼마나 원하는지와 우리가 그것을 얻을 가능성이 얼마나 있다고 생각하는지에 따라 달려있다고 보는 이론

캐나다의 경영학 교수인 Victor Vroom에 의해 만들어진 **기대 이론(expectancy theory)**은 간단해 보이는 가정을 기초로 하지만 매우 복잡한 동기부여 이론이다. 이 이론에 의하면, 동기부여는 우리가 어떤 것을 얼마나 원하는지와 우리가 그것을 얻을 가능성이 얼마나 있다고 생각하는지에 따라 달라진다(그림 9.5 참조). 예를 들어, 한 자리의 영업관리자로 승진하기 위하여 세 명의 영업직원들(Bill, Paul, Susan)이 지원한 경우를 가정해 보자. Bill은 판매 실적이 매년 좋으며, 항상 좋은 인사평가를 받고 있다. 그러나 그는 만약 자신이 그 자리로 승진한다면 많은 출장, 오랜 근무시간, 그리고 많은 스트레스를 받을 것이기 때문에 스스로가 그 자리를 원하는지에 확신하지 못하고 있다. Paul은 그 자리를 상당히 원했지만, 그 자리를 얻을 가능성은 많지 않다고 스

그림 9.5 기대 이론

Vroom의 기대 이론은 우리가 무엇을 원하는지와 우리가 그것을 얻을 가능성이 얼마나 있다고 생각하는지에 따라 동기부여가 있게 된다고 본다.

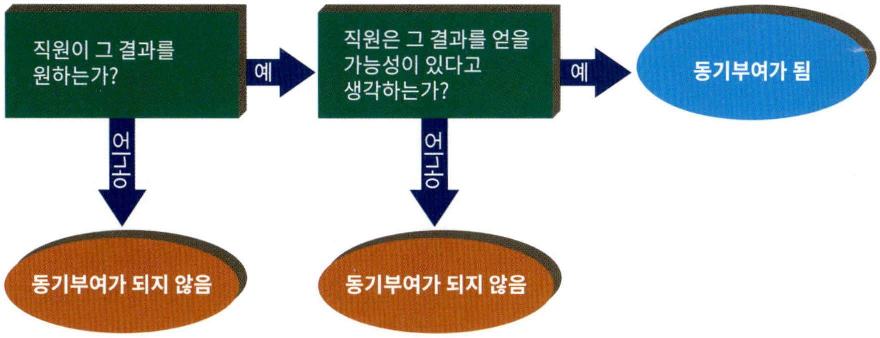

스로 생각하고 있다. 그는 판매 실적이 별로였으며, 현재의 상사로부터도 평범한 인사평가를 받고 있다. Susan은 Paul만큼 그 자리를 원했으며, 절호의 찬스라고 생각하고 있다. 그녀의 올 해 판매 실적은 과거에 비해 상당히 향상되었고, 또한 그녀의 인사평가는 회사에서 최고이다. 기대 이론에 의하면, Bill과 Paul은 승진하기 위한 동기부여가 있다고 할 수 없다. Bill은 그 자리를 진심으로 원치 않으며, Paul은 그 자리를 차지할 가능성이 별로 없다고 생각한다. 반면에, Susan은 그 자리를 원하고, 또한 그 자리를 본인이 차지할 수 있다고 생각하기 때문에 승진에 대한 동기부여가 매우 잘되어 있다고 할 수 있다.

기대 이론은 우리가 취하는 각 행동마다 다른 결과들을 이끌기 때문에 매우 복잡하다. 어떤 것은 우리가 원하는 결과일 수 있으며, 또 다른 것은 우리가 원치 않는 결과일 수 있다. 예를 들어, 열심히 일하고 초과 근무를 하는 직원은 급여가 인상되고, 승진이 되며, 그리고 새로운 직무를 익힐 수 있다. 하지만 직원은 그로 인해 가족과 함께 있는 시간과 사회생활을 줄일 수밖에 없다.

어떤 직원은 승진이 가장 중요하고, 그다음에 급여 인상과 새로운 직무 기술이 중요하고, 가족과 사회생활의 상실을 중요하지 않게 여길 수 있다. 또 다른 직원은 가족과 사회생활이 가장 중요하고, 그다음에 급여 인상과 새로운 직무 기술이 중요하고, 오랜 근무시간으로 인해 승진을 바람직하지 않게 여길 수 있다. 전자의 사람은 열심히 일하고 초과근무하는 것에 대하여 동기부여가 되어 있지만, 후자의 사람은 그렇지 못하다. 다르게 표현하면, 개인이 어떤 결과를 중요시하느냐에 따라 동기부여가 결정된다고 할 수 있다.

기대 이론은 적용하기 어렵지만, 관리자에게 몇 가지 유용한 지침을 제공한다. 관리자들은 (1) 직원들이 다양한 이유들 때문에 일하고, (2) 이러한 이유들은 직원들이 기대하는 결과로서 시간이 지남에 따라 계속해서 변하며, (3) 그 결과를 얻는 방법들을 직원들에게 분명히 보여주는 것이 필요하다는 사실을 명심해야 한다.

직원들은 무엇을 원하는가? 이것이 바로 관리자가 알아야 할 사항이다. 각 직원은 서로 다른 보상에 의해 동기부여를 받는다. 어떤 보상이 각 직원에게 동기부여를 주는지를 이해하는 것이 목표설정의 중요한 단계다.

9-3c 목표설정 이론

목표설정 이론(goal-setting theory)에 의하면, 직원은 그 자신과 관리자와 함께 수립한 목표를 달성하기 위해 동기부여 된다. 그 목표는 매우 구체적이고, 적당히 어려우며, 그리고 직원의 헌신을 요구한다. 보상은 곧 목표의 달성과 직결된다. 목표설정 이론을 이용함으로써 관리자는 직원의 욕구와 기대에 부합하고, 공정성을 유지하며, 그리고 긍정적 강화를 제공하는 보상을 준비할 수 있다. 예를 들어, 한 관리자는 자신의 직원 중 한 명이 휴가에 대한 강한 동기부여가 있다고 가정해보자. 관리자는 그 직원에게 주어진 프로젝트를 만족스럽게 완성한 후에 유급휴가를 주겠다는 약속을 한다면, 그 직원은 강한 동기부여를 가지며 열심히 일할 것이다. 이 이론의 주요 장점은 직원이 달성해야 할 목표와 그 목표가 성취될 때 직원에게 주어지는 보상이 분명하게 제시된다는 점이다.

목표설정 이론 (goal-setting theory) 직원은 그 자신과 관리자와 함께 수립한 목표를 달성하기 위해 동기부여를 갖게 된다는 이론

9-4 동기부여의 주요 기법들

 # 학습목표 직원의 동기부여를 향상하기 위한 몇 가지 기법들을 이해한다.

오늘날, 직원들에게 동기부여를 주려면 넉넉한 급여 이상의 것이 필요하다. 기업들은 점점 더 가시적인 것보다 보이지 않는 것들에 대한 직원들의 욕구를 충족시킴으로써 동기부여를 높이려고 노력한다. 때로 기업은 낮은 비용이나 전혀 비용이 들지 않는 방법을 통해 직원들에게 동기부여를 준다. 기업들은 또한 더 복잡한 방법들을 사용하기도 한다. 이 절에서 우리는 관리자들이 직원들의 동기부여와 직무 만족도를 높이는 데 도움을 주는 몇 가지의 구체적인 기법들에 대해 살펴본다.

목표관리(management by objectives, MBO) 관리자와 직원이 협업하여 목표를 설정하는 동기부여 방법

9-4a 목표관리

목표관리(management by objectives, MBO)는 관리자와 직원이 협업하여 목표를 설정하는 동기부여 방법이다. MBO의 주요 목적은 기업의 목표를 달성하기 위해 직원들이 수행해야 할

역할을 명확히 하는 것이다. 목표설정과 성과 평가에 직원의 참여를 유도함에 따라 MBO는 직원들의 동기부여를 증대시킨다.

대부분의 MBO 프로그램은 일련의 다섯 단계로 이루어진다. 첫 단계는 최고경영자의 수용이다. 기업의 다른 사람들이 이 프로그램을 받아들이게 하려면 최고경영자가 이 프로그램을 지지하고 참여하는 것이 필수적이다. 최고경영자의 지지와 약속은 직원들에게 MBO의 목적과 기법을 가르치는 교육의 출발점이 된다.

두 번째 단계는 예비 목표(preliminary goals)를 설정한다. 예비 목표가 기업의 사명과 전략에 영향을 미치기 때문에 최고경영자는 이러한 활동에 중요 역할을 담당한다. MBO 프로그램의 취지는 이러한 목표들이 기업 내에 스며들게 하는 것이다.

세 번째 단계는 MBO의 핵심으로, 세 가지의 하부단계로 구성된다.

❶ 관리자는 함께 수립한 조직의 목표를 직원에게 설명하고, 이러한 목표를 달성하는데 본인이 어떤 역할을 할 수 있는지 생각해볼 것을 요청한다.

❷ 관리자는 나중에 각 직원을 개별적으로 만난다. 그 모임에서 관리자와 직원은 함께 직원의 목표를 수립한다. 가능하면, 이러한 목표는 측정가능하고, 달성하기 위한 일정(보통 1년)이 명시되어야 한다.

❸ 직원의 목표를 달성하기 위하여, 관리자와 직원은 어떠한 경영 자원이 필요한지를 결정한다.

네 번째 단계로는 관리자와 각 직원은 정기적으로 만나서 진행 상황을 살펴보는 것이다. 만약 어떤 환경이 변하게 된다면 이러한 정기적 만남에서 목표를 수정해나간다. 예를 들어, 한 영업관리자가 판매량을 20% 늘리는 것을 목표로 삼았다고 가정해 보자. 그러나 강한 경쟁자가 시장에 출현하였다면, 이러한 목표는 달성하기 어렵다. 이러한 상황을 고려해서 목표를 10%-15%로 낮추는 방향으로 수정하는 것이다.

다섯 번째 단계는 평가이다. 지정된 기간이 끝날 무렵에 관리자와 직원은 다시 만나 개인의 목표가 달성되었는지, 그렇지 못했다면 왜 그랬는지에 대해서 의논한다. 직원의 보상(급여 인상, 칭찬 또는 승진 등)은 주로 목표 달성의 정도에 따라 결정된다.

다른 관리 방법과 마찬가지로, MBO는 장단점을 동시에 가지고 있다. MBO는 적극적으로 직원들을 기업의 삶 속에 포함되도록 함으로써 동기부여를 줄 수 있다. 함께 목표를 수립하는 것과 성과의 평가는 의사소통을 향상시키고 직원들이 기업 내의 중요한 부분을 맡고 있다는 것을 느끼게 해준다. 또 정기적인 진행 과정에서의 검토는 조직의 통제능력을 향상시킨다. 하지만 MBO의 주요 문제점은 기업의 최고경영자로부터 진행되지 않는다면 MBO는 시작할 수 없다는 점이다. 어떤 경우에 MBO는 지나친 서류 작업을 초래한다. 또한, 관리자는 직원들과 함께 앉아서 목표를 달성하려는 노력 대신에 단순히 직원들에게 그 목표를 할당할 수 있다. 마지막으로 MBO는 개인과 조직의 목표가 측정할 수 있는 수치로 표현되지 않으면 실행하기 어렵다고 알려져 있다.

9-4b 직무 충실

직무 충실(job enrichment) 직원들에게 다양한 업무를 제공함과 동시에 그 업무에 대한 책임과 통제권을 주는 동기부여 방법

직무 충실(job enrichment)은 직원들에게 다양한 업무를 제공함과 동시에 그 업무에 대한 책임과 통제권을 주는 동기부여 방법이다. 동시에, 직원들은 새로운 기술을 얻고 어떻게 개인적 업무를 통해 기업의 목표를 달성하는데 공헌할 수 있을까에 대해서 보다 큰 관점으로 바라볼 수 있다. 앞 절에서 배운 Herzberg의 동기-위생 이론은 직무 충실의 사용 근거가 된다. 즉, 직무 충실이 직원들에게 부여하는 책임과 통제권은 그들의 직무 만족과 동기부여를 증대시킨다. 예를 들어, Microsoft, Apple, Linkedin 등의 직원들은 자신에게 할당된 프로젝트를 수행하면서 그 작업시간의 일부를 스스로 선택하여 사용한다. 이런 유형의 직무 충실은 직원들에게 많은 동기부여를 주고, 기업에게 다양한 이익을 제공할 수 있다. 때때로, 직원들에게 유사한 업무를 추가하고 확장하는 **직무 확대(job enlargement)**는 직무 충실을 이끌 수 있다. 직무 확대는 자동차 조립라인에서 세 개의 전기선을 부속품에 연결하던 직원이 지금은 5개의 전기선을 연결하는 것과 같은 의미이다. 하지만 직원의 추가 업무가 단순히 그 전에 수행해왔던 지루한 업무와 같다면, 이러한 직무 확대는 효과적이지 못하다.

직무 확대(job enlargement) 직원들에게 유사한 업무를 추가하고 확장하는 동기부여 방법

직무 확대는 단순하고 지루한 성격의 업무를 실제로 변화시키지 못하지만, 직무 충실은 그러한 성격의 업무를 변화시킨다. 직원들은 직무 충실의 추가된 업무로 인해 더 큰 책임감을 갖게 된다. 즉 직무 충실은 직원들에게 더 많은 업무의 부여뿐만 아니라 그 업무를 수행하는 방법에 대하여 더 많은 통제권을 준다. 특히, 직무 충실은 업무에 대한 다른 사람의 통제를 제거하고, 많은 권한을 직원에게 부여하며, 그리고 완전한 형태의 업무를 할당한다. 더군다나, 직원들은 새롭고, 도전적인 업무를 자주 할당받는다. 업무의 계획과 의사결정이 조화를 이룸으로써 직무 충실은 작업을 더욱 심도 있고 정교하게 만든다.

직무 재설계(job redesign) 직무 충실의 한 유형으로, 작업을 재구축하여 직원-직무의 일치가 이루어지게 함

직무 재설계(job redesign)는 작업을 재구축하여 직원-직무의 일치가 이루어지게 하는 직무 충실의 한 유형이다. 직무 재설계는 업무들의 결합, 작업팀의 구성, 혹은 더욱 친밀한 고객 관계의 구축을 통해 이루어질 수 있다. 직원들은 종종 업무들이 결합될 때 더 많은 동기부여를 받게 되는데, 이는 다양하고 증가된 업무들이 더욱 도전적이며 그에 따른 보상이 더욱 커지기 때문이다. 작업팀의 구성은 직원들에게 그들의 업무가 조직의 전체적인 관점에서 어떻게 적합한지 그리고 조직의 성공에 그들이 어떻게 공헌할 수 있는지를 보여줌에 의해 동기부여를 준다. 고객 관계의 구축은 직원과 고객의 직접적인 상호작용을 가능하게 한다. 이러한 유형의 직무 재설계는 개인적인 취업 기회를 늘린다. 직무 재설계를 하는 또 다른 동기부여는 일하는 직원들의 스

트레스를 줄이기 위해서이다. 작업자와 직무가 균형 있게 일치된 직무 재설계는 스트레스와 관련된 질병을 예방할 수 있게 만든다. 직원들은 때때로 업무 재설계를 할 때 자신들이 좋아하는 쪽으로 진행되도록 그 역할을 활발하게 할 수 있다. 상황에 따라, 기업의 필요성에 의해 이루어진 조직 구조의 재설계는 직원의 만족을 높이고 이직률을 줄이는데 도움을 준다.

직무 확대와 직무 충실 모두가 다 아는 것처럼, 동일한 업무를 반복한다면 당신을 지루함을 느낄 것이다. 이런 경우에 다양한 업무를 수행할 기회가 주어진다면, 당신은 어느 정도 만족할 것이다. 특히 당신의 업무에 대하여 책임감과 권한이 더욱 주어진다면 훨씬 더 만족할 것이다.

Tudor Vintiloiu/Dreamstime.com

직무 충실은 직원들이 도전적인 일을 찾을 때 가장 좋다. 물론, 모든 직원이 직무 충실을 긍정적으로 받아들이진 않는다. 직원들은 개인적 성장을 바라며, 더욱 고차원적인 업무를 수행하기 위해서 지식과 기술을 얻기 원한다. 자신감 부족, 실패에 대한 두려움, 경영진의 의도에 대한 불신은 직무 충실의 바람직하지 않은 결과로 이어질 가능성이 크다. 일부 직원들은 자신의 일상적인 업무를 반복되고 지루하다고 여기지 않는다. 심지어 어떤 이들은 일상적인 업무가 자신들에게 만족을 주기 때문에 이러한 업무를 선호하기도 한다. 직무 충실은 이런 직원들에게는 매력적이지 않을 것이다. 직무 충실을 전문화하는 기업들은 재훈련 및 재교육 비용과 같은 추가 비용이 발생한다.

9-4c 행동 수정

행동 수정(behavior modification)은 직원들의 바람직한 행동을 장려하기 위한 체계적인 강화 프로그램이다. 행동 수정은 바람직한 행동을 장려하기 위한 보상과 바람직하지 않은 행동을 하지 않게 하는 처벌을 모두 포함한다. 그러나 연구들에 의하면, 칭찬이나 감사의 표현과 같은 보상은 질책이나 꾸지람 같은 처벌보다 더 효과적인 행동 수정을 끌어낸다.

행동 수정(behavior modification) 직원들의 바람직한 행동을 장려하기 위한 체계적인 강화 프로그램

경영 관리에 적용할 때, 행동 수정은 바람직한 조직 행동을 끌어내려고 노력한다. 이러한 기법은 *표적 행동(target behavior)*-변화되어야 할 행동-의 설정으로 시작된다. 그런 다음에, 이러한 행동의 현 수준-예를 들어, 낮은 생산성 혹은 높은 결근율 등-을 측정한다. 다음으로 관리자들은 직원들이 *바람직한 행동(desirable behavior)*-예를 들어, 높은 생산량 혹은 낮은 결근율-을 보일 때, 보상의 형태로 긍정적 강화를 제공한다. 보상은 칭찬일 수도 있고 선물, 식사 또는 휴가와 같은 보다 확실한 형태의 인정일 수도 있다. 예를 들어, Apple은 Corporate Gifting and Rewards Program을 만들어 직원들의 보상으로 아이팟, 아이폰, 아이패드, 맥 컴퓨터, 아이튠즈 선물 카드 등을 제공하고 있다. 마지막으로, 표적 행동의 수준을 다시 측정하여, 그 행동이 바람직하게 변화하였는지를 확인한다. 이러한 변화가 잘 이루어졌다면, 현 보상 시스템은 유지된

다. 하지만, 표적 행동이 바람직한 방향으로 변화하지 않았다면, 현 보상 시스템은 더 효과적으로 바뀌어야 한다. 결국, 성공의 열쇠는 직원들의 행동을 바람직한 방향으로 수정할 뿐만 아니라 직원들에게 동기부여를 줄 수 있는 효과적인 보상들을 고안하는 것이다. 그리고 전문가들은 경영진에게 우수한 품질, 충성도, 그리고 생산성을 보이는 직원들에게 보상할 것을 제안하고 있다.

9-4d 근무시간 자유선택제

오늘날 직원들의 욕구와 라이프스타일은 계속 변하고 있다. 맞벌이 가정은 그 어느 때보다도 증가하고 있으며, 여성들의 진출 분야가 더욱 확대되고 있다. 육아 업무 외에도 노인 친척을 돌보는 직원이 늘어나고 있다. Pew Research의 한 연구에 따르면, 4천만 명의 미국인이 적어도 한 명의 노부모를 일상생활에서 돌보고 있으며, 이를 위해 이들 보호자 중 70%는 늦게 출근하거나 일찍 퇴근하는 것이 필요하다. 더욱이 밀레니얼 세대의 74%는 보다 유연한 근무 일정이 중요하다고 답하고, 이를 제공하는 기업을 찾는다. 이러한 변화로 인해 기업들은 직원들의 시간 관리를 돕고 직원들의 동기부여와 직무 만족도를 높이기 위해 유연한 근무 일정을 늘리고 있다.

근무시간 자유선택제(flextime) 기업이 정한 범위 안에서 직원이 자신의 근무시간을 정하는 제도

근무시간 자유선택제(flextime)는 기업이 정한 범위 안에서 직원이 자신의 근무시간을 정하는 제도다. 전형적으로, 기업은 두 종류의 시간 제도를 운영한다: 모든 직원이 반드시 근무해야 하는 핵심 시간(core time)과 직원들의 근무시간을 융통성 있게 하는 유연 시간(flexible time). 이러한 시간 제도의 유일한 조건은 모든 직원이 하루 총 8시간을 근무해야 한다는 점이다. 예를 들어, 오전 9시-11시와 오후 1시-3시는 핵심 시간이고, 오전 6시-9시, 오전 11시-오후 1시, 오후 3시-6시는 유연 시간이다. 이것은 직원들에게 일찍 출근하여 일찍 퇴근하거나 혹은 늦게 출근하여 늦게 퇴근하는 선택권을 제공한다. 근무시간 자유선택제는 또한 직원들이 상사와의 회의와 부서 모임의 일정이 잡혀있는 경우에 그 일정을 피해 근무할 수 있도록 도와준다.

집중 근무제(compressed workweek) 직원들이 5일이 아닌 4일에 주 40시간 근무할 수 있도록 허용함

또 다른 유연한 일정 선택은 직원들이 더 짧은 기간에 같은 시간을 일할 수 있도록 하는 집중 근무제이다. **집중 근무제(compressed workweek)**는 일반적으로 5일이 아닌 4일에 40시간 근무하지만, 일부 기업에서는 9일 동안 80시간 근무한다고 명시한다. 두 상황 모두에서 직원들은 주말 3일 이상을 얻지만, 그것을 얻기 위해 매일 더 긴 시간을 일해야 한다.

Minnesota 대학과 MIT의 연구에 의하면, 유연한 근무 일정을 가진 직원들은 스트레스와 피로가 덜하고 더 큰 직무 만족을 경험한다. 그러나 유연한 일정 사용과 관련된 두 가지 일반적인 문제는 (1) 상사는 직원들이 서로 다른 시간에 오고 가기 때문에 업무가 복잡하다는 것을 느낄 수 있으며, (2) 일반적인 근무 일정을 가진 직원은 때때로 더 많은 유연 근무를 하는 동료에게 분개하는 경우가 있다는 점이다.

대부분 사람들의 근무시간은 보통 오전 9시에서 오후 5시까지, 일주일에 40시간을 일한다. 하지만 현실에서 몇몇 사람들은 이러한 근무시간과 다르다. 근무시간 자유선택제는 기술의 발

전으로 인해 사람들을 어디에 있든, 어떤 시간이든 상관없이 연결해 주기 때문에 훨씬 유용하게 사용되고 있다. 그러나 몇몇 산업들은 직원들에게 근무시간 자유선택제를 다른 방법으로 제안하고 있다. 의료와 보건, 교육과 훈련, 행정업무와 같은 직군들은 근무시간 자유선택제를 제공하는 것이 적당하다. 반면에 Ernst & Young과 같은 회계 및 컨설팅 기업들은 오랫동안 지속하는 경쟁적 산업에 종사하는 직원들에게 근무시간 자유선택제를 제공하지 못하고, 이에 대한 보상으로써 다른 방법을 실시하고 있다. 예를 들어, 세금 결산 시기에 한 주에 60-70시간을 근무하는 것을 상쇄하기 위해서 몇몇 회계 사무소들은 직원들을 한주에 3일만 일하게 하거나 여름에 휴가 기간을 늘려준다. 이러한 융통성 있는 정책들은 직원들의 과로를 줄이고, 스트레스가 심한 산업에서의 이직률을 줄여주는 데 도움이 된다.

Sorbis/Shutterstock.com

시간제 근무의 급여와 정규직의 복지 많은 직원은 시간제 근무로 일하지만, 건강보험과 같은 복지를 받지 못한다. 하지만, Starbucks, REI, Lands'End, UPS, Barnes & Noble 등은 시간제 근무자들에게 정규직과 같은 복지를 제공하고 있다.

9-4e 시간제 근무와 직무 공유

시간제 근무(part-time work) 개인이 주당 기본 시간보다 적게 근무하는 정규직 고용의 한 형태

시간제 근무(part-time work)는 개인이 주당 기본 시간보다 적게 근무하는 정규직 고용의 한 형태이다. 특정 근무시간은 다양하지만, 직원의 책임은 근무하는 시간 동안에만 이루어진다. 시간제 근무는 자녀와 더 많은 시간을 갖기 희망하는 사람들과 여가를 더 갖기 원하는 사람들이 관심을 가진다. 시간제 근무의 큰 단점은 정규직 직원들에게 제공하는 복지를 받지 못한다는 점이다. 그렇지만, 모든 기업이 시간제 근무자에게 이러한 복지를 제공하지 않는 것은 아니다. 시간제 근무자에게 좋은 복지 패키지를 제공하는 기업으로 Starbucks, REI, Barnes & Noble 등이 있다. 이러한 기업들은 그들의 모든 직원에게 보험패키지를 제공한다.

직무 공유(job sharing) 혹은 직무 분담 두 사람이 하나의 정규직 일자리를 공유하는 방식

직무 공유(job sharing, 직무 분담이라고도 함)는 두 사람이 하나의 정규직 업무를 공유하는 것이다. 예를 들어, 한 사람은 오전 8-12시까지 일하고, 다른 사람은 오후 1-5시까지 일할 수 있으며 혹은 하루씩 번갈아 일할 수 있다. 직무 공유는 두 사람이 하나의 직무를 공유한다는 점과 더욱 숙련된 기술을 필요로 한다는 점에서 시간제 근무와 다르다. 직무 공유는 처음에 조정하기 어렵지만, 더 큰 직업 만족을 주고 일과 삶의 균형을 이루는 데 도움을 준다. 직무 공유는 사람들이 일하는 시간을 알고 있고, 업무의 질에 따라 보상을 받는 걸 알기 때문에 그들의 업무를 더욱 생산적으로 만든다. 이러한 직무 공유는 특히 전문적인 분야에서 일하고 싶고, 또 자녀와의 시간을 갖고 싶은 사람들이 원한다. 직무 공유는 시간제 근무의 자율적인 근무시간과 정규직의 안정성이 결합되어 있다. 기업에게 직무 공유는 정규직에서 기본적으로 행할 수 없는 높은 수준의 기술을 가진 사람들을 데려올 수 있는 기회를 제공한다. 추가적으로, 직무 공유는 업무 분담을 맡은 사람들이 서로 화합이 잘되지 않거나 대화가 되지 않으면 일하기 어렵다.

재택근무 많은 기업은 직원들의 재택근무가 비용 측면에서 매우 효과적이라는 것을 깨닫고 있다. 재택근무는 부모가 자녀와 더 많은 시간을 보낼 수 있음을 의미한다. 이러한 재택근무는 직원과 기업 모두에게 윈-윈(win-win)이 될 수 있다.

9-4f 재택근무

직원들에게 일주일 내내 혹은 일주일 중 며칠 집에서 일하는 **재택근무(telecommuting)**를 허용하는 기업들이 빠르게 증가하고 있다. 이메일과 클라우드 컴퓨팅, 스마트폰, 노트북, 태블릿 PC, 화상 회의, 그리고 1일 특급 배송과 같은 모든 것들이 재택근무를 촉진했다. 재택근무는 개인이 자신의 시간을 가지고 가족들과 더 많은 시간을 가질 수 있도록 스스로 일정을 조정할 수 있다는 것을 의미한다. 2005년 이후 재택근무는 103% 증가했으며 현재는 자영업자를 제외한 미국 노동인구의 2.8%를 차지하고 있다. 재택근무는 장애인, 일하는 부모, 노인이나 장애인 가족을 돌보는 직원들에게 특히 유익하다.

재택근무(telecommuting working) 직원들에게 일주일 내내 혹은 일주일 중 며칠 집에서 일하는 방식

많은 연구는 재택 근무자들이 사내 근무자들보다 실제로 더 효과적이라는 것을 보여준다. 재택근무 직원들은 일반적으로 사무실에서 일하는 동료들보다 업무 성과가 더 좋고, 업무를 더 빠르게 처리한다. 더군다나, 그들은 아플 때도 계속 일하는 경향이 있다. 마지막으로, 재택 근무자들은 일반적으로 자신의 업무에 대해 더 높은 수준의 행복감과 개인적인 만족도를 보인다.

기업들은 재택근무를 통해 생산성이 증가되고, 기숙사 운영비와 교통비의 감소, 직원들의 잦은 결근과 이직률의 감소, 일과 삶의 균형을 도움, 사기 증진 그리고 추가적인 노동력을 얻을 수 있는 등의 혜택을 받을 수 있다. 재택근무는 또한 공기 오염을 줄이고, 교통 혼잡을 줄이고, 그리고 석유 연료의 소비를 줄임으로써 기업이 친환경 경영을 할 수 있게 하여 사회에 공헌한다.

재택근무의 단점으로는 고립감, 장시간의 노동, 식구들에 의한 방해, 그리고 가사 일의 증가 등이 있다. 대부분의 상사들은 직원들의 재택근무에 대해 직원들을 신뢰한다고 말하면서도 재택 근무자들은 사무실 근무자들보다 생산성이 떨어진다고 생각한다. 게다가, 일부 상사들은 재택 근무자들의 생산성을 측정하는 데 어려움을 겪는다.

9-4g 권한위임

권한위임(empowerment) 직원들의 의사결정 참여를 늘림으로써 직원들이 자신의 업무와 기업의 운영에 더 많이 참여하도록 함

많은 기업은 권한위임을 통해 직원의 동기부여와 만족을 증가시키고 있다. **권한위임(empowerment)**은 직원들의 의사결정 참여를 늘림으로써 직원들이 자신의 업무와 기업의 운영에 더 많이 참여하도록 하는 것을 의미한다. 권한위임을 통해서 수직적인 상하관계를 더 이상 조정할 필요가 없어진다. 권한위임을 받은 직원들은 스스로 무엇을 할지 언제 일을 할지 결정

녹색 환경 속으로

재택근무로 지구를 보호

점점 더 많은 기업이 직원들의 생산성과 동기부여를 높이고, 지구 보호에 도움이 되기 때문에 재택근무를 장려하고 있다. Austin에 본사를 둔 Dell이 대표적인 사례다. 이 기술 기업은 10만 명 이상의 직원들이 재택근무를 할 수 있도록 매년 재택근무의 환경적 영향을 측정해왔다. 오늘날, Dell의 재택 근무자들은 평균적으로 한 달에 10번 정도 집에서 일한다. 출퇴근하지 않음으로써 도로에 차량이 줄어들고, Dell 사무실을 운영하는 데 필요한 에너지의 양을 감소시킨다. 직원 1인당 일 년 동안의 재택근무는 1t 이상의 온실가스를 감소시켰다. Dell 직원의 절반이 곧 재택근무를 할 것이다. 그 결과, 직원들은 자동차로 인한 대기오염이나 교통 혼잡을 줄이면서 자신의 시간과 돈을 절약하며, 기업은 에너지 비용을 절감하면서 지구를 조금 더 친환경적으로 유지할 수 있다.

San Jose에 본사를 둔 네트워크 회사인 Cisco는 또 다른 사례다. 74,000명의 직원 중 다수가 정기적으로 재택근무를 한다. 그들은 매일 차로 출퇴근하거나 회의를 위해 비행기로 이동하기보다는 전자적으로 동료들과 소통함으로써 귀중한 자원을 절약하고 환경의 부정적 영향을 줄인다. 대부분의 Cisco 재택 근무자들은 개인적인 삶과 일의 균형을 잘 맞출 수 있는 유연한 근무제도를 선호하는 것으로 나타났다.

Sources: Based on information in Marc Saltzman, "Why It's Time to Telecommute, and How to Stay Productive," USA Today, February 11, 2017, http://www.usatoday.com/story/tech/columnist/saltzman/2017/02/11/why-its-time-to-telecommute-and-how-to-remain-productive/97752052 (accessed February 22, 2017); Jessica Lyons Hardcastle, "How Dell Saved $39.5 Million, Cut Carbon Pollution via Telecommuting," Environmental Leader, June 17, 2016, https://www.environmentalleader.com/2016/06/how-dell-saved-39-5-million-cut -carbon-pollution-via-telecommuting (February 22, 2017); Marc Saltzman, "Thanks to Tech, It's Time to Telecommute," USA Today, January 30, 2016, http:// www.usatoday.com/story/tech/columnist/saltzman/2016/01/30/technology -telecommuting/79517908/ (accessed February 22, 2017; www.dell.com (accessed January 6, 2017).

한다. 성공한 기업들은 직원들을 중요한 자산으로 대우하며, 직원들이 자신의 재능을 최대한 활용하도록 그들에게 권한을 위임하며, 그리고 직원들의 책임을 기업의 요구에 알맞게 일치시킨다. 기술의 발전은 직원들에게 정보를 쉽게 접근하도록 해 권한을 위임하는 데 큰 도움을 준다.

권한위임이 효과적으로 작동되기 위해서는 반드시 기업의 경영진이 참여해야 한다. 권한위임에 대하여 관리자들은 목표설정, 의사소통의 표준, 정기적 평가, 그리고 그에 따른 후속 조치를 취해야 한다. 효과적으로 실행된다면, 권한위임은 직원들의 직무 만족, 직무 성과, 그리고 자존감을 높이고, 궁극적으로 조직의 성과도 높여준다. 권한위임의 장애물로는 일부 경영진의 저항, 일부 직원들에 대한 경영진의 불신, 불충분한 교육, 경영진과 직원들 사이의 의사소통 부족 등을 들 수 있다.

9-4h 우리사주제도

우리사주제도(employee ownership) 직원들이 근무하는 회사의 주식을 보유함으로써 회사에 대한 그들의 주인의식을 높이게 하는 제도

일부 기업들은 우리사주제도가 직원들의 동기부여에 매우 효과적인 방법이라는 것을 발견하였다. **우리사주제도(employee ownership)**는 직원들이 근무하는 회사의 주식을 보유함으로

윤리 및 사회적 책임

한 형제, 두 기업, 두 개의 우리사주제도

다른 주에서 비즈니스를 운영하는 형제는 각자 자신의 가족 기업을 성공적으로 유지하였지만, 지역 사회를 혼란스럽게 하지 않기 위해 자신들의 기업을 직원들에게 매각했다. 형인 David Sundman은 부모님이 1945년에 설립한 Littleton Coin Company의 사장 겸 소유주였다. 뉴햄프셔주의 Littleton에 본사를 두고 있는 이 회사는 수집용 동전과 지폐를 사고파는 기업으로 전 세계적으로 유명하며, 연간 매출이 5천만 달러로 성장했다.

명성과 귀중한 재고(돈과 지폐)가 주요 강점이지만, 회사의 성공은 풍부한 지식을 갖추고 충성도가 높은 직원들 덕분이었다. 이 회사에는 315명이 근무하며, 이들은 평균 11년의 재직 기간을 가졌다. Littleton Coin Company의 미래를 생각한 Sundman은 자신의 자녀들이 사업에 관심이 없다는 것을 인식했다. 그래서 그는 가족의 지분을 우리사주제도를 도입하여 직원들에게 매각하였고, 회사의 원활한 운영을 위해 경영진과 함께 머물렀다.

몇 달 전에 동생인 Donald Sundman과 그의 아내 Chacea Sundman은 뉴욕주 Camden에 있는 가족 소유의 Mystic Stamp Company에 대해 비슷한 결정을 내렸다. Mystic은 150명 이상의 직원을 두고 있으며, 수집용 우표를 사고파는 회사로 유명하다. 부부는 우리사주제도를 도입하여 자신의 주식을 직원들에게 매각하고, 자신들의 역할을 그대로 유지하면서 사장과 인사담당 이사로 일했다. Chacea Sundman은 "우리사주제도는 우리의 동료인 직원들, Camden 공동체, 우리 고객들에게 멋진 일이 될 것"이라고 이야기했다. 그녀의 남편은 다음과 같이 덧붙였다. "우리는 훌륭한 팀과 매우 성공적인 비즈니스를 보유하고 있으며 이를 바꾸고 싶지 않습니다."

Sources: Based on information in John Koziol, "71-year-old Littleton Coin Co. Sold to Its Employees," New Hampshire Union Leader, January 4, 2017, http://www.unionleader.com/business/71-year-old-Littleton-Coin-Co-sold-to-its-employees-01052017 (accessed February 22, 2017); "Littleton Coin Company in New Smithsonian Virtual Exhibit," CoinWeek, October 11, 2016, http://www.coinweek.com/dealers-companies/littleton/littleton-coin-company-new-smithsonian-virtual-exhibit/ (accessed February 22, 2017); "Mystic Stamp Co. Transitions to Employee Ownership," Linn's Stamp News, April 4, 2016, http://www.linns.com/news/world-stamps-postal-history/2016/april/mystic-stamp-co--transitions-to-employee-ownership.html (accessed February 22, 2017).

써 회사에 대한 그들의 주인의식을 높이게 하는 제도이다. 직원이 주주인 기업들은 직원의 성공에 즉시 보상한다. 매출의 증가나 비용의 절감이 이루어진 경우, 기업은 그에 비례하여 직원들에게 직접적인 보상을 제공한다. 미국의 우리사주제도를 운용하는 기업들을 연구하는 기관인 National Center for Employee Ownership의 보고서에 의하면, 우리사주제도는 직원들에게 동기부여를 상당히 높이며, 직원들의 참여와 헌신을 유도하는 것으로 나타났다.

한편, 일부 기업들은 임직원들에게 동기를 부여하는 수단으로 스톡옵션(stock option)을 제공한다. 옵션은 특정 기간 내에 정해진 가격으로 회사의 주식을 매입할 수 있는 권리이다. 만약 회사가 잘되어 주가가 정해진 가격을 넘어 서면, 임직원은 옵션을 행사하여 주식을 매도하여 현금화할 수 있다. 그러나 우리사주제도와 스톡옵션은 복잡하고 비용이 많이 들기 때문에 모든 기업이 이러한 제도를 도입하는 것은 아니다.

9-5 팀과 팀워크

 # 학습목표 **팀의 유형 및 개발 그리고 사용법을 이해한다.**

팀과 팀워크의 개념은 대부분 스포츠와 관련이 있지만, 기업 조직에도 매우 중요하다. 이러한 형태의 조직 구조는 직원들에게 비즈니스 의사결정에 적극적인 참여를 격려하기 때문에 인기가 많다. 팀의 구성원들은 상당한 자율권을 가지면서 특정 목적을 위해 일하기 때문에 이로 인해 발생하는 직원의 생산성과 창의성을 높이기 위한 수단으로, 많은 기업은 조직 구조를 팀 중심으로 운영하고 있다. 팀 운영은 직원들이 경영 과정에 더 많이 참여하고 있다고 느끼기 때문에 그들의 직무 만족을 상당히 높인다.

9-5a 팀이란 무엇인가?

기업 조직에서 **팀(team)**은 특정 목표나 업무를 달성하기 위해 하나의 통합된 단위로 운영되는 두 명 이상의 직원들을 말한다. 팀은 신제품의 개발부터 제품의 판매까지의 목표나 업무를 위해 구성된다. 또한, 팀은 기업이 겪고 있는 문제점과 그 해결방안을 찾기 위해서도 구성된다. 팀워크는 단순한 개념처럼 보일 수 있지만, 팀은 조직의 축소판이며 작업 환경의 복잡성은 팀에 영향을 준다.

팀(team) 특정 목표나 업무를 달성하기 위해 하나의 통합된 단위로 운영되는 두 명 이상의 직원들

9-5b 팀의 유형

기업 내에는 다른 목적들을 달성하기 위해 여러 유형의 팀들이 있다: 문제해결 팀, 자율관리 팀, 다기능 팀, 그리고 가상 팀.

문제해결 팀 기업 조직에서 가장 일반적인 유형은 **문제해결 팀(problem-solving team)**이다. 이 팀은 특정한 문제를 해결하기 위해 지식이 풍부한 직원들로 구성되며 일시적으로 운용된다. 문제가 해결되면, 일반적으로 팀은 해체된다.

문제해결 팀(problem-solving team) 특정한 문제를 해결하기 위해 지식이 풍부한 직원들로 구성된 팀

자율관리 팀 **자율관리 팀(self-managed team)**은 스스로 관리하는 권한과 기술을 가진 직원들로 구성된 팀이다. 전문가들에 의하면, 자율관리 팀의 구성원들은 다양한 업무와 그 업무의 통제권이 자신들에게 있기 때문에 더 많이 동기부여 되어 있으며 더욱 만족하는 것으로 알려져 있다. 팀원들은 자신의 팀이 책임져야 하는 업무를 돌아가면서 맡는다. 전통적인 기업 구조에서, 경영진은 직원의 채용과 해고, 예산 수립, 원자재와 소모품 구매, 성과 검토, 그리고 올바른 조치

자율관리 팀(self-managed team) 스스로 관리할 수 있는 권한과 기술을 가진 직원들로 구성된 팀

그림 9.6 자율관리 팀의 장단점

자율관리 팀은 기업에 여러 장점을 제공하기도 하지만, 관리자들은 이 팀의 단점도 인식해야 한다.

장점

- 직원의 사기 증진
- 생산성 향상
- 혁신 지원
- 직원의 지루함 감소

단점

- 추가적인 교육훈련 비용 발생
- 체계적이지 못할 가능성
- 갈등 발생
- 리더 역할의 불분명

등에 책임이 있다. 자율관리 팀이 시행되면, 이러한 팀이 바로 앞에서 언급한 경영진의 관리기능을 이어받는다. 자율관리 팀의 주요 장단점은 그림 9.6에 제시되어 있다.

다기능 팀(cross-functional team) 공통 업무를 함께 성공적으로 수행하도록, 다양한 전공, 전문적 지식, 그리고 기술을 가진 개인들로 구성된 팀

다기능 팀 전통적으로, 기업은 공통적인 기능과 전문화를 기초로 직원들을 부서별로 조직화해 왔다. 하지만, 기업들은 한 부서 내에서 수행할 수 있는 기술이 아닌, 다양한 기술을 요구하는 프로젝트에 점점 더 직면하고 있다. **다기능 팀(cross-functional team)**은 공통 업무를 함께 성공적으로 수행하도록, 다양한 전공, 전문적 지식, 그리고 기술을 가진 개인들로 구성된다. 예를 들어, 구매 담당자는 기업의 효과적인 구매를 위해 여러 부서의 대표자들로 다기능 팀을 구성할 수 있다. 이러한 구조는 부서별 분리를 피하고, 하나의 목표가 있을 때 더 큰 효과가 난다. 다기능 팀은 반드시 자율관리 팀이 아니지만, 자율관리 팀은 대부분 다기능 팀이다. 다기능 팀은 또한 부서 간 협업을 가능하게 한다. 그리고 다기능 팀은 상호 보완적인 기술과 관점을 가진 사람들로 구성되기 때문에 기업이 직면한 문제를 효과적이고 효율적으로 해결할 수 있다. 인터넷과 디지털 기기는 다기능 팀의 의사소통 능력을 강화하는 데 도움을 준다. 세계가 더욱 상호 연결되고 비즈니스가 변화에 빠르게 적응해야 하기 때문에 다기능 팀에서 일할 수 있는 능력이 점점 더 중요해지고 있다.

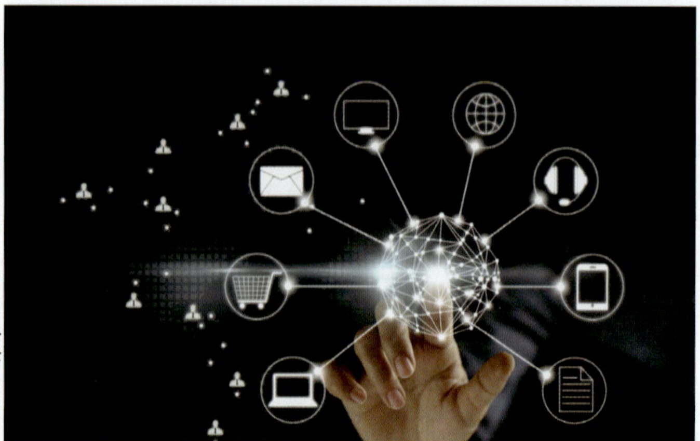

iStock.com/popba

기술을 사용하여 시간과 장소의 제약 없이 더 많은 작업을 수행한다. Skype, 이메일, 다른 전자적 방법은 서로 멀리 떨어져 있는 직원들이 효과적으로 협력할 수 있게 한다. 전 세계 최고의 직원을 고용하여 네트워크를 통해 서로 함께 일할 수 있다는 것은 기업에 경쟁우위를 제공할 수 있다. 다른 시간대와 다른 장소에 있는 가상 팀을 통해 기업은 중요한 프로젝트를 연중무휴로 수행할 수 있다.

가상 팀 정교한 통신기술의 출현으로, 팀들은 더 이상 지리적으로 가까울 필요가 없게 되었다. **가상 팀(virtual team)**은 지리적으로 떨어져 있지만, 전자적 수단을 통해 소통하는 팀원들로 구성된다. 사실상, 팀

경력 쌓기

팀에서 일하기

오늘날 Zappos, Spotify, Boeing과 같은 회사들은 기업 조직의 효과적인 운영을 위해 팀들을 활용하고 있다. 예를 들어, 온라인 소매업체인 Zappos에서 "서클(circles)"은 여러 작업을 담당하는 팀원으로 구성된 자율관리 팀이다. "리드 링크(lead links)"로 알려진 관리자들은 서클 작업을 조정하고 지원한다. 서클의 목표는 관료적인 느린 속도 작업을 제거하고, 혁신을 촉진하며, 그리고 전문적인 성장을 위한 분위기를 제공하는 것이다.

엔터테인먼트 스트리밍 회사인 Spotify에서는 2,000명의 글로벌 인력이 "분대(squads)"에 따라 구성되어 있다. 각 분대는 최대 8명으로 구성된 다기능 팀으로, 스스로 조직하고 관리하며 한 제품의 특정 요소에 대한 책임을 진다. 각 분대원은 자신의 비공식 리더를 선택하고, 시작부터 실행까지 한 가지 작업을 수행하며, 그리고 그 작업의 프로세스가 끝날 때까지 전적으로 책임을 지고 진행한다. 지속적인 개선을 위해, 분대는 프로젝트 진행상의 문제점을 정기적으로 분석하여 동료와 다른 사람들에게 피드백을 제공한다.

Boeing은 사우스캐롤라이나 공장에서 항공기 엔지니어와 기계공으로 구성된 "혁신 셀(innovation cells)" 팀을 비행기 제조 과정에 활용한다. 그 아이디어는 항공기 전문가들의 팀을 구성하여 새로운 기술을 테스트하고 구현함으로써 통찰력과 혁신을 창출하기 위한 것이다. 예를 들어, 로봇 조립 시스템을 설계한 엔지니어는 실제로 시스템을 설치하고 작동시키는 혁신 셀에 참여했다. 이러한 혁신 셀들은 프로세스와 제품 개선을 위한 수십 개의 새로운 아이디어를 만들어냈다.

Sources: Based on information in Michael Mankins and Eric Garton, "How Spotify Balances Employee Autonomy and Accountability." Harvard Business Review, February 9, 2017, https://hbr.org/2017/02/how-spotify-balances-employee -autonomy-and-accountability (accessed February 22, 2017); Alex Heaton, "Boeing SC Launches Innovation Cell, Specialized Teams to Increase Performance," WCIV ABC News 4, January 23, 2017, http://abcnews4.com/news/local/boeing-sc-launches -innovation-cell-specialized-teams-to-increase-performance (accessed February 22, 2017); Ethan Bernstein, John Bunch, Niko Canner, and Michael Lee, "Organizational Structure: Beyond the Holacracy Hype," Harvard Business Review, August 2016, pp. 38–49.

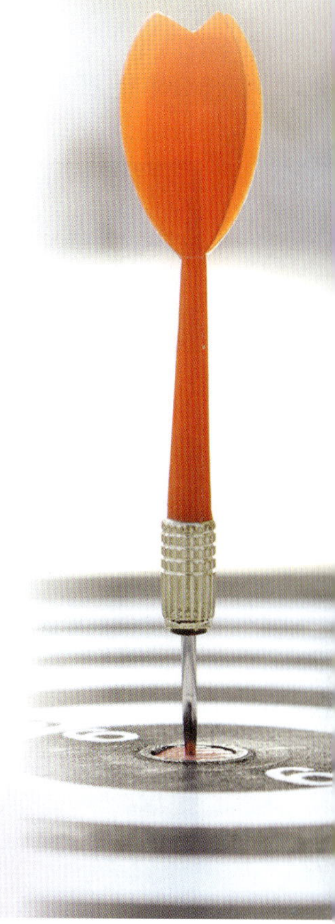

원들은 개인적 만남 없이 이메일, 화상 회의, 음성 메시지, 다른 기술적 상호작용에 의존한다. 점점 더 많은 가상 팀이 직원들끼리 파일과 정보를 공유하고 채팅할 수 있는 그룹 채팅 서비스에 의존하고 있다. 또한, Skype, WebEx, GoToMeeting과 같은 화상 회의 서비스를 사용하여 실시간으로 회의를 하고 있다. 글로벌 비즈니스 환경에서 가상 팀은 공통 작업을 위해 전 세계의 직원들을 연결한다. 그러나 거리, 시차, 비대면에 의한 낯가림으로 가상 팀의 작업이 어려울 수 있다. 특히 직접 만난 적이 없는 팀원들 사이에서는 명확한 의사소통이 필수적이다. 예를 들어 이메일, 문자 및 채팅 커뮤니케이션은 잘못 해석될 수 있다. 또한, 팀원들은 프로세스와 결과에 집중하기 위해 문화적, 언어적 차이를 존중해야 한다.

가상 팀(virtual team) 팀 구성원들이 지리적으로 떨어져 있지만, 전자적 수단을 통해 소통하는 팀

9-5c 효과적인 팀 개발과 활용

팀이 처음으로 만들어질 때, 팀원들이 자신들의 역할, 관계, 의무를 수립하는 데 시간이 걸린다. 효과적인 팀이 되기 위해서는 그림 9.7과 같이 다섯 단계의 발달과정을 거친다.

그림 9.7 팀 개발의 단계

효과적인 팀을 구성하려면, 관리자는 여러 단계가 필요하다는 것을 이해해야 한다.

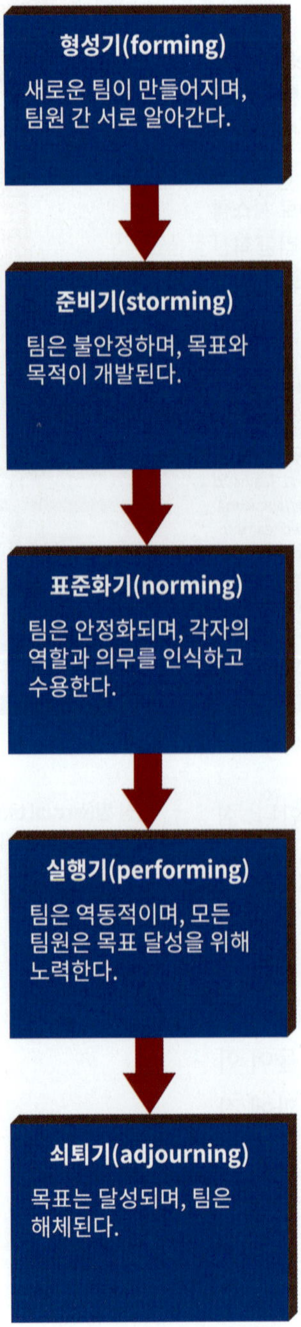

형성기(forming) 첫 번째 단계는 형성기로, 팀원들이 서로를 소개하고 사회적 관계를 형성한다. 팀원들은 어떻게 서로 관계를 맺어야 하는지, 어떤 행동들을 받아들일 수 있는지, 그리고 팀에 어떤 규칙이 존재하는지 아직까지 잘 모른다. 시간이 흐르면서 상호작용을 통해 팀원들이 더욱 편해지게 되고 팀으로써의 알맞은 모습을 갖추게 된다.

준비기(storming) 준비기 단계에서는 상호작용이 불안정하고 팀의 통일성이 부족할 수 있다. 왜냐하면, 팀은 여전히 새로운 상태이며, 이는 목표를 위한 목적을 개발하는 단계이기 때문이다. 팀원들은 아이디어나 계획 개발을 통해 영감을 얻을 수 있고 넓은 분야의 주제를 설정할 수도 있다. 이 단계는 그들이 서로 솔직하게 터놓을 수 있는 더 편안한 관계로 발전해야 하는 중요한 단계이다. 이때에 팀장은 공식적으로 확실하게 정해져 있지 않을 것이다. 하지만 팀원 중 한 명이 비공식적으로 팀장 역할을 수행할지도 모른다. 준비기 단계에서의 성공 혹은 실패는 그 팀이 다음 단계로 도달하는데 얼마나 걸릴지를 결정짓는다.

표준화기(norming) 팀은 표준화기 단계 동안 안정화되어 간다. 이 과정 동안에 팀 내에서 각자의 역할을 명백히 만들고, 팀원들이 다른 사람들의 역할을 인식할 수 있도록 본인의 역할을 시작한다. 일체감은 팀을 강해지게 만든다. 만약 일체감이 형성되지 않았다면 팀장을 확실히 정해야 한다. 팀은 아직까지 이 시점에 다소 불안정할 수도 있고, 만약 어떤 충돌이라도 일어난다면 특히 팀장의 역할이 무너지는 일이 발생한다면 두 번째 단계로 퇴보할지도 모른다.

실행기(performing) 네 번째 단계인 실행기는 팀원들이 주어진 임무에 초점을 맞추면서 그 잠재력을 최대한 발휘한다. 팀원들은 필요한 목표를 달성하기 위해 배정받은 역할 하에 조화롭게 일한다.

쇠퇴기(adjourning) 마지막 단계인 쇠퇴기는 프로젝트가 완료되어 팀이 해체된다. 팀원들은 다른 팀이나 다른 업무를 다시 배정받게 된다. 이 단계에서 만약 팀이 특정한 기간에 완료해야 하는 업무가 아니라면 해체되지 않는다. 예를 들어, 마케팅팀은 특정 판촉 업무가 완료된 후에도 계속해서 매장의 판촉 활동을 전개할 수 있다.

팀으로 가자! 오늘날 많은 기업은 그들의 직원들이 다른 사람과 협업하여 더 좋은 성과를 내게 하기 위하여 팀들을 활용하고 있다. Sprint 회사는 이러한 목적을 위해 급류 래프팅과 자선사업 모금과 같은 팀을 운영한다.

iStock.com/ozgurdonmaz

9-5d 팀 응집력

다양하고 다른 성격, 전문 분야, 배경, 업무 스타일의 직원들로 이루어진 팀 개발은 도전적이고 복잡하다. 응집력이 있는 팀은 팀원들이 잘 어울리고 효과적으로 업무를 완수한다. 팀의 응집력은 팀 내부와 외부의 다양한 요인에 의해 영향을 받는다. 응집력이 있는 이상적인 팀 규모는 일반적으로 5-12명이다. 5명 미만으로 구성된 팀들은 종종 목표 달성이나 다양한 아이디어 창출에 실패하곤 한다. 12명 이상의 팀들은 너무 규모가 커서 팀원들이 서로 의견을 제시하기 어렵다고 느끼거나 혹은 접촉이 잘되지 않는다. Amazon의 최고경영자(CEO)인 Jeff Bezos는 피자 두 판으로 팀원들의 배를 채울 수 없다면 그건 너무 큰 팀이라고 생각한다. 응집력을 높일 수 있는 가장 바람직한 방법 중 하나는 다른 팀들과의 경쟁을 하는 것이다. 두 팀이 하나의 성과 혹은 인정을 받고자 경쟁할 때, 각 팀은 다른 팀과의 경쟁과 목표 달성의 압박을 받는다. 목표 달성의 인센티브를 얻기 위하여 팀은 더욱 노력하게 된다. 또한, 외부에서 들려오는 칭찬과 격려는 팀의 응집력을 강해지게 한다. 왜냐하면, 팀으로써 칭찬을 받기 때문에 팀원들은 그들의 노력에 대한 결과를 팀이라는 하나의 단위로 인식한다. 팀원들을 또한 목표를 함께 공유할 때, 더 성공적으로 업무를 수행한다. 팀은 목표 달성에 집중하기 때문이다. 상호작용을 자주 하는 것 또한 관계를 강화시키고, 친밀함을 높여줌으로써 응집력을 높이는데 도움이 된다.

9-5e 팀 내 갈등과 해결방안

갈등은 팀원들 사이에 의견 충돌이 일어날 때 발생한다. 갈등은 예전부터 부정적인 것으로 여겨졌다. 하지만 적절하게 다루어진다면 갈등은 오히려 팀의 능력을 향상시킬 수 있다. 예를 들어, 만약 두 명의 팀원 사이에 중요한 의사결정에 대해서 의견 충돌이 발생했다면, 두 사람 모두는 가장 좋은 선택을 위해 그 상황을 면밀히 분석할 것이다. 상대방을 배려하고 전문적인 방식으로 갈등이 다루어진다면, 이러한 갈등은 업무의 질을 향상시킨다. 그러나 만약 갈등이 서로 적대적이거나 근무 환경에 영향을 미치는 경우에는 절충안을 마련해야 한다. 기업 조직에서 어느 한쪽이 원하는 모든 것을 얻을 수는 없기 때문에 당사자 모두를 만족시키는 절충안은 어렵다. 가장 좋은 해결방안은 모든 당사자가 어느 정도 만족할 수 있는 중립적인 대안을 찾는 것이다. 갈등은 반드시 인정되어야만 비로소 그것을 해결할 수 있다. 갈등을 무시하면 상황이 악화하여 팀의 발전을 방해할 수 있다.

9-5f 팀의 장점과 한계

기업 내에서 팀워크는 이직률과 생산비용을 줄이고, 생산량과 품질, 그리고 고객 서비스를 증진시키는 중요한 열쇠이다. 팀으로 일하는 것이 직원들의 더 높은 직무 만족과 조화로운 작업 환경을 만들어낸다는 증거도 있다. 이러한 이유로 갈수록 많은 기업이 성공할 수 있는 조직 구조로써 팀을 꾸려 나간다. 하지만 팀을 조직화하는 과정은 스트레스가 많은 일이며 시간이 많이 소요된다. 만약 팀이 응집력이 부족하고 갈등을 해결할 수 없다면, 그 기업은 아마 낮은 생산성을 경험할 것이다.

요약

1. 동기부여가 무엇인지 이해한다.

동기부여는 행동에 활력을 주고, 촉진하고, 지속하게 하는 개인의 내면적 과정이다. 동기부여는 직원의 사기-즉 업무에 대하여, 상사에 대하여, 그리고 기업에 대하여 갖고 있는 직원의 느낌-에 의해 영향을 받는다. 동기부여, 사기, 그리고 직무 만족도는 밀접히 관련되어 있다.

2. 동기부여에 관한 주요 역사적 관점을 이해한다.

직원의 동기부여에 관한 첫 시도 중 하나는 일과 작업자의 관리에 과학적 원리들을 적용한 Frederick Taylor의 과학적 관리법이다. Taylor는 직원들은 대부분 오직 돈을 벌기 위해서 일하며, 주의 깊게 감독되고 관리되어야 한다고 믿었다. 이러한 생각은 각 직원이 생산하는 양과 비례하여 급여를 받는 생산량에 따른 급여제도를 탄생시켰다.

호손(Hawthorne) 연구는 작업 환경에 따른 생산성의 효과를 실험한 연구였다. 이러한 연구결과는 인적 요인들이 작업장의 물리적 요인들보다 생산성에 더 많은 영향을 미친다는 것을 보여주었다.

Maslow의 욕구단계설은 사람들이 다섯 가지 욕구에 의해 동기 부여된다고 주장한다. 이러한 욕구들은 생리적 욕구, 안전의 욕구, 사회적 욕구, 존경의 욕구, 자아실현의 욕구로, 그 중요성에 따라 단계적으로 이루어진다. 사람들은 충족되지 않은 욕구에 의해 동기부여 된다. 한 단계의 욕구가 충족되면 다음 단계의 욕구를 충족시키려고 노력한다.

Frederick Herzberg는 직무 만족과 직무 불만족은 다른 차원이며, 각기 다른 요인들에 의해 영향을 받는다고 주장하였다. 인정과 책임감 같은 동기 요인들은 직원 만족에 영향을 미치지만, 이러한 요인들의 부재가 직원의 불만족을 가져오지는 않는다. 급여와 근무 여건 같은 위생 요인들은 직원 불만족에 영향을 미치지만, 직원 만족에 영향을 미치지는 않는다.

X 이론은 직원들이 일하기 싫어하고 철저히 관리되는 근무 환경에서만 효율적으로 일을 수행한다고 가정한 동기부여의 한 개념이다. 따라서 조직의 목표를 달성하기 위해서, 관리자들은 직원들을 통제하고, 강요하며, 위협해야 한다. 이 이론은 일반적으로 Taylor의 과학적 관리법과 일치한다. 한편, Y 이론은 호손 연구와 인간관계 연구들의 결과와 일치한다. 이 이론은 직원들이 조직의 책임감 있는 구성원으로 행동할 때 동기부여 될 수 있다고 주장한다. Z 이론은 장기 고용, 집단적 의사결정, 의사결정의 결과에 대한 개인적 책임, 비공식적/공식적 통제, 그리고 직원을 전인적 인격체로 봄 등을 강조한다.

강화 이론은 사람들이 보상받는 행동은 반복해서 행하고, 처벌받는 행동은 다시 하지 않을 것이라는 가정을 기초로 한다.

3. 동기부여의 세 가지 현대적 관점을 이해한다. : 공정성 이론, 기대 이론, 목표설정 이론

공정성 이론에 의하면, 사람은 자신이 공정한 대우를 받고, 공정한 대우를 유지하기 위해서 동기부여 된다. 기대 이론에 의하면, 동기부여는 우리가 무언가를 얼마나 원하는지와 우리가 그것을 얻을 가능성이 얼마나 있다고 생각하는가에 달려있다. 목표설정 이론에 의하면, 직원은 그 자신과 관리자가 함께 수립한 목표를 달성하기 위해 동기부여 된다.

4. 직원의 동기부여를 향상하기 위한 몇 가지 기법들을 이해한다.

목표관리(MBO)는 관리자와 직원이 함께 협력하여 목표를 설정하는 동기부여의 방법이다. 목표설정과 성과 평가에 직원의 참여를 유도함에 의해 MBO는 직원의 동기부여를 증대시킨다. 직무 충실은 직원들에게 다양한 업무를 제공함과 동시에 그 업무에 책임과 통제권을 주는 동기부여 방법이다. 직원에게 유사한 업무를 추가하고 확장하는 직무 확대는 직무 충실의 한 측면이다. 직무 재설계는 직무를 재구축하여 직원-직무의 일치가 이루어지게 하는 직무 충실의 한 유형이다.

행동 수정은 바람직한 행동을 장려하기 위한 체계적인 강화 프로그램이다. 행동 수정은 바람직한 행동을 장려하기 위한 보상과 바람직하지 않은 행동을 하지 않게 하는 처벌을 모두 포함한다. 직원들의 생산성 향상, 높은 품질, 충성도에 대한 보상은 직원들의 행동을 바람직한 방식으로 변화시키고 동기부여를 증가시킨다.

근무시간 자유선택제는 직원의 동기부여와 직무 만족을 높이는 또 다른 방법이다. 근무시간 자유선택제는 기업이 정해놓은 범위 내에서 직원이 자신의 근무시간을 정할 수 있도록 한다. 집중 근무제는 근로자가 더 짧은 기간에 같은 시간 동안 일할 수 있도록 해준다. 시간제 근무는 개인들이 주당 기본시간보다 적게 근무하는 정규직 고용의 한 형태이다. 직무 공유(혹은 직무 분담)는 두 사람이 하나의 정규직 업무를 공유하는 것이다. 재택근무는 직원들이 일주일 내내 또는 일주일 중 며칠 집에서 일하게 해준다. 이러한 유형의 모든 근무제도는 직원들이 자신의 시간을 즐기고, 가족들과 더 많은 시간을 가질 수 있도록 허용한다.

권한위임, 자율관리 팀, 그리고 우리사주제도는 또한 직원들의 동기부여를 높이는 방법들이다. 권한위임은 직원들의 의사결정의 권한을 높여 직무 참여도를 높인다. 자율관리 팀은 스스로 관리하는 권한과 기술을 가진 직원들로 구성된 팀이다. 우리사주제도는 직원들이 근무하는 회사의 주식을 보유함으로써 회사에 대한 그들의 주인의식을 높이게 하는 제도이다.

5. 팀의 유형 및 개발 그리고 사용법을 이해한다.

수많은 기업은 직원들의 생산성을 높이기 위해 팀들을 활용한다. 기업 조직에서 팀은 특정 업무나 특정 목표를 달성하기 위해 하나의 통합된 단위로 운영되는 두 명 이상의 직원들이다. 기업 내에는 다양한 목적을 달성하기 위해 여러 유형의 팀들이 있다. 문제해결 팀은 특정 문제를 해결하기 위해 지식이 많은 직원들로 구성된 팀이다. 자율관리 팀은 자신을 스스로 관리할 권한과 기술을 갖춘 직원들로 구성된다. 다기능 팀은 공통 업무를 함께 성공적으로 수행하도록 다양한 전공, 전문적 지식, 그리고 기술을 가진 개인들로 구성된다. 가상 팀은 지리적으로 떨어져 있지만, 전자적 수단을 통해 소통하는 팀원들로 구성된다.

팀 개발의 다섯 단계는 형성기, 준비기, 표준화기, 실행기, 쇠퇴기로 구성된다. 팀은 배정된 목표와 목적을 달성하기 위해 더욱 생산적이고 단합되게 개발되어야 한다. 성공적인 팀이 되기 위해서, 팀원들은 갈등을 관리하고 해결하는 방법을 배워야 한다. 그래야만, 팀원들은 목표 달성을 위해 응집력 있게 일할 수 있다.

주요 용어

당신은 이제 다음 용어들에 대한 정의와 적합한 예를 제시할 수 있어야 한다.

- 동기부여
- 사기 혹은 의욕
- 과학적 관리법
- 생산량에 따른 급여 제도
- 욕구
- Maslow의 욕구단계설
- 생리적 욕구
- 안전의 욕구
- 사회적 욕구
- 존중의 욕구
- 자아실현의 욕구
- 동기-위생 이론
- 동기 요인
- 위생 요인
- X 이론
- Y 이론
- Z 이론
- 강화 이론
- 공정성 이론
- 기대 이론
- 목표설정 이론
- 목표관리(MBO)
- 직무 충실
- 직무 확대
- 직무 재설계
- 행동 수정
- 근무시간 자유선택제
- 집중 근무제
- 시간제 근무
- 직무 공유
- 재택근무
- 권한위임
- 우리사주제도
- 팀
- 문제해결 팀
- 자율관리 팀
- 다기능 팀
- 가상 팀

토론 문제

❶ 호손의 연구결과가 직원들의 동기부여에 어떤 영향을 줄까?

❷ Maslow 욕구단계설의 다섯 단계는 무엇인가? 어떻게 개인의 욕구와 동기부여가 관련이 있는가?

❸ Herzberg의 이론에서 두 가지 다른 차원이란 무엇인가? 각각의 차원에 영향을 미치는 요소는 무엇인가?

❹ 공정성 이론에 따르면, 직원은 자신이 공정하게 대우받고 있는지를 어떻게 판단하는가?

❺ 기대 이론에 의하면 동기부여를 결정하는 두 가지 사항은 무엇인가?

❻ 목표관리(MBO)의 과정을 설명하라.

❼ 목표관리(MBO)의 목표는 무엇인가? 단점은 무엇이라고 생각하는가?

❽ 어떻게 직원의 참여를 통해 동기부여가 높아질까?

❾ 팀의 주요 유형을 구분하고 설명하라.

❿ 자율관리 팀의 활용과 관련된 주요 장점과 한계점은 무엇인가?

⓫ 팀 개발의 주요 단계를 설명하라.

⓬ 다양한 동기부여 기법들의 어떤 조합이 가장 좋은 동기부여 효과와 보상 시스템을 이루어낼 것으로 생각하는가?

⓭ 팀 응집력과 팀 갈등은 어떤 연관성이 있는가?

MARKETING AND FINANCE

Chaikovskiy Igor/Shutterstock.com

PART 5.

마케팅과 재무관리

제5부에서 우리는 기업의 마케팅 활동과 재무관리에 대해 살펴본다. 먼저 시장, 마케팅 믹스, 마케팅 환경, 마케팅 계획, 그리고 소비자의 구매 행동에 대해 살펴보고, 그런 다음 재무관리를 통해 기업의 필요한 자금을 낮은 비용으로 확보하고, 그 자금을 효율적으로 사용하는 방법을 배운다.

BUILDING CUSTOMER RELATION THROUGH EFFECTIVE MARKETIN

iStock.com/kali9

CHAPTER 10.

효과적인 마케팅을 통한 고객관계 구축

학습 목표

본 장을 마치면, 당신은 아래 내용을 이해할 수 있다.

1. 마케팅의 의미와 고객관계관리의 중요성을 이해한다.
2. 마케팅이 어떻게 다양한 형태의 효용을 창출하여 가치를 높이는지에 대해 이해한다.
3. 마케팅 개념의 개발 과정을 살펴보고, 실현 방법을 이해한다.
4. 시장이 무엇인지, 어떻게 분류되는지를 이해한다.
5. 마케팅전략의 두 가지 주요한 구성요소인 표적 시장과 마케팅 믹스에 대해 이해한다.
6. 마케팅 환경이 전략적 마케팅 계획 수립에 어떤 영향을 미치는 지에 대해 이해한다.
7. 마케팅 계획의 주요 구성요소들을 이해한다.
8. 시장측정 및 판매예측이 어떻게 활용되는지를 이해한다.
9. 마케팅 정보시스템과 마케팅 조사에 대해 이해한다.
10. 소비자 구매의사결정의 주요 과정과 이 과정에 영향을 미칠 수 있는 요인들을 이해한다.

INSIDE BUSINESS

비즈니스 들여다보기

LEGO에서 작은 블록은 큰 사업이다.

경제 성장 여부에 관계없이 LEGO의 상징적인 플라스틱 블록은 데스스타, 호그와트 성, 고담시 등을 만들고 싶은 아이들에게 무척 인기가 있다. The Lego Movie 및 The Lego Batman Movie와 같은 박스 오피스 블록버스터로 인하여 덴마크 회사인 LEGO는 세계적인 명성과 브랜드 이미지를 더욱 높이게 되었다.

많은 어린이들이 디지털 장치를 사용하는 것에 익숙하므로, 일부 LEGO 제품에는 기술적 요소가 포함되어 있다. 예를 들어, LEGO Boost 장난감을 앱과 연결하여 어린이가 블록으로 만든 문이 위아래로 움직이도록 하거나 LEGO 동물이 소리를 낼 수 있도록 하는 것이다. LEGO 마인드스톰 키트는 사용자들이 명령에 응답하는 로봇을 만들 수 있도록 코딩 기술을 가르친다. 또한, LEGO는 어린이들이 브랜드 소셜 네트워크에서 벽돌 작품 사진을 안전하게 공유할 수 있게 하는 앱을 제공한다.

비록 LEGO 블록은 플라스틱에 불과하지만, LEGO 경영진은 친환경에 대한 야심찬 계획을 가지고 있다. 최근 포장 크기를 18% 줄였는데, 이는 재료를 절약하고 운송 트럭에 더 많은 상자를 넣을 수 있음을 의미한다. 즉, 더 적은 운송 트럭을 사용하여 동일한 양의 배송이 가능하게 하여 대기 오염을 줄일 수 있다는 것이다. 또한, LEGO는 지속 가능한 재료의 사용을 테스트하고 있다. LEGO의 마케팅 추진력이 주요 경쟁 업체인 미국 Mattel처럼 완구 제조업체의 최상위 수준에 도달하게 했다. 일부 제품에 기술 기능을 추가하더라도, LEGO는 전통적인 빌딩 세트에서 힘을 발휘하고 있다. "우리는 우리의 유산을 유지해야 하고 그것이 바로 블록입니다"라고 CEO는 말한다.

알고 있는가?

덴마크에 본사를 둔 LEGO는 플라스틱 블록 세트 및 기술 기능 장난감의 연간 판매에서 전 세계적으로 54억 달러의 매출을 기록했다.

마케팅(marketing) 고객, 의뢰인, 동업자 그리고 사회전반을 위하여 가치 있는 제공물을 만들고, 의사소통하고, 전달하고, 교환하는 일련의 과정과 행동들

가치(value) 한 제품의 비용과 품질을 포함한 혜택을 다른 제품과 비교한 고객의 평가

Volkswagen과 같은 수많은 기업들은 마케팅 활동을 활용하여 고객 수요를 충족시키고 가치를 창출하는 제품을 고객에게 알린다. 고객의 니즈와 욕구를 이해하여 그들을 만족시키는 제품을 제공하는 것은 매우 중요하다. **마케팅(marketing)**에는 다양한 의사결정과 활동이 포함되지만 항상 고객과 함께 시작하고 끝나야 한다. 미국마케팅협회(AMA)는 마케팅을 "고객, 의뢰인, 동업자 그리고 사회 전반을 위하여 가치가 있는 제공물을 만들고, 의사소통하고, 전달하고, 교환하는 일련의 과정과 행동들"이라고 정의한다. **가치(value)**는 한 제품의 비용과 품질을 포함한 혜택을 다른 제품과 비교한 고객의 평가이다. 마케팅 프로세스는 8가지 주요 기능과 수많은 관련 활동들을 포함한다(표 10.1을 참조하라).

이 장에서는 마케팅 활동으로 제품에 가치를 더하는 방법을 살펴본다. 먼저 마케팅 활동을 통해 기업들이 고객과 긍정적인 관계를 유지하고 효용성을 창출하는 제품을 개발하는 방법을 탐색한다. 이를 위해, 마케팅 개념의 발달과정을 살펴보고, 기업들이 마케팅을 어떻게 운용하였는지를 설명한다. 다음으로, 시장을 분류하고 표적 시장에서 적절한 마케팅 믹스를 구사하기 위

표 10.1 8가지 주요 마케팅 기능들

교환기능: 모든 기업-제조업자, 도매 및 소매업자-들은 자신들의 상품을 마케팅하기 위해 구매하고 판매한다.
1. 구매는 제품을 생산하기 위한 원자재 확보, 보유할 상품 수량 파악 및 공급업체 선정이 포함된다.
2. 판매는 제품의 소유권을 판매자에서 고객으로 이전하여 소유효용을 창출한다.
물적 유통기능: 이 기능에는 생산자에서 고객으로의 상품 흐름이 포함된다.
3. 운송은 적정한 가격으로 적정한 배송일정을 제공하는 운송수단을 선택하는 것이다.
4. 보관은 최적의 판매 시기에 제품을 판매하기 위해 필요하다.
촉진 기능: 이 기능은 다른 기능을 수행하는 데 도움이 된다.
5. 자금조달은 마케팅의 모든 단계에서 도움이 된다. 원자재를 구매하기 위해 제조업자는 종종 은행에서 빌리거나 공급업자와 신용거래를 한다. 도매업자는 제조업자로부터 자금지원을 받을 수 있으며, 소매업자는 도매업자 또는 제조업자로부터 자금지원을 받을 수 있다. 마지막으로 소매업자는 고객들에게 신용으로 판매하기도 한다.
6. 표준화는 제품 또는 서비스에 대한 균일한 사양을 설정한다. 제품들을 크기와 품질별로 등급을 매기기도 한다. 표준화와 등급은 생산, 운송, 보관 및 판매를 용이하게 한다.
7. 유능한 관리와 보험으로 위험을 최소화할 수 있지만 위험 감수는 악성부채 비용, 제품의 노후화, 직원의 도난 및 제조물 책임 소송과 같은 손실로 인해 항상 발생한다.
8. 시장정보 수집은 모든 마케팅 결정을 내리기 위해서 필수적이다.

한 마케팅 전략 개발에 대해 살펴본다. 또한, 마케팅 환경에서 통제할 수 없는 요소와 마케팅 계획의 주요 구성요소를 조사한다. 아울러 시장측정, 판매예측, 마케팅 정보시스템 및 마케팅 조사를 포함한 전략적 시장 계획을 위한 도구들도 살펴본다. 마지막으로 소비자 및 조직의 구매행동에 영향을 미치는 요인들을 살펴볼 것이다.

10-1 고객관계관리

 # 학습목표 마케팅의 의미와 고객관계관리의 중요성을 이해한다.

고객과의 마케팅 관계가 없으면 비즈니스는 성공하지 못한다. 따라서 마케터들에게는 고객과 긍정적인 관계를 유지하는 것이 중요한 목표이다. **관계마케팅(relationship marketing)**이라

관계마케팅(relationship marketing) 장기적으로 상호 만족스러운 구매자-판매자 관계를 구축하는 데 중점을 둔 마케팅 결정 및 활동

iStock.com/Warchi

장기적인 고객관계 개발. 많은 기업들이 마케팅 프로그램에 상당한 비용을 투자하여 귀중한 고객과의 장기적인 관계를 개발하고 유지한다. 동일한 충성도를 개발하기 어려운 신규 고객을 유치하는 것보다 기존 고객에게 많은 보상을 제공하는 것이 더 유리한 경우도 있다.

는 용어는 고객과의 장기적이고 만족스러운 관계를 달성하는 데 중점을 둔 마케팅 결정 및 활동을 말한다. 관계마케팅은 기업에 대한 구매자의 신뢰를 심화시키고 강화시켜 고객의 충성도를 높이게 하고, 또한 고객의 니즈와 욕구에 대한 기업의 이해도 역시 증가하게 된다. 성공적인 마케터는 고객의 니즈에 부응하고 시간이 지남에 따라 지속적으로 구매자의 가치를 높이려고 노력한다. 결국 이러한 상호작용은 협력과 상호신뢰를 장려하는 견고한 관계가 된다. 인터넷은 표적화된 커뮤니케이션을 더 쉽고, 빠르고, 저렴하게 하여 기업의 관계마케팅 옵션을 확장하고 개선하였다. 기업은 디지털 기술을 통해 소비자와 연결되어 실시간으로 대화한다. 이는 기업들이 혁신할 수 있는 속도를 향상시킬 뿐만 아니라 기업들이 고객의 의견을 듣고 있다는 느낌을 갖게 해주어 소비자 역시 만족한다.

마케터들은 장기적인 고객관계를 구축하기 위해 지속적으로 마케팅 조사와 정보기술에 관심을 기울이고 있다. **고객관계관리(customer relationship management, CRM)**는 바람직한 고객 관계를 개발하고 유지하는 마케팅 전략을 수립하기 위해 고객 정보를 활용하는데 중점을 둔다. 고객 가치를 지속적으로 증가시킴으로써, 기업들은 고객 충성도를 통해 장기 수익성을 유지하고 향상시키려고 한다. 예를 들어, 7-Eleven은 개별 고객에 대한 정보를 더 수집하기 위해, 선호 음료, 쇼핑 시간대, 특정 음료를 구매할 때의 외부 온도 등, 일반 고객에게 무료 품목을 보상하는 7Rewards 앱을 출시했다. 이렇게 입수된 정보는 모닝커피 구매자에게 오후에 무료 커피를 제공하여 매장에 있는 동안 추가 품목을 구매할 수 있도록 하는 것과 같이 특정 상황에 있는 특정 고객에게 7-Eleven 제품을 제공하여 고객이 더 자주 매장을 방문하도록 유도하는데 도움을 준다.

고객관계관리(customer relationship management, CRM) 바람직한 고객 관계를 개발하고 유지하는 마케팅 전략을 수립하기 위해 고객 정보를 활용하는 것

지금까지 앱과 편의점 체인에서 생성된 데이터에 의하면, 7Rewards 사용자들의 방문 구매가 많아 앱을 사용한 성과가 있는 것으로 보인다. CRM은 고객충성도를 창출하고 구축하는데 중요하기 때문에 많은 기업들이 좋은 고객을 식별하고 장기적으로 고객과의 관계를 관리할 수 있는 첨단 제품을 제공하고 있다. 이러한 기술의 접근성은 기업의 규모에 관계없이 모든 기업들이 동등하게 경쟁할 수 있는 기회를 제공하고 있다.

고객관계관리는 고객들의 구매행동 형태를 파악하여 가장 유망하고 수익성 높은 고객에게 집중하도록 한다. 기업은 고객의 니즈와 욕구에 민감해야 하며 고객의 신뢰와 충성도를 구축하기 위해 의사소통해야 한다. 신규 고객을 유치하는 것보다 기존 고객을 만족시키는 데 집중하는 것이 수익성이 더 높은 경우도 있다. 여기에는 고객이 평생 동안 지출할 금액을 결정하는 것이 포함된다. **고객생애가치(customer lifetime value, CLV)**는 고객이 기업에게 평생 동안 주는 가치(매출에서 비용 차감)를 측정한 것이다. CLV에는 생애가치 고객을 유지하는데 따른 무형의

고객생애가치(customer lifetime value, CLV) 고객이 기업에게 평생 동안 주는 가치(매출에서 비용 차감)를 측정한 것

이점, 예를 들면 회사에 피드백을 제공하고 비슷한 가치를 가진 새로운 고객을 추천하는 것도 포함되어야 한다. 또한, 이러한 고객을 유지하기 위해 기업이 기꺼이 지출할 금액도 중요하다. 일반적으로, 마케터들이 생애가치를 기준으로 선택된 고객에게 집중하게 되면 다른 이유로 선택된 고객에게 집중할 때보다 더 높은 수익을 얻게 된다. CLV를 계산하는 것은 매우 간단한 작업이다. 실제로, 기업은 CLV를 계산하기 위해 Harvard Business School에서 만든 도구를 포함하여 신뢰할 수 있는 무료 온라인 도구를 활용할 수 있다. 잠재적인 평생 고객을 잃어버리면 수익이 줄어들 수 있으므로 고객관계관리는 마케터들의 주요 관심사가 되었다.

10-2 효용 : 마케팅에 의해 부가된 가치

 # 학습목표 **마케팅이 어떻게 다양한 형태의 효용을 창출하여 가치를 높이는 지에 대해 이해한다.**

효용(utility) 고객의 니즈를 충족시키는 제품과 서비스의 능력

형태효용(form utility) 생산 투입물을 완성품으로 변환함으로써 만들어지는 효용

효용(utility)은 고객의 니즈를 충족시키는 제품과 서비스의 능력이다. 최신 iPhone, Nike Air Max Excellerate 운동화 또는 Mercedes-Benz 고급차는 모두 사람의 욕구를 충족시킨다. 따라서 위의 제품들은 효용을 가지고 있다. 효용에는 네 가지 종류가 있다 (그림 10.1 참조).

형태효용(form utility)은 생산기능을 통해 완성된 제품으로 전환함으로써 창출된다. 마케

그림 10.1 효용의 유형

형태효용은 생산 과정에 의해 생성되지만, 마케팅은 장소, 시간 및 소유효용을 만들어 낸다.

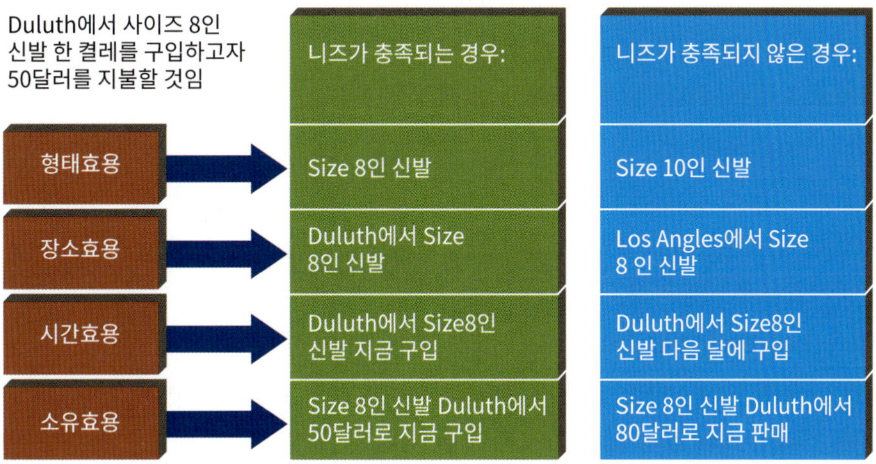

윤리 및 사회적 책임

#GivingTuesday 마케팅

11월 마지막 주 목요일인 추수 감사절 직후, 기업은 Black Friday, Small Business Saturday, Cyber Monday로 바쁘게 보낸 후 #GivingTuesday가 돌아온다. 2012년에 도입된 #GivingTuesday는 선의로 돈이나 시간을 기부하여 돌려주는 날을 의미하는 것으로, 해시태그는 소셜미디어를 마케팅 목적으로 활용하기 위해 의미와 요일을 합성한 것이다.

이 "휴일"은 뉴욕시와 유엔 재단의 92번가 Y에서 시작되었다. 첫해에는 #GivingTuesday 자선 단체에 1,000만 달러 이상이 기부되었다. 그 이후로 더 많은 자선 단체와 지역 단체가 합류하여 매년 11월 #GivingTuesday를 지원하는 수백만 개의 해시태그 소셜미디어 게시물로 이어졌고, 선의를 위해 수백만 달러가 모금되었다. 오늘날 98개국의 소비자와 기업은 하루에 1억 6천8백만 달러 이상을 모금하여 #GivingTuesday에 참여하는 30,000개의 조직에 현금을 기부하고 있다.

공동 창립자인 Henry Timms은 기부가 중요하다고 말하지만, "가난한 사람들에게 나누어줄 물품들을 모으는 일이나 기부의 중요성에 대해 아이들과 이야기하는 것과 같은 지역 사회에서 자원봉사를 위한 날"이기도 하다고 강조한다. Johnson's는 Save the Children과 같은 자선단체를 후원하고, #GivingTuesday(후원의 날)에 현금을 기부한다. 해시태그(#)는 사람들이 "주는 것"을 자신만의 방식으로 해석하는 것에 초점을 맞춘 의사소통을 제공하는 수단이다. 이날에 참여한 초기 마케터들 중 한 명은 다음과 같이 말한다: "60세의 억만장자이거나 6세의 아이이거나 또는 미국 최대의 비영리 단체이든지 지역 음식점이든지 상관없이 #GivingTuesday는 지지자들에게 활력을 불어넣고 후원에 대한 당신의 이야기를 꺼낼 기회를 제공한다."

Sources: Based on information in Charisse Jones, "Giving Tuesday Charitable Tally Jumps 44% to Smash Record," USA Today, November 29, 2016, http://www.usatoday.com/story/money/2016/11/29/giving-tuesday-twitter-donations/94616650/ (accessed March 22, 2017); Simon Mainwaring, "#GivingTuesday: Why and How Your Brand Should Get Involved," Forbes, November 14, 2016, www.forbes.com/sites/simonmainwaring/2016/11/14/givingtuesday-why-and-how-your-brand-should-get-involved/#7b6c5c595503 (accessed March 22, 2017); Susan McPherson, "Five Years Later: How #GivingTuesday Reached Ubiquity," Forbes, December 12, 2016,www.forbes.com/sites/susanmcpherson/2016/12/12/five-years-later-how-givingtuesday-reached-ubiquity/#100e6f0e797b (accessed March 22, 2017).

팅 조사의 일부로 수집된 데이터가 제품의 크기, 모양 및 기능을 결정하는데 자주 사용되기 때문에 마케팅 활동은 간접적으로 형태효용에 영향을 준다.

장소효용(place utility) 고객이 제품을 구매하고자 하는 위치에서 제품을 구입할 수 있도록 만들어 주는 효용

마케팅에 의해 직접 생성되는 세 가지 효용은 장소, 시간 및 소유효용이다. **장소효용(place utility)**은 고객이 제품을 구매하려는 장소에서 제품을 구할 수 있도록 함으로써 창출된다. 공장에서 백화점으로 제품이 배송될 때 신발 한 켤레의 장소효용이 발생된다.

시간효용(time utility) 고객이 제품을 구매하고자 할 때 제품을 구입할 수 있도록 하는 효용

시간효용(time utility)은 고객이 구매하기를 원하는 시간에 제품을 구매할 수 있게 해줌으로써 창출된다. 예를 들어, 할로윈 의상은 4월에 제조되지만, 소비자가 구매를 시작하는 9월까지는 매장에 진열되지 않는다. 고객의 수요가 있을 때까지 의상을 보관함으로써 제조업자 또는 소매업자는 시간효용을 제공한다.

소유효용(possession utility) 제품의 소유권을 구매자에게 양도하여 생성된 효용

소유효용(possession utility)은 제품(또는 소유권)을 구매자에게 이전함으로써 생성된다. 일반적으로 신발 한 켤레처럼 단순한 제품의 경우 판매 전표 또는 영수증을 통해 소유권이 이전되지만, 자동차와 주택과 같은 제품의 경우 소유권 이전은 더 복잡한 과정을 거치게 된다. 제품

에 대한 소유권과 함께 판매자는 해당 제품을 사용할 권리를 양도한다.

장소, 시간 및 소유효용은 돈과 편의성 측면에서 진정한 가치를 지닌다. 이러한 가치는 고객이 원하는 것을 파악하는 마케팅 조사부터 제품보증에 이르기까지 다양한 마케팅 활동을 통해 상품과 서비스에 창출되고 추가된다. 전반적으로 이러한 마케팅 활동은 소비자가 지출하는 비용의 약 절반을 차지한다. 고객에게 최대한의 효용을 제공하는 통합 마케팅 프로그램의 경우, 많은 사람들은 그 비용을 지불할 가치가 있다는 데 동의한다.

장소, 시간 및 소유효용은 마케팅 활동의 가장 기본적인 응용 프로그램이다. 최근 몇 년 동안 마케팅 활동은 마케팅 개념으로 알려진 광범위한 비즈니스 철학의 영향을 받게 되었다.

iStock.com/Marc Dufresne

고객의 손끝에 제품을 맡기다. 기업은 언제 어디서나 제품을 고객에게 제공하기 위해 노력한다.

10-3 마케팅 개념

 # 학습목표 **마케팅 개념의 개발 과정을 살펴보고, 실현 방법을 이해한다.**

마케팅 개념(marketing concept)은 기업으로 하여금 목적을 달성할 수 있도록 조정된 일련의 활동을 통해 고객의 니즈를 충족시키는 제품과 서비스를 제공해야 한다는 비즈니스 철학이다. 먼저, 기업은 잠재고객과 소통하여 제품에 대한 니즈를 파악한 다음 이러한 니즈를 충족시킬 수 있는 제품이나 서비스를 개발한다. 마지막으로, 기업은 고객만족을 제공할 방법들을 계속하여 모색한다. 이러한 과정은 마케팅 개념 또는 마케팅 지향성을 적용한 것이다. 예를 들어, Dollar Shave Club은 많은 남성들이 면도기의 면도날 카트리지 교체 가격과 교체과정에 불만을 가지고 있다는 사실을 인지하여 새로운 제품인 서브스크립션 면도날 교체 서비스를 개발하여 고객들에게 출시하였다. 이 서비스는 재미있는 YouTube 동영상으로 시작했고, 2,300만 건 이상의 조회수를 기록하여 브랜드 인지도는 재빨리 상승하였다. 이 회사는 전자메일, 소셜미디어 및 "욕실 미화" 팜플렛과 같은 포장 삽입물을 포함하여 다양한 방법으로 고객과 계속 교류하고 있다. Dollar Shave Club은 제품을 얻는 과정에서 번거로움을 없애고 고객들에게 제품을 사용하는 재미를 만들고 집중함으로써 경쟁자로부터 시장점유율을 끌어 모으려고 노력하였다.

마케팅 개념(marketing concept) 기업이 목표를 달성할 수 있도록 조정된 활동을 통해 고객의 니즈를 충족시키는 상품과 서비스를 제공해야 한다는 비즈니스 철학

10-3a 마케팅 개념의 발전단계

산업 혁명의 시작부터 20세기 초까지, 기업 활동은 주로 상품 생산에 집중되었다. 제품에 대한

표 10.2 고객 지향성(customer orientation)의 발전단계

기업 경영자들은 주로 생산자나 판매자가 아니라 고객의 니즈를 만족시키는 사업을 하고 있음을 인식했다.

생산 지향성	판매 지향성	고객 지향성
주문 접수	광고 증대	고객 니즈를 규명
제품 유통	판매원의 증대	고객 니즈를 채워줄 제품 개발
	판매기술의 강화	기업 목표 달성

소비자 수요는 너무 커서 제조업자는 생산한 모든 제품을 판매할 수 있었다. 이런 경우, 기업들은 강한 *생산 지향성(product orientation)*을 가져, 생산량과 생산 효율성이 크게 향상되었다. 그리하여 마케팅은 주문을 받고 완제품을 유통하는 것으로 제한되었다.

1920년대에는 생산이 수요를 따라 잡아 초과하기 시작했다. 생산자들은 단순히 제품을 생산하기보다는 제품을 판매하는데 노력을 기울여야 했다. 이러한 새로운 *판매 지향성(sales orientation)*은 광고 증가, 영업인력 확대, 때로는 고압적인 판매기술이 특징이었다. 제조업자들은 소비자가 원하는 제품을 생산했으며 마케팅은 주로 개인 판매 및 광고를 통한 제품 홍보, 주문 및 제품 배송으로 구성되었다.

그러나 1950년대에 기업인들은 막대한 광고비와 입증된 판매 기술조차도 경쟁 우위를 확보하기에 충분하지 않다는 것을 깨닫기 시작했다. 기업 경영자들이 자신을 생산자 또는 판매자가 아닌 고객의 니즈를 충족시키는 사업자라고 인식한 것은 바로 그때였다. 마케터들은 판매를 위한 최선의 접근 방식이 *고객 지향성(customer orientation)*을 채택하는 것임을 인식했다. 즉, 기업들은 먼저 고객의 니즈를 파악한 다음 특정 니즈를 충족시키기 위해 상품 및 서비스를 개발해야 했다 (표 10.2 참조).

연구 개발, 생산, 재무, 인적 자원, 마케팅 등의 모든 기능들이 고객 만족을 제공하는 역할을 한다.

10-3b 마케팅 개념의 구현

마케팅 개념을 구현하려면 현재 및 잠재 고객에 대한 정보를 확보해야 한다. 기업은 고객의 니즈뿐만 아니라 현재 시장에 나와 있는 제품(자체 제품 및 경쟁 업체의 제품 모두)들이 이러한 니즈를 얼마나 잘 충족하는지 결정해야 한다. 또한, 제품 개선 방법과 고객이 기업의 마케팅 노력에 대해 어떤 의견을 가지고 있는지도 확인해야 한다. 그런 다음, 기업은 이 정보를 사용하여 마케팅 및 자원으로 제시할 고객의 특정 니즈와 잠재 고객을 정확히 찾아야 한다. 다음으로, 기업은 마케팅 자원들을 동원하여 (1) 고객을 만족시키는 제품을 제공하고, (2) 구매자가 수용할 수 있는 수준으로 제품의 가격을 책정하고, 수익을 창출할 것이며, (3) 잠재적인 고객들이 제품의 존재와 자신들의 니즈를 충족시킬 수 있도록 제품들을 홍보하며, (4) 제품이 필요한 시간과 장소에 구애받지 않고 제품들이 유통될 수 있다는 확신을 주도록 해야만 한다.

마지막으로 기업은 마케팅 효과에 관한 정보를 얻어야 한다. 제품을 개선할 수 있을까? 효과적으로 홍보되고 있을까? 제품이 효율적으로 배포되고 있을까? 가격이 너무 높거나 낮지는 않을까? 기업은 고객 및 경쟁 업체에 대한 정보를 기반으로 마케팅 활동의 일부 또는 전부를 수정할 준비가 되어 있어야 한다.

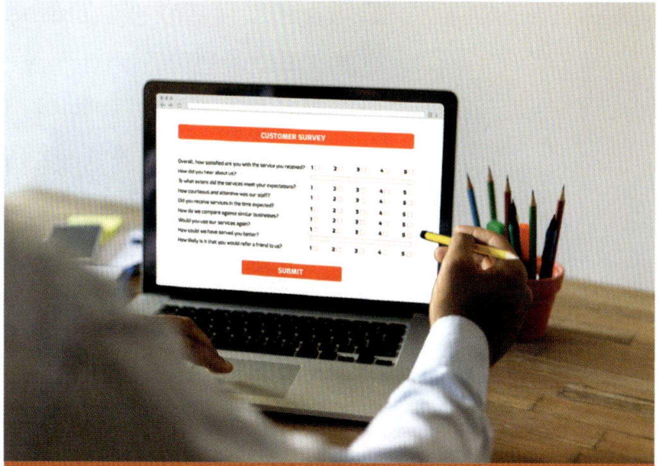

iStock.com/cigdemhizal

당신이 정말로 어떻게 생각하는지 알려주세요. 고객 만족은 마케팅 개념의 주요 요소이다. 많은 기업들이 설문조사를 통해 고객 만족도를 측정하려고 한다. 설문조사는 대면, 우편, 팩스 또는 온라인 등 다양한 방법으로 실시할 수 있다. 온라인 설문조사를 통해 기업은 매우 저렴한 비용으로 고객 피드백을 수집하고 있다.

예를 들어, West Elm은 지역에 거주하는 고객의 매장 내 및 온라인 판매 데이터를 분석한 후 노스캐롤라이나주 Durham에 있는 한 가구 매장에서 마케팅 활동을 수정했다. 소매업자는 젊은 쇼핑객이 현대적인 외관의 가구를 찾을 것이라고 기대해 현대적 외관의 가구를 매장에 진열했지만, 회사 웹 사이트에서 구매하는 Durham 쇼핑객은 실제로 전통적인 가구를 더 구입했다. 현지 구매자가 실제로 구매한 가구와 잘 어울리는 제품으로 매장을 조정한 후 Durham 매장의 판매는 빠르게 증가했다.

10-4 시장의 정의와 유형

 # 학습목표 **시장이 무엇인지, 어떻게 분류되는 지를 이해한다.**

시장(market)은 특정 범주 내의 제품을 필요로 하고, 그런 제품을 구매할 수 있는 능력, 의지 및 권한이 있는 개인이나 조직 집단 또는 모두를 의미한다. 시장은 크게 소비자 시장과 산업재 시장으로 분류되고, 마케팅 활동은 분류된 시장에 따라 달라진다. 그러므로 마케터들은 두 시장의 일반적인 특성을 이해해야 한다.

시장(market) 특정 범주 내의 제품을 필요로 하고, 그런 제품을 구매할 수 있는 능력, 의지 및 권한이 있는 개인이나 조직 집단 또는 모두

*소비자 시장(consumer market)*은 구매한 제품을 소비하거나 혜택을 얻으려고 하며, 수익을 얻기 위해 제품을 구매하지 않는 구매자 또는 가구 구성원으로 구성된다. 산업재 시장이라고

도 하는 *기업 대 기업 시장*(Business-to-Business, B2B)은 크게 생산자, 재판매업자, 정부 및 기관 범주로 분류된다. 이러한 시장은 재판매 또는 일상 작업을 위해 다른 제품을 만드는 데 사용할 특정 종류의 제품을 구매한다. *생산자 시장*(producer market)은 다른 제품의 제조에 사용할 특정 제품을 구매하는 개인 및 기업의 조직으로 구성된다. *재판매업자 시장*(reseller markets)은 완제품을 구입하여 수익을 위해 판매하는 도매업자나 소매업자와 같은 중개자로 구성된다. *정부 시장*(governmental market)은 연방, 주, 카운티 및 지방 정부로 구성된다. 이 시장은 사회 내부의 사회기반시설들을 잘 운영하고 유지하기 위해, 고속도로, 수자원, 에너지 및 교육과 국방에 관련된 제품을 시민에게 제공하는 상품 및 서비스를 구매한다. 정부는 매년 수십억 달러를 구매비용으로 사용한다. *기관 시장*(institutional market)에는 교회, 비영리 사립학교, 병원, 시민 단체 클럽, 남녀 기숙사, 자선 단체 및 재단 등이 포함된다. 그들의 목표는 수익이나 시장 점유율 또는 투자 수익을 추구하는 전형적인 기업의 목표와는 다르다.

10-5 마케팅전략의 개발

 # 학습목표 **마케팅전략의 두 가지 주요한 구성요소인 표적 시장과 마케팅 믹스에 대해 이해한다.**

마케팅전략(marketing strategy) 기업의 마케팅 목표를 달성하도록 기업의 자원과 장점을 최대한 활용할 수 있도록 하는 계획

마케팅 믹스(marketing mix) 특정 표적 시장을 만족시키기 위해 개발된 제품, 가격, 유통 그리고 촉진의 조합

표적 시장(target market) 기업들이 대상 집단의 특정 니즈와 선호에 적합한 마케팅 믹스를 개발하고 유지하기 위하여 목표로 삼는 개인이나 조직 그룹 또는 모두

마케팅전략(marketing strategy)은 기업의 마케팅 목표를 달성하기 위해 기업의 자원과 장점을 최대한 활용할 수 있도록 하는 계획이다. 마케팅전략은 (1) 표적 시장의 선정 및 분석과 (2) 특정 표적 시장을 만족시키기 위해 개발된 제품, 가격, 유통 그리고 촉진의 조합인 **마케팅 믹스(marketing mix)**의 생성과 유지로 구성된다.

10-5a 표적 시장의 선정과 평가

표적 시장(target market)은 기업들이 대상 집단의 특정 니즈와 선호에 적합한 마케팅 믹스를 개발하고 유지하기 위하여 목표로 삼는 개인이나 조직 그룹 또는 모두를 의미한다. 마케터들은 표적 시장을 선택하기 위해 기업의 판매, 비용 및 수익에 영향을 미칠 수 있는 잠재적 시장들을 조사한다. 기업의 관리자는 특정 표적 시장의 니즈를 충족시키는 마케팅 믹스를 실행할 수 있는 자원들이 조직에 있는지 여부와 이러한 니즈를 충족시키는 것이 기업의 전체 목표와 일치하는지 여부를 확인한다. 또한 표적 시장에 이미 마케팅하고 있는 경쟁사의 수와 자사의 강점들을 분석한다. 표적 시장의 규모는 제품 및 마케터의 목표에 따라 수백만 명에서 소수에 달할 수 있다.

도시에 거주하며 자동차를 갖고 싶지 않은 사람들뿐만 아니라 자동차를 소유할 여유가 없지만 때때로 차가 필요한 사람들을 대상으로 하는 자동차 공유 회사인 Zipcar를 고려해보자. 이때의 표적 시장은 자동차를 소유자의 지위를 나타내는 상징물이 아니라 주변을 돌아다니는 데 필요한 것으로 취급한다. 반면에 롤스로이스는 표적 시장을 매우 작고 독점적인 시장으로 보고, 즉 자동차에서 최고의 명성을 원하는 부유한 사람들을 표적으로 한다. 일부 기업은 다양한 시장에서 제품, 가격, 유통 및 촉진활동을 하기도 한다. 예를 들어, 일부 고품격 의류 디자이너들은 Target, Kmart 및 Walmart와 같은 대중 시장 소매점에 유통되는 저렴한 라인을 개발하여 제품을 분산하여 판매하는데, 이것은 여러 대중 시장을 표적 시장으로 삼은 것이다. 이 전략을 통해 디자이너들은 다양한 니즈와 상이한 가처분 소득 수준을 가진 고객들을 표적으로 하는 시장에 도달할 수 있게 된다. 예를 들어, Target은 Victoria Beckham, Marimekko 및 Nate Berkus와 같은 고급 디자이너와 파트너 관계를 맺고 저렴한 고급제품을 제공한다. 이 전략은 일반적으로 엘리트 브랜드를 훨씬 더 큰 시장에 도입하게 하여 Target의 이미지를 세련되게 향상시킨다.

Ollyy/Shutterstock.com

적절한 세분시장에 도달하다. 향수 시장은 성별에 따라 세분화된다. 일부 향수는 남성을 대상으로 하며, 이 사진에 등장하는 향수는 여성을 대상으로 한다.

비차별적 접근 특정 제품에 대해 전체 시장 차원에서 단일 마케팅 믹스를 설계하고 실행하는 기업은 **비차별적 접근(undifferentiated approach)**을 사용하고 있다 (그림 10.2 참조). 이 접근법은 특정 종류의 제품에 대한 표적 시장의 고객이 비슷한 니즈를 가지고 있으며 기업이 단일 마케팅 믹스로 대부분의 고객을 만족시킬 수 있다고 가정한다. 단일 마케팅 믹스는 변형이 거의 없는 한 가지 유형의 제품, 하나의 가격, 모든 고객들을 대상으로 하는 하나의 촉진 프로그램, 그리고 전체 시장의 모든 고객에게 도달할 수 있는 하나의 유통 시스템으로 구성된다. 비차별적 접근 방식에 의해 성공적으로 판매될 수 있는 제품에는 설탕과 소금 같은 주요 식료품이나 일부 농산물이 포함된다. 이러한 비차별적 접근 방식은 제한된 상황에서만 유용하다. 그러나 대부분의 제품 범주에 대해서 구매자의 니즈가 다양하기 때문에 시장세분화 접근 방식을 필요로 한다.

비차별적 접근(undifferentiated approach) 특정 제품에 대해 전체 시장 차원에서 단일 마케팅 믹스를 실행하는 것

시장세분화 접근 소비자마다 니즈가 다르기 때문에 시장 세분화가 필요하다. 40피트 요트를 판매하는 회사는 전체 보트 시장에서 모든 사람들에게 마케팅을 하지는 않는다. 모든 보트 구매자가 동일한 니즈를 갖고 있지 않기 때문이다. 잘못된 표적 시장에 대한 마케팅 활동은 시간 낭비일 뿐이다. 대신, 기업은 전체 보트 시장에서 특정 영역 또는 특정 세분시장에 주의를 기

그림 10.2 표적 시장을 선정하기 위한 일반적 접근방법들

비차별적 접근은 개별 고객이 비슷한 요구를 가지고 있으며 대부분의 고객이 단일 마케팅 믹스에 만족할 수 있다고 가정한다. 고객의 니즈가 다를 경우, 시장세분화 접근-집중적 또는 차별적 시장세분화 접근 방식을 사용해야 한다.

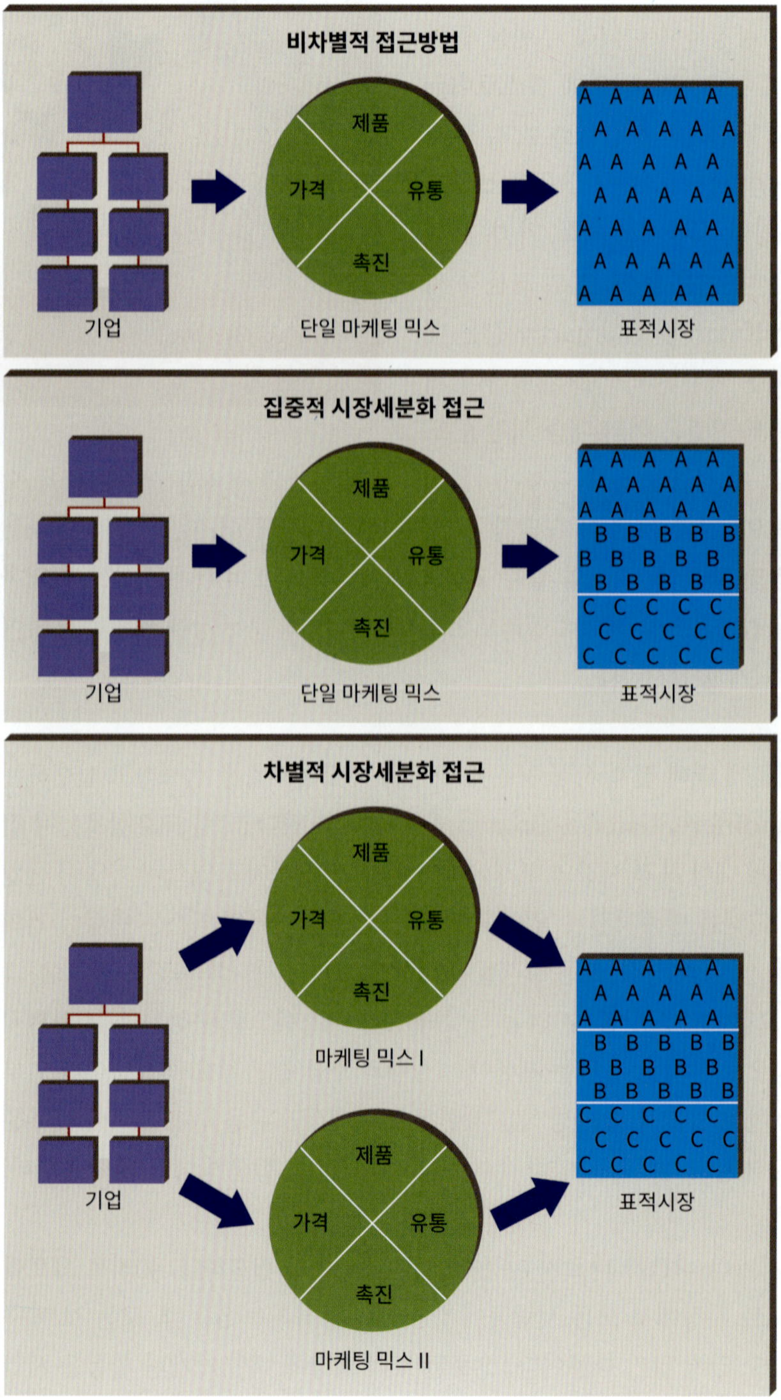

주: 각 표적 시장의 글자는 잠재 고객을 나타낸다. 같은 글자를 가진 고객은 유사한 특성과 유사한 제품 니즈를 가지고 있다.

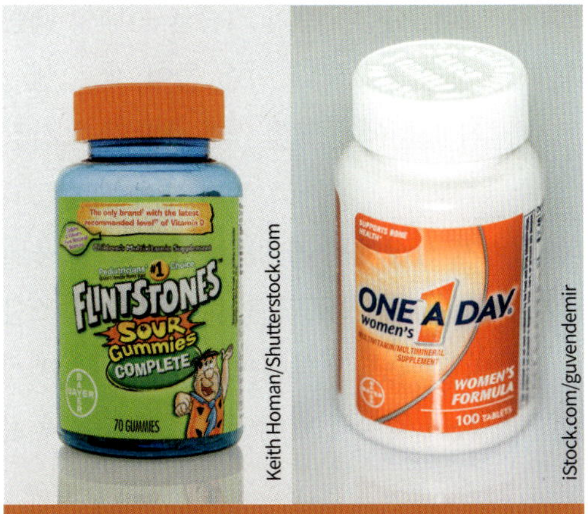

차별적 시장세분화 접근. 바이엘은 비타민 제품에 대해 차별적 시장세분화 접근을 사용하여 여러 마케팅 믹스를 사용하고 여러 표적 시장을 목표로 한다. 여기에 표시된 바와 같이, 바이엘은 어린이에게는 Flintstones Sour Gummies와 여성에게는 One A Day Women's 종합 비타민을 출시하였다.

울여야 한다. **세분시장(market segment)**이란 전체 시장에서 하나 이상의 공통된 특성을 공유하는 개인 또는 조직의 그룹이다. 시장을 세분시장으로 나누는 과정을 **시장세분화(market segmentation)**라고 한다. 그림 10.2에서 볼 수 있듯이 집중적 시장세분화와 차별적 시장세분화 방식이 있다. 기업이 *집중적(concentrated)* 시장세분화를 사용하는 경우 하나의 마케팅 믹스가 단일 세분시장에 적용된다. *차별적(differentiated)* 시장세분화를 사용하는 경우 다양한 마케팅 믹스가 다수의 세분시장에 초점을 맞춘다.

세분시장(market segment) 전체 시장에서 하나 이상의 공통된 특성을 공유하는 개인 또는 조직의 그룹

시장세분화 접근(market segmentation approach) 시장을 세분시장으로 나누고 전체 시장이 아닌 특정 세분시장에서 마케팅 믹스를 펼치는 과정

보트 예제에서 시장세분화에 대한 하나의 공통된 특성 또는 기준은 보트의 최종 사용 용도일 수 있다. 이 회사는 일반 선박용 보트가 아닌 주로 40피트 요트를 구입할 수 있는 세분시장에 관심을 가질 것이다. 시장세분화의 다른 기준은 소득 또는 지리적 위치일 수 있다. 이러한 변

표 10.3 시장세분화의 일반적 기준

인구통계적 기준	심리적 기준	지리적 기준	행동적 기준
연령	개성	종교	사용량
성별	동기	도심, 부도심, 시골	최종사용
인종	라이프스타일	시장응집도	혜택의 기대 정도
민족		기후	브랜드 충성도
소득		영역	가격 민감도
교육		도시 크기	
직업		카운티 크기	
가족 수		주의 크기	
가족생애주기			
종교			
사회계층			

수들은 개인이 구매할 수 있는 보트 유형에 영향을 줄 수 있다. 시장세분화 기준을 선택할 때는 제품에 대한 고객 니즈의 차이와 관련된 특성을 선택하는 것이 중요하다. 예를 들어, 요트 생산자는 사람들이 보트에 대한 요구가 종교에 따라 다르지 않기 때문에 종교를 사용하여 보트 시장을 분류하지 않는다.

마케터들은 다양한 시장세분화 기준을 사용한다. 소비자 시장에서 가장 일반적으로 적용되는 것은 표 10.3에 나와 있다. 각각은 시장세분화를 위한 단일 기준으로 또는 다른 기준과 조합하여 사용될 수 있다. 예를 들어, Honda와 Toyota는 각각의 미니밴, 오디세이 및 시에나를 마케팅하기 위한 기준으로 성별 및 가족생애주기를 사용하며, 특히 엄마와 아빠에게 호소하도록 설계된 기능과 광고를 제공한다.

10-5b 마케팅 믹스의 창출

기업들은 표적 시장에 도달하게 해주는 네 가지 주요한 마케팅 요소들을 활용한다. 이것들은 *제품(product)* 자체, 제품의 *가격(price)*, *유통(distribution)*을 위한 운송수단, 그리고 제품의 촉

그림 10.3 마케팅 믹스와 마케팅 환경

마케팅 믹스는 제품, 가격, 유통 및 촉진과 같은 기업이 통제할 수 있는 요소로 구성된다. 그러나 기업은 일반적으로 마케팅 환경변수들을 통제할 수 없다.

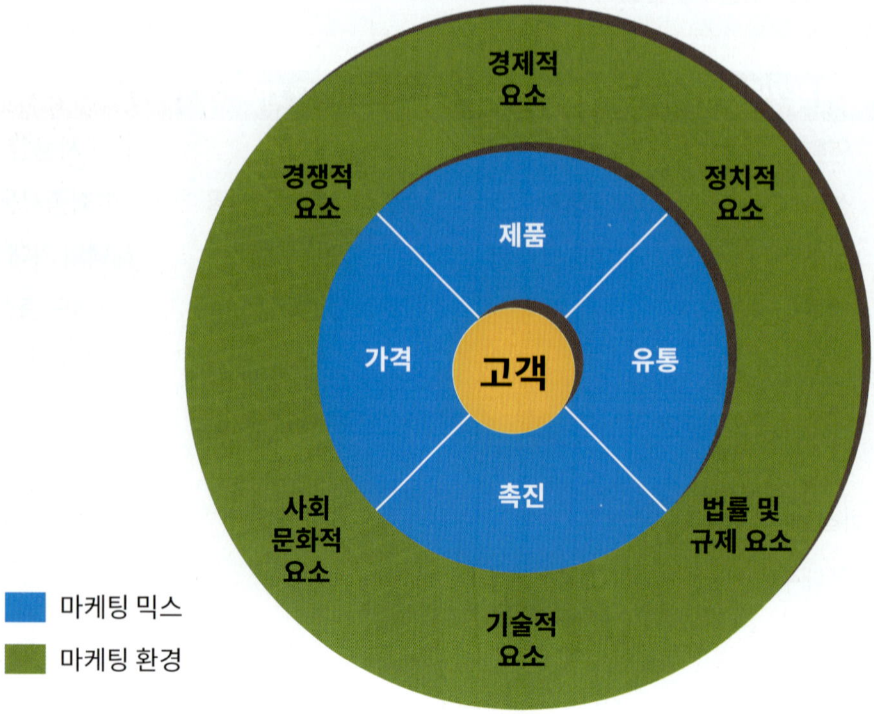

*진(promotion)*이다. 이 네 가지 요소가 결합되면 마케팅 믹스를 형성하게 된다(그림 10.3 참조).

기업은 하나 이상의 요소들을 수정하여 마케팅 믹스를 변경할 수 있다. 따라서 기업은 하나의 마케팅 믹스를 사용하여 하나의 표적 시장에 도달하고 다른 마케팅 믹스를 사용하여 다른 표적 시장에 도달할 수 있다. 예를 들어, 대부분의 자동차 제조업체는 여러 가지 유형과 모델의 차량을 생산하고 잠재 고객의 연령, 수입 및 기타 요인들을 기준으로 다른 세분시장을 목표로 공략한다.

마케팅 믹스의 *제품(product)* 요인에는 제품 디자인, 브랜드명, 포장 및 보증에 대한 선택이 포함된다. McDonald가 브랜드명, 포장 디자인, 주문 크기, 소스 맛 및 조리법을 결정할 때 이러한 선택은 모두 제품 요인 구성의 일부이다.

가격결정(pricing) 요인은 이익을 극대화하거나 신모델을 위한 공간을 마련하는 등 특정 목표를 달성하기 위한 것이다. 자동차 제조업체가 제공하는 리베이트는 저조한 자동차 판매를 촉진하기 위해 개발된 가격전략이다.

유통(distribution) 요인에는 운송 및 보관뿐만 아니라 중개자를 선택하는 것도 포함된다. 제품 유통에 이상적인 중개자를 어느 정도로 정하여야 하는가? 제품을 가능한 한 널리 유통해야 하는가 아니면 지역별 전문매장으로 유통 판로를 제한해야 하는가? 기업은 시간이 지남에 따라 유통 요인들을 변경해야 할 것이다. 예를 들어, 고객의 소비 습관이 변화함에 따라 소매업자는 온라인 판매를 포함하도록 유통을 시류에 맞게 신중하게 조정해야 한다. 그러나 이 경우, 오프라인

iStock.com/supermimicry

적절한 마케팅 믹스 개발.

기업은 마케팅 환경을 거의 통제할 수 없다. 그러나 제품 자체의 특성과 가격, 유통 및 촉진 방법 등 제품에 대한 마케팅 믹스를 통제할 수 있다. 코카콜라의 마케터들은 코카콜라 클래식을 위한 특정 마케팅 믹스를 개발했다.

녹색 환경 속으로

전구를 바꾸는 데 몇 년이 걸렸나요?

19세기의 혁신 제품인 백열전구는 더 높은 에너지 효율을 위해 정부 표준을 충족하는 새로운 전구들을 마케터들이 도입함에 따라 단계적으로 폐지되었다. 이러한 새로운 전구의 대부분은 CFL(소형 형광등) 및 LED(발광 다이오드)와 같은 세 글자의 이름을 가지고 있다. 목표는 많은 전기를 사용하지 않고 기존의 백열전구와 동일한 양의 빛을 제공하는 것이다.

경쟁에도 불구하고 창업자인 John Goscha는 새로운 전구로의 전환이 친환경적인 마케팅 환경으로 갈 수 있는 주요 기회라고 생각한다. 그는 Finally Light Bulb라는 회사를 설립하여 전통적인 백열전구처럼 보이고 작동하는 에너지 효율적인 전구인 "백열등"전구를 판매했다. Goscha는 "오래된 백열전구는 에너지를 잡아먹는 돼지였다"고 하였고, CFL과 LED 전구는 기존 전구와 다르게 보이고 더 거친 빛을 제공한다는 것을 지적한다. 일부 까칠한 소비자들은 CFL 전구는 전구의 수명이 짧으므로 환경을 고려하여 재활용해야 한다고 친환경 비즈니스에 대한 주장을 한다. 60와트, 75와트, 100와트 버전으로 제공되는 Goscha의 백열등은 기존 백열전구에 비해 75% 적은 전기를 사용하면서 백열전구의 따뜻한 빛을 제공한다. 또한, 전구는 15년 동안 수명이 지속되므로 소비자의 돈을 절약하고 쓰레기 매립 공간을 절약할 수 있게 한다. 이 회사의 백열등을 소개하기 위해, 지역 하드웨어 상점과 협력하여 "No More Ugly Bulbs"란 슬로건을 내걸고 행사를 개최하여 기존의 CFL과 LED를 이 회사의 백열등 무료 샘플로 교환하도록 소비자들을 초대하였다. 이제 이 백열등은 온라인과 수천 개의 미국 매장에서 구할 수 있다.

Sources: Based on information in Kelly J. O'Brien, "Finally Light Bulb Raises Even More Funding for Efficient, Not 'Ugly' Bulbs," Boston Business Journal, January 3, 2017, http://www.bizjournals.com/boston/news/2017/01/03/finally-light-bulb-raises-even-more-funding-for.html (accessed March 22, 2017); Finally Light Bulb Company, http://finallybulbs.com (accessed March 22, 2017); "New Bulb 'Finally' Improves Energy Efficient Light Bulbs," Fox 25 Boston, January 4, 2017, http://www.fox25boston.com/news/new-bulb-finally-improves-energy-efficient-light-bulbs/481196972 (accessed March 22, 2017).

매장에서 판매를 한 번에 크게 잠식당할 위험이 있다는 것을 고려해야 한다.

많은 소매업체와 마찬가지로 Nordstroms는 이제 온라인 판매에서 매출의 20%를 얻지만, 점점 더 많은 소비자가 온라인 쇼핑으로 전환함에 따라 매장 판매가 감소됨을 경험하고 있다. 소매업자들은 점점 더 많은 고객 경험을 통제할 수 있는 자체 앱을 개발하고 있다. 고객이 언제 어디서나 제품을 주문할 수 있도록 하기 위해서다. 예를 들어, CVS 고객은 앱을 사용하여 처방전을 리필하고 휴대 전화 카메라를 사용하여 보험 정보 또는 새로운 처방전을 약국에서 업로드할 수 있다. 고객들은 CVS 앱을 1,200만 회 이상 내려받았다.

촉진(promotion) 요인은 표적 시장에서 정보를 제공하는 데 중점을 둔다. 촉진의 주요 형태는 광고, 개인 판매, 판매촉진 및 홍보이다. 촉진 도구 사용의 신중한 계획 및 실현은 촉진 효과를 보장하는 데 매우 중요하다.

이러한 마케팅 믹스의 요인들은 통제 가능한 요인들이다. 기업들은 마케팅 목표와 표적 시장에 따라 각각의 마케팅 믹스 요인들을 적절하게 변경할 수 있다. 마케팅전략에 대한 논의를 확장함에 따라, 마케팅 환경에는 통제 불가능한 많은 요소가 포함된다는 것을 알게 될 것이다.

10-6 마케팅전략과 마케팅 환경

 # 학습목표 **마케팅 환경이 전략적 마케팅 계획 수립에 어떤 영향을 미치는 지에 대해 이해한다.**

마케팅 믹스는 기업이 표적 시장에 도달하기 위해 통제하고 활용할 수 있는 요소들로 구성된다. 또한, 기업들은 재무와 정보와 같은 기업에 관련된 자원들을 통제하여 마케팅 목표를 달성하고 마케팅 믹스를 개선하는데 이러한 자원들을 활용할 수 있다. 기업의 모든 마케팅 활동은 일반적으로 통제할 수 없는 외부 세력의 영향을 받을 수 있다. 그림 10.3에서 알 수 있듯이 다음과 같은 요인들이 외부 마케팅 환경(marketing environment)을 구성한다.

- ✔ *경제적 요소(economic force)*—경제 상황이 고객의 구매 능력과 구매 의향에 미치는 영향
- ✔ *사회문화적 요소(sociocultural force)*—태도, 신념, 규범, 관습 및 생활양식에 있어서 변화를 이끌어내는 사회문화적 영향
- ✔ *정치적 요소(political force)*—정치적 인물의 행동을 통해 발생되는 영향
- ✔ *경쟁적 요소(competitive force)*—자사의 마케팅 계획을 실현하려는 경쟁자의 행동들
- ✔ *법률 및 규제 요소(legal and regulatory force)*—소비자와 경쟁자를 보호하는 법률 및 마케팅에 영향을 미치는 정부 규제
- ✔ *기술적 요소(technological force)*—새로운 마케팅기회를 창출하거나 제품을 빠르게 쓸모없게 하는 기술적 변화

이러한 요소들은 마케팅 믹스 요인들에 대한 결정에 영향을 준다. 환경의 변화는 기존 마케팅전략에 영향을 줄 수 있다. 예를 들어, Kraft는 부모가 아이들을 위해 더 간단한 재료로 더 영양가 높은 제품을 원한다는 것을 인식하고 포화지방의 양을 줄이고 인공방부제, 염료 및 향료를 제거하기 위해, 마카로니 및 치즈 제품의 제조법을 조정했다. 게다가 이 회사는 파스타에 통밀(whole grains)을 더 추가할 기회도 얻었다. 또한, 환경적 요소의 변화는 고객의 니즈나 욕구에 급격한 변화를 초래할 수 있다. 기술적 요소가 활자로 인쇄한 신문에 미친 영향을 고려해보자. 과거 시대에는 소비자가 컴퓨터나 휴대 전화로 뉴스를 읽을 것으로 예측한 사람은 거의 없었다. 그러나 많은 사람들이 이제는 정확히 그렇게 한다.

표 10.4 마케팅 계획의 구성요소

구성요소	요약	주요 내용
전체요약	1~2쪽 분량의 전체 마케팅 계획의 요약	1. 요점을 강조한다. 2. 기업의 특징을 강조하는 1~3개의 핵심사항을 포함한다.
환경분석	마케팅 환경과 관련된 기업의 현재 상황에 대한 정보	1. 마케팅 환경요소의 평가 2. 표적 시장의 평가 3. 현재의 마케팅 목표와 성과의 평가
SWOT 분석	기업의 강점, 약점, 기회. 위협의 분석	1. 강점 2. 약점 3. 기회 4. 위협
마케팅 목표	기업의 마케팅 목표를 구체화	달성해야 할 일들에 대한 정량적 조치
마케팅전략	기업이 목표를 어떻게 달성할 것인지에 대한 기술	1. 표적 시장 2. 마케팅 믹스
마케팅실현	기업이 마케팅전략을 어떻게 실현할 것인지에 대한 기술	1. 마케팅 조직 2. 마케팅 활동과 책임 3. 마케팅 실행 일정
성과 평가	기업이 마케팅 계획의 실행에 따른 결과를 어떻게 측정하고 평가하는 지를 설명	1. 성과의 표준 2. 재무적 통계 3. 점검 절차(감사)

10-7 마케팅 계획의 개발

 # 학습목표 마케팅 계획의 주요 구성요소들을 이해한다.

마케팅 계획(marketing plan) 특정 제품이나 제품 그룹을 마케팅 하는데 사용할 조직의 자원, 목표, 마케팅전략, 실현 및 통제 노력을 기술한 서면 문서

마케팅 계획(marketing plan)은 특정 제품이나 제품 그룹을 마케팅하는데 사용할 조직의 자원, 목표, 마케팅전략, 실현 및 통제 노력을 기술한 서면 문서이다. 마케팅 계획은 기업의 현재 위치 또는 상황을 설명하고 제품의 마케팅 목표를 설정하며 조직이 이러한 목표를 달성하려고 시도하는 방법들을 지정한다. 마케팅 계획은 관련된 기간에 따라 다르다. 단기 계획은 1년 혹은 미

경력 쌓기

성공적인 경력을 위한 개인 마케팅 계획

새로운 직업을 찾고 있거나, 승진을 목표로 하거나, 학교나 지역 사회 단체의 선거에서 선출 목표를 추구하든 마케팅 계획에 활용된 원칙을 사용하여 자신을 마케팅할 수 있다. 달성하고자 하는 목표와 언제 달성할 것인지에 대한 시기를 결정하는 것으로부터 시작하자. 마케팅 계획의 목표가 현재 분야에서 새로운 일자리를 찾거나 현재 조직에서 승진하거나 완전히 새로운 분야로 이동하는 것이 목표인가? 목표를 문서로 작성하고 마케팅 계획을 수립하자. 직무 자격, 교육 경험, 경력 및 개인 취향 등 현재 상황을 주의 깊게 살펴보라. 또한, 물러서서 관리자의 관점에서 자신을 살펴보라. 경쟁자들이 제공하는 여러 장단점과 비교하여 본인의 장점과 단점은 무엇인가? 목표 달성에 필요한 훈련을 포함하여 활용 가능한 자원을 확보하라. 다음으로 기술과 같은 요인이 귀하의 경력 성공에 어떤 영향을 미칠 수 있는지 고려하라. 목표를 향해 나아가면서 취해야 할 필요한 단계가 어떤 의미가 있는지를 파악하라! 각 단계마다 기한을 설정하라!

성공적인 경력을 쌓는 전략의 일환으로, 기업가이자 네트워킹 전문가인 Vanessa Vallely는 경험을 쌓고 기술을 연마하며 전문적인 프로필을 높이기 위해 도전적인 직무 과제를 찾는 것이 좋다고 말한다. 또한 그녀는 자신을 멘토하거나 경력을 발전시키는데 도움이 될 수 있는 사람들과 연결할 것을 제안한다. 마지막으로 경력 개발 전문가 Gaia Vasiliver-Shamis는 "개인 브랜드 스토리"를 만드는 것을 옹호한다. 그녀는 자신의 이야기를 타인들이 "기억할 수 있어야 하고, 자신의 가치를 강조하고, 다른 사람들과 차별화하고, 긍정적인 감정을 불러일으키도록"하는 문장으로 이야기를 만들 것을 제안한다.

Sources: Based on information in Vanessa Vallely, "How to Raise Your Profile at Work— and Keep It There," The Telegraph (U.K.), March 13, 2017, http://www.telegraph.co.uk/women/work/raise-profile-work-without-boasting/(accessed March 22, 2017); Sophia Matveeva, "Create a Personal Marketing Plan for 2016," Forbes, January 8, 2016, https://www.forbes.com/sites/ellevate/2016/01/08/create-a-personal-marketing-plan-for-2016/#8bb45b7422f2 (accessed March 22, 2017); Gaia Vasiliver-Shamis, "Building Your Personal Brand," Inside Higher Ed, February 13, 2017, https://www.insidehighered.com/advice/2017/02/13/applying-business-concepts-market-yourself -effectively-essay (accessed March 22, 2017).

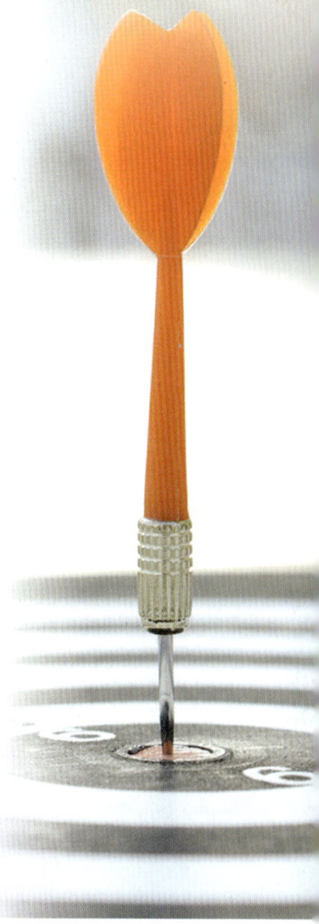

만, 중기 계획은 1년에서 5년까지, 장기 계획은 5년 이상의 기간을 의미한다.

시간이 오래 걸리겠지만, 명확하고 잘 작성된 마케팅 계획을 개발하는 것이 중요하다. 이 계획은 조직에 대한 통일된 비전을 세우는데 도움이 되며 회사 직원 간의 커뮤니케이션에 사용된다. 책임, 작업 및 실현일정을 다루고 자원 할당 방법을 지정하여, 마케팅 목표를 달성하고 마케팅 관리자가 마케팅전략의 성과를 모니터링하고 평가할 수 있도록 도와준다. 마케팅 환경의 요소들은 변경될 수 있으므로 마케팅 계획을 자주 최신의 것으로 업데이트해야 한다. 소비자가 시리얼 이외의 다양한 다른 음식으로 하루를 시작하면서 최근 몇 년간 아침 식사 시리얼 판매가 크게 감소한 Kellogg를 예로 들어보자. 이 회사는 마케팅 믹스를 조정하여 우유 없이 먹을 수 있는 단일 파우치, 시리얼 및 견과류 넣은 To Go Breakfast Mix와 같은 새로운 제품과 Pop-Tarts 등의 Kellogg 스낵 제품에 새로운 맛을 소개함으로써 아침 식사 시장에 빠르게 반응했다. 이러한 전략 변화는 회사의 마케팅 계획에 반영되었다.

마케팅 계획의 주요 구성요소는 표 10.4에 나와 있다.

10-8 시장측정과 판매예측

 # 학습목표 **시장측정 및 판매예측이 어떻게 활용되는지를 이해한다.**

특정 세분시장의 판매 잠재력을 측정하면 기업이 중요한 결정을 내리는 데 도움이 된다. 세분시장을 정확하게 측정하면 회사가 새로운 세분시장에 진입할 가능성과 이미 활성화된 세분시장들 간에 마케팅 자원 및 마케팅 활동을 할당하는 최선의 방법을 결정하는데 도움이 된다. 이러한 모든 추정치는 관련 마케팅 계획 기간을 바탕으로 생성한다.

마케팅 계획과 마찬가지로, 이러한 판매예측의 추정에 필요한 예측 기간은 1년 미만의 단기, 1~5년 동안의 중기 또는 5년 이상 동안의 장기일 수 있다. 추정치는 도시, 주 또는 국가와 같은 지리적 경계를 정의해야 한다. 마지막으로 분석가는 추정치가 특정 제품항목, 제품라인 또는 전체 제품 범주에 대한 것인지 표시해야 한다.

판매 예측(sales forecast)
특정 수준의 마케팅 활동을 바탕으로 조직이 특정 기간 동안 판매할 것으로 예상되는 제품의 수량을 추정한 것

판매 예측(sales forecast)은 특정 수준의 마케팅 활동을 바탕으로 조직이 특정 기간 동안 판매할 것으로 예상되는 제품의 수량을 추정한 것이다. 관리자는 원자재 구매, 생산 일정 수립, 재무자원 확보, 플랜트 또는 장비 구매 고려, 인력 채용 및 재고 수준 등을 계획할 때 이러한 판매예측에 의존한다. 판매예측의 정확성이 매우 중요하기 때문에 조직은 경영진 판단, 구매자 또는 영업사원 설문조사, 시계열 분석, 상관 분석 및 시장 테스트를 비롯한 여러 예측 방법을 사용하는 경우가 많다. 사용되는 방법은 관련 비용, 제품 유형, 시장 특성, 예측 기간 범위, 예측 사용 목적, 과거 판매 데이터의 안정성, 필요한 정보의 가용성 및 예측 전문가 및 예측 경험에 따라 다르다. 복잡한 예측을 지원하기 위해 많은 회사에서 판매예측 소프트웨어를 사용한다.

10-9 마케팅 정보

 # 학습목표 **마케팅 정보시스템과 마케팅 조사에 대해 이해한다.**

효과적인 마케팅 결정을 내리려면 정확하고 시기적절한 정보의 가용성과 적절한 활용이 중요하다. 정보 수집 기술의 확산으로 마케터들은 풍부한 데이터에 접근할 수 있다. 마케터들은 마케팅 정보시스템 또는 마케팅 조사라는 두 가지 주요 채널을 통해 데이터에 접근한다.

10-9a 마케팅 정보시스템

마케팅 정보시스템(marketing information system) 기업 내부와 외부에서 지속적으로 수집되는 마케팅 정보를 관리하는 시스템

마케팅 정보시스템(marketing information system)은 기업의 내부와 외부에서 지속적으로 수집되는 마케팅 정보를 관리하기 위한 시스템이다. 이러한 시스템의 대부분은 시스템이 수용, 저장, 정렬 및 검색해야 하는 대량의 데이터로 인해 컴퓨터 기반으로 구성된다. 지속적인 정보 수집은 최신 정보를 보장하는데 필수적이다.

개념적으로, 마케팅 정보시스템의 운영은 간단하다. 다양한 원천의 데이터가 시스템에 공급된다. 내부 데이터에는 판매 수치, 제품 및 마케팅 비용, 재고 수준 및 영업 인력 활동이 포함된다. 가장 현명한 마케터는 소비자가 웹사이트 및 소셜미디어 상호작용을 수행할 때마다 데이터를 수집한다. 외부 데이터는 조직의 공급업체, 중개자 및 고객과 관련이 있고, 또한 경쟁사의 마케팅 활동과 경제 상황에서 나올 수도 있다. 이 모든 데이터는 마케팅 정보시스템에 의해 저장되고 처리된다. 마케터들은 지역 및 제품별 일일 판매보고서, 판매예측 또는 구매 추세, 특정 산업의 주요 브랜드별 시장 점유율 변화에 대한 보고서와 같은 마케팅 결정에 가장 유용한 출력 형식을 선택하여 정보들을 출력한다. 이러한 정보 출력과 형식은 모두 직원의 요구사항에 따라 다르다.

마케터들은 마케팅 정보시스템의 효율성과 효과를 극대화하기 위해 최신 기술에 접근하고 이를 사용하는 방법을 이해해야 한다. 점점 더 많은 비즈니스에서 빅데이터 분석을 사용하여 방대한 양의 데이터에서 유용한 통찰력을 발굴하여 마케팅전략 또는 완전히 새로운 전략에 보다 정확하게 조정할 수 있는 추세와 패턴을 찾아내고 있다. 따뜻한 음료와 차가운 음료의 재택 소비에 대한 업계 보고서가 발표된 후, Starbucks는 고객 커피 및 차 주문과 관련하여 자체 매장에서의 주문 수를 줄이고, 새로운 병 음료 및 K컵을 출시하여 식료품점에서 판매하기로 결정했다. 차를 마시는 고객의 43%가 설탕을 넣지 않고, 아이스커피를 마시는 고객의 25%는 우유를 첨가하지 않는다는 사실을 접하고, Starbucks에 우유 또는 다른 첨가물이 없는 아이스커피 음료뿐만 아니라 단맛이 없는 아이스 티 K컵 2개를 도입하였다.

마케팅 조사(marketing research) 특정 마케팅 문제와 관련된 데이터를 체계적으로 수집, 기록 및 분석하는 과정

10-9b 마케팅 조사

마케팅 조사(marketing research)는 특정 마케팅 문제와 관련된 데이터를 체계적으로 수집, 기록 및 분석하는 과정이다. 소비자가 원하는 것과 필요한 것, 소비 습관, 시장 동향 및 마케팅 환경의 변화에 대한 데이터를 수집하고 분석하기 때문에 마케팅 조사는 마케팅 과정에서 중요한 단계이다. 마케터들은 우편, 전화, 개인 인터뷰, 온라인, 포커스 그룹 또는 소셜 네트워킹 설문조사를 수행하거나 소비자 행동을 직접 관찰하여 소비자로부터 기본 데이터를 수집한다. 특정 마케팅 조사 이외의 목적으로 회사 내

포커스(focus) 그룹. 많은 기업 조직에서는 포커스 그룹을 마케팅 연구를 수행하는 한 가지 방법으로 사용한다. 포커스 그룹을 통해 다양한 유형의 정보를 수집할 수 있다.

부 또는 외부에서 수집된 보조 데이터를 수집하기도 한다. 이러한 원천자료로서 종종 내부 데이터베이스 정보뿐만 아니라 상업 및 정부 보고서가 포함된다.

인터넷은 그 어느 때보다 마케팅 조사를 보다 쉽고 저렴하게 해준다. Facebook과 Twitter와 같은 소셜미디어 사이트는 소규모 회사가 잠재적인 시장 수요를 측정하고 무료 혹은 적은 비용으로 제품 아이디어를 시험해 볼 수 있도록 도와준다. 인터넷은 또한 경쟁기업, 표적 시장 및 마케팅 환경에 대한 수많은 데이터베이스 및 기타 귀중한 정보들을 제공한다. 마케팅 조사를 수행할 때 기업은 일반적으로 외부 마케팅 조사 회사를 활용하여 표 10.5의 단계 중 하나 이상을 수행한다.

표 10.5에는 마케팅 조사를 수행하기 위한 6단계 절차가 요약되어 있다. 신제품 테스트, 소비자 시장의 다양한 특성 결정 및 촉진 활동 평가에 특히 적합하다.

표 10.5 마케팅 조사의 6단계

1. 문제 정의	마케팅 조사에서 어떤 주제를 다루고, 어떻게 주제에 접근해야 할 지, 어떤 질문들을 구성하고, 수용 가능한 유형의 해법이 무엇인지 결정할 수 있도록 문제는 분명하고 정확하게 서술되어야 한다. 매우 중요한 단계이므로 급하게 수행하지 말아야 한다.
2. 사전 조사	사전 조사는 내부 정보와 공개된 데이터를 조사하고 유사한 문제에 대해 경험이 있는 사람들과 대화함으로써 문제에 대한 보다 명확한 정의와 잠정적인 대안들을 개발하는 것을 목표로 한다. 이 대안들은 추가 조사를 통해 검증되어져야 한다.
3. 조사 계획	이 단계에서 연구원들은 제시된 문제를 해결하기 위해 필요한 사실과 사용할 수 있는 사실을 알고 있어야 하며, 또한 연구원들은 필요하지만 누락된 데이터를 수집하는 방법에 대한 계획도 세울 수 있어야 한다.
4. 정보 수집	조사계획이 수립되면 연구원은 설문조사 또는 관찰에서 얻은 기본 데이터를 수집하고 상업용 혹은 정부 데이터 자료에서 보조 데이터를 수집할 수 있다. 이러한 해당 정보의 선택은 조사계획과 사용 가능한 정보 자료에 따라 다르다.
5. 정보 해석	수집된 사실 그 자체만으로 항상 마케팅 문제에 대한 올바른 솔루션을 제공하지는 않는다. 이들은 경영진이 손쉽게 선택할 수 있도록 분석되고 해석되어야 한다.
6. 결론 도출	일단 자료가 해석되면, 연구원들은 결론을 도출하고 권고를 시도한다. 무형의 요인과 사용된 데이터가 완전한지 여부에 따라 결론이 분명하거나 그렇지 않을 수 있다. 데이터에 차이가 있어 분명하지 않을 경우, 연구원들이 실제 차이가 있다는 것을 설명하는 것이 중요하다.

10-9c 마케팅 정보의 수집과 분석을 위한 기술의 활용

마케터들은 그 어느 때 보다 신뢰할 수 있는 데이터 및 프로그램에 접근할 수 있다. 기술을 통해 소규모 기업도 전례 없는 수준의 고품질 데이터 액세스가 가능해졌기 때문이다.

*데이터베이스(database)*는 쉽게 접근하고 검색할 수 있도록 정렬된 정보의 집합이다. 마케터들은 데이터베이스를 사용하여 내부 판매보고서, 신문 기사, 회사 보도 자료, 정부 경제 보고서 및 참고 문헌과 같은 자원들을 활용한다. 많은 마케터들은 LEXIS-NEXIS와 같은 상업용 데이터베이스를 사용하여 마케팅 의사결정을 위한 정보를 얻는다. 상업용 데이터베이스 생산을 전문으로 하는 회사로부터 높은 가격으로만 구할 수 있었던 많은 정보가 이제 인터넷을 통해 제공된다. 기업은 때때로 2억 4천만 건의 비즈니스 기록을 보유한 Dun & Bradstreet의 Global Commercial Database와 같은 대규모 상업용 데이터베이스에 포함된 광범위하고 심층적인 정보에 접근하기도 한다.

단일 기업에 의해서 제공된 정보로서 가계 인구 통계, 구매, 텔레비전 시청 행동, 쿠폰 및 무료 샘플과 같은 프로모션에 대한 응답 등을 *단일 원천자료(single-source data)*라고 한다. 소비자는 종종 TV, 스마트폰 및 컴퓨터를 포함한 여러 장치를 사용하여 쇼와 영화를 보기 때문에 기업이 소비자들의 미디어 소비 습관과 요구를 추적하기가 어려웠다. 이 문제를 해결하기 위해 Nielsen은 Facebook 및 Twitter와 파트너십을 맺어 사람들이 무엇을 어떻게 시청하는지, 언제, 어떻게 시청하는지에 대한 정확한 단일 원천자료를 수집했다. 이러한 파트너십은 마케터들이 여러 장치에서 소비자의 미디어 소비를 추적할 수 있도록 도와주는 한 단계 진일보한 방법이다.

*온라인 정보서비스(online information service)*는 가입자에게 이메일, 웹사이트, 다운로드 가능한 파일, 뉴스, 데이터베이스 및 연구 자료에 접근할 수 있게 한다. 메일 서비스에 등록함으로써 마케터들은 전자 뉴스 레터를 받고 다른 네트워크 사용자와 온라인 토론에 참여할 수 있다. 고객, 공급업자 및 직원과 온라인으로 의사소통하는 기능은 기업의 마케팅 정보시스템 기능을 향상시키고 기업이 고객의 변화하는 욕구 및 구매 습관을 추적하는데 도움이 된다.

*인터넷(Internet)*은 전 세계 고객과 기업을 연결하고 기업과 고객에게 저렴한 정보를 제공하는 강력한 통신 매체이다. 예를 들어 Advertising Age와 Nielsen은 마케팅 조사를 수행 할 때 매우 유용한 웹사이트를 가지고 있다. 대부분의 웹 페이지는 모든 인터넷 사용자에게 개방되어 있지만 U.S. West 및 Turner Broadcasting System과 같은 일부 회사는 인트라넷이라고 하는 내부 웹 페이지를 유지 관리하여 직원이 내부 데이터에 접근할 수 있게 하고 부서 간의 의사소통을 용이하게 한다.

표 10.6은 다른 조직에서 수집한 기존 정보로서 2차 정보 사이트를 정리한 것이다. 표 10.6에서 볼 수 있듯이 2차 정보는 정부, 무역 협회, 일반 간행물 및 뉴스 매체, 기업정보 등 다양한 출처에서 제공된다.

또한, 많은 기업에서 소셜미디어 경로를 사용하여 기존 또는 향후 제품에 대한 고객의 피드백 의견을 구한다. 고객이 온라인에서 해당 기업이나 제품에 대한 부정적인 리뷰를 제공할 위험이 항상 있지만, 대부분의 기업은 성공하는데 필요한 인터넷상에서의 저비용 연구를 위험스럽지만 수행할 가치가 있다고 생각한다. 실제로 바르게 처리된 소비자 불만은 제품 및 서비스를 개선하는 방법에 대한 중요한 원천 자료가 될 수 있다.

표 10.6 2차 정보 사이트

정부자료	
경제센서스 자료	www.census.gov/
Export.gov/산업시장 조사	https://www.export.gov/ccg
국가 기술정보 서비스	www.ntis.gov
Strategis—Canadian trade	http://strategis.ic.gc.ca/
무역 협회 및 박람회	
American Society of Association Executives	www.asaecenter.org/
협회의 리스트	http://www.marketingsource.com/directories/associations/us
Trade Show News Network	www.tsnn.com/
잡지, 신문, 비디오, 및 음성뉴스 프로그래밍	
Google Video Search	http://www.google.com/videohp
Google News Directory	https://news.google.com/
Yahoo! Video Search	http://video.search.yahoo.com/
기업정보	
The Public Register Online	www.annualreportservice.com/
Bitpipe	www.bitpipe.com/
Business Wire—press releases	www.businesswire.com/
Hoover's Online	www.hoovers.com/
PR Newswire—press releases	www.prnewswire.com/

Source: Adapted and updated from "Data Collection: Low-Cost Secondary Research," KnowThis.com, www.knowthis.com/principles-of -marketing-tutorials/data-collection-low-cost-secondary-research/ (accessed March 22, 2017).

10-10 구매행동의 유형

 # 학습목표 **소비자 구매의사결정의 주요 과정과 이 과정에 영향을 미칠 수 있는 요인들을 이해한다.**

구매행동(buying behavior)은 제품의 구매와 사용에 관련된 고객들의 결정 및 행동으로 정의된다. **소비자 구매행동(consumer buying behavior)**이란 업무용이 아닌 개인 또는 가정용으로 제품을 구매하는 것을 의미한다. **기업 구매행동(business buying behavior)**은 생산자, 재판매업자, 정부 기관 및 기관들이 제품을 구매하는 것을 의미한다. 기업의 성공은 마케팅전략에 대한 구매자의 반응에 크게 좌우되므로 구매행동을 이해하는 것이 중요하다. 마케팅 관리자는 마케팅전략에 대한 고객의 반응을 더 잘 예측하고 구매행동에 영향을 미치는 요소를 알고 있으면 만족스러운 마케팅 믹스를 개발할 수 있다.

구매행동(buying behavior) 제품의 구매와 사용에 관련된 고객들의 결정 및 행동

소비자 구매행동(consumer buying behavior) 업무용이 아닌 개인 또는 가정용으로 제품을 구매하는 행동

기업 구매행동(business buying behavior) 생산자, 재판매자, 정부 기관 및 기관이 제품을 구매하는 행동

10-10a 소비자 구매행동

소비자 구매행동은 제품 유형에 따라 다르다. 자주 구매하는 저비용 품목의 경우 소비자는 일상

그림 10.4 소비자의 구매의사결정 과정과 구매의사결정에 영향을 미치는 요인들

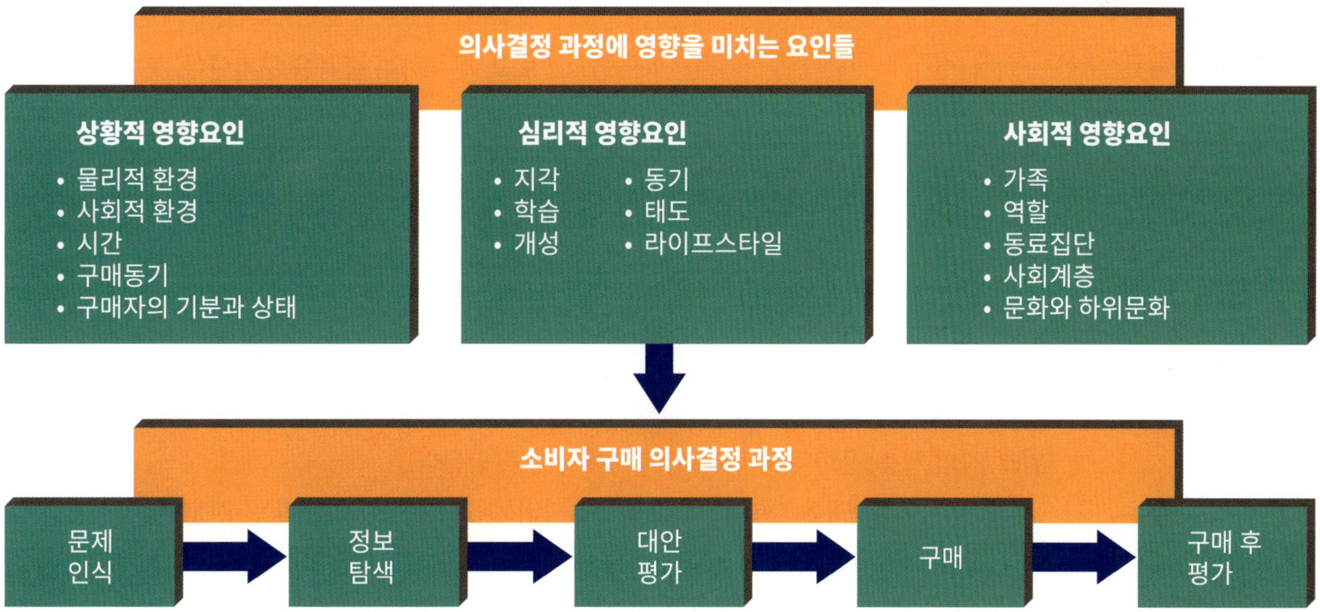

Source: Real Simple magazine

문제 인식. 이 깔끔한 고양이 광고는 Tidy Cats를 사용하기 전과 후를 보여줌으로써 문제 인식을 자극하려고 시도한다.

적인 반응 행동을 하는데, 이는 검색이나 의사결정 노력이 거의 필요하지 않다. 소비자는 간혹 구매하는 경우나 잘 알려진 제품 범주에서 잘 모르는 제품에 대한 추가 정보가 필요한 구매에 대하여 제한된 의사결정을 한다.

익숙하지 않거나 값비싼 제품 또는 거의 구입하지 않은 품목을 구매할 때 소비자는 확장된 의사결정과정에 개입한다. 소비자는 인터넷을 통해 제공되는 정보를 통해 가격과 기능을 비교하고 매장에 들어가지 않고도 상품 및 서비스에 대한 리뷰를 읽을 수 있다. 점점 더 소비자는 영업사원의 도움 없이 구매 결정을 진행할 수 있는 온라인 조사 결과를 충분히 알고 있다고 느끼며, 이러한 환경에서 마케팅 및 고객 서비스는 점점 더 중요해지고 있다.

구매를 결정하는 고객은 그림 10.4에 표시된 일부 또는 모든 단계를 거친다. 첫째, 소비자는 재화나 서비스로 해결할 수 있는 문제가 있음을 인식한다. 그런 다음 소비자는 브랜드명, 제품 특성, 보증 및 기타 기능과 제품 리뷰와 같은 정보를 찾는다. 다음으로 소비자는 다양한 대안들을 살펴보고, 선택하여 품목을 구입한다. 구매 후 단계에서 소비자는 제품의 적합성을 평가하며, 이후 구매에 영향을 미칠 것이다. 냄새나는 즐겁지 않은 쓰레기통의 문제를 해결할 수 있다는 사실을 강조하는 유머를 사용한 Tidy Cats 광고를 고려해보자. 광고는 제품을 사용하기 전에 냄새나는 쓰레기 상자 문제에 대한 인식을 얼굴표정으로 보며 주며 이 제품을 사용하는 것만이 해결책임을 여성의 얼굴 사진을 통해 표정으로 보여준다. 그림 10.4에서 볼 수 있듯이 구매과정은 상황적 요인(물리적 환경, 사회적 환경, 시간, 구매 사유 및 구매자의 기분과 상태), 심리적 요인(인식, 동기, 학습, 태도, 성격 및 라이프 스타일) 및 사회적 요인(가족, 역할, 준거 집단, 온라인 소셜 네트워크, 사회 계층, 문화 및 하위문화)에 의해 영향을 받는다.

개인소득(personal income) 개인이 반드시 지불해야 하는 세금을 감한 모든 원천에서 개인이 받는 소득

가처분 소득(disposable income) 개인소득에서 모든 추가 개인 세금을 감한 소득

재량소득(discretionary income) 가처분 소득에서 음식, 의복 및 주택에 대한 지출 및 저축을 감한 소득

소비자 구매행동은 대개 소득에 의해 결정되는 구매력이라고 불리는 구매능력에 영향을 받는다. 모두가 알고 있듯이 모든 수입이 지출 가능한 것은 아니다. 이러한 이유로 마케터들은 세 가지 방식으로 소득을 고려한다. **개인소득(personal income)**은 개인이 반드시 지불해야 하

는 세금을 감한 모든 원천에서 개인이 받는 소득이다. **가처분 소득(disposable income)**은 개인소득에서 모든 추가 개인 세금을 감한 소득이다. 이 추가 개인 세금에는 지방, 주 및 연방정부가 부과하는 소득세, 부동산 및 선물에 부과되는 재산세가 포함된다. **재량소득(discretionary income)**은 가처분 소득에서 음식, 의복 및 주택에 대한 지출 및 저축을 감한 소득이다. 소비자가 소비할 때 가장 많은 선택을 받는 것이 재량소득이므로 재량소득은 마케터들에게 특히 중요하다. 소비자는 재량소득을 사용하여 자동차, 영화 및 애완동물 사료에 이르는 다양한 품목을 구매한다. 예를 들어, 중국에서는 재량소득이 증가하는 중산층이 점점 더 자동차 소유에 관심을 보이고 있다. General Motors는 Wuling 및 Baojun 자동차 브랜드의 전략적 인수를 통해 미리 새로운 자동차 수요에 대응하고자 했다.

10-10b 기업 구매행동

기업 구매자는 일반적으로 소비자보다 더 시장을 잘 알고 있으며, 공급업자가 제공하는 제품의 품질, 제품의 가격 및 서비스를 고려한다. 기업 구매는 규모가 클 수 있으며, 한 사람이 아닌 위원회 또는 그룹이 구매를 결정하는 경우가 많다. 구매 위원회 위원은 조직의 목표, 구매 정책, 자원 및 인적자원을 고려해야 한다. 기업 구매과정은 소비자 구매과정과는 다르다. 제품에 대한 설명, 검사, 샘플링 또는 협상을 통해 구매가 이루어진다. 기업거래는 복잡하고 주문이 더 많은 경향이 있으므로 구매자에 대한 완전하고 정확한 정보를 얻는 것이 중요하다.

요약

1. 마케팅의 의미와 고객관계관리의 중요성을 이해한다.

마케팅은 조직화된 기능으로서 고객을 위하여 기업의 가치를 창출하고, 고객들과 의사소통을 하여 이를 전달하고 조직과 이해 관계자에게 이익이 되는 방식으로 고객관계를 관리하는 일련의 과정이다. 가치는 다른 제품에 대하여 품질을 포함한 비용과 혜택의 비교를 기반으로 상품의 가치를 고객이 평가한 추정치이다. 고객과의 긍정적인 관계를 유지하는 것은 매우 중요하다. 관계마케팅은 장기적이고 상호 만족하는 구매자와 판매자의 관계를 구축하는 활동이다. 고객관계관리는 고객에 대한 정보를 활용하여 바람직한 고객 관계를 개발하고 유지하는 마케팅전략을 만들어 낸다. 고객관계를 잘 관리하려면 구매행동 패턴을 식별하고 가장 수익성이 높은 고객들에게 초점을 맞춰야 한다. 고객생애가치(CLV)는 고객과 회사와의 관계 기간 동안에 구매 빈도, 구매의 평균가치 및 브랜드 전환 패턴 등에 의해 결정된다.

2. 마케팅이 어떻게 다양한 형태의 효용을 창출하여 가치를 높이는 지에 대해 이해한다.

마케팅은 고객의 니즈를 충족을 시키기 위해 생산성, 효용성 및 서비스를 증대하는 형태로 가치를 부가한다. 고객이 원하는 곳에서 제품을 판매할 수 있게 하여 장소효용을 만들고, 고객이 원하는 시간대에 제품을 구매할 수 있게 하여 시간효용을 만들고, 제품 소유권을 구매자에게 이전하여 소유효용을 창출한다.

3. 마케팅 개념의 개발 과정을 살펴보고, 실현방법을 이해한다.

산업 혁명에서부터 20세기 초까지 기업인들은 상품 생산에 중점을 두었다. 1920년대부터 1950년대까지는 상품 판매에 중점을 두었다. 1950년대 기업인들은 기업이 제품을 생산하고 판매할 뿐만 아니라 고객의 니즈를 충족시키는 것도 포함한다는 것을 인식했다. 그들은 고객의 니즈를 충족시키고 조직의 목표를 달성하는 이중적인 과정에서 전체 기업에 관련된 비즈니스 철학인 마케팅 개념을 실현하기 시작했다.

마케팅 개념의 실현은 먼저 고객의 니즈를 파악한 다음, 기업이 이러한 니즈를 얼마나 잘 충족하는지 평가하므로 고객으로부터 시작하여 고객으로부터 끝난다.

4. 시장이 무엇인지, 어떻게 분류되는 지를 이해한다.

시장은 구매 니즈, 구매능력, 구매 욕구와 구매 권한이 있는 고객들로 구성된다. 시장은 소비자 시장과 산업재 시장으로 구분되고, 산업재 시장은 제조업자, 판매업자, 정부 및 기관을 포함한다.

5. 마케팅전략의 두 가지 주요 구성요소인 표적 시장과 마케팅 믹스에 대해 이해한다.

마케팅전략은 조직의 목표를 달성하도록 조직의 자원을 최대한 활용하기 위한 계획이다. 마케팅전략을 개발하려면 표적 시장을 선택하고 분석하여 표적 시장을 만족시킬 마케팅 믹스를 만들고 유지 관리해야 한다. 표적 시장은 비차별적인 접근 또는 시장세분화 접근 방법을 통해 선택된다. 세분시장은 비슷한 특성과 니즈를 가진 시장 내 개인이나 조직 집단이다. 비차별적 접근 방식을 사용하는 기업은 단일 마케팅 믹스를 설계하여 만든 제품을 전체 시장에 적용한다. 시장세분화 접근 방법은 세분시장에서 개발된 마케팅 믹스를 따로 적용한다.

기업의 마케팅 믹스의 4가지 요소는 제품, 가격, 유통 및 촉진이다. 제품요인에는 제품 디자인, 브랜드명, 포장 및 보증에 대한 결정이 포함된다. 가격요인은 기본 가격 및 다양한 유형의 할인과 관련되어 있다. 유통에는 운송 및 보관뿐만 아니라 중개자 선정도 포함된다. 촉진은 표적 시장에 정보를 제공하는 데 중점을 둔다. 마케팅 믹스의 구성요소들은 광범위한 기업의 목표에 상응하여, 마케팅 목표 및 표적 시장에 맞추어 변경될 수 있다.

6. 마케팅 환경이 전략적 마케팅 계획 수립에 어떤 영향을 미치는 지에 대해 이해한다.

기업의 마케팅 목표를 달성하기 위해 마케팅 믹스 전략은 마케팅 믹스의 구성 요인을 결정하는 데 영향을 미치는 마케팅 환경에 대한 평가로부터 시작해야 한다. 마케팅 활동은 마케팅 환경을 구성하는 외부 환경에 의해 영향을 받는다. 이러한 외부 환경에는 경제, 사회문화, 정치, 경쟁, 법률 및 규제, 기술력이 포함된다. 경제적 요소는 고객의 구매능력과 구매의향에 영향을 미친다. 사회문화적 요소는 고객의 구매 선택에 영향을 미치는 태도, 신념 및 라이프 스타일과 같은 사회적 및 문화적 요소이다. 정치, 법률 및 규제 요소들은 소비자를 보호하고 경쟁을 규제하는 법률을 통해 마케팅 계획에 영향을 미친다. 경쟁적 요소는 경쟁자의 행동을 포함한다. 기술적 요소는 새로운 마케팅 기회를 창출하거나 기존 제품을 쓸모없게 만드는 원인이 되기도 한다.

7. 마케팅 계획의 주요 구성요소들을 이해한다.

마케팅 계획은 특정 제품 또는 제품 그룹을 마케팅 하는데 사용할 조직의 자원, 목표, 전략, 실현 및 통제 활동을 기술하는 서면 문서이다. 마케팅 계획은 기업의 현재 위치를 설명하고 마케팅 목표를 설정하며 조직이 이러한 목표를 달성하는 데 사용할 방법을 지정한다. 마케팅 계획은 1년 이하의 단기, 2년에서 5년까지의 중기 또는 5년 이상의 장기 범위일 수 있다.

8. 시장측정 및 판매예측이 어떻게 활용되는 지를 이해한다.

시장측정 및 판매예측은 특정 세분시장에서 매출 잠재력을 추정하고 제품 판매량을 예측하는 데 사용된다.

9. 마케팅 정보시스템과 마케팅 조사에 대해 이해한다.

내부 및 외부 데이터를 저장하고 분석하여 마케팅 의사결정에 도움이 되는 형태로 보고서를 생성하는 마케팅 정보시스템과 마케팅 조사를 통해 마케팅전략들은 모니터링되고 평가된다. 마케팅 정보시스템은 내부와 외부에서 지속적으로 수집되는 마케팅 정보를 관리한다. 마케팅 조사는 특정 마케팅 문제와 관련된 데이터를 체계적으로 수집, 기록 및 분석하는 과정이다.

IT 기술들은 마케팅 의사결정을 위한 정보의 접근성을 높이고 있다. 전자 통신 도구는 정확하고 저렴한 정보를 축적하는 데 매우 유용하다. 마케터들로 하여금 정보를 얻고 정보를 활용하는 방식을 변경하도록 하는 정보기술은 데이터베이스, 온라인 정보서비스 및 인터넷 등이다. 많은 기업들이 소셜미디어를 사용하여 고객으로부터 연구 데이터와 피드백을 얻고 있다.

10. 소비자 구매의사결정의 주요 과정과 이 과정에 영향을 미칠 수 있는 요인들을 이해한다.

구매행동은 제품 구매 및 사용과 관련된 고객들의 의사결정과 행동으로 구성된다. 소비자 구매행동은 개인 또는 가정용으로 제품을 구매하는 것을 말한다. 기업 구매행동은 제조업자, 판매업자, 정부 및 기관의 제품 구매행동을 의미한다. 구매 행동을 이해하면 마케터들은 구매자가 마케팅전략에 어떻게 대응하는 지를 예측할 수 있다. 소비자 구매 의사결정 과정은 문제 인식, 정보 검색, 대안 평가, 구매 및 구매 후 평가라는 5가지 단계로 구성된다. 소비자 구매의사결정과정에 영향을 미치는 요인은 상황적 영향, 심리적 영향 및 사회적 영향의 세 가지 범주로 분류된다.

주요 용어

당신은 이제 다음 용어들에 대한 정의와 적합한 예를 제시할 수 있어야 한다.

- 마케팅
- 가치
- 관계마케팅
- 고객관계관리(CRM)
- 고객생애가치(CLV)
- 효용
- 형태효용
- 장소효용
- 시간효용
- 소유효용
- 마케팅 개념
- 시장
- 마케팅전략
- 마케팅 믹스
- 표적 시장
- 비차별적 접근
- 세분시장
- 시장세분화
- 마케팅 계획
- 판매예측
- 마케팅 정보시스템
- 마케팅 조사
- 구매행동
- 소비자 구매행동
- 기업 구매행동
- 개인소득
- 가처분소득
- 재량소득

토론 문제

❶ 관계 마케팅은 무엇인가?

❷ 고객지향적 기업은 생산지향적 기업 또는 판매지향적 기업과 어떻게 다른가?

❸ 개인, 단체 그룹 및 조직이 시장이 되기 위한 주요 조건은 무엇인가? 소비자 시장은 산업재 시장과 어떻게 다른가?

❹ 마케팅전략의 주요 구성요소는 무엇인가?

❺ 시장세분화의 목적은 무엇인가? 시장세분화 및 표적 시장의 선택 사이에는 어떤 관계가 있는가?

❻ 기업의 마케팅 의사결정에 영향을 미치는 마케팅 환경요소에 대해 설명하라.

❼ 마케팅 계획은 무엇이며, 그 주요 구성요소는 무엇인가?

❽ 마케터들로 하여금 비즈니스 추세와 고객을 추적하는 방식을 바꾸도록 하는 새로운 정보기술은 무엇인가?

❾ 왜 마케터들은 구매행동을 이해해야만 하나?

❿ 가장 수익성이 높은 고객에 대부분의 마케팅 활동을 집중하는 것은 좋은 전략인가?

⓫ 마케팅 개념을 채택하면 기업에 어떤 혜택이 주어지는가? 고객에게는 어떤 혜택이 있는가?

⓬ 중소기업에서도 마케팅 정보가 대기업과 같은 정도로 중요한가? 그렇다면 그 이유를 설명하라.

⓭ 마케팅 환경은 기업의 마케팅전략에 어떤 영향을 미치는가?

CREATING AND PRICING PRODUC THAT SATISFY CUSTOMERS

CHAPTER 11.

고객을 만족시키는 제품생산과 가격책정

학습 목표

본 장을 마치면, 당신은 아래 내용을 이해할 수 있다.

1. 제품이 무엇인지, 제품이 어떻게 분류되는지를 이해한다.
2. 제품수명주기와 신제품 개발로 이어지는 방법에 대해 이해한다.
3. 제품라인 및 제품믹스의 정의를 알고, 마케팅에서의 적용을 이해한다.
4. 제품믹스를 변경하기 위한 가능한 방법들을 이해한다.
5. 브랜딩, 포장 및 라벨링의 활용과 중요성을 이해한다.
6. 가격책정의 경제적 근거와 판매자가 가격을 통제하는 방법과 소비자가 가격을 어떻게 인식하는지를 이해한다.
7. 기업이 적용하는 주요 가격책정 목표를 이해한다.
8. 기업이 사용하는 세 가지 주요 가격책정 방법을 이해한다.
9. 기업이 가격을 책정하는 데 사용할 수 있는 다양한 전략을 이해한다.
10. 산업재와 관련된 세 가지 주요 가격책정 유형을 이해한다.

INSIDE BUSINESS

비즈니스 들여다보기

Coca-Cola 제품은 달지 않을수록 더 많이 팔린다.

설탕과 탄산 콜라로 이름을 알린 이 회사는 음료수를 처음 마시기 시작하는 고객들에게 자사의 음료수에 설탕을 최대한으로 줄이고 있다는 것을 이제 전 세계적으로 알려지기를 원한다. 애틀랜타에 본사를 둔 이 회사는 Coke, Sprite, Dasani, Smartwater, Powerade 스포츠 음료, Odwalla, Minute Maid 과일 주스, 그리고 Honest Tea, Fuze Tea를 포함하여 끊임없이 증가하는 다양한 브랜드 음료에서 연간 400억 달러의 매출을 올린다. 거의 모든 입맛에 맞는 제품을 생산한다.

많은 소비자들이 건강과 영양에 대해 걱정하고 있다는 사실을 알고 Coca-Cola는 설탕을 줄이기 위해 청량음료를 재구성하고 있다. Coca-Cola Zero Sugar를 고려해보자. 이 제품 이름은 설탕이 없는 중요한 제품 기능이 있다고 강조한다. 이 청량음료는 유럽에서 소개될 때 즉시 인기를 얻었으며 회사는 매달 더 많은 시장에서 음료수를 출시하고 있다. 저당분의 Fanta와 Sprite도 소개되고 있다.

Coca-Cola는 패키지를 계획할 때 "설탕이 더 적다"라는 사실을 알리고자 했다. 이는 패키지의 사이즈를 적당히 줄이게 만들었다. 청량음료 시장에서 2리터 병과 12온스 캔의 전통적인 인기에도 불구하고, 회사는 미니 병 및 미니 캔 패키지를 마케팅함으로써 이익을 더 얻었다. 이는 크기가 작을수록 칼로리가 낮아서 많은 Coca-Cola 브랜드 팬의 니즈를 충족시켰기 때문이다. 소형 패키지의 온스 당 가격이 대형 패키지보다 높지만, 소비자는 작아진 패키지에서 저당분의 좋아하는 청량음료를 즐기게 되었다.

알고 있는가?

Coca-Cola는 생수, 과일 주스, 스포츠 음료 및 차를 판매하지만, 탄산청량음료는 전 세계 매출액 410억 달러 중 약 3분의 2를 차지한다.

제품(product) 교환(구매)을 통해 유/무형의 속성과 혜택을 얻게 되는 모든 것으로 재화, 서비스 또는 아이디어일 수 있음

Coca-Cola Zero Sugar와 같은 **제품(product)**은 유형 및 무형의 속성과 기대되는 혜택을 포함하여 제품의 교환(구매)에서 받는 모든 즐거움을 갖추고 있다. 자동차에는 보증 및 GPS 내비게이션 시스템과 같은 유형의 편익과 도로 여행에서 만들어지는 추억과 같은 무형의 속성이 포함된다. 이러한 유형 및 무형의 혜택을 포함하여 제품을 효과적으로 개발하고 관리하는 것은 성공적인 마케팅 믹스를 유지하는 기업의 능력에 있어서 아주 중요한 부분이다.

제품은 재화, 서비스 또는 아이디어일 수 있다. *재화(goods)*는 Oreo 쿠키와 같이 우리가 만질 수 있는 실제적인 것이다. *서비스(service)*는 사람이나 사물에 인간적 또는 기계적 노력을 적용한 결과이다. 서비스는 다른 사람이 우리를 위해 봉사 혹은 노력함으로 생겨나는 변화이다. 부동산 중개인의 서비스로 인해 부동산 소유권이 변경된다. 이발사의 서비스는 머리 스타일을 변화시킨다. *아이디어(idea)*는 철학, 교훈, 개념 또는 조언의 형태를 취할 수도 있다. 아이디어는 종종 재화나 서비스와 함께 제공된다. 따라서 체중 감량 방법에 대한 아이디어를 제공하는 책인 재화를 아이디어와 함께 구입할 수도 있다. 또는 체중 감량 방법과 체중 감량 방법에 대한 아이디어를 얻는 데 도움을 주는 서비스를 위해 Weight Watchers에 가입할 수도 있다.

이 장에서는 먼저 제품의 다양한 측면을 살펴본다. 제품 분류를 검토하고 모든 제품이 거치게 되는 제품수명주기 4단계에 대하여 설명한다. 다음으로 기존 제품을 수정 또는 제거하고 새로운 제품을 개발하여 기업이 제품을 관리하는 방법을 살펴본다. 또한, 브랜딩, 포장 및 라벨링에 대해서도 논의할 것이다. 그런 다음 판매자의 가격책정에 영향을 미치는 경쟁 요소를 설명하고 구매자의 가격 인식을 탐구한다. 그리고 가격책정을 통해 달성할 수 있는 기업의 목표를 고려한 후 몇 가지 가격설정 방법을 개략적으로 살펴본다. 마지막으로, 판매자가 표적 시장에 성공적으로 도달할 수 있는 가격전략을 설명한다.

11-1 제품의 분류

 # 학습목표 제품이 무엇인지, 제품이 어떻게 분류되는지를 이해한다.

다양한 종류의 제품은 다양한 니즈와 욕구에 따라 다른 표적 시장에 진출한다. 제품의 분류에 따라 어떤 종류의 유통, 촉진, 가격책정이 마케팅에 적합한 지가 결정된다.

제품은 소비자와 비즈니스의 용도로 사용되는 두 가지 일반 범주로 구분할 수 있다. 개인 및 가족의 니즈를 충족시키기 위해 구매한 제품을 **소비재(consumer product)**라고 한다. 재판매, 다른 제품의 생산 또는 회사 운영에 사용하기 위해 구매한 제품은 **산업재(business product)**라고 한다. 구매자의 최종 사용 용도에 따라 동일한 품목이 소비재와 산업재로도 될 수 있다. 전구는 집에서 사용할 때 소비재이지만 사무실에서 사용하기 위해 구매하면 산업재이다.

소비재(consumer product) 개인 및 가족의 니즈를 충족하기 위해 구입하는 제품

산업재(business product) 재판매, 혹은 다른 제품의 생산 또는 회사 운영에 사용하기 위해 구입하는 제품

11-1a 소비재의 분류

소비재를 분류하는 전통적이고 가장 널리 사용되는 시스템은 편의품, 선매품 및 전문품의 세 가지 범주로 구성된다. 이러한 분류는 주로 소비자의 구매행동 특성을 기반으로 한다.

편의품(convenience product)은 비교적 저렴하고 자주 구매하는 품목으로 구매자가 제품을 구매하기 위해 최소한의 노력을 기울이는 것들이다. 빵, 휘발유, 신문, 청량음료, 껌 등이다. 따라서, 편의품을 구매하는 구매자는 구매를 계획하거나 사용 가능한 브랜드 또는 판매자를 비교하는데 거의 시간을 들이지 않는다.

편의품(convenience product) 비교적 저렴하고 자주 구매하는 품목으로, 제품 구매를 위해 최소한의 노력을 하게 되는 것

선매품(shopping product)은 구매자가 구매계획 및 구매에 훨씬 더 많은 노력을 기울이려고 하는 품목이다. 선매품은 편의품보다 더 비싸고 구매자는 다른 상점과 브랜드 간의 가격, 제품 기능, 품질, 서비스 및 보증을 비교할 수 있는 충분한 시간을 할당한다. 가전제품, 가구, 남

선매품(shopping product) 구매자가 구매 계획 및 구매에 상당한 노력을 기울이는 제품

소비재는 편의품, 선매품 및 전문품으로 분류할 수 있다.

편의품인 Doritos는 식료품 상점의 스낵 통로를 걸을 때 많은 고려없이 선반에서 잡을 수 있는 제품이다. 반대로, 고객들은 나이키 신발 한 켤레와 같은 선매품을 구입할 때, 쇼핑행동을 통하여 상당한 시간과 노력을 타제품과 비교하는 데 들일 수 있다.

iStock.com/busypix

iStock.com/pelucco

성 정장, 자전거 및 휴대 전화가 선매품의 예이다. 이 제품은 상당히 장기간 사용될 것으로 예상되므로 편의품 보다 덜 빈번하게 구매된다.

전문품(specialty product) 전문적인 구매자 그룹이 상당한 구매 노력을 기울이려는 하나 이상의 고유한 특성을 가진 제품

전문품(specialty product)은 구매자 그룹이 상당한 구매 노력을 기꺼이 하고자 하는 하나 이상의 고유한 특성을 가지고 있다. 구매자는 자신이 원하는 것을 정확히 알고 대체물을 수용하지 않는다. 전문품을 찾을 때 구매자는 대안을 비교하지 않는다. 고유한 스포츠카, 희귀 수입 맥주 또는 오리지널 예술작품이 그 사례이다.

11-1b 산업재의 분류

산업재는 제품의 특성과 의도된 용도에 따라 원자재, 주요장비, 부속장비, 부속품, 가공재, 소모용품, 비즈니스 서비스로 분류될 수 있다.

원자재(raw material) 실제 제품의 일부가 되는 기본적인 재료

원자재(raw material)는 실제 제품의 일부가 되는 기본적인 재료이다. 일반적으로 광산, 숲, 바다, 또는 재활용 폐기물에서 비롯된다. 원자재는 일반적으로 등급과 사양에 따라 구입 및 판매되고 있다.

주요장비(major equipment) 생산을 목적으로 사용되는 대형 도구와 기계

주요장비(major equipment)는 생산을 목적으로 사용되는 대형 도구와 기계가 포함된다. 주요장비의 예로는 선반, 크레인 및 압연 기계 등이 있다. 일부 주요장비는 특정 기업을 위해 맞춤 제작되지만 다른 품목은 여러 유형의 기업에 대해 하나 이상의 작업을 수행하게 하는 표준화된 제품이다.

부속장비(accessory equipment)는 기업의 생산이나 또는 사무실 활동에 부수적으로 사용되는 표준화된 장비이다. 예를 들어 수동공구, 복사기, 간이발전기 및 계산기 등이 있다. 주요장비와 비교할 때 부속장비는 일반적으로 저렴하며 별다른 가격협상이 없이 일상적으로 구매된다.

부속품(component part)은 실제 제품의 일부가 되며 조립 준비가 완료된 품목이거나 조립 전에 처리가 거의 필요 없는 제품이다. 더 큰 제품의 요소가 되더라도 부속품은 쉽게 식별할 수 있다. 시계, 타이어, 컴퓨터 칩 및 스위치가 부속품의 사례이다.

가공재(process material)는 다른 제품의 생산에 직접 사용된다. 부속품과 달리, 완제품에서 가공재를 쉽게 식별할 수 없다. 원자재와 마찬가지로 가공재는 산업표준 또는 개별 구매자의 요구 사양에 따라 구매된다. 산업용 접착제와 식품 방부제 등이 가공재의 사례에 포함된다.

소모용품(supply)은 생산과 운용을 용이하게 하지만 완제품의 일부가 되지는 않는다. 종이, 연필, 기름, 세제가 그 예이다.

비즈니스 서비스(business service)는 기업의 운영에 활용되는 무형의 제품이다. 예를 들면 금융, 법률, 온라인, 청소, 마케팅 조사, 서비스를 포함한다. 구매자는 내부적으로 해당 서비스를 제공할지 또는 조직 외부에서 계약자를 고용할지 여부를 결정해야 한다.

부속장비(accessory equipment) 기업의 생산이나 사무실 활동에 부수적으로 사용되는 표준화된 장비

부속품(component part) 실제 제품의 일부가 되어 조립 준비가 완료된 품목이거나 조립 전에 처리가 거의 필요 없는 제품

가공재(process material) 다른 제품의 생산에 직접 사용되지만 쉽게 완성된 제품에서 식별이 어려운 것

소모용품(supply) 생산과 운용을 용이하게 하지만 완제품의 일부가 되지 않는 것

비즈니스 서비스(business service) 조직의 운영에 사용하는 무형의 제품

11-2 제품수명주기

 # 학습목표 **제품수명주기와 신제품 개발로 이어지는 방법에 대해 이해한다.**

어떤 면에서 제품은 사람과 같다. 그들은 태어나고 살고 죽는다. 모든 제품은 제품의 판매 수익과 이익이 증가하고 최고점에 도달한 후 감소하는 일련의 단계인 제품수명주기(product life-cycle)를 거쳐 진행된다. 기업은 제품수명주기의 변화에 따라 제품을 출시, 수정 및 제거할 수 있어야 한다. 그렇지 않으면 기업의 이익이 사라지고 실패한다. 제품에 따라 수명주기단계의 길이가 다르다. 이 절에서는 수명주기의 단계와 마케터들이 이 정보를 사용하는 방법에 대해 설명한다.

제품수명주기(product life-cycle) 제품의 판매 수익과 이익이 증가하고 최고점에 도달한 후 감소하는 일련의 진행 단계

11-2a 제품수명주기의 단계

일반적으로 제품수명주기는 그림 11.1에 표시된 대로 4단계-도입기, 성장기, 성숙기, 쇠퇴기-로 구성된다. 일부 제품은 몇 주 또는 몇 달 안에 이러한 단계를 빠르게 진행하지만 다른 제품은 몇 년이 걸릴 수도 있다. 1980년대 후반에 인기가 있는 Koosh Ball은 제품수명이 짧았다. 대조적으로, 거의 1세기 전에 소개된 Parker Brothers의 Monopoly 게임은 여전히 강세를 보이고 있다.

그림 11.1 제품수명주기

그래프는 제품의 수명주기 동안 매출과 이익을 보여주고 있다.

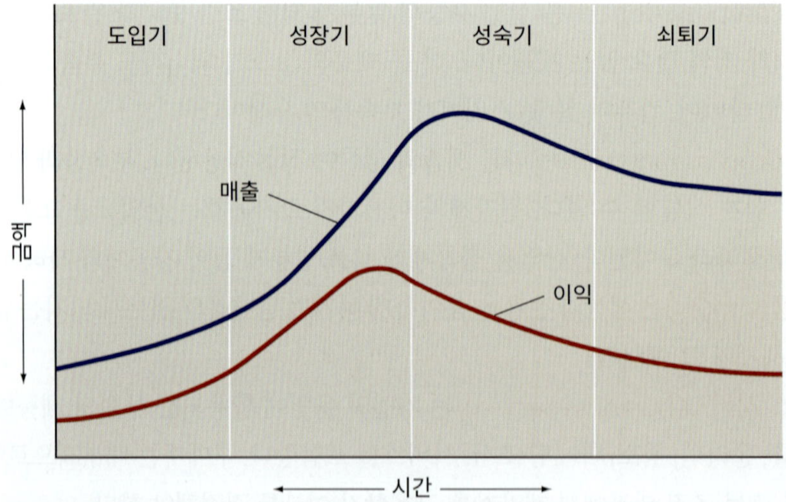

도입기 *도입기 단계(introduction stage)*에서는 신제품에 대한 고객의 인식 및 수용 수준이 낮고, 유통 및 촉진 활동으로 인해 판매가 점차 증가한다. 이 단계에는 경쟁자가 없다. 개발 및 마케팅 비용의 높은 증가로 인해 초기에는 수익이 낮아지거나 손실이 발생한다. 기업이 연구 개발 비용을 회수하고 생산을 늘림에 따라 가격이 높아질 수 있다. 고객은 주로 새로운 제품을 소유하는데 앞장서고 싶은 사람들이다. 이 단계의 마케팅 과제는 잠재 고객에게 제품의 존재 여부와 제품의 기능, 이점 및 용도를 알리는 것이다.

신제품은 거의 성공하기 어렵다. 마케터들은 초기 구매패턴을 모니터링하고 필요한 경우 제품을 즉시 수정할 수 있도록 준비해야 한다. 회사는 가장 큰 욕구와 구매 능력을 가진 세분시장을 유치하기 위해 제품 가격을 책정해야 한다. 그리고 유통 및 촉진 계획은 표적 시장에 적합해야 한다. 도입기 단계에서 매출 성장을 유지하기 위해 마케팅 믹스의 모든 요인들을 신속하게 조정해야 할 수도 있다.

성장기 *성장기 단계(growth stage)*에서 소비자에게 제품이 잘 알려지면, 매출은 빠르게 증가한다. 이때에는 다른 회사들도 경쟁제품을 판매하기 시작한다. 경쟁기업의 출현과 대량생산으로 기인한 단위 단가의 감소로 인해 가격이 낮아져 제품 단위당 이익이 줄어든다. 이 단계에서 이익은 정점에 도달하고 점차 감소하기 시작한다. 성장하는 시장의 니즈를 충족시키기 위해, 회사는 수정된 버전의 제품을 제공하고 유통을 확대한다.

성장기 단계에서 경영진의 목표는 브랜드 충성도를 장려하여 제품의 포지션을 안정화하고 강화하는 것이다. 경쟁을 극복하기 위해 회사는 추가적인 세분시장에 들어하기 위해 제품을 더욱 개선하거나 제품라인을 확장할 수 있다. 예를 들어, Apple iPhone과 경쟁하기 위해 Samsung, LG 등은 다양한 세분시장에서 Apple을 따라 잡는 것을 목표로 하여 시장 점유율을 확보하기 위해 자체 터치스크린 기능을 갖춘 스마트폰을 출시했었다.

또한, 생산 효율성 향상으로 충분한 절감 효과를 얻은 경우 경영진은 가격을 낮추어 경쟁 할 수도 있다. 제품이 널리 보급됨에 따라 마케터들은 유통업체 네트워크를 확장할 수도 있다. 그리하여 마케터들은 고객 서비스를 강조하고 결함 있는 제품에 대해 신속히 대처하여 신용도를 증가시킬 수도 있다. 이 기간 동안 활발한 촉진 활동으로 고객들 사이의 브랜드 충성도를 견고히 하는 노력에 집중하게 된다.

성숙기 *성숙기 단계(maturity stage)* 초기에는 판매가 여전히 증가하고 있지만 증가 속도는 점차 느려진다. 나중에, 매출 곡선이 정점에 도달하고 감소하기 시작한다. 제품라인이 단순화되고 시장이 다양한 경쟁기업으로 인하여 더욱 세분되며 가격 경쟁이 치열해져 약한 경쟁업체가 업계를 떠나게 된다. 마케터들은 계속해서 원래 제품의 개선 및 확장을 시장에 도입하기도 한다.

제품의 성숙기 단계에서 재설계된 패키지 또는 스타일 변경으로 시장 점유율이 강화될 수도 있다. 예를 들어, Weiman은 바닥 청소용 제품 병을 재설계하고 제품을 새로운 차원의 성장으로 끌어 올렸다. 이 회사는 오래된 라임그린 병을 밝은 인체 공학적 모양의 흰색 맞춤형 용기로 바꾸어 밝은 색상의 라이벌 청소 제품 중에서 클리너가 눈에 띄도록 도와주었다. 재설계된 패키지는 분무기 상단에 더 많은 기능을 갖추게 하였다. 이러한 변화로 인해 제품 판매가 세 배로 증가하였으며, 이렇게 재설계된 패키지는 소비자가 제품을 더 자주 또는 새로운 방식으로 사용하도록 유도할 수도 있다.

가격책정 전략은 성숙기 단계에서는 유동적이다. 가격인상이 생산 및 유통 비용을 상쇄시키는데 효과적일 수는 있지만, 가격인하 및 가격 인센티브도 드문 일이 아니다.

마케터들은 유통업자에게 다양한 종류의 인센티브 및 지원을 제공하여, 특히 자체상표 브랜드와의 경쟁에 직면하여 성숙한 자사 제품을 지원하도록 도울 수 있다. 격렬한 경쟁 기간 동안에는 새로운 촉진 활동과 적극적인 인적 판매가 필요할 수도 있다.

쇠퇴기 *쇠퇴기 단계(decline stage)* 에서는 매출이 급격히 감소하고 이익도 계속 감소한다. 경쟁 회사의 수도 감소하고 시장에서 유일한 생존자는 제품 마케팅을 전문으로 하는 기업이다. 그리고 생산 및 마케팅 비용이 가장 중요한 수익 결정 요인이 된다.

제품이 전체 제품라인에서 성공하면, 회사는 이를 보유하려고 한다. 그렇지 않으면 경영진은 제거 시기를 결정해야 한다. 기술 발전이나 환경적 요인으로 인해 또는 소비자가 경쟁 브랜드로 전환했기 때문에 일반적으로 제품이 거부되게 된다. 따라서 이 단계에서는 제품 자체에서 거의 변화가 이루어지지 않는다. 대신 경영진은 비용을 충당하기 위해 가격을 인상하거나 시장 점유율을 유지하기 위해 가격을 재조정하거나 재고를 줄이기 위해 가격을 낮출 수도 있다. 또한, 경영진은 가장 수익성 있는 기존 시장으로 유통을 좁힐 것이다. 이 기간 동안 회사는 홍보에 많은 비용을 들이지 않을 것이지만, 제품의 감소를 늦추기 위해 일부 광고 및 판매 인센티브를 사용할 수 있을 것이다. 회사는 제품라인에서 수익성이 낮은 버전의 제품을 제거하거나 제품을 완전히 폐기하기로 결정한다. 예를 들어, Nike는 골프클럽, 골프공, 가방 라인을 중단했지만, 골프 신발과 골프 의류를 계속 판매했다. 또한, 경쟁업체인 Adidas도 TaylorMade와 Adams 클럽 브랜드는 유지했지만, 골프와 관련된 사업을 피했다.

iStock.com/TerryKelly

공중 전화기여 안녕! 공중전화는 제품수명주기의 쇠퇴기 단계에 있다. 공중전화기를 본 기억이 있는가? 그렇다면 언제 어디에서 보았는가? 아마도 기억하기 힘들 것이다.

11-2b 제품수명주기의 활용

마케팅 전략에 의해 결정을 내릴 때 관리자는 자신이 담당하는 각 제품의 수명주기 단계를 인식하고 제품이 해당 단계에 머무르는 시간을 추정해야 한다. 예를 들어, 제품이 성숙기 단계에서 오랫동안 유지될 것으로 예상되는 경우 교체 제품을 개발하기 위해 서두를 필요는 없다. 기업은 초기 제품이 쇠퇴기 단계에 도달하기 전에 교체 제품을 출시함으로써 기존 제품의 감소 속도를 가속화할 위험이 있기 때문이다. 그럼에도 불구하고 기업은 어떤 경우에는 그러한 위험을 감수할 것이며, 또 다른 상황에서는 제품수명주기의 연장을 시도할 것이다. 제품의 수명을 연장하는 것은 제품의 수익성을 유지하는데 중요한 도구가 될 수 있다. Heinz Ketchup은 140년 전에 소개된 이래로 짜먹는 병과 1인분 용기와 같은 포장 혁신, 발사믹과 할라피뇨와 같은 다양한 맛을 출시하고, 심지어 자주색과 녹색 케첩의 실험을 통해 수명을 연장해왔다.

11-3 제품라인과 제품믹스

 # 학습목표 **제품라인 및 제품믹스의 정의를 알고, 마케팅에서의 적용을 이해한다.**

제품라인(product line) 상대적으로 작은 특성만 달리하는 유사한 제품들의 그룹

제품라인(product line)은 상대적으로 작은 특성만 달리하는 유사한 제품들의 그룹이다. 일반적으로, 제품라인 내의 제품은 생산, 판매 또는 사용 방식에서 서로 관련된다. 예를 들어, Procter & Gamble은 Pantene, Head & Shoulders, Ivory를 포함한 여러 샴푸들을 제조하고 판매한다.

새로운 제품라인을 시작할 수 있지만, 많은 기업들은 기존 제품라인 내에 새로운 제품을 도입하는 경향이 있다. 신제품을 시작하는 것보다 비용이 적게 들기 때문이다. 그리고 그들이 얻은 경험과 지식을 새로운 제품의 생산 및 마케팅에 적용할 수도 있다.

제품라인의 일부 이들 제품은 Heinz 제품라인의 일부이다.

Sibuet Benjamin/Shutterstock.com

기업의 **제품믹스(product mix)**는 기업이 판매하는 모든 제품으로 구성된다. 예를 들어, Procter & Gamble에는 약 70개의 브랜드가 있으며, 일부는 Gillette, Febreze와 같이 잘 알려져 있으며, Lenor, Ariel과 같이 미국에 익숙하지 않은 여러 제품라인을 가지고 있다. 제품믹스는 2가지 차원으로 적용된다. 제품믹스의 *너비(width)*는 포함된 제품라인의 수이다. 제품믹스 *깊이(depth)*는 각 제품라인 내 제품 수의 평균이다. 이러한 측정은 일반적이며, 일부 기업은 다양한 범주에서 경쟁력을 유지하기 위한 수단으로 광범위한 제품믹스를 제공한다.

제품믹스(product mix)
기업이 판매를 위해 제공하는 모든 제품들

11-4 제품믹스의 관리

#학습목표 **제품믹스를 변경하기 위한 가능한 방법들을 이해한다.**

기업이 진입한 표적 시장에서 사람들을 만족시키고 기업의 목표를 달성하는 제품을 제공하려면 마케터들은 효과적인 제품믹스를 개발하고, 조정하여 유지해야 한다. 동일한 제품믹스가 오랫동안 효과적인 경우는 거의 없다. 고객의 제품 선호도와 태도가 변화함에 따라 제품에 대한 고객의 욕구가 줄어들거나 커질 수 있다. 기업은 경쟁의 변화에 적응하기 위해 제품믹스를 변경해야 할 수도 있다. 예를 들어, 마케터들은 하나 이상의 경쟁업체가 세분시장에서 더 우세하게 성장했기 때문에 새로운 제품을 소개하거나 기존 제품을 수정하거나 제품믹스에서 제품을 제거해야 하는 경우도 있다. 또한, 마케터들은 기업의 제품믹스를 확장하기 위해 마케팅 및 생산 능력을 최대한 활용할 수도 있다. Annie's Inc.는 파스타, 스낵, 시리얼에서 특별 다이어트 제품에 이르기까지 광범위한 제품믹스를 보유하고 있다. Annie's Inc.는 General Mills에 인수된 후 베이킹 믹스, 스프, 냉동 샌드위치를 포함한 새로운 제품라인을 통해 더욱 성장했다. 회사는 유기농 시장에 대한 수요 증가에 맞추어 2016년에 30개의 새로운 유기농 인증 제품을 출시하였다. 제품믹스를 개선하는 세 가지 주요 방법은 기존 제품 수정, 제품 제거 또는 신제품 개발이다.

11-4a 기존 제품의 관리

기존 제품에서 추가 제품을 파생시켜 제품믹스를 변경할 수 있다. 이는 제품 수정 및 제품라인 확장을 통해 수행할 수 있다.

제품 수정(product modification) 하나 이상의 제품 특성을 변경하는 과정

제품 수정 **제품 수정(product modification)**은 하나 이상의 제품 특성을 변경하는 것을 의미한다. 이 접근 방식이 효과적이기 위해서는 몇 가지 조건이 충족되어야 한다. 첫째, 제품을 수정할 수 있어야 한다. 둘째, 수정된 제품이 여전히 동일한 표적 시장을 향하고 있다고 가정하여 수정이 이루어졌다는 것을 기존 고객이 인식할 수 있도록 해야 한다. 셋째, 수정 제품이 고객의 니즈와 일치하도록 하여 더 큰 만족을 제공해야 한다. 예를 들어, 패스트-캐주얼 레스토랑 체인인 Panera는 인공 색소, 향료, 감미료 및 방부제 사용을 피하기 위해 판매량의 25%를 차지하는 수프를 재구성했다. 다음으로 샐러드 드레싱과 샌드위치로 까지 확장된 제품 수정은 소비자들이 "깨끗한" 재료를 사용하여 더 신선한 음식으로 이동하는 추세에 대응한 결과이다.

기존 제품은 품질, 기능 및 외관의 세 가지 기본 방식으로 수정될 수 있다. *품질의 수정(quality modification)*은 제품의 신뢰성 및 내구성과 관련된 변경이며 일반적으로 재료 또는 생산 공정의 변경에 의해 달성된다. *기능적 수정(functional modification)*은 제품의 다목적성, 효율성, 편의성 또는 안전성에 영향을 미친다. 일반적으로 기능적 수정은 제품을 재설계해야 한다. 광범위한 기능적 수정을 거친 일반적인 제품범주에는 가전제품, 사무기구, 농기구 및 소비자용 전자제품이 포함된다. *심미적 수정(aesthetic modification)*은 제품의 맛, 질감, 소리, 냄새 또는 시각적 특성들을 변경하여 제품의 감각적 매력을 변화시킨다. 소비자의 구매 결정은 감각적 자극의 영향을 받기 때문에 심미적 수정이 구매에 영향을 줄 수 있다. 심미적 수정을 통해 기업은 자사 제품을 경쟁 브랜드와 차별화하고 고객들이 수정된 제품이 더 매력적이라고 느낄 경우 시장 점유율을 확보할 수 있는 이점이 있다.

제품라인 확장(product line extension) 기존 제품라인에 있는 하나 이상의 제품과 밀접한 관련이 있지만 다소 상이한 고객의 니즈를 충족하도록 특별히 설계된 제품을 개발하는 것

anythings/Shutterstock.com

제품라인 확장은 회사의 경쟁력을 높이고 시장 점유율을 유지하거나 높이는 데 도움이 된다. 미국에는 34가지 맛의 Pringles와 전 세계적으로 수백 가지 맛의 Pringles가 퍼져있다. 각각의 맛은 원래 제품에서 유래된 제품라인의 확장이다.

제품라인 확장 **제품라인 확장(line extension)**은 기존 제품라인에 있는 하나 이상의 제품과 밀접한 관련이 있지만 다소 상이한 고객의 니즈를 충족하도록 특별히 설계된 제품을 개발하는 것이다. 예를 들어, 샌드위치 전문회사 Arby는 고객들의 미니 제품에 대한 관심 증가에 대응하기 위해 소형 샌드위치 버전 5개를 도입했다.

매년 소개되는 많은 신제품은 실제로 제품라인 확장이다. 제품라인 확장은 판매량을 늘리기 위한 저비용, 저위험 대안이기 때문

녹색 환경 속으로

제품믹스에 친환경 제품 추가하기

음료에서 가정용품, 자동차에 이르기까지 점점 더 많은 주류 마케터들이 "친환경" 매력을 가진 제품을 추가하고 있다. 예를 들어, Pepsico의 Gatorade는 최근 Gatorade G 유기농 스포츠 음료의 제품라인을 개발하여 확장했다. Gatorade 관계자는 "우리는 운동선수들 사이에 유기농 음료수에 대해 관심과 욕구가 있다는 것을 선수들의 탈의실과 영양사들의 연구에 의해 듣게 되었다." Gatorade G 유기농 음료수는 3가지 과일 품종으로 제공되며 유기농 사탕수수 설탕과 유기농 천연향료를 포함한 7가지 성분만 함유하고 있다.

IKEA는 꾸준히 재배면화를 커튼, 침구 및 기타 제품라인에 통합하여 친환경 제품을 제품믹스에 추가해오고 있다. IKEA의 글로벌 제국은 전 세계 면화의 약 1%를 사용하므로 이러한 친환경적인 노력은 실질적인 차이를 만들고 있다. 그러나 살충제 없이 유기농 조건에서 재배된 면화는 일반 재배면화보다 6배 더 비싸다. 이러한 가격 차이는 유기농 재배면화와 관련이 있는 가구의 소비자 수요를 약화시키고 있다. 친환경을 유지하기 위해 IKEA 및 기타 마케터들은 물을 적게 사용하고 살충제를 적게 사용하여 생산된 재배면화를 꾸준히 구입하고 있다. 그리하여 비용은 기존의 면화 가격과 비슷하다. 이것은 IKEA의 대량구매로 인하여 저렴한 가격의 친환경 재배면화 사용을 가능하게 하였기 때문이다.

고급 자동차 제조업체조차도 친환경 제품을 추가하고 있다. Bentley는 모든 제품라인에서 부분적으로 최고급 하이브리드 플러그인을 제공한다. 하이브리드는 필요할 때 가스로 작동할 수 있으며, 이는 특히 장거리 여행에 중요하며, 짧은 거리를 여행할 때는 깨끗하고 효율적인 전기 전용모드로 전환할 수 있도록 하였다. Bentley는 최근 자동차 쇼에서 완전한 전기 컨셉트 카를 전시하였는데, 한 번 충전에 약 190마일 운행이 가능한 Bentley만이 제공할 수 있는 Bentley 특유의 호화로운 기능을 제공하며 부유한 고객들로부터 피드백을 기다리고 있다.

Source: Based on information in "First-Ever Electric Bentley Has Quiet Style," CNN, March 8, 2017, http://money.cnn.com/2017/03/08/luxury/electric-bentley (accessed March 23, 2017; Christopher Mele, "Gatorade Shakes Up the Sport Drink by Going Organic," New York Times, September 2, 2016, https://www.nytimes.com/2016/09/03/business/gatorade-shakes-up-the-sport-drink-by-going-organic.html (accessed March 21, 1017); Dimitra Kessenides, "Forget Organic, Retailers Increasingly Are Turning to Sustainable Cotton," Bloomberg Businessweek, October 20, 2016, https:// www.bloomberg.com/news/articles/2016-10-20/forget-organic-retailers-increasingly-are-turning-to-sustainable-cotton (accessed March 23, 2017); David Undercoffler, "Bentley Thinks Best Bet for Its Buyers Is Plug-In Hybrid EV," Automotive News, January 16, 2017, http://www.autonews.com/article/20170116/OEM05/301169967/bentley-thinks-best-bet-for-its-buyers-is-plug-in-hybrid-ev (accessed March 23, 2017).

에 신제품을 개발하는 것보다 일반적이다. 제품라인 확장은 상이한 세분시장에 초점을 맞추거나, 해당 세분시장의 니즈를 보다 정확하게 충족시켜 경쟁사로부터 시장 점유율을 빼앗아 동일한 세분시장에서 판매를 늘리려는 시도일 수 있다.

11-4b 제품 제거

효과적인 제품믹스를 유지하기 위해 기업은 종종 일부 제품을 제거해야 한다. 이것을 **제품 제거(product deletion)**라고 한다. 경쟁력이 떨어지고 수익성이 없는 제품은 다른 제품을 수정하거나 새로운 제품을 개발하는 데 사용될 수 있는 기업의 시간, 자금 및 자원을 낭비하게 만든다. 경쟁력이 떨어진 제품의 불리한 이미지는 기업이 판매한 다른 제품의 고객 인식 및 판매에 부정적인 영향을 줄 수 있기 때문이다.

제품 제거(product deletion) 제품라인에서 하나 이상의 제품을 제거하는 것

대부분의 기업은 제품을 출시하는 데 드는 비용이나 감정적인 이유로 제품을 제거하기가 어렵다는 것을 알고 있다. 일부 기업은 심각한 재정적 부담이 된 후에 경쟁력이 약한 제품을 철수시키기도 한다. 더 나은 방법은 제품믹스가 유발한 전체 효과에 대한 영향을 체계적으로 검토하는 것이다. 이러한 검토에서는 일정 기간 동안 매출에 대한 제품의 기여도를 분석해야 하며 향후 판매, 비용 및 수익 추정치를 포함해야 된다. 이 검토를 통해 기업은 마케팅 전략의 변화가 제품의 성능을 향상시킬 수 있는지도 판단할 수 있다.

제품 제거 프로그램은 기업의 성과를 향상시킬 수 있다. 한 때 많은 가정에서 구입하여 배치한 백과사전 Britannica는 244년 만에 처음으로 인쇄판 발행을 중단했다. 이제 인터넷 사용자는 광고지원 무료 웹 사이트를 통해 온라인으로 약 절반의 콘텐츠에 액세스하거나, 연간 70달러에 온라인 구독을 통해 모든 콘텐츠에 접근할 수 있다. 이 모델을 사용하면 회사에서 콘텐츠를 더 자주 업데이트 할 수 있으며 유지 및 관리 비용이 저렴하다.

11-4c 신제품 개발

신제품 개발 및 출시는 종종 시간이 많이 걸리고 비용이 많이 들고 위험하다. 예를 들어, Zee Aero는 Google의 창립자 Larry Page가 후원한 1억 달러 이상을 비행 자동차와 비슷한 1인용 통근 비행기를 개발하는데 수년의 공을 들여왔다.

매년 수천 개의 신제품이 출시된다. 대부분의 기업에서 신제품의 절반 이상이 실패한다. 새로운 제품을 개발하는 것은 위험하지만 새로운 제품을 소개하지 않으면 실패하는 경우와 똑같이 위험할 수 있다. 성공적인 신제품은 생존, 수익, 지속가능한 경쟁우위 및 유리한 대중적 이미지를 포함하여 기업에 혜택을 줄 수 있다.

신제품은 일반적으로 기존 제품과의 유사도를 기준으로 세 가지 범주로 분류된다. *모방품(imitations)*은 다른 회사의 기존 제품과 경쟁하도록 설계된 제품이다. 예를 들어, 애플 아이패드의 성공은 많은 태블릿 컴퓨터 경쟁자들을 불러 일으켰다. *개작품(adaptations)*은 구축된 시장의 진출을 위한 기존 제품의 변형이다. 모방품에는 일부 수정 및 확장이 포함될 수 있지만, 제품개선 및 확장은 개작품에서 가장 자주 고려되는 사안이다. *혁신품(innovations)*은 완전히 새로운 제품이다. 그들은 새로운 산업을 일으키거나 기존 산업에 혁명을 일으킬 수도 있다. 혁신품은 개발에 많은 시간과 노력과 자금이 필요하다. 지금까지 개발하고 출시한 제품 중에서 가장 위험한 신제품이므로 개작품과 모방품 보다 덜 일반적인 제품이다. 다른 회사는 13~200달러의 기본 헤어드라이어를 판매하는 반면, 400달러의 Dyson Supersonic 헤어드라이어는 독점 기술과 디자인을 사용하여 조용하고, 고객에게 화상을 입히거나 머리카락을 손상시키지 않으며 고객의 팔을 덜 피곤하게 할 수 있다. Dyson은 신제품 개발에 4년 동안 7천백만 달러를 소비했다. 그림 11.2에서 볼 수 있듯이 신제품 개발 프로세스는 7단계로 구성된다.

아이디어 창출 아이디어 창출(idea generation)에는 기업이 목표를 달성하는 데 도움이 되는 제품 아이디어를 찾는 것을 의미한다. 일부 기업은 아이디어를 거의 우연히 얻지만 제품믹스 효과를 극대화하려는 기업은 신제품 아이디어를 생성하기 위한 체계적인 접근 방식을 개발한다. 아이디어는 관리자, 연구원, 엔지니어, 경쟁업체, 광고 대행사, 경영 컨설턴트, 민간연구기관, 고객, 영업사원 또는 최고 경영진을 포함하여 회사와 관련된 거의 모든 이해 관계자로부터 나올 수 있다. 때때로 경험과 자원이 우수한 대기업은 소규모 기업에 자문을 하여 아이디어를 창출하는데 도움을 주고 기업의 성장을 돕기도 한다. 전국적으로 기업창업 지원이 이루어지고 있는데, 신생기업과 기존기업이 짝을 지어 신생기업이 기존기업의 전문가로부터 마케팅 및 브랜딩에 대해 배울 수 있도록 한다. Goldman Sachs, Walmart, Chase Bank 및 Staples는 신생기업 상담을 위한 모든 행사와 프로그램들을 운영하고 있다. Sam Adams의 제조사인 Boston Beer Company의 Jim Koch는 소기업 대출 기관인 Accion과 제휴하여 Brewing the American Dream 프로그램을 진행하고 있다.

선별심사 선별심사(screening) 동안 기업의 자원 및 목표와 일치하지 않는 아이디어는 거부된다. 이 단계에서 기업의 관리자는 제안된 제품을 개발하고 마케팅할 올바른 전문 지식을 갖춘 직원이 있는지 여부를 고려한다. 조직이 제품을 성공시키는 데 필요한 기술과 능력이 부족하기 때문에 경영진은 좋은 아이디어를 거부할 수도 있다. 실제로 선별심사 단계에서 가장 많은 수의 제품 아이디어가 거부된다.

콘셉트 테스트 콘셉트 테스트(concept testing)는 서면 또는 구두 설명을 통해 샘플로 표집된 잠재적인 소비자에게 제품 아이디어를 제시하여 소비자의 제품에 대한 태도를 살펴보고 초기 구매의도를 결정하는 단계이다. 조직은 제품 아이디어를 개발할 때 하나 이상의 콘셉트를 테스트할 수 있다. 콘셉트 테스트는 기업이 제품의 연구 및 개발에 상당한 자원을 투자하기 전에 아이디어에 대한 소비자의 초기 반응을 파악할 수 있는 저렴한 수단이다. 제품 개발담당자는 콘셉트 테스트 결과를 사용하여 제품 속성 및 이점이 잠재 고객에게 가장 중요한 특성 및 기능으로 반영되도록 해야 한다.

이 과정에서 행해지는 질문들은 테스트할 제품 아이디어의 유형에 따라 상당히 다르다. 다음은 전형적인 질문들이다:

그림 11.2 신제품 개발 단계

일반적으로, 마케터들은 새로운 제품을 개발하기 위해 이 일곱 단계를 따른다.

Zapp2Photo/Shutterstock.com

신제품. Google Home(최근 Google에 의해 개발된 새로운 제품)-음악을 듣고, 집에 조명과 온도를 조정하고, 다양한 생활 정보를 얻을 수 있다.

- ✔ 제안된 제품의 어떤 편익(혜택)이 특히 매력적인가?
- ✔ 별다른 관심을 끌지 못한 제품특징은 무엇인가?
- ✔ 현재 사용하는 제품보다 제안된 제품의 주요 장점은 무엇인가?
- ✔ 제품을 적절한 가격에 구입할 수 있다면, 얼마나 자주 구입하겠는가?
- ✔ 제안된 제품은 어떻게 개선될 수 있겠는가?

사업성 분석 사업성 분석(business analysis)은 수익성을 포함하여 잠재적 제품의 재무성과에 대한 임시적인 예상을 해보는 것이다. 이 단계에서 기업은 신제품이 출시될 경우 기업의 전체 매출, 비용 및 수익에 어떤 영향을 미치는지 고려한다. 마케터들은 일반적으로 R & D 및 생산 관리자의 도움으로 이 단계에서 예비 매출 및 비용 예측을 수행한다.

제품 개발 제품 개발(product development) 단계에서 기업은 기술적으로 제품을 생산할 수 있는지, 그리고 기업이 이익을 창출할 수 있을 만큼 저렴한 비용으로 제품을 생산할 수 있는지를 알아내야만 한다. 제품 아이디어가 이 시점에 도달하면 작업 모델 또는 프로토타입으로 변환된다. 종종 이 단계는 많은 시간과 비용이 소요된다. Dyson이 Supersonic 헤어드라이어를 개발하기 위해 노력했을 때 올바른 프로토타입을 찾기 전에 600개의 프로토타입을 거친 후에, 테스트 마케팅 준비가 갖추어졌다.

테스트 마케팅 테스트 마케팅(test marketing)은 의도한 표적 시장을 대표하는 여러 도시 또는 도시에 제품을 제한적으로 출시하는 것이다. 소비자의 구매 가능성을 파악하는 것이 목표이다. 마케터들은 다양한 테스트 시장에서 광고, 가격 및 패키징을 실험하고 마케팅믹스 변경으로 인한 브랜드 인지도, 브랜드 전환 및 반복 구매의 정도를 측정한다. 예를 들어, McDonald's는 오하이오주 Columbus에서 새로운 크기의 Big Mac 햄버거를 판매했다. 작은 사이즈의 Mac Jr.에는 단일종류의 고기 패티가 들어있고 Grand Mac에는 두 배의 치즈와 1/3파운드의 고기가 들어있다. McDonald's는 Columbus를 여러 신제품의 테스트 시장으로 활용하였다.

상용화 상용화(commercialization) 단계에서 기업은 본격적인 제조 및 마케팅 계획을 완료하고 신제품 개발에 필요한 예산을 준비한다. 상용화 초기 단계에서 마케터들은 테스트 마케팅 결과를 분석하여 마케팅믹스에서 필요한 변화를 결정한다. 예를 들어, 테스트 마케팅은 마케터들이 제품의 물리적 속성을 변경하거나 유통 계획을 수정하거나 촉진 활동을 변경하거나 가격을 변경해야 한다는 사실을 밝혀낼 수 있도록 한다. 대부분의 신제품은 선택된 지역에서 시작하여 일정 기간 동안 인접 지역으로 확장되어 단계적으로 판매된다.

표 11.1 제품 실패의 사례들

회사명	제품명
Microsoft	Zune(2006)
Apple	Newton(1993)
Mattel	Earring Magic Ken(1993)
Coca-Cola	New Coke(1985)
Colgate	Kitchen Entrees (1982)
Ford	Edsel (1957)

Source: Adapted from: "25 Biggest Product Flops of All Time," AOL Finance, May 25, 2016, http://www.aol.com/article/2016/05/25/top-25-biggest-product-flops-of-all-time/21383586/ (accessed March 22, 2017); Jillian Berman, "22 of the Most Epic Product Fails in History," Business Insider, July 31, 2014, http://www.businessinsider.com/biggest-product-failures-in-business-history-2014-7 (accessed March 22, 2017).

11-4d 왜 신제품이 실패하는가?

제품을 개발하기 위한 엄격한 프로세스에도 불구하고 대부분의 신제품은 실패로 끝난다. 실제로, 많은 유명한 회사들이 시장 실패를 경험했다(표 11.1 참조).

신제품이 실패하는 이유는 무엇일까? 주로 제품과 마케팅 프로그램을 철저히 계획하고 테스트하지 않았기 때문이다. 예를 들어, Amazon의 휴대 전화는 경쟁이 치열한 휴대 전화 분야에서 두드러진 기능이 없었고, 시장의 최고 가격으로 책정하였기 때문에 크게 실패했다. 개발 비용 절감을 위해 기업들은 모든 문제점이 완전히 해결되기 전에 제품을 시장에서 테스트하거나 전체 마케팅 믹스를 테스트하지 않은 경우도 있다. 또는 테스트 단계에서 문제가 발생하면 회사는 본격적인 마케팅을 강행하여 제품 개발 비용을 복구하려고 시도하기도 한다. 마지막으로, 일부 회사는 부족한 예산으로 신제품을 마케팅하기도 한다. 이럴 경우 대부분 마케팅에서 실패한다.

11-5 브랜딩, 포장 및 라벨링

 # 학습목표 **브랜딩, 포장 및 라벨링의 활용과 중요성을 이해한다.**

제품 특히 소비재의 세 가지 중요한 특징은 브랜드, 포장 및 라벨이다. 이러한 특징은 제품을 성공적인 제품라인과 연결하거나 기존 제품과 구별하기 위해 활용될 수도 있다. 판매 시점에서 고객을 유치하거나 잠재적 구매자에게 정보를 제공하도록 이러한 특징들이 설계되기도 한다. 브랜드, 포장 및 라벨은 제품의 구성을 통합하는 요소이므로 제품 및 마케팅 계획 중에 반드시 주의를 기울여야 한다.

브랜드(brand) 판매자의 제품을 확인하고 다른 판매자의 제품과 구별하게 하는 이름, 용어, 기호, 디자인 또는 이런 것들의 조합

브랜드명(brand name) 브랜드의 일부로서 말로 표현할 수 있는 명칭

브랜드 마크(brand mark) 상징이나 독특한 디자인과 같은 브랜드의 일부

등록상표(trademark) 미국 특허청에 등록된 브랜드명 또는 브랜드 마크. 소유자를 제외하고 누구도 사용하지 못하도록 법적으로 보호됨

등록상표명(trade name) 기업의 완전한 법적 이름

제조업자 브랜드(manufacturer brand) 제조업자에 의해 소유된 브랜드

점포(또는 자체) 브랜드(store or private brand) 개별 도매업자 또는 소매업자가 소유한 브랜드

11-5a 브랜드는 무엇인가?

브랜드(brand)는 판매자의 제품을 확인하고 다른 판매자의 제품과 구별하게 하는 이름, 용어, 기호, 디자인 또는 이런 것들의 조합이다. **브랜드명(brand name)**은 브랜드의 일부로서 말로 표현할 수 있는 명칭을 의미한다. 여기에는 문자, 단어, 숫자 또는 Procter & Gamble에 있어서와 같이 앰퍼센드(&) 같은 발음 가능한 기호가 포함될 수 있다. 반면에 **브랜드 마크(brand mark)**는 Nike의 "swoosh"와 같이 상징적이거나 독특한 디자인으로서 브랜드의 일부이다. **등록상표(trademark)**는 미국 특허청에 등록된 브랜드명 또는 브랜드 마크다. 따라서 소유자를 제외한 모든 사람이 사용하지 못하도록 법적으로 보호된다. **등록상표명(trade name)**은 Pizza Hut 또는 Cengage Learning과 같은 기업의 완전한 법적 이름이다.

11-5b 브랜드 유형

브랜드는 종종 제조업자 또는 상점을 소유한 사람에 따라 분류된다. 이름에서 알 수 있듯이 **제조업자(또는 생산자) 브랜드(manufacturer brand)**는 제조업자가 소유한 브랜드이다. 많은 식품(Kellogg's Frosted Flakes), 주요 가전제품(Whirlpool), 가솔린(ExxonMobil), 자동차(Honda), 의류(Levi 's)는 제조업자 브랜드로 판매된다. 일부 소비자는 일반적으로 전국적으로 알려져 있고 일관된 품질을 제공하며 손쉽게 구할 수 있기 때문에 제조업자 브랜드를 선호한다.

점포(또는 자체) 브랜드(store or private brand)는 개별 도매업자 또는 소매업자가 소유한 브랜드이다. 잘 알려진 점포 브랜드로는 Sears의 Kenmore와 Costco의 Kirkland Signature가 있다. 점포 브랜드 소유자는 자신의 브랜드를 제공하여 더 낮은 가격으로 제품을 공급하고 더 많은 수익을 창출하며 고객 충성도를 향상시킬 수 있다고 주장한다. 점포 브랜드를 제조하는 일부 회사는 제조업자 브랜드도 생산한다. 초과 생산시설을 활용하고 대부분의 마케팅 비용을 피할 수 있기 때문에 이러한 경영으로 수익성을 발견하곤 한다. 많은 점포 브랜드의 식료품 제품들은 개인 라벨 제품을 전문으로 하는 회사에서 생산한다. 그러므로 대부분의 슈퍼마켓은 점포 브랜드에 크게 의존한다. Private Label Manufacturer's Association에 따르면, 특히 품질의 희생없이 좋은 가치를 추구하는 소비자들 사이에서 점포 브랜

iStock.com/NoDerog

그림에 있는 제품은 단지 한 명의 소매업자에 의해 판매되지 않기 때문에 당신은 쉽게 제품의 브랜드를 인식할 수 있다. Gillette 면도기들은 많은 소매점에서 판매되고 있다.

드의 인기와 품질이 상승하고 있다.

브랜드를 생산자가 소유하든 소매업자가 소유하든 소비자에 의한 브랜드 신뢰도는 브랜드 제품의 성공에 가장 중요한 요소이다. 브랜드화 함으로써 각 제품은 고유하게 식별되고, 고객은 만족도, 성능 및 품질을 제공하는 제품을 쉽게 재구매할 수 있다. 또한, 불만족스러운 제품을 쉽게 피하거나 무시할 수도 있다. 슈퍼마켓에서 진열대 공간을 차지하고 이를 유지할 가능성이 가장 높은 제품은 시장 점유율이 높고 고객 충성도가 높은 브랜드일 것이다.

무상표 제품(또는 무상표 브랜드)(generic product or generic brand)은 브랜드가 전혀 없는 제품이다. 무상표 제품은 평범한 제품 포장을 하며, 포장에는 사과 소스, 땅콩버터 또는 감자 칩과 같은 제품 이름만 포함한다. 1977년 이래 슈퍼마켓에서 판매되는 무상표 제품은 때때로 유명 브랜드를 제조하는 주요 생산업체가 제조한다.

무상표 제품(generic product or brand) 브랜드가 전혀 없는 제품

11-5c 브랜딩의 혜택

소비자와 판매자 모두 브랜딩의 혜택을 받는다. 브랜드는 쉽게 알아볼 수 있기 때문에 원하는 제품을 빠르게 식별하여 소비자가 쇼핑에 소비하는 시간을 줄인다. Chanel, Polo, Patagonia 또는 Nike와 같은 특정 브랜드를 선택하는 것은 자신을 표현하고 특정 라이프 스타일과 가치로 자신을 표현하는 방법이 될 수 있다. 브랜드는 또한 구매의 위험을 줄이는 데 도움이 된다. 마지막으로 고객은 신분을 상징하는 브랜드를 소유함으로써 심리적 보상을 받을 수 있다. Lexus 브랜드가 그 예이다.

브랜딩은 구매자가 이미 브랜드를 알고 있기 때문에 기업이 친숙한 브랜드명을 가진 새로운 제품을 소개하는데 도움을 준다. 브랜딩은 브랜드 제품의 홍보가 동일한 브랜드의 다른 제품을 간접적으로 홍보하기 때문에 판매자의 촉진 활동에 도움이 된다. 예를 들어, H.J. Heinz는 케첩, 식초, 그레이비, 바비큐 소스 및 스테이크 소스와 같은 Heinz 브랜드명을 가진 많은 다른 제품들을 판매한다.

브랜딩의 주요 이점 중 하나는 **브랜드 충성도(brand loyalty)**를 창출하는 것인데, 이는 고객이 특정 브랜드를 구매하는 데 있어서 선호하는 정도를 의미한다. 브랜드 충성도가 높을수록 소비자가 지속적으로 브랜드를 선택할 가능성이 커진다. 브랜드 충성도에는 인지, 선호 및 집착의 세 가지 수준이 있다. *브랜드 인지(brand recognition)*는 고객이 브랜드가 존재한다는 사실을 인식하고 기존의 선호하거나 친숙한 브랜드를 선택할 수 없는 경우 구매하는 충성도이다. 이것은 브랜드 충성도의 가장 약한 형태이다. *브랜드 선호(brand preference)*는 고객이 경쟁 브랜드와 비교하여 자사의 브랜드를 더욱 선호하는 브랜드 충성도 수준이다. 그러나 선호하는 브랜드를 구입할 수 없는 경우 고객은 다른 브랜드를 대체할 의향도 있다. *브랜드 집착(brand insistence)*은 가장 강력하고 일반적인 브랜드 충성도 수준이다.

브랜드 충성도(brand loyalty) 고객이 특정 브랜드를 구입하려는 선호의 정도

표 11.2 세계에서 가장 가치 있는 상위 10개 브랜드

상표	브랜드 가치 (단위: 백만 달러)	상표	브랜드 가치 (단위: 백만 달러)
1. Apple	178,119	6. IBM	52,500
2. Google	133,252	7. Samsung	51,808
3. Coca-Cola	73,102	8. Amazon	50,338
4. Microsoft	72,795	9. Mercedes-Benz	43,490
5. Toyota	53,580	10. GE	43,130

Source: "Best Global Brands 2016 Rankings," Interbrand, http://interbrand.com/best-brands/best-global-brands/2016/ranking/ (accessed March 22, 2017).

브랜드에 집착하는 고객은 대체제품을 구매하지 않는다. Apple은 브랜드에 집착하는 매니아 고객들을 보유한 것으로 알려진 브랜드이다. Apple이 신제품을 출시할 때마다 고객들은 신제품을 구매하는 첫 고객이 되기 위해 몇 시간, 심지어 며칠 동안 줄을 서고 기다린다. 마케터들의 전폭적 가격할인, 쿠폰 및 기타 단기 프로모션에 대한 고객들의 의존도가 증가하고 부분적으로 유사한 특성을 가진 수많은 신제품의 출시로 인해 브랜드의 충성도는 부분적으로 쇠퇴하고 있는 것으로 보인다. 또한, 가장 낮은 가격으로 고객의 니즈를 충족시키는 제품을 쇼핑하기가 그 어느 때 보다 쉬워지고 있다.

브랜드 자산(brand equity) 시장에서 브랜드의 강점과 관련된 마케팅 및 재무적인 가치

브랜드 자산(brand equity)은 시장에서의 브랜드 강점과 관련된 마케팅 및 재무적인 가치이다. 비록 브랜드 자산은 측정하기 어렵지만, 기업에 대한 브랜드의 가치를 나타낸다. 세계에서 가장 가치 있는 10대 브랜드가 표 11.2에 나와 있다.

브랜드 자산에 기여하는 4가지 주요 요소는 브랜드 인지도, 브랜드 결합, 지각된 브랜드 품질 및 브랜드 충성도이다. 브랜드 인지도는 브랜드 친숙성에 연관되어, 소비자로 하여금 익숙한 브랜드를 선택할 가능성을 높여준다. 브랜드의 상징적 결합은 개성의 유형 또는 라이프스타일과 특정 브랜드를 연결해준다. 예를 들어, 고객은 Michelin 타이어를 가족 보호, Nike 제품을 체력적으로 밀어붙여 "Just Do It"을 실행하게 하는 라이프스타일, Dr. Pepper는 독특한 맛 등으로 브랜드를 개성의 유형과 라이프스타일로 결합되게 한다. 소비자가 제품의 품질을 스스로 판단할 수 없는 경우 브랜드의 지각된 품질 수준에 의존할 것이다. 마지막으로 브랜드 충성도는 브랜드 자산의 가치를 내포하는 중요한 요소이다. 이는 브랜드 경쟁사에 대한 자사의 브랜드 취약

성을 감소시켜주고, 신규고객을 유치하기 위한 막대한 자원을 소비할 필요가 없도록 해주기 때문이다. 브랜드 충성도는 브랜드 가시성을 높이고 소매업자(유통업자)가 더 많은 자사의 브랜드 제품을 취급하도록 권장하는 효과가 있다. 때로는 대기업들도 유명 브랜드와 경쟁하기보다는 잘 알려진 브랜드를 구매하는 경우가 있다. 예를 들어, Marriott International은 Sheraton, W Hotels, Aloft를 포함한 많은 유명 호텔 및 리조트 브랜드를 소유하고 있는 Starwood Hotels and Resorts를 인수했다.

11-5d 브랜드의 선택과 보호

브랜드명을 선택할 때는 여러 가지 문제를 고려해야 한다. 고객이 쉽게 말할 수 있고, 철자가 어렵지 않으며, 기억하기 쉬운 이름이어야 한다. Tide와 같은 짧은 음절 이름은 종종 이러한 요구사항을 충족시킨다. 단어, 숫자 및 문자를 결합하여 HTC U11 전화 또는 BMW Z5 Roadster와 같은 브랜드명을 만들 수 있다. 브랜드명은 긍정적인 방식으로 제품의 용도, 특수한 특성 및 주요 이점들을 제시해야 하며 경쟁 브랜드와 차별화할 수 있을 정도로 독창적이어야 한다.

기업은 법적 등록을 통해 보호받을 수 있는 브랜드를 선택하여, 해당 기업이 독점 사용권을 보유하도록 해야 한다. 일부 브랜드는 디자인으로 인해 다른 브랜드보다 더 쉽게 침해될 수 있다. 법적 등록은 10년 동안 국내 상표를 보호하며 무기한 갱신할 수 있지만, 브랜드에 대한 독점 사용권을 보호하기 위해 기업은 선택된 브랜드가 이미 미국 특허청에 등록된 기존 브랜드에 대한 침해로 간주되지 않도록 분명히 해야만 한다. 법원이 침해행위로 판단하고 특정 브랜드로 인해 소비자가 제품의 출처에 대해 혼란스럽게 되거나, 착각하게 되거나 또는 기만 당했는지 여부에 따라 침해행위에 대한 법적 결정을 내리기 때문에 이 작업은 매우 복잡할 수 있다. McDonald's는 상표권을 침해행위로부터 적극적으로 보호하는 것으로 유명한 회사이다. Mc 접두사를 사용하면 소비자가 이 회사가 McDonald's와 관련이 있거나 McDonald's가 소유하고 있다는 인상을 줄 수 있다는 우려 때문에 Mc 이름을 가진 여러 회사에 대해 소송을 진행하였다.

기업은 브랜드명이 일반적인 제품 범주를 나타내는 일반적인 용어가 되기를 원하지 않는다. 일반 용어는 독점 브랜드명으로 법적으로 보호될 수 없다. 예를 들어, *요요(yo-yo)*, *아스피린(aspirin)*, *에스컬레이터(escalator)* 및 *보온병(thermos)*과 같은 이름은 한때는 모두 독점적으로 사용된 브랜드명이지만, 결국 제품 범주를 나타내는 일반 용어로 선언되었다. 따라서 브랜드명을 더 이상 보호할 수 없다. 브랜드명이 일반적인 용어가 되지 않도록 하기 위해 회사는 Jell-O Brand Gelatin에서와 같이 대문자로 이름을 입력하고 수정하여 사용한다. 기업은 브랜드가 상표이며 일반적으로 사용해서는 안된다는 광고를 통해 이 문제를 직접 처리할 수 있으며, 등록상표 기호 ®를 사용하여 브랜드가 상표임을 표시할 수도 있다.

iStock.com/rafal_olechowski

11-5e 브랜딩 전략

모든 기업의 브랜드 결정의 기본은 제품을 어떻게 브랜딩하느냐는 것이다. 제조업자는 제조업자 브랜드, 점포 브랜드 또는 둘 다로 제품을 마케팅할 수 있다. 소매점포에서도 제조업자 브랜드, 점포 브랜드 또는 둘 다를 취급할 수 있다. 어떤 브랜드를 사용할지 결정하면, 개별 브랜딩 또는 통합 브랜딩이라는 두 가지 브랜딩 전략 중 하나를 선택한다.

개별 브랜딩(individual branding) 기업이 각 제품에 대해 다른 브랜드를 사용하는 전략

개별 브랜딩(individual branding)은 기업이 각 제품마다 다른 브랜드를 사용하는 전략이다. 예를 들어, Procter & Gamble은 Ivory, Safeguard, Olay를 포함한 바(bar) 비누 제품라인에 개별 브랜딩을 사용한다. 개별 브랜딩은 두 가지 주요 이점을 제공한다. 한 제품의 문제는 기업의 다른 제품의 좋은 브랜드에 영향을 미치지 않으며, 다른 브랜드는 다른 세분시장을 목표로 삼는다.

통합 브랜딩(family branding) 기업이 제품의 전부 또는 대부분에 대해 동일한 브랜드를 사용하는 전략

통합 브랜딩(family branding)은 기업이 전체 또는 대부분의 제품에 동일한 브랜드를 사용하는 전략이다. Sony, Dell, IBM 및 Xerox는 전체 제품믹스에 통합 브랜딩을 사용한다. 통합 브랜딩의 주요 장점은 통합 브랜드에 속한 하나의 제품에 대한 성공적인 프로모션이 동일한 브랜드명을 가진 다른 모든 제품에 도움을 주게 된다는 것이다. 또한, 신제품은 고객이 이미 브랜드명을 알고 받아들이기 때문에 유리하게 출발할 수 있다.

11-5f 브랜드 확장

브랜드 확장(brand extension) 기존 브랜드를 사용하여 다른 제품 범주에서 신제품을 브랜드화하는 것

브랜드 확장(brand extension)은 조직이 기존 브랜드 중 하나를 사용하여 다른 제품 범주의 신제품을 브랜딩할 때 발생한다. 가구 유통업체인 West Elm은 호텔 관리 회사인 DDK와 제휴하여 브랜드를 고급 호텔에 확장하여, 자연스럽게 고객이 온라인으로 구입할 수 있는 West Elm 가구를 호텔이 갖추도록 하였다. 브랜드 확장과 제품라인 확장을 혼동해서는 안된다. 제품라인 확장은 새로운 맛 또는 새로운 크기와 같은 동일한 제품 범주의 신제품에 기존 브랜드를 활용하는 것을 말한다. Pringles는 Sugar Cookie, Pecan Pie와 같은 새로운 맛을 출시할 때 제품라인 확장에 관여했다. 마케터들은 한 브랜드를 너무 여러 번 브랜드 확장하거나 원래 제품 범주를 벗어나 너무 멀리 브랜드 확장을 하지 않도록 주의해야 한다. 어느 쪽이든 브랜드를 약화시킬 수 있다.

11-5g 포장

포장(packing) 제품에 대한 그래픽이 있는 용기를 개발하고 제공하는 데 관련된 모든 활동

포장(packaging)은 그래픽이 있는 제품 용기의 개발 및 제공과 관련된 모든 활동으로 구성된다. 포장은 제품을 살아있게 만드는 중요한 부분이다. 또한, 제품을 보다 다양하고 안전하며 사용하기 쉽게 만들 수 있다. 모양, 크기, 외관 및 인쇄된 메시지를 통해 포장은 구매 결정에 영향을 줄 수 있다.

포장의 기능 효과적인 포장은 기능과 미학의 조합이다. 포장재료의 기본 기능은 제품을 보호하고 기능적 형태를 유지하는 것이다. 우유, 오렌지 주스 및 헤어 스프레이와 같은 액체가 들어있는 제품은 이들을 보존하고 보호하는 포장을 필요로 한다. 포장은 제품의 유용성에 영향을 미치고 비용을 증가시키는 손상을 방지해야 한다. 제품 변질은 여러 유형의 제품을 판매하는 마케터들에게 문제가 되었기 때문에 이러한 위험에 대응하기 위해 포장 기술이 개발되었다. 일부 포장은 또한 좀도둑을 막을 수 있도록 설계되었다.

포장의 또 다른 기능은 소비자 편의성을 제공하는 것이다. 예를 들어, 작고 아름다운 포장-액체 개별 박스 또는 플라스틱 백에 담아서 냉장보관이 필요 없는-은 어린 자녀를 둔 부모들과 활동적인 생활양식을 가진 젊은 층에게 상당하게 매력적이다. 포장의 크기 또는 모양은 제품의 보관, 사용 편의성 또는 교체율과 관련이 있을 수 있다. 예를 들어, 일회용 야채 포장의 경우 폐기물을 줄이고 보관이 더 쉬워질 수 있다.

포장의 세 번째 기능은 제품의 기능, 용도, 이점 및 이미지를 전달하여 제품을 홍보하는 것이다. 때때로 기업은 제품을 더 바람직하게 만들기 위해 재사용 가능한 포장을 개발한다. 예를 들어, CleanPath라는 표면 클리너는 스프레이 병의 바닥에 나사를 이용하여 청소기 농축액을 판매하는 Replenish 기술을 활용한다. 이 시스템은 플라스틱과 물 낭비를 절약하고 많은 경쟁사의 제품보다 저렴하기까지 하다.

iStock.com/NoDerog

Heinz는 케첩 용기를 뒤집어 진열한다. 케첩 용기의 원래 디자인은 고객이 케첩을 꺼내는 것이 어려운 구조였다. 이 문제를 해결하기 위해 Heinz는 병 주둥이를 더 크게 만들었고, 케첩 용기를 쥐어짤 수 있도록 만들었다. 즉 병의 주둥이를 크게 만들어, 잘 쥐어 짤 수 있다는 의미로서 뒤집어 진열 가능하다는 것을 홍보했다.

포장 디자인 시 고려사항 포장을 개발할 때 많은 요인을 고려해야 한다. 분명히, 한 가지 주요 고려사항은 비용이다. 고가의 포장은 제품의 최종 비용에 영향을 미칠 수 있다.

마케터들은 또한 제품 포장의 단위를 한 개 혹은 여러 개로 할지를 결정한다. 다중단위 포장은 소비 시점 (예: 가정)에서 사용할 수 있는 제품의 양을 늘려 수요를 늘릴 수 있다. 그러나 구매자가 일반적으로 비용 문제로 초과 공급을 원하지 않거나 오랫동안 제품을 저장하는 것을 선호하지 않기 때문에 자주 사용하지 않는 제품에는 다중단위 포장이 작동하지 않는다. 그러나 청량음료에 사용되는 6개의 알루미늄 캔 포장의 경우와 같이 다중단위 포장은 보관 및 취급이 더 쉬워질 수 있을 뿐만 아니라, 또한 일대일 판매와 같은 특별 가격 제안을 용이하게 할 수 있다. 다중단위 포장은 고객이 제품을 여러 번 시험해 보도록 독려할 수 있지만, 제품 한 개만을 구매할 수 없는 경우 역효과를 일으키고 제품 시험을 방해할 수도 있다.

마케터들은 기업의 포장 디자인들 간에 일관성이 얼마나 필요한지를 고려해야 한다. 전체 기업의 이미지를 홍보하기 위해 기업은 모든 포장이 유사하거나 고유한 디자인 요소를 포함해야 한다고 결정할 수 있다. *통합 포장(family packaging)* 방식은 종종 Campbell's 수프, Weight

Watchers의 식품들 및 Planters 견과류와 같은 제품라인에만 사용된다. 특히 기업의 다양한 제품이 서로 관련이 없거나 상이한 표적 시장을 목표로 하는 경우 최상의 정책은 위와 같은 일관성을 갖추지 않는 것이다.

포장은 중요한 촉진 역할을 수행하기도 한다. 포장은 언어적 및 비언어적 기호를 통해 잠재적 구매자에게 제품의 내용, 용도, 기능, 장점 및 위험에 대해 알려준다. 기업은 특정 색상, 디자인, 모양 및 질감을 선택하여 원하는 이미지와 결합하여 포장을 개발할 수 있다. 예를 들어, 많은 화장품 제조업자들은 제품이 풍성하고, 고급스럽고 독점적이라는 인상을 주도록 포장을 디자인한다. 그리고 경쟁사보다 안전하고 사용하기 편리하도록 설계된 포장들도 촉진 기능을 수행하기도 한다.

또한, 포장은 중개업자들의 니즈를 충족시켜야 한다. 도소매업자들은 포장이 운송, 취급 및 보관이 용이한지 여부를 고려한다. 재판매업자들 또한 포장이 너무 번거로운 경우 특정 제품의 취급을 거부하기도 한다.

마지막으로, 기업은 포장을 개발할 때 환경적 책임의 문제를 고려해야 한다. 기업은 편의를 위한 소비자의 욕구와 환경 보존의 필요성을 균형 있게 조정해야 한다. 모든 쓰레기의 약 절반이 플라스틱 포장으로 구성되어 있기 때문에 포장을 줄이는 것은 글로벌 폐기물 문제에 도움이 될 것이다. 2020년까지 폐기물 제로라는 목표를 실현하고자 하는 Seventh Generation은 식기세척기 세제 용기의 포장을 내구성이 뛰어나고 선반에 세울 수 있는 재활용 가능한 플라스틱 파우치로 변경했으며, 재활용 장소에 대한 지침이 포함되어 있다.

11-5h 라벨링

라벨링(labeling) 제품 또는 포장에 대한 정보 표시

라벨링(labeling)은 제품 또는 해당 포장에 대한 정보를 표시하는 것이다. 라벨은 브랜드명과 마크, 등록상표 기호®, 포장 크기 및 내용, 제품 클레임, 사용 지침 및 안전 예방 조치, 제품 성분, 제조업자의 이름 및 주소를 포함한 정보를 포함하는 포장의 일부이다.

그리고 범용제품코드(UPC)인 바코드 기호는 자동계산 및 재고관리에 사용된다. 수많은 정부규제에 따라 특정 제품의 라벨에는 다음의 정보가 반드시 포함되어야 한다.

- ✔ 의류는 제조업자의 이름, 제조 국가, 섬유의 소재 및 세탁방법 등이 명시되어야 한다.
- ✔ 식품 라벨은 성분에 대하여 가장 일반적인 용어를 포함한 설명이 있어야 한다.
- ✔ 영양 성분을 표시하는 음식 제품의 경우 표준양식에 따른 영양 성분 라벨이 있어야 한다.
- ✔ 식품 라벨은 용기당 1회 제공량, 제공량의 크기, 1회 제공량당 칼로리 수, 지방함유량 및 특정 영양소의 양을 명시해야 한다.
- ✔ 샴푸, 세제와 같은 비식용 제품은 안전 주의 사항 및 사용 지침을 반드시 표기해야만 한다.

이러한 규정들은 오해의 소지가 있는 제품 클레임 및 제품의 부적절한(따라서 안전하지 않은) 사용으로부터 고객을 보호하기 위한 것이다. 식품 제조업체는 제품에 대해 오해의 소지가 있는 건강과 관련된 주장을 건강 정보 내용으로 담을 수 없다.

라벨은 또한 명시적 보증의 세부 사항을 담을 수 있다. **명시적 보증(express warranty)**은 제품에 결함이 있거나 만족스럽지 못한 것으로 판명된 경우 생산자의 책임에 대하여 서술된 설명이다.

명시적 보증(express warranty) 제품에 결함이 있거나 만족스럽지 못한 것으로 판명된 경우 생산자의 책임에 대한 서면 설명

11-6 제품의 가격책정

 # 학습목표 가격책정의 경제적 근거와 판매자가 가격을 통제하는 방법과 소비자가 가격을 어떻게 인식하는지를 이해한다.

제품은 판매자에게 수익을 할당하도록 시장을 만족시키기 위해 고안된 속성과 편익의 조합이다. 가격책정은 이러한 조합을 통합하는 중요한 부분이다. 각 제품은 소비자의 욕구와 기대가 이익을 창출하려는 기업의 니즈와 균형을 이루게 하는 가격을 가지고 있다. 이제 기업이 제품의 가격을 결정하는 방법을 좀 더 자세히 살펴볼 것이다.

11-6a 가격의 의미와 활용

제품의 **가격(price)**은 판매자가 주어진 시간과 상황에서 제품에 대한 교환의 대가로 기꺼이 수용하려는 금액이다. 때때로, 가격은 구매자와 판매자 사이의 협상으로 정해지기도 한다. 그러나 많은 비즈니스 상황에서 가격은 판매자에 의해 결정된다. 판매자가 제품에 대해 10달러의 가격을 설정한다고 가정하자. 이때 판매자는 "이 제품을 원하는 고객은 누구나 10달러를 대가로 그것을 가질 수 있습니다."라고 말하는 것이다.

가격(price) 판매자가 주어진 시간 및 상황에서 제품에 대한 교환의 대가로 기꺼이 수용하려는 금액

그러면 관심 있는 구매자는 종종 화폐 가치의 관점에서 제품의 효용에 관한 개인적인 판단을 하게 된다. 제품으로부터 최소 10달러 상당의 원하는 만족(또는 가치)을 얻을 것이라고 생각하는 특정인이 구매할 가능성이 있다. 물론 10달러를 다른 곳에 소비하여 더 많은 만족을 얻을 수 있다고 생각하는 고객은 제품을 사지 않을 것이다.

그러므로 가격은 *할당자(allocator)*의 기능을 제공한다. 첫째, 가격은 기꺼이 구매할 수 있는 사람들에게 상품과 서비스를 할당한다. (1장에서 언급했듯이, "누구를 위해 생산할 것인가?"에 대한 대답은 주로 가격에 달려있다) 둘째, 가격은 고객의 니즈를 얼마나 잘 충족시키는지에 따라 생

산자들 사이에서 금융자원(판매 수입)을 할당한다. 셋째, 가격은 고객이 다양한 욕구-만족 제품 중에 어떤 제품을 선택할지에 대해 도움을 준다.

iStock.com/bgwalker

얼마나 낮출 수 있는가? 패스트푸드 업계에서는 가격 경쟁이 치열하다. McDonald's는 2002년 업계 최초로 1달러 메뉴를 출시했다. 많은 경쟁업체가 이런 가격의 메뉴를 갖추기까지는 그리 오랜 시간이 걸리지 않는다.

11-6b 가격과 비가격 경쟁

제품의 가격을 설정하기 전에 기업은 가격만을 기준으로 경쟁할지 아니면 여러 요인을 조합하여 경쟁할지를 결정해야 한다. 이 선택은 가격책정 결정뿐만 아니라 다른 마케팅믹스 변수에도 영향을 미친다.

가격 경쟁(price competition) 판매 또는 시장 점유율을 얻기 위해 경쟁사 가격과 같거나 낮은 가격을 설정하는 것

가격 경쟁(price competition)은 판매자가 제품의 저렴한 가격을 강조하고 경쟁사 가격과 같거나 낮은 가격을 설정할 때 발생한다. 이 방법을 가장 효과적으로 사용하려면 판매자는 경쟁업체의 가격 변동에 대응하여 가격을 수시로, 신속하고 적극적으로 변경할 수 있는 유연성이 있어야 한다. 가격 경쟁을 통해 마케터들은 제품 수요를 기반으로 혹은 기업의 재무상황 변화에 따라 가격을 설정할 수 있다. 그러나 경쟁업체도 같은 방법을 사용하게 되는데 이는 가격 경쟁의 주요 단점이다. 예를 들어, Fidelity Investments가 온라인 주식 거래에 대한 수수료를 4.95달러로 설정한다고 선언하자마자 경쟁기업인 Charles Schwab도 신속하게 대응했다. 상황에 따라 판매자가 가격을 인상해야 하는 경우에도 경쟁기업은 낮은 가격을 유지할 수도 있다. 소비자는 온라인으로 비교 쇼핑을 빠르고 쉽게 할 수 있기 때문에 인터넷은 판매자가 가격을 토대로 경쟁하는 것을 그 어느 때보다 어렵게 만들었다.

비가격 경쟁(non-price competition) 가격이 아닌 다른 요인으로 경쟁하는 것

비가격 경쟁(non-price competition)은 가격 이외의 요소를 기반으로 한 경쟁이다. 판매자가 독특한 제품 품질, 고객 서비스, 판촉, 포장 또는 기타 기능을 통해 제품을 돋보이게 할 때 가장 효과적이다. 구매자는 이러한 특성을 인식할 수 있어야 하고 또한 매력적이라고 여겨야 한다. 고객이 가격 이외의 이유로 브랜드를 선택하게 되면 경쟁기업의 브랜드에 더 이상 매력을 느끼지 못하게 된다. 이런 방식으로 판매자는 브랜드에 대한 고객충성도를 구축할 수 있다. 비가격 경쟁 방법인 **제품 차별화(product differentiation)**는 자사 제품과 다른 유사 제품의 차이점을 개발하고 촉진하는 프로세스이다. 예를 들어, Vibram의 FiveFingers 신발은 경쟁제품과 충분히 차별화되어 있어 가격으로 경쟁하지 않는다. 신발의 스타일이 매우 독특하다. 발가락을 포함한 발 모양으로 디자인된 신발은 마치 맨발인 것 같은 경험을 하면서 발을 보호하려는 달리기 선수나 기타 운동선수에게 매력적으로 다가가고 있다.

제품 차별화(product differentiation) 자사 제품과 다른 유사 제품의 차이점을 개발하고 촉진하는 과정

11-6c 소비자의 가격 지각

가격을 설정할 때 관리자는 표적 시장의 가격 민감도를 고려해야 한다. 한 세분시장 구성원은 다른 세분시장의 구성원보다 가격에 더 많은 영향을 받을 수 있다. 소비자 가격 민감도는 제품

윤리 및 사회적 책임

생명 구제 제품의 가격책정

마케터들은 생명 구제 제품(life-saving product)의 가격을 어떻게 책정해야 하는가? 생명을 위협하는 알레르기 반응에 대한 에피네프린 치료제 주사에 대한 큰 논란이 있었다. 2007년, Mylan은 많은 소비자와 학교가 유사시에 편리하게 사용할 수 있는 오랜 의약품인 EpiPen에 대한 권리를 인수했다. Mylan은 EpiPen 가격을 계속해서 인상하여, 인젝터펜 2팩의 정가는 609달러로 되었다. 2007년의 100달러 미만으로 책정된 가격보다 극단적으로 높은 가격이다.

소비자는 매년 신선한 인젝터를 구입해야 하므로 필수 제품에 대한 가파른 가격상승은 소비자의 분노를 불러일으켰고 정부 조사를 촉발시켰다. 정부와 소비자의 압력에 굴복하여, Mylan은 300달러에 판매되는 EpiPen 2팩의 일반 버전을 발표했으며, 보험에 가입한 소비자가 공동 지불할 수 있는 카드를 제공했다. 또한, 이 회사는 미국 정부 프로그램이 EpiPen 제품에 대해 초과 지급한 요금을 정산하기 위해 4억 6,500만 달러를 정부에 지불했다.

EpiPen은 브랜드 제품과 일반 버전 제품 덕분에 브랜드 인지도와 시장 점유율이 높지만, 경쟁업체가 시장에 진입함에 따라 시장 점유율은 95%에서 71%로 떨어졌다. CVS는 Adrenaclick의 일반 버전 2팩을 110달러에 판매하기 시작했고, 소매업체가 100달러의 쿠폰을 제공함으로 소비자의 실제 가격은 10달러이다. Kaléo는 최근 품질 향상을 위해 제조 시설을 개편한 후 정가 4,500달러의 에피네프린 인젝터 Auvi-Q 트윈 팩을 다시 출시했다. 또한 Kaléo는 소비자의 본인 부담 비용을 구매 당 360달러로 제한하고, 일부 보험 가입자는 인젝터에 대해 아무것도 지불하지 않아도 되도록 조치하였다.

당신은 생명 구제 제품의 가격을 어떻게 책정해야 한다고 생각하는가?

Sources: Based on information in Sy Mukherjee, "Mylan's EpiPen Is Bleeding Market Share to Its Rivals," Fortune, March 6, 2017, http://fortune.com/2017/03/06/mylan-epipen-competitors-surge/(accessed March 23, 2017); Jonathan D. Rockoff, "Rival to EpiPen Allergy Treatment to Return to Market," Wall Street Journal, January 19, 2017, https://www.wsj.com/articles/rival-to-epipen-allergy-treatment-to-return-to -market-1484855236 (accessed March 23, 2017); Anne Steele, "Mylan Launches Cheaper Generic EpiPen Alternative," Wall Street Journal, December 16, 2016, https:// www.wsj.com/articles/mylan-launches-cheaper-generic-epipen-alternative-1481896300 (accessed March 23, 2017).

마다 다르다. 예를 들어, 구매자는 운동화를 구입할 때보다 휘발유를 구입할 때 가격에 더 민감할 수 있다.

소비자는 특정 품목에 대해서는 좁은 범위의 가격을, 다른 품목에 대해서는 더 넓은 범위를 허용한다. 식료품점에서 온스당 1.7센트에 판매되지만, 영화관에서 온스당 23.7센트에 탄산음료가 판매되고 있다. 경영진은 소비자의 가격 수용 한도와 그것이 적용되는 제품을 알아야 한다. 기업은 또한 경쟁제품과 관련하여 주어진 제품에 대한 소비자의 인식에 주목해야 한다. 제품이 해당 범주의 다른 제품보다 우수하다고 간주되거나 제품이 강력한 브랜드 충성도를 불러일으킨다면 프리미엄 가격이 적절할 수 있다. 반면에, 소비자가 제품에 대해 부정적인 인식이 조금이라도 있는 경우 더 낮은 가격이 필요할 수 있다.

때때로 소비자는 가격과 품질을 동일시한다. 가격 결정에 관여하는 관리자는 이러한 현상이 표적 시장에서 널리 퍼져있는지를 살펴보아야 한다. 이러한 경우 가격이 높을수록 제품의 이미지가 향상되고, 그에 따라 제품을 더 구매하고 싶은 것으로 지각한다.

제품의 가격은 무엇과 관련이 있는가? 구매자가 제품을 인식하는 방식은 종종 가격에 따라 결정된다. 높은 가격은 양질의 제품 품질과 상태를 의미하므로 Rolex 시계와 같은 명품 제조업체들은 할인가격으로 판매하는 것을 꺼린다. 이러한 제품의 생산자들은 브랜드의 이미지를 손상시킬 수 있다는 이유로 브랜드를 "싸게"하는 빠른 판매 증가를 원하지 않는다.

iStock.com/Nickbeer

11-7 가격책정의 목표

 # 학습목표 **기업이 적용하는 주요 가격책정 목표를 이해한다.**

제품에 대한 가격을 설정하기 전에 경영진은 조직 및 마케팅 목표에 부합하는 가격목표를 결정해야 한다. 물론, 가격책정의 한 가지 목표는 수익을 창출하는 것이지만, 이것이 회사의 주요 목표가 아닐 수도 있다. 다음은 기업이 가격책정에 있어서 고려해야 할 중요한 요소이다.

11-7a 생존

기업은 특정 시장에서 살아남기 위해 제품 가격을 책정해야 할 수도 있다. 이것은 일반적으로 회사가 잠시 동안 손실을 입더라도, 고객을 유치하기 위해 가격을 인하한다는 것을 의미한다. 물론 이러한 목표는 장기적으로 추구될 수 없으며, 일관된 손실로 인해 비즈니스가 실패할 수 있다.

11-7b 수익 극대화

많은 기업들이 수익을 극대화하는 것이 자신들의 목표라고 하지만, 이 목표는 정의하기가 어렵다(따라서 달성하기가 불가능하다). 정확히, 최대 수익이 무엇일까? 기업은 언제 최대치에 도달하는지 어떻게 알 수 있을까? 수익 목표치를 설정하고자 하는 기업은 이전 수익에 비해 특정 금액이나 비율 증가로 표현해야 한다.

11-7c 투자수익률

*투자수익률(return on investment, ROI)*은 금융 투자의 결과로 얻은 금액이다. 일부 기업은 가격책정으로 인한 수익목표의 성공을 측정하기 위한 정량적 수단으로 연간 ROI를 반영한다.

11-7d 시장 점유율

기업의 *시장 점유율(market share)*은 전체 산업 매출에서 자사가 차지하는 비율이다. 일부 기업은 가격을 통해 시장 점유율을 유지하거나 늘리려고 시도한다. 미국 콜라시장의 거인인 Coke와 Pepsi는 공격적인 가격책정과 마케팅 활동을 통해 시장 점유율을 확보하기 위해 지속적으로 노력하고 있다.

11-7e 현재 상태를 유지하는 가격책정

제품 가격책정에서 일부 기업은 현상 유지를 목표로 한다. 이는 가격 안정성에 의존하는 산업에서 특히 그렇다. 경쟁사와 유사한 제품의 가격을 경쟁사와 동일한 가격으로 책정함으로써 이익이나 시장 점유율을 유지할 수 있다면 기업은 그렇게 할 것이다.

11-8 가격책정 방법

 # 학습목표 기업이 사용하는 세 가지 주요 가격책정 방법을 이해한다.

기업이 가격목표를 설정한 후에는 해당 목표에 도달하기 위한 가격책정 방법을 선택해야 한다. 가격책정을 설정하는 모든 기업은 두 가지 중요한 요소를 고려해야 한다. 첫 번째는 기업의 생산비용과는 관계없이 시장이 궁극적으로 판매할 제품의 가격을 결정한다는 것을 인식해야 한다. 두 번째는 비용과 예상 매출은 기업이 손해보지 않고 제품을 판매할 수 있는 최소 가격인 *가격 하한선(price floor)*을 설정하는 데만 사용할 수 있다는 것을 알아야 한다. 이 절에서는 원가기반, 수요기반, 경쟁기반 가격책정의 세 가지 가격책정 방법을 살펴본다.

11-8a 원가기반 가격책정

판매자는 가장 간단한 가격책정 방법인 *원가기반 가격책정(cost-based pricing)* 방법을 사용하여 제품의 한 단위를 생산(또는 구매)하는 데 수반되는 총비용을 결정한다. 판매자는 추가비용(예: 보험 또는 이자)과 수익을 충당하기 위한 금액을 추가한다. 추가되는 금액을 **가산액(markup)**이라고 한다. 총비용과 가산액을 더한 금액이 제품의 판매가격이 된다.

가산액(markup) 판매자가 기본 판매가격을 결정하기 위해 제품의 비용에 추가 하는 금액

기업의 경영진은 한 단위 생산에 필요한 비용의 백분율로 가산액을 계산할 수도 있다. 예를 들어 1,000개의 헤드셋을 제조하고 마케팅하는데 투입된 총비용이 10만 달러 또는 단위당 100달러라고 가정해 보자. 제조업자가 비용보다 20% 높은 가산액을 원하는 경우 판매가격은 100달러 + 100달러의 20% 또는 단위당 120달러이다.

가산액 가격책정은 적용하기 쉬워서 많은 기업(주로 소매업자 및 도매업자)에서 사용되지만, 두 가지 주요 결함이 있다. 첫 번째는 가장 적절한 가산액 백분율을 결정하기가 어렵다는 것이다. 가산액 비율이 너무 높으면 제품 가격이 너무 비싸서, 몇 개의 제품만 팔리므로 생산 및 마케팅 비용을 충당할 수가 없다. 그러나 가산액 비율이 너무 낮으면 판매자는 더 높은 가격을 할당하여 얻을 수 있는 이익을 포기하는 것이 된다.

가산액으로 가격을 책정하는 데 있어서의 두 번째 문제는 가격책정을 다른 비즈니스 기능과 분리한다는 것이다. 즉, 생산 수량이 결정되고 비용이 발생한 후에 시장이나 마케팅믹스에 관계없이 가격이 책정된다는 것이다. 가장 효과적이기 위해서는 다양한 비즈니스 기능에서 발생한 비용을 통합해야 한다. 각각의 비즈니스 기능은 모든 마케팅 결정에 영향을 미친다.

손익분기점 분석을 통해 비용기반으로 가격책정을 계산할 수도 있다. 모든 제품의 **손익분기점 수량(breakeven quantity)**은 판매된 모든 단위에서 발생한 총수익과 판매된 모든 단위의 총비용이 일치될 때의 제품 수량이다. **총수익(total revenue)**은 제품 판매에서 받은 총금액이다. 예상 총수익은 판매가격에 판매단위 수를 곱한 값이다.

손익분기점 수량(breakeven quantity) 판매된 모든 단위에서 발생한 총수익에 대해 판매된 모든 단위의 총비용과 일치하게 되는 제품의 수량

총수익(total revenue) 제품 판매에서 받은 총금액

기업의 운영과 관련된 비용은 고정비용과 변동비용으로 광범위하게 분류될 수 있다. **고정비용(fixed cost)**은 제품의 생산 또는 판매단위 수에 관계없이 발생하는 비용이다. 예를 들어, 임대료는 1대 또는 1,000대의 제품생산 여부에 관계없이 동일하게 유지되기 때문에 고정비용이다. **변동비용(variable cost)**은 생산된 제품 단위수에 따라 달라지는 비용이다. 스테레오 수신기의 부품제작비용은 변동비용이다. 더 많은 단위를 생산할수록, 더 효율적인 생산이 될 것이며 부품의 단위당 비용은 내려갈 것이다. 특정 단위의 수를 생산하는 **총비용(total cost)**은 고정비용과 해당 단위를 생산하는 데 들어간 변동비용의 합계이다.

고정비용(fixed cost) 제품의 생산 또는 판매단위 수에 관계없이 발생하는 비용

변동비용(variable cost) 생산된 단위의 수에 투입된 생산비용

총비용(total cost) 고정비용과 제품생산에 투입된 변동비용의 합계

특정 판매가격을 가정하면, 손익분기점 수량을 그래픽으로 또는 수식을 사용하여 찾을 수 있다. 그림 11.3은 가상 제품의 다양한 수량의 판매로 인해 얻은 총수익과 총비용을 그래프로 나타낸 것이다. 고정비용 4만 달러, 단위당 60달러의 변동비용과 120달러의 판매가격으로 인한 손

그림 11-3 손익분기점 분석

손익분기점 분석은 아래의 질문에 대답한다: 기업이 특정한 제품에 대하여 손익을 맞출 수 있는 생산 및 판매의 최소한의 수량은 얼마인가?

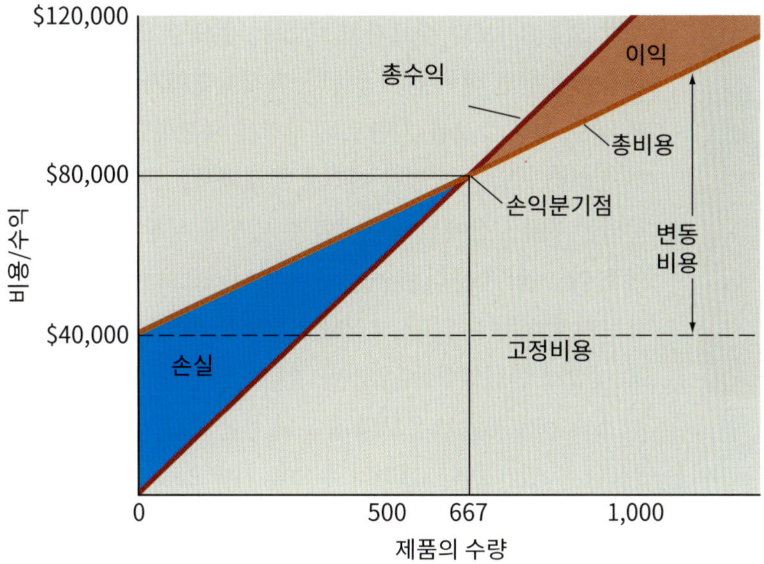

익분기점 수량은 667개 이다(총수익 및 총비용 곡선의 교차점으로 그림 11.3에 표시된다). 손익분기점 수량을 찾으려면 먼저 판매가격에서 변동비용을 공제하여 한 단위의 판매가 고정비용을 상쇄하는데 기여하는 금액을 결정한다. 손익분기점 수량에 도달하기 위해 고정비용으로 그 기여금액을 나누어 준다. 기업이 667개 이상의 제품을 120달러에 판매하는 경우 이익을 얻을 수 있지만, 667개보다 적은 단위를 판매하는 경우 기업은 손실을 겪게 된다.

11-8b 수요기반 가격책정

기업은 제품의 가격을 비용에 근거하는 대신 제품에 대한 수요를 기반으로, 즉 수요기반 가격책정 방법을 사용하는 경우가 있다.

이 방법은 제품 수요가 강할 때 가격이 오르고 수요가 약할 때 가격이 낮아지게 된다. 이 방법을 사용하려면 마케터는 고객들이 상이한 가격대에서 제품에 대한 고객의 수요를 추정한 다음, 가장 높은 총수익을 창출해주는 가격을 선택해야 한다. 이 방법의 효과는 수요를 정확하게 추정하는 기업의 능력에 달려 있다. 기업이 특정 제품의 마케팅에 둘 이상의 가격을 사용하려는 경우 *가격차별화(price differentiation)*라고 불리는 수요기반 가격책정 방법을 선호할 수 있다. 가격차별화는 구매 시간, 고객 유형 또는 유통채널 유형과 같은 고려사항을 기반으로 한다.

비행기 안에서 옆 좌석에 앉아 있는 사람보다 비행기 티켓을 두 배나 많이 지불한 이유는 무엇일까? 항공사는 수요기반 가격책정 방법을 사용한다. 비행기 회사들이 사용하는 정교한 소프트웨어는 특정 항공편에서 주어진 시간에 얼마나 많은 고객이 티켓을 구매하고 있는지 뿐만 아니라 데이터를 기반으로 좌석의 가격을 지속적으로 재책정하고 있기 때문이다.

수요가 많은 시간대에 가격이 상승하는 *동적 가격책정(dynamic pricing)*의 사용은 특히 Uber 및 Lyft와 같은 자동차 공유 서비스뿐만 아니라 하루 종일 보다 고른 고객 흐름을 원하는 레스토랑에서도 증가하고 있다. 레스토랑들은 Spotluck과 같은 앱을 사용하여 수요가 많은 금요일 주말 오후 8시보다 수요가 별로 없는 수요일 오후 5시에 식당을 찾는 고객들에게 할인 혜택을 제공한다. 가격차별화가 제대로 실행되려면, 기업은 서로 다른 수요를 기반으로 시장을 세분화할 수 있어야 한다. 그렇게 하기 위해 기업은 더 낮은 가격으로 구매하는 고객들이 더 높은 가격이 청구되는 세분시장에서 재판매할 수 없도록 시장을 충분히 분리할 수 있어야 한다. 이러한 분리는 예를 들어 지리적으로 분리된 세분시장에 판매함으로써 달성될 수 있다. 그러나 인터넷은 이러한 제품의 가격차별화를 더욱 어렵게 만들었다. 수요기반 가격책정은 원가기반 가격책정과 비교하여 소비자가 제품 비용보다 충분히 높은 수준에서 제품을 평가한다고 가정할 때 더 높은 수익을 달성할 수 있게 한다. 그러나 수요를 기반으로 가격책정을 하려면 경영진은 서로 다른 가격 수준에서 수요를 예측할 수 있어야 하는데, 이를 정확하게 예측하기는 어렵다.

11-8c 경쟁기반 가격책정

*경쟁기반 가격책정(competition-based pricing)*을 활용하는 기업은 비용과 수익을 경쟁업체의 가격에 부차적인 것으로 간주한다. 가격이 마케팅 전략의 중요한 변수인 시장에서 경쟁제품이 유사한 경우 이 방법의 중요성이 증가한다. 경쟁기반 가격책정 방법을 활용하는 기업은 경쟁업체의 가격보다 약간 높은 가격, 약간 낮은 가격 또는 동일한 수준의 가격으로 판매할 수 있다. 경쟁기반 가격책정은 시장 점유율과 매출을 높여 가격책정 목표를 달성하는 데에 도움이 될 수 있다. 경쟁기반 가격책정은 수익성을 높이기 위해 다른 비용 방식과 결합하여 활용될 수 있다.

11-9 가격책정 전략

 # 학습목표 기업이 가격을 책정하는 데 사용할 수 있는 다양한 전략을 이해한다.

*가격책정 전략(pricing strategy)*은 가격책정 목표를 달성하기 위해 고안된 조치이다. 기업이 이러한 전략을 사용하는 범위는 가격책정 목표, 마케팅 목표, 제품 시장, 제품 차별화 정도, 제품의

수명주기 단계 및 기타 요인에 따라 달라진다. 그림 11.4는 주요 가격책정 전략의 목록이다. 이 절의 나머지 부분에서 이러한 전략에 대해 설명한다.

11-9a 신제품 가격책정

신제품 가격책정 전략의 두 가지 기본 유형은 초기 고가책정과 침투 가격책정이다. 기업은 일정 기간 동안 하나 또는 둘 다 사용할 수 있다.

초기 고가책정 일부 소비자는 참신함 또는 소유권이 부여하는 명성과 지위 때문에 혁신적인 제품에 대해 높은 가격을 기꺼이 지불하려고 한다. **초기 고가책정(price skimming)**은 제품수명주기의 도입기 단계에서 가능한 최고 가격을 제품에 부과하는 전략이다.

이 전략은 높은 R&D 비용을 신속하게 회수하는데 도움이 된다. 또한, 초기 고가책정 전략은 제품에 대한 수요를 억제할 수 있으며, 도입기 단계에서 회사의 생산 능력이 제한되는 경우에 도움이 된다. 이 전략이 시장에서 수용된다면, 잠재적인 경쟁업체들에게 실제보다 더 수익성 있게 보이게 하여 더 많은 경쟁자들이 시장에 진입하게 하는 위험성이 있다.

초기 고가책정(price skimming) 제품수명주기의 도입기 단계에서 제품에 대해 가능한 가장 높은 가격을 부과하는 전략

침투 가격책정 이와 반대로, **침투 가격책정(penetration pricing)**은 신속하게 시장 점유율을 구축하기 위해 새로운 제품에 대한 가격을 저렴하게 설정하는 전략이다. 이 전략으로 인하여 판매자들은 큰 시장 점유율을 형성하여 시장에 진입하려는 경쟁업체들을 낙담하게 만들 것이라 기대한다. 저렴한 가격으로 판매가 촉진되면 기업은 더 오랫동안 생산을 주문할 수 있으며, 이는 일반적으로 단위당 생산비용을 낮추어 준다. 침투 가격책정 전략의 단점은 회사가 가격책정에서 덜 유연한 입장에 놓이게 한다는 것이다. 가격을 내리는 것보다 가격을 대폭 올리는 것이 더 어렵다.

침투 가격책정(penetration pricing) 신제품에 대해 낮은 가격을 설정하는 전략

그림 11.4 가격책정 전략의 유형들

기업은 다양한 가격책정 전략을 사용할 수 있다.

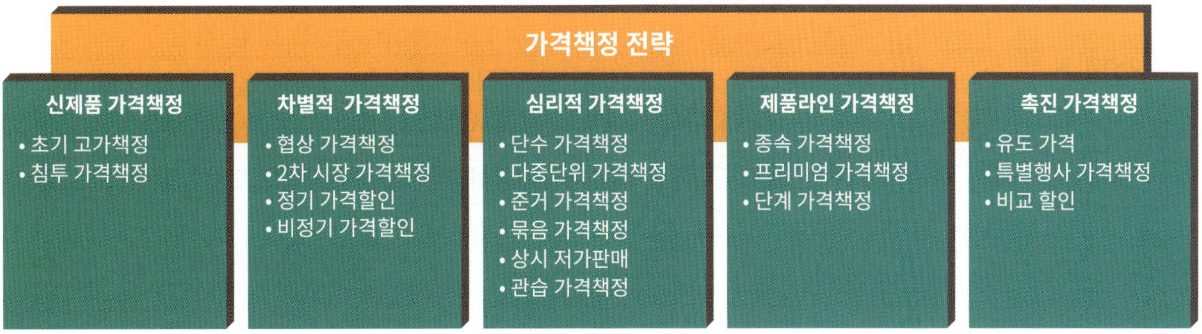

11-9b 차별적 가격책정

가격 결정에서 중요한 문제는 동일한 제품에 대해 단일 가격 또는 다른 가격을 사용할지 여부이다. *차별적 가격책정(differential pricing)*는 제품의 동일한 품질과 수량에 대해 다른 구매자에게 상이한 가격을 청구하는 것을 의미한다. 차별적 가격책정 전략이 효과적이기 위해서는 가격 민감도가 다른 다수의 세분시장으로 시장이 구성되어야 한다. 이 방법을 채택하는 경우, 고객을 혼란스럽게 하거나 적대하지 않도록 주의해야 한다. 차별적 가격책정 전략은 협상 가격책정, 2차 시장 가격책정, 정기 가격할인 및 비정기 가격할인을 비롯한 여러 가지 형태를 취할 수 있다.

협상 가격책정 (negotiated pricing) 협상을 통해 최종가격을 설정하는 전략

협상 가격책정 협상 가격책정(negotiated pricing)은 판매자와 고객 간의 협상을 통해 최종 가격이 설정될 때 발생한다. 협상 가격책정은 유통의 모든 단계에서 발생하고 다양한 산업에서 일반적이다. 미리 정해진 가격이나 가격표가 있더라도 제조업자, 도매업자 및 소매업자는 최종 판매가격을 설정하기 위해 협상할 수 있다. 소비자는 일반적으로 주택, 자동차 및 중고 장비에 대한 가격을 협상한다.

2차 시장 가격책정 (secondary-market pricing) 기본 표적 시장에 대한 가격과 다른 2차 시장에 대한 다른 가격을 책정

2차 시장 가격책정 2차 시장 가격책정(secondary-market pricing)은 주요한 표적 시장에 대한 가격과 이외의 시장(2차 시장)에서 다른 가격을 설정하는 것을 의미한다. 2차 시장에서 청구되는 가격은 종종 낮지만, 항상 낮지는 않다. 2차 시장의 예로는 지리적으로 고립된 국내 시장, 외국 시장 및 한산한 시간에 제품(예: 식당에서 "조기" 저녁식사, 영화관에서 낮 시간 상영 영화 등)의 구매가 이루어지고 있는 세분시장 등이 있다.

정기 가격할인(periodic discounting) 주기 또는 체계적으로 가격의 일시적인 인하

정기 가격할인 정기 가격할인(periodic discounting)은 주기적으로 또는 체계적으로 가격을 일시적으로 낮추는 것이다. 예를 들어, 많은 소매업자가 매년 연말연시 할인행사를 하고 있으며 의류 매장은 계절별 할인행사를 진행하고 있다. 마케터들의 관점에서 볼 때, 주기적인 할인의 문제점은 고객이 언제 할인이 실시될지를 예측할 수 있고 더 낮은 가격을 제시할 때까지 구매를 지연시킬 수 있다는 것이다.

비정기 가격할인 (random discounting) 비체계적으로 가격의 일시적인 인하

비정기 가격할인 비정기 가격할인(random discounting)은 할인 기간까지 구매를 보류하는 고객의 문제를 완화하기 위해 일부 기업에서는 비정기 가격할인을 적용한다. 즉, 비체계적으로 일시적으로 가격을 인하한다. 제품의 가격인하가 무작위로 발생하면 해당 브랜드의 사용자는 가격인하가 발생하는 시기를 예측할 수 없다. 따라서 그들은 더 낮은 가격에 제품을 구입하려는 기대로 인하여 그들의 구매를 지연하지 않는다. 또한 새로운 고객을 유치하기 위해 비정기 가격할인을 한다.

11-9c 심리적 가격책정

심리적 가격책정 전략은 경제적으로 합리적인 반응보다 감정적인 반응을 기반으로 구매를 장려한다. 이러한 전략은 주로 산업재 보다는 소비재에 활용된다.

단수 가격책정 많은 소매업자들은 소비자가 5달러와 같은 전체 달러 단위 가격보다 4.99달러와 같은 단수(odd-number)로 표시된 가격에 더 긍정적으로 반응한다고 믿는다. **단수 가격책정(odd-number pricing)**은 전체 달러 단위 금액보다 약간 낮은 단수로 표시된 가격을 설정하는 전략이다. 9와 5는 단수 가격에 대한 가장 인기 있는 끝자리 숫자이다.

> **단수 가격책정(odd-number pricing)** 달러 단위의 전체 금액보다 약간 낮은 잔전을 표시하도록 가격을 설정하는 전략

다중단위 가격책정 많은 소매업자(특히 슈퍼마켓)들은 **다중단위 가격책정(multiple-unit pricing)**을 실행하여 캔당 50센트가 아닌 99센트에 두 캔과 같은 두 개 이상의 단위에 대한 단일 가격을 설정한다. 특히 자주 구매하는 제품의 경우 이 전략은 판매되는 품목의 양을 늘릴 수 있다. 두 개 이상의 제품을 구매하려고 예상하는 고객은 단일 가격과 비교하여 비용을 절감하기 위해 다중단위의 제품을 구입한다.

> **다중단위 가격책정(multiple-unit pricing)** 두 개 이상의 제품 단위에 대하여 단일 가격을 설정하는 전략

준거 가격책정 **준거 가격책정(reference pricing)**은 고객이 더 높은 가격을 기준 가격(즉, 비교 가격)으로 사용하기를 바라면서 제품의 가격을 적당한 수준에서 책정하고 더 비싼 모델이나 브랜드 옆에 배치하는 것을 의미한다. 비교 때문에 고객은 적당한 가격을 유리하게 볼 것으로 예상한다.

> **준거가격책정(reference pricing)** 적당한 수준에서 제품의 가격을 책정하고 더 비싼 모델 또는 브랜드 옆에 배치하는 전략

묶음 가격책정 **묶음 가격책정(bundle pricing)**은 일반적으로 상호 보완적인 특성을 가진 두 개 이상의 제품을 묶어 단일 가격으로 판매한다. 고객을 끌기 위해, 이러한 단일 가격은 일반적으로 개별 제품 가격의 합보다 적게 책정된다. 샴푸와 컨디셔너와 같은 제품은 상호 보완적이기 때문에 고객은 함께 구매할 때 편리함을 찾을 수 있다. 기업은 느리게 판매되는 제품을 더 인기 있는 제품과 묶어 판매하면 매출을 촉진하고 수익을 늘릴 수 있기 때문에 묶어서 판매하는 것이 가치 있는 전략이라고 할 수 있다. 또한, 제품을 개별적으로 판매하지 않고 묶음 제품으로 판매하면 비용을 절감할 수 있다. 통신사업자는 케이블, 인터넷 및 전화 서비스에서 묶음 제품들을 단일 가격에 판매하는 것이 일반적이다.

> **묶음 가격책정(bundle pr-icing)** 두 개 이상의 상호 보완적인 제품을 함께 묶어 단일 가격으로 판매하는 전략

상시 저가판매 빈번한 단기 가격인하를 줄이거나 없애기 위해 일부 기업에서는 **상시 저가판매(everyday low prices, EDLPs)**라고 하는 방식을 사용한다. EDLPs를 활용할 때, 마케터는 높은 가격을 설정하고 자주 할인하는 대신 일관되게 제품에 대한 저렴한 가격을 설정한다. EDLPs

> **상시 저가판매(everyday low prices, EDLPs)** 일관된 기준으로 제품에 대한 저렴한 가격을 설정하여 상시적으로 판매하는 전략

는 크게 할인되지는 않지만, 경쟁업체의 가격보다 훨씬 낮게 설정되어 있어 고객이 좋은 거래를 하고 있다는 확신을 가질 수 있다. EDLPs는 Walmart와 같은 유통업체와 Procter & Gamble과 같은 제조업체에서 채택한다. EDLPs를 사용하는 회사는 촉진 비용 절감, 빈번한 가격할인으로 인한 손실 감소, 판매 안정성 향상 등의 혜택을 누릴 수 있다. 그러나 고객들은 EDLPs를 신뢰하지 않고, 단순히 마케팅 속임수일 뿐이라고 생각할 수도 있다.

관습 가격책정 (customary pricing) 전통에 기초한 가격책정

관습 가격책정 관습 가격책정(customary pricing)에서 특정 상품은 주로 전통에 기초하여 가격이 책정된다. 예전처럼 흔하지는 않지만, 관습적이거나 전통적인 가격의 예는 캔디 바와 껌 가격을 들 수 있다.

11-9d 제품라인 가격책정

일부 마케터들은 가격책정 전략을 결정할 때 제품을 품목별로 고려하지 않고 대신에, 제품라인 가격책정 방법을 사용한다. *제품라인 가격책정(product-line pricing)*은 제품라인 내에서 다양한 제품의 가격을 설정하고 조정하는 것을 의미한다. 제품라인 가격책정은 마케터들에게 가격 설정의 유연성을 제공한다. 예를 들어, 마케터는 한 제품의 가격을 높게 설정하여 수익을 올리는 반면, 다른 제품은 시장 점유율을 높이기 위해 낮은 가격을 책정한다.

마케터가 제품라인 가격책정을 활용할 때 선택할 수 있는 몇 가지 전략이 있는데, 종속 가격책정, 프리미엄 가격책정, 그리고 단계 가격책정이다.

종속 가격책정(captive pricing) 동일한 제품라인에서 기본 제품의 가격을 저렴하게 책정하지만 다른 관련 품목을 더 높은 수준으로 책정하는 것.

종속 가격책정 종속 가격책정(captive pricing)을 사용하는 경우, 제품라인의 기본 제품은 낮은 가격으로 책정되지만, 이 제품을 운용하거나 성능을 강화시키는 품목의 가격은 높게 책정된다. 종속 가격책정의 두 가지 일반적인 예는 면도날과 프린터 잉크이다. 면도기 손잡이와 프린터는 일반적으로 가격이 매우 낮지만, 면도날과 프린터 잉크 교체 카트리지는 매우 비싸다.

프리미엄가격책정(premium pricing) 최고 품질의 제품 또는 제품라인에서 기능과 성능이 뛰어난 버전에 가장 높은 가격을 책정하는 것

프리미엄 가격책정 프리미엄 가격책정(premium pricing)은 최고 품질의 제품 또는 제품라인에서 유사한 제품이 생산될 때 그중에서도 기능과 성능이 뛰어난 버전이 가장 높은 가격을 책정받을 때 발생한다. 제품라인의 다른 제품은 가격에 민감한 쇼핑객 또는 제품의 특별한 기능을 추구하는 고객들에게 어필할 수 있도록 가격이 상대적으로 낮게 책정된다. 프리미엄 가격을 활용하는 마케터는 종종 프리미엄 가격 제품에서 수익의 상당 부분이 실현된다는 사실을 인지한다. 프리미엄 가격이 책정되는 일반적인 제품 범주의 예로는 소형 주방 가전제품, 맥주, 아이스크림 및 케이블TV 서비스 등이 있다.

단계 가격책정 단계 가격책정(price lining)은 명확한 가격 차이를 반영하여 미리 정해진 특정 가격으로만 상품을 판매하는 전략이다. 예를 들어, 어떤 상점에서 남성 넥타이를 22달러와 37달러로만 판매하는 것이다. 이 전략은 의류와 액세서리 매장에서 사용된다. 이는 고객과 이러한 매장에서 판매할 상품을 구매하는 관리자 모두에게 구매 의사결정에서 사소한 가격 차이를 제거하여 혼란을 줄여준다.

단계 가격책정(price lining) 명확한 가격 차이를 반영하여 미리 정해진 특정 가격으로만 상품을 판매하는 전략

11-9e 촉진 가격책정

마케팅 믹스의 한 요인으로서 가격은 종종 촉진 활동으로 인하여 조정된다. 가격과 촉진은 경우에 따라 서로 상호 관련되어 있어 가격책정 정책이 촉진 지향적으로 된다. 촉진 가격책정의 예로는 유도 가격과 특별행사 가격책정 및 비교할인이 있다.

유도 가격 기업은 보통 가산액을 낮게 하거나, 원가 또는 원가 이하로 일부 제품의 가격을 책정하는 경우가 있다. 이 유형의 가격은 슈퍼마켓과 레스토랑에서 자주 사용되며, 일부 품목에 대해 특히 저렴한 가격으로 고객을 유치하므로 이를 유도 가격(price leaders)이라 한다. 이런 경우, 마케터들은 고객이 정상적으로 가격 책정된 제품을 구매하기를 원하는데, 이렇게 되면 유도 가격으로 인한 수익감소를 상쇄할 수 있게 된다.

유도 가격(price leaders) 가산액을 낮추거나, 원가 또는 원가 이하로 일부 제품의 가격을 책정하는 것

특별행사 가격책정 판매량을 늘리기 위해 많은 기업이 계절 또는 특별한 행사를 위해 광고 또는 촉진 활동으로 가격을 조정한다. 특별행사 가격책정(special-event pricing)에는 연말연시, 시즌 또는 이벤트와 연결된 가격인하나 광고된 판매가 포함된다. 가격책정 목표가 기업의 생존인 경우, 특별판매 이벤트는 필요한 운영 자금을 확보하기 위해 설계될 수 있다.

특별행사 가격책정(special-event pricing) 계절 또는 특별한 행사에 연계된 가격할인

비교 할인 비교 할인(comparison discounting)은 특정 수준에서 제품의 가격을 설정하고 더 높은 가격과 비교한다. 더 높은 가격은 제품의 이전 가격, 경쟁 브랜드의 가격, 다른 소매점 제품의 가격, 또는 제조업체의 권장 소비자 가격일 수 있다. 비교 할인은 고객의 의사결정에 큰 영향을 미친다. 이러한 가격책정 전략은 기만적인 가격책정 관행으로 이어질 수 있기 때문에 연방통상위원회(Federal Trade Commission)는 비교 할인에 대한 지침을 수립했다. 비교의 대상인 더 높은 가격이 이전 제품에 대해 부과된 가격인 경우, 판매자는 합리적인 기간 동안 고객에게 이전 가격을 제공해야 한다. 판매자가 동일한 거래 지역의 다른 소매업체가 청구한 가격보다 더 높은 가격을 제시하는 경우, 가격 청구의 진실성을 입증할 수 있어야 한다. 그리고 판매자가 제조업자의 권장 소매가격보다 더 높은 가격을 제시할 경우라도 그 가격은 합리적으로 판매되었던 제품의 가격과 비슷하게 설정되어야 한다.

비교 할인(comparison discounting) 특정 수준에서 제품의 가격을 설정하고 더 높은 가격과 비교하는 가격책정

11-10 산업재의 가격책정

 # 학습목표 산업재와 관련된 세 가지 주요 가격책정 유형을 이해한다.

이 장에서 지금까지 논의된 많은 가격 문제는 일반적인 소비재의 가격책정을 다룬 것이다. 그러나 산업재의 가격책정은 구매 크기, 운송 시 고려사항 및 지리적 문제와 같은 요인으로 인해 소비재의 가격을 설정하는 것과 다르다. 산업재과 관련된 세 가지 가격책정의 유형, 즉 지리적 가격책정, 이전 가격책정 및 할인에 관하여 살펴볼 것이다.

11-10a 지리적 가격책정

*지리적 가격책정 전략(geographic pricing strategy)*은 운송비용을 감안한 가격책정이고, 이것은 FOB 원산지가격과 FOB 목적지가격으로 구성된다. 구매자가 납품비용만을 지급해야 하는 가격책정 전략을 *FOB 원산지가격(FOB origin pricing)*이라고 한다. 이는 "원산지에서 운송비용 무료"를 의미하며, 가격에 화물 요금이 포함되어 있지 않음을 의미한다. 경우에 따라서, 구매자는 판매자의 창고에서 구매자의 사업장까지 운송비용도 지급해야 한다. *FOB 목적지가격(FOB destination)*은 가격에 화물 요금이 포함되어 있음을 나타낸다.

11-10b 이전 가격책정

이전 가격(transfer pricing) 조직 단위 간에 판매로 부과된 가격

조직 내의 한 부서에서 다른 부서로 제품을 판매하면 **이전 가격책정(transfer pricing)**이 발생한다. 일반적으로 가격은 제품의 비용을 계산하여 결정된다. 이전 가격은 가격 계산에 포함된 비용 유형에 따라 달라질 수 있다. 포함할 비용의 선택은 기업의 경영전략과 부서 간의 상호 작용의 특성에 따라 달라진다. 또한, 기업은 구매와 관련된 이전 가격이 모든 부서에서 공정한지 확인해야 한다.

11-10c 할인

할인(discount) 개별품목에서 차감된 가격 인하

할인(discount)은 개별품목의 가격에서 차감된다. 생산자와 판매자는 거래, 수량, 현금, 계절 할인 및 수당을 포함하여 고객에게 다양한 할인을 제공한다. *거래 할인(trade discount)*은 마케팅 중개업자 또는 중개상에게 제공되는 정가에서 할인한다. *수량 할인(quantity discount)*은 대량 구매 고객에게 주어지는 할인으로, 판매자의 단위당 판매비용은 더 낮아지게 된다. 신속한 결제를 위해 *현금 할인(cash discount)*이 제공되기도 한다. 판매자는 "2/10, net 30"의 할인을 제공할 수 있으며, 이는 구매자가 10일 이내에 전체 지불하는 경우 2% 할인받는 것을 의미하며, 그렇지 않으면,

표 11.3 산업재 시장에서 활용되는 할인

할인 유형	활용이유	사례
거래 할인	운송, 창고 보관, 판매 및 신용제공과 같은 특정 기능을 수행하도록 보상함으로써 재판매업자들을 유치하고 유지함.	대학서점은 학생이 지급하는 소매가격보다 새로운 교과서에 대해 약 3분의 1을 싸게 지급함.
수량 할인	구매 시 고객이 대량 구매하도록 장려하고 누적 할인의 경우, 고객 충성도를 장려할 수 있음.	산업재 시장에서 수많은 기업은 10일 이내에 대량 구매에 대한 지급을 완료하면 2% 할인을 받을 수 있음.
계절적 할인	사용량이 적을 때 판매를 자극하여 마케터들이 자원을 보다 효율적으로 사용할 수 있도록 함.	플로리다주의 호텔들은 여름철에 전국 및 지역 판매 회의를 개최하는 회사에 할인된 가격으로 숙박 시설을 제공함.
수당	보상판매 수당의 경우 구매자가 구매를 결정하고 잠재적으로 중고 장비의 재판매에 이익을 얻을 수 있음. 촉진 수당의 경우 딜러가 광고 및 판매 지원 프로그램에 참여하도록 하기 위함.	농기구 딜러는 농부의 중고 트랙터를 새로운 트랙터로 보상판매 해줌. Nabisco는 2주 동안 통로 끝에 상품을 진열해주고 유지 관리하는 슈퍼마켓에 촉진 수당을 지급함.

전체 금액을 30일 이내에 모두 지불해야 한다. *계절적 할인(seasonal discount)*은 계절에 따라 구매하는 구매자에게 가격을 인하하는 것이다. 이 할인은 비수기 판매를 장려하고 일 년 내내 꾸준한 생산을 보장한다. *수당(allowance)*은 원하는 목표를 달성하기 위해 가격을 인하하는 것이다. 예를 들어, 보상판매 수당은 새로운 장비를 구입하기 위해 기존의 장비를 반납하는 경우에 보장하는 가격할인이다. 표 11.3은 이러한 할인 기술을 사용하는 몇 가지 이유와 일부 예를 설명한 것이다.

요약

1. 제품이 무엇인지, 제품이 어떻게 분류되는지를 이해한다.

제품은 교환에서 받는 모든 것, 모든 속성 및 예상된 수익을 포함한다. 제품은 생산된 품목, 서비스, 아이디어 또는 조합일 수도 있다.

제품은 궁극적인 사용에 따라 분류된다. 이러한 분류는 제품의 운송, 촉진 활동 및 가격책정에 영향을 준다. 편의품, 선매품, 전문품 등 소비재는 개인 및 가족 구성원의 니즈를 충족시키기 위해 구입된다. 산업재는 재판매, 다른 제품 제작 또는 기업의 운영을 위해 구입된다. 산업재는 원자재, 주요장비, 부속장비, 부속품, 가공재, 소모용품 및 비즈니스 서비스로 분류할 수 있다.

2. 제품수명주기와 신제품 개발로 이어지는 방법에 대해 이해한다.

모든 제품은 도입기, 성장기, 성숙기 및 쇠퇴기의 네 단계를 거쳐 진행되며, 이러한 4단계는 제품수명주기를 형성한다. 제품들이 이러한 단계를 거치면서 매출과 수익성이 증가하고, 최고조에 달하고, 감소한다. 마케터들은 쇠퇴하는 제품을 대체하기 위해 신제품을 도입해야 하는 시기를 추정하기 위해 제품의 수명주기 단계를 추적한다.

3. 제품라인 및 제품믹스의 정의를 알고, 마케팅에서의 적용을 이해한다.

제품라인은 기업이 판매하는 유사한 제품들의 그룹이다. 그들은 생산, 판매 및 소비하는 방식으로 서로 관련되어 있다. 기업의 제품믹스는 판매를 위해 제공하는 모든 제품을 포함한다. 제품믹스의 너비는 포함된 제품라인의 수이다. 제품믹스의 깊이는 각 라인 내의 개별 제품의 수의 평균이다.

4. 제품믹스를 변경하기 위한 가능한 방법들을 이해한다.

고객 만족과 기업의 목표를 위해서는 마케터가 효과적인 제품믹스를 개발, 조정 및 유지 관리해야 한다. 마케터는 기존 제품을 수정하고, 제품을 제거하고, 신제품을 개발하여 제품믹스를 개선할 수 있다.

신제품은 7단계를 거쳐 개발된다. 첫 번째 단계인 아이디어 창출은 가용 가능한 제품 아이디어들을 개발하는 것이다. 두 번째 단계인 선별심사는 조직의 목표나 사용 가능한 자원과 일치하지 않는 제품 아이디어를 제거하는 단계이다. 세 번째 단계인 콘셉트 테스트는 소규모의 잠재적 소비자의 표본들에게 초기 반응과 구매 의도를 파악하기 위해 제안된 제품을 노출시키는 단계이다. 네 번째 단계인 사업성 분석은 잠재적인 매출, 비용 및 수익에 대한 정보를 파악하는 단계이다. 제품 개발 단계에서는 제품 관련 아이디어가 실제 제품으로 변환되어 제품생산이 기술적으로 실현가능하고, 합리적인 비용으로 생산될 수 있는지 여부를 결정한다. 테스트 마케팅은 표적 시장의 대표성을 띠는 지역에서 제품을 실제로 출시하는 것이다. 마지막으로, 상용화 단계에서는 본격적인 생산 및 마케팅 계획이 정교화되고 실행되어진다. 대부분의 제품 실패는 부적절한 제품 계획 및 개발로 인해 발생한다.

5. 브랜딩, 포장 및 라벨링의 활용과 중요성을 이해한다.

브랜드는 자사의 제품을 다른 판매자의 제품과 구별하고 확인하는 수단으로서 이름, 용어, 기호, 디자인 또는 이들의 조합이다. 브랜드는 제조업자 브랜드, 점포 브랜드 또는 무상표 브랜드로 분류할 수 있다. 기업은 특정 제품을 기존 제품, 생산자 또는 중개업자와 연결(또는 비연결)하는 데 활용되는 개별 또는 통합 브랜딩이라는 두 가지 브랜딩 전략 중에서 선택할 수 있다. 포장은 제품의 기능, 용도, 혜택 및 이미지를 전달하므로 제품을 보호하고 소비자 편의성을 증진하며 마케팅 활동을 향상시킨다. 라벨링은 고객들에게 법률에 의해 요구되어지는 제품에 대한 필수 정보 및 일반 정보를 제공한다.

6. 가격책정의 경제적 근거와 판매자가 가격을 통제하는 방법과 소비자가 가격을 어떻게 인식하는지를 이해한다.

제품은 판매자들에게 이익을 얻게 하고 시장을 만족시키기 위해 고안된 속성들과 혜택들의 집합이다. 각 제품은 소비자의 욕구 및 기대와 이익을 창출해야 하는 기업의 니즈를 균형 있게 조정하도록 하는 가격을 가지고 있다. 제품의 가격은 판매자가 주어진 시간에 주어진 상황에서 제품에 대한 대가로 기꺼이 수용하는 금액이다. 가격은 따라서 할당자의 기능을 제공한다. 그것은 기꺼이 그들을 구매할 수 있는 고객들에게 제화와 서비스를 할당한다. 고객의 니즈를 얼마나 잘 충족시키는지에 따라 생산자들에게 재무자원을 할당한다. 가격은 또한 고객이 제품들을 소비하게 하므로 기업의 재무자원을 적절하게 할당하도록 도와준다.

가격 경쟁은 판매자가 제품의 저렴한 가격을 강조하고 경쟁업자의 가격과 같거나 이길 수 있는 가격을 설정하면 발생한다. 이 방법을 가장 효과적으로 사용하려면 판매자가 가격을 자주 변경할 수 있는 유연성이 있어야 한다. 가격 경쟁을 통해 마케터들은 수요에 따라 가격을 설정할 수 있다. 그러나 인터넷은 판매자들이 가격 경쟁을 할 때 그 어느 때 보다 어렵게 만들어버렸다. 비가격 경쟁은 가격 이외의 요인을 기반으로 한다. 그것은 판매자가 제품 품질, 고객 서비스, 촉진, 포장 또는 기타 기능을 차별화하여 경쟁에서 제품을 돋보이게 할 수 있을 때 가장 효과적으로 사용된다. 소비자는 이러한 차별화된 특성들을 인식하고 바람직하다고 생각할 수 있어야 한다. 가격에 대한 소비자의 인식은 그들에게 제품의 중요성, 그들이 수용하는 가격의 범위, 경쟁제품에 대한 가격과 품질의 연관성에 의해 영향을 받는다.

7. 기업이 적용하는 주요 가격책정 목표를 이해한다.

가격책정의 목표는 생존, 수익 극대화, 목표 투자수익률, 시장 점유율 목표 달성 및 현상 유지를 포함한다. 기업은 때때로 고객을 유치하기 위해 가격을 인하해야 하며, 기업의 생존을 위해 제품의 가격을 책정해야 한다. 투자수익률(ROI)은 제품 개발 및 마케팅에 대한 투자의 결과로 얻은 금액이다. 일부 기업은 연간 ROI 퍼센트를 가격책정목표로 설정한다. 다른 기업들은 시장 점유율을 유지하거나 높이기 위해 가격책정을 사용한다. 가격 안정성이 중요한 산업에서 기업은 종종 경쟁업체와 거의 동일한 가격을 부과하여 제품의 가격을 책정한다.

8. 기업이 사용하는 세 가지 주요 가격책정 방법을 이해한다.

세 가지 주요 가격책정 방법은 원가기반 가격책정, 수요기반 가격책정 및 경쟁기반 가격책정이다. 원가기반 가격책정을 사용하는 경우 비용의 일부가 총비용에 추가되어 판매가격을 결정한다. 수요기반 가격책정을 사용하면 수요가 높을 때 가격이 더 높아지고 수요가 낮을 때 가격이 낮아진다. 경쟁기반 가격을 사용하는 기업은 경쟁업체의 가격보다 낮은 가격을 책정하거나 경쟁업체의 가격과 동일한 수준으로, 또는 경쟁사의 가격보다 약간 높은 가격으로 가격을 책정할 수 있다.

9. 기업이 가격을 책정하는 데 사용할 수 있는 다양한 전략을 이해한다.

가격책정 전략은 신제품 가격책정, 차별적 가격책정, 심리적 가격책정, 제품라인 가격책정 및 촉진 가격책정의 다섯 가지 범주의 전략으로 나누어진다. 초기 고가책정 및 침투 가격책정 전략은 신제품 가격책정에 사용되는 두 가지 전략이다. 차별적 가격책정 전략은 협상 가격책정, 2차 시장 가격책정, 정기 가격할인 및 비정기 가격할인을 통해 달성할 수 있다. 심리적 가격책정 전략의 유형은 단수 가격책정, 다중단위 가격책정, 준거 가격책정, 묶음 가격책정, 상시 저가판매 및 관습 가격책정들이 있다. 제품라인 가격책정 전략은 종속 가격책정, 프리미엄 가격책정 및 단계 가격책정을 통해 달성될 수 있다. 촉진 가격책정 전략의 주요 유형은 유도 가격과 특별행사 가격책정 및 비교할인이 있다.

10. 산업재와 관련된 세 가지 주요 가격책정 유형을 이해한다.

산업재의 가격설정은 구매 크기, 운송 및 지리적 문제 등 여러 요인으로 인해 소비재의 가격설정과 다르다. 산업재와 관련된 세 가지 유형의 가격책정은 지리적 가격책정, 이전 가격책정 및 할인이다.

주요 용어

당신은 이제 다음 용어들에 대한 정의와 적합한 예를 제시할 수 있어야 한다.

- 제품
- 소비재
- 산업재
- 편의품
- 선매품
- 전문품
- 원자재
- 주요장비
- 부속장비
- 부속품
- 가공재
- 소모용품
- 비즈니스 서비스
- 제품수명주기
- 제품라인
- 제품믹스
- 제품 수정
- 제품라인 확장
- 제품 제거
- 브랜드
- 브랜드명
- 브랜드 마크
- 등록상표
- 등록상표명
- 제조업자(혹은 생산자) 브랜드
- 점포(혹은 유통업자) 브랜드
- 무상표제품(혹은 무상표 브랜드)
- 브랜드 충성도
- 브랜드 자산
- 개별 브랜딩
- 통합 브랜딩
- 브랜드 확장
- 포장
- 라벨링
- 명시적 보증
- 가격
- 가격 경쟁
- 비가격 경쟁
- 제품차별화
- 가산액
- 손익분기점 수량
- 총수익
- 고정비용
- 변동비용
- 총비용
- 초기 고가책정
- 침투 가격책정
- 협상 가격책정
- 2차 시장 가격책정
- 정기 가격할인
- 비정기 가격할인
- 단수 가격책정
- 다중단위 가격책정
- 준거 가격책정
- 묶음 가격책정
- 상시 저가판매(EDLPs)
- 관습 가격책정
- 준거 가격책정
- 프리미엄 가격책정
- 단계 가격책정
- 유도 가격
- 특별행사 가격책정
- 비교 할인
- 이전 가격책정
- 할인

토론 문제

❶ 제품의 구매자는 재화, 서비스 또는 아이디어 자체 외에 무엇을 얻을 수 있는가?

❷ 제품이 소비재인지 산업재인지를 결정하는 주요 요인은 무엇인가?

❸ 제품수명주기의 4단계는 무엇인가? 그리고 특정 제품이 어느 단계에 있는지 기업이 어떻게 결정할 수 있는가?

❹ 제품 수정의 최적 조건은 무엇인가?

❺ 제품믹스에서 제품을 제거해야 하는 이유는 무엇인가?

❻ 기업이 신제품을 도입해야 하는 이유는 무엇인가?

❼ 제조업자 브랜드와 점포 브랜드의 차이점은 무엇인가? 통합 브랜딩과 개인 브랜딩의 차이는 무엇인가?

❽ 제품라인 확장과 브랜드 확장의 차이점은 무엇인가?

❾ 라벨링은 어떤 목적으로 사용되는가?

❿ 가격 경쟁과 비가격 경쟁의 특성을 비교하고 대조하라.

⓫ 가격에 대한 소비자의 인식이 가격책정 결정에 어떻게 영향을 미칠 수 있는가?

⓬ 가격책정 전략의 5가지 주요 범주는 무엇인가? 각 범주에 속하는 특정 전략의 예를 적어도 두 가지 이상 제시하라.

⓭ 산업재의 가격책정에 사용되는 주요 할인 유형을 확인하고 설명하라.

⓮ 일부 기업은 재정적으로 위협이 될 때까지 제품을 제거하지 않는다. 이러한 경우로 인해 어떤 문제가 발생할 수 있는가?

⓯ 어떤 조건에서 기업이 비가격 경쟁을 사용할 가능성이 가장 높을까?

⓰ 어떤 조건에서 기업이 차별적 가격책정 전략 중 하나를 채택하기로 결정할 가능성이 가장 높을까?

⓱ 어떤 유형의 제품이 심리적 가격책정 전략을 가장 많이 사용하는가?

MASTERING FINANCIAL MANAGEMENT

Olivier Le Moal/Shutterstock.com

CHAPTER 12.

재무관리의 이해

학습 목표

본 장을 마치면, 당신은 아래 내용을 이해할 수 있다.

1. 오늘날의 경쟁적 경제에서 재무관리가 중요한 이유를 이해한다.
2. 기업의 단기 및 장기 자금조달의 필요성을 이해한다.
3. 재무관리의 계획 프로세스를 이해한다.
4. 다양한 단기 부채 자금조달 방법의 장단점을 이해한다.
5. 자기 자본 자금조달의 장단점을 이해한다.
6. 다양한 장기 부채 자금조달 방법의 장단점을 이해한다.

INSIDE BUSINESS

비즈니스 들여다보기

Snap의 기업 공개(IPO)는 매우 성공적이었다.

폭넓게 인기 있는 메신저 Snapchat의 모회사인 Snap이 기업 공개한 첫날의 주가는 빠르게 폭등했다. Snap은 설립한 지 6년이 지난 2017년에 주식시장에서 보통주 2억 주를 매각하여 34억 달러의 자금을 확보했다. 처음 발행한 가격은 17달러였지만 주식의 수요가 너무 강해 거래 첫날 44% 상승했다.

Snapchat은 무료 앱이라서 소셜 미디어의 떠오르는 별이었다. 사용자는 몇 초 내에 사라지거나 수신자가 원하면 다시 볼 수 있는 이미지와 간단한 비디오를 보낸다. 사용자는 재미를 위해 특수 효과를 만들고, 사진 삽화를 추가하고, 보는 사람을 웃게 만드는 스티커, 손으로 만든 낙서로 이미지를 변경할 수 있다.

투자자들은 매일 스냅을 주고받는 1억 5천 8백만 명의 사용자에게 노출되는 Snap의 판매 광고에 의한 미래 수익의 잠재력을 인식하고 있다. Snap은 Taco Bell, CNN, 기타 광고주와 함께 작업하여 그들의 광고 메시지를 Snapchat 방식으로 맞춘다. 그러나 기업 공개(IPO) 무렵에 Snap은 이익을 내지 못했다. 그런데도, Snapchat 앱은 매우 독창적이어서 Facebook은 2013년에 30억 달러에 이 기업을 인수하려고 시도했으나 실패했다.

이 회사의 설립자들은 의결권이 없는 주식을 매각함으로써 Snap을 통제할 수 있었다. 주주들은 이사회 선임, 임원 보상, 기타 주요 기업 결정에 대해 아무런 발언권이 없다. 이러한 비정상적인 주주의 권리는 향후 Snap 주식에 어떤 영향을 미칠까?

알고 있는가?

Snap은 의결권이 없는 보통주 2억 주를 매각하여 34억 달러의 자금을 확보했다.

질문: *비즈니스 들여다보기에 소개된 Snap과 같은 비즈니스 기업에게 재무관리는 얼마나 중요한가?*

답: 매우 중요하다! Snap은 주식을 매각하여 30억 달러 이상을 확보했지만, 현명한 투자자는 그 회사의 역사, 발전 가능성, 자금관리 방식을 살펴본다. 20대 기업가인 Evan Spiegel과 Bobby Murphy에 의해 2011년에 설립된 Snap은 아직 이익을 내지 못하지만, 오늘날 성공한 기업의 사례로 이야기된다.

재무관리는 모든 기업의 운영을 위해 필요하다. 기업이 돈이 없으면, 채권자와 대출기관은 빌려준 돈을 받을 수 없고, 직원은 월급을 받을 수 없으며, 기업은 문을 닫을 수 있다. 반면 Snap, Facebook, General Motors, Citibank와 같은 거대한 기업은 갚아야 할 청구서와 직원의 급여뿐만 아니라 자사의 성장과 확장도 고려하여 재무관리를 한다.

이 장에서 우리는 재무관리가 중요한 이유를 살펴본다. 그다음에 우리는 기업의 비즈니스 시작과 운영에 필요한 자금조달 방법과 그 조달된 자금의 효과적인 관리에 대해 살펴본다. 또한, 우리는 기업이 재무 계획을 개발하고 재무성과를 평가하는 방법을 살펴본다. 그런 다음 우리는 단기 및 장기 자금조달의 다양한 방법을 비교한다.

그림 12.1 미국 내 기업파산

국가의 경제적 요인과 기타 요인은 파산 신청을 한 기업의 수에 영향을 줄 수 있다.

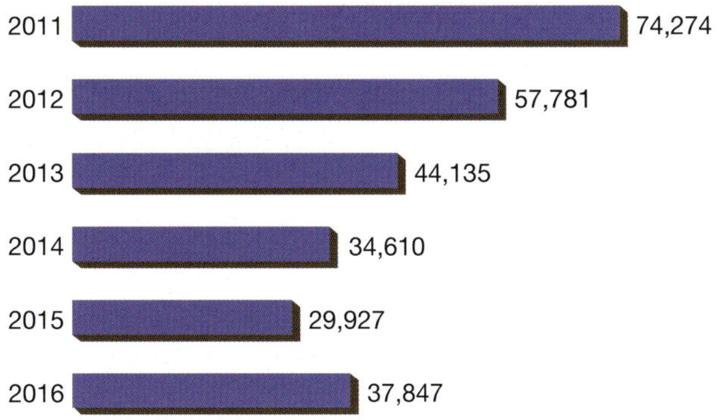

Source: Based on The American Bankruptcy Institute Web site at www.abiworld.org (accessed March 11, 2017).

12-1 왜 재무관리인가?

 # 학습목표 **오늘날의 경쟁적 경제에서 재무관리가 중요한 이유를 이해한다.**

재무관리는 한 기업의 성공과 실패를 좌우한다. 예를 들어, Cisco Systems의 경영진은 필요한 자금조달을 위해 공격적인 재무 계획을 세운다. 1984년에 설립된 이후로 컴퓨터 시스템용 스위치와 라우터를 만드는 Cisco Systems는 미래성장의 동력을 위해 수십억 달러를 항상 자사 내에 보유하고 있다. Cisco Systems가 시장 지배력을 계속 유지하는 이유는 인터넷 기반 커뮤니케이션과 협업용의 혁신적인 제품과 서비스를 만드는데 해마다 60억 달러 이상을 연구개발(R&D)에 투자하기 때문이다. 재무 계획이 없으면, Cisco Systems는 연구개발에 자금을 지원할 수 없다. Cisco Systems는 효과적인 재무관리를 통해 주요 영역에서의 입지를 강화하기 위해 다른 회사를 매입하고, 지급청구서를 내며, 직원의 급여를 지급하고, 세금을 내고, 주주에게 배당금을 준다. 또한, Cisco Systems는 효과적인 재무관리를 통해 72,000명의 직원을 고용하고, 연간 470억 달러의 매출을 올리며, 경쟁이 치열한 기술 산업의 선두 주자가 되었다.

iStock.com/courtneyk

기업파산은 심각하다! 매년 수천 개의 기업이 재무관리가 좋지 않아 파산 신청을 한다. 그 구체적인 이유는 낮은 판매 수입, 통제되지 않는 비용, 직원 절도, 높은 이자율, 경기 침체 등에 기인한다. 어떤 이유이든, 파산된 기업은 이익 창출의 회복이 어렵다.

기업이 지급청구서를 낼 자금이 없으면 문을 닫고 파산 보호를 신청해야 한다. 그림 12.1에서 보듯이 파산 신청을 한 기업의 수는 매년 다르다. 그러나 금융(재무) 전문가는 파산하는 기업 수가 국가 경제의 경기 순환주기 단계에 따라 증가하거나 감소할 수 있다고 본다. 우리는 1장에서 국가의 경기 순환주기는 호황기, 후퇴기, 불황기, 회복기 등 네 가지 단계로 구성됨을 살펴보았다. 정치적 불안, 세계 경제 문제, 테러 위협과 전쟁, 금리와 다른 요인도 기업파산을 증가시킬 수 있다. 다행히도 2011년, 2012년, 2013년에 비해 최근에 파산 신청을 한 기업의 수는 감소하는 추세이다.

12-1a 재무관리의 필요성

재무관리(financial management) 자금을 조달하고, 그 조달된 자금을 효과적으로 사용하는 것과 관련된 모든 활동

재무관리(financial management)는 자금을 조달하고, 그 조달된 자금을 효과적으로 사용하는 것과 관련된 모든 활동으로 구성된다. 어느 정도, 재무관리는 두 가지 측면에서 살펴볼 필요가 있다. 한 측면으로 자금의 사용은 종종 자금조달의 유형을 결정한다. 다른 측면으로 이용 가능한 자금조달의 유형은 기업의 수행 활동을 결정한다. 재무관리자는 현재와 미래에 필요할 때 자금을 사용하고, 가능한 최저 비용으로 자금을 조달하며, 그 조달된 자금을 효율적으로 사용하도록 해야 한다. 또한, 재무관리자는 다음 사항에 맞게 재무관리를 적절히 운영해야 한다.

- ✔ 자금조달의 우선순위는 조직의 목표와 목적에 따라 정해진다.
- ✔ 지출은 계획하에 이루어지고 통제된다.
- ✔ 기업의 신용 고객에게 그들의 청구서를 정시에 지급하게 한다.
- ✔ 기업의 신용 등급과 돈을 빌릴 능력을 유지하기 위해 자사의 청구서를 즉시 지급한다.
- ✔ 필요한 경우, 세금 마감일을 맞추기 위해 기업의 보유 자금을 사용할 수 있다.
- ✔ 초과 현금을 예금증서(CD), 국채, 유가 증권에 투자할 수 있다.

Air Images/Shutterstock.com

목표를 설정하고 준비하고 행동에 옮겨라. 재무관리 분야는 평균 이상의 급여를 받으면서 경력을 쌓는다. 재무관리 분야에서 성공하기 위해 직원은 종종 회계, 재무, 수학, 컴퓨터 과학에 대한 배경지식을 가지고 있어야 한다. 또한, 직원은 조직 내부와 외부의 사람들과 의사소통을 잘 할 수 있어야 한다. 무엇보다도 직원은 정직해야 한다.

12-1b 재무관리 분야의 직업

재무관리 분야의 직업은 경제적 보수가 좋다. 더군다나 미국의 노동 통계국(Bureau of Labor Statistics)에 의하면, 재무관리 분야의 일자리 수는 지금부터 2024년까지 평균적으로 매년 7%씩 증가할 것으로 보고 있다.

오늘날, 대규모의 기업은 일반적으로 최고재무책임자(CFO)를 보유하고 있다. 최고재무책임자는 최고 경영자(CEO) 또는 기업주에게 직접 보고하고 기업의 재무관리를 책임지는 임원이다. 재무관리의 일부 임원은 매년 30만 달러 이상의 수입을 올리기도 하지만, 낮은 직책

윤리 및 사회적 책임

윤리에 대한 CFO의 의견

과거 최고재무책임자(Chief Financial Officer, CFO)였던 Andrew Fastow는 모든 CFO가 법규를 따를 수는 있어도 윤리적으로 행동하기 어렵다고 말한다. Fastow는 금융 스캔들로 파산되기 이전에 미국에서 가장 혁신적인 에너지 회사인 Enron의 CFO였다. 그는 증권사기로 감옥에 갔었으며, 이제는 윤리적인 의식과 행동을 강조한다. Fastow는 "어떻게 올해의 CFO가 미국 기업 역사상 가장 큰 사기를 저지를 수 있습니까?"라고 묻는다. 그는 CFO였을 때 항상 "법규에 어긋나지 않는 방법을 찾아 헤매는 최고의 허점 책임자(chief loophole officer)"였다. 현재 Fastow는 이사들에게 기업의 재무상태를 충분히 인지하고, 당면한 위험을 이해하며, 옳은 것과 합법적인 것을 항상 고려하도록 조언한다.

Robert Blakely는 이전에 근무한 통신 회사(Verizon이 인수한 WorldCom으로 알려짐)가 증권 스캔들로 파산된 후 MCI의 CFO가 되었다. Blakely는 강력한 내부 통제를 제도화하고, 조직구성원들이 윤리적 문화를 확립하는 데 큰 역할을 했다. 그는 높은 윤리 기준을 설정하고, 직원이 의심스러운 활동을 보고하도록 장려하며, 공식적인 윤리 교육의 필요성을 강조한다.

Pitney Bowes와 E*Trade의 CFO였던 Bruce Nolop는 Enron과 WorldCom 스캔들로 인해 모든 공공 회사에 더 엄격한 법적 및 규제 감독이 이루어졌음을 지적했다. 당시 그는 관료주의 증가와 그에 따른 높은 규정 준수 비용에 비판적이었다. 그러나 그는 돌이켜 보면 비윤리적인 행동으로 생기는 여러 위험에 대한 교육과 전문가의 조언을 수용한 이사들 덕분에 기업들이 더 나은 지배 구조를 갖게 되었다고 보고 있다.

Sources: Based on information in "Ex-CFO of Bankrupt Enron Offers D&O Lessons from Accounting's 'Gray' Areas," Insurance Journal, February 15, 2017, http://www.insurancejournal.com/news/national/2017/02/15/441619.htm;Bruce Nolop, "A Former CFO Reflects on Lessons From the Enron Scandal," Wall Street Journal, October 30, 2015, http://blogs.wsj.com/experts/2015/10/30/a-former-cfo-reflects-on-lessons-from-the-enron-scandal/; Chris Doxey, "5 Steps One CFO Took to Fix a Broken Culture and Build Strong Ethics Among Employees," Business Insider, November 24, 2015, http://www.businessinsider.com/5-steps-one-cfo-took-to-fix-a-broken-culture-and-build-strong-ethics-2015-11; Selah Maya Zighelboim, "Former Enron CFO Andrew Fastow Reflects on Business Ethics," McCombs Today (University of Texas at Austin), February 18, 2015, http://www.today.mccombs.utexas.edu/2015/02/former-enron-cfo-andrew-fastow-ethics.

에 있는 직원은 낮은 급여를 받는 경우가 대부분이다. 그 외의 재무관리자로는 재무 부사장, 은행 책임자, 소비자 신용 책임자, 재무 분석가, 재무 설계사, 대출 책임자, 보험 분석가, 투자 관리자 등이 있다.

재무관리 분야에서 종사하는 사람은 특정 품성과 능력을 갖춰야 한다. 재무관리 경력에 관심 있는 사람이 갖추어야 할 가장 중요한 덕목은 정직이다. 정직 외에, 재무관리 분야의 관리자와 직원은 다음과 같은 사항을 갖춰야 한다.

❶ 재무, 회계, 수학에 대한 배경지식이 있다.

❷ 컴퓨터를 사용하여 데이터를 분석할 수 있다.

❸ 다른 사람과 서면과 구두로 의사소통을 잘 할 수 있다.

자격, 경력, 교육 수준에 따라 연봉은 1년에 30,000달러에서 35,000달러로 시작하지만, 일반적으로 대학 졸업자는 더 높은 급여를 받는다. 급여 이외에도, 많은 직원은 재무관리 경력에서만 누릴 수 있는 매력적인 혜택과 특전이 있다.

12-2 자금조달의 필요성

 # 학습목표 기업의 단기 및 장기 자금조달의 필요성을 이해한다.

비즈니스를 시작하고 운영하기 위해서는 돈이 필요하다. 빌린 돈을 포함하여, 기업주가 처음 투자한 금액은 비즈니스의 문을 열고 유지하기에 충분해야 한다. 그 후, 기업은 판매 수입을 통해 비용을 지급하고 이익을 얻어야 한다.

이것은 장기적으로 성공하는 기업에서 일어나는 일이다. 그러나 기업의 수입과 지출은 매월 또는 매년 다를 수 있다. 판매 수입이 적거나 비용이 많이 들 때, 기업은 일시적인 자금조달이 필요할 수 있다. 또한, 새로운 공장을 건설하고, 경쟁업체를 매입하고, 새로운 소매점을 열 경우에 기업은 자금조달이 필요할 수 있다.

12-2a 단기 자금조달

단기 자금조달(short-term financing) 1년 이내에 사용될 돈을 조달하는 것

현금 흐름(cash flow) 조직 내외부로의 자금 이동

투기적 생산(speculative production) 실제 제품 생산과 제품판매 시점 사이의 시차

단기 자금조달(short-term financing)은 1년 이내에 사용될 돈을 조달하는 것이다. 표 12.1에 설명된 바와 같이, 단기 자금조달이 필요한 이유가 많이 있지만 세 가지를 유념해야 한다. 첫째, 특정 비즈니스 관행은 기업의 현금 흐름에 영향을 미치고 단기 자금조달이 필요할 수 있다. **현금 흐름(cash flow)**은 조직 내외부로의 자금 이동이다. 현금 흐름의 목표는 해당 기간에 기업의 비용을 충당하기에 충분한 돈을 확보하는 것이다. 그러나 이 목표가 항상 달성되는 것은 아니다. 예를 들어, 캘리포니아주에 위치한 Callaway Golf는 자사의 골프클럽, 공, 의류, 골프 액세서리를 취급하는 소매점에 신용판매를 한다. 외상으로 구매한 소매점들은 일반적으로 거래가 이루어진 후 약 30~60일까지 대금을 지급하지 않는다. 그러므로 Callaway는 소매점이 외상 거래금액을 지급할 때까지 자사의 청구서와 현금 흐름의 문제를 해결하기 위해 단기 자금조달이 필요할 수 있다.

단기 자금조달의 두 번째 이유로는 투기적 생산이다. **투기적 생산(speculative production)**은 실제 제품생산과 제품판매 시점 사이의 시차를 의미한다. 코네티컷주에 본사를 둔 Stanley Black & Decker가 크리스마스 시즌에 판매할 전동 공구를 제조하고 판매할 때까지 발생하는 일에 대해 생각해보자. 이 기업은 3월, 4월, 5월에 제조를 시작하여 연말에 도매 및 소매

그림 12.2 제조업체의 현금 흐름

Stanley Black & Decker와 같은 제조업체는 종종 단기 자금조달을 사용하여 생산 비용을 지급한다. 제품이 도매 및 소매업체에 판매되고 결제가 완료되면, 판매 수입은 단기 자금을 상환하는 데 사용된다.

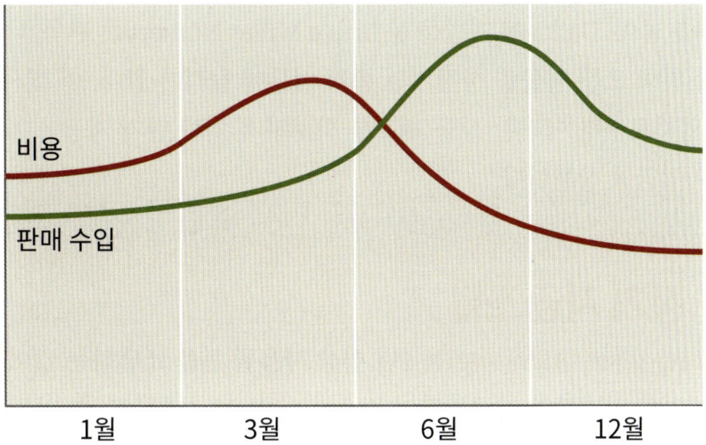

표 12.1 단기 및 장기 자금조달의 비교

기업의 단기 또는 장기 자금조달은 돈이 사용될 용도에 달려 있다.

단기 자금조달의 필요성	장기 자금조달의 필요성
현금 흐름 문제	사업 시작 비용
투기적 생산	인수 합병
재고 증가	신제품 개발
월간 비용	장기적인 마케팅 활동
단기 판촉 필요	장비 교체
예기치 않은 비상사태	시설 확장

업체에 제품을 판매할 때까지 그동안 구매한 자재와 소모품, 임금과 임대료, 재고 비용 등을 충당하기 위해 단기 자금조달이 필요하다. 그림 12.2에 의하면 Stanley Black & Decker는 연중 내내 제품을 제조하고 판매하지만, 비용은 연초에 많이 발생한다. 그 기간에 판매 수입은 낮다. 이 기업의 제품이 도매 및 소매업체에 배송되고 결제가 이루어지면(보통 30~60일 이내에), 그 판매

Air Images/Shutterstock.com

수익은 차입한 단기 자금의 상환에 사용된다.

단기 자금 조달의 세 번째 이유로는 더 많은 제품판매를 위해 재고를 증가시키기 때문이다. Walmart와 같은 대규모의 소매업체는 물품을 최대로 판매할 시점 전에 미리 재고를 쌓아두며 그로 인해 단기 자금조달이 필요하다. 예를 들어, Dallas에 기반을 둔 Bruce Miller Nursery는 관목, 나무, 꽃을 판매하기 위해 모든 식물을 성장기인 봄과 여름에 늘려야 한다. 이 회사는 재배자와 도매업자로부터 이러한 식물 재고를 확보하기 위해 단기 자금을 차입하고 판매 후에 차입금을 상환한다.

아무도 돈을 잃는 것을 좋아하지 않는다. 경영진과 관리자는 많은 돈과 관련된 재무적 결정을 할 때 종종 하나의 기본 원칙을 기억해야 한다. 위험이 높은 결정은 더 큰 재무적 수익을 제공하며, 위험이 적을수록 더 적은 수익을 창출한다. 임원, 관리자, 직원은 더 높은 수익을 원하지만, 의사결정을 할 때 위험과 수익의 균형을 유지해야 한다.

12-2b 장기 자금조달

장기 자금조달(long-term financing)은 1년 이상 사용될 돈을 조달하는 것이다. 새로운 사업을 시작하려면 분명히 장기적인 자금조달이 필요하다. 표 12.1에서 볼 수 있듯이 기업 인수 및 합병, 신제품 개발, 장기적인 마케팅 활동, 폐기된 장비 교체와 시설 확장을 위해서도 장기적인 자금조달이 필요하다.

대기업이 필요로 하는 장기 자금조달의 금액은 상상 이상의 돈일 수 있다. Merck & Company(연구개발에 오랜 역사를 가진 대기업)는 사람과 동물에게 영향을 미치는 많은 질병을 미리 예방하고, 치료하는 신약과 건강 제품을 개발하기 위하여 2016년에 100억 달러 이상을 지출했다.

장기 자금조달(long-term financing) 1년 이상 사용될 돈을 조달하는 것

12-2c 위험-수익률

금융 전문가는 두 가지 이유로 기업의 단기 및 장기 자금조달이 미래에 더 어려워질 것으로 예상한다. 첫째, 금융 개혁과 규제 강화로 자금조달에 필요한 프로세스가 길어질 것이다. 둘째, 대출기관과 투자자는 누가 자금을 빌리는지에 더욱 신중할 것이다. 이 두 가지 이유의 결과로, 재무관리자는 자금이 어떻게 사용될지, 어떻게 상환될지를 설명하는 재무 계획을 개발해야 한다. 기업의 재무 계획을 개발할 때, 재무관리자는 위험-수익률도 고려해야 한다. **위험-수익률(risk-return ratio)**은 위험이 높은 결정이 더 높은 수익을 창출한다는 원칙에 기초한다. 반면에, 더 보수적인 결정(위험이 적은)은 종종 더 적은 수익을 창출한다. 재무관리자는 더 높은 수익을 원하지만, 종종 위험과 수익 사이의 균형을 유지해야 한다. 예를 들어, 오하이오주에 소재한 American Electric Power는 태양을 사용하여 전력을 생산하는 새로운 태양광 기술연구에 수백만 달러를 투자할 수 있다. 하지만, 재무관리자(조직 전체의 다른 관리자와 함께)는 값비싼 연구 프로젝트를 수행하기 전에 잠재적 수익을 결정해야 한다.

위험-수익률(risk-return ratio) 위험이 높은 결정이 더 높은 수익을 창출하고, 위험이 적은 결정이 더 적은 수익을 창출

12-3 계획-건전한 재무관리의 기초

 # 학습목표 **재무관리의 계획 프로세스를 이해한다.**

우리는 4장에서 계획이 조직의 목표와 목적을 달성하기 위한 행동의 개요로 정의했다. 따라서 **재무 계획(financial plan)**은 조직의 목표와 목적을 구현하는 데 필요한 돈을 얻고 사용하기 위한 계획이다.

재무 계획(financial plan) 조직의 목표와 목적을 구현하는 데 필요한 돈을 얻고 사용하기 위한 계획

12-3a 재무 계획의 개발

재무 계획(모든 계획과 마찬가지로)은 유효한 목표와 목적을 설정하는 것으로 시작한다. 그런 다음 재무관리자는 각 목표와 목적을 달성하는 데 필요한 금액을 결정해야 한다. 마지막으로, 재무관리자는 가능한 자금조달원을 찾아내고 사용할 자금을 결정해야 한다. 재무 계획과 관련된 세 가지 단계가 그림 12.3에 설명되어 있다.

조직의 목표와 목적 설정 4장에서 지적한 바와 같이, *목표(goal)*는 조직이 1년에서 10년 기간 동안 달성하길 원하는 최종 결과이며, *목적(objective)*은 조직이 더 짧은 기간 동안 달성하고자 하는 것이다. 목표와 목적이 측정될 수 없고 구체적이지 않다면, 그 목표와 목적은 화폐 가치로

그림 12.3 재무 계획의 세 가지 단계

재무 계획을 개발한 후에 재무관리자는 기업의 목표와 목적이 달성되는지 계속 관찰하고 평가해야 한다.

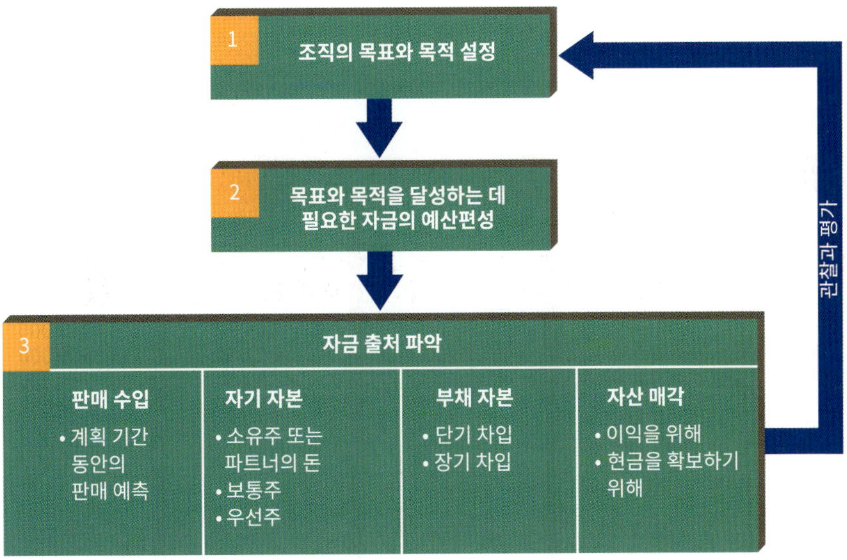

변환될 수 없으며 재무 계획도 진행할 수 없다. 대기업의 경우, 목표와 목적 설정은 비용이 많이 들어간다. 예를 들어, McDonald's가 광고비를 얼마나 지출하는지 궁금한 적이 있는가? 세계에서 가장 유명한 패스트푸드 레스토랑 체인인 McDonald's는 119개 국가에 매일 6천 8백만 고객에게 서비스를 제공하기 위해 매년 10억 달러 이상을 광고비로 지출하고 있다.

예산(budget) 지정된 미래 기간의 수입과 지출을 예측하는 재무제표

재무 필요성에 대한 예산편성 재무관리자는 특정 기간(예: 내년)의 기업 목표와 목적을 확인한 후 기업에서 나갈 비용과 들어올 판매 수입에 대한 예산을 편성한다. 특히 **예산(budget)**은 지정된 미래 기간의 수입과 지출을 예측하는 재무제표이다.

현금 예산(cash budget) 지정된 기간의 현금 수입과 현금 지출을 추정하는 재무제표

일반적으로 예산편성 프로세스는 부서별 수입과 지출을 작성함으로써 시작한다. 재무관리자는 각 부서의 수입 및 지출 예산을 기업 전체의 현금 예산에 쉽게 결합할 수 있다. **현금 예산(cash budget)**은 지정된 기간의 현금 수입과 현금 지출을 추정하는 재무제표이다. 그림 12.4는 Stars and Stripes Clothing의 현금 예산을 나타낸다. 이 기업의 현금 수입은 분기별로 상단에 표기되어 있으며, 현금 지출은 중간 부분에 나열되어 있다. 이 정보를 토대로, Stars and Stripes Clothing은 각 분기 말의 예상 현금 손익을 계산할 수 있다.

제로-베이스 예산(zero-base budgeting) 예산의 모든 비용을 정당화해야 하는 예산편성 방법

오늘날 대부분의 기업은 예산편성에 두 가지 방법 중 하나를 사용한다. 전통적인 방법으로, 새로운 예산은 전년도 예산 금액을 근거로 편성된다. 이러한 금액은 수정된 목표를 반영하여 수정되며, 관리자는 새로운 지출만 정당화하면 된다. 이 방법의 문제점은 필요치 않은 예산 항목을 계속 포함하여 관리자나 부서의(때로 이기적인) 이익을 보호할 여지가 있다는 것이다. 이 문제는 제로-베이스 예산을 통해 제거될 수 있다. **제로-베이스 예산(zero-base budgeting)**은 예산

그림 12.4 Stars and Stripes Clothing의 현금 예산

기업 전체의 현금 예산은 지정된 기간의 현금 판매와 수령, 구매와 비용을 예측하여 현금 손익을 계산한다.

STARS AND STRIPES CLOTHING
현금 예산

20xx년 1월 1일부터 12월 31일까지

	1분기($)	2분기($)	3분기($)	4분기($)	전체 ($)
현금 판매와 수령	150,000	160,000	150,000	185,000	645,000
현금 지출					
구매	110,000	80,000	90,000	60,000	340,000
임금/봉급	25,000	20,000	25,000	30,000	100,000
임대료	10,000	10,000	12,000	12,000	44,000
기타 비용	4,000	4,000	5,000	6,000	19,000
세금	8,000	8,000	10,000	10,000	36,000
총지출	157,000	122,000	142,000	118,000	539,000
현금 증가 (감소)	(7,000)	38,000	8,000	67,000	106,000

경력 쌓기

최고재무책임자(CFO)가 되는 방법

비즈니스 세계에서 최고재무책임자(CFO)가 일상적으로 내리는 의사결정은 기업의 장기 재무 계획에 지대한 영향을 미칠 수 있다. 개인 금융의 세계에서도 마찬가지이다. 지금 당신은 스스로 CFO가 되어 신용, 저축, 투자 정보에 근거한 의사결정을 내림으로써 미래에 대한 계획을 세울 때이다.

먼저, 학자금 대출과 신용 카드를 포함한 당신의 신용 상태를 잘 살펴보라. 얼마를 빚지고, 얼마의 이자율로 지급하고, 제때에 지급하고 있는지? 당신은 일상적인 비용을 지급하지 못하거나 필요한 물품을 구입하지 못할 정도로 너무 많은 부채를 지고 싶진 않을 것이다. 신용 카드가 있는 경우 당신은 최소 결제 금액 이상을 지급해야 한다. 그럼으로써 당신은 전체적으로 이자 비용을 줄이고, 더 높은 신용 등급을 올릴 수 있다.

비상시 3개월 이상의 생활비를 충당하기에 충분하도록 매달 은행 계좌에 돈을 저축하라. 특히 자동차나 집처럼 고가물건을 살 계획을 하고 있다면 금액이 아무리 작아도 매달 얼마씩을 저축하라. 직장의 고용주가 퇴직 연금 제도를 제공하는 경우 그 연금에 가입하여 미래에 투자하라. 일찍 시작하면 시간은 당신 편이다. 마지막으로, 다양한 유형의 투자 방법의 장단점을 배우라. 그러면 당신은 자신의 삶을 계획하는 CFO로 건전한 재무결정을 내릴 수 있다.

Sources: Based on information in "Should College Students Be Required to Take a Course in Personal Finance?" Wall Street Journal, March 19, 2017, https://www .wsj.com/articles/should-college-students-be-required-to-take-a-course-in-personal -finance-1489975500; "Changes to Credit Reports Will Benefit College Students," Iowa State University News Service, March 20, 2017, http://www.news.iastate.edu /news/2017/03/20/creditscore; Kaitlin Mulhere, "The New College Grad's Guide to Money," Money, May 12, 2016, http://time.com/money/4287524/new-college-grads -money-financial-guide/.

의 모든 비용을 정당화해야 하는 예산편성 방법이다.

장기적인 자금조달의 계획을 위해 관리자는 종종 자본 예산을 편성한다. **자본 예산(capital budget)**은 신제품 개발, 시설 확장, 구식 장비 교체, 인수 합병 등 주요 자산에 대한 기업의 지출을 추정한다. 예를 들어, Intel은 카메라, 센서 칩, 차량 내 네트워킹, 도로 매핑, 무인 자동차 개발 기술을 보유한 Mobileye를 인수했다. 혁신적인 기업을 인수하는 것으로 알려진 Intel은 2017년 150억 달러가 넘는 인수자금을 위해 자본 예산을 편성했다.

자본 예산(capital budget) 신제품 개발, 시설 확장, 구식 장비 교체, 인수 합병 등 주요 자산에 대한 기업의 지출을 추정하는 재무제표

자금 출처 파악 그림 12.3에 보듯이 네 가지 주요 자금 출처는 판매 수입, 자기 자본, 부채 자본, 자산의 매각 대금이다. 향후 판매 수입은 일반적으로 기업 자금조달의 가장 큰 부분을 차지한다. 그림 12.4의 Stars and Stripes Clothing은 해당 연도의 판매 수입이 모든 지출을 충당하고 106,000달러의 현금 이익을 얻을 것으로 예상된다. 그러나 이 기업은 1분기에 판매 수입이 지출보다 적어 7,000달러의 현금이 줄어드는 문제점을 안고 있다. 실제로 재무 계획의 주요 이유 중 하나는 경영진에게 이러한 현금 흐름 문제를 해결할 리드 타임을 제공하기 위한 것이다.

두 번째 유형의 자금은 **자기 자본(equity capital)**이다. 개인기업 또는 공동기업의 경우, 자기 자본은 소유주 또는 공동소유주가 제공한다. 주식회사의 경우, 자기 자본은 주식 판매로 얻은

자기 자본(equity capital) 주식 판매로 얻은 돈

돈이다. 자기 자본은 장기적인 자금조달을 위해 많이 사용된다.

부채 자본(debt capital) 빌린 돈

세 번째 유형의 자금은 차입금인 **부채 자본(debt capital)**이다. 부채 자본은 단기 자금 또는 장기 자금을 위해 빌릴 수 있다. Stars and Stripes Clothing은 1분기의 자금 부족 문제(7,000달러)를 해결하기 위해 단기 차입금을 빌리고 2분기 판매 수입으로 상환할 것이다.

자산 매각 대금은 네 번째 유형의 자금이다. 자산 매각은 과감한 선택이다. 그러나 판매 수입이 감소하고 자기 자본과 부채 자본을 찾을 수 없는 경우에는 마지막 수단이 될 수 있다. 또한, 자산 매각은 기업의 현금 균형을 위해 또는 그 자산이 더 필요하지 않거나 기업의 핵심 사업에 적합하지 않을 때 매각될 수 있다. 세계 최고의 에너지 회사 중 하나인 Royal Dutch Shell은 북해와 태국에 있는 자사의 해양 석유와 가스 자산을 47억 달러에 매각하기로 한 회사와 합의했다. 이 매각 자금으로 Royal Dutch Shell은 이전에 인수한 에너지 회사를 위해 빌렸던 차입금을 상환할 계획이다.

12-3b 재무성과의 관찰과 평가

재무관리자는 재무 계획이 제대로 실행되고 있는지 확인하고, 기업의 잠재적인 문제가 주요 문제가 되기 전에 이를 파악하는 것이 중요하다. 전자제품 소매업체인 Radio Shack은 수익성을 개선하기 위해 판매를 늘리고 비용을 절감하는 자사의 노력과 함께 추가적인 자금조달을 마련했음에도 불구하고 2017년에 파산 신청을 했다. 그 후 Radio Shack은 전체 체인점포의 약 10%에 해당하는 200개 매장을 폐쇄했다. 이것은 2년 만에 전자제품 체인 기업의 두 번째 파산이었다.

이러한 문제를 방지하기 위해 재무관리자는 재무성과를 꾸준히 관찰하고 평가해야 한다. 이를 위해 재무관리자는 중간 예산(주별, 월별, 또는 분기별)을 비교 목적으로 준비할 수 있다. 이러한 비교는 계획이 추가되거나 수정된 영역에 특히 필요하며, 적어도 더 신중한 조사가 필요한 영역에서 이루어질 수 있다. 재무관리자는 이러한 예산 비교를 통해 기업의 미래 예산을 개선할 수 있다.

12-4 단기 부채 자금조달

 # 학습목표 **다양한 단기 부채 자금조달 방법의 장단점을 이해한다.**

돈을 차입한다고 해서 기업이 반드시 재무적 어려움에 처한 것은 아니다. 반대로, 재무관리자는 다양한 차입금을 필요할 때마다 빌려와 기업의 자금요구를 충족시켜야 한다. 이 절에서는 기업이 이용할 수 있는 단기 부채 자금조달 방법을 살펴본다. 다음 두 절에서는 장기 자금조달 방법인 자기 자본과 부채 자본을 살펴본다.

12-4a 무담보 단기 자금조달

일반적으로 단기 부채 자금조달(short-term debt financing)은 다음 세 가지 이유로 장기 부채 자금조달보다 쉽게 얻는다.

❶ 대출기관의 경우, 상환 기간이 짧을수록 미상환 위험이 줄어든다.

❷ 단기 대출의 금액은 일반적으로 장기 대출의 금액보다 적다.

❸ 단기 차입자와 대출기관 사이에는 긴밀한 협력 관계가 존재한다.

대부분의 대출기관은 단기 자금에 대하여 담보를 요구하지 않는다. *담보(collateral)*는 대출을 위해 약속된 차입자의 부동산 또는 재산을 의미한다. 만일 대출기관이 차입자에게 담보를 요구한다면, 그것은 일반적으로 대출금액이 많고, 차입자의 신용 등급이 불량하며, 상환 전망이 불투명하기 때문이다.

무담보 자금조달(unsecured financing)은 담보가 뒷받침되지 않는 자금조달이다. 무담보 단기 자금 조달을 추구하는 회사에는 여러 가지 선택이 있다.

무담보 자금조달(unsecured financing) 담보가 뒷받침되지 않는 자금조달

거래 신용 제조업체와 도매업체는 종종 소매업체가 상품 대금의 지급을 30~60일 사이에 하도록 허용함으로써 소매업체에 경제적 도움을 제공한다. **거래 신용(trade credit)**으로 알려진 이 지연 지급(delayed payment)은 상품을 판매한 후에 즉시 지급을 요구하지 않는 판매자에 의해 이루어진 단기 자금조달의 한 유형이다. 대부분의 제조업체와 도매업체는 거래 신용에 대해 이자를 부과하지 않기 때문에 소매업체가 가장 좋아하는 단기 자금조달 형태이다. 실제로, 기업 간 모든 거래의 70~90%는 어느 정도의 거래 신용을 필요로 한다.

거래 신용(trade credit) 상품을 판매한 후에 즉시 지급을 요구하지 않는 판매자에 의해 이루어진 단기 자금조달의 한 유형

Barnes & Noble 서점이 출판사로부터 상당히 많은 책을 구입했다고 가정하자. 출판사는 책과 함께 지급 조건의 송장(invoice)을 보낸다. 이 송장에 의하면 Barnes & Noble은 두 가지 결제 옵션이 있다. 첫째, Barnes & Noble은 대금을 신속하게 지급하고 현금할인을 받는 것이다. 현금할인 조건은 송장에 명시되어 있다. 예를 들어, 송장에 명시된 “2/10, net 30”은 Barnes & Noble이 송장 날짜로부터 10일 이내에 그 대금을 지급하면 “2”% 할인을 받을 수 있음을 의미한다. 송장 금액이 $200,000이라면, 현금할인은 $4,000이다($200,000×0.02=$4,000). Barnes & Noble은 현금할인을 받으면 제조업체에 $196,000($200,000–$4,000=$196,000)만 지급하면 된다.

둘째, Barnes & Noble은 거래 신용 기간 내에 결제하는 것이다. 즉 Barnes & Noble은 송장 발행일로부터 11일에서 30일 사이에 전체 금액($200,000)을 지급하면 된다. 신용 결제 기간 내에 지급하면, Barnes & Noble은 거래 신용 방식을 이용하여 출판사로부터 추가적인 책을 지속해서 구입할 수 있다.

iStock.com/SeanPavonePhoto

얼마나 많은 기업이 거래 신용을 이용하는가? 대답하기 어려운 질문이지만, 기업 간 모든 거래의 70~90%는 어느 정도의 거래 신용을 필요로 한다. 거래 신용을 사용하여 다른 기업에 상품을 판매하는 회사는 Barnes & Noble과 같은 소매점에 종종 현금할인을 제공한다. 판매자의 경우 현금할인은 고객(이 경우 Barnes & Noble)이 상품 수령 후 며칠 내에 대금을 지급하도록 유인한다.

공급업체에 발행된 약속 어음 약속 어음(promissory note)은 차입자가 지정한 미래 날짜에 채권자에게 일정 금액의 돈을 지급하겠다는 서약서이다. 거래 신용 연장으로 불안한 공급업체는 약속 어음을 발행한 고객에게 신용을 제공하는 것에 대해 덜 불편할 수 있다. 그러나 거래 신용과 달리 약속 어음은 일반적으로 차입자가 이자를 지급해야 한다. 상환 기간을 1년으로 정할 수 있지만, 대부분의 단기 약속 어음은 60~180일이다.

약속 어음은 신용을 제공하는 기업에 두 가지 중요한 이점을 제공한다.

❶ 약속 어음은 법적 구속력과 강제력이 있는 계약이다.

❷ 약속 어음을 할인 또는 판매할 수 있다.

약속 어음을 받은 제조업체, 도매업자, 기업은 그 어음을 자신의 주거래 은행에 할인 또는 판매할 수 있다. 어음이 할인되면 은행이 서비스 수수료를 청구하기 때문에 기업이 실제 받은 금액은 만기 금액보다 적다. 신용 제공 기업은 대부분의 돈을 즉시 회수하고, 은행은 그 약속 어음이 만기일이 될 때 전체 금액을 받는다.

약속 어음(promissory note) 차입자가 지정한 미래 날짜에 채권자에게 일정 금액의 돈을 지급하겠다는 서약서

그림 12.5 1990년~2017년 3월 사이에 미국기업이 지급한 평균 주요 금리

주요 금리(prime rate)는 "최고의" 신용 등급을 가진 기업이 돈을 빌릴 때 미국 은행이 부과하는 이자율이다. 하위의 신용 등급을 가진 기업은 주요 금리보다 높은 금리를 지급한다.

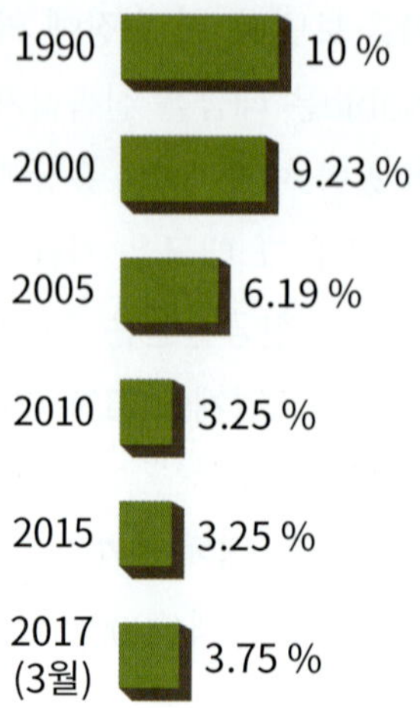

Source: Federal Reserve Bank Web site, www.federalreserve.gov (accessed March 11, 2017).

무담보 은행 대출 은행과 기타 금융기관은 각 대출인의 신용 등급에 따라 다른 이자율로 무담보 단기 대출(unsecured short-term loan)을 제공한다. **주요 금리(prime interest rate)**는 단기 대출에 대해 은행이 청구하는 최저 이자율이다. 그림 12.5는 1990년부터 2017년 3월까지 미국 은행이 부과한 평균 주요 금리의 변동을 보여준다. 이 최저 금리는 일반적으로 신용 등급이 가장 우수한 대기업에 적용된다. 그다음 신용 등급이 높거나 좋은 기업은 주요 금리에 "2"%를 더 적용할 수 있다. 신용 등급이 의심스러운 기업은 주요 금리에 "4"%를 더 적용할 수도 있다. 물론, 은행 책임자가 대출 상환이 어렵다고 믿는 경우, 대출인의 대출 신청이 거부될 수 있다.

주요 금리(prime interest rate) 단기 대출에 대해 은행이 청구하는 최저 이자율

은행의 단기 대출을 받을 때 기업은 이자율과 상환 조건에 대해 은행과 협상 할 수 있다. 대출 조건으로, 은행은 *보상 예금(compensating balance,* 은행이 대출해줄 때 일정 금액을 강제로 예금하도록 하는 것)을 은행에 예치할 것을 요구할 수 있다. 이 경우에 보상 예금은 일반적으로 빌린 자금의 10~20% 정도이다. 또한, 은행은 모든 상업용 대출자가 매년 최소 한 번은 단기 대출을 정리(완전 상환)하고, 30~60일 동안에 다시 단기 대출을 하지 말 것을 요구할 수 있다.

기업 어음 Microsoft, Procter & Gamble, Boeing과 같은 신용 평판이 우수한 대기업은 기업 어음을 발행하여 많은 자금을 신속하게 확보할 수 있다. **기업 어음(commercial paper)**은 대기업에서 발행한 단기 약속 어음이다. 기업 어음의 만기일은 보통 270일 이하이다.

기업 어음(commercial paper) 대기업에서 발행한 단기 약속 어음

기업 어음은 발행 회사의 평판에 의해서만 보호되며 담보가 없다. 기업 어음에 적용하는 이자율은 그 기업의 신용 등급과 상환 능력에 따라 다르다. 대부분의 경우, 기업 어음을 판매하는 대기업은 은행의 단기 대출 이자율보다 낮은 이자율을 적용한다. 따라서 대기업은 자사의 기업 어음을 판매하는 것이 은행의 단기 대출에 의한 자금조달보다 더 저렴하다.

기업 어음을 적은 금액으로 발행할 수 있지만, 10만 달러 이상이 일반적이다. 기업 어음을 판매하여 얻은 돈으로 기업은 필요한 원자재를 구매하고, 급여 및 기타 필요한 비용을 지급하고, 현금 흐름 문제를 해결할 수 있다.

12-4b 담보부 단기 자금조달

기업이 무담보 자금조달을 통해 충분한 돈을 얻을 수 없는 경우, 추가적인 단기 자금조달을 위해 담보를 마련해야 한다. 거의 모든 자산이 담보로 제공될 수 있다. 그러나 재고와 외상 매출금(매출채권이라고도 함)은 단기 자금조달에 가장 일반적으로 사용되는 담보 자산이다. 대출을 위해 담보를 제공하겠다고 해도 재무적으로 허약한 기업은 단기 자금 조달에 어려움이 있거나 대출 신청이 거부 될 수 있다.

재고에 의한 담보 대출 일반적으로 제조업체, 도매업체, 소매업체는 완제품에 많은 돈을 투자

한다. 또한, 제조업체는 원자재와 재공품의 재고를 보유하고 있다. 세 가지 유형(완제품, 원자재, 재공품)의 재고 모두는 단기 대출의 담보로 사용될 수 있다. 그러나 대출기관은 원자재와 재공품의 재고보다 완제품의 재고를 선호한다.

대출기관은 담보로 사용된 재고가 공공 창고에 저장될 것을 요구할 수 있다. 이 상황에서 창고가 발행한 영수증은 대출기관이 보유한다. 이 영수증이 없으면 공공 창고는 상품을 출시하지 않는다. 빌려준 돈이 상환될 때, 대출기관은 창고영수증과 상품을 대출자에게 전달한다. 대출에 대한 이자를 지급하는 것 외에도, 대출자는 공공 창고의 보관 비용을 지급해야 한다. 결과적으로, 이 유형의 대출은 무담보 단기 대출보다 비싸다.

외상 매출금에 의한 담보 대출 7장에서 설명한 바와 같이, *외상 매출금(accounts receivable)*은 고객이 기업에 지급해야 하는 금액이다. 기업은 단기 자금조달을 위해 외상 매출금을 담보로 사용할 수 있다. 대출기관은 보통 외상 매출금의 70~80%를 대출해준다. 그러나 대출기관은 먼저 외상 매출금의 *질(quality)*을 평가하기 위해 철저한 조사를 수행한다(외상 매출금의 질은 기업 고객의 신용 상태에 달려 있으며, 적시에 상환할 수 있는 능력과 관련된다). 유리한 결정이 내려지면 대출이 승인된다. 대부분의 기업 대출과 마찬가지로, 대출자와 대출기관은 금리와 상환 조건을 협상한다.

12-4c 외상 매출금 팩토링

팩터(factor) 다른 기업의 외상 매출금을 구매하는 것을 전문으로 하는 회사

외상 매출금은 단기 자금조달을 위해 다른 방법으로 사용될 수 있다. 기업은 자사의 외상 매출금을 팩토링 회사(또는 팩터)에 판매할 수 있다. **팩터(factor)**는 다른 기업의 외상 매출금을 구매하는 것을 전문으로 하는 회사이다. 팩터는 액면가보다 적은 금액으로 외상 매출금을 구매하지만, 만기가 될 때 액면가의 전체 금액을 회수한다. 팩터의 이익은 외상 매출금의 액면가와 팩터가 지불한 금액의 차이이다. 일반적으로 팩터의 이익 금액은 팩터가 설정한 위험을 기준으로 한다. 이 경우에 위험은 외상 매출금이 만기가 될 때 상환되지 않을 확률이다.

외상 매출금을 판매하는 기업은 액면가보다 적지만 즉시 필요한 현금을 받는다. 또한, 기업은 수금 업무와 미상환 위험 모두를 외상 매출금을 소유한 팩터로 전가한다. 일반적으로 외상 매출금을 갚아야 할 고객은 팩터에 직접 지급할 것을 요청받는다.

12-4d 비용 비교

표 12.2는 다양한 단기 자금조달 방법을 비교한다. 표에 나타난 바와 같이, 거래 신용은 가장 저렴하며, 외상 매출금의 팩토링은 일반적으로 가장 높은 비용이 든다.

표 12.2 다양한 단기 자금조달 방법의 비교

자금조달의 유형	비용	상환 기간	해당 기업	참조
거래 신용	낮음	30~60일	신용이 좋은 기업	보통 재무비용 없음
공급업체에 발행된 약속 어음	보통	1년 이하	모든 기업	일반적으로 무담보지만, 법적 문서 필요
무담보 은행 대출	보통	1년 이하	모든 기업	보상 예금 요구
기업 어음	보통	270일이하	높은 신용 등급의 대기업	대기업만 가능
담보 대출	높음	1년 이하	좋지 않은 신용 등급의 기업	재고나 외상 매출금을 담보로 사용
팩토링	높음	없음	신용 고객의 수가 많은 기업	팩터에 판매되는 외상 매출금

여러 가지 단기 자금조달 방법은 기업의 다양한 요구에 완벽하게 부합될 수 있다. 하지만, 어떤 경우에는 장기 자금조달이 더 적절할 수 있다. 이 경우에 기업은 자기 자본이나 장기 부채 자본을 늘리는 방법을 선택할 것이다.

12-5 자기 자본 자금조달

 # 학습목표 **자기 자본 자금조달의 장단점을 이해한다.**

장기 자금조달은 기업의 규모와 유형에 따라 다르다. 앞에서 살펴보았듯이, 개인사업자나 공동사업자는 돈을 투자하여 기업의 자기 자본(소유주 지분이라고도 함)을 만든다. 주식회사의 경우, 자기 자본은 주식판매와 주주에게 분배되지 않은 이익 잉여금으로 구성된다. 모든 세 가지 유형의 기업(개인기업, 공동기업, 주식회사)은 또한 벤처 캐피털을 확보하고, 다양한 재무 요구를 충족시키기 위해 장기 부채 자본(차입 자금)을 사용할 수 있다.

12-5a 주식판매

개인기업, 공동기업, 주식회사는 자기 자본 일부를 사용하여 사업을 시작한다. 주식회사의 경우, 기업의 주식을 산 주주들이 자기 자본을 제공한다.

그림 12.6 미국기업을 위한 사상 최대 규모의 기업 공개

이 다섯 개의 미국기업은 주식을 판매하여 수백억 달러의 자금을 모았다. 미국기업의 기록 보유자인 Visa는 2008년에 처음으로 주식을 팔았을 때 179억 달러를 모았다.

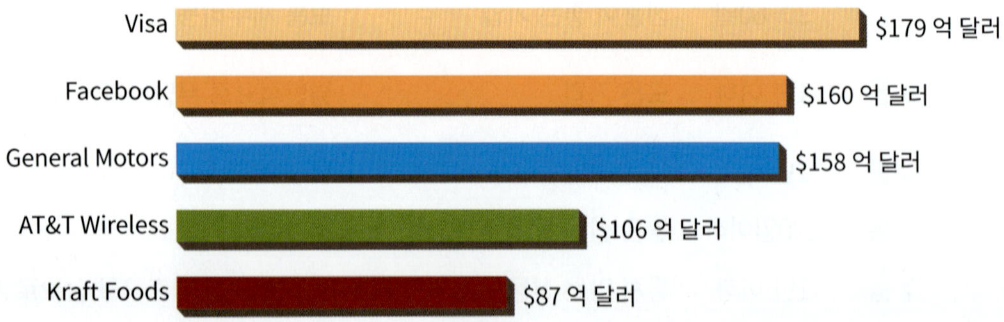

Source: Renaissance Capital, Greenwich, CT, http://www.renaissancecapital.com/IPO-Center/Stats/Largest-Global-IPOs (accessed April 17, 2017).

기업 공개(initial public offering, IPO) 기업이 일반 대중에게 처음으로 보통주를 판매하는 것

기업 공개와 발행 시장 기업이 일반 대중에게 처음으로 보통주를 판매할 때 **기업 공개(initial public offering, IPO)**를 한다. 이 장의 비즈니스 들여다보기에서 살펴본 Snapchat의 모회사인 Snap은 IPO를 하여 34억 달러의 자금을 확보했다. 경제가 지속적으로 개선됨에 따라 IPO를 하여 자본을 늘리려는 기업이 많아졌다. 그림 12.6은 다양한 산업에 소속되어 있으며, 미국 최대 규모의 IPO를 한 기업들-Visa, Facebook, General Motors, AT&T Wireless, Kraft Foods-을 보여주고 있다.

단순히 또 하나의 IPO가 아니다! Snapchat의 모회사인 Snap은 2017년에 뉴욕 증권거래소(NYSE)에서 주식을 처음 판매했을 때 34억 달러 자금을 확보했다. 역사상 최대 규모의 IPO는 아니었지만, 투자자들은 이 기업의 성장 잠재력과 소셜 미디어 산업에서의 중추적인 역할 기대감 때문에 주식을 매입했다. 지금 Snap 경영진은 이 기업의 잠재력을 현실로 바꾸고 꿈을 실현하기 위해 노력 중이다.

Christopher Penler/Shutterstock.com

기업은 자회사의 보통주를 일반인에게 판매하여 자본을 늘릴 수 있다. 2016년 말 지주 회사인 Ashland Global Holdings는 자동차와 산업용 윤활유를 제조하고 유통하는 자회사인 Valvoline 일부를 분사하여 6억 5천만 달러 이상의 IPO를 완료했다. 자회사의 IPO를 통해 확보한 자금으로 모회사인 Ashland Global Holdings는 현금 유동성을 높이고, 핵심 사업에 집중하고, 성장과 확장을 위한 기회를 모색할 수 있었다. 기업은 종종 자회사가 이익이 나거나 혹은 자회사가 모회사의 현재 사업계획에 맞지 않을 때 자회사의 주식을 판매한다. 또한, 일부 기업은 예상보다 느리게 성장하는 자회사를 매각하기도 한다.

기업이 자본을 마련하기 위해 기업 공개(IPO)를 할 때 주식은 발행 시장에서 판매된다. **발행 시장(1차 시장, primary market)**은 투자자가 (투자 은행 회사를 통해) 증권 발행자로부터 직접 유가 증권을 구매하는 시장이다. **투자 은행 회사(investment banking firm)**는 일반적으로 주식, 채권, 기타 유가 증권의 발행을 도와줌으로써 기업이 자금을 조달할 수 있도록 지원한다.

발행 시장(1차 시장, primary market) 투자자가 (투자 은행 회사를 통해) 증권 발행자로부터 직접 유가 증권을 구매하는 시장

투자 은행 회사(investment banking firm) 일반적으로 주식, 채권, 기타 유가 증권의 발행을 도와줌으로써 기업이 자금을 조달할 수 있도록 지원하는 조직

기업은 기업 공개(IPO)를 한 번만 할 수 있지만, IPO 이후에 자사 주식을 주식시장에서 추가 판매할 수 있다. 주식 판매비용(종종 발행비용이라고 함)이 많이 들더라도, 자기 자본 자금조달과 관련된 *지속적인(ongoing)* 비용은 두 가지 이유로 낮다. 첫째, 기업은 법적 의무가 없기 때문에 주식 판매로 얻은 돈을 갚을 필요가 없다. 한 투자자가 어떤 기업의 주식을 매입한 후 나중에 그 주식을 팔기로 하였을 때 그는 해당 기업이 아닌 다른 투자자에게 주식을 팔 것이다.

둘째, 기업은 주주에게 배당금을 지급할 법적 의무가 없다. 2장에서 살펴보았듯이, *배당금(dividend)*은 기업의 주주에게 이익 일부분을 배분하는 것이다. 어떤 이유로(예를 들어, 기업실적이 안 좋은 해인 경우), 이사회는 배당금을 지급하지 않을 수 있다. 그런 경우, 이익은 사업 운영 자금에 사용하기 위해 기업 내에 비축된다. 물론 배당금이 너무 자주 생략된다면 기업 경영자는 주주로부터 불평을 들을 수 있다.

유통 시장 기업은 자사 주식의 일부를 1차 시장(발행 시장)에서 한 번만 발행하지만, 발행된 주식은 2차 시장(유통 시장)에서 계속해서 거래된다. **유통 시장(2차 시장, secondary market)**은 투자자들 사이에서 거래되는 유가 증권 시장이다. 투자자는 주식 매매를 통해 현금을 벌 수 있기 때문에 유통 시장에서 주식을 구매한다. 유통 시장이 없으면 투자자는 다른 투자자에게 주식을 판매할 방법이 없기 때문에 발행 시장에서 주식을 구매하지 않을 것이다. 일반적으로 유통 시장 거래는 증권거래소와 장외(OTC) 시장을 통해 이루어진다.

유통 시장(2차 시장, secondary market) 투자자들 사이에서 거래되는 유가 증권 시장

증권거래소(securities exchange)는 회원 중개인이 증권을 사고파는 시장이다. 일반적으로 대기업이 발행한 유가 증권은 뉴욕 증권거래소(NYSE)에서 거래된다. 또한, 대기업의 증권은 Tokyo나 London과 같은 외국 증권거래소에도 상장될 수 있다.

수천 개의 기업이 발행한 주식은 장외 시장에서 거래된다. **장외 시장(over-the-counter, OTC, market)**은 증권거래소에 상장되지 않은 기업의 주식을 사고파는 판매망이다. *장외 거래*

증권거래소(securities exchange) 회원 중개인이 증권을 사고파는 시장

장외 시장(over-the-counter, OTC, market) 증권거래소에 상장되지 않은 기업의 주식을 사고파는 판매망

Dana Rothstein/Dreamstime.com

*(over-the-counter)*라는 용어는 100년 전에 증권이 실제로 상점과 은행에서 "카운터를 통해(over the counter)" 판매되었을 때 만들어졌다. 많은 주식은 Nasdaq이라는 전자(electronic) 거래소를 통해 거래된다. Nasdaq은 현재 세계에서 가장 큰 증권 시장 중 하나이다. 오늘날 Nasdaq은 Intel, Microsoft, Cisco Systems, Apple Computer 등 미래 지향적이고 혁신적이고 성장하는 기업들을 위한 증권 시장으로 유명하다.

주식은 보통주와 우선주의 두 가지 유형이 있다. 각 유형은 장기 자금조달의 수단으로 사용될 수 있으며 각각 장단점이 있다.

보통주(common stock) 가장 기본적인 형태의 기업 소유권을 나타내며, 기업의 중요 문제에 대해 투표할 권리(의결권)가 있는 주식

보통주 **보통주(common stock)**는 가장 기본적인 형태의 기업 소유권을 나타낸다. 보통주 판매를 통해 확보한 자금조달의 대가로, 기업 경영진은 회사 정책을 제한하거나 변경할 수 있는 권한을 어느 정도 주주에게 양보해야 한다. 모든 기업은 연차 총회를 개최해야 하며, 이때 주주는 이사회에서 주요 기업 행동을 승인하거나 거부하는 투표를 한다.

주식 가치가 상승할 것이라고 믿는 경우가 아니면 보통주를 사는 사람은 거의 없다. 이미 언급 한 바와 같이, 기업 이사회가 배당금 분배를 승인하면 주주는 배당금을 받는다. 또한, 기업 주식의 가치가 상승하면 주주는 투자로부터 이익을 얻을 수 있다. 투자자가 주식을 구매하는 이유와 주식 투자를 평가하는 방법에 대한 추가 정보는 재무관리 교과서를 참고하기 바란다.

우선주(preferred stock) 의결권이 없지만, 배당금과 자산처분에 우선권을 갖는 주식

우선주 2장에서 언급 한 바와 같이, **우선주(preferred stock)** 소유주는 보통주 소유주가 배당금을 받기 전에 배당금을 먼저 받는다. 또한, 우선주 주주들은 배당금액이 주식 증명서에 명시되어 있어서 사전에 그 금액을 알고 있다. 보통주 주주와 비교할 때, 우선주 주주들은 기업이 해산하거나 파산하면 기업 자산에 대해 우선권이 있다(채권자 뒤에). 그런데도 보통주와 마찬가지로 이사회는 우선주에 대한 배당을 승인해야 하며, 이러한 유형의 자금조달은 법적으로 상환되어야 하는 부채가 아니다. 우선적 대우에 대한 대가로, 우선주 주주들은 일반적으로 기업의 연차 총회에서 의결권이 없다.

12-5b 이익 잉여금

이익 잉여금(retained earnings) 이익 중 주주들에게 배당하고 남은 금액

대부분의 대기업은 세후 순이익의 일부만 주주에게 배당한다. 이익 중 주주들에게 배당하고 남은 금액을 **이익 잉여금(retained earnings)**이라 한다. 배당하고 남은 이익이기 때문에 이익 잉여금은 일종의 자기 자본 조달로 여겨진다.

이익 잉여금은 매년 기업 경영진에 의해 결정되며 이사회의 승인을 받는다. 대부분의 소규

모 기업은 주주들에게 현금 배당을 거의 하지 않으며 하더라도 아주 작은 현금 배당을 한다. 대부분의 기업 이익은 연구 개발과 주요 프로젝트 사업에 재투자된다. 재투자는 기업의 주식 가치를 높이며, 무비용의 자금조달을 제공한다. 좋은 실적을 내는 기업은 세후 순이익의 40~60%를 배당한다. 이익이 매우 안정적인 유틸리티 회사는 종종 이익의 80~90%를 배당한다. 대기업의 경우, 이익 잉여금은 커다란 자금조달의 수단이 될 수 있다. 예를 들어, 지난 연례 보고서에 의하면 Procter & Gamble의 이익 잉여금의 총금액은 870억 달러를 넘었다.

12-5c 벤처 캐피털, 엔젤 투자자, 사모

새로운 사업을 시작하거나 기존 사업을 확장하기 위해 기업가는 벤처 캐피털을 얻으려고 시도할 수 있다. 3장에서 *벤처 캐피털(venture capital)*은 때로는 어려움을 겪고 있지만 성공할 가능성이 있는 소규모 기업에 투자한 돈으로 정의했다. 대부분의 벤처 캐피털 회사는 주변 편의점과 지역 세탁소와 같은 일반 소기업에 투자하지 않지만, 이익을 상당히 낼 잠재적 기업에 투자한다. 예를 들어, 승차 공유기업인 Uber는 2009년에 설립된 이래 벤처 캐피털 회사로부터 여러 투자를 받았다.

벤처 캐피털 회사는 일반적으로 투자자들의 공동출자로 자금을 형성한다. 자금조달에 대한 대가로, 이들 투자자는 사업에 대한 지분 또는 소유권을 받으며 이익을 공유한다. 벤처 캐피털 회사는 이익을 창출할 가능성이 큰 사업에 투자하여 기회를 얻는다.

신생 기업(startup)이 자금조달을 할 수 있는 또 다른 방법은 엔젤 투자자로부터이다. **엔젤 투자자(angel investor)**는 신생 중소기업이나 기업가에게 경제적 지원을 제공하는 투자자이다. 종종 엔젤 투자자는 기업가의 가족이나 부유한 친구일 수 있으며, 사업을 시작하는 데 필요한 경제적 지원을 제공한다. 벤처 자본가와 달리, 엔젤 투자자는 큰 이익을 추구하기보다는 사업이나 기업가의 성공을 돕는 데 집중한다. 그리고 엔젤 투자자는 벤처 자본가, 은행가, 기타 금융 기관과 비교할 때 더 유리한 경제적 조건을 제공한다. 필요한 자금을 제공하는 대가로, 엔젤 투자자는 기업의 지분을 소유할 수 있다. 다른 경우로, 엔젤 투자자는 은행이나 다른 금융 기관과 같이 소규모 기업에 돈을 대출해준다.

엔젤 투자자(angel investor) 신생 중소기업이나 기업가에게 경제적 지원을 제공하는 투자자

자금조달을 위한 또 다른 방법은 사모를 통해서이다. **사모(private placement)**는 기업의 주식과 기타 유가 증권이 보험 회사, 연금 기금, 대규모 기관 투자자, 뮤추얼 펀드에 직접 판매될 때 발생한다. 주식과 기타 유가 증권을 일반 대중에게 판매하는 것과 비교할 때, 사모를 통해 판매하는 경우가 정부의 규제가 적으며 비용이 덜 든다. 일반적으로 구매자와 판매자 간의 사모 계약 조건은 자금조달이 이루어질 때 협상하게 된다.

사모(private placement) 기업의 주식과 기타 유가 증권이 보험 회사, 연금 기금, 대규모 기관 투자자, 뮤추얼 펀드에 직접 판매될 때 발생

12-6 장기 부채 자금조달

 # 학습목표 다양한 장기 부채 자금조달 방법의 장단점을 이해한다.

재무 레버리지(financial leverage) 소유주 지분(주주)의 수익률을 높이기 위해 빌린 자금을 사용하는 것

이 장의 앞부분에서 지적한 바와 같이, 기업은 여러 가지 타당한 이유로 단기적으로 돈을 빌린다. 장기 차입에 대해서도 똑같이 타당한 이유가 있다. 표 12.1에 나열된 여러 가지 필요성 때문에 기업은 장기적인 자금조달을 한다. 또한, 성공적인 기업은 종종 자사의 장기 자금조달에 의한 재무 레버리지를 이용하여 재무성과를 향상시킨다. **재무 레버리지(financial leverage)**는 소유주 지분(주주)의 수익률을 높이기 위해 빌린 자금을 사용하는 것이다. 재무 레버리지의 원칙은 기업의 이익이 차입금의 이자보다 크면 효과적이다. 재무 레버리지가 어떻게 소유주 지분(주주)의 수익률을 높일 수 있는지 알기 위하여, 우리는 표 12.3에 있는 텍사스주에 소재한 Cypress Springs Plastics에 대해 살펴볼 것이다. 이 기업의 소유주인 Pete Johnston은 새로운 첨단 제조 장비를 구입하는데 현재 10만 달러가 필요하다. 그는 이 자금을 조달할 최고의 방법을 찾고 있다. 그가 생각하고 있는 사항은 다음 두 가지 방법이다.

- ✔ 그는 100,000달러를 빌리고 연간 이자율 7%를 지급한다.
- ✔ 그는 회사에 추가로 100,000달러를 투자한다.

기업이 1년에 95,000달러의 이익을 내고 대출금의 연간 이자가 7,000($100,000×0.07=$7,000)달러라고 가정하면, 기업이 추가 자금을 빌린 경우가 Cypress Springs Plastics의 소유주 지분 수익률을 높인다. 소유주 지분의 수익률은 기업 이익을 소유주 지분으로 나누어 계산한다. 표 12.3을 보듯이, Johnston이 100,000달러를 빌리면 Cypress Springs Plastics의 소유주 지분의 수익률은 17.6%가 된다. 반면, Johnston이 회사에 직접 100,000달러를 투자하면 소유주 지분의 수익률은 15.8%로 감소한다.

재무 레버리지를 사용할 때 가장 큰 위험은 기업의 이익이 예상보다 낮은 경우이다. 이러한 상황이 발생하면 고정비인 이자 비용은 실제로 소유주 지분의 수익률을 줄이거나 없앤다. 물론 빌린 돈은 결국 상환해야 한다.

소기업의 경우 일반적으로 장기 대출이 제한되어 있지만, 대기업은 회사채 발행의 추가 옵션이 있다.

12-6a 장기 대출

많은 기업은 은행과 기타 금융 기관으로부터의 대출을 통해 표 12.1에 나열된 장기 자금조달의 필요성을 충족시킨다. 중장비 제조업체와 공급업체도 장기 부채 자금조달을 제공할 수 있다.

표 12.3 Cypress Springs Plastics, Inc.의 부채와 자본에 의한 추가 자금의 효과 분석

추가 부채		추가 자본	
소유주 지분	$500,000	소유주 지분	$500,000
추가 자기 자본	+ 0	추가 자기 자본	+ 100,000
총 소유주 지분	$500,000	총 소유주 지분	$600,000
대출 (@7%)	+100,000	대출 없음	+0
총자본	$600,000	총자본	$600,000
연말 이익			
총이익	$95,000	총이익	$95,000
대출이자 차감	- 7,000	무이자	- 0
영업이익	$88,000	영업이익	$95,000
소유주 지분의 수익률	17.6%	소유주 지분의 수익률	15.8%
($88,000÷$500,000=17.6%)		($95,000÷$600,000=15.8%)	

대출 기간 계약서 대출 기간 계약서(term-loan agreement)는 대출자가 월별, 분기별, 반기별 또는 연간 할부로 대출금을 상환한다는 계약서이다. 장기 대출의 상환 기간은 15~20년일 수 있지만, 보통 3~7년 이내이다.

대출 기간 계약서(term-loan agreement) 대출자가 월별, 분기별, 반기별 또는 연간 할부로 대출금을 상환한다는 계약서

Cypress Springs Plastics의 소유주인 Pete Johnston이 100,000달러를 차입하여 표 12.3에 설명된 재무 레버리지를 이용하기로 했다고 가정하자. 기업의 소유주 지분 수익률은 증가하지만, 매년 이자를 지급하고 대출금을 상환해야 한다. Cypress Springs Plastics는 연간 지급액으로 3년 동안 100,000달러의 대출금을 상환하려면 첫해에 대출 상환금 33,333달러와 이자 7,000달러, 즉 첫해에 총 40,333달러를 지급해야 한다. 전년도의 지급으로 인해 그에 상응한 대출 잔액과 연간 이자가 감소하지만, 이러한 금액의 연간 지급은 여전히 Cypress Springs Plastics와 같은 소기업에 큰 부담이다.

대출 기간에 대한 이자율과 상환 조건은 종종 대출 이유, 대출 회사의 신용 등급 및 담보 가치를 기반으로 한다. 장기 대출은 때때로 안전하지 않기 때문에 대출기관은 일반적으로 담보를 요구한다. 허용되는 담보로는 부동산, 주식, 채권, 장비, 가치 있는 자산이 된다. 대출기관은 또한 대출자가 최소한의 운전자본을 유지하도록 요구할 수 있다.

12-6b 회사채

대기업은 금융기관의 대출 외에도 1,000달러에서 50,000달러의 금액으로 채권(bond)을 발행할 수 있다. 회사채의 통상적인 액면가는 1,000달러이지만, 한번 발행된 모든 채권의 총금액은 보통 수백만 달러에 이른다. 실제로, 기업이 채권을 판매하는 이유 중 하나는 수많은 채권자로부터 많은 돈을 빌릴 수 있고 한 대출기관에서 빌릴 수 있는 것보다 더 많은 금액을 모을 수 있기 때문이다. **회사채(corporate bond)**는 기업이 명시한 금액과 이자를 상환하겠다는 서약서이다. 회사채의 이자율은 채권을 발행한 기업의 재무 건전성에 따라 다르다. 기업이 채권을 발행할 때 지급하는 이자율은 다음 요인에 달려 있다.

회사채(corporate bond) 기업이 명시한 금액과 이자를 상환하겠다는 서약서

- ✔ 만기까지 매년 이자를 지급하는 회사의 능력
- ✔ 회사가 만기일에 채권을 상환할 수 있는 능력

채권 투자자의 경우, 회사채에 대한 이자율은 이 장의 앞부분에서 살펴본 위험과 수익률의 관계로 설명할 수 있다. 즉, 투자자들은 위험성이 높은 투기적 채권을 구매할 때 더 높은 수익률을 기대한다(그림 12.7 참조). 결과적으로, 투자자가 회사채의 최종 상환과 지속적인 이자 수령을 우려하는 경우 회사는 더 높은 이자를 지급해야 한다.

기명 채권(registered bond) 발행 회사가 소유주의 이름으로 등록한 채권

오늘날 대부분의 회사채는 기명 채권이다. **기명 채권(registered bond)**은 발행 회사가 소유주의 이름으로 등록한 채권이다. 많은 기업은 실제 채권을 발행하지 않는다. 대신, 채권은 전자적으로 기록되며, 채권발행에 관한 특정 세부 정보는 현재 소유주의 이름과 주소와 함께 컴퓨터로 유지 관리된다. 컴퓨터의 기록사항은 도난, 분실, 파기되지 않기 때문에 더욱 안전하며 채권을 판매할 때 쉽게 양도할 수 있다.

만기일(maturity date) 기업이 빌린 돈을 상환하는 날짜

만기일(maturity date)은 기업이 빌린 돈을 상환하는 날짜이다. 채권 만기일이 될 때까지 기업은 명시된 비율로 채권 소유주에게 이자를 지급한다. 예를 들어, 2022년이 만기일인 Citigroup 채권의 소유주는 각 채권에 대해 매년 4.5%의 이자를 받는다. 발행된 1,000달러의 회사채마다 Citigroup은 매년 45($1,000×0.045=$45)달러를 채권자에게 지급해야 한다. 회사채에 대한 이자는 일반적으로 반년마다 지급되므로 Citigroup 채권의 소유주는 소유한 각 채권에 대해 6개월마다 22.50달러의 이자를 받는다. 회사채에 등록된 소유주는 만기일에 채권 액면가의 현금을 받는다.

무담보 사채(debenture bond) 발행 회사의 명성에 의해서만 뒷받침되는 채권

담보부 사채(mortgage bond) 발행 회사의 다양한 자산으로 담보된 채권

채권의 종류 회사채는 일반적으로 무담보 사채, 담보부 사채, 전환사채가 있다. 대부분의 회사채는 무담보 사채이다. **무담보 사채(debenture bond)**는 발행 회사의 명성에 의해서만 뒷받침되는 채권이다. 투자자에게 채권을 더 매력적으로 만들기 위해, 기업은 담보부 사채를 발행할 수 있다. **담보부 사채(mortgage bond)**는 발행 회사의 다양한 자산으로 담보된 채권이다. 기업은

그림 12.7 회사채 투자자의 위험과 수익률

양질의 회사채는 투기적인 회사채보다 더 적은 이자를 지급한다.

또한 전환사채를 발행할 수 있다. **전환사채(convertible bond)**는 소유주의 선택에 따라 보통주의 주식으로 전환할 수 있는 채권이다. 예를 들어, 간 질환 치료제의 개발과 상용화에 힘쓰고 있는 Intercept Pharmaceuticals는 2023년 만기의 전환사채를 발행했다. 각 전환사채의 소유주는 Intercept Pharmaceuticals의 보통주 5.0358주로 전환할 수 있다. 기업은 전환사채를 발행함으로써 다음과 같은 이득을 볼 수 있다. 첫째, 전환사채는 보통 비전환 사채보다 낮은 이자율을 지급한다. 둘째, 보통주로 전환할 수 있는 권리는 투기적 이익에 관심이 있는 투자자를 유치한다. 셋째, 채권자가 보통주로 전환하면 기업은 만기일에 채권 금액을 상환할 필요가 없다.

회사채에 대한 상환 규정 채권의 만기일은 일반적으로 발행일로부터 1년에서 30년 사이이다. 일부 채권은 만기일 이전에 상환할 수 있다. 즉, 기업은 자사가 발행한 채권을 만기일 이전에 회수하거나 상환할 수 있다. 이러한 채권에 대해 기업은 채권 소유주에게 상환 할증금(call premium)을 지급한다. 상환 할증금은 다른 조항과 함께 채권 계약서에 명시된다. **채권 계약서(bond indenture)**는 채권발행과 관련된 모든 조건을 자세히 서술한 법률 문서이다.

기업은 충분한 채권 회수자금을 확보하기 위해 세 가지 방법 중 하나를 사용할 수 있다. 첫째, 연속상환사채를 발행한다. **연속상환사채(serial bonds)**는 만기일이 서로 다른 채권을 여러 개 발행하여 만기일이 돌아오는 순서대로 상환하게 하는 사채이다. 예를 들어, 한 기업은 공장의 확장 자금을 조달하기 위해 25년 만기의 2억 달러 채권을 발행할 수 있다. 첫 15년 동안 어떤 채권도 만기일이 없고, 16년부터 25년 말까지 모든 채권의 10%를 매년 만기일이 되도록 발행할 수 있다. 둘째, 기업은 감채 기금을 준비할 수 있다. **감채 기금(sinking fund)**은 기업이 채권 회수를 위해 매년 예금하는 금액이다. Union Pacific Corporation이 2억 7,500만 달러의 채권을 매각했을 때, 이 기업은 2025년에 채권 만기일이 될 때까지 감채 기금을 준비하기로 했다. 셋째, 기업은 새로운 채권을 발행함으로써 오래된 채권을 상환할 수 있다. 이것이 기업의 장기 부채를 영속시키는 것처럼 보이지만 많은 유틸리티 회사와 철도회사는 이 상환 방법을 사용한다.

전환사채(convertible bond) 소유주의 선택에 따라 보통주의 주식으로 전환할 수 있는 채권

채권 계약서(bond indenture) 채권발행과 관련된 모든 조건을 자세히 서술한 법률 문서

연속상환사채(serial bonds) 만기일이 서로 다른 채권을 여러 개 발행하여 만기일이 돌아오는 순서대로 상환하게 하는 사채

감채 기금(sinking fund) 기업이 채권 회수를 위해 매년 예금하는 금액

녹색 환경 속으로

Apple의 환경 채권

Apple은 다양한 환경친화적 프로젝트에 자금을 지원하기 위해 15억 달러의 환경 채권을 발행했다. 이 기술 기업은 향후 25년 동안 캘리포니아주에 있는 모든 시설물의 태양에너지를 위해 10억 달러를 투자하고 있다. 이 기업은 또한 환경보호를 위해 에너지 효율이 높은 냉난방 시스템을 설치하고 자연 분해성 물질의 사용을 촉진하고 있다. 환경 채권은 이러한 비용 중 일부를 예측 가능한 이자율로 충당할 수 있다.

현재까지 Apple의 15억 달러 규모의 환경 채권은 환경을 위한 미국기업의 최대 채권 금액이었다. Apple 경영진은 파리에서 개최된 U.N. 기후 정상 회담 이후에 수많은 기업이 기후 변화에 맞서기로 한 약속에 영감을 얻었다. Apple은 JP Morgan Chase와 같은 금융 기관에서 만든 환경 채권 원칙(Green Bond Principles)을 따른다. Apple은 투명성을 위해 Ernst & Young에게 환경 채권의 수익금 지출 방식에 대한 연례 감사를 시행하게 한다. 이러한 객관적인 외부감사를 통해 채권자들은 돈이 단지 환경 프로젝트에만 사용되고 있음을 재확인한다.

오늘날 환경 채권 시장은 꾸준히 성장하고 있다. Apple 외에도, 환경 채권을 발행한 다른 기업으로 Toyota와 Bank of America가 있다. 가까운 장래에, 기업이 예측 가능한 비용으로 더 친환경적으로 성장할 수 있는 장기 자금조달을 위해 1년에 최대 1,000억 달러의 환경 채권이 전 세계적으로 발행될 것으로 예상된다.

Based on information in Valerie Volcovici, "Apple Issues $1.5 Billion in Green Bonds in First Sale," Reuters, February 17, 2016, http://www.reuters.com/article/us-apple -greenbonds-idUSKCN0VQ2K2; Alison Moodie, "Can Apple's $1.5bn Green Bond Inspire More Environmental Investments?" The Guardian (UK), March 20, 2016, https://www .theguardian.com/sustainable-business/2016/mar/20/apple-green-bond-environment -energy-toyota-climate-change.

신탁관리자(trustee)
채권 소유주의 대리인 역할을 하는 개인이나 기업

채권을 발행하는 기업은 채권 소유주의 대리인 역할을 하는 **신탁관리자(trustee)**를 임명해야 한다. 신탁관리자의 업무는 상업 은행이나 다른 대규모 금융 기관에서 자주 처리한다. 기업은 정기적으로 신탁관리자에게 이자 지급능력과 만기일에 채권 상환 능력에 대해 보고해야 한다. 그리고 신탁관리자는 기업의 지급능력에 대한 자체 평가와 함께 이 정보를 채권 소유주에게 전송한다.

12-6c 비용 비교

표 12.4는 자기 자본 자금조달과 장기 부채 자금조달의 다양한 방법을 비교한다. 주식 발행에 들어가는 초기 비용은 비싸지만, 대부분의 재무관리자는 보통주 판매를 선호한다. 일단 주식이 판매되고 초기 비용이 지급되면, 지속적인(ongoing) 비용은 적게 든다. 일반적으로 가장 높은 지속적인 비용을 갖는 장기 자금조달의 유형은 장기 대출(부채)이다.

대부분의 경우, 기업은 각 개인이 은행에 예금했거나 주식, 뮤추얼 펀드, 채권을 구매한 돈을 통해 자금을 조달한다.

표 12.4 다양한 장기 자금조달 방법의 비교

자금조달의 유형	상환	상환 기간	비용/배당/이자	해당 기업
자기 자본				
보통주	없음	없음	높은 초기 비용; 배당이 요구되지 않기 때문에 낮은 지속적인 비용	주식을 발행한 모든 기업
우선주	없음	없음	배당은 요구사항이 아니지만, 보통주 주주가 배당받기 전에 배당되어야 함	보통주 주주의 투자자 기반을 구축한 대기업
부채				
장기 대출	있음	보통 3~7년	기업의 재무 안정성에 따라 3~12% 이자율	대출기관의 상환 및 담보 요구사항을 충족할 수 있는 모든 기업
회사채	있음	보통 1~30년	기업의 재무 안정성에 따라 3.5~10% 이자율	재무적으로 건전한 대기업

요약

1. 오늘날의 경쟁적 경제에서 재무관리가 중요한 이유를 이해한다.

재무관리는 자금을 조달하고, 그 조달된 자금을 효과적으로 사용하는 것과 관련된 모든 활동이다. 어느 정도, 재무관리는 두 가지 측면에서 살펴볼 필요가 있다. 한 측면으로 자금의 사용은 종종 자금조달의 유형을 결정한다. 다른 측면으로 이용 가능한 자금조달의 유형은 기업의 수행 활동을 결정한다. 재무관리자는 현재와 미래에 필요할 때 자금을 사용하고, 가능한 최저 비용으로 자금을 조달하며, 그 조달된 자금을 효율적으로 사용하도록 해야 한다.

2. 기업의 단기 및 장기 자금조달의 필요성을 이해한다.

단기 자금조달은 1년 이내에 사용될 돈을 조달하는 것이다. 단기 자금이 필요한 이유로는 현금 흐름의 불균형, 투기적 생산, 재고 증가의 세 가지를 들 수 있다. 장기 자금조달은 1년 이상 사용될 돈을 조달하는 것이다. 장기 자금은 사업 시작, 기업 인수 및 합병, 신제품 개발, 장기적인 마케팅 활동, 폐기된 장비 교체, 시설 확장을 위해 필요하다. 금융 전문가에 따르면, 금융 개혁과 규제 강화 그리고 대출기관의 신중함 때문에 기업의 자금조달이 미래에 더 어려워질 것으로 예상한다. 재무관리자는 또한 재무적 결정을 내릴 때 위험과 수익률의 관계를 고려해야 한다.

3. 재무관리의 계획 프로세스를 이해한다.

재무 계획은 조직의 목표와 목적을 구현하는 데 필요한 돈을 얻고 사용하기 위한 계획이다.

재무 계획은 유효한 조직의 목표와 목적을 설정하는 것으로 시작한다. 그런 다음 재무관리자는 각 목표와 목적을 달성하는 데 필요한 금액을 결정한다. 마지막으로, 재무관리자는 가능한 자금조달원을 찾아내고 사용할 자금을 결정한다. 자금조달의 네 가지 주요 원천은 판매 수입, 자기 자본, 부채 자본, 자산 매각이다. 필요한 자금이 확보되면 재무관리자는 기업의 재무 활동을 관찰하고 평가한다.

4. 다양한 단기 부채 자금조달 방법의 장단점을 이해한다.

대부분의 단기 자금조달은 담보를 요구하지 않는다. 즉, 담보가 필요하지 않다. 무담보 단기 자금조달에는 거래 신용, 공급업체에 발행된 약속 어음, 무담보 은행 대출, 기업 어음 등이 있다. 담보부 단기 자금조달에는 재고 담보와 외상 매출금 담보가 있다. 기업은 또한 외상 매출금을 팩토링 회사에 판매할 수 있다. 단기 자금조달의 방법 중 거래 신용은 가장 저렴하며, 팩토링은 일반적으로 가장 비싸다.

5. 자기 자본 자금조달의 장단점을 이해한다.

기업이 일반 대중에게 주식을 처음 판매하는 것을 기업 공개(IPO)라고 한다. IPO를 통해 주식은 1차(발행) 시장에서 판매된다. 1차 시장에서 판매된 후, 투자자는 2차(유통) 시장에서 주식을 사고팔 수 있다. 일반적으로 2차 시장 거래는 증권거래소 또는 장외 시장을 통해 이루어진다. 보통주는 의결권이 있는 주식이다. 보통주 소유주는 기업의 이사를 선출하며 종종 주요 기업 행동을 승인한다. 우선주 소유주는 보통주 소유주가 배당금을 받기 전에 배당금을 먼저 받는다. 또 다른 자기 자본 자금조달은 이익 잉여금으로, 이는 기업의 이익 중 주주들에게 배당하고 남은 부분이다. 벤처 캐피털(때로는 어려움을 겪고 있지만 성공할 가능성이 있는 소규모 기업에 투자한 돈)은 또 다른 자기 자본 자금조달이 될 수 있다. 엔젤 투자자는 또한 소규모 사업을 시작하거나 확장하는 데 필요한 돈을 제공할 수 있다. 마지막으로, 기업은 사모를 통해 주식과 기타 유가 증권을 판매할 수 있다.

6. 다양한 장기 부채 자금조달 방법의 장단점을 이해한다.

소기업의 경우 일반적으로 장기 대출이 제한되어 있지만, 대기업은 회사채 발행의 추가 옵션이 있다. 기업의 규모와 상관없이 재무 레버리지를 활용할 수 있다. 재무 레버리지는 소유주 지분(주주)의 수익률을 높이기 위해 빌린 자금을 사용하는 것이다. 장기 대출에 대한 이자율은 일반적으로 기업의 대출 이유, 신용 등급, 담보의 종류에 따라 다르다. 장기 대출의 상환 기간은 15~20년일 수 있지만, 보통 3~7년 이내이다. 회사채 판매로 얻은 돈은 만기일이 될 때 상환되어야 한다. 또한, 기업은 회사채를 발행된 시점부터 만기일까지 이자를 지급해야 한다. 채권의 만기일은 일반적으로 발행일로부터 1년에서 30년 사이이다. 세 가지 유형의 채권(무담보 사채, 담보부 사채, 전환사채)은 부채 자본을 늘리기 위해 판매된다. 다양한 장기 자금조달 방법을 비교할 때, 주식은 초기 비용이 비싸지만, 지속적인 비용은 적게 든다. 지속적인 비용이 가장 높은 장기 자금조달의 유형은 장기 대출(부채)이다.

주요 용어

당신은 이제 다음 용어들에 대한 정의와 적합한 예를 제시할 수 있어야 한다.

- 재무관리
- 단기 자금조달
- 현금 흐름
- 투기적 생산
- 장기 자금조달
- 위험-수익률
- 재무 계획
- 예산
- 현금 예산
- 제로-베이스 예산
- 자본 예산
- 자기 자본
- 부채 자본
- 무담보 자금조달
- 거래 신용
- 약속 어음
- 주요 금리
- 기업 어음
- 팩터
- 기업 공개(IPO)
- 발행(1차) 시장
- 투자 은행 회사
- 유통(2차) 시장
- 증권거래소
- 장외(OTC) 시장
- 보통주
- 우선주
- 이익 잉여금
- 엔젤 투자자
- 사모
- 재무 레버리지
- 대출 기간 계약서
- 회사채
- 기명 채권
- 만기일
- 무담보 사채
- 담보부 사채
- 전환사채
- 채권 계약서
- 연속상환사채
- 감채 기금
- 신탁관리자

토론 문제

❶ 많은 재무관리자와 기업 임원은 종종 (a) 잘못된 결정, (b) 윤리적 행동 부족, (c) 많은 급여, (d) 수백만 달러에 달하는 퇴직금, (e) 사치스러운 생활 방식에 대해 비판을 많이 받는다. 당신은 이 비판이 정당하다고 생각되는가?

❷ 만약 당신이 Stars and Stripes Clothing의 재무관리자라면, 2분기, 3분기, 4분기 말에 증가한 현금으로 회사를 위해 무엇을 할 것인가? (그림 12.4 참조)

❸ 향후 6개월 동안의 개인 현금 예산을 편성해보라. 매월 말에 현금이 부족하면, 당신은 어떻게 할 것인가? 또는 매월 말에 현금이 증가하면, 무엇을 할 것인지 설명하라.

❹ 대출기관은 차입자에게 담보를 요구할 수 있음에도 불구하고 왜 무담보 단기 대출을 제공하는가?

❺ 소기업주 또는 기업 관리자는 재무 레버리지를 사용하여 기업의 이익을 개선하고 소유주 지분(주주)의 수익률을 어떻게 높일 수 있는가? 재무 레버리지 사용의 잠재적 위험은?

❻ 어떤 상황에서 대기업은 장기 자금조달을 위해 채권보다는 주식을 판매하는가? 어떤 상황에서 주식이 아닌 채권을 판매하는가?

찾아보기

번호

알파벳

ㄱ

ㅂ

ㅅ

ㅇ

ㅈ